Download-Code
Ihr individueller Download-Code für dieses Buch lautet:

yOP-pTa-USx

symposion

Informationsmanagement 2.0
Neue Geschäftsmodelle und Strategien für die Herausforderungen der digitalen Zukunft

www.symposion.de/fuehrung

Herausgegeben von
Lutz Becker, Walter Gora, Matthias Uhrig

Mit Beiträgen von
Lutz Becker, Knut Deimer, Ricardo Diaz Rohr, Veronika Dinius,
Thomas Flum, Hajo Giegerich, Andreas Gissel, Walter Gora,
Jochen Hagen, Sven Gábor Jánszky, Thomas Jurisch, Tim Kaufhold,
Jan Kluever, Stefan Kronschnabl, Daniel Krzyzak, Wolfgang Ksoll,
Johannes Müller, Horst Persin, Andreas Rösch, Stephan Salmann,
Marcus Sassenrath, Thomas Schildhauer, Friederike Schmitz,
David Schmoldt, Klaus-Clemens Schoo, Eberhardt Schott,
Sigurd Seifert, Frank P. Sempert, Thomas Söbbing, Christopher Stein,
Jörg Striebeck, Matthias Uhrig, Christian Valerius, Hilger Voss,
Steffen Weber, Uwe Weigmann, Frank Widmayer, Johannes Wiele,
Ferdinand Wohlfahrt

symposion

Impressum
Informationsmanagement 2.0
Neue Geschäftsmodelle und Strategien
für die Herausforderungen der
digitalen Zukunft

Herausgeber
LUTZ BECKER, WALTER GORA,
MATTHIAS UHRIG

Projektentwicklung
MARKUS KLIETMANN,
Symposion Publishing

Redaktion
MARKUS KLIETMANN
STEFAN THISSEN

Satz
KAREN FLEMING,
MARTINA THORENZ
Symposion Publishing

Druck
CPI buch bücher.de
Frensdorf

Umschlaggestaltung
Symposion Publishing

Photo
© iStockphoto.com

ISBN 978-3-86329-430-4
1. Auflage 2012
© Symposion Publishing GmbH,
Düsseldorf
Printed in Germany

Begleitdienst zu diesem Buch
www.symposion.de/fuehrung

Redaktionelle Post bitte an
Symposion Publishing GmbH
Münsterstr. 304
40470 Düsseldorf

Bibliografische Information der Deutschen Bibliothek:
Die Deutsche Bibliothek verzeichnet diese Publikation
in der Deutschen Nationalbibliografie; detaillierte
bibliografische Daten sind im Internet über
http://www.ddb.de abrufbar.

Das Werk einschließlich seiner Teile ist urheberrechtlich geschützt. Jede Verwertung außerhalb der engen Grenzen des Urheberrechtsgesetzes ist ohne Zustimmung des Verlags unzulässig und strafbar. Das gilt insbesondere für Vervielfältigungen, Übersetzungen, Mikroverfilmungen und die Einspeicherung und Verarbeitung in elektronischen Systemen.

Alle in diesem Buch enthaltenen Angaben, Ergebnisse usw. wurden von den Autoren nach bestem Wissen erstellt. Sie erfolgen ohne jegliche Verpflichtung oder Garantie des Verlages. Er übernimmt deshalb keinerlei Verantwortung und Haftung für etwa vorhandene inhaltliche Unrichtigkeiten.

Die Wiedergabe von Gebrauchsnamen, Handelsnamen, Warenbezeichnungen usw. in diesem Werk berechtigt auch ohne besondere Kennzeichnung nicht zu der Annahme, dass solche Namen im Sinne der Warenzeichen- und Markenschutz-Gesetzgebung als frei zu betrachten wären und daher von jedermann benutzt werden dürften.

Informationsmanagement 2.0
Neue Geschäftsmodelle und Strategien für die Herausforderungen der digitalen Zukunft

www.symposion.de/fuehrung

Information ist der Treibstoff des 21. Jahrhunderts und hat für Unternehmen wettbewerbsentscheidende Bedeutung. Dabei reicht es längst nicht mehr aus, die richtige Information am richtigen Ort zu haben. Modernes Informationsmanagement ist vielmehr eine wertschöpfende Managementfunktion, die das Unternehmensgeschick aktiv mitgestaltet.

Immer mehr Unternehmen erkennen das große Potenzial des Informationsmanagements, die Geschäftsziele wirksam zu unterstützen. Doch in Zeiten von Social Media, Cloud Computing und App-Economy lauern genau hier erhebliche Schwierigkeiten. Rasanter technologischer Wandel, neuartige Kundenbeziehungen, massive Sicherheitsrisiken und zunehmende Komplexität führen zu nie dagewesenen Anforderungen an Management und Mitarbeiter.

Wie sollen Unternehmen sich positionieren? Welche Technologien prägen die Geschäftsmodelle von morgen? Welche Strategien und Aufgaben ergeben sich daraus für Führung, Management und IT? Diese Fragen stehen im Mittelpunkt des vorliegenden Bandes.

Das Buch zeigt unter anderem:
- ⇨ inwiefern neue Technologien und IT-Infrastrukturen Geschäftsmodelle verändern,
- ⇨ wie man Risiken in der IT minimiert und Flexibilisierung vorantreibt,
- ⇨ warum sich Führung mit neuen Managementherausforderungen auseinandersetzen muss,
- ⇨ welche Potenziale Web 2.0 und Social Media für das Beziehungsmanagement des Unternehmens bieten.

Über Symposion Publishing
Symposion ist ein Fachverlag für Management-Wissen und veröffentlicht Bücher, Studien, digitale Fachbibliotheken und Onlinedienste.

Das Programm steht auch zum Download zur Verfügung – über das Verlagsportal kann der Leser nach Kapiteln suchen und diese individuell zusammenstellen. Wissen ist damit blitzschnell verfügbar – jederzeit, praktisch überall und zu einem attraktiven Preis.

www.symposion.de

Hinweis:
Das E-Book (PDF) erhalten Sie auf der Seite
www.symposion.de/downloadcode
Ihren persönlichen Downloadcode finden Sie auf der ersten Seite dieses Buches.

Informationsmanagement 2.0
Neue Geschäftsmodelle und Strategien für die Herausforderungen der digitalen Zukunft

Lutz Becker, Walter Gora, Matthias Uhrig
Vorwort **21**

Neue Technologien: Wie sie Geschäftsmodelle revolutionieren

Lutz Becker
Neue Geschäftsmodelle durch Informationsmanagement **25**
    Warum ein Geschäftsmodell ein Führungsinstrument ist 30
    Wie entsteht ein gutes Geschäftsmodell? 31
    Was eine Wertschöpfungsarchitektur ist 34
    Welche Formate sich eignen, Geschäftsmodelle zu modellieren 39
    Zusammenfassung 53

Matthias Uhrig, Daniel Krzyzak
Ecosystem Resource Engineering: Das ERP der Zukunft **55**
    Einführung 55
    Die Welt im digitalen Wandel – am Beispiel Flugbuchung 58
    Treiber für die Veränderung 60
    Strategische Definition des ERE-Systems 65
    Zusammenfassung 71

Sven Gábor Jánszky
Arbeitswelt 2020: So ändern sich Business und Führung **73**
    Blick in die Zukunft 73
    Die neue Data-Economy 74
    Das Ende der Massenwirtschaft 75
    Symmetrie und Asymmetrie der Informationen 76
    Die Devaluation des Expertentums 78
    Anerkennung statt Aufmerksamkeit:
    Act like lovers do! 78
    Intelligentes Touchpoint-Management:
    Schneller als Echtzeit! 80
    Jedes Unternehmen wird Softwareanbieter:
    Adaptivität der Produkte als Ziel 81
    Neue Arbeitsplätze der Zukunft 82

Neue Erwerbsbiografien: Projektarbeiter 83
Nur noch ein Drittel Festangestellte 84
Unternehmen müssen Magneten für freie Radikale werden 85
Angestellte werden Jobnomaden 86
Renaissance des Outsourcing 87
Folge des Informationsmanagements: Führung als Moderation in fluiden Unternehmen! 88
Die neue Führung: Milieugräben suchen und Blickwinkel verändern 90
Die neue Generation 60/80 91
Zusammenfassung 95

Lutz Becker, Friederike Schmitz
Wie Apps Geschäftsmodelle revolutionieren **97**
Ein Tag, der IT-Geschichte schrieb 97
Herausforderung App-Economy 99
Warum man in Geschäftsmodellen denken sollte 101
Evolution und Disruption 102
Unterschiedliche Branchen – ähnliche Konsequenzen 104
App und Geschäftsmodell 109
Fazit 112
Ausblick 112
Zusammenfassung 117

Frank P. Sempert
Wie Cloud die Unternehmens IT verändert **119**
Vorbemerkung 119
Cloud IT – eine Begriffsbestimmung 120
Anwendungsmöglichkeiten und Vorteile der Cloud IT 124
Die Wahl nach Cloud-Services Anbietern 128
Open Cloud 130
Cloud IT als Wegbereiter zu veränderter Strukturen der Arbeitswelt 131
Zusammenfassung 138

Hans-Joachim Giegerich
Chancen und Risiken bei der Nutzung von Cloud Computing 139
    Einleitung 139
    Was ist Cloud Computing? 140
    Servicemodelle in der Cloud 141
    Wo ist meine Wolke? 142
    Chancen durch den Einsatz von Cloud Computing 143
    Bedenken gegen Cloud Computing 145
    Cloud Computing aus Sicht von IT-Sicherheit und Datenschutz 148
    Cloud Computing versus unternehmerische Interessen 150
    Cloud Computing versus Datenschutz 151
    Cloud Computing vs. Haftungsrisiken 152
    Herangehensweise 153
    Fazit 154
    Zusammenfassung 155

Andreas Rösch, David Schmoldt
Die strategische Bedeutung von HTML5 157
    Vorbemerkung 157
    Rich Internet Applications 158
    Asynchronous JavaScript and XML (AJAX) 159
    Java-Script Bibliotheken für Browser-basierte Applikationen 161
    RIA auf Basis von Plug-Ins 161
    Java-Script Bibliotheken für Mobile Web-Applikationen 163
    Mobile Applikationen auf Basis HTML5, CSS3 und Java-Script 163
    Die Entwicklungshistorie des HTML-Standards 165
    Der neue HTML5-Standard 167
    HTML5 – Stand der Implementierung 168
    Projekte auf Basis HTML5 170
    Fazit 172
    Zusammenfassung 175

IT-Governance: Risiken minimieren, Flexibilisierung vorantreiben

JOCHEN HAGEN, STEPHAN SALMANN, KLAUS-CLEMENS SCHOO
Strategische Steuerung im Informationsmanagement **179**
Ausgangslage 179
Modelle für strategische IT-Steuerung 181
Anpassung des SITS- Prozesses an den Steuerungskontext 188
Herleitung von vier modularen Ausprägungen des Prozessmodells 196
Zusammenfassung 204

CHRISTIAN B. VALERIUS, JAN C. KLÜVER
IT im Spannungsfeld von Merger, Acquisitions & Divestments **205**
Umbauten in Unternehmen sind an der Tagesordnung –
und sind ein Störfaktor im Tagesgeschäft der IT 205
Fusionen, Akquisitionen und Verkauf –
Investoren und Geschäftsführer unterschätzen die Rolle der IT 205
Druck auf den CIO – von vielen Seiten 206
Servicevereinbarungen auf hohem Level 207
Standardisierungen vs. Pragmatismus 208
M&A als Chance für ein neues Betriebsmodell? 208
IT-Perspektive bei Merger & Acquisition Situationen 209
IT Merger Readiness – Eine Methodik 213
Einflussfaktor IT auf den Gesamterfolg einer Firmenübernahme 220
Zusammenfassung 223

STEFFEN WEBER, STEFAN KRONSCHNABL, THOMAS JURISCH
IT-Governance, Risk & Compliance **225**
Vorbemerkung 225
IT-GRC als integriertes Managementsystem 226
Software für IT-GRC-Management 240
Voraussetzungen für eine GRC-Software 241
Effektive Umsetzung am Beispiel der GRC-Suite iIRIS 242
Zusammenfassung 249

FERDINAND WOHLFAHRT, ANDREAS GISSEL
Erfolgsfaktoren für das Management von Prozessnetzwerken **251**
Problemstellung und Zielsetzung 251
Methodik der Studie 252
Zentrale Ergebnisse 254
Diskussion und Anwendung der Ergebnisse 268
Zusammenfassung 272

WOLFGANG KSOLL
Governance und Compliance beim Cloud Computing **273**
   Historische Entwicklung 273
   Definitionen 275
   Einsatzszenarien 279
   Rechtliche Rahmenbedingungen und Compliance 286
   Wirtschaftliche Rahmenbedingungen 290
   IT-Governance und Risk-Management... 292
   Anwendungsbeispiele 299
   Ausblick 300
   Zusammenfassung 304

EBERHARD SCHOTT, JÖRG STRIEBECK
IT-Outsourcing in Deutschland... **305**
   Outsourcing in Deutschland – Ein »reifer« Markt............................. 305
   Was Outsourcing besonders macht 306
   Besonderheiten im deutschen Outsourcing-Markt 315
   Die Zukunft des Outsourcings in Deutschland 317
   Zusammenfassung 321

THOMAS SÖBBING, CHRISTOPHER STEIN
IT-Finanzierung durch Leasing **323**
   Vorbemerkung... 323
   Software-Projekt-Leasing.. 324
   Praxiserfahrung Outsourcing mit Leasing 329
   Leasinggestaltung 332
   Zusammenfassung 337

Führung: Neue Herausforderungen annehmen

MARCUS SASSENRATH, MATTHIAS UHRIG
Führungsherausforderungen für IT-Manager **341**
   Einleitung 341
   Strategieentwicklung 343
   Organisationsgestaltung im IT-Bereich 348
   Mitarbeiterführung 352
   Zusammenfassung 358

Lutz Becker, Veronika Dinius, Johannes Müller
Erfolgreiches Change Management in IT-Projekten 359
,PM in der IT' zur Wirkung von Change Management
auf den Erfolg von IT-Projekten 359
Unternehmen im Kontext evolutorischer Systeme 361
Organisationaler Wandel und Erfolgsfaktoren des
Veränderungsmanagements...................... 365
Unternehmensführung im Wandel 367
Ergebnisse aus der Praxis: Unternehmen heute.................. 374
Überlebensstrategie und Zukunftssicherung 377
Fazit.................................... 383
Zusammenfassung................................ 390

Horst Persin
Digital Natives 391
Vorbemerkung.................................. 391
Wie arbeiten und denken die sog. »Digital Natives«? 394
Auswirkungen auf Unternehmen 395
Zusammenfassung................................ 401

Johannes Wiele
Der CIO von morgen.. 403
Anforderungen an Informationsmanager,
ihren Bildungsweg und ihre Position im Unternehmen 403
Das Management braucht echte CI(S)Os 412
Zusammenfassung................................ 422

Beziehungsmanagement: Informationspotenziale ausschöpfen

Frank Widmayer
CRM – mehr als nur Software................................ 425
Einleitung 425
Ganzheitliche und strategische Einordnung der CRM-Strategie 429
Faktoren einer erfolgreichen CRM-Einführung 429
Fragestellungen zur Einbindung und Funktionalität eines CRM-Systems ... 431
Varianten des Betriebs 434
Die CRM-Einführung......................... 435
Herausforderungen und Risiken bei der Einführung................ 438
Trends und Ausblick 440
Zusammenfassung................................ 444

WALTER GORA, SIGURD SEIFERT
Mit Web 2.0 Kundenbeziehungen verbessern **445**
    Einleitung 445
    Generelle Trends, Anforderungen und Rahmenbedingungen 448
    Web 2.0 449
    Einsatz von Web 2.0 in Unternehmen 457
    SOLL-Konzept Customer Service 2.0 459
    Umsetzung 472
    Fazit 473
    Zusammenfassung 475

THOMAS FLUM, TIM KAUFHOLD
Der Einsatz mobiler Tablets im Vertrieb **477**
    Immer mehr Anwender fordern mobile Geräte in Unternehmen 477
    Der Erfolg des iPad 478
    iPads im Vertrieb – Vorübergehender Hype oder nachhaltige Vorteile? 478
    Aufbau von Applikationen zur Vertriebsunterstützung 480
    Praktischer Einsatz im Kundengespräch 487
    Der smarte Einstieg 489
    Herausforderungen – heute und in Zukunft 490
    Zusammenfassung 492

THOMAS SCHILDHAUER, HILGER VOSS
Kreative Potenziale ausschöpfen durch Crowdsourcing & Co. **493**
    Einleitung 493
    User Generated Content 494
    Crowdsourcing 495
    Open Innovation 504
    Zusammenfassung 507

Projekte und Erfahrungen

UWE WEIGMANN, KNUT DEIMER
Innovationsmanagement für den neuen Berliner Flughafen **511**
    Einleitung 511
    Anforderungen an eine Flughafen-IuK 512
    Innovationen für den BER – der BER als Innovator 523
    Zusammenfassung 538

RICARDO DIAZ ROHR
Mehr Kundenorientierung in der internen IT der EnBW **539**
Entwicklung der IT innerhalb der EnBW AG 539
Kundenorientierung als zentrales Motiv des Veränderungsprozesses 542
Exkurs: Service Desk – Zentrales Element
zur Sicherung der Kundenzufriedenheit 548
Ergebnisse 550
Fazit und Ausblick 552
Anmerkungen... 554
Zusammenfassung.. 555

LUTZ BECKER, WALTER GORA, MATTHIAS UHRIG
Informationsmanagement, eine unterschätzte Disziplin?
Ein Disput der Herausgeber.. **557**

Herausgeber und Autoren

Herausgeber

LUTZ BECKER
Prof. Dr. Lutz Becker lehrt Unternehmensführung und internationales Management an der Karlshochschule International University in Karlsruhe und leitet dort den Masterstudiengang »Leadership«. Er ist seit vielen Jahren als Managementberater und IT-Unternehmer (www.inscala.com) tätig und hat sich als Autor zahlreicher Buch- und Zeitschriftenveröffentlichungen zu Technologie- und Managementfragen einen Namen gemacht.
E-Mail: lbecker@karlshochschule.de

WALTER GORA
Prof. Dr.-Ing. Walter Gora ist Geschäftsführer der Valora Management Group und als Unternehmensberater für Großunternehmen und die Öffentliche Verwaltung tätig. Am Institute of Electronic Business (IEB) in Berlin und bei der ZfU - International Business School (CH) ist er als Dozent für IT-Strategie und IT-Management tätig. Er war Gründer der Unternehmensberatung Gora, Hecken & Partner und bei EDS als Vice President verantwortlich für den Government-Sektor in EMEA Central (www.walter-gora.de).

MATTHIAS UHRIG
studierte Betriebswirtschaft und Wirtschaftsinformatik an der Universität Frankfurt am Main. Im Jahre 1989 gründete er die INTARGIA Managementberatung GmbH, deren Geschäftsführender Partner er bis heute ist. Seine Arbeitsschwerpunkte liegen in der IT-Strategie- und Managementberatung, im Bereich der Projekt-Governance großer Technologieprojekte sowie in gutachterlichen Tätigkeiten für Unternehmen und Gerichte als vereidigter Sachverständiger. Matthias Uhrig ist Beauftragter der Hessischen Landesregierung für die Wiesbadener IT-Gespräche, Vorsitzender des Beirats des international führenden Teeanbieters Ronnefeldt sowie Koordinator für IT-Themen des Exzellenzclusters House of Logistics & Mobility (HOLM).

Autoren

RICARDO DIAZ ROHR
trat im Jahr 2005 als Managing Director IT in den EnBW Konzern ein und wurde 2007 zum Senior Vice President der IT ernannt. Sein Verantwortungsbereich umfasst mit rund 670 Mitarbeitern den Shared Service IT mit den Hauptfeldern Beratung, Anwendungsentwicklung sowie -instandhaltung, Infrastrukturbetrieb und Desktop-Services. Im Jahr 1993 absolvierte er das Studium der Betriebswirtschaftslehre. Während seines Studiums arbeitete er in der Marktforschungsabteilung des Lufthansa Konzerns. In seiner Rolle als Assistent eines Lufthansavorstandes und in verschiedenen Vertriebs- und Internetprojekten sammelte Ricardo Diaz ab 1993 grundlegende Managementerfahrungen, bevor er im Jahr 1995 die Abteilung Vertriebssysteme und -strategie übernahm. Nach seiner Beförderung 1997 zum Hauptprojektleiter für das Informa-

tionsmanagement, übernahm er im Jahr 1998 die Funktion »Vice President Informationsmanagement« und »Divisional CIO« des Passagierbereiches der Lufthansa. 2002 wechselte Herr Diaz zur Lufthansa Cargo AG als Vice President Informationsmanagement und CIO. Ricardo Diaz hat seinen Abschluss als Diplom-Kaufmann 1993 an der Universität Frankfurt a.M. erlangt und einen Ph.D. an der Universität von Birmingham absolviert.

KNUT DEIMER
Dipl.-Mathematiker (Uni Dortmund) Knut Deimer, war nach seinem Studium bei verschiedenen Industrieunternehmen (Akzo, Exxon Chemical, Krupp Atlas Datensysteme, VW-Gedas) tätig. Zunächst arbeitete er in der Software-Entwicklung und System-Administration. Später lag der Schwerpunkt auf der Konzeption und der Realisierung komplexer Steuerungs- und Logistiksysteme und dem Management von Großprojekten. Seit 1994 ist Herr Deimer bei den Berliner Flughäfen verantwortlich für den gesamten IT-Bereich. Neben dem Betrieb der vorhandenen Flughäfen liegt der Schwerpunkt seiner Arbeit auf der Planung der IuK-Infrastruktur und deren Inbetriebnahme für den in Bau befindlichen neuen Hauptstadt-Flughafen Berlin Brandenburg (BER). Im Jahre 2008 wurde Herr Deimer als CIO des Jahres 2008 in der Kategorie Mittelstand ausgezeichnet (Computerwoche, CIO).
E-Mail: Knut.Deimer@berlin-airport.de

VERONIKA DINIUS
B.A., schloss ihr Bachelorstudium 2009 mit einem deutschen Bachelor in »International Management« an der Karlshochschule International University (Karlsruhe) und einem englischen Bachelor in »European Business« an der University of Lincoln (UK) ab. Seit 2010 ist sie im Masterstudiengang »Leadership« an der Karlshochschule eingeschrieben. Neben ihrem Masterstudium arbeitet sie als Assistentin des Senior Vice President IT bei der EnBW AG in Karlsruhe. Im Rahmen der InterPM 2010, einem von der GPM organisierten Kongress, stellte sie ihre Studie zu Psychological Ownership (PO) vor, die das Vorhandensein und die Konsequenzen von PO im Unternehmen untersucht.
E-Mail: vdinius@karlshochschule.de

THOMAS FLUM
ist Geschäftsführer der equeo GmbH, Spezialist für mobile Anwendungen mit Sitz in Berlin. Außerdem ist er seit 2003 Vorstandsvorsitzender des Instituts of Electronic Business IEB in Berlin, einem An-Institut der Universität der Künste.
1995 gründete er digital spirit und war bis 2007 Geschäftsführer dieses führenden E-Learning-Spezialisten.

HAJO GIEGERICH
Dipl.-Ing.(TU) Hans-Joachim Giegerich ist seit 1989 beruflich mit Netzwerktechnik befasst. Seit 1993 ist er Gesellschafter und Geschäftsführer der Firma Giegerich & Partner, welche sich schwerpunktmäßig mit der Entwicklung sicherheitsrelevanter Software und der Implementation sicherer Netzwerkumgebungen befasst.

ANDREAS GISSEL
studierte Wirtschaftsingenieurwesen mit dem Schwerpunkt Unternehmensplanung an der Universität Karlsruhe und war anschließend im Logistikbereich bei der Robert Bosch GmbH sowie in der Unternehmensberatung tätig. 1998 promovierte er an der Universität Karlsruhe zum Thema »Wissensbasierte Systeme in der Arbeitszeitorganisation« und wechselte anschließend in den internationalen Beratungsbereich der SAP AG. Hier war er als Projektleiter und Global Support Manager an einer Vielzahl von Beratungsprojekten in verschiedenen Branchen tätig. Seit 2001 ist er Professor für Logistik und Organisation an der FH Ludwigshafen.

JOCHEN HAGEN
Nach seinem Informatik Studium in Bonn 1996 war Jochen Hagen international in der

Telekommunikationsbranche unter anderem für AT&T, Global Crossing, Level 3 und die KPN tätig. Schwerpunkt hierbei war das Produktmanagement und das Erschließen neuer Märkte. Diese praktische Erfahrung wurde durch 2005 einen MBA der Erasmus Universität Rotterdam abgerundet. Schon seine Position im Senior Management bei der Deutschen Telekom bis 2009 prägte sein heutiges Schwerpunktthema IT-Management und Enterprise Architecture Management (EAM) und prädestinierte ihn für seine heutige Rolle als Senior Vice President IT-Architecture, IT-Qualitymanagement und IT-Security bei der Deutschen Post.

SVEN GÁBOR JÁNSZKY
Dipl. journ., Sven Gábor Jánszky (38), ist Trendforscher und Leiter des 2b AHEAD ThinkTanks. Auf seine Einladung treffen sich seit zehn Jahren 250 CEOs und Innovations-Chefs der deutschen Wirtschaft zum innovativsten Business-ThinkTank Deutschlands. Er coacht Unternehmen in Trend- und Innovationsmanagement und ist gefragter Keynotespeaker auf Strategietagungen. Er ist Präsident des Verwaltungsrates der 2b AHEAD ThinkTank AG in St. Gallen, Aufsichtsrat der Karlshochschule International University und Unternehmensbeirat der Management Circle AG. Jánszky war Vize-Jugend-Mannschafts-DDR-Meister im Schach 1988. Er bestieg den Kilimandscharo und läuft demnächst seinen 18. Marathon.

THOMAS JURISCH
Dr. Thomas Jurisch ist geschäftsführender Gesellschafter der INTARGIA Managementberatung mit Sitz in Dreieich. Nach seiner Tätigkeit als CIO in der Sparte Kälte- und Einrichtungstechnik bei der Linde AG bis ins Jahr 2000 trat er als Partner in das Beratungsunternehmen ein. Er leitet u. a. den Beratungsbereich IT-Risikomanagement und hat neben einem Aufsichtsratsmandat mehrere Mandate als externer Datenschutzbeauftragter.

TIM KAUFHOLD
sammelte Managementerfahrung bei Reader's Digest Deutschland, der Egmont-Gruppe, Wolters Kluwer, sowie als Unternehmensberater. Seit 2009 ist er für die Produktentwicklung und die operativen Prozesse der equeo GmbH, einer Agentur für innovative Lösungen auf mobilen Geräten, verantwortlich.

JAN KLUEVER
ist seit 2010 IT-Governance-Berater bei Hewlett-Packard. Nach seinem Studium der Wirtschaftsinformatik mit Schwerpunkt IT Governance im dualen System in Partnerschaft mit EDS von 2006 bis 2010 konzentriert er sich bei HP Hewlett-Packard vorwiegend auf die Bereiche Multi-Supplier-Governance und Mergers & Separations Consulting.

STEFAN KRONSCHNABL
Dr. Stefan Kronschnabl ist Direktor des Competence Centers IT-Governance der ibi research an der Universität Regensburg GmbH und leitet dort Forschungs- und Beratungsaufträge im Bereich GRC-Management. Weiterhin ist er Lehrbeauftragter der Universität Regensburg und im Editorial Board der Zeitschrift »BIT - Banking and Information Technology«. Vorher war er für die HVB Informationsservices GmbH und der Commerzbank AG tätig.

DANIEL KRZYZAK
studierte Betriebswirtschaft und Information Management an den Hochschulen Aschaffenburg und Darmstadt. Nach fast zehn Jahren Selbstständigkeit im Bereich E-Commerce berät er seit 2007 als Seniorberater der INTARGIA Managementberatung mittelständische Unternehmen in Auswahl, Konzeption, Implementierung und Betrieb moderner Enterprise-Systeme.

WOLFGANG KSOLL
Der Autor ist seit 2008 als Unternehmensberater selbständig und lebt in Berlin. Zuvor war er acht Jahre als Senior Manager in einer

internationalen Unternehmensberatung der Big-Five-Wirtschaftsprüfungsgesellschaften. 10 Jahre war er als Business Developer, Projektleiter und Systems Engineer bei einem IT-Dienstleister (GE Compunet). In den 1980er Jahren war er im Rechenzentrum der TU Berlin tätig, wo er mithalf, das Internet zu nutzen. In Aachen und Berlin studierte er das Bergfach, nachdem er vier Jahre im Steinkohlenbergbau unter Tage als Bergmann erste Berufserfahrungen sammelte.
Wolfgang Ksoll, wk@wolfgang-ksoll.de

JOHANNES MÜLLER
schloss sein Bachelorstudium 2009 mit einem deutschen Bachelor in »International Management« an der Karlshochschule International University (Karlsruhe) sowie einem Bachelor in »European Business« an der University of Lincoln (UK) ab. Seit 2010 ist er in dem von Prof. Dr. Lutz Becker geleiteten konsekutiven Masterstudiengang »Leadership« an der Karlshochschule eingeschrieben. Neben seiner Studientätigkeit arbeitet er im Strategischen IT-Innovationsmanagement der EnBW AG in Karlsruhe. Er spielt Klavier, Basketball und schreibt im Kontext von Change Management, Innovation & Sustainability.

HORST PERSIN
war im Management internationaler Unternehmen der IT-Branche (Compaq, Tektronix, Veritas) tätig und verfügt über eine mehr als 20-jährige Branchenerfahrung, die bei Siemens-Nixdorf im Key Account Management begann.
Seine berufliche Tätigkeit in mittelständischen und international operierenden IT-Unternehmen ähnelt stark der eines Interims-Managers. Immer wieder stand er vor der Aufgabe, für eine gewisse Zeit das Ruder in die Hand zunehmen und die Unternehmen hinsichtlich Marketing und Vertrieb strategisch neu auszurichten und wieder auf Kurs zu bringen. Hierdurch erhielt er auch tiefe Einblicke in die Bereiche Outsourcing, B2B, Hard- und Software, Dienstleistung und in das Zusammenspiel zwischen Unternehmenspolitik, Mitarbeitern und Betriebsrat.
Die nationale und internationale Vernetzung, die Arbeit in diversen Fach- und Wirtschaftsverbänden und der persönliche Kontakt zu Führungspersönlichkeiten aus Politik und Wirtschaft qualifizieren ihn als einen der Top-Turnaround- und Interims-Manager in Deutschland. Horst Persin ist heute Geschäftsführer der HPMC GmbH und Co. KG.

ANDREAS RÖSCH
Dr. Andreas Rösch M.S. ist geschäftsführender Gesellschafter der Rösch & Associates GmbH, Frankfurt und Associate Partner bei der INTARGIA Managementberatung GmbH, Dreieich. Nach dem Studium der Elektrotechnik an der TU-Darmstadt, der Informatik an der Oregon State University, USA und anschließender Promotion an der TU-Berlin arbeitet er als Technologieberater und ist als Lehrbeauftragter der Philipps-Universität Marburg am Institut für Wirtschaftsinformatik tätig.

STEPHAN SALMANN
ist Geschäftsführer und Mitgründer der corporate quality consulting GmbH. Er studierte Betriebswirtschaftslehre und Wirtschaftsinformatik an der Universität zu Köln. Zu seinen Beratungsschwerpunkten zählen die Themen IT-Industrialisierung, strategische Steuerung der IT, Internationalisierung und IT-Produktmanagement.

MARCUS SASSENRATH
ist Geschäftsführer der manicma GmbH. Nach dem Studium der Volkswirtschaftslehre und einigen Jahre bei der SAP AG gründete er ein IT-Beratungsunternehmen. Marcus Sassenrath ist IT-Leiter eines mittelständischen Handelsunternehmens und arbeitet als Unternehmensberater und Trainer in der IT-Branche.

THOMAS SCHILDHAUER
Prof. Dr. Dr. Thomas Schildhauer ist leitender Direktor des Institute of Electronic Business (IEB), Universitätsprofessor am Lehrstuhl E-Business an der Universität der Künste (UdK)

in Berlin und lehrt an der Uni St. Gallen im Master Information-Management-Technologie. Er ist Mitglied in zahlreichen wissenschaftlichen Beiräten und Aufsichtsräten. Er berät internationale Unternehmen in Fragen des E-Business, digitaler Kommunikation, Marketing und der IT.

FRIEDERIKE SCHMITZ
hat ein betriebswirtschaftliches Bachelorstudium in Messe-, Kongress- und Eventmanagement an der Karlshochschule International University sowie an der California State University of Fullerton absolviert. Ihr weiterer beruflicher Weg führte sie zu KPMG und Siemens.

DAVID SCHMOLDT
Dipl.-Kfm. David Schmoldt studierte Betriebswirtschaftslehre mit Schwerpunkt Wirtschaftsinformatik an der Philipps-Universität Marburg. Er arbeitet als Technology Consultant bei Rösch & Associates GmbH, Frankfurt und ist externer Promotionsstudent an der Philipps-Universität Marburg. Sein Forschungsschwerpunkt sind Technologietrends im Umfeld der Telemedizin.

KLAUS-CLEMENS SCHOO
ist Principal bei der corporate quality consulting GmbH. Er ist zuständig für die Beratung zu IT-Strategie, Planung und Steuerung. Er verfügt über eine langjährige Erfahrung als Berater in Industrie und öffentlicher Verwaltung. Er war in der Softwareentwicklung und -einführung als Berater und Projektleiter tätig. Er war 9 Jahre lang CIO eines führenden Pharmaherstellers in Deutschland, und europaweit zuständig für Anwendungsplanung.

EBERHARDT SCHOTT
ist seit 2004 Professor für Datenverarbeitung, Marketing und Organisation an der Hochschule Aschaffenburg und seit 2006 Partner der INTARGIA Managementberatung in Dreieich. Derzeit ist er beurlaubt, um als Geschäftsführer das House of IT in Darmstadt aufzubauen.

SIGURD SEIFERT
Dipl.-Kaufmann Sigurd Seifert, Jahrgang 1962, studierte Wirtschaftswissenschaften in Mainz und Saarbrücken. Nach dem Studium begleitete er Positionen in Beratung und Vertrieb personalwirtschaftlicher Softwarelösungen. Anschließend war er in leitenden Positionen im Bereich HR-Projekte und Dienstleistungen tätig. Seit 2002 bei ADP, dem weltweit führenden HR-Dienstleister, ist er heute für die Verbesserung und Optimierung von Geschäftsprozessen und Kundenbeziehungen als Direktor verantwortlich. Aus der langjährigen Praxiserfahrung im Personalwesen und den aktuellen Erkenntnissen eines sich immer schneller verändernden WWW sowie der aktuellen Herausforderungen im Personalwesen entstand die WEB-2.0-Plattform ADP Personalmanager.

FRANK P. SEMPERT
ist seit 2008 Senior Program Executive, Europe, der Saugatuck Technolo-gy Inc., einem US-amerikanischen IT Research und Strategieberatungsunternehmen.
Weiterhin ist er Vorstand der Open Source Business Foundation e.V.
Davor bekleidete Frank Sempert Führungspositionen als CEO und President mehrerer IT Unternehmen, wie Ericson Information Systems, Teamco und Informix. Für sechs Jahre war er Geschäftsführer Zentraleuropa von Gartner.
Frank Sempert ist Buchautor und seit Jahren ständiger Verfasser von Fachaufsätzen aller Bereiche der angewandten Informationstechnologie, er ist häufiger Keynote-Speaker auf vielfältigen Kongressen und Veranstaltungen und gilt als anerkannter Kenner der Industrie. Die Tätigkeit für Saugatuck Technology, die anerkannt als eine der bedeutenden Analyst Firm im Bereich Cloud IT gilt, verbindet für Frank Sempert seit etlichen Jahren eine intensive Beschäftigung mit dem Thema.

THOMAS SÖBBING
Dr. Thomas Söbbing, LL.M., ist der Bevollmächtigte Recht und Mitglied des Manage-

ment Team der Deutsche Leasing Information Technology. Er war zuvor in leitenden und beratenden Aufgaben bei IBM, KPMG und Siemens tätig und hat mit über 250 Unternehmen (inkl. 3/4 aller Dax-Konzerne) Verträge verhandelt, insbesondere hat er den größten Vertrag der Siemens AG (7,8 Mrd. EUR Outsourcing) längere Zeit rechtlich betreut. Er hat Jura in Münster studiert, war Referendar am LG Münster & Essen und hat jur. Studienprogramme an den Universitäten in Oxford, Washington und Shanghai erfolgreich absolviert, sowie an der Universität St. Gallen Seminare zur Wirtschaftsinformatik besucht. Er ist ehemaliger Mitarbeiter des sehr bekannten IT-Rechtlers Prof. Hoeren und war Lehrbeauftragter in dem nur mit jur. Prädikatsexamen zugänglichen Masterstudiengang für Business and Economic Law an der Martin-Luther Universität.
Er ist Vice President der European Outsourcing Association, Vorsitzender des Euroforum Advisory Board IT Recht, Herausgeberbeirat der Zeitschrift MR-Int und Autor des Handbuchs IT Outsourcing (3. Auflage) sowie Berater des Handelsblatts.

CHRISTOPHER STEIN
ist der Manager Business Development bei der Deutschen Leasing AG im IT-Leasing. Die Deutsche Leasing ist der Marktführer in Deutschland für herstellerunabhängiges Leasing und gehört zur Sparkassen-Finanzgruppe. Herr Stein war zuvor für eine Unternehmensberatung tätig, im Anschluss daran führte Herr Stein ein MBA-Studium in Großbritannien durch. Für die Deutsche Leasing arbeitete er zunächst als Produktmanager. Der heutige Schwerpunkt seiner Arbeit liegt auf der strategischen Geschäftsfeldentwicklung des IT-Leasings. Dazu zählen neben generellen Weiterentwicklungen in neue Märkte Konzepte wie Spezialmodelle für Outsourcing-Projekte, Entwicklung von Partnerprogrammen für größere Vendoren, sowie die Konzeption von innovativen Modellen z. B. für Cloud Computing.

JÖRG STRIEBECK
ist seit 2004 Partner der INTARGIA Managementberatung, die Unternehmen an der Nahtstelle von Informationsmanagement und Geschäftsprozessen berät. Sein Spezialgebiet ist die Gestaltung von IT-Serviceorganisationen und das Zusammenspiel mit Outsourcing-Partnern.

CHRISTIAN VALERIUS
Dipl.-Ing. Christian B. Valerius studierte Elektrotechnik an der TU Braunschweig mit Vertiefung Wirtschaftswissenschaften an der TU Berlin. Er führte bis 2006 ein weltweit tätiges Beratungsunternehmen zur Automatisierung der Textilindustrie und ist seit 2006 Business Consultant Master bei HP Hewlett-Packard GmbH. Sein Arbeitsschwerpunkt sind globale Transformationen, die er sowohl als Berater, als auch als Program Direktor begleitet.

HILGER VOSS
Dipl.-Medienberater Hilger Voss ist wissenschaftlicher Mitarbeiter am Institute of Electronic Business e. V. (IEB), einem An-Institut der Universität der Künste Berlin (UdK).

STEFFEN WEBER
M.Sc. Steffen Weber ist Senior Consultant bei der INTARGIA Managementberatung mit Sitz in Dreieich. Nach 6 Jahren Tätigkeit in verschiedenen IT-Funktionen im Heraeus-Konzern in Deutschland und den USA arbeitet er seit 2007 bei der INTARGIA, u. a. als Lead Auditor im Beratungsbereich IT-Risikomanagement.

UWE WEIGMANN,
Jahrgang 1950. Physikstudium und Promotion an der Technischen Universität Berlin, anschließend wissenschaftlicher Mitarbeiter am Chemistry Department der Universität Toronto, der Max-Planck Gesellschaft und ab 1985 bei der Fraunhofer Gesellschaft. Betreuung der Deutschen Beiträge in den EUREKA-Mikroelektronikforschungsprogrammen JESSI und MEDEA. Seit 2007 Leiter des Projekts Modern Airport der TSB Innovationsagentur Berlin, das zusammen mit den Berliner

Flughäfen durchgeführt wird. Mitbegründer des easc e.V., der Airport Security Forschung betreibt.

FRANK WIDMAYER
studierte Wirtschaftsingenieurwesen an der Universität Karlsruhe (TH) und begann seine berufliche Laufbahn bei der CAS Software AG im Jahr 1990 als Software-Ingenieur. Von 2000 bis März 2011 war er Mitglied des CAS-Vorstands und zuständig für Finanzen, Personal und Organisation. Seit April 2011 ist er selbständiger Unternehmensberater in den Bereichen Strategie, Personal- und Organisationsentwicklung. Er ist Lehrbeauftragter an der Karlshochschule International University in Karlsruhe.

JOHANNES WIELE
Dr. phil. Johannes Wiele M.A. ist Lehrbeauftragter im Master-Studiengang »Leadership« der Karlshochschule International University, Karlsruhe. An der Ludwig-Maximilians-Universität München beteiligt er sich an Projekten zur »Psychologie der Informationssicherheit«. Er arbeitet als Senior Consultant für Informationssicherheit und Datenschutz bei der TÜV Rheinland i-sec GmbH.

FERDINAND WOHLFAHRT
ist Senior Consultant im Financial Management bei der Detecon Schweiz (AG) in Zürich und hat über 7 Jahre Beratungserfahrung mit Schwerpunkt im Bereich Business Process Reengineering und Geschäftsprozessoptimierung in den Branchen Finanzdienstleistung, Pharma, Telekommunikation und IT sowie Maschinen- und Anlagenbau.
Er studierte an der Hochschule Ravensburg-Weingarten Technik-Management und erwarb zusätzlich einen MBA an der Fachhochschule Ludwigshafen und der Universität Educatis. Seine MBA Thesis mit dem Fokus auf die operative Umsetzung von inter- und intraorganisationalen Kooperationsstrategien trägt den Titel »Management von Prozessnetzwerken - Ein Ansatz auf Basis der Performance Messung mittels Kennzahlen«

Vorwort

Informationsmanagement ist der zielgerichtete Einsatz von Informations- und Kommunikationstechnologien, um die Geschäftsziele und -prozesse eines Unternehmens optimal zu unterstützen. Doch was bedeutet dies konkret? Wie sieht ein modernes und erfolgreiches Informationsmanagement aus? Welche Auswirkungen hat dies auf das »Business«, die Organisation und die personellen Ressourcen?

Kaum ein anderes Thema wird in den Unternehmen so intensiv diskutiert wie das Informationsmanagement. Neue Technologien wie Web 2.0, neue Internet-basierende Interaktionen mit den Kunden sowohl im B2B- als auch im B2C-Markt, neue Anwendungen und neue Geschäftsmodelle sorgen für Chancen, aber auch eine hohe Unsicherheit bei den Unternehmen. Zwar gibt es das Internet schon seit einigen Jahrzehnten, doch die Technologien und Geschäftsmodelle (z. B. Social Media) haben zu Umwälzungen geführt. So verliert nicht nur der klassische Handel an Bedeutung, auch Dienstleistungen werden zunehmend »digitalisiert«.

Vor dem Hintergrund dieser Herausforderungen will das vorliegende Buch nicht nur eine praxisbezogene Unterstützung geben, sondern auch als Leitlinie für den Umgang mit diesem Thema dienen. Dies bedeutet insbesondere, dass in den einzelnen Buchbeiträgen Antworten auf folgende Fragen gegeben werden:
⇨ Wie können moderne Informationstechnologien helfen ein Unternehmen noch erfolgreicher zu machen?
⇨ Welchen Einfluss hat die digitale Kommunikation auf tradierte Geschäftsmodelle? Was bedeutet »Leadership« in einer digitalen Welt?
⇨ Wie kann das Informationsmanagement eine Innovationsfunktion übernehmen und damit zum Treiber von Innovationen (Prozesse, Produkte, Geschäftsfelder) werden?

⇨ Welche Wettbewerbsvorteile kann die konsequente Abstimmung von Businesszielen mit den Unterstützungspotenzialen der IT bieten?
⇨ Welche Auswirkungen haben digitale Geschäftsmodelle für vorhandene IT-Architekturen und IT-Lösungen?
⇨ Wie sieht eine moderne Strategieentwicklung im IT-Bereich aus, insbesondere unter dem Aspekt einer hohen Unsicherheit der Marktteilnehmer und der Kurzlebigkeit von Trends?

Das vorliegende Buch will eine fundierte Hilfestellung geben, wie diese Herausforderungen pro-aktiv angegangen und gelöst werden können. Es umfasst die verschiedenen Facetten des Informationsmanagements und zeigt auf, wie ein Unternehmen mit den Notwendigkeiten der »Digitalen Kommunikationswirtschaft« umgehen sollte.

Die Herausgeber bedanken sich an dieser Stelle bei allen Autoren und dem Verlag Symposion Publishing, die dazu beigetragen haben, dass diese grundlegende Thematik sowohl methodisch als auch inhaltlich umfassend aufgearbeitet werden konnte.

Die Herausgeber

Neue Technologien: Wie sie Geschäftsmodelle revolutionieren

Neue Geschäftsmodelle durch Informationsmanagement..... 25
Lutz Becker

Ecosystem Resource Engineering:
Das ERP der Zukunft 55
Matthias Uhrig, Daniel Krzyzak

Arbeitswelt 2020: So ändern sich Business
und Führung 73
Sven Gábor Jánszky

Wie Apps Geschäftsmodelle revolutionieren 97
Lutz Becker, Friederike Schmitz

Wie Cloud die Unternehmens IT verändert 119
Frank P. Sempert

Chancen und Risiken bei der Nutzung
von Cloud Computing... 139
Hans-Joachim Giegerich

Die strategische Bedeutung von HTML5 157
Andreas Rösch, David Schmoldt

Neue Geschäftsmodelle durch Informationsmanagement

»Ja, mach nur einen Plan, sei nur ein großes Licht, und mach dann noch 'nen zweiten Plan, gehn tun sie beide nicht.« Ob Bert Brecht seinerzeit ahnte, wie sehr der technologische Wandel dereinst die Möglichkeiten und Notwendigkeiten, Geschäftsmodelle zu entwickeln, revolutionieren würde?

In diesem Beitrag erfahren Sie:
- warum Innovation heute mehr mit Geschäftsmodellen zu tun hat, als mit Technik,
- wie man Geschäftsmodelle entwickelt und daraus einen Business Plan macht
- warum das Geschäftsmodell ein Führungsinstrument ist.

LUTZ BECKER

»Nichts ist real, solange Menschen nicht darin übereinstimmen, dass es real ist.« [1]

Hätte ich meinen Großvater nach seinem Geschäftsmodell gefragt, hätte er mir wohl kaum eine Antwort geben können. Er hat halt Messer produziert und verkauft, wie so viele Solinger Unternehmer in der lokalen Tradition mehr oder weniger erfolgreich Messer und andere Schneidwaren hergestellt und verkauft haben. Sicherlich gab es damals schon Spezialisierungen, unterschiedliche Vertriebswege und sicher auch echte Alleinstellungsmerkmale, wie man heute sagen würde. Aber ein strukturiertes Geschäftsmodell gab es kaum. Das was man tat, war die Fortsetzung einer Tradition, die geschäftliche Verwertung von Erfindungen und persönlichen Fähigkeiten oder ein emergenter Prozess, bei dem man in die eigene Unternehmensgeschichte einfach hineingewachsen ist.

Spätestens seit der Dot.com Blase der Jahrhundertwende ist Begriff Geschäftsmodell oder Business Model nahezu omnipräsent. Wer erinnert sich nicht an Unternehmen, die für »popelige« Ideen, großspurig als Geschäftsmodelle verkauft, fette Schecks hingeblättert bekamen. Ich erinnere mich an Firmen mit Monsterständen auf der CeBIT, die wenn man richtig hingeschaut hat, noch keine funktionierende Zeile Code präsentieren konnten, geschweige denn eine schlüssige Idee davon hatten, wie sie ihre Ideen am Markt monetarisieren konnten. Das Geschäftsmodell war der Fetisch der Generation Dot.com und ist es seither geblieben.

Nicht allen Dot.com Geschäftsmodellen mangelte es an Substanz und Nachhaltigkeit, was Unternehmen wie Google oder Amazon heute eindrucksvoll beweisen. In Zeiten der App Economy hat das Thema Geschäftsmodelle sogar erneut einen kräftigen Schub bekommen. Natürlich ist nicht jede neue App ein Verkaufsschlager, aber das App-Prinzip wirbelt die Kräfteverhältnisse manch etablierter Branche kräftig durcheinander. Während etwa der Springer Verlag rückläufige Zeitungsauflagen meldet, wurden diese durch Apps von »Bild« oder »Die Welt« aufgefangen. Etwa ein Viertel seines Gewinns erzielt Springer laut eigener Aussage Mitte 2011 im digitalen Bereich. [2] Man denke aber nicht nur an die Presselandschaft, sondern auch an andere traditionelle Branchen, wie die Personenbeförderung: Drückt man einen Knopf auf meinem iPhone, fährt wenige Minuten später ein Taxi vor – eine Entwicklung, diese Voraussage darf man wagen, die die Branche auf Dauer verändern und zu Konzentrationsprozessen führen wird. Selbst ein in einer eher traditionell strukturierten Industrie beheimatetes Unternehmen wie Vaillant, der Remscheider Hersteller von Gasheizungen, nutzt Apps als Vehikel, um Fachpartner an sich zu binden um damit seine Wettbewerbsposition auszubauen [3]

Die US-amerikanische State Farm Insurance hat ein System entwickelt, das aus zwei Boxen besteht, von denen die eine an den Diagnose-Port des Autos, die andere an die Sonnenblende geklemmt wird. Nicht nur, dass mit Hilfe des Systems im Notfall Krankenwagen oder Pannenhilfe an den Ort des Geschehens gerufen werden können, das

System kalkuliert vor allem aus dem tatsächlichen Fahrverhalten die Versicherungsprämie. [4] Auch in Europa verspricht man sich viel von derartigen »maßgeschneiderten« Geschäftsmodellen. So diskutierte ich kürzlich darüber mit einem skandinavischen Investor, der gezielt nach Investitionsmöglichkeiten in solche »digitale« Geschäftsmodelle für die Versicherungsbranche Ausschau hält. Z. B. Modelle, bei denen die Versicherungsprämie heruntergestuft wird, solange das Auto in der heimischen Garage steht. Diese Modelle lassen sich auf vielfältige Weise weiterdenken, etwa in Richtung auf Mobilitätspauschalen: Statt ein Auto zu kaufen und für Sprit zu bezahlen, ist eine Mobilitäts-Flatrate – eine Art universelle »Bahncard« für verschiedene Verkehrsmittel – denkbar, oder es wird eine Kilometerpauschale abgebucht, die davon abhängig ist, welches Verkehrsmittel man zu welcher Zeit nutzt. GPS, Apps und andere Gadgets machen Geschäftsmodelle möglich, die die bestehenden Paradigmen nicht nur in Bezug auf Markt und Wettbewerb, sondern auch auf Wertketten und Organisation im Unternehmen über den Haufen werfen – und wir stehen erst ganz am Anfang.

Je mediatisierter unsere Welt wird, desto wichtiger wird es, in solchen komplexen mediatisierten Geschäftsmodellen zu denken. Bereits Mitte der 1980er Jahre formulierten die Ökonomen Reinhard Rock und Klaus Rosenthal auf geradezu prophetische Weise: »Die mediatisierte Kommunikation wird selbst zu einem kontingenten Rahmen für marktliche Austauschprozesse.« [5] Will sagen: Die Medien sind nicht nur Ermöglicher von Kommunikation, sondern bilden einen Rahmen, außerhalb dessen wirtschaftliches oder soziales Handeln nicht oder kaum mehr möglich ist. Das gilt für den einzelnen Bürger genauso, wie für Wirtschaft, Politik und Verwaltung.

Die durch diese Mediatisierung überhaupt erst im heutigen Ausmaß möglich gewordene Globalisierung steigert nicht nur wirtschaftliche wie soziale Komplexität und Dynamik, sondern erhöht auch den Druck, sich dem Wettbewerb durch Differenzierung und Unterscheidbarkeit in den Geschäftsmodellen zu stellen. Diese Differenzierung lässt sich angesichts zunehmenden globalen Adaptions-, Verfolger- und

Plagiasierungswettbewerb (der per se nicht schlecht, sondern von einer höheren Warte gesehen, für Wirtschaft und Gesellschaft sogar sehr vorteilhaft ist) [6], nicht mehr allein über Produkteigenschaften wie Kosten oder Qualität herstellen. Stattdessen verlagert sich der Wettbewerb von den materiellen auf immaterielle Eigenschaften des Angebotes, oder wie es Reinhard Rock, Peter Ulrich und Frank Witt seinerzeit treffend formulierten: »In der betrieblichen Praxis geht die Gleichung, dass vermehrter Einsatz von Technik mit Rationalisierung und automatischem Produktivitätsgewinn gleichzusetzen ist, immer weniger auf. Jenseits technischer Rationalität wird die Verbindung von Arbeit und Technik immer zu einem Problem sozialer und ökonomischer Rationalität.« [7]

Als Folge der Immaterialität verschwinden Grenzen. In den Zeiten meines Großvaters galt die für uns heute fast schon naiv anmutende Vorstellung, dass Unternehmen dicke Ziegelwände und einen Schornsteinstein haben, und der Erfolg dann garantiert war, wenn die Stückkosten der Güter, die in das eine Tor hineingingen, geringer waren, als die Stückerträge der Produkte, die aus dem Tor wieder herausgeschafft wurden. Aber genau dieses Bild wurde von einer Gemengelage aus Internet, Globalisierung und globalem Wettbewerb, Konzentrationsprozessen und zunehmend gesättigten Märkten ad absurdum geführt.

Auch diese Erkenntnis ist im Grunde nicht neu, wie es Wuppertaler Ökonomen um Bernd Biervert ebenfalls schon in den 1980ern verdeutlichen: »Die Unternehmen stehen daher vor der Aufgabe der gleichzeitigen Ausschöpfung von Rationalisierungs- und Diversifizierungspotenzialen. Eine generelle, übergreifende Strategie scheint vor diesem Hintergrund darin zu bestehen, die jeweilige Kombination von Betriebs- und Angebotsform und Sortiment selbst variabel zu gestalten, sie als strategische Option zu begreifen. In der Konsequenz werden die Branchengrenzen zur Disposition gestellt.« [8] Diese These wurde acht Jahre bevor Amazon und eBay erstmals ans Netz gingen formuliert. Jetzt ist es offensichtlich so geschehen, wie prophezeit.

Wie das Beispiel Apple zeigt, finden radikale und sytemverändernde Innovationen größenteils cross-sektoral, also zwischen den etablierten

Märkten und Industrien durch eine interdisziplinäre Verknüpfung von Geschäftsmodellen statt. [9] Steve Jobs ist es gelungen, die Teile der Geschäftsmodelle von Hardwareindustrie, Internetbusiness und Mediendistribution neu zu konfigurieren; die DNA verschiedener Industrien zusammenzuführen, unnützes Erbgut auszusortieren und das Ganze zu einer neuen Geschäftsmodell-Kreation zu verbinden.

Manche dieser Geschäftsmodelle entstehen scheinbar aus dem Nichts: Den geradezu explosionsartigen Erfolg von Facebook oder Twitter konnten Techniker und traditionelle »Industrie-« Ökonomen weder voraussehen, noch können sie diesen mit ihren Modellen sinnvoll erklären. Dabei ist es auch vermessen anzunehmen, dass neue Geschäftsmodelle für die Ewigkeit angelegt wären: Die meisten auf Informations- und Kommunikationstechnologien aufbauenden Modelle sind ein höchst flüchtiges Gut. Sie kommen aus dem Nichts und verschwinden nach kurzer Zeit wieder im Nichts. Wie schnell die Auf- und Abstieg in den Digitalen Welten gehen können, bringt Marcus Brown, Enfant Terrible der Social Media Szene, auf den Punkt: *MySpace ist jetzt groß, keiner will mehr mit ihm spielen.* [10] Doch auch wenn der eine oder andere Pionier schnell wieder vom Markt verschwindet: Nichts wird bleiben wie es war.

Nun ist also im Rahmen der Tertiärisierung, also des zunehmenden Dienstleistungsanteils in unserer Wirtschaft, eine Wirklichkeit entstanden, in der sich die Innovation in geringerem Maße auf der Produktebene abspielt und im Gegenzug der Dienstleistungsanteil – und damit die Gestaltung von Geschäftsmodellen und -prozessen – Oberhand gewinnt. Gleichwohl sind es, wie wir gesehen haben, nicht selten die »greifbaren« Produkte, die quasi als Trojanisches Pferd, neue Geschäftsmodelle an den Markt bringen können. So waren Apples intelligent gestaltetes iPod und vor allem das iPhone ohne jeden Zweifel die entscheidenden Hebel, die dazu beitrugen, den Software-, Musik-, Film und Printmarkt kräftig durchzumischen. [11] Dennoch: Je komplexer das angebotene Produkt, je wettbewerbsintensiver der Markt, desto bedeutsamer wird es, in Geschäftsmodellen zu denken.

Das stellt Unternehmen vor neue Herausforderungen: Branchengrenzen werden neu gezogen und Erfolgspotenziale werden von der Technologie zunehmend auf eine immaterielle sozio-ökonomische Ebene verlagert. Das macht die Dinge kompliziert. Statt allzu simpler Input-Output-Modelle, benötigen wir Modelle, die den immer wieder neuen technischen Möglichkeiten, der sozialen und ökonomischen Komplexität sowie der Dynamik der Weltmärkte gerecht werden. Denn unter dem Strich bleibt die entscheidende Bewertungsfrage die nach profitablem Wachstum; ob Geschäftsmodelle vom Markt angenommen werden und die Bottom-Line aus Aufwand und Ertrag stimmt.

Warum ein Geschäftsmodell ein Führungsinstrument ist
Führung soll zunächst einmal die grundsätzliche Frage nach dem Existenzgrund beziehungsweise der Legitimation einer Organisation präsent halten, in den sie mit Rudolf Wimmer die Fragen
⇨ »Wofür sind wir eigentlich da?« und
⇨ »Wo wollen wir eigentlich hin?« stellt. [12] Hinzu käme noch die Werte-Frage
⇨ »Wofür stehen wir eigentlich?«

Diese Fragen lassen sich in einer einfachen und wenig komplexen Welt relativ leicht beantworten, soweit sie überhaupt zu stellen sind und sich nicht von selbst beantworten (man denke an den Kioskbesitzer). Je komplexer die (Geschäfts-) Welt und die Organisationen allerdings werden, je schneller sich die Welt dreht, desto schwieriger wird es, diese Fragen eindeutig und in einer für alle Beteiligten (»Stakeholder«) gültigen Art und Weise zu beantworten. Dann ist es für Führung immer unausweichlicher, in einen Diskurs zu treten, Fragen zu stellen und Antworten zu geben und wieder zu hinterfragen und schließlich Leitlinien und Strukturen zu geben, anhand derer diese Fragen beantwortet werden und in die unterschiedlichsten Entscheidungen an den unterschiedlichsten Stellen in der Organisation einfließen. Und genau das kann ein Geschäftsmodell, sozusagen als struktureller Konsens über die bestehende und künftige Architektur des Geschäftes, leisten.

Wie entsteht ein gutes Geschäftsmodell?

»The starting point for any good discussion, meeting, or workshop on business model innovation should be a shared understanding what a business model really is.« [13] Eine solche Betrachtung dient zunächst als Hebel, Kommunikation zu eröffnen sowie Wahrnehmungen und Interpretationen in die eine oder andere Richtung zu lenken sowie spezifische Sensibilitäten zu schaffen. Geschäftsmodelle sind für die Organisation vor allem Komplexitätsverminderer, die nicht die Komplexität selbst reduzieren sollen (und können), wohl aber Komplexität bis zu einem gewissen Grade gestaltbar machen.

Im Band Führung, Innovation und Wandel [11] haben wir bereits die drei Perspektiven konzeptioneller strategischer Führung vorgestellt, nämlich
- ⇨ erstens die strategische Perspektive, die Art und Weise wie strategische Führung konzipiert und realisiert wird,
- ⇨ zweitens die Architekturperspektive, sprich: das Geschäftsmodell bzw. das Portfolio an Geschäftsmodellen sowie
- ⇨ drittens die Prozessperspektive, d. h. die (innerbetriebliche) Wertketten bzw. (überbetriebliche) Wertschöpfungskettenperspektive. [14]

Keine der Perspektiven kann sinnvoll für sich alleine stehen, sondern entscheidend ist immer der Gesamtblick im Sinne einer strategischen Führungskonzeption. Es geht um die Bewältigung komplexer Struktur- und Prozessfragen. Es geht darum, Komplexität handbar zu machen, in dem komplexe Aktivitäten gruppiert und »in Schubladen gesteckt« werden, um sie strukturieren, analysieren und bewerten zu können. Die Schubladen bilden die strategische Rahmung für Prozesse und Projekte. Geschäftsmodellentwicklung ist ein Planungswerkzeug, mit dem Annahmen auf Plausibilität geprüft werden, das aber vor

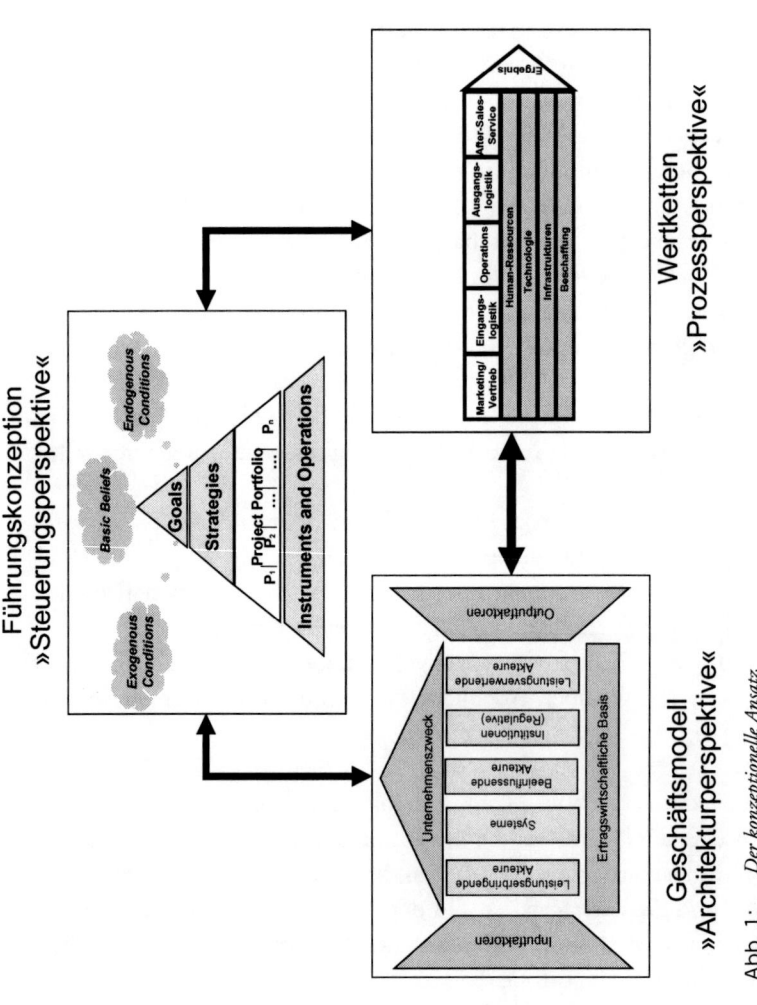

Abb. 1: *Der konzeptionelle Ansatz*

allem (in einem Luhmann'schen Sinne) Kommunikationen ermöglichen und gestalten soll.

Das Geschäftsmodell ist, wie der Name schon sagt, ein Modell,
⇨ das Komplexität reduziert,
⇨ das vielfältige Kommunikationen ermöglicht,
⇨ das eine gemeinsame Handlungsgrundlage und damit
⇨ die Grundlage für nachgelagerte Entscheidungen liefert.

Als ein Handlungsfeld der strategischen Führung versorgt das Geschäftsmodell – zunächst unabhängig davon, ob es mit Hilfe von Informations- und Kommunikationstechnologie verdrahtet wird oder nicht – die Organisation »mit programmatischen Entscheidungsprämissen, die festlegen, woraufhin die eigene Unternehmensentwicklung ausgerichtet wird.« [15]

Sozusagen als Vorarbeit zu diesem Beitrag, wurde vor allem in den in dieser Reihe erschienenen Bänden »Führung, Wandel und Innovation« sowie »Projektführung und Projektmanagement – Wie Sie Strategien erfolgreich umsetzen« [16] die Konzeption strategischer Führung ausführlich erläutert.

Vor diesem Hintergrund ist
erstens wichtig zu betonen, dass das Geschäftsmodell ein Baustein dieser Konzeption ist und nur aus dieser Konzeption heraus sinnvoll betrachtet und entwickelt werden kann.

Zweitens ist ein Geschäftsmodell auch immer aus Perspektive eines übergeordneten Wertschöpfungsprozesses zu betrachten, wobei folgende Fragen zu stellen sind:
⇨ Wie gestaltet sich die Wertschöpfungsarchitektur in unserem Sektor (Industrie/Branche/Marktsegment) heute?
⇨ Was sind die relevanten Stellgrößen?
⇨ Was ist unsere Rolle im Wertschöpfungsprozess dieses Sektors?
⇨ Wie sichern wie diese Rolle und wie bauen wir sie aus?

⇨ Wie verändert unser künftiges Geschäftsmodell die Wertschöpfungsarchitektur unserer Branche?
⇨ Wie werden die relevanten Stellgrößen in Zukunft aussehen?
⇨ Wie wird unsere künftige Rolle in der neuen Wertschöpfungsarchitektur unseres Sektors aussehen?

Um diese Fragen sinnvoll – vor allem im Hinblick auf wachsende und an Komplexität zunehmende Dienstleistungsanteile – wirklich sinnvoll beantworten zu können, ist eine Beurteilungen der informationstechnologischen Möglichkeiten, Fähigkeiten und Perspektiven vollkommen unumgänglich, und folglich lassen sich diese Fragen nicht ohne die Antworten seitens des Informationsmanagements klären. Damit wird auch deutlich, dass sich Informationsmanagement längst von einer internen Dienstleistungsfunktion zu einer strategischen sowie struktur- und kulturschaffenden Größe im Management entwickelt hat. Und schließlich wird deutlich, dass hergebrachte binnenperspektivische Konzepte von Informationsmanagement, die vielleicht noch Gewinnen, Organisieren und Verarbeiten von betriebswirtschaftlichen Informationen, also der Aufgabe, den für das Unternehmen nach Kapital und Arbeit »dritten Produktionsfaktor« Information zu beschaffen und in einer geeigneten Informationsstruktur bereitzustellen [17], längst ad ad acta gelegt sein müssten. Informationsmanagement hat sich längst von der (1) nach innen geführte Dienstleistungsfunktion (»die richtige Information am richtigen Platz«) über (2) E-Business (»Austausch zwischen verschiedenen Entitäten am Markt«) zu einer (3) Instanz der aktiven Mitgestaltung des Unternehmensgeschicks mit allen Konsequenzen entwickelt: *Informationsmanagement als integrale kulturgestaltende und vor allem wertschöpfende Managementfunktion.* *[18]*

Was eine Wertschöpfungsarchitektur ist
Robert Pestel und Rudi Roth haben bereits in den 1990er Jahren – das World-Wide-Web war zum Zeitpunkt ihrer Veröffentlichung gerade einmal 5 Jahre alt – erstmals ein Wertschöpfungsmodell im Hinblick

auf die damals emergierenden digitalen Infrastrukturen vorgeschlagen. Das PVKI-Modell [19] ist ein einfaches, aber leistungsfähiges Modell, das sich auch zu einer Darstellung komplexerer Strukturen (bis auf Ebene der Gesamtwirtschaft) ausbauen lässt.

In ihrem Modell greifen Pestel und Roth auf vier Elemente, wir nennen sie heute die Wertschöpfungsquadriga, zurück:
P Produkt (bzw. Dienstleistungs)- Hersteller
V Verkäufer /Vermarkter

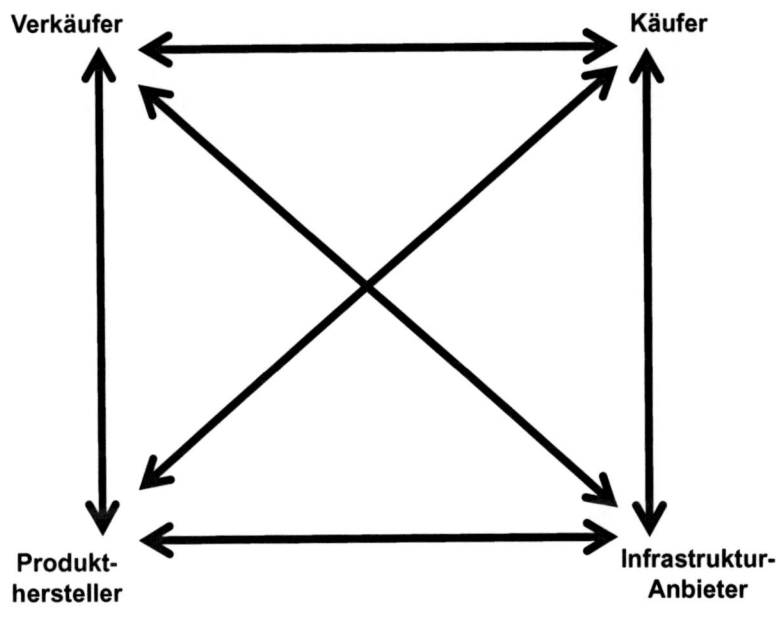

Abb. 2:   *Die Wertschöpfungsquadriga*

K Käufer/Konsument und
I Medium/Infrastrukturanbieter
Aufgabe von P ist es laut Pestel und Roth, den Markt mit materiellen oder immateriellen Gütern (Dienstleistungen) sowohl mit einem wett-

bewerbsfähigen Preis-Leistungsverhältnis als auch zeit- und mengenrecht zu beliefern.

Dazu muss er mit V oder K eine Interaktion aufbauen, wobei er auf die von I angebotene Infrastruktur (Güterlogistiker, wie die Post, beziehungsweise Telekommunikationsdienste, Internetservices, Apps etc.) zurückgreift

V, so schreiben Pestel und Roth, »hat die Aufgabe, die Effektivität und die Effizienz des Such- und Selektionsprozesses von K bei der Auswahl von Gütern/Dienstleistungen zu erhöhen. V kann dann ausgeschaltet werden, wenn sich der Käufer direkt an den Hersteller wendet«, und weiter:

»K hat einerseits die Aufgabe, den anderen Spielern Einnahmen zu verschaffen, andererseits das Erworbene entweder (mehr oder weniger sinnvoll) zu konsumieren oder in höheren Verarbeitungsstufen weiterzuverarbeiten.

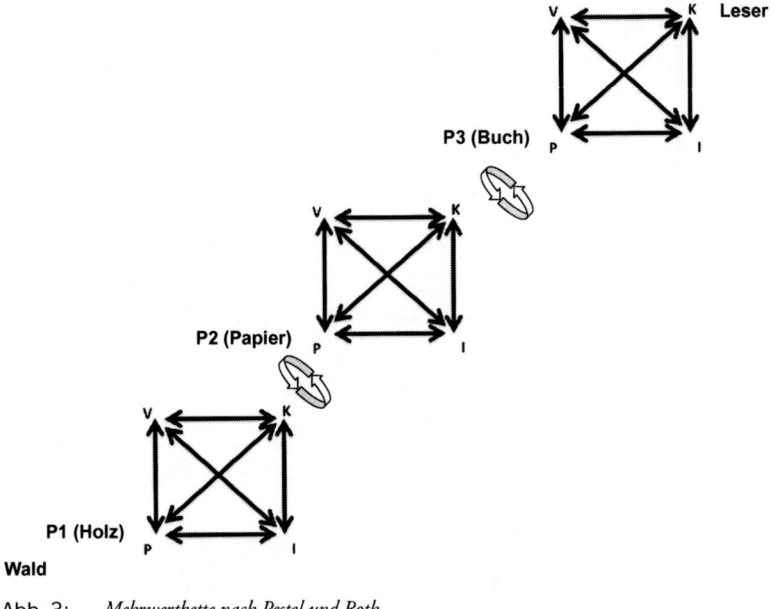

Abb. 3:   *Mehrwertkette nach Pestel und Roth*

I hat die Aufgabe, allen anderen Spielern logistische Effizienz und Vernetzungseffektivität zu ermöglichen.« [20]

In der Wertschöpfungsquadriga bzw. der Mehrwertkette spielt das Unternehmen je nach Geschäftsmodell eine, gegebenenfalls auch

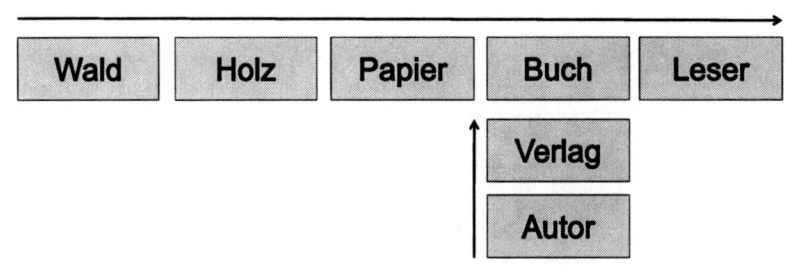

```
Wald → Holz → Papier → Buch → Leser
                          ↑
                        Verlag
                          ↑
                        Autor
```

Abb. 4: *Buch (traditionelles Wertschöpfungsmodell)*

mehrere Rollen, kann sich aber auch eine Rolle mit anderen Anbietern teilen.

Pestel und Roth erläutern dies (zur Erinnerung: der Beitrag erschien Mitte der 1990er Jahre) am Beispiel der Kette vom Waldabholzen bis zum konventionellen Buch, »das sich letztlich nur zum passiven Empfangen von Information eignet, kann in Zukunft die ersten drei Glieder verlieren, die durch ein elektronisches Skript ersetzt werden. Aber auch die letzten beiden Glieder bleiben nur nominell bestehen: anstelle des konventionellen gedruckten Buches – das hoffentlich nie ganz verschwindet! – treten neue »Buchformen wie multimediale, interaktiv lesbare und interventiv umgestaltbare und daher nicht mehr sinnvoll druckbare Gebilde, die vor der Entstehung der heutigen Telekommunikations- und Telematiksysteme nicht denkbar waren. Auch der Leser wird dann nicht mehr sein, wer er war. Zumindest kann er sich dazu entscheiden sowohl passiver Leser als auch Autor zu sein, und er kann sich an kreativen Kommunikations- und an kollektiven Lernzyklen beteiligen, die in einer derartigen simultanen und vernetzten Form zuvor nicht möglich waren.« [21] Facebook und AppStore lassen freundlich grüßen.

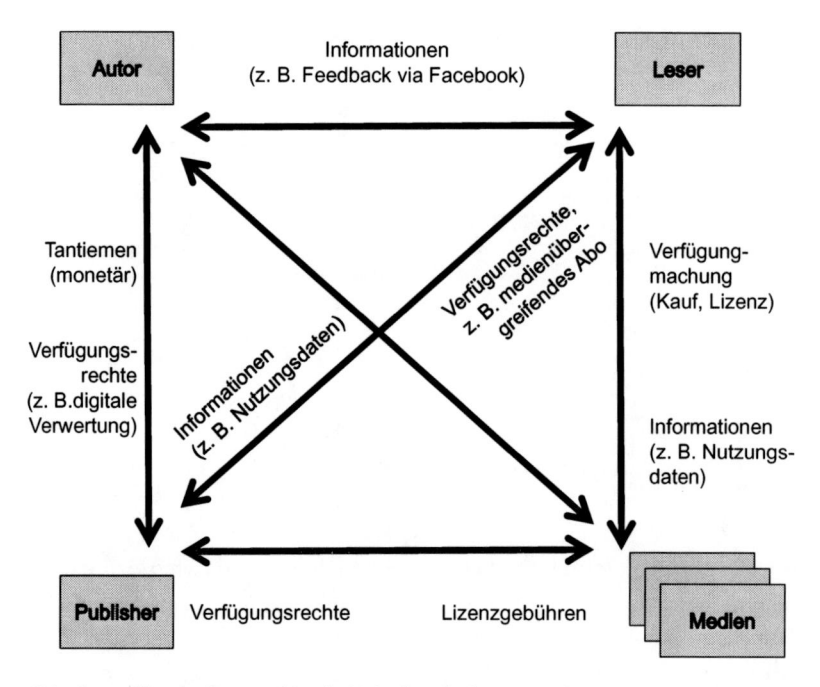

Abb. 5:   *Wertschöpfungsquadriga der Verlagsbranche (in Auszügen)*

Das Modell lässt sich auch auf Sektoren übertragen, bei denen monetäre Wertschöpfung keine oder eine nur untergeordnete Rolle spielt, also etwa Verwaltung oder Non-Profit-Sektoren. Wesentliche Aufgabe dieses Modells ist es, Risiken und Chancen in der Kette zu erkennen, etwa durch Rekombination sowie das Wegfallen oder Neuentstehung von Stufen in der Kette, durch Disintermediation und Reintermediation [22], entstehen. In einer digitalen Welt ist jedes Geschäftsmodell in diese Kette einzuordnen, bzw. an ihr zu messen. Es geht darum, ob das Geschäftsmodell taugt, einzelne Elemente auszutauschen, auszuweiten oder zu rekombinieren, um dadurch die Wirtschaftlichkeit der Wertkette (Effizienz- und/oder Attraktivitäts- bzw. Wertsteigerung für die verschiedenen Teilnehmer) zu verbessern.

Zudem dient das Modell dem Prüfen und Infragestellen der getroffenen strategischen Vorannahmen.

Welche Formate sich eignen, Geschäftsmodelle zu modellieren

Das Geschäftsmodell selbst spiegelt den Inhalt, die Strukturen und das Governance-System der Transaktionen einer Unternehmung oder eines Geschäftsbereiches wider. [23] Während Geschäftsmodelle bei Start-Ups (die Gründungsideen) in der Regel eine relativ simple Angelegenheit sind, sieht das bei »erwachsenen« Unternehmungen schon ganz anders aus. Hier gibt es mitunter eine Vielzahl von Geschäftsmodellen, die mitunter auch im Konflikt stehen oder sich kannibalisieren (man denke etwa an Konzerne mit Bertelsmann, die mitunter hunderte eigenständiger Gesellschaften unter einem Dach vereinen, die teilweise in direktem oder zumindest mittelbaren Wettbewerb stehen). Bei multiplen Geschäftsmodellen oder gar Geschäftsmodelllandschaften (-portfolios) steigt die Komplexität geradezu exponentiell.

Die Geschäftsmodellentwicklung ist, wie bereits mehrfach betont, Teil der strategischen Führung einer Organisation. Es gibt verschiedenste Medien und Methoden, mit deren Hilfe Business-Modelle entwickelt werden können, die sich wesentlich in ihrer Philosophie, inhaltlichen Tiefe und Komplexität entscheiden. In der Regel wird es sich bei der Geschäftsmodellentwicklung um einen moderierten Prozess mit unterschiedlichen Arten der Visualisierung handeln.

Diese kann im einfachsten Fall per Flipchart oder Power-Point erfolgen – mitunter erweisen sich aber »haptische« Formate, wie der Bau von Prototypen, LEGO oder andere insofern als geeigneter, als dass sie den kollaborativ-kreativen Prozess besser unterstützen.

So hat Torsten Henke, Business Development Manager bei Schweizer Canon AG das Document Advisory Tool (DAT) entwickelt. Bei diesem Tool geht es darum, mit Kunden im DMS (Document Management Systems) Umfeld, Strukturen und Prozesse in dieser Branche zu veranschaulichen und zu diskutieren. So können etwa wesentliche Teile des Geschäftsmodells eines Dokumentendienstleisters – im Zweifel ein Canon-Interessent oder -Kunde für professionelle Drucksysteme – dargestellt und weiterentwickelt werden. Das Toolkit, besteht im wesentlichen aus farblichen und teilweise vorbeschrifteten Holzelementen (Bauklötzen), wobei die jeweiligen Holzbausteine für einen Prozess (hier zum z. B. verschiedene Vorgänge im Bereich »Archivieren« oder andere Vorgänge im Bereich »Output«) oder eine Strukturkomponente stehen. Das ermöglicht es nicht nur, gemeinsam für den Kunden Geschäftsmodelle und Prozesse zu analysieren, zu entwickeln und umzusetzen, sondern das DAT macht diese für die Beteiligten erlebbar. Komplexe Zusammenhänge werden dadurch konkreter und greifbarer und können bildlich vermittelt werden. Mittels des »Denkens mit Händen« sollen für Henke nicht nur Kreativität, sondern verborgene Denkmuster und Sichtweisen aktiviert werden, was zu einer recht hohen Akzeptanz auf beiden Seiten, nämlich Canon und seinen Kunden führt. [24]

Weit entscheidender als das Medium ist jedoch die dahinter liegende Methode. Abhängig vom Reifegrad der Entwicklung bieten es sich drei Formate zur Entwicklung von Geschäftsmodellen an:
⇨ Business Modell Canvas (Osterwalder und Piceur, 2010) [26]
⇨ Butterfly Model (Ankenbrand 2011) [25]
⇨ Becker's Temple (Becker 2008) [27]

Im wesentlichen sollen diese drei Modelle folgende Fragen beantworten, wie Werte erzeugt, zu marktgerechten Leistungen transformiert und möglichst nachhaltig gesichert werden:
⇨ »Wie wird die Architektur der Wertschöpfung vor dem Hintergrund der geplanten Innovationen aussehen, und wie und mit welchen Teilsystemen (Mensch-Maschine-Kombinationen) und Prozessen wird die Leistung erstellt?
⇨ Welche Akteure (einschließlich der bereits erwähnten Stakeholder) sind in welchen Rollen (als Erzeuger, Empfänger oder Beeinflusser) an der Wertschöpfung beteiligt?

⇨ Welche Rolle spielt das marktliche und außermarktliche Umfeld, und welche Leistungen werden auf welchen Märkten bezogen oder angeboten? (Input-Output-Betrachtungen)
⇨ Welche Institutionen (Regulative) sind an der Wertschöpfung beteiligt?
⇨ Was wird die ertragwirtschaftliche Basis sein: Wodurch wird Geld verdient?« [28]

Während das Tempelmodell relativ komplex ist, sich dafür gut für den Einstieg in die konkrete Businessplanung eignet, erweist sich in einer sehr frühen Findungshase unter Umständen schon das einfachere Modell von Piceur und Reichwald als zu komplex. [29]

Business Model Canvas

Wie die Bezeichnung Canvas (»Leinwand«) schon sagt, handelt es sich auch hier vor allem um eine Visualisierungsmethode. Osterwalder und Piceur haben ein Architekturraster als »Plakat« entwickelt, das mit Hilfe verschiedener Visualisierungsmethoden, wie Marker, Post-It etcetera als Grundlage einer diskursiven Geschäftsmodellentwicklung im Unternehmen genommen werden kann. Ziel von Osterwalder und Piceur ist es, die zentralen Stellgrößen eines Geschäftsmodels auf eine einfache Art und Weise zu visualisieren, kritische Faktoren zu identifizieren und in eine interdisziplinäre Diskussion zu kommen. Auf diese Weise entstehen Geschäftsmodelle nicht mehr nur zufällig, sondern sie können systematisch entwickelt, diskutiert und bis zu einem gewissen Grade simuliert werden.

Der Business Model Canvas besteht aus neun zugrunde gelegten Elementen, die darstellen wie Organisationen Werte entwickeln, dem Markt andienen und abschöpfen. [30]
⇨ In der Mitte steht das Wertversprechen (Value Proposition)
⇨ Partner (Key Partners)
⇨ Aktivitäten (Key Activities)

⇨ Ressourcen (Resources)
⇨ Kundenbeziehungen (Customer Relations)
⇨ Kanäle (Channels)
⇨ Kundensegmente (Customer Segments)
⇨ Kosten (Cost)
⇨ Erträge (Revenue Streams)

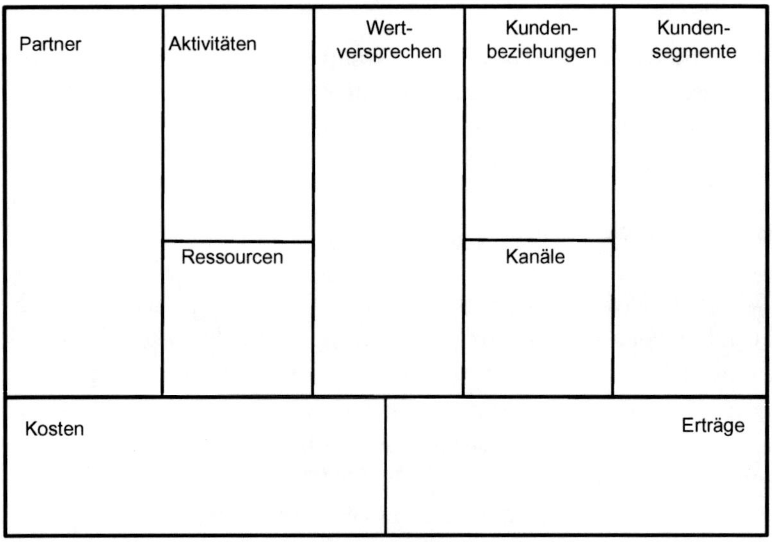

Partner	Aktivitäten	Wert-versprechen	Kunden-beziehungen	Kunden-segmente
	Ressourcen		Kanäle	

Kosten	Erträge

Abb. 6: *Business Modell Canvas nach Osterwalder und Pigneur (2010)*

Mit Hilfe eines solchen Modells kann man etwa diskutieren und simulieren, welche Einflüsse Veränderungen in der Technologie (Apps) auf bestehende Geschäftsmodelle haben, oder wie daraus neue Geschäftmodelle entwickelt werden können.

Butterfly Model

Bernd Ankenbrands Schmetterlingsmodell [31] basiert auf einem Template mit nur fünf Elementen: Der Thorax des Schmetterlings symbolisiert das Nutzenversprechen (Value Proposition: 1), während der Rechte Vorderflügel die Kundensegmente Customer Segments (2) und der linke Vorderflügel die Schlüsselressourcen (Key Resources: 3) symbolisiert. The einer der hinteren Flügel für die Ertragsströme (Revenue Streams: 4) symbolisiert der andere die Kostenstrukturen (5).

Der Unterschied zum Business Modell Canvas liegt vor allem darin, dass das Modell als Basis für eine Art Organisationsaufstellung (Staging) ist, wo die Akteure analog zur Struktur des Schmetterlings verschiedene Rollen innerhalb des Geschäftsmodells wahrnehmen und diese vertreten (spielen).

Abb. 7: *Butterfly-Model nach Ankenbrand (2011)*

Vorteil beider Modelle ist die Reduktion von Komplexität. Es wird allerdings deutlich, dass dies unter Umständen zu Lasten der analytischen Tiefe geht, und dass es schwer wird, konkrete Fragestellungen im Bezug auf das Informationssystem unterzubringen und die Modelle in eine erste Business Planung zu überführen.

Tempelmodell

Das Tempelmodell vereinigt eine aufwändigere Visualisierung mit einer stärkeren Strukturierung. Auch hier wird in der Regel im Workshop mit Metaplan-Karten oder Post-It gearbeitet. Das Ziel ist auch hier, ein Geschäftsmodell zu strukturieren und bis zu einem gewissen Grade zu simulieren.

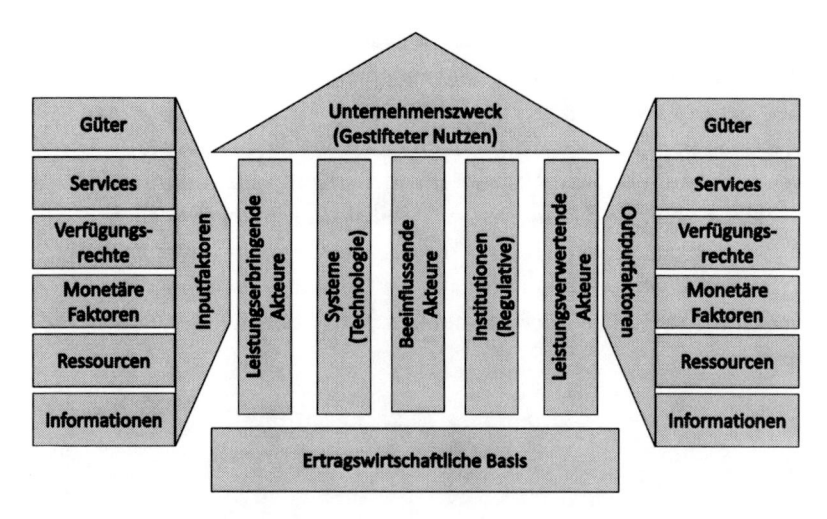

Abb. 8: *Becker's Temple Model (2008)*

Es betrachtet Inputfaktoren (Kostenpositionen) und Outputfaktoren (Ertragspositionen), diese gruppieren sich jeweils in 6 Kategorien:
⇨ Güter (also physische Produkte)
⇨ Services (Dienstleistungen oder Dienstleistungsanteile an den Produkten)
⇨ Verfügungsrechte (Patente, Namensrechte etc.)
⇨ Monetäre Faktoren (Geldströme)
⇨ Ressourcen (vor allem wenn man sich für »buy« statt »make« entscheidet)
⇨ Informationen (und die Art der Verarbeitung/Verwertung)
das sind quasi die Dinge, die benötigt und erzeugt werden.

Als Dach des Tempels – es steht über dem Ganzen – wird der Unternehmenszweck aus Perspektive der »Stakeholder« entwickelt
⇨ Welcher Nutzen wird auf welche Weise für wen gestiftet?

Als tragende Säulen finden wir 5 Kategorien
1. Leistungserbringende Akteure
⇨ Welche Leistung wird von wem erbracht?
⇨ Auf welche Weise werden sie erbracht?

2. Systeme
⇨ Auf welcher technologischen Plattform soll die Leistung erstellt werden?
⇨ Welche Informationssysteme werden benötigt?
⇨ Welche Informationsmanagementfunktionen sind erfolgsrelevant?

3. Beeinflussende Akteure
⇨ Welche Stakeholder nehmen Einfluss?
⇨ Wie drückt sich dieser Einfluss aus?

4. Institutionen
⇨ Welche gesetzlichen Rahmenbedingungen sind zu berücksichtigen?
⇨ Welche Normen und Regulative spielen eine Rolle?
⇨ Nach welchen Regeln wollen wir das Geschäft betreiben?

5. Leistungsverwertende Akteure
⇨ Wer verwertet mittelbar oder unmittelbar die erstellten Leistungen?
⇨ Wie stellen wir den Absatz unserer Leistungen sicher?

Und schließlich die ertragswirtschaftliche Basis in diesem Modell das Fundament dar, das heißt, es wird die Frage zu stellen sein, wie Erträge (sprich: monetarisierbare Wertschöpfung und Wertsicherung) erzielt werden sollen/können.

 Ziel des Tempels ist es, von der frühen Findungsphase zu einer konkreten Business-Planung zu kommen. Das bedeutet, die einzelnen Kategorien sind so gewählt, dass man (Ressourcen)- Mengen und Werte, sprich: Erträge und Kosten, zuordnen kann. Zudem ist es so aufgebaut, dass die einzelnen Elemente – in Abhängigkeit der Strategie – schon danach hinterfragt werden können, wie sie konkret ausgestaltet werden sollen.

So kann man sich bei den Ressourcen auf der Input-Seite Gedanken über eine Make or Buy-Entscheidung machen, oder darüber ob ein Outputfaktor wirtschaftlich verwertet werden kann. Gerade bei Internet-basierten Geschäftsmodellen stellt sich diese Frage immer wieder. So verdient Google mit dem Kernelement des Geschäftsmodells, nämlich der Suche, keinen Cent – sieht man einmal davon ab, dass die Suchmaschine für Inhouse Anwendungen lizensiert werden kann. Erfolgreich monetarisiert werden hingegen die peripheren Dienstleistungen rund um die Suche, vor allem die Werbung. Natürlich käme bei Google trotzdem niemand auf die Idee, die Suche als nicht unmittelbar wertschöpfend »outsourcen« zu wollen.

Das Tempelmodell trägt zudem der Bedeutung der Informationen, Systemen und Verfügungsrechten Rechnung, indem es diese explizit zum Gegenstand des Modells macht.

Bei allen drei Modellen ist deutlich zu erkennen, dass das Wertversprechen im Mittelpunkt steht: »Ultimately, business model innovation is about creating value, for companies, customers, and society. It is about replacing outdated models.« [32]

Dabei scheint eine einfache Nutzenbetrachtung zu kurz gegriffen. Die Fragen einer einfachen Nutzenbetrachtung lauten z. B. welche Kundenprobleme sollen gelöst werden, welche Kundensegmente sollen welche Lösungen erhalten oder welche konkreten Bedürfnisse sollen erfüllt werden? So stellt sich etwa für einen Armaturenhersteller wie Dornbracht konkret die Frage, ob der Kunde am Kauf qualitativ hochwertiger Armaturen interessiert ist, oder ob es nicht grundsätzlich darum geht, etwa einem Hotelgast jederzeit Körperhygiene und Wellness auf eine für das Hotel möglichst wirtschaftliche und ökologische Weise zur Verfügung zu stellen. Dann ist man eher bei der Frage nach Betreibermodellen, als bei den Fragen aus traditionellen Herstellungs- und Verkaufszusammenhängen. Das Hotel vermittelt seinem Gast ein Verfügungsrecht auf Wasser, statt Wasserhähne zu kaufen. Thomas Richter, Leiter Business Development Management bei der Aloys F. Dornbracht GmbH & Co. KG Armaturenfabrik, betont: »es sind ja viel komplexere Fragestellungen, die heute auftauchen, es sind Kontextfragen, die heute gelöst werden müssen.« Vor allem die Beobachtung des Wertewandels steht für Richter aktuell im Vordergrund: »Wertewandel bedeutet, dass andere Dinge, als bisher eine Wertschätzung erfahren, und das muss ja vorgedacht werden.« Mit dem Wertewandel ändern sich nämlich die Dinge, in die Unternehmen und Privathaushalte investieren. Dornbracht etwa hat bereits einen entscheidenden Schritt gemacht, in dem sie als Basis für neue Geschäftsmodelle das »Gelbe Kabel«, wie Richter sagt, sprich: das Internet, an die Armatur gebracht haben. [33]. Je komplexer die Fakten werden, umso wichtiger ist nämlich deren Einordnung in ein Wertsystem [34]. Die unzweifelhaft hervorragende Qualität der Armaturen ist, was den Hotelgast er sekundär, für ihn zählen Hygiene und Wohlfühlen.

Auf der strategischen Ebenen werden allerdings noch weitere Fragen zu beantworten sein, die ein Business-Modell alleine nicht oder allenfalls unzureichend beantworten kann, zum Beispiel Fragen nach:

1. *On-Stage versus Back-Stage*
   Geht es also darum, die Beziehung zum Kunden zu verändern, oder verändert sich das Geschäftsmodell nur im für den Kunden nicht erkennbaren Hintergrund?
2. *Geschwindigkeit*
   Will man die Rolle des first-movers, des fast-followers spielen oder einfach »nur« copy-cat sein?
3. *Angebotskomplexität*
   Welcher Grad an Hybridität (Produkt versus Dienstleistungsanteilen) wird angestrebt?
4. *Broadening, Deepening, Recombination, Gras-root Innovation*
   Soll das bisherige Geschäft verbreitert, vertieft, neu kombiniert werden, oder will man etwas komplett neues wagen?

Fazit

Wir haben gesehen, dass Informations- und Kommunikationstechnologie vor allem im Hinblick auf die zunehmende Bedeutung von Dienstleistungen und Dienstleistungsanteilen bei der Wertschöpfung ein bestimmender Faktor ist. Die Rolle des Informationsmanagements wandelt sich dann mit zunehmender strategischer Bedeutung der Informationstechnologie von der (passiven) Dienstleistungsfunktion zu einer (proaktiven) unternehmerischen Gestaltungsfunktion. Zu deren originären Aufgaben gehört es, auf Basis der Bewertung der technologischen Möglichkeiten, Geschäftsmodelloptionen aufzuzeigen und diese zu modellieren.

Die hier vorgestellten Methoden und Modelle dienen als Führungsinstrumente dazu, interdisziplinäre Kommunikationen zu ermöglichen. Sie sind aber keine Lösung und beinhalten keine Lösung. Allzu viel Modell- und Methodengläubigkeit ist immer ein Risiko. Mit einer rosa Brille sieht die Welt eben rosa aus, mit Methoden ist das nicht anders. Für alle Geschäftsmodelle gilt: »The Map is not the territory [35] – die Landkarte ist nicht das Land.« Oder um es mit dem Philosophen Karl-Heinz Brodbeck auszudrücken: »Das Modell, die Strategie, der Plan – all dies sind und bleiben Gedankenspiele, ein Spiel mit Karten.« [36]

In der Regel werden Entscheider einen ganzen Köcher von Geschäftsmodellen brauchen, die sie diskutieren, verbessern und wieder verwerfen. Verfügten etwa Tageszeitungen vor wenigen Jahren noch über ein einziges klar abgegrenztes Geschäftsmodel, fahren sie heute in der Regel ein ganzes Bündel von Geschäftsmodellen, die aufkommen und schnell wieder verschwinden. Die Berliner Serienunternehmer Fabian Hansmann und Gabriel Yoran bringen es auf den Punkt: Es ist ausschlaggebend einen Plan zu haben, aber nicht ihn auszuführen. Der Plan ist wichtig, um zu erkennen, was man zuvor nicht gesehen hat, und um ein Big Picture zu bekommen. In dem Moment wo man loslegt, ist der Plan nicht mehr gültig, vielleicht sogar komplett falsch. »Der Plan ist nicht das, was man ausführt, ein Plan ist ein Instrument, um über das nachzudenken, was man ausführt.« Es geht darum, eine Vorstellung von den Konsequenzen unseres Handels zu bekommen, damit wir diesem Handeln einen Wert zuweisen können. Im Hinterkopf sollte immer die Frage stehen, ob nicht alles auch ganz anders sein könnte.

Schritt für Schritt zum neuen Geschäftsmodell

1. Der erste und wichtigste Schritt ist Konzeption der strategischen Führung als Rahmenwerk für das Handeln einer Organisation. Solche Konzeptionen sind keine Lösungen, sondern eine Folge von Orientierungspunkten (Landmarken). Sie helfen, Situationen zuzuordnen und zu strukturieren.
2. Der zweite Schritt ist es, ein gemeinsames Verständnis darüber zu entwickeln, was ein Business Modell ist.
3. Als dritter Schritt folgt Einordnung in ein Gesamtbild (Wertschöpfungskette nach Pestel und Roth).
4. Anschließend wird als viertes aus der Strategieentwicklung eine Ideenfindung abgeleitet, die sich an der Frage orientiert, welche Werte künftig generiert werden können.
5. Fünftens werden die Ideen iterativ in einer Diskussions-Visualisierungs-Schleife »abgearbeitet« (Tempel).
6. Dann folgt als sechstes die Dynamisierung durch Verändern der angenommenen Rahmenbedingungen und deren Einfluss wiederum auf Strategie und Geschäftsmodell, welche Rückkopplung von Strategie und Geschäftsmodell ausgehen (Z. B.: »Wie reagiert der Wettbewerb?«)
7. Als siebtes werden die internen Prozesse entlang der »Wertkette« gestaltet und mithilfe von verschiedenen Technologien »Verdrahtungsmöglichkeiten« identifiziert.
8. Achtens wird der Business (Development) Plan abgeleitet.
9. Und zuletzt erfolgt die Implementierung und die stetige Anpassung.

Literatur

[1] GERGEN, K. J./GERGEN, M. (2009): *Einführung in den sozialen Konstruktivismus*, Heidelberg (Carl-Auer): 10

[2] BRÜGGE, M. (2011); *Bild-App macht Springer froh; FTD 03.08.*: http://www.ftd.de/it-medien/medien-internet/:anhaltendes-wachstum-bild-app-macht-springer-froh/60086879.html (04.08.2011)

[3] http://www.haustechnikdialog.de/News/11005/Schnelle-Auslegung-von-Solaranlagen-mit-dem-iPhone (04.08.2011)

[4] BARRY, K. (2011): *Insurance Company Telematics Trade Perks for Privacy*, http://www.wired.com/autopia/2011/08/insurance-company-telematics-trade-perks-for-privacy/ (19.08.2011)

[5] ROCK, R./ROSENTHAL, K. (1985); *Der Wandel von der Produktionswirtschaft zur Kommunikationswirtschaft – Ökonomische Konsequenzen der Einführung neuer Informations- und Kommunikationstechnologie*; in: Verbraucherpolitische Hefte Nr. 1; Dezember 1985:48
[6] BECKER, L. (2011); *Warum Manager sich keine Gedanken um Moral machen sollten*; erscheint in: Becker, L./Hakensohn, H./Witt, F. H. Führung, Wandel und Innovation; Düsseldorf (Symposion Publishing)

[7] ROCK, R./ULRICH, P./WITT, F. (1987); *Ökonomische Momente der Dienstleistungsrationalisierung – historische und systematische Begründungen*; in: Verbraucherpolitische Hefte Nr. 4; August 1987:35

[8] BIERVERT, B./HILBIG, M./BEHRENDT, E./MONSE, K. (1987) *Dienstleistungsinformatisierung und neue Kundenbeziehungen*; in: Verbraucherpolitische Hefte Nr. 4; August 1987:35

[9] PFRIEM, R. (2006); *Unternehmensstrategien – Ein kulturalistischer Zugang zum Strategischen Management*; 2.: Marburg (Metropolis): 93 ff.; Steinle, A./Mijnals, P./Muckenschnabl, S. (2009); *Praxis-Guide Cross-Innovations – Wettbewerbsvorteile durch einen branchenübergreifenden Innovationsansatz*; Kelkheim (:zukunfts|institut): #0

[10] Orig.: »*My Space is 8 years old. It's a grumpy old child of 8 years old that nobody likes anymore. Nobody wants to play with MySpace anymore.*« Brown, M. (2011) *Uncomfortable Talk #3: The Truth about the Internet* -, http://vimeo.com/24221140 (02.08.2011)

[11] BECKER, L. (2008); *Führung, Innovation und Wandel*; in: Becker, L./Ehrhardt, J./Gora, W. (Hg.); Führung, Innovation und Wandel, Düsseldorf (Symposion Publishing):15-48

[12] WIMMER, R. (2008) in: Krusche, B.; *Paradoxien der Führung – Aufgaben und Funktionen für ein zukunftsfähiges Management*; Heidelberg (Karl Auer):83

[13] OSTERWALDER, A./PIGNEUR, Y. (2010); *Business Model Generation*; Hoboken, New Jersey (Wiley & Sons):15

[14] BECKER, L. (2008)

[15] WIMMER, R. (2008):83

[16] BECKER, L. (2008); BECKER, L. (2009); *Strategische Führung als Projektführung, in: Becker, L./Ehrhardt, J./Gora, W.. (Hg.); Projektführung und Projektmanagement – Wie Sie Strategien erfolgreich umsetzen; Düsseldorf (Symposion): 15-52 – ebenfalls erschienen in: Antoni, C./Eyer, E. (2010); Das Flexible Unternehmen; Düsseldorf (Symposion); Becker, L.; Was wir von Darwin lernen können – Das PMO aus evolutorischer Sicht; in: Sandrino-Arndt, B./Thomas, R. I../Becker, L... (Hg.); Handbuch Project Management Office – Mit dem PMO zum strategischen Management der Projektlandschaft, Düsseldorf (Symposion Publishing)*

[17] STAHLKNECHT, P./HASENKAMP, U. (2005); *Einführung in die Wirtschaftsinformatik. 11. Berlin/Heidelberg/New York (Springer)*

[18] BECKER, L. (1994); *Integrales Informationsmanagement als Funktion einer marktorientieren Unternehmensführung; Bergisch Gladbach/Köln (Verlag Josef Eul)]*

[19] PESTEL, R./ROTH, R. (1996); *Effektives Marketing in einer emergenten Informationsgesellschaft; in: Becker, L./Ehrhardt, J.; Business Netzwerke – Wie die globale Informations-Infrastruktur neue Märkte erschließt; Stuttgart (Handelsblatt-Buch: Schäffer-Poeschel):19-33*

[20] PESTEL, R./ROTH, R. (1996):24 F.

[21] EBDA.

[22] KING, J. (1999), *„Disintermediation/ Reintermediation", Computerworld, vol. 33:54*

[23] ZOTT, CH./AMIT. R. (2010) *Business Modell Design: An Activity System Perspective; in: Long Range Planning 43:216-226*

[24] *Das DAT wurde ausführlich von Mirza Djodjic im Rahmen einer vom Verfasser betreuten Bachelorthesis an der Karlshochschule untersucht. Djodjic, M. (2010) Lernprozesse an der Schnittstelle von Anbieter und Kunden – Dargestellt am erweiterten Dienstleistungsansatz des Document Advisory Tool – am Beispiel der Canon (Schweiz) AG, Bachelorthesis, Karlsruhe (Karlshochschule International University)*

[25] ANKENBRAND, B. (2011); *Collectively Staging Business Modells; in: Buur, J.; Participatory Innovation Conference; Proceedings: Sønderburg (University of Southern Denmark):355-357*

[26] OSTERWALDER, A./PIGNEUR, Y. (2010); *Business Model Generation: A Handbook for Visionairies, Game Changers, and Challengers. New York (John Wiley & Sons)*

[27] BECKER, L. (2008)

[28] BECKER, L. (2008):40

[29] ANKENBRAND, B. (2011)

[30] OSTERWALDER, A./PIGNEUR, Y. (2010):*16*

[30] EBDA.

[31] OSTERWALDER, A./PIGNEUR, Y. (2010):*4*

[33] *Interview mit Thomas Richter anlässlich der Studie »Der Business Development Manager«, Düsseldorf (27.04.2010): Becker, L. (2010); Der Business Development Manager – Eine Standortbestimmung; Working Paper: Karlsruhe 2010 (Karlshochschule International University): http://www.inscala.com/Documents/Karlshochschule%20Lutz%20Becker%20Studie%20Business%20Development%20Manager%202010.pdf*

[34] ULRICH, P./FLURI, E. (1995); *Management; 7.: Bern/Stuttgart/Wien (Haupt):55*

[35] KORZYBSKI, A. (1958); *Science and sanity; Lakeville (The International Non-Aristotelian Society): 750*

[36] BRODBECK, K.-H. (2007); *Die Differenz zwischen Wissen und Nichtwissen, in: Zeuch, A. (Hg.); Management von Nichtwissen im Unternehmen, Heidelberg (Carl Auer): 37*

Zusammenfassung
In diesem Beitrag geht es um die tragende Rolle des Informationsmanagements bei der Modellierung und Realisierung von Geschäftsmodellen. Je höher der Dienstleistungsanteil wird, je stärker sich die Mediatisierung in unseren Produkten niederschlägt und desto mehr die Komplexität dieser Dienstleistungen wächst, umso wichtiger wird es, in Geschäftsmodellen zu denken und zu planen. In der unternehmerischen Praxis werden Geschäftsmodelle nicht am Reißbrett entworfen, sondern sind in der Regel das Ergebnis eines Diskurses zwischen den verschiedenen Funktionsträgern im Unternehmen und Stakeholdern. Um einen zielführenden Diskurs zwischen den Beteiligten in Gang zu bringen, bieten sich verschiedene Formate der Geschäftsmodellentwicklung mit jeweils spezifischen Vor- und Nachteilen an. Es sollte aber bei aller Popularität, die das das Thema Geschäftsmodell zur Zeit genießt, nicht übersehen werden, dass der Prozess der Entwicklung von Geschäftsmodellen nur ein relativ kleiner Baustein im Gefüge einer strategischen Führungskonzeption ist.

Ecosystem Resource Engineering: Das ERP der Zukunft

In Zeiten digitaler Vernetzung ändert sich die Umwelt von Unternehmen dramatisch und wird immer schwieriger zu beherrschen. Die betriebswirtschaftliche IT-Kernanwendung eines Unternehmens hat daher nichts mehr mit dem heutigen ERP-System zu tun. Das ERP der Zukunft heißt ERE: Ecosystem Resource Engineering.

In diesem Beitrag erfahren Sie:
- warum traditionelle ERP-Systeme, wie sie heute im Einsatz sind, keine Zukunft haben,
- wie die Business-Software der Zukunft aussehen wird,
- mit welchen Denkansätzen Unternehmen und CIOs diesen Wandel erfolgreich gestalten und bewältigen können.

MATTHIAS UHRIG, DANIEL KRZYZAK

Einführung

CIOs, die innerhalb des Denkrahmens der vergangenen Dekade die Zukunft ihrer unternehmerischen ERP-Kernsoftware (Enterprise Resource Planning) nachhaltig planen und gestalten wollen, werden scheitern. Stark getrieben von technologischen Entwicklungen und Vernetzung über alle kommerziellen und nicht-kommerziellen Lebensbereiche verändert sich die Welt um uns herum massiv. Inmitten der Transformation zur postmodernen Informations- und Wissensgesellschaft ist in Bezug auf Enterprise-Systeme nicht länger eine lineare Fortschreibung von Erfahrungen und Erkenntnissen möglich. Stattdessen sind radikale Umbrüche im Denken und Handeln notwendig, um die zentralen Business-Applikationen als Rückgrat der Geschäftsprozesse für die anstehenden Herausforderungen zu befähigen.

Bisher war es Unternehmen möglich, die Integration und Vernetzung mit ihrer Umwelt (z. B. Kunden, Lieferanten, strategischen Partnern, aber auch Finanzinstituten, Behörden etc.) in beherrschbaren Grenzen und die Schnittstellen überschaubar zu halten. Angesichts der wachsenden Durchdringung aller Lebensbereiche mit IT und Telekommunikationsmedien und der von den meisten Unternehmen stark vorangetriebenen Digitalisierung von Geschäftsprozessen erhöht sich die Komplexität des unternehmerischen Gestaltungsraums jedoch massiv.

In diesem Zuge verändert und erweitert sich der Begriff der »Ressource« völlig. Umfasste er bislang primär Rohstoffe, Produktionsmaterial, Maschinen, Arbeitskraft und »klassische« Dienstleistungen im Sinne einer eher physischen Wertschöpfung, rücken nun zunehmend immaterielle, digitale Ressourcen in den Mittelpunkt des unternehmerischen Handelns. Klar ist: In Zukunft wird jede Internet-Kontaktfläche und jede Empfehlung in einem Sozialen Netzwerk, jede digitale Bordkarte einer Fluglinie und jeder Kommentar in einem Verbraucherforum, jede Suchanfrage und Anzeige bei Google, jede Lokationsinformation eines Smartphones und jedes frei vergebene Schlagwort (engl. »tag«) einer Videobotschaft auf YouTube zu einer Ressource, die effektiv und wirtschaftlich genutzt werden muss. Mehr denn je agiert das Unternehmen damit als Teil eines großen, komplexen, wachsenden und immer schwieriger beherrschbaren Ökosystems.

Das Business-System der Zukunft muss in der Lage sein, auch diese in vielfältiger technischer Form entstehenden digitalen Ressourcen in die betrieblichen Planungs-, Steuerungs- und Kontrollmechanismen einzubeziehen. Die Architektur heutiger ERP-Systeme ist hierfür häufig nicht mehr geeignet. Die reine Betrachtung des eigenen Unternehmens und seines direkten Umfelds *(»Enterprise«)* unter dem Gesichtspunkt der Planung und Steuerung *(»Planning«)* greift zu kurz. Während die Ressource *(»Resource«)* weiter im Zentrum der Aufmerksamkeit steht, erfordert die ganzheitliche Betrachtung des Wirkungsfeldes zukünftiger Geschäftsmodelle und deren Beherrschung aus Managementsicht eine deutliche Erweiterung des Spielfeldes:

⇨ *Aus »Enterprise« wird »Ecosystem«* – und umfasst damit das gesamte dynamische »lebende« Umfeld des Unternehmens im Kontext seiner Business-Kernapplikation. Dies sind zusätzlich zu »üblichen« Marktpartnern wie Kunden und Zulieferer künftig eben auch Soziale Netzwerke (wie Facebook oder XING), Affiliate-Partner im E-Commerce, digitale Displays im Handel oder die Webseiten fremder Dritter oder Spieleplattformen, auf denen eigene Werbung platziert wird. Das Spielfeld wird größer, die Beherrschbarkeit massiv aufwendiger und komplexer.

⇨ *Aus »Planning« wird »Engineering«.* Zu den klassischen Managementdisziplinen (planen, steuern, kontrollieren) kommt eine Reihe von Aufgaben hinzu, die sich vor allem durch den Prozess der *Digitalen Transformation* des Business ergeben: Es geht um weitgehend oder vollkommen digitalisierte Geschäftsmodelle, Produktions-, Distributions- und Auftragsabwicklungsprozesse im Bild einer teilweise oder nahezu völlig digitalen Fabrik. Es geht um die digitale Vernetzung in die weitreichenden Verästelungen des betrieblichen Ecosystems. Es geht um die Integration verschiedenster technischer Plattformen – von denen manche mehr, andere weniger im eigenen »Herrschaftsraum« des Unternehmens liegen. Es geht um die integrale Berücksichtigung von Anforderungen des Datenschutzes und der Datensicherheit, von kontrollierter Archivierung sowie Entsorgung digitaler Ressourcen. Und es geht um die Ermittlung, Administration, Pflege und gezielte Löschung aller Daten und Informationen über all diese geschäftsrelevanten Objekte in dem Ecosystem, das das eigene Unternehmen umgibt.

»Engineering« als Denkansatz soll in diesem Kontext mehr erfassen als herkömmliches Management: Er erlaubt Strukturierung *und* Kreativität, Effizienz *und* Emotion, die Sicherung des Status *und* das Erschließen von Innovation für das eigene Geschäft.

Die Business-Kernapplikation der Zukunft wird also ein *Ecosystem-Resource-Engineering-System (ERE-System)* sein. Sie muss in diesem Denkbild die Entwicklung, Erzeugung, Vermarktung/Bewerbung/

Promotion, Distribution, Rücknahme, Abrechnung/Vergütung und Vernichtung jeglicher digitalisierter wie nicht digitalisierter Waren und Dienstleistungen eines Unternehmens unterstützen – oder diese Funktionen gar automatisiert selbst übernehmen. Damit ist das ERE nicht zuletzt auch eine Fabrik für digitale Produkte.

Die Umsetzung dieser Vision ist mit großen Herausforderungen nicht nur für die CIO-Organisation, sondern für das gesamte Unternehmen verbunden. All diesen Entwicklungen erfolgreich zu begegnen, bedeutet, eine veränderte Welt zu verstehen, die Implikationen auf das eigene Geschäft zu erkennen, zu akzeptieren, so früh wie möglich in eine passende Strategie umzusetzen und dieser konsequent zu folgen.

Die Welt im digitalen Wandel – am Beispiel Flugbuchung

Wer heute eine Flugreise antreten möchte, ist mit einer veränderten Welt konfrontiert, in der vor allem die digitale Integration von Prozessen eine entscheidende Rolle spielt: Für die Buchung des Tickets steht eine Vielzahl von Kanälen zur Verfügung, darunter das klassische Reisebüro, Hotline und Webpräsenz der Airline, Billigflug-Portale, Anbieter von Pauschalreisen sowie neuerdings die Unternehmenspräsenz auf Facebook, um nur die wichtigsten zu nennen. Nahezu alle bedeutenden Fluggesellschaften stellen zusätzlich Apps für die relevanten mobilen Plattformen, insbesondere Apples iOS und Googles Android, zur Verfügung. Die Buchungsbestätigung erfolgt per E-Mail, der Check-in inklusive komfortabler Platzwahl am Vorabend des Reiseantritts am Smartphone. Vor Ort am Flughafen ist ein Barcode am Handy-Display ausreichend, um Gepäck ohne Wartezeit am Self-Service-Point aufzugeben und das Flugzeug zu besteigen. Für den Reisenden bedeutet dies einen deutlichen Zugewinn an Komfort, da er komplett auf Papier verzichten und jederzeit Buchungen tätigen, ändern sowie sich über Verspätungen und den Reiseverlauf informieren kann. Auch die Airline profitiert neben der Chance zu emotionaler Kundenbindung von einer zunehmenden Automatisierung und Digitalisierung des Kernprozesses und entsprechenden Kostenvorteilen.

Um dies zu ermöglichen, ist der Geschäftsprozess auf komplexen und weit über die Unternehmensgrenzen hinausreichenden IT-Systemen abzubilden:

⇨ Effektive Online-Werbung benötigt Echtzeit-Daten über aktuelle Angebote und besonders günstige Reiseziele, die sich kontextsensitiv auf Reiseportalen oder bei entsprechenden Suchanfragen einblenden lassen.

⇨ Das eigene Online-Buchungssystem sowie eine Vielzahl von Buchungsportalen von Reiseanbietern müssen in Echtzeit über Verfügbarkeit von Plätzen, Preisen und Sonderkonditionen versorgt und Buchungen entgegengenommen werden.

⇨ Last-Minute-Angebote und Schnäppchen werden per E-Mail-Newsletter oder Sozialem Netzwerk automatisiert publiziert, Rückkanäle müssen geöffnet werden.

⇨ Abrechnungen müssen produziert, direkte und indirekte Zahlungstransaktionen über Vertriebspartner, Kreditkarten-Anbieter, Online-Zahlungsdienste etc. durchgeführt, überwacht und revisionssicher verbucht werden.

⇨ Verschiedenste (Web-)Apps und Check-in-Systeme müssen zeitgleich Sitzplatzreservierungen entgegennehmen und synchronisieren.

⇨ Weltweit müssen die lokalen Systeme der Airport-Betreiber mit den Check-in- und Gepäck-Daten versorgt und Rückmeldungen dazu entgegengenommen werden.

⇨ Die Systeme rund um das Management des Flugbetriebs müssen mit Passagier- und Frachtdaten zur Berechnung von Beladung, Treibstoff und Flugroute versorgt werden und ihrerseits mit den lokalen Systemen der Airport-Betreiber kommunizieren.

In diesem komplexen und von einem einzelnen Unternehmen nicht mehr beherrschbaren Ökosystem ist jedes Ticket, jede Platzreservierung, jedes Gepäckstück und viele weitere Informationen rund um den Geschäftsprozess eine systemseitig zu administrierende Ressource. Dieses Beispiel lässt sich auf eine Vielzahl von Unternehmen aller

Branchen übertragen, ähnliche Szenarien können von den entsprechenden Kernprozessen abgeleitet werden.

Treiber für die Veränderung

Im vergangenen Jahrzehnt hat die IT-Welt eine sehr dynamische Entwicklung erlebt, die insbesondere die vollständige Durchdringung des privaten wie professionellen Lebensraums zur Folge hatte. Technische Entwicklungen wie die mobile Verfügbarkeit breitbandiger Internetzugänge und leistungsfähige, neue Endgerätetypen (insbesondere Smartphones und Tablets) sorgen dafür, dass neue Anwendungen und Anwendungstypen prosperieren. Anbieter Sozialer Netzwerke, Location Based Services, Social Games etc. transformieren in hoher Geschwindigkeit ganze Branchen. Frühere Giganten der IT wie IBM, Microsoft, HP und Oracle sind in der Defensive und laufen Gefahr, von Herausforderern verdrängt zu werden, die sie heute noch gar nicht kennen. Apple, vor rund zehn Jahren noch an der Grenze zur Insolvenz, gehört heute zu den wertvollsten Unternehmen der Welt und kontrolliert mit dem mobilen Betriebssystem iOS und dem App Store die Softwarewelt auf einer Reihe der erfolgreichsten Endgeräte. Facebook und Twitter sind im Bereich der Sozialen Netzwerke das Maß aller Dinge und so gut mit Wagniskapital versorgt, dass für einen Börsengang keine Eile besteht. Und schließlich Google, präsent auf allen Internetgebieten und immer für eine Innovation gut.

Economy Pull

Die gesamtwirtschaftliche Entwicklung der vergangenen Jahre – insbesondere der massive Kostendruck, ausgelöst durch erschwerte Bedingungen in der Finanzierung, und die fortschreitende Globalisierung – hat zu neuen Formen der Zusammenarbeit zwischen Unternehmen geführt. Traditionelle Geschäftsmodelle werden aufgebrochen, Wertschöpfungsketten über eine Vielzahl von Unternehmen integriert. Ziel ist die Steigerung der Flexibilität bei gleichzeitiger Erhöhung der Qualität und Reduzierung des Risikos. Wettbewerber verbünden sich zu strategischen Allianzen, teilen Produktions- und Logistikkapazitäten, befördern gegenseitig ihre Kunden und helfen sich mit Bauteilen für Produkte aus.

Unternehmen mit klassischen Geschäftsmodellen versuchen, durch IT-nahe Angebote sowohl Mehrwert bei ihren Kunden und Lieferanten zu schaffen als auch selbst von Effizienzvorteilen zu profitieren. So werden Standard-Schnittstellen und Informationsangebote zur Verfügung gestellt, um den Warenfluss zu optimieren und die aktuellen Bedingungen, unter denen die Wertschöpfungskette operiert, transparent zu machen. Echte Wettbewerbsvorteile können entstehen, wenn Unternehmen durch den gezielten, sinnhaften Einsatz ihrer Business-Applikationen die Arbeit ihrer Kunden und Zulieferer effizienter gestalten können.

Gleichzeitig entstehen neue »Pure-IT«-Geschäftsmodelle, die rein auf moderner Informationstechnologie und entsprechenden Geräten basieren. Hierzu zählen insbesondere:
⇨ Soziale Netzwerke und deren Nutzung als Absatz- und Kundenbindungskanal,
⇨ Spiele mit Premium-Content, verbunden z. B. mit dem Kauf von virtuellen Gegenständen,
⇨ Location Based Services, situations- und ortsspezifische Produktangebote, Check-in-Lösungen, Promotions und Guides,
⇨ Augmented-Reality-Anwendungen, z. B. die Integration von Informationen in ein Umgebungs- oder Produktbild.

All diese Angebote basieren darauf, in Echtzeit generierte Situationsdaten (z. B. wo man sich befindet, in welche Richtung man blickt und was man sieht) mit Ressourcen aus zentralen Business-Systemen (z. B. welches Zubehör es für dieses Produkt gibt oder welchen Preis ein Zimmer in diesem Hotel hat) zu verknüpfen und damit eine Transaktion anzuregen.

Auch aus Sicht des Konsumenten entstehen neue Anforderungen. Mit neuen, anwenderfreundlichen Komponenten verliert IT den Charakter »kalter unverständlicher Technik« und wird zum unverzichtbaren Begleiter des Alltags. Zunehmend in Echtzeit zu agieren sowie sich bewusst und gezielt für eine kontrollierte Gruppe zu öffnen, gehört unzweifelhaft zum menschlichen Verhaltensmuster der Zukunft. Der Konsument wird damit zu einem Stakeholder im ERP-Prozess, was Unternehmen analog dem einführenden Beispiel einen Ansatz zu Verbesserung der Effizienz bei gleichzeitiger Steigerung der Wettbewerbsfähigkeit bietet. Gleichzeitig sorgt dies aber für große Herausforderungen am Backend, denn die technische Verfügbarkeit in der Breite zu schaffen, an den passenden Kontaktpunkten präsent zu sein sowie Vielfalt und hohe Dynamik in den Anwendungen zu beherrschen, ist hochgradig schwierig.

Ist es aber erst einmal gelungen, den Kunden zum festen Bestandteil des eigenen kommerziellen Ökosystems zu machen, kann diese Stellung weiter ausgebaut werden. Der Consumer wird zum *Prosumer*, einem perfekt informierten Nutzer und gleichzeitig Experten für ein Produkt, der hinsichtlich Vertriebs-, Support- und Entwicklungsaspekten als Teil der Wertschöpfungskette agiert. Damit stellt auch er eine zu planende und zu steuernde Ressource im ERE-System der Zukunft dar. Diesen Trends können sich Unternehmen nicht längerfristig entziehen, doch werden sie nur mit einem modernen IT-Backend davon profitieren können.

Technology Push

Die technologischen Komponenten, auf denen moderne Informationsverarbeitungssysteme basieren, entwickeln sich immer noch nach dem Mooreschen Gesetz mit einer Verdopplung der Leistungsfähigkeit bei gleichbleibenden Kosten circa alle eineinhalb bis zwei Jahre. Etablierte Komponenten wie Prozessoren und Speicher werden dies nach aktuellen Projektionen noch etwa fünf bis zehn Jahre aufrechterhalten können, bevor definitive physikalische Grenzen erreicht sind. Vergleichsweise neue Technologien wie z. B. die mobile Netzanbindung mit UMTS bzw. LTE (derzeit unter dem Begriff »4G« vermarktet) oder mobile Geräte hingegen erhöhen ihre Leistungsfähigkeit signifikant in noch deutlich kürzeren Zyklen. Zuvor wirtschaftlich kaum realisierbare technologische Anwendungsfälle stellen in der Realisierung kein Problem mehr dar und treiben Applikationsentwickler an, interessante Umsetzungen für das Business zu entwickeln.

Ein herausragendes Beispiel für die Veränderung der Applikationswelt durch technologische Weiterentwicklung ist das In-Memory-Computing, bei dem die Daten nicht mehr von »herkömmlichen« Medien wie Festplatten-Clustern geladen werden, sondern weitestgehend im Arbeitsspeicher gehalten werden. Der Zugriff kann dort deutlich schneller erfolgen, insbesondere wenn das zugrunde liegende Datenbanksystem hierfür optimiert wurde. Arbeitsspeicher stellt nach aktuellen Maßstäben kaum noch einen relevanten Kostenfaktor dar – die Effekte sind klar: Erst mit den durch In-Memory-Techniken erreichbaren Transaktionszeiten sind ERE-Anwendungen der Zukunft denkbar.

Ähnlich verhält es sich mit dem Zugriff auf Daten von jedem Standort: Nicht nur 75 Prozent der Haushalte sollen nach aktuellen politischen Zielen bis 2014 mit einer Bandbreite von mindestens 50 MBit angebunden werden, auch mobilen Geräten wird mit dem neuen Mobilfunkstandard LTE (Long-Term-Evolution) eine ähnliche Bandbreite zur Verfügung stehen. Schon heute sind bei weitem nicht nur Computer, Smartphones oder Tablets mit dem Netz verbunden: Ob Kühlschränke, Getränkeautomaten, Container, Spielekonsolen, Stromzähler oder PKWs – immer mehr Güter und Gegenstände erhalten eine IPv6-Adresse und können über IP-Netze kommunizieren. Damit sind sie natürlich ebenfalls Ressourcen in kommerziellen Ökosystemen, die administriert, gesteuert und kontrolliert werden müssen.

Weitere, hier nicht im Detail dargelegte relevante technologische Entwicklungen sind etwa:
⇨ Die Konvergenz hin zu IP-basierten Netzen als Grundlage komplett integrierter Daten-, Sprache- und Medienkommunikation. Als Folge davon wird u. a. »*Telefonie*« ein integraler Bestandteil künftiger ERE-Anwendungen sein.

⇨ Die Öffnung neuer Wege zur Bereitstellung von IT-Leistungen durch flächendeckende Anbindung an High-Speed-Netze, die Abstraktion von Anwendung und benötigter Rechenleistung und die ausgereifte Virtualisierung von Serversystemen, Desktop-Infrastrukturen bis hin zu einzelnen Anwendungen. Sowohl in Unternehmensrechenzentren als auch mittels *Cloud Computing* lassen sich hiermit Effizienz, Nutzungsflexibilität und Ausfallsicherheit massiv erhöhen.

⇨ Die Entstehung neuer Geräteklassen speziell am Frontend: Tablet-Computer, durch Apples iPad salonfähig geworden, sind mittlerweile von einer Vielzahl von Herstellern in unterschiedlichsten Ausführungen verfügbar. Mit der Veröffentlichung des für Touchscreens optimierten Windows 8 (geplant für 2012) lassen sich Tablets wie jeder andere Computer auch in Active-Directory-Umgebungen einführen und verwalten. Spätestens dann werden große Unternehmen, die bisher vor der schlecht zu steuernden und in sich geschlossenen Apple-Welt zurückschreckten, diese Geräte in großen Stückzahlen einsetzen – auch und insbesondere als mobile Frontends ihrer künftigen ERE-Landschaft. Klassische Notebooks werden durch Ultrabooks (extrem leicht und flach, sehr hohe Akkulaufzeiten von acht bis zwölf Stunden) und Netbooks (besonders preiswert durch relativ geringe Leistung) ergänzt. Die ersten komplett cloud-basierten Geräte, die lediglich ein einfaches Betriebssystem (Google Chrome OS) beinhalten und sämtliche Daten und Anwendungen online nutzen, werden derzeit getestet und stellen die nächste Evolutionsstufe dar.

Entwicklung des ERP-Markts

Hohe Nachfrage, geringe Markttransparenz und stark heterogene Anforderungen unterschiedlicher Kundensegmente bescherten der ERP-Branche in den 1980er und 1990er Jahren eine florierende Anbieterwelt mit einer Vielzahl von Lösungen. Dem folgte um die Jahrtausendwende eine Periode intensiver Konsolidierung, die ein global agierendes deutsches Unternehmen mit kaum mehr als einer Handvoll potenzieller Partner, konkret SAP, Oracle und Microsoft, zurücklässt. Deren Lösungen unterscheiden sich hinsichtlich Können, Komfort und Kosten nur noch im Detail. Mit Blick auf Marktanteile, Vermarktungskonzepte und Umgang mit ihren Kunden ist durchaus ein oligopolartiger Charakter dieses Marktes festzustellen.

Größere Innovationen sind eher in Nischen zu beobachten. Anbieter mit neuen Geschäfts- und Abrechnungsmodellen, hier z. B. Salesforce.com als SaaS (Software as a Service)-Lösung, beginnen, zweistellige Marktanteile zu erobern. Speziell für den Mittelstand nimmt die Anzahl der verfügbaren und gleichzeitig infrage kommenden Lösungen durch webbasierte Anwendungen wieder zu. Insbesondere zur Bewältigung relativ neuer Fragestellungen wie der Nutzung von Sozialen Netzwerken als Absatzkanal, der Anbindung einer Vielzahl von Fulfillment-Dienstleistern im Rahmen einer Multichannel-Strategie oder der Nutzung von Location Based Services sind Unternehmen heute auf eine Vielzahl von Nischenanbietern oder gar eigene Entwicklungen angewiesen.

Strategische Definition des ERE-Systems

Vor dem geschilderten Hintergrund wird klar: Strategische Planung, Konzeption, Realisierung und Betrieb der unternehmerischen Kernsoftware der Zukunft gehen weit über die Fokussierung auf unternehmenseigene Prozesse und Funktionen, auf die unmittelbare Umgebung von Marktpartnern und die selbstdefinierten unternehmensindividuellen IT-Standards hinaus. Es gilt, das Ökosystem des eigenen Unternehmens sowie dessen Entwicklungsdynamik zu (be-)greifen. Dafür sind die für das eigene Geschäftsmodell relevanten dinglichen und digitalen Ressourcen – seien es unternehmenseigene wie Mitarbeiter, Produktionsanlagen, Handelsstrukturen oder Kundendaten, seien es solche im »Fremdbesitz« wie Soziale Netzwerke, Geodaten oder Twitternachrichten, zu verstehen, zugänglich zu machen und strukturiert in die eigene IT-Landschaft zu integrieren. Darüber hinaus gilt es, sich die zunehmend unübersichtliche Vielfalt technischer Lösungen, Plattformen und Innovationen im Rahmen einer wirtschaftlich sinnvollen Kooperation mit unternehmensinternen IT-Experten und externen Dienstleistern zu erschließen und beherrschbar zu halten.

4 Thesen zur Beschaffenheit von ERE-Systemen

Der Druck auf die IT wächst damit aus allen Richtungen, von Einkauf und Logistik über Vertrieb und Marketing bis hin zu Management und Geschäftsleitung. Die entstehenden ERE-Systeme müssen sich für die dort entstehenden Bedarfe öffnen und als Infrastruktur-Backend, Daten-Drehscheibe und Prozesskoordinator fungieren. Daraus ergeben sich vier zentrale Thesen, wie ERE-Systeme beschaffen sein sollten.

ERE-Systeme werden vollständig offen sein

Alle hier dargestellten Szenarien setzen entweder eine weitreichende Integration oder zumindest gute technische Verknüpfbarkeit der unternehmenseigenen Systeme mit den verschiedensten Drittsystemen des kommerziellen Ökosystems voraus. Geschlossene, proprietäre Plattformen und/oder Anwendungen werden in dieser Welt keine Zukunft haben. Neben offenen Datenformaten und flexiblen Schnittstellen sind standardisierte, insbesondere mobile Netzservices elementar. Dies wird zu einem weiter wachsenden Angebot an Middleware-Lösungen führen, die als Broker für Datenströme bzw. als Konnektoren für Funktionen über standardisierte Schnittstellen in gängige ERP-Backends und bedeutende Onlineplattformen sowie mobile Betriebssysteme verfügen und gleichzeitig als Cloud-Lösungen Betriebssicherheit und Redundanz schaffen.

ERE-Systeme werden flexibler sein und gleichzeitig die entstehende Komplexität beherrschbar machen

Eine der größten Problemstellungen besteht für CIOs derzeit darin, mit den Veränderungen im Kerngeschäft und den daraus resultierenden Anforderungen Schritt zu halten. Anstatt Enabler oder gar Treiber für die Erschließung von Wettbewerbsvorteilen zu sein, gelingt es oftmals kaum, neue Anforderungen aus der Veränderung von Geschäftsprozessen innerhalb eines adäquaten Zeithorizonts umzusetzen. Die IT wird häufig als Bremsklotz für den Fortschritt des Unternehmens und der CIO zunehmend zum Spielverderber im Kreis der Geschäftsleiter angesehen. Flexibel zu sein bedeutet in diesem Kontext primär, neue Anforderungen schnell vom Konzept in den produktiven Betrieb übersetzen zu können, ohne die Effizienz und Robustheit der Kernsysteme zu gefährden. In Verbindung mit den dargestellten Anforderungen an die Offenheit des Kernsystems wird dies deutlich zur Erhöhung der funktionalen und technischen Komplexität zukünftiger Lösungen beitragen. Umso mehr muss es gelingen, die entstehende Komplexität beherrschbar zu machen, ohne die Agilität der IT übermäßig zu reduzieren.

Um dies zu ermöglichen, ist die weitere Perfektionierung etablierter Ansätze in Kombination mit neuen Paradigmen zur Systemarchitektur notwendig. Ein Beispiel hierfür ist die pragmatische Umsetzung *serviceorientierter Architekturen (SOA)*. Dabei werden bestimmte Funktionalitäten, die im Prozess benötigt werden (z. B. die Annahme eines Auftrags), in einen Service gekapselt. Dieser lässt sich dann in beliebig vielen Prozessen einheitlich nutzen. Im Rahmen des technologischen Fortschritts kann die Funktionalität als Webservice angeboten und leicht sowohl plattform- als auch unternehmensübergreifend eingebunden werden. Ist dieser Service nun noch Teil einer Cloud-Lösung, lässt er sich bei Bedarf schnell beauftragen und voll in die bestehenden Prozesse integrieren. Die Agilität des Unternehmens ist so nur noch vom Angebot des Plattform-Dienstleisters und dessen Innovationskraft beschränkt, nicht mehr von aufwendigen IT-Projekten und Inhouse-Entwicklungen.

ERE-Systeme werden noch enger mit Kommunikationslösungen verwoben
Die zunehmende Verbreitung von *Voice over IP* wird dafür sorgen, dass *Unified-Communications*-Lösungen mit der gleichen Selbstverständlichkeit wie Office-Produkte in Enterprise-Applikationen eingebunden werden. Nachdem die Sprachkommunikation in ihren vielen Facetten (Telefonie, Konferenzen, Voicemail etc.) bereits mehr Software als Hardware und eine akzeptierte Aufgabe des IT-Bereichs ist, stellt die Integration in Richtung ERE nur noch einen kleinen Schritt dar. Eine vollständige Abbildung der entsprechenden Funktionen in das ERE-System wird dafür sorgen, dass Telefone auf dem Schreibtisch bald der Vergangenheit angehören werden. Wo immer das Notebook mit dem Netz verbunden ist, bleibt der Nutzer unter einer Nummer telefonisch erreichbar. Eine eigene Handynummer erübrigt sich sowieso, denn intuitive Tools ermöglichen eine präzise Steuerung und Priorisierung, welche Anrufe zu welchem Zeitpunkt auf welchem Endgerät ankommen. Sprachkommunikation ist damit kein Technologieaspekt mehr, sondern ein Organisations- und Prozessthema.

ERE-Systeme werden »Best of Breed«-Lösungen sein
Kein Anbieter, möge er auch noch so potent sein wie SAP, Oracle, Microsoft oder IBM, wird in der Lage sein, die hier beschriebenen Anforderungen der Zukunft in *einem* monolithischen System – wie es heute die meisten ERP-Systeme sind – abzubilden. Die »smarten«, zukunftsweisenden Lösungen für spezifische Teilprobleme, die Lösungen, die den Konsumenten emotional greifen und nachhaltige Kaufimpulse setzen, werden in vielen kleinen, innovativen Softwareschmieden und Start-ups entstehen – das Beispiel der weltweiten App-Entwicklungen macht es vor. Die Aufgabe der großen Anbieter wird es sein, Plattformen und das Rückgrat der Integration bereitzustellen. Den funktionalen »Kick« werden im Wesentlichen die anderen liefern.

Acht Ratschläge zum Umgang mit diesen Herausforderungen

Wer im Kontext der in diesem Beitrag beschriebenen Entwicklungen und Herausforderungen die digitale Zukunft eines Unternehmens und seiner Kernanwendungen verantwortet, tut gut daran, den folgenden acht Empfehlungen zu folgen:

1. Akzeptieren Sie, dass sich das Unternehmensumfeld so entwickeln wird, wie hier skizziert, und beginnen Sie frühzeitig damit, passende Initiativen auf den Weg zu bringen. Die Frage »Ist Facebook wirklich relevant für mein Unternehmen oder doch nur eine Spielerei?« vorschnell zugunsten der Spielerei zu beantworten, könnte fatale Folgen haben.
2. Leben Sie das Prinzip »Business drives IT drives Business« aus vollem Herzen. Es darf kein Tag vergehen, an dem geschäftsstrategische Entwicklungen im IT-Bereich nicht bekannt werden. Und es darf kein Tag vergehen, an dem Sie nicht mit technologischen Innovationen und neuen Applikationen dem Business neue Möglichkeiten aufzeigen.
3. Implementieren Sie ein strukturiertes, nachhaltiges Innovationsmanagement. Dieses sollte sowohl technologische Trends und die Roadmaps der relevanten Anbieter als auch Entwicklungen auf Business-Seite auf dem Radar haben, bewerten und hinsichtlich ihrer Relevanz in den nächsten 6 bis 36 Monaten einordnen.
4. Definieren Sie einen möglichst transparenten und ausgewogenen Auswahlprozess, in dem Nutzwerte, Return-on-Investment sowie strategische Aspekte quantifiziert und damit vergleichbar gemacht werden. Die Standardisierung dieses Vorgehens sorgt für eine effiziente Aufbereitung von Handlungsoptionen und sorgt für schnelle Entscheidungsfähigkeit aufseiten des Managements.
5. Stellen Sie sich auf eine neue Art des Projekt- und Supplier-Managements im IT-Umfeld ein. ERE-Projekte machen eine Vielzahl von Beteiligten unterschiedlichster Bereiche notwendig, die alle zu überwachen und zu steuern sind. Analog zu komplexen Vorhaben in anderen Bereichen wird die Attraktivität von Generalunterneh-

mern sowie Anbietern mit großem Leistungsportfolio zunehmen. Ob diese jedoch in allen Bereichen immer die optimale Lösung anbieten können, muss geprüft werden.
6. Die Wahl eines passenden Betriebsmodells wird schwieriger und die Vor- und Nachteile der Handlungsoptionen weniger transparent. Klare Vorgaben hinsichtlich »*Make or Buy*« auf Basis einer wirtschaftlichen Sourcing-Strategie helfen, unnötige Komplexität und entstehenden Wildwuchs in der IT-Bebauung zu verhindern.
7. Verlassen Sie sich bei der Wahl von Vertragsmodellen (Aufwand nach Zeit und Material? Werkvertrag mit Festpreis? Mischkonstrukt, z. B. Shared Risk/Shared Win?) und der Gestaltung von vertraglichen Vereinbarungen auf erfahrene Berater. IT-Projekte sind nach wie vor mit hohen Risiken verbunden, was sich mit steigender Anzahl der Beteiligten und größerer Komplexität der Vorhaben weiter verschärft. Erprobte Vertragskonstrukte und saubere Anforderungsdefinitionen sorgen für eine sichere Position und reduzieren das Risiko von Fehlschlägen deutlich.
8. Beachten Sie die wachsende Zahl der Compliance-Anforderungen, die an Ihre Systemlandschaft gestellt werden. Datenschutz und Datensicherheit, GDPdU, branchenspezifische Vorgaben wie Rückverfolgbarkeit von Produkten oder KWG-Vorschriften im Finanzdienstleistungsbereich: Es sind mehr, als Sie denken!

Eine Orientierung an diesen Empfehlungen hilft, den Weg zum betrieblichen ERE-System adäquat zu beschreiten.

Zusammenfassung

In Zeiten einer nicht mehr kontrollierbaren Vernetzung der Unternehmensumwelt, aufbrechender Wertschöpfungsketten, flexibler Allianzen und neuer, technologiegetriebener Anforderungsmuster von Kunden braucht es einen nachhaltigen Bruch in der architektonischen Gestaltung der IT-Kernapplikation der Zukunft.

Der hier vorgestellte Ansatz eines Ecosystem-Resource-Engineering (ERE)-Systems folgt diesem Erfordernis. Er begreift die Unternehmensumwelt als ein dynamisches kommerzielles Ökosystem, in dem das eigene Unternehmen nicht mehr Mittelpunkt, sondern ein, wenn auch höchst bedeutender Knoten in einem Netz ist. Die in diesem Ökosystem betriebswirtschaftlich zu managenden Ressourcen gehen über die klassische Ressourcenbetrachtung von Anlagen, Menschen und Rohstoffen hinaus: Eine Vielzahl von erst durch die Digitalisierung des wirtschaftlichen Handelns denkbaren, virtuellen Ressourcen kommt hinzu. Die Orchestrierung all dieser Ressourcen wird immer mehr technische Kompetenzen erfordern und somit einem ingenieurhaften Vorgehen (»Engineering«) folgen.

Die Business-Kernapplikation der Zukunft wird ein ERE-System sein. Sie wird die Entwicklung, Erzeugung, Vermarktung/Bewerbung/Promotion, Distribution, Rücknahme, Abrechnung/Vergütung und Vernichtung jeglicher digitalisierter wie nicht digitalisierter Waren und Dienstleistungen eines Unternehmens unterstützen – oder diese Funktionen gar automatisiert selbst übernehmen. Damit ist das ERE nicht zuletzt auch eine Fabrik für digitale Produkte.

Arbeitswelt 2020: So ändern sich Business und Führung

Die Arbeitswelt im Jahr 2020 wird sich radikal verändern. Neue Mensch-Maschine-Schnittstellen und smarte Prognostik lassen ein neues Technologie-Vertrauen entstehen. Dies führt zur Devaluation des Expertentums, zur Ökonomie der Anerkennung und neuen Erwerbsbiografien. Vor allem aber entsteht eine neue Kultur der Führung.

> **In diesem Beitrag erfahren Sie:**
> - wie die Data-Economy Ihre Geschäftsprozesse verändert,
> - wie Sie auf das Ende der Massenwirtschaft reagieren müssen,
> - welches Führungsverhalten für die vernetzten Arbeitswelten nötig wird.

Sven Gábor Jánszky

Blick in die Zukunft

Im Jahr 2020 wird es exakt zehn Jahre her sein, dass die Generation der Digital Natives in unseren Unternehmen erstmals die Mehrheit stellen. Im Jahr 2010 haben sie die vorher dominierende Generation der »Babyboomer« vom Spitzenplatz verdrängt. Nun, zehn Jahre später, erobern die Digital Natives die Führungspositionen. Mit ihnen verändern die IT-Technologie, die App-Economy und die Augmented Realities die Arbeitswelten des Jahres 2020.

»Stellen Sie sich vor, Sie würden morgen aufwachen und jeder Gegenstand hätte eine eigene IP-Adresse: Ihr Badezimmerspiegel, Ihre Kaffeetasse, Ihr Küchentisch, Ihre Handtasche, ... Was würden Ihre Kunden von Ihnen verlangen, was würde die Konkurrenz tun und wie würden Sie regieren?« Dies ist eine Standardfrage, die ich in jeder meiner Zukunftsreden vor Top-Managern stelle. Ich bin immer wieder überrascht, dass viele Zuhörer meiner Zukunftsreden bei dieser Frage zusammenzucken, als hätte ich gerade eine unglaubliche Hiobsbotschaft verkündet. Dabei steuern wir schon seit Jahren auf diese Situation hin: Wenn Chiphersteller davon sprechen, jeden Chip mit einer Antenne auszustatten, wenn Computer kleiner und in Alltagsgegenstände eingebaut werden, dann wird jeder Gegenstand zum Internetempfänger. Die Nachfolger von iPad & Co. sind iMirror, iTable und iWall.

Schritt für Schritt wird in den kommenden Jahren die Internetlogik Orte und Geräte des Alltagslebens erobern. Und diese werden damit intelligent: Bildanalyse, Bilderkennung und beobachtende Interfaces sorgen dafür, dass Alltagsgegenstände das Verhalten ihrer Benutzer beobachten, diese Realwelt-Daten mit virtuellen Daten kombinieren und über 3D-Displays in allen Varianten jeweils situationsgerechte Informationen in unseren Alltag einspielen. Wir Konsumenten werden dies benutzen, oder auch nicht. Souverän! Ganz wie wir es brauchen: Wir benutzen die Technologie, wenn sie uns hilft, etwa bei Preisvergleichen und Kundenempfehlungen binnen weniger Sekunden per Barcode-Scan mit unseren Handys und schalten sie ab, wenn wir uns mit weniger »Intelligenz« durch unseren Alltag treiben lassen wollen.

Die neue Data-Economy

Die ersten Vorläufer dieser IT-Welt des Jahres 2020 sehen wir heute bereits als Smartphone-Apps. Deren Logik der Verbindung von realer Welt und virtuellen Daten zeigt schon heute, wie unsere künftige Data-Economy aussehen wird. Wir Konsumenten werden in zehn Jahren Unternehmen dafür bezahlen, unsere Alltagshandlungen zu beobachten, die Daten auszuwerten und uns wieder zur Verfügung zu stellen. Damit entstehen hilfreiche Services zur Steuerung des Alltags, z. B. die Steuerung des eigenen Stromverbrauchs, aber auch Services zum Identitätsmanagement, wie etwa die Darstellung der eigenen Lebensweise gegenüber der Community. Diese künftige Data-Economy holt die reale Welt ins Virtuelle und sorgt dafür, dass virtuelle Services intelligent in die reale Welt eingespielt werden können, durch Brillen, Kontaktlinsen, Fensterscheiben und 3D-Displays auf allen Monitoren.

Nun wären dies alles nur technologische Spielereien, wenn sie nicht grundlegend an den Fundamenten unserer Geschäftsmodelle rütteln würden. Um zu verstehen, welches strukturelle Umwälzungspotenzial in dieser Entwicklung liegt, müssen wir einen Blick auf die zentrale Größe unseres Wirtschaftssystems werfen: Die Masse! Seit Henry Ford werden alle unsere bekannten Geschäftsmodelle auf Masse ausgerichtet. Es wird eine Masse von Produkten produziert. Es wird eine Masse von Menschen an einem Ort versammelt, an dem sie ein überschaubares Angebot von Produkten findet, sei es vor dem Joghurtregal oder vor dem Fernseher. Die strategische Kontrolle über herkömmliche Geschäftsmodelle basiert in der Massenwirtschaft auf der Macht über Distributions- und Vertriebswege. Unternehmen geben Millionen aus, um ihre Produkte an den Ort zu bringen, an dem sich die Masse der Kunden versammelt und eine künstlich vorgefilterte Angebotsauswahl vorfindet.

Doch mehr und mehr vernichten die Augmented Realities in den kommenden zehn Jahren das zentrale Element der Massenwirtschaft: Die Masse. Es gibt keine »lenkbare« Masse an Käufern mehr, wenn deren Einkaufszettel durch elektronische Assistenten zusammengestellt werden. Es gibt keine »lenkbare« Masse an Zuschauern für Werbebotschaften mehr, wenn Fernsehprogramme und Zeitungen individuell zusammengestellt werden. [1] Und wenn nicht mehr der Einkäufer des Supermarktes unser Warenangebot zusammenstellt, sondern der elektronische Assistent in unserem Handy, dann drohen selbst emotional starke Marken an Wert zu verlieren.

Das Ende der Massenwirtschaft

Auch unser heutiges Marketing ist eine Erfindung der Massenwirtschaft. Denn in einer Zeit, in der aus den alten Markthallen plötzlich Supermärkte geworden waren, hatte der einzelne Konsument keine Möglichkeit mehr, direkt mit allen Herstellern zu reden und sich selbst einen Überblick über das verfügbare Angebot zu verschaffen. Je größer das Angebot wurde, je mehr der Markt zum »Super«markt wurde, desto mehr sah er sich einer unüberschaubaren Masse von

Produkten gegenüber. Entsprechend wichtig wurde das Marketing und dessen Aufgabe, das eigene Produkt aus der unübersichtlichen Masse an Angeboten herausstechen zu lassen! So war sie, die gute alte Massenwirtschaft.

Für das Marketing bekam an dieser Stelle der Begriff der »Aufmerksamkeit« die größte Bedeutung. Denn um das einzelne Produkt aus der Masse des Angebots heraustreten zu lassen, musste ihm beim Konsumenten die größtmögliche Aufmerksamkeit verschafft werden. Was daraus folgte, sind die bekannten Konzepte des Marketings. Es mussten künstliche Marken konstruiert werden mit Markenkernen, die möglichst einer Masse von Menschen eine Identifikationsfläche bieten. Diese Markenwelten mussten mit viel Aufwand in die Köpfe der Konsumenten getrieben werden. Soweit bekannt, soweit erfolgreich. Experten in der Werbe- und Medienbranche leben bis heute sehr gut von dieser Logik. Viele von ihnen glauben tatsächlich selbst, dass dieser Push-Kommerz so etwas wie ein Naturgesetz – also unveränderlich – ist. Dies ist natürlich Unsinn.

Denn mit jedem Smartphone-Benutzer, der das Potenzial seines Gerätes nutzt, wird die einstmals künstlich konstruierte Masse um eine Person kleiner. Mit jedem Smartphone-Nutzer entsteht stattdessen eine 1:1-Beziehung. 2012 werden dies schon 22 % der Bevölkerung sein [2] und darunter ca. 71 % »echte« Nutzer. [3] In ein paar Jahren wird es keine Handys ohne Internetanschluss mehr geben. Dann ist die »Masse« weitgehend verschwunden!

Symmetrie und Asymmetrie der Informationen
Seien wir ehrlich: Zunächst steigt mit diesen IT-Visionen einer vernetzten Welt die Komplexität für die Menschen, es wird mehr als unübersichtlich. Wir können zu jeder Zeit und an jedem Ort auf eine fast unendliche Fülle von Informationen und Angeboten zugreifen. Aber wer könnte und wollte damit umgehen? Niemand! Der Cheftrendforscher eines der größten deutschen Konzerne beschrieb diese Welt in unserer Denkfabrik als »multioptionale Orientierungslosigkeit«![4] Alles kann, nichts geht!

Die Frage: »Was tun wir Konsumenten dann?«, kennzeichnet die Diskussionen der Experten in allen Studien, auf Tagungen und Kongressen. Dabei ist die Antwort so einfach, fast schon banal. Konsumenten werden in dieser Welt nach Filtern suchen. Dies ist nichts Ungewöhnliches, denn Filtersysteme kennen wir in unserem Leben bereits. Auch früher haben wir uns auf Informationsfilter verlassen: auf Lehrer, Redaktionen, Makler, Trainer, Einkäufer, Reiseführer, Marken und Berater. Deren Geschäfte basieren auf der asymmetrischen Verteilung von Informationen, das heißt sie verfügen eher über Informationen oder in besserer Qualität und verdienen ihr Geld damit, dass sie anderen die Informationen neu sortieren und individualisiert zur Verfügung stellen.

Dies ist nicht neu. Neu ist hingegen, dass wir Konsumenten uns daran gewöhnen werden, dass technologische Filter »klüger« sind als menschliche Filter. Sie liefern bessere Ergebnisse. Künftig werden die Aufgabe des Informationsfilterns mehr und mehr Aggregatoren und intelligente Softwarefilter übernehmen, die Informationen – anders als herkömmliche Filter – nach individuellen Vorlieben und situativen Bedürfnissen vorsortieren. Das Amazon-Empfehlungssystem, das Onlinemarketing nach Google-Prinzip und die Barcode-Scanner des iPhones sind die Vorläufer dieser intelligenten, individuellen Filtersysteme. Dann werden wir eine mehr und mehr symmetrische Informationsverteilung erleben, die jedermann in die Lage versetzt, zu jeder Zeit auf alle beliebigen Informationen zugreifen zu können. Jeder Amateursportler trainiert dann mit Profimethoden, jeder Kunde verfügt dann über das Wissen des Fachberaters und jeder Fernsehzuschauer erhält sein individuelles Programm.

Aus Kundensicht ist dies eine großartige Welt. Denn wir werden uns mehr und mehr daran gewöhnen, dass wir die Filterintelligenz in unserer Hosentasche tragen. Besonders aktive Kunden werden diesen Gewinn an Selbstbestimmung als persönliche Freiheit feiern. Weniger aktive Kunden werden sich freuen, dass sie nichts tun müssen und trotzdem individuell passende Angebote bekommen. Denn das ist der wirkliche Charme der IT-Welten 2020: Aktive Menschen können all diese Dinge schon heute. Doch 2020 dürfen wir Couch-Potatos bleiben und erhalten trotzdem individuelle Angebote.

Die Devaluation des Expertentums
Doch neben den Gewinnern gibt es auch Verlierer. Denn was tun Verkäufer, wenn der Kunde dank Barcodescanner und Amazon viel besser weiß, ob das Produkt zu ihm passt, wie es andere Kunden bewertet haben und ob es um die Ecke oder online billiger zu haben ist? Vom Experten zum Kassierer! Was tun Lehrer, wenn ihre Schüler per Ebook immer mehr wissen, als das Ministerium vorschreibt? Vom Experten zum Vorleser! Was tun Handwerker, wenn Häuslebauer sich keine Heizung für ihr Haus mehr empfehlen lassen, sondern den Handwerker beauftragen jene bestimmte Heizung XY einzubauen, die angeblich die beste sein soll … sagt das Internet. Vom Experten zum Handlanger! Was tun Touristenführer, wenn in der Reisegruppe immer einer ist, der per Handy mehr über die Geschichte von Häusern zu berichten weiß, als der Führer jemals auswendig lernen kann? Vom Experten zum Schirmwedler! Was tun Makler, wenn dem Wohnungssuchenden die für ihn individuell passende Immobilie Wohnung beim Gang über die Straße automatisch in die Brille eingeblendet wird? Vom Experten zum Türaufschließer!

Wir werden in den kommenden Jahren eine Devaluation des Expertentums erleben, die große Teile unserer Wirtschaft radikal ändert und neue Märkte entstehen lässt. [5] Denn all jene Experten, die heute unsere Welt prägen, müssen sich fragen lassen, ob ihre Expertise künftig nicht schneller und individueller durch eine Software angeboten werden kann?

Anerkennung statt Aufmerksamkeit: Act like lovers do!
Niemand benötigt in dieser Zukunftswelt noch große Aufmerksamkeits-Push-Kampagnen. Sie werden als lästig erachtet und führen eher zum gegenteiligen Effekt. Denn die Konsumenten wurden durch Technologie wieder in die Lage versetzt, sich so zu verhalten, wie sie es schon vor der Massenwirtschaft auf den Wochenmärkten gewohnt

waren: Sie vergleichen alle Anbieter und wählen selbst den Besten aus. Der Unterschied zu damals ist: Heute benötigen wir dafür die Intelligenz der Technik. Denn erst die smarte Prognostik in unseren Geräten, also Software kombiniert mit Erkennungs-Interfaces, versetzt uns in die Lage, tausende Produkte miteinander zu vergleichen und das jeweils Beste für unsere individuellen Bedürfnisse herauszusuchen.

Bezeichnen wir diese kleinen intelligenten Helfer in unseren Handys als »elektronische Assistenten«. Denn sie sind einerseits die Totengräber des klassischen Geschäftsmodells der Massenwirtschaft, andererseits aber gleichsam der Hoffnungsschimmer für alle jene unter uns, die ihren Kunden auch künftig noch einen sinnvollen Dienst erweisen wollen. Denn natürlich wird es weiterhin das Bestreben der produzierenden Unternehmen bleiben, ganz vorn in der Wahrnehmung der Konsumenten zu liegen und diese Wahrnehmung vielleicht auch zum eigenen Gunsten zu manipulieren. Doch wie funktioniert das in einer Welt der elektronischen Assistenten?

Es funktioniert, wenn man sich die Logik des menschlichen Strebens vor Augen führt. Warum nutzt jemand eine Smartphone-App? Warum kauft jemand, was er kauft? Oder anders gesagt: Warum tut ein Mensch, was er tut? Die Antwort ist: Er strebt nach Anerkennung. Die Grundprinzipien der Geschäftsmodelle der Zukunft liegen in der »Ökonomie der Anerkennung«. Und jeder von uns weiß, wie das funktioniert. Denn die größten Experten für Anerkennung sind wir selbst. In unserem Privatleben wissen wir ziemlich genau, wie wir unseren Lieben Anerkennung zeigen können. Wie machen wir das? Wir bemühen uns, immer ansprechbar zu sein. Wir überraschen den anderen ab und zu mit einer Kleinigkeit. Und wir nehmen Anteil am Leben des Anderen: Wir freuen uns mit und wir leiden mit.

Bei den Marketingchefs der innovativen Unternehmen in den diversen Denkfabriken der Welt ist schon lange klar, dass die zentralen Ziele des Marketings der Zukunft exakt in diesen Punkten liegen. Doch wie werden Unternehmen in Zukunft diese Strategie des »Act like lovers do!« umsetzen? Wie kann ein Unternehmen für jeden einzelnen Kunden »immer ansprechbar sein«, »mitfreuen und mitleiden«

und den Kunden »mit Aufmerksamkeiten überraschen«? Dies ist die zentrale Frage und die wichtigste Herausforderung, die das Informationsmanagement in unseren Zukunftsmodellen zu leisten hat.

Intelligentes Touchpoint-Management: Schneller als Echtzeit!

Die Hauptaufgabe für das rationale IT-Management ist eine durchaus emotionale. Sie lautet: Baue eine Beziehung zum Kunden auf, schaffe die Möglichkeit, den Kunden an jedem Touchpoint so intelligent anzusprechen, dass er sich verstanden und begleitet fühlt und gebe ihm damit zu jeder Zeit persönliche Anerkennung.

Für die IT-Strategien der Markenunternehmen heißt das, dass sie künftig an jedem Touchpoint in Echtzeit wissen müssen, was sie mit diesem Kunden am vorangegangenen Touchpoint gesprochen haben. Sonst ist ein individuelles und intelligentes Gespräch nicht möglich. Die Lösung dafür ist das sogenannte intelligente Touchpoint-Management, das man sich etwa so vorstellen kann: Wenn der Kunde in Ihre Filiale kommt, dann wissen Sie bereits bevor das erste Wort gesprochen ist, was er zuletzt gegoogelt hat. Wenn er Ihre Website besucht, dann wissen Sie, was er zuletzt am interaktiven Plakat gesehen hat, usw. An jedem Touchpoint, an dem Sie Ihren Kunden treffen, wissen Sie was dieser Kunde am vorangegangenen Touchpoint getan hat.

Strategisch bedeutet diese Entwicklung für Unternehmen einen neuerlichen Paradigmenwechsel: Kaum haben Sie sich an den Gedanken gewöhnt, dass mit dem Web2.0 und seinem Facebook, Twitter & Co. eine Echtzeitkommunikation mit Kunden und Mitarbeitern zum Standard wird … steht Ihnen ein neuerliches Umdenken bevor. Denn Echtzeit ist nicht mehr schnell genug! Wer den Trend schon heute ernst nimmt, muss seine Business-Strategien auf ein neues Paradigma umstellen. Ihre Aufgabe ist es, schneller als Echtzeit zu sein.

Jedes Unternehmen wird Softwareanbieter: Adaptivität der Produkte als Ziel

Wenn etwa ein Kunde mit einem Unternehmen Kontakt aufnimmt, dann wird das Unternehmen der Zukunft bereits vor dem ersten gesprochenen Wort wissen, was der Kunde von ihm erwartet. Beispielhaft seien hier allein die Prognosen für die Callcenter-Branche angeführt: Callcenter werden künftig in 80 % aller Fälle die Gründe des Anrufs bereits vorab wissen. Dies ist die Basis dafür, dass sie entsprechend intelligent und Anerkennung gebend reagieren können. [6]

Bitte denken Sie darüber nach: Es könnte sein, dass die Intensität Ihres Kundenkontaktes und damit die Basis für Ihr Geschäft künftig davon abhängt, ob Sie es verstehen, Ihren Kunden einen elektronischen Assistenten zur Verfügung zu stellen, der den Kunden so intelligent und hilfreich wie möglich in Alltagssituationen begleitet. Und nicht nur das: Ihr Erfolg wird davon abhängen, ob Sie dies besser oder schlechter realisieren als die Konkurrenz.

Die Folge ist: Nahezu jedes Unternehmen mit Endkundenkontakt wird dabei zukünftig zum Softwareanbieter. Die Hauptaufgabe der Zukunft ist dabei das intelligente Datenfiltern im Auftrag der Kunden. Egal, welches Produkt das Unternehmen eigentlich verkauft. Denn diese Produkte, ganz gleich in welcher Branche, werden sich ebenso wandeln. Wo heute noch die »Individualität« der Produkte als Ziel und USP gilt, lautet die wesentliche Strategieverschiebung der Zukunft: Produkte sind nicht mehr nur individuell, sondern adaptiv! Der Unterschied ist einfach: Individuell sind Produkte, die bei der Produktion auf den einzelnen Kunden zugeschnitten werden. Doch wenn sich die Nutzungssituationen des Kunden verändern, dann lassen sich die Produkte nicht anpassen. Adaptiv dagegen sind Produkte, die neue Nutzungsszenarien adaptieren können, auch wenn diese bei der Produktion noch nicht vorhergesehen und vorhergeplant wurden.

Das Ziel, das Unternehmen bei ihrem Wandel zu Softwareanbietern verfolgen, ist, die veränderten Nutzungssituationen des einzelnen Kunden jederzeit zu erkennen und die eigenen Produkte mit einer entsprechenden Adaptivität zu versehen. Das ist das zentrale und gewinnversprechende Ziel des Informationsmanagement der Zukunft.

Neue Arbeitsplätze der Zukunft

Doch der Siegeszug des Informationsmanagements wird in den kommenden Jahren nicht nur die Geschäftsmodelle der Unternehmen gegenüber ihren Kunden verändern. Mindestens ebenso zentral ist der Wandel, den die IT-Zukunft im Innenleben der Unternehmen und bei den Führungskompetenzen ihrer Top-Manager bewirkt. Augenfällig ist auch hier zunächst die Technologie, die unsere Arbeitsplätze der Zukunft aus heutiger Sicht zu Science-Fiction Räumen macht.

Unter dem Begriff »Mixed Reality« begegnen wir virtuellen Welten bereits heute in verschiedenen Facetten. Der Begriff bezeichnet eine Überlappung aus Realität und digitaler Information. Dabei wird die reale physische Welt mit digitalen Daten bereichert (»augmented«). Eines der ersten Einsatzgebiete solcher »Mixed Reality«-Systeme sind Datenbrillen, mit denen Ingenieure zusätzliche Informationen über Objekte in ihrem Sichtfeld erhalten. So, wie es bereits der Science-Fiction Autor und Cyberspace-Erfinder William Gibson in seinem Buch »Spook Country« beschreibt: Ausgerüstet mit einem Virtual Reality-Helm, sind Menschen in der Lage, geschichtliche Erlebnisse in der realen Umgebung mitzuerleben – wie beispielsweise den Tod des Schauspielers River Phoenix vor einem Nachtclub in Hollywood [7]. Zur Realität wird diese Fiktion schon heute. Wer die aktuelle Entwicklung der zahlreichen Augmented Reality (AR) Applikationen verfolgt, der findet etwa im AR-Browser »Layar« bereits eine Anwendung namens »The Berlin Wall«, die der Science Fiction Vision bereits erstaunlich nahe kommt. [8]

Militärs arbeiten bereits seit einigen Jahren mit virtuellen Simulationen für Kampfszenarien. So wie beim Militär werden künftig auch unsere Arbeitsplätze aussehen. In sogenannten Virtual Decision Rooms, also virtuellen Kommandoständen lassen sich binnen Sekunden Ersatzteile testen, Zulieferer als Berater zuschalten, Teamwork und sensible Handgriffe bei Produktion und Reparatur trainieren.

Im Jahr 2020 werden Produkte für diese digital erweiterten Sinneswahrnehmungen den Massenmarkt erreichen. Die Miniaturisierung und der Preisverfall von Rechenleistung sorgt dafür, dass 3-D-Displays und Mixed Reality-Umgebungen dann fast in jedem Bereich des Alltags, aber vor allem in der Arbeitswelt zu finden sein werden. Zugleich werden die ersten Geräte menschliche Emotionen erkennen und verarbeiten können. Insbesondere jene Geräte, die uns am Arbeitsplatz umgeben, werden über Sensoren in ihrer äußeren Hülle unsere Emotionen verstehen, vom Handy über das Lenkrad und die Computertastatur bis zur Fernbedienung. Maschinen reagieren dann anders, wenn ihr Besitzer ruhig und gelassen ist, als wenn er hektisch agiert.

Neue Erwerbsbiografien: Projektarbeiter
Doch Technologie führt bekanntlich nicht zwangsläufig zu einem Wandel der Werte und Bedürfnisse der Menschen. Aus diesem Grund ist es wesentlich, zusätzlich einen zweiten Trend zu betrachten, der für die Entwicklung der kommenden Jahre prägend scheint. Es ist jene Entwicklung, die zu Patchwork-Identitäten in den Erwerbsbiografien führt.

Das Herausbilden der sogenannten Projektarbeiter ist dabei prägend. Sie kennen keine 38-Stunden-Woche, keine geregelte Kaffee- und Mittagspause, keine Hausschuhe im Büro, keine Prämie oder Lohnsteigerung aufgrund langjähriger Betriebszugehörigkeit. Sie wechseln ihre Arbeitgeber oft und schnell und gehören zu jener »Creative Class«, nach der seit Richard Floridas »The Rise of the creative class« [9] Politiker, Wirtschaftsförderer und Trendforscher suchen. Die »Creative Class« ist unter uns und wächst ständig. Denn nicht ihre Kreativität charakterisiert jene neu entstehende Masse der Projektarbeiter, sondern ihre Arbeitsweise und ihr Verständnis der Arbeit als gestaltbares Element der Selbstverwirklichung in ihrer Patchworkbiografie. Nicht nur Partner, Kinder und Wohnorte werden zu Mosaiksteinen des individuellen Biografie-Patchworks, sondern vor allem Jobs, Tätigkeiten und Projekte.

Damit unterscheiden sich Projektarbeiter wesentlich von ihren Eltern und den Vertretern der klassischen Industrie- und Angestelltenkultur. Während es denen um den Aufstieg durch Hierarchiestufen und Lohngruppen ging, geht es den neuen Projektarbeitern um Herausforderungen, Lifetime-Balance und Storys. Der zentrale Treiber ist die persönliche Herausforderung und deren Verwertbarkeit auf dem Markt. Der zweite wesentliche Unterschied zwischen Industrie- und Angestelltenkultur auf der einen und den neuen Projektarbeitern auf der anderen Seite ist die Dimension der Kontinuität. Sie spielt im persönlichen Empfinden nur noch eine untergeordnete Rolle. Sie kommt immer dann zum Tragen, wenn aus Rücksicht auf Partner, Kinder und Lebensumstände Kompromisse zu schließen sind. Dann allerdings bildet das Kontinuum zwischen Abwechslung und Kontinuität ein ständig präsentes Spannungsfeld, das zu einem der zentralen Probleme des Lebens und des Alltags wird.

Im Jahr 2020 wird diese Patchwork-Kultur unter den Erwerbsbiografien zur Blüte gelangen. Die Studie »Expedition 2020« beziffert den Anteil dieser Art von Projektwirtschaft an der gesamten Wertschöpfung in Deutschland im Jahr 2020 mit 15 Prozent. Zum Vergleich: Derzeit beträgt die Projektwirtschaft gerade mal zwei Prozent der gesamten Wertschöpfung in Deutschland. [10]

Nur noch ein Drittel Festangestellte
Noch dramatischer erscheint der Wandel, wenn nicht das Bruttoinlandsprodukt, sondern die Beschäftigungszahlen als Basis der Prognose dienen. Der Anteil jener Menschen, die in befristeten Verträgen arbeiten, wird bis zum Jahr 2020 auf bis zu 40 Prozent der arbeitenden Bevölkerung steigen. Die daraus entstehenden Patchworkbiografien sind diesen Projektarbeitern keineswegs aufgezwungen. Zwar handelt es sich um genau jene Zustände, die die heutige Arbeitsmarktpolitik als prekär bezeichnet, doch prekär daran ist allenfalls, dass weder Politik noch Gewerkschaften das Bedürfnis der Menschen nach dieser Projektarbeit erkennen. Die Arbeitsverträge dieser Projektarbeiter werden höchst individuell sein. Je nach persönlicher Lage werden die Arbeitszeiten flexibel vereinbart. Die Honorare für Projektarbeiter bestehen zum Großteil aus einem geringen Basislohn, der zum Bestreiten

der nötigsten monatlichen Ausgaben ausreicht, sowie verschiedenen Erfolgsboni und Unternehmensbeteiligungen. [11] Gleichzeitig verdoppelt sich der Anteil der Selbstständigen im Vergleich zu heute auf ca. 20 Prozent und die heute dominierenden Langzeit-Anstellungsverhältnisse werden bis zum Jahr 2020 auf ca. 30 bis 40 Prozent sinken. Dies sind die einzigen Jobs, die klar regulierte Arbeitszeiten haben.

Praktiker und innovationsaffine Führungskräfte wird dies nicht überraschen. Es ist dennoch die exakte Anti-These zur aktuellen politischen Diskussion. Der heutigen Arbeitsmarktpolitik liegt nach wie vor das lebenslange Arbeiten in einem Unternehmen als idealtypisches Muster zugrunde – ein Modell von gestern, das in den kommenden zehn Jahren Schritt für Schritt von der Praxis überholt werden wird.

Unternehmen müssen Magneten für freie Radikale werden

Wer den Trend zur Projektwirtschaft konsequent weiterdenkt, muss früher oder später unweigerlich zu der Frage gelangen, welche Auswirkung die Patchwork-Identitäten für die Kompetenz und das Wissensmanagement in Unternehmen haben. Deren zentrale Herausforderungen in der Personalführung werden darin bestehen, jene hochspezialisierten Experten in das Unternehmen zu lotsen, die fachlich und hinsichtlich ihrer Managementskills in der Lage sind als Innovatoren zu wirken, Spin-offs aufzubauen und als Unternehmer zu denken.

Wenn die Prognose stimmt, dann haben diese Personen kein Interesse, sich stark an ihr Unternehmen zu binden. Sie kommen für ein attraktives Projekt, bleiben für zwei Aufbaujahre und ziehen weiter. Hochspezialisierte Experten werden im Jahr 2020 im Zwei-Jahres-Takt von Unternehmen zu Unternehmen springen, dort jeweils Innovationsprojekte leiten und dann wieder weiterziehen. Sie werden zu Jobnomaden die wissen, dass sie begehrt und teuer sind. Daraus entstehen für Unternehmen große Herausforderungen bei der Gewinnung und Bindung dieser Spezialisten, im Management des Unternehmenswissens und in der Motivation dieser Führungskräfte: Wie viel Aus- und Weiterbildungsinvestition lohnen sich für Unternehmen, wenn die Jobnomaden sowieso bald wieder weg sind? Wie konserviert man das Wissen der Projektarbeiter im Unternehmen, auch wenn diese weitergezogen sind? Und wie sorgen Unternehmen dafür, dass hervorragende Experten wieder zurückkehren können?

Bildlich gesprochen wird es zunehmend die Aufgabe der Unternehmen sein, als Magneten für »freie Radikale« zu wirken. Eine der wesentlichen Strategien wird sein, diese freien Patchworker anzuziehen und strategisch wieder abzustoßen. So ungewöhnlich das klingen mag: Das After Employment Marketing wird seine besten Mitarbeiter gezielt abstoßen und dafür sorgen, dass Jobnomaden eine neue Aufgabe außerhalb erhalten. Damit ist die Chance der Rückkehr am wahrscheinlichsten. Die Personalabteilungen der Zukunft werden ein neues Sensorium dafür entwickeln, wann ihre besten Projektarbeiter »abgestoßen« werden sollten. [12]

Angestellte werden Jobnomaden

Die Entwicklung der Projektwirtschaft wirft im Gesamtzusammenhang noch weitere Fragen auf: Werden Patchworker immer oberflächlicher, weil sie von Job zu Job springen und nichts mehr wirklich können? Nach einer Studie von Rüdiger Klatt ist das Gegenteil der Fall. Jobnomaden sind kompetenter als Angestellte, die über längere Zeit die gleiche Arbeit verrichten. Sie sind kreativer und daran gewöhnt, sich Aufgaben- und Problemstellungen aus verschiedenen Blickwinkeln anzusehen. [13]

Diese Aussage mögen erfahrene Führungskräfte nur zu gern bestätigen, weil sie an ihre eigenen Praxiserfahrungen im Unternehmen erinnert werden. Doch die Brisanz der Aussage liegt nicht in der Wertschätzung der Jobnomaden. Wesentlich wichtiger ist der Rückschluss auf die anderen, auf die Langzeitangestellten. Oder kurz gefragt: wie lange wollen Sie es noch dulden, dass Ihre Langzeitangestellten offenbar inkompetenter als die Jobnomaden sind?

Für die verantwortungsbewusste neue Führungskunst gilt es daher Strategien zu entwickeln, mit denen die Kompetenz der Langzeitangestellten auf das Niveau der Jobnomaden gebracht werden können.

Die Lösung heißt Jobrotation. Nichts anders ist das viel besprochene »Google-Prinzip«. Der Online-Riese zwingt seine Mitarbeiter regelrecht, sich in 20 % ihrer Arbeitszeit, also an einem Tag der Woche, mit komplett anderen Dingen zu beschäftigen, als eigentlich in ihrem Arbeitsvertrag stehen. Natürlich ist das ein Gewinn, denn dies steigert die Kreativität und das Engagement, und es hat positiven Einfluss auf die reguläre Arbeit.

Um eine permanente erfolgreiche Jobrotation zu organisieren, wird innovative Führung im Jahr 2020 die Querkompetenzen ihrer Mitarbeiter in Erfahrung bringen und nutzen. Sie wird Mitarbeiter dazu zwingen, an mehreren Projekten gleichzeitig zu arbeiten. Sie wird in großem Umfang Sprünge für Mitarbeiter innerhalb des Unternehmens organisieren. Vor allem wird sie aber dafür sorgen, dass Innovation als Arbeitsleistung vergütungswirksam und sanktionierbar wird.

Diese Herausforderung bringt große Unternehmen natürlich in Vorteil gegenüber kleinen und mittleren Unternehmen (KMU), wo die weiten Sprünge der Jobnomaden aufgrund der begrenzten Anzahl von Stellen schwierig ist. Die Lösung für KMU liegt in neuen Strategien der vernetzten Kooperation: Mitarbeiter werden in Unternehmensnetzwerken rotieren, zu denen sich verschiedene KMU einer Wertschöpfungskette zusammenschließen. Ein unternehmensübergreifendes Lernen wird in Partnernetzwerken, aber auch unter ehemaligen Konkurrenten organisiert.

Renaissance des Outsourcing

Als direkte Folge des Trends der Patchwork-Identitäten wird in den kommenden Jahren das Outsourcing eine unerwartete Renaissance erleben. Unternehmen werden erkennen, dass ein richtig betriebenes Outsourcing den Mitarbeitern neue Entwicklungschancen bietet und sie in ihrer persönlichen Entwicklung fördert. Die Mitarbeiter werden diese neue Spielart des Outsourcings mehr und mehr als Chance erleben, ihre Erwerbsbiografie aktiv zu gestalten. Bereits heute weisen Studien auf diese Entwicklung hin. Nach einer Studie von LogicaCMG haben zwar 97 Prozent der Arbeitnehmer in Deutschland zunächst Angst, wenn ihre Geschäftseinheit ausgegliedert werden soll. Doch fast 75 Prozent sind später bei ihrem neuen Arbeitgeber sogar zufriedener als vorher. 84 Prozent der outgesourcten Arbeitnehmer fühlen sich später bei ihrem neuen Arbeitgeber so wohl, dass sie nicht mehr weg wollen, 78 Prozent stufen ihre Karrierechancen höher ein als bei ihrem vorherigen Arbeitgeber.

Der Grund ist einfach: Das persönliche Arbeitsumfeld bei einem Outsourcing-Dienstleister ist zumeist deutlich besser ist beim alten Arbeitgeber. Der neue Arbeitgeber ist meist auf das Tätigkeitsfeld fokussiert und verfügt über mehr Ressourcen, modernere Technik und intensivere Schulungsangebote. Vor diesem Hintergrund fördern intelligent und vertrauensvoll gemanagte Outsourcing-Prozesse die Motivation und Kompetenz der Mitarbeiter. Im Gegenzug ist eine Arbeitsmarktpolitik, die nach wie vor das lebenslange Arbeiten in einem Unternehmen als idealtypisches Muster verfolgt, nicht nur von Jahr zu Jahr realitätsfremder, sondern hindert Mitarbeiter an der persönlichen Entfaltung ihrer Kompetenzen und Fähigkeiten.

Folge des Informationsmanagements: Führung als Moderation in fluiden Unternehmen!

Wer diese Zukunftstrends ernst nimmt, der muss sein Führungsverhalten schon heute auf die Aufgabe als strategischer Innovationskoordinator des Unternehmens ausrichten. Die professionelle Führung der Zukunft organisiert die neue fluide Struktur der Unternehmen. Sie steuert und koordiniert die anderen Unternehmensbereiche in Innovationsprozessen, sie denkt mehr und mehr als »Digital Native«,[14] sie zwingt Mitarbeiter sich parallel mit unterschiedlichen Projekten zu beschäftigen und organisiert die Sprünge für Mitarbeiter innerhalb des Unternehmens und das viel besprochene lebenslange Lernen. Doch dieses ist auch und vor allem eine mentale Frage. Wir sind nach wie vor geprägt vom Bild der Industriegesellschaft, in dem wir eine zeitige Lernphase haben, eine Ausbildung machen und dann einen Abschluss. Im wahrsten Sinne des Wortes, denn danach ist Schluss! Nach wie vor sortieren sich viele Hierarchien unserer Gesellschaft nicht danach, was ein Kandidat kann, sondern welchen Abschluss er hat.

Im Jahr 2020 werden wesentlich mehr Hierarchien nach dem Können der Menschen geprägt sein. Universitäten und Ausbildungsstellen werden nach erfolgreicher Beendigung Zwischenzeugnisse statt Abschlüsse ausstellen. Auch diese Institutionen werden sich bewusst werden, dass sie nur Zwischenschritte in einem lebenslangen Lernprozess sind. Und Unternehmen werden das Wissen ihrer Mitarbeiter bilanzierbar machen. Wir werden einen Zustand anstreben, in dem Mitarbeiter ihre Kompetenzen nicht nur bei der Bewerbung für einen Job, sondern auch in einer Anstellung jährlich nachweisen müssen. Denn das Wissen jedes Einzelnen geht in die Wissensbilanz des Unternehmens ein und hat direkte Auswirkungen auf dessen Börsenwert.

Doch diese Zukunft entsteht nicht mit den Denkweisen von gestern. Sie entsteht nicht, wenn Unternehmen weiterhin bei der Suche nach Mitarbeitern in den alten Kategorien verhaftet bleiben. Wer heute noch »Produktmanager« sucht, hat die Zeichen der Zeit nicht verstanden. »Wissensmanager« sind die Mitarbeiter von morgen. Denn nicht das Produkt muss gemanagt werden, sondern das Wissen um die Netzwerke, in denen Wertschöpfung entsteht. Und wer einmal dabei ist, seine Job-Ausschreibungsprofile umzuschreiben, der sollte gleich auch noch die Stelle eines »Intrapreneurs« ausschreiben. Dies sind Menschen, deren Qualifikation es ist, unternehmensintern eine Lobby für eine Innovation zu kreieren. Sie agieren wie Entrepreneure, die kämpfen wie Start-up-Gründer auf dem Markt, sie denken in Business-Plänen und Bedürfnissen der Kunden, sie können das oft träge System großer Konzerne lesen und überlisten. Den Beruf des Intrapreneurs gibt es natürlich nicht. Er taucht bislang nicht in Stellenausschreibungen auf und wird nicht ausgebildet, obwohl von diesen Personen wesentlich die Innovation in den Unternehmen ausgeht. Ihn zu schaffen ist eine zentrale Herausforderung für die Führung der Zukunft.

Die neue Führung: Milieugräben suchen und Blickwinkel verändern

Diese Abkehr von den bisher so verbreiteten Silo-Hierarchien ist eine direkte Folge der künftigen IT-Entwicklung und des kommenden Informationsmanagements in Unternehmen. Doch genau wie im Außenverhältnis der Unternehmen gegenüber ihren Kunden, so gilt auch im Innenverhältnis gegenüber ihren Mitarbeitern: Die zentrale Führungsaufgabe wird sein, das Verhältnis von Schutz und Geborgenheit neu zu definieren. Die dominierende Rolle der IT- und Informationsinfrastruktur führt dazu, dass der zentrale Wert für Führung der Aufbau von Vertrauen durch die »Ökonomie der Anerkennung« ist. Um dieses zu gewinnen, muss »das Paradox zwischen Konstanz und Verlässlichkeit als zentraler Aufbauwert von Vertrauen auf der einen Seite und dem ständigen Hunger der Menschen nach Innovation auf der anderen Seite, beseitigt werden«, betonte Wolfgang Müller-Pietralla, Chef-Trendforscher der Volkswagen AG in der Denkfabrik 2b AHEAD ThinkTank [15]. Da das Vertrauen eines Menschen vor allem durch die schnelle und angemessene Reaktion des Gegenübers entstehe, gibt es demnach es für die Herstellung von Vertrauen vor allem ein Mittel: »Wir müssen auf Vorrat denken«, so der VW-Innovationschef. »Wir müssen unsere Ingenieure erziehen in Szenarien und mit den Kunden gemeinsam zu denken.« Dieses offene Herangehen an die Mitarbeiterführung und -beteiligung ist die wesentliche Herausforderung, die hinter dem heute so populären Begriff der Open Innovation steht.

Innovative Führungskräfte gehen intensiv auf die Suche nach »Structural Holes«[16]. Dies sind Unterschiede zwischen Gruppen und Individuen. Weil soziale Schichten, Milieus, Branchen, Nationalitäten usw. dazu tendieren, sich ausschließlich untereinander zu begegnen, entstehen zwischen diesen Individuen, Schichten, Milieus, Branchen, Communities, Nationalitäten automatisch Informationsgräben und Wissenslücken. Dies sind »Structural Holes«. Diese zu überbrücken bringt Innovation. Deshalb schauen sich die Innovatoren unter den Führungskräften ihre eigenen Verantwortungsbereiche bewusst und immer wieder aus anderen Blickwinkeln an. Sie suchen das Gespräch mit ganz und gar »artfremden« Personen, um aus deren Sicht- und Denkweise Ideen für die eigenen Probleme abzuleiten. Sie beschäftigen sich intensiv mit branchenfremden Ideen, um neue Lösungen für eigene Probleme zu finden.[17]

Eine der zentralen Herausforderungen für die Führung der Zukunft ist es, diese Structural Holes mit einer systematischen Methode gezielt zu überbrücken und damit für kontinuierliche Innovation im Unternehmen zu sorgen. Exakt dafür haben die First Mover ein System gefunden, dass Hierarchiegrenzen sprengt und gleichzeitig beibehält. Sie haben sich einen Innovationsprozess gegeben, der die structural holes im Unternehmen gezielt sucht, überbrückt und zu Ideen führt. In diese Prozesse werden sowohl Mitarbeiter, Partnerunternehmen als auch Kunden eingebunden. Um diese strategische Chance zu nutzen, müssen die Unternehmen zwei Dinge lernen, die die Vordenker bereits verstanden haben:

⇨ Die neue Führung der Zukunft nutzt nicht nur die Arbeitsleistung der Mitarbeiter in deren Spezialgebieten, sondern führt die Mitarbeiter gezielt in Bereiche, in denen sie sich nicht auskennen (Überbrücken der Structural Holes).

⇨ Die neue Führung anerkennt und belohnt Mitarbeiter gezielt dafür, an Dinge zu denken, für die sie eigentlich nicht bezahlt werden. Sie holt die Querkompetenzen der Mitarbeiter mit ins Unternehmen und macht sie nutzbar.

Die neue Generation 60/80

Gönnen wir uns einen abschließenden Blick auf den entscheidenden Trend in den Arbeitswelten der Zukunft: Der demografische Wandel. Die Alterung der Gesellschaft bedeutet nicht nur, dass weniger Kinder geboren werden, sondern auch, dass die Lebenserwartung kontinuierlich steigt, etwa um 1/4 Jahr pro Jahr. Dies führt mit Blick auf das Jahr 2020 oder gar 2030 dazu, dass die durchschnittliche Lebenserwartung auf 90 Jahre und darüber steigt. 100. Geburtstage wird es fast in jeder Familie geben. Zudem ist ein zweiter Trend relevant:

Trotz dieses Anstiegs der Lebenserwartung dehnt sich unsere Pflegephase, jene Phase am Lebensende, in der wir nicht mehr mobil sein können, nicht signifikant aus.

Dies führt zur Entstehung einer komplett neuen und sehr aktiven Lebensphase zwischen 60 und 80, für die unsere Gesellschaft bislang keine Antworten besitzt. Vor allem führt dies aber bei Menschen zwischen 50-60 zu dem Bewusstsein, dass sie keineswegs »ab sofort auf das Ende warten« sondern noch 30-40 Jahre vor sich haben. Immer mehr werden in diesem Alter einen Neuanfang wagen: Neuer Job, neues Heim, neue Beziehung?

Wir prognostizieren, dass für die meisten 60jährigen im Jahr 2020 ein Ende des Arbeitslebens nicht vorstellbar sein wird. Denn sie arbeiten nicht für Geld, sondern für das Gefühl, etwas Wichtiges zu tun. Aus diesem Grund werden sie nach Teilzeitjobs und Projektarbeiten suchen, oder im Alter zwischen 50 und 60 Jahren nochmals eine neue Firma gründen. Sie sehnen sich danach, nicht nur Projekte zu steuern, sondern mit Dingen beschäftigt zu sein, die nur sie aufgrund ihrer Erfahrungen übernehmen können. Natürlich werden diese Menschen sich nicht nach Knochenjobs auf dem Bau und 14-Stunden-Schichten im Büro sehnen. Wohl aber nach Teilzeit- und Projektaufgaben, in denen sie vernetzt und eingebunden sind und ihren sinnvollen Beitrag leisten können.

Vielleicht mag es erstaunlich klingen: Aber dieses Streben nach der »Arbeit nach 67« kommt von den Menschen selbst, nicht von der Politik. Die meisten von ihnen haben auf der Habenseite des Lebens ein finanziell gesichertes Auskommen, einen stabilen Freundeskreis und eine stabile Stellung in der eigenen Familie. Diese Menschen haben die zurückliegenden Jahrzehnte gut genutzt und sind versorgt, wenn es um das Streben nach Zugehörigkeit und den Platz im Leben geht. Das große Problem der meisten Alten ist jedoch die fehlende Anerkennung. Mit den Ausscheiden aus dem Beruf verlieren die meisten Menschen von einem Tag auf den anderen das Gefühl, gebraucht zu werden, wichtig zu sein und sich selbst beweisen zu können. Die wachsende Anzahl der Menschen jenseits des Rentenalters in unserer

Gesellschaft des Jahres 2020 wird nicht aufhören, nach dieser Anerkennung zu streben.

Und dies ist der Wesenskern aller Zukunftsprognosen der Arbeitswelten 2020: Die Sehnsüchte und Lebensweisen sowohl der Jungen als auch der Alten werden weiterhin geprägt im Kontinuum von Zugehörigkeit bis Anerkennung. Wer diese banale Konstante vor Augen hat, wird die richtigen Entscheidungen für die Geschäftsmodelle der Zukunft treffen.

Literatur

[1] JARVIS, J.: *What would Google do?*, New York, 2010

[2] TNS infratest; Trendbüro: *Studie »Go smart! 2012: Always-in-touch«*, Hamburg, 2011

[3] *Als »echte« Nutzer sind jene bezeichnet, das das Smartphone nicht nur zum telefonieren nutzen, sondern als mobilen Internetzugang in allen Facetten (Apps, Browser, GPS-Dienste) benutzen.*

[4] MÜLLER-PIETRALLA, W.: *Wege aus der multioptionalen Orientierungslosigkeit: Vertrauen als Keyelement der VW-Zukunftsstrategie. Rede auf: 7. 2b AHEAD-Zukunftskongress, Halle (Saale), 2008*

[5] JÁNSZKY, S.: *Die Devaluation des Expertentums, Trendanalyse des 2b AHEAD ThinkTanks, Leipzig, 2010, hwww.2bahead.com/uploads/media/Trendanalyse_Die_Devaluation_des_Expertentums_02.pdf*

[6] Transcom WorldWide (Hrsg): *Trendstudie »Kundendialog 2020«, Halle (Saale), 2008*

[7] GIBSON, W.: *Spook Country, London, 2006*

[8] Vgl. JANSZKY, S.; SCHILDHAUER, T.: *Vom Internet zum Outernet, WhitePaper anlässlich des 12. E12-Gipfels der deutschen E-Business-Branche, Seeheim (bei Frankfurt), 2010*

[9] FLORIDA, R.: *The Rise of the Creative Class, New York, 2002*

[10] Deutsche Bank Research: *Deutschland im Jahr 2020, Frankfurt, 2007*

[11] Vgl. HORX, M.: *Wie wir leben werden, Frankfurt/Main, 2005*

[12] Vgl. JANSZKY, S. G.: *2020 – So leben wir in der Zukunft, Wien, 2009*

[13] KLATT, R.; NÖLLE, K.: *Können Jobnomaden mehr?, in: Neuendorf, H.; Ott, B. (Hrsg.): Neue Erwerbsbiografien und berufsbiografische Diskontinuität, Stuttgart, 2006*

[14] vgl. JÁNSZKY, S.G.: *2b AHEAD Trendanalyse »Lebenswelten 2020«*

[15] MÜLLER-PIETRALLA, W.: *Wege aus der multioptionalen Orientierungslosigkeit: Vertrauen als Keyelement der VW-Zukunftsstrategie. Rede auf: 7. 2b AHEAD-Zukunftskongress, Halle (Saale), 2008*

[16] BURT, R. S.: *Structural Holes: The Social Structure of Competition, Cambridge 1995*

[17] vgl. JÁNSZKY, S.G.: *2b AHEAD Trendanalyse »Die Genese von Innovationen«, Leipzig 2008*

Zusammenfassung
Noch ist es bei vielen nur eine Ahnung, bald wird es Gewissheit sein: Die Unsicherheit, die mit 9/11 und später mit der Wirtschaftskrise in unseren Alltag eingezogen ist, wird nicht wieder verschwinden. Vielmehr wird sie unser Leben und unsere Arbeit in den kommenden Jahren bestimmen. So wie die vergangenen 60 Jahre und deren »Lebenslogik des unendlichen Wachstums« durch den zentralen Wert der »Sicherheit« geprägt waren, so zentral wird für die kommenden Jahre die »Ökonomie der Unsicherheit« sein.

Dabei ist die reale Welt natürlich nicht unsicherer als früher. Doch wir empfinden es so. »WIR« ist die »Generation Schirrmacher«, die Generation 40+ die aktuell die Themen in Medien, Wirtschaft und Politik bestimmen. Es ist jene Generation, die ihr bisheriges Leben als planbar und voraussehbar wahrgenommen hat und nun erkennt, dass diese Prognosefähigkeit verloren geht. Es ist jene Generation, die es nicht schafft, die neue Geopolitik und die neuen Technologien so zu verstehen, dass sie ihre Werte und Traditionen für jüngere Generationen verständlich übersetzen könnte.

Die neue Führung wird IT und Informationsmanagement als selbstverständliche Grundlagen ihrer Führungskompetenzen benutzen. Dabei werden Kunden zu Vertrauten, Experten zu elektronischen Assistenten, Produkte werden adaptiv, Mitarbeiter zu Projektarbeitern, Unternehmen zu fluiden Netzwerken und Führung zur Moderation.

Wie Apps Geschäftsmodelle revolutionieren

Der Markt der Anwendungen für Smartphones und Tablets wächst rasant und bringt neue Chancen mit sich. Wollen Unternehmen diese einschneidende Entwicklung nicht verpassen, müssen sie nicht nur die App-Economy im Blick behalten, sondern auch prüfen, ob ihre Geschäftsmodelle neu auszurichten sind.

In diesem Beitrag erfahren Sie:
- welche Herausforderungen die App-Economy mit sich bringt,
- wie ausgewählte Experten die Lage einschätzen,
- welche Rolle die Gestaltung von Geschäftsmodellen spielt und spielen wird.

Lutz Becker, Friederike Schmitz

»Who will capture the new wealth? On the road to the future, who will be the windshield and who will be the bug?« Gary Hamel

Ein Tag, der IT-Geschichte schrieb

Es ist der 9. Januar 2007 – kurz nach 9 Uhr Ortszeit. Im frenetischen Jubel des Publikums hallen die Worte von der Bühne: »We're gonna make some history together today«. Der Redner in Jeans und dunkelgrauem Rollkragenpullover stellt drei neue Gadgets aus der Ideenschmiede seines Unternehmens vor: erstens einen »Wide Screen iPod mit Touch Controls«, zweitens ein »Revolutionary Mobile Phone« und drittens, wie er es nennt, einen »Breakthrough Internet Communicator«, und alles das – sehr zur Begeisterung der Gäste – in einem einzigen Gerät. Man wird es iPhone nennen.

Es ist Keynote-Zeit auf der Macworld in San Francisco und Steve Jobs soll an diesem Tag wahrlich IT-Geschichte schreiben. Jenes Gerät, das Jobs vorstellt, hat praktisch keine Tasten. Die sind dem Redner zu unflexibel. Die Idee: Jede Applikation will eine etwas andere Benutzeroberfläche, keine fest in Plastik gegossenen Knöpfe, sondern ein für den jeweiligen Bedarf optimiertes Interface. Das wird durch kleine Programme ermöglicht, sogenannte Apps, die im Wesentlichen nur eine Front-End-Funktionalität haben und deren eigentliche Intelligenz in der Cloud liegen soll. In nur wenigen Jahren nach der legendären Rede haben Apps ein ganzes Universum neuer Chancen für Innovationen und Folgeinnovationen, aber auch Bedrohungen für Bewährtes zutage gefördert.

Jener 9. Januar 2007 wird als der Beginn einer neuen disruptiven Innovationswelle in die Technologie-, Wirtschafts- und Kulturgeschichte eingehen – eine Welle, die bereits heute Auswirkungen auf unseren Alltag, unsere Unternehmen und die Wirtschaft als Ganzes hat und zunehmend haben wird. Dabei ist das technische, organisatorische und kulturschaffende Potenzial von Apps bei Weitem noch nicht ausgeschöpft – man denke etwa an Anwendungen im Home Entertainment (Apps für den Fernseher waren der Renner auf der IFA 2011), im Fahrzeug oder in der Medizintechnik. Apps können unterhalten, beim Energiesparen helfen, Kunden binden, Leben retten und vieles mehr.

Für viele Unternehmen stellt sich mithin die Frage, welche Konsequenzen die App-Technologie und vor allem die App-Economy – d. h. die durch die Apps ausgelöste Rekonfiguration globaler Wertschöpfungsketten – für sie haben werden und wie sie durch Apps Zukunft sichern und Wertschöpfungspotenziale erschließen können. Dass man in diesem Zusammenhang auch über die Art und Weise, wie das Geschäft organisiert ist und wie Werte generiert werden, neu nachdenken muss, weist nach unserer Beobachtung noch so mancher weit von sich. Dabei ist gerade die Frage nach der Gestaltung von Geschäftsmodellen zunehmend Voraussetzung, um in der heute weitgehend digitalen Welt nachhaltig erfolgreich zu sein. Vielen aber scheint das Ausmaß und die Geschwindigkeit der Veränderungen, die Apps in ihrem Leben und ihrer Firma auslösen werden, noch nicht bewusst zu sein.

Herausforderung App-Economy

Ob wir es gut finden oder nicht: Smartphones und mobile Technologien spielen eine immer größere Rolle im beruflichen und privaten Alltag. Immer mehr Menschen wollen oder müssen ständig erreichbar sein und zu jeder Zeit und an allen Orten dieser Welt kommunizieren. Immer komplexere technische Anwendungen verlangen nach neuen Bedienmöglichkeiten. Durch diese aktuelle Ausprägungsstufe der wirtschaftlichen und gesellschaftlichen Rationalisierung verändern sich sowohl im Mikrokosmos der Unternehmen als auch in der Wirtschaft als ganzer die Wertschöpfungsarchitekturen, entstehen Märkte und verändern sich die Fronten im Wettbewerb.

Mit dem iPhone kamen die Apps. Glaubt man den Prognosen von Forrester Reserach, wird das kombinierte Geschäft für mobile Anwendungen, Services und Business-Management im Jahr 2015 dann ein Volumen von knapp 55 Milliarden US-Dollar erreichen [1]. Die App-Palette reicht dabei von der einfachsten Unterhaltung bis hin zu komplexen Produktivitätsanwendungen im B2B-Umfeld.

Ausschlaggebend für die rasante Entwicklung sind sowohl die niedrigen Einstiegs- und Benutzungsbarrieren für die Konsumenten (preiswerte und überall verfügbare Geräte, eine simple Plattform und ein niedriger Preis pro App) als auch geringe Markteintrittsbarrieren auf Anbieterseite durch eine global verfügbare und prinzipiell für jeden offene Technologie- und Vermarktungsplattform sowie durch geringen Entwicklungsaufwand bei nahezu unendlichen Anwendungsmöglichkeiten.

Dabei sind Apps zuerst einmal auch »nur« Software. Der Unterschied liegt vor allem in der Distribution und in der Usability (Mensch-Maschine-Schnittstelle). Anders als herkömmliche Computerprogramme sind Apps mit einem einfachen Tastendruck zu installieren und in der Regel intuitiv zu bedienen. Technisches Verständnis wird praktisch nicht mehr vorausgesetzt, aufwändige Benutzerhandbücher gehören der Vergangenheit an. Das Layout folgt der Logik der Anwendung und der Anwender muss sich nicht mehr in das Korsett von Programmiervorgaben pressen lassen. Überdies haben Apps eine ganz besondere Interaktions- und Anreizcharakteristik, da sie nach der Installation auf den Nutzeroberflächen (von Smartphone, TV-Gerät, Heizungsregler, Bedienpanel im Auto etc.) stets präsent sind und damit immer wieder aufs Neue zur Nutzung animieren. Dieser Charakteristik kommt eine besondere Rolle bei der Veränderung von Geschäftsmodellen zu. Denn dadurch, dass die Apps stets präsent sind, werden die Nutzer immer wieder an sie und das zugehörige Nutzungsversprechen erinnert. Insgeheim verändern sie unser Nutzerverhalten: Sie haben, so kann man sagen, eine memetische Wirkung (vielleicht sogar Suchtcharakter).

Apps sind auf mobilen Geräten immer und überall verfügbar. Der Nutzer hat sie kontinuierlich auf dem Smartphone bei sich. Insbesondere bei Jugendlichen ist dadurch selbst die gute alte Armbanduhr aus der Mode gekommen – wofür auch, wenn man stets die Weltzeit auf dem Display hat? Durch konsequente Adaption von Nutzerbedürfnissen und stetige Verfügbarkeit werden Apps, ob wir es wollen oder nicht, zum limitierenden Rahmen wirtschaftlichen und sozialen Handelns.

Noch steckt die App-Economy in ihren Kinderschuhen und zahlreiche Fragen bleiben bislang ungelöst. Etwa die Frage, wie man bei inzwischen fast einer halben Million verfügbarer Anwendungen in Apples App Store Aufmerksamkeit für das eigene Angebot schafft [2]. Dennoch ist die App schon jetzt weit mehr als ein bloßes Stück Anwendersoftware, mehr als nur eine interaktive, cross-mediale Kommunikationsplattform mit Text, Bild, Audio oder Video. Sie ist eine Plattform, auf der neue Konsumentenbedürfnisse und neue Services generiert und bestehende Dienstleistungen kanalisiert und ausgeweitet werden. Mit zusätzlichen Angeboten wie Location Based Services, Augmented-Reality und vielen integralen Anwendungen hat die App das Potenzial, traditionelle Industrieprodukte oder Dienstleistungen wirklich »smart« werden zu lassen.

Angesichts dieses Potenzials scheint außer Zweifel zu stehen, dass das Wachstum der App-Economy auch zukünftig gewährleistet sein wird. Die rasante Entwicklung wird in vielen Branchen frischen Wind – aber oft auch Gegenwind – erzeugen. Sie bietet Start-up-Unternehmen, die sich nicht von alten Zöpfen trennen müssen, eine gute Möglichkeit, sich im Markt zu etablieren – mitunter zulasten alteingesessener Spieler. Es wäre daher ein großer Fehler, diese Entwicklung zu ignorieren und somit Gefahr zu laufen, Kunden und Umsatz zu verlieren. Dementsprechend stellt sich die Frage, wie solche auf App-Technologie basierenden Lösungen dazu beitragen können, innovative Geschäftsmodelle zu entwickeln oder bestehende Modelle zu stützen.

> **Der Business Development Manager**
>
> Der Beitrag fasst in Auszügen Erkenntnisse einer explorativen Untersuchung im Rahmen des Forschungsbereiches »Der Business Development Manager« an der Karlshochschule International University zusammen und interpretiert sie. Bei der Untersuchung ging es darum, Hinweise darauf zu bekommen, ob und inwiefern Apps ein Einfluss auf die Entwicklung von Geschäftsmodellen im Unternehmen zugeschrieben werden kann. Dafür wurden exemplarisch ausgewählte Branchen im Hinblick auf die Effekte der »App-Economy« sowie die Einflüsse von Apps auf deren Geschäftsmodelle betrachtet. In diesem Beitrag werden wir dabei auf die Taxi- und Verlagsbranche eingehen, die wir in vielen Beziehungen als typisch erachten. Als theoretisches Fundament wurden dabei die evolutorische Ökonomik, insbesondere Schumpeters Ansatz der »schöpferischen Zerstörung« [3], der Begriff der disruptiven Innovation von Christensen [4] sowie der Long-Tail-Ansatz von Anderson [5] thematisiert. Als empirische Basis dienten verschiedene Experteninterviews, die für diesen Beitrag anonymisiert worden sind [6]. Ursprüngliches Ziel der Untersuchung war es vor allem, Bedarf und Ansatzpunkte für die weitere Forschung im Hinblick auf die Modellierung von Business-Architekturen in der App-Economy bzw. im Hinblick auf Business Development Management im Allgemeinen zu identifizieren.

Warum man in Geschäftsmodellen denken sollte

Noch vor wenigen Jahrzehnten brauchten sich Unternehmensführer kaum Gedanken über das Nutzenversprechen für Kunden, die Preis- und Umsatzstruktur oder den Mechanismus zur Wertschöpfung machen. Je unüberschaubarer, fragmentierter, komplexer und dynamischer die Welt aber wird, desto wichtiger wird es, in Geschäftsmodellen zu denken, die die vielschichtigen Anforderungen von Markt, Wettbewerb, Leistungserstellung und -verwertung sowie höchst eigensinnigem Konsumentenverhalten in Einklang bringen. Das Geschäftsmodell kann man auch als die Wertschöpfungsarchitektur eines Unternehmens beschreiben, sie entsteht durch eine spezifische, aus der Strategie der jeweiligen Unternehmung abgeleitete Kombination menschlicher, technischer und finanzieller Ressourcen – oder mit den Worten von Osterwalder und Pigneur: »A business model describes the rationale of how an organization creates, delivers, and captures value.« [7]

Evolution und Disruption

Um die Konsequenzen einer App-Economy zu erklären, bieten sich Schumpeters Arbeiten und seine Sicht auf die Veränderungsdynamik der Wirtschaft an. Schumpeter hatte erstmals in aller Deutlichkeit darauf hingewiesen, dass das Kennzeichen der kapitalistischen Wirtschaft nicht das Gleichgewicht, sondern ihr dynamisches evolutionäres Wachstum sei, das sich vorrangig aus Innovationen speise [8]. Im Schumpeterschen Sinne spricht man von der »kreativen Zerstörung« als Vernichtung alter Strukturen und dem Wiederentstehen neuer Strukturen durch neue Technologien bzw. Innovationen. Die Veränderung des Transportwesens durch die Entwicklung der Eisenbahn Anfang des 18. Jahrhunderts sowie deren Folgen kann man als Prozesse ökonomischer Evolution beschreiben. Erst die Eisenbahn ermöglichte es, in vielen Bereichen unter industriellen Bedingungen zu arbeiten. So verdoppelte sich vor dem Bau der rechtsrheinischen Bahntrasse und der Müngstener Brücke der Preis für Kohle auf dem Weg von Witten nach Solingen – das sind kaum mehr als 50 Kilometer – für die dort ansässige Stahlindustrie [9]. Die neue Technologie erschuf nicht nur Raum für bessere Transportmöglichkeiten und Kostensenkungen, sondern zog wiederum eine ganze Kette an neuen industriellen Verfahren und gesellschaftlichen Innovationen (nicht zuletzt auch den modernen Tourismus) nach sich. Andere Industrien, man denke an Hufschmiede oder Pferdewechsel-Stationen, aber auch viele handwerklich organisierte Produktionen, blieben dabei auf der Strecke.

Wirft man einerseits einen Blick auf die Industriegeschichte und schaut zudem auf die aktuellen Veränderungen, die Amazon, Ebay oder iTunes in bestehenden Branchen wie Buchhandel, Zeitungsverlagswesen, Fernsehen und Musikindustrie hervorrufen, lässt sich erahnen, welchen Einfluss Apps haben können und wie wichtig ein adäquates Geschäftsmodell werden kann. Oder anders formuliert: Märkte und Geschäftsmodelle unterliegen evolutorischen Mechanismen aus Variation, Adaption und Selektion [10].

Viele Dienstleistungen werden mittlerweile über Apps abgewickelt, da sie verschiedene Anwendungen vereinfachen und vom Kunden gewünscht werden. Dies wird nicht zuletzt auch zu Disruptionen in bestimmten Industrien führen – typische Szenarien sind etwa:
⇨ Telefonbuch-Apps ersetzen die telefonische Auskunft,
⇨ Touristen-Apps ersetzen Fremdenführer,
⇨ Barcode-Scanner-Apps ersetzen Verkäufer.

Die Einführung von Telefonbuch-Apps reduziert die Nutzerfrequenz bei den Hotlines der Telefonauskunft. Genauso wird durch Benutzung einer Touristen-App die Fremdenführung zumindest teilweise substituiert. Durch den Barcode-Scanner können Kunden individuell Produkte vergleichen und alle nötigen Informationen über das Produkt erhalten. Dadurch entfallen sowohl das Warten auf einen freien Mitarbeiter als auch Verkaufsgespräche, die möglicherweise manipuliert (der Verkäufer erhält für den Abverkauf bestimmter Projekte Prämien) oder mit Fehlern behaftet sind (der Verkäufer verfügt nicht über das notwendige spezifische Produktwissen).

Für Christensen schaffen gerade die disruptiven Innovationen (wie App und Eisenbahn) neue Märkte sowie ein besonders großes Wachstumspotenzial für Unternehmen [11]. Disruptive Innovationen sind technologische, aber auch organisatorische oder soziale Neuerungen, die alte Geschäftsmodelle zerstören oder neue entstehen lassen. Zu Beginn reagieren Marktführer nicht auf die Aktivitäten der Innovatoren, da sie sich auf ihr existierendes Geschäftsmodell konzentrieren und das Potenzial eines neuen Marktes noch uninteressant finden [12] – nicht selten mit dem Argument, sich auf das Kerngeschäft zu fokussieren. Wenn der Zeitpunkt kommt, an dem sich die Auswirkungen der Innovation nicht länger ignorieren lassen, ist es für eine nötige Reaktion des Unternehmens mitunter zu spät. Sowohl für Christensen als auch für Schumpeter endet dieser Prozess mit der Zerstörung traditioneller Systeme – sprich: Selektion.

Aus der Perspektive des Long-Tail-Ansatzes von Anderson verändert sich in der App-Economy letztendlich die gesamte Nachfragekurve. Während sich skalenorientierte Marktzugänge (Massenprodukte, Massenkommunikation) nicht im Hinblick auf Interessen, Bedürfnisse oder tatsächliches Verhalten anpassen lassen, schafft es die App-Technologie dank Digitalisierung, Virtualisierung und alternativer Marktzugänge, ein breiteres Spektrum an Kundenbedürfnissen zu generieren bzw. situationsgerecht zu befriedigen. Damit wird einem Trend von Individualisierung und Bedürfnisfragmentierung weiter Vorschub geleistet, der letztlich Unternehmen neue Spielfelder eröffnet, aber auch im Wettbewerb dazu zwingt, auf völlig neuen Spielfeldern zu agieren.

Die Gefahr für etablierte Unternehmen besteht nicht zuletzt darin, dass neue disruptive Technologien, wie etwa Apps, existierende Erfolgsmuster ad absurdum führen und die Unternehmen folglich den Anschluss versäumen, das Neue anzunehmen und in ihr Geschäftsmodell zu integrieren. Innovatoren können so aus der entstehenden asymmetrischen Motivation, dem organisierten Desinteresse der Platzhirsche für das Neue, einen Vorteil ziehen [12].

Unterschiedliche Branchen – ähnliche Konsequenzen
In der oben erwähnten Untersuchung sollte zunächst herausgefunden werden, welche Rolle Apps in den hier ausgewählten Industrien spielen, ob deren Auswirkungen auf der Führungsebene der Unternehmen schon wahrgenommen werden und wieweit Disruptionen durch Apps abzusehen sind.

Naturgemäß wird in der Medien- und Verlagswelt der App-Technologie besondere Aufmerksamkeit geschenkt. Veränderungen, die durch die heute bereits weitgehende Digitalisierung in der Verlagsbranche entstehen, werden durch die Einführung von Apps weiter beschleunigt. Die befragten Experten sind sich einig, dass Apps eine zusätzliche Kommunikationsplattform darstellen und als Vertriebskanal neue Kunden erreichen können.

Apps haben einen hohen Kundennutzen und werden daher als rentables Zusatzgeschäft gesehen. Einer der Experten spricht von einem »digitalen Mehrwert«, welcher Dank der mobilen Gesellschaft durch Apps erzielt werden kann. Darüber hinaus meint er, dass es zum Beispiel Verlagen möglich sein wird, sehr zielgruppenorientiert zu arbeiten, »da der Servicegedanke bei Apps in den Vordergrund gerückt wird.« Auch Kunden in neuen Nischen können erreicht werden.

Neue Abhängigkeiten

Auf der anderen Seite wird deutlich, dass in der App-Economy neue Abhängigkeiten entstehen. Sowohl Taxizentralen als auch Verlage werden mit neuen Existenzproblemen konfrontiert werden. Bei Taxizentralen besteht die Gefahr, dass sie durch die Vielzahl von Apps ersetzt werden bzw. eine beschleunigte Konzentration stattfinden wird. In Zukunft beherrschen möglicherweise ein paar wenige App-Anbieter den Markt und die lokale Taxizentrale wird an Bedeutung verlieren.

Die größte Herausforderung, die sich vor allem dem Verlagswesen stellt, ist die Kontrolle und damit Abhängigkeit von großen Playern wie beispielsweise Apple, Amazon oder Google. Dadurch, dass sich diese Player in eine Mittlerfunktion hineindrängen, entfällt der direkte Bezug zu den Kunden. Es besteht das Risiko, dass den Verlagen infolgedessen das Nachfolgegeschäft wegfällt und sie die Kontrolle über ihre Geschäfte verlieren. »Sowohl Google als auch Apple überführen das schwer kontrollierbare Web in kontrollierte Plattformen und entziehen den Verlagen somit gewohnte Erlösströme.« ([13], S. 210) Die Verlage können aber weder Google noch Apple ausschließen, da sie sonst zu viel Leserpotenzial einbüßen. Selbst Facebook stellt mit seinem neuen Newsfeed eine weitere Plattform zur Verfügung, die in Bezug auf Nachrichtendienste problematisch für Verlage werden könnte. Facebook leitet dabei die User auf Nachrichtenportale weiter bzw. passt die Nachrichten an das jeweilige Netzwerk an. Im Endeffekt müssen Verlage somit neue Geschäftsmodelle entwickeln, um der Neuverteilung der Wettbewerbskräfte in der digitalen Welt entgegentreten zu können. Modelle, in denen es vor allem darauf ankommt, die Kundenbindung zu sichern. Dies können etwa crossbzw. transmediale Ansätze, eine synergetische Kombination aus Print und Digital sowie – im Sinne der »Experience Economy« – erlebnisorientierte Ansätze sein. »So können klassische Erlösströme erhalten und zudem neue Einnahmequellen generiert werden.« ([13], S. 211) Nur so können sich die Verlage voraussichtlich aus den Fesseln der großen Player befreien und ihre Inhalte und Kunden selbst kontrollieren, andernfalls werden sie zu »bloßen Lieferanten« für Apple, Google oder Facebook ([13], S. 211). Dazu müssen Verlage Kommunikationskanäle bündeln und eigene Apps entwickeln, um ihre Stärken – gerade in den Bereichen Markenbindung, Kundenbeziehungen, Premium-Inhalte und auch Pressemacht – zu ihrem Vorteil zu nutzen.

Der Vorteil, über den App Store von Apple Zugang zu Kunden zu bekommen, wiegt sich also dadurch auf, dass Verlage dabei den direkten Kundenkontakt verlieren und somit jegliche Folgegeschäfte versäumen. Eine Alternative wären Online-Registrierungen oder In-App-Applikationen. Mit ihrer Hilfe kann sowohl Wissen über Benutzer generiert als auch neue Formen von Abonnements möglich gemacht werden ([13], S. 218).

Kompetenz und Mehrwert

Darüber hinaus stellt das verbreitete kostenlose Angebot von Apps eine Herausforderung dar. Verlage – aber auch andere Marktteilnehmer wie Unternehmen, Autoren oder Fotografen – können beispielsweise eBooks und andere Medienprodukte recht problemlos selbst herstellen und über einschlägige Kanäle vermarkten. Um aus dem klassischen gedruckten Wort eine elektronische Ressource zu machen, ist also keine besondere Kompetenz nötig.

Anders sieht die Welt bei Apps aus, denn hier kommt man kaum umhin, multimediale Inhalte und Animationen zu integrieren – eine Chance für Anbieter, Mehrwerte zu erzeugen und sich im Wettbewerb geschickt zu positionieren. Das wiederum setzt den Aufbau ganz neuer Kompetenzen voraus: Es geht nicht nur um Informationen, sondern um deren (trans-)mediale und nutzerzentrierte Aufbereitung. So vergleicht einer der Befragten die Kompetenz, Apps zu entwickeln, mit dem, was Zeichentrickproduzenten leisten.

Dabei ist es wichtig, hochwertige Inhalte von der Masse digitaler Inhalte zu differenzieren. Voraussetzung hierfür sind eine geschickte und differenzierende Preisgestaltung, journalistisch hochwertige Inhalte und das Design: »Weg vom schnelllebigen, beliebigen und deshalb kostenlosen Online-Content hin zur bewusst ausgewählten, hochwertig gestalteten, auf das Endgerät optimal angepassten, digitalen Ausgabe.« ([13], S. 216) Ein gutes Interface-Design löst beim Kunden Emotionen aus und steigert die Akzeptanz für das neue Medium.

Ferner lassen sich Abhängigkeiten vermeiden, indem man eigene Distributionslösungen findet und passende Bezahlungssysteme bzw. -konzepte entwickelt.

Auf der einen Seite kommen zwar immer neue Medien hinzu und das Nutzungsverhalten verändert sich, auf der anderen Seite bleiben die grundlegenden Inhalte im Gegensatz zur medialen Form weitestgehend die Gleichen – sie können auf verschiedenen Kanälen vermarktet und im Hinblick auf Preis, Aufbereitung, Service, Verfügbarkeit etc. ausdifferenziert werden.

Disintermediation

Auch seitens der Taxizentralen sind Bypässe und der Verlust von Kundenkontakten zu befürchten. Es ist absehbar, dass mehr und marktmächtigere »virtuelle Taxizentralen« entstehen und die Anzahl der Städte, in denen Taxi-Apps genutzt werden, kontinuierlich steigt.

Vorreiter sind hier Berlin, Hamburg, Köln, Bonn, München, Stuttgart und Frankfurt. Die Einbindung der Taxi-App in das konventionelle Geschäftsmodell der Taxizentralen sorgt durch den zusätzlichen Service zurzeit für positive Mundpropaganda und für ein dynamisches Image.

Apps werden, so die Experten, eine größere Rolle im Taxigeschäft spielen, da sie in Zukunft einen großen Prozentsatz der eingehenden Telefonate ablösen und zum zweiten Standbein von Taxizentralen werden können: »Das Geschäftsmodell wird optimiert und ein wenig verändert, aber das ursprüngliche Modell bleibt erhalten. Wir werden in Zukunft zunächst zweigleisig fahren, da konventionelle Mittel in absehbarer Zeit noch nicht abgeschafft werden.« Einer der Befragten geht davon aus, dass Taxi-Apps durch die direkte Verbindung von Fahrer und Fahrgast beliebter sind, als die Kontaktaufnahme über die Zentralen.

Genau diese Funktionalität stellt allerdings eine nicht zu unterschätzende Bedrohung vor allem für kleinere Taxizentralen dar, da die Zentrale in ihrer Mittlerfunktion übergangen wird. Beispielsweise reagiert die Hamburger Taxizentrale auf diese Herausforderung, indem sie auf Qualität und Sicherheit setzt und dies ihren Kunden dementsprechend kommuniziert. »Die Vermittlung wird nach wie vor von der Zentrale aus gesteuert, da so der direkte Kundenkontakt erhalten bleibt und bei Fragen oder Beschwerden besser reagiert werden kann. So bleibt die Kontrolle bei der Zentrale und dem Kunden kann eine bessere Qualität garantiert werden.«

Die Entwicklung eines mobilen Bezahlungssystems wird ebenfalls disruptiv wahrgenommen. Gerade für Business-Kunden stellt das einen idealen Service dar, der weder Bargeld noch Quittungsbelege benötigt, da die Fahrten direkt über das Unternehmen verbucht werden können [14].

Transformation

Der Umsatz mit Apps als solchen ist in der Verlagsbranche noch verschwindend gering. Der nicht-digitale Buchmarkt habe heutzutage noch einen Anteil von 90 % und spiele daher nach wie vor eine primäre Rolle, so die einhellige Expertenmeinung. Dennoch ist von einer schrumpfenden Verkaufsfläche für gedruckte Bücher und einem steigenden digitalen Angebot auszugehen. Vor allem leidet dadurch die Sichtbarkeit, die Verlage besonders für Impulskäufe benötigen. »Die Wertschöpfungskette muss komplett verändert werden, da die Distributionsfunktion wegfällt und die Vermarktung neu gestaltet werden muss«, so ein Experte.

Verlage bemühen sich folglich, das App-Modell mit dem bestehenden Geschäftsmodell zu verknüpfen und den innovativen Impuls der Apps zu nutzen. Allerdings liegt hier ein besonders kritischer Faktor, da die Kundenbeziehung nicht aus der Hand gegeben werden darf, nur um Apps als Zusatzgeschäft nutzen zu können.

App und Geschäftsmodell

Apps wurden von sieben der acht befragten Experten als disruptive Innovation angesehen. Für drei der Befragten werde aber keine radikale Geschäftsmodellinnovation aus der App-Economy hervorgehen, denn im Wesentlichen vollziehe sich stattdessen eine Anpassung des Geschäftsmodells. Es werden aber Prozesse verändert und Apps als weiteres Standbein in das bestehende Geschäftsmodell integriert werden – diese Auffassung vertraten sechs der befragten Experten.

Zudem werden Apps als ein weiterer Vertriebskanal und als neues Kommunikationsmittel gesehen oder als eine Plattform, um neue Zielgruppen zu erreichen. Hier geht es den Unternehmen vor allem um Image und Wettbewerbsfähigkeit, die beide durch Apps »aufpoliert« werden können.

Ebenfalls waren drei der acht Experten davon überzeugt, dass Apps den Charakter schöpferischer Zerstörung aufweisen. Trotzdem waren sich die Teilnehmer unsicher, in welche Richtung die Entwicklung und Gestaltung der Geschäftsmodelle tatsächlich verlaufen wird. Ist es notwendig, das alte Geschäftsmodell komplett zu entsorgen und ein Neues zu gestalten? Oder sind Anpassungen und Optimierungen des Geschäftsmodells für die Nutzung von Apps ausreichend? Vor allem langfristig gesehen kann ein neues Geschäftsmodell von Vorteil sein. Zum gegenwärtigen Zeitpunkt sind die Befragten bereit für Anpassungen, wollen aber erst mal den Markt beobachten, bevor sie radikaler vorgehen. Prozesse werden automatisiert und digitalisiert und dabei wird die Software(-entwicklung) der treibende Faktor sein. Unternehmen, die davon überzeugt sind, dass es angesichts der App-Economy radikaler Geschäftsmodellinnovationen bedarf, beschäftigen sich zwar intensiv mit Apps und haben dies auch weitgehend im Geschäftsmodell berücksichtigt, bisher jedoch keine radikale Lösung für sich gefunden.

Drei von acht Experten waren der Meinung, dass Apps keine Veränderung bei bestehenden Geschäftsmodellen auslösen. Ihre Zielgruppen seien dafür nicht mit den technischen Endgeräten ausgerüstet und das zu erwartende Zusatzgeschäft sei daher zu gering, um Veränderungen vorzunehmen.

Experten, die ihr Unternehmen durch Apps nicht gefährdet sehen, waren überzeugt, dass das durch Apps generierte Zusatzgeschäft als Grund nicht ausreichen würde, ihr Geschäftsmodell zu verändern. Experten, die zustimmten, dass Apps Geschäftsmodelle in Zukunft zerstören können und dass dann die Notwendigkeit besteht, neue Modelle zu gestalten, sind nur auf die Disruptivität von Apps eingegangen und haben die Möglichkeiten bezüglich des Nischenmarkts außer Acht gelassen. Nur radikale Innovationen hätten die Kraft, solche Veränderungen auszulösen, hieß es.

Von der Integration von Apps in das Geschäftsmodell erwartet man allgemein ein lukratives Zusatzgeschäft. Es werden neue Zielgruppen erreicht, da das Produkt bzw. die Dienstleistung des Unternehmens in einer Vielzahl von Nischen angeboten werden kann. Darüber hinaus wird der Bekanntheitsgrad gesteigert, da die Kunden mit der Nutzung von Apps kontinuierlich mit dem Unternehmen und der Marke in Verbindung kommen.

Radikale Geschäftsmodelllösungen sind vor allem von Start-up-Unternehmen zu erwarten. Etablierten Unternehmen ist der starke Einfluss von Apps zwar bewusst; bis es allerdings zu einer kompletten

Ablösung der alten Strukturen kommt, werden noch einige Jahre verstreichen. Trotzdem ist es für die Mehrzahl der Experten wichtig, jetzt schon ins App-Geschäft einzusteigen, um den Anschluss im Wettbewerb nicht zu verpassen. Die App-Economy wird sich im Laufe der Zeit noch stark weiterentwickeln und weitere Veränderungen provozieren.

Fassen wir noch einmal zusammen: Taxizentralen werden sich nur durch innovative Geschäftsmodelle im Wettbewerb differenzieren können. Kunden sind immer mehr daran interessiert, ihre Bedürfnisse durch die flexiblen Taxi-Apps zu befriedigen. Diese Entwicklung wird in Zukunft einen erheblichen Einfluss auf die Gestaltung der Geschäftsmodelle der Taxizentralen haben. Sie müssen sich neu positionieren, um gegen die führenden Taxi-Apps auf dem Markt eine nachhaltige Chance zu haben.

Für Verlage hat der mobile Markt zwar ein großes Wachstumspotenzial, momentan stellen Apps aber nur ein Zusatzgeschäft im Verlagswesen dar. Die Integration von Apps wird große Auswirkungen auf das Print- und Onlinegeschäft haben.

Diese Entwicklung zeigt insgesamt den deutlichen Einfluss der App-Ecomnomy auf den Dienstleistungssektor bzw. auf Branchen mit hohem Dienstleistungsanteil. Interessanterweise zeigten sich bei den Experteninterviews deutliche Unterschiede zwischen den Branchen. So konnte beobachtet werden, dass sich Verlage schon viel tiefer in die Materie der Apps eingearbeitet haben und kontinuierlich nach App-Lösungen suchen, während Taxizentralen eher passive Zuschauer bei der Entstehung der App-Economy sind. Nun sehen sich vor allem Dienstleistungsunternehmen durch die Entwicklung der App-Economy bedroht, da Apps eine vereinfachte Lösung für Dienstleistungen darstellen, die wie bei den Taxizentralen vorher auch ohne Apps abgewickelt wurden. So haben gerade Taxizentralen noch kein ausgeprägtes Bewusstsein für den App-Trend entwickelt, scheinen aber lieber an ihrem alten Modell festzuhalten.

Die Entwicklung erfolgt nicht linear-kontinuierlich, sondern eher sprunghaft-disruptiv. Insofern müssen Unternehmen kontinuierlich bereit sein, auf Auswirkungen und Veränderungen zu reagieren.

Die Effekte potenzieren sich in der App-Economy mit der Anzahl der Nutzer. Es handelt es sich in der Regel um sogenannte Netzwerkgüter [15], deren Nutzen mit der Zahl der Teilnehmer wächst. Unabhängig davon gilt: Je mehr Apps im Umlauf sind, desto wahrscheinlicher ist auch die Auswirkung auf bestehende Geschäftsmodelle etablierter Unternehmen.

Fazit
Die befragten Experten, in der Regel Geschäftsführer und Vorstände, erkennen durch die Bank, dass Handlungsbedarf besteht – aber es wird auch deutlich, dass aktiv kaum Vorkehrungen im Hinblick auf Geschäftsmodellgestaltung getroffen worden sind. Im Dienstleistungssektor, wie beispielsweise bei den Taxizentralen, gab es generell noch wenig Verständnis für die Veränderungen, die Apps hervorrufen. Viele sehen weder die Gefahr noch die Chancen, die Apps bieten. So bleibt zu bezweifeln, dass betroffene Unternehmen auf die Auswirkungen und Veränderungen der Apps vorbereitet sind. Das Bewusstsein ist an manchen Stellen schon gegeben, aber es reicht nicht aus, um dieser Entwicklung erfolgreich entgegentreten zu können.

Tabelle 1: Einschätzung der acht befragten Experten über die Wirkung der App-Economy						
	Schöpferische Zerstörung	Disruptive Innovation	Long Tail	GM wird zerstört und neu erfunden	GM wird angepasst	GM bleibt unverändert
Anzahl der Zustimmungen	3	7	8	3	6	3

Ausblick
Anfang Oktober 2011. Es ist wieder einmal Keynote Zeit bei Apple. Wenige Stunden nach der Vorstellung des iPhone 4S erschüttert die Nachricht vom Tode Steve Jobs die Welt. Es bleibt auch oder gerade in der Nach-Jobs Ära spannend, wie sich die App-Economy entwickeln wird. Auch wenn die vorliegende explorative Untersuchung nicht re-

präsentativ ist, stellt sie einen Beitrag dar, der Unternehmen auf die disruptive Auswirkung von Apps aufmerksam machen und als Basis für weitere Forschung dienen soll.

Die App-Economy befindet sich noch in den Kinderschuhen und die meisten Unternehmen sind noch in der Phase der zurückhaltenen Beobachtung bzw. des vorsichtigen Experimentierens. Sollten sich Unternehmen jetzt für den Schritt der Geschäftsmodellinnovation entscheiden, könnten sie noch Differenzierungsmerkmale setzen und sich ihre Position im App-Markt sichern. Langfristig gesehen werden nur die Unternehmen und Geschäftsmodelle am Markt bestehen bleiben, »die durch eine konsequente Ausrichtung des Angebotsportfolios eine kritische Masse an Nutzern gewinnen und damit relevante Netzwerkeffekte erreichen und die Kunden langfristig an sich binden.« [16]

Dies ist ohne Zweifel eine riskante Herausforderung, die sich bei der bislang zu beobachtenden Entwicklung allerdings zu rentieren

Praktische Hinweise für die Herausfordungen der App-Economy

- ⇨ Der Moment ist entscheidend: Denken Sie nicht in Zielgruppen, sondern in Zielsituationen.
- ⇨ Usability zählt: Einfache Bedienung und der schnelle Zugriff sind das A und O.
- ⇨ Werden Sie nicht zum Spielball: Nutzen Sie die Distributionschancen, die Ihnen die App-Stores bieten, umgehen Sie aber Abhängigkeiten.
- ⇨ Bleiben Sie agil: Das Benutzerverhalten ändert sich so schnell, dass das Experimentieren und Testen im Markt unausweichlich ist. Langfristig orientierte Planungs- und Umsetzungsansätze funktionieren in der App-Economy nicht mehr.
- ⇨ Füllen Sie Ihre Ideentrichter: Entwickeln Sie laufend Ideen für Apps und Geschäftsmodelle.
- ⇨ Unterschätzen Sie nicht den unerwarteten Wettbewerb: Der sogenannte Ricochet-Wettbewerb, der die Spielregeln und Strukturen in ganzen Branchen augenblicklich verändert, kann aus ganz ungeahnten Ecken kommen. Sind die Verlage vielleicht die Taxizentrale der Zukunft?
- ⇨ Denken Sie branchenübergreifend: Neue bahnbrechende Konzepte entstehen nicht selten zwischen den etablierten Branchengrenzen.
- ⇨ Reduzieren Sie Anspruch und Aufwand: Vermeiden Sie Over-Engineering – »keep it stupid simple.«
- ⇨ Nutzen Sie den Long-Tail: Versuchen Sie, auch kleinste Nischen unter Effizienzgesichtspunkten zu bearbeiten.
- ⇨ Verharren Sie nicht: Gehen Sie immer davon aus, dass Ihre Erfolgsmuster von heute schon morgen die von gestern sind.

scheint. Vor allem, wenn man das Risiko disruptiver (Zer-) Störungen an der Branchenstruktur in Erwägung zieht – man denke daran, wie etwa das Konzept Amazon vor einigen Jahren die Karten im Buch- und Distanzhandel neu gemischt hat. Wenn Unternehmen in der Lage sind, zu verstehen, welche Möglichkeiten Apps beinhalten und wie sie diese mit ihrem Geschäftsmodell verlinken können, bleiben sie im Falle disruptiver Sprünge handlungsfähig. Allerdings scheint es wenig sinnvoll zu sein, bestehende Paradigmen, Strukturen und Handlungsmuster in Apps zu zementieren, denn regelbrechende Modelle sind, wie Christensens Arbeiten eindrucksvoll belegen, tendenziell im Vorteil.

Auswirkungen auf das Informationsmanagement

Spätestens mit Aufkommen der App-Economy sollte es an der Zeit sein, dass das Informationsmanagement das stille Kämmerlein des internen Dienstleisters verlässt. Um das Potenzial der App-Economy ausschöpfen zu können, bedarf es einer noch engeren und agileren interdisziplinären Kollaboration der verschiedenen Bereiche wie Informationsmanagement, Marketing, Logistik etc. Damit ändern sich auch die Erfolgskriterien von Informationsmanagement. Es ist weniger die Verfügbarkeit von Information oder Ablauforganisation und die Reproduzierbarkeit von Prozessen, die hier eine Rolle spielt: ITIL und Cobit haben hier als dominierende und möglicherweise limitierende Größe ausgedient. Die Anforderungen werden nicht in der Organisation, sondern vom Markt geschrieben. Folglich werden Agilität, Time-to-Market, Usability, anwenderpsychologische Faktoren und vor allem Geschäftsmodelle die wirklich bestimmenden Erfolgsfaktoren. Informationsmanagement muss sich unter diesen Bedingungen einmal mehr neu definieren. Das kann aber nur im Rahmen einer strategieorientierten Führungskonzeption geschehen.

Literatur

[1] IT-Times: *Mobile App Markt: Umsätze sollen in 2015 auf 38 Mrd. US-Dollar klettern.* Online unter http://www.it-times.de/news/nachricht/datum/2011/03/01/mobile-app-markt-umsaetze-sollen-in-2015-auf-38-mrd-us-dollar-klettern/ vom 01.03.2011, abgerufen am 09.09.2011

[2] Aktuelle Daten zum Beispiel abrufbar unter: http://de.wikipedia.org/wiki/App_Store

[3] Schumpeter, J.: *Theorie der wirtschaftlichen Entwicklung. Eine Untersuchung über Unternehmergewinn, Kapital, Kredit, Zins und den Konjunkturzyklus. 9. Auflage.* Berlin: Duncker & Humblot, 1997
Zur Theorie und Begriffsbildung der evolutorischen Ökonomik: Beschorner, Th.; Pfriem, R. (Hg.): *Evolutorische Ökonomik und Theorie der Unternehmung.* Marburg: Metropolis, 2000

[4] Christensen, C. M.: *The Innovator's Dilemma.* New York: Collins Business Edition, 2006
Christensen, C. M.; Baumann, H.; Ruggles, R.; Sadtler, T. M.: *Disruptive Innovation for Social Change.* Harvard Business Review, December 2006
Christensen, C. M.; Anthony, S. D.; Roth, E. A.: *Seeing What's Next: Using the Theories of Innovation to Predict Industry Change.* Boston, MA: Harvard Business School Press, 2004
Christensen, C. M.; Johnson, Mark W.; Rigby, Darrell K.: *How to Identify and Build Disruptive New Businesses.* In: MIT Sloan Management Review, Spring 2002

[5] Anderson, C.: *The Long Tail – der lange Schwanz: Nischenprodukte statt Massenmarkt. Das Geschäft der Zukunft.* München: Hanser, 2008

[6] Für ihre freundliche Unterstützung bei der Durchführung der Studie bedanken wir uns bei den interviewten Experten: Uwe Freier, Vertretung der Geschäftsführung taxi.de im Verlag der AKYA Arts & Services Ltd.; Christian Hess, Geschäftsleitung der IsarFunk Taxizentrale GmbH & Co. KG; Hans-Joachim Jauch, Geschäftsführer des Oldenbourg Industrieverlags (OIV) und des Vulkan Verlags (VV); Steffen Meier, Geschäftsführer bzw. Verlagsleiter des Eugen Ulmer Verlags; Kurt Pfeiffer, Leiter der Unternehmensorganisation Mediengruppe Rheinische Post Holding Gesellschaft; Herr Teja, Geschäftsführer der Taxizentrale Hamburg; Dr. Alexander Trommen, Geschäftsführer und Gründer der Appfactory; Klaus Wrede, Geschäftsführender Gesellschafter und Verleger der Symposion Publishing GmbH.
Die verwendeten Zitate aus den Experteninterviews werden in diesem Beitrag aus hier gegebenen Gründen der Anonymisierung nicht den jeweiligen Personen zugeordnet.

[7] Osterwalder, A.; Pigneur, Y.: *Business Model Generation.* Hoboken, NJ: John Wiley & Sons, Inc., 2010, S. 15

[8] Weyer, J.: *Techniksoziologie – Genese, Gestaltung und Steuerung sozio-technischer Systeme.* Weinheim, München: Juventa Verlag, 2008, S. 147

[9] Ulrich, E.: *Die Müngstener Brücke.* Vortrag im Haus Müngsten: Rotary-Club Solingen-Klingenpfad. Solingen, 1. August 2011

[10] BECKER, L.: *Was wir von Darwin lernen können – Das PMO aus evolutorischer Sicht*. In: Sandrino-Arndt, B.; Thomas, R. L.; Becker, L. (Hg.): Handbuch Project Management Office – Mit dem PMO zum strategischen Management der Projektlandschaft. Düsseldorf: Symposion Publishing, 2010

[11] CHRISTENSEN, C. M.; JOHNSON, M. W.; RIGBY, D. K.: *How to Identify and Build Disruptive New Businesses*. In: MIT Sloan Management Review, Spring 2002, S. 22

[12] CHRISTENSEN, C. M.: *The Innovator's Dilemma*. New York: Collins Business Edition, 2006

[13] KRUSCHWITZ, R.: *Verlagsstrategien und mobile Anwendungen*. In: Amberg, M.; Lang, M. (Hg.): Innovation durch Smartphone & Co. Die neuen Geschäftspotenziale mobiler Endgeräte. Düsseldorf: Symposion Publishing, 2011

[14] http://www.mytaxi.net/

[15] *Netzwerkgüter sind beispielsweise Güter im Internet, welche von Netzwerken von Anwendern und Nutzern bestimmt wird. »Je mehr Teilnehmer sich auf einem Marktplatz einfinden, umso höher ist für den einzelnen Teilnehmer die Wahrscheinlichkeit, einen passenden Anbieter oder Nachfrager zu finden.«* Peters, R.: Internet-Ökonomie. Berlin: Springer Verlag, 2010, S. 35

[16] ARDELT, R.: *Weltweit erste Kundenbefragung durch Booz Allen Hamilton: Web 2.0 verändert Leben und Einkaufsverhalten von mehr als 12 Millionen Deutschen (2006)*. Zitiert nach: Pfeiffer, K.; Braun, Ch.: Innovation und Markt in der Medienbranche. In: Becker, L.; Ehrhardt, J.; Gora, W. (Hg.): Führung, Innovation und Wandel. Düsseldorf: Symposion Publishing, 2008, S. 290 f.

Zusammenfassung

Der Beitrag hinterfragt anhand zweier exemplarisch ausgesuchter Branchen, welche Einflüsse von sogenannten Apps auf Geschäftsmodelle zu erwarten sind. Unabhängig von aktuellen Herstellerstrategien wird deutlich, dass wir am Anfang einer disruptiven Innovationswelle stehen, die mitunter massive Einflüsse auf Geschäftsmodelle haben kann. Alte Geschäftmodelle werden in Zeiten der App-Economy verdrängt, neue Geschäftsmodelle können entstehen. Die Karten im Markt werden neu gemischt, alte Positionen müssen vielleicht aufgegeben und neue eingenommen werden. Kritische Faktoren für bestehende Geschäftsmodelle sind vor allem mögliche Bypässe oder Dis-/Reintermediationseffekte. Für Unternehmen bedeutet das, dass sie sich aktiv mit ihren Geschäftsmodellen auseinandersetzen sollten, um nicht vom anrollenden Zug App-Economy überfahren zu werden. Eine zentrale Rolle kann und sollte das Informationsmanagement einnehmen. Die Informationstechnologie und die strategisch-organisatorische Gestaltung des Informationsmanagements sind treibende wie integrierende Faktoren. Er sollte aber nicht übersehen werden, dass auch das Informationsmanagement in Zeit der App-Economy neu zu denken ist. Kontrolle und definierte Prozesse sind die Erfolgsfaktoren von gestern: Die neuen Erfolgsmuster haben sich längst in Richtung Endkundenzentrierung und vom Markt eingeforderte organisatorische Agilität bewegt.

Wie Cloud die Unternehmens IT verändert

Technologien entwickeln sich oft linear bis zu einem Punkt, an dem eine Veränderung mit umwälzender Kraft eintritt und vorhandene Strukturen nachhaltig verändert. Die IT hat in 2008 den Höhepunkt einer linearen Entwicklungsphase erreicht. Mit Cloud IT beginnt ein Paradigmenwechsel zur industriellen Datenverarbeitung.

In diesem Beitrag erfahren Sie:
- was Cloud IT, welche Ursachen dieses Konzept begünstigte,
- welchen Nutzen es im globalen Wettbewerb bietet und welche Chancen und Herausforderungen auf Unternehmen zukommen,
- wie sich Cloud IT in Zukunft entwickeln wird.

Frank P. Sempert

Vorbemerkung

Wie bei zurückliegenden Veränderungsschüben in der IT rief das Erscheinen der Cloud den üblichen »Hype Cycle«, also die Phasen der Verwirrung, der Diskussion aus unterschiedlichster Motivation, der Unsicherheit und Ablehnung, hervor.

Mittlerweile ist Cloud IT zur Realität geworden.

Die so genannten »Mega-Vendors«, also IBM, Microsoft, SAP, um nur einige zu nennen, investierten in der Zwischenzeit viele Milliarden in die Cloud-Technologie; weltweit haben sich etwa 40 Prozent der eher mittelständisch strukturierten Software-Hersteller für den Weg in die Cloud entschieden, wie zahlreiche Umfragen von Branchen-Organisationen und Analysten ermittelt haben.

Großunternehmen, die bereits fast ausnahmslos »Cloud-Inseln« nutzen, sind bei der Umsetzung flächiger Cloud-Architekturen noch zurückhaltend. Viele mittelgroße Unternehmen haben jedoch die Chancen höherer Agilität bei geringeren Kosten erkannt und werden in den kommenden Jahren die Cloud aggressiv nutzen.

Doch Cloud IT ist kein Allheilmittel. Das Konzept ändert sich ständig, neue Herausforderungen wie neue Risiken entstehen. Die wichtigste Frage lautet, wie Cloud IT profitabel für neue Geschäftsmodelle genutzt werden kann.

Cloud IT – eine Begriffsbestimmung

Historie und Entwicklung

Ein Blick auf die vergangenen fünf Jahrzehnte zeigt, dass sich bisher vier IT-Geschäftsplattformen etablieren konnten, wobei die jeweils vorherige durch den Veränderungsprozess der folgenden beeinflusst und teilweise oder gänzlich verändert worden ist.

⇨ *Großrechner/Mainframe; etwa ab 1965*
   Singuläre Plattform unternehmerischer, zentraler Datenverarbeitung.
⇨ *Client/Server; etwa ab 1980*
   Verteilte Datenverarbeitung und entsprechende Arbeitsplatz-Konzepte.
⇨ *PC/PC Server; etwa ab 1991*
   Lösung wie Verbindung von/zu zentralen/dezentralen Strukturen (Laptop); großflächiger Einsatz von Servern in allen Bereichen der unternehmerischen IT-Infrastruktur.
⇨ *Mobile Plattformen; etwa ab 2000*
   Smart-Phones – im Übergang zur Plattform mobiler (dezentraler) Daten-Präsentation und -Information.
⇨ *Cloud IT; ab 2008*
   Verlagerung von Prozessen, Daten und Anwendungen in eine industrielle Umgebung.

Begriffsbestimmung Cloud IT

Die erste bekannte Definition des Begriffes »Cloud Computing« wird Dr. Ramnath Chepalla, Professor an der Emory University, Atlanta, USA, zugeschrieben. Anlässlich der INFORMS Veranstaltung 1997 in Dallas, präsentierte er »Intermediaries in Cloud Computing« und sagte ein neues Computer-Paradigma voraus, in dem die Grenzen der IT durch ökonomische Rationalität und nicht durch technische Grenzen bestimmt werden.

Unter dem Begriff Cloud IT versteht man sowohl ein Geschäftsmodell, als auch eine Technologie, wobei das Geschäftsmodell als entscheidend zu bewerten ist.

Einer der Technologie-Auslöser des Paradigmenwechsels zur Cloud IT war die so genannte »Virtualisierung« mit dem Ziel, dem Benutzer eine Abstraktionsschicht zur Verfügung zu stellen, die ihn von der eigentlichen Hardware – Rechenleistung und Speicherplatz – isoliert. Dies wurde durch die Einführung einer logischen Schicht, die zwischen Anwender und Ressource agiert, realisiert.

Dabei wird jedem Anwender simuliert, dass er der alleinige Nutzer einer Ressource sei, bzw. werden mehrere, unterschiedliche Hardwareressourcen zu einer homogenen Umgebung zusammengefügt. Die für den Anwender unsichtbare, transparente Verwaltung der Ressource ist dabei in der Regel die Aufgabe des eines besonderen Betriebssystems.

Ein weiterer, wichtiger Technolog-Schub zur Entwicklung der Cloud IT ist das so genannte »Multi Tenancy«.

Bei dieser Architektur wird nicht für jeden einzelnen Kunden eine dedizierte Infrastruktur bereitgestellt, wie bei der »Single-Tenancy-Architektur«, sondern alle Nutzer arbeiten auf der gleichen Plattform.

Die Multi-Tenancy-Architektur zeichnet sich dadurch aus, dass eine Software-Anwendung in virtuelle »Partitions« unterteilt ist und jeder Anwender mit einer kundenspezifischen, virtuellen Instanz arbeitet. Die einzelne Instanz ist anwendungsspezifisch dimensioniert, wobei sich mehrere, bzw. sehr viele Kunden eine solche SaaS-Plattform teilen können.

Das ermöglicht es dem Betreiber, Erweiterungen der Anwendung, sei es aufgrund von Kundewünschen oder aus Wettbewerbsgründen, schnell und flexibel auszuführen.

Die Veränderung zur bisherigen, vorrangig unternehmerischen IT, besteht in der Verlagerung von Prozessen und Daten aus einer In-Haus-Infrastruktur in die industrielle IT eines Cloud-Service-Anbieters oder den Betrieb einer eigenen Cloud IT.

Charakteristisch sind zum einen die Elastizität, also der Eindruck unbegrenzter Ressourcen, wie Rechenleistung oder Speicherkapazität. Zum anderen und im Umkehrschluss, die Bereitstellung der Ressourcen nach Bedarf, ohne dass für deren Unterhalt Vorkehrungen bereitzustellen sind, einschließlich einer bedarfsorientierten Abrechnung der genutzten Ressourcen.

Nach dem von Saugatuck Technology entwickeltem Modell, stellt sich Cloud IT heute in der folgenden Struktur dar, was auch dem derzeitigen Angebot an Diensten entspricht.

In der zurückliegenden Zeit wurden häufig Variationen solcher Modelle veröffentlicht, doch sollte diese Darstellung der heute gängigen Praxis entsprechen.

Die Angebote in der *Infrastructure-as-a-Service Schicht (IaaS)* stellen virtuelle Ressourcen in Form von Rechenleistung, Speicherkapazität und Netzwerkressourcen zur Nutzung bereit.

Die *Plattformschicht (PaaS)* stellt eine Umgebung für die Entwicklung und Bereitstellung von Anwendungen zur Verfügung. Ein Entwickler kann eine Anwendung auf der Plattformbasis entwickeln und zur Nutzung bereitstellen. Die Plattform unterstützt die Entwicklung durch eine Vielzahl von Diensten, die in die zu entwickelnde Anwendung eingebunden werden können.

Unter *Software-as-a-Service (SaaS)* wird die Bereitstellung von Anwendungen (Geschäftslösungen) als Dienst verstanden. Die Anwendung wird dem Kunden per Web-Browser oder als Web-Service zur Verfügung gestellt. Die Nutzung wird nicht durch einmalige oder

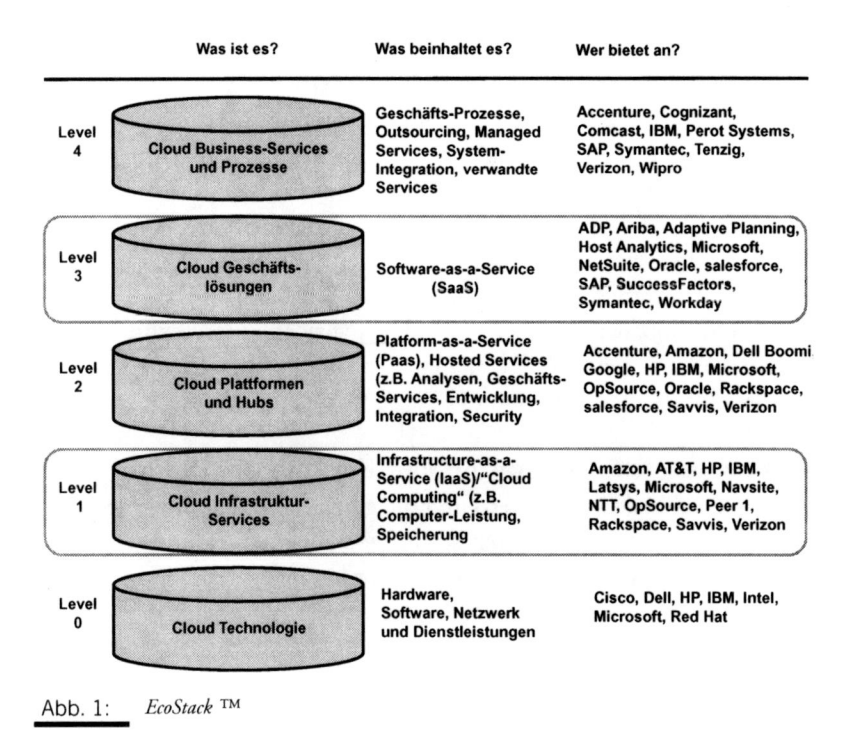

	Was ist es?	Was beinhaltet es?	Wer bietet an?
Level 4	Cloud Business-Services und Prozesse	Geschäfts-Prozesse, Outsourcing, Managed Services, System-Integration, verwandte Services	Accenture, Cognizant, Comcast, IBM, Perot Systems, SAP, Symantec, Tenzig, Verizon, Wipro
Level 3	Cloud Geschäfts-lösungen	Software-as-a-Service (SaaS)	ADP, Ariba, Adaptive Planning, Host Analytics, Microsoft, NetSuite, Oracle, salesforce, SAP, SuccessFactors, Symantec, Workday
Level 2	Cloud Plattformen und Hubs	Platform-as-a-Service (Paas), Hosted Services (z.B. Analysen, Geschäfts-Services, Entwicklung, Integration, Security	Accenture, Amazon, Dell Boomi Google, HP, IBM, Microsoft, OpSource, Oracle, Rackspace, salesforce, Savvis, Verizon
Level 1	Cloud Infrastruktur-Services	Infrastructure-as-a-Service (IaaS)/"Cloud Computing" (z.B. Computer-Leistung, Speicherung	Amazon, AT&T, HP, IBM, Latsys, Microsoft, Navsite, NTT, OpSource, Peer 1, Rackspace, Savvis, Verizon
Level 0	Cloud Technologie	Hardware, Software, Netzwerk und Dienstleistungen	Cisco, Dell, HP, IBM, Intel, Microsoft, Red Hat

Abb. 1:   *EcoStack* ™

regelmäßige Lizenzkosten abgerechnet, sondern nach dem »Pay-per-Use«-Prinzip.

In letzter Zeit hat sich mit *Business Process-as-a-Service (BPaaS)* eine weitere Schicht etabliert, die als Weiterentwicklung des klassischen Business Process Outsourcing (BPO) mit den Fähigkeiten der Cloud IT zu verstehen ist, aber auch die Schaffung neuer Prozess-Dienstleistungen, eben durch die Fähigkeiten der Cloud IT, einschließt.

Cloud-Services können auf verschiedene Arten genutzt werden. Primär werden öffentliche *(Public)* und nicht-öffentliche *(Private)* Clouds unterschieden.

Eine Public Cloud wird von einem IT-Dienstleister betrieben. Er bietet Kunden (Unternehmen wie privaten Nutzern) Dienste nach dem beschriebenen Modell (SaaS, PaaS, IaaS) über das Internet an. Die

Nutzung wird nach dem Pay-per-Use-Prinzip abgerechnet, d. h. der Kunde zahlt nur für die in Anspruch genommenen Ressourcen. Dabei teilen sich die Anwender eine virtualisierte IT-Infrastruktur.

Eine Private Cloud wird mit der gleichen Technologie betrieben, ist aber ausschließlich einem bestimmten Kreis von Nutzern aus Großunternehmen, Konzernen, Logistikketten, zugänglich. Private Clouds können mit Diensten aus Public Clouds verschnitten werden und bilden in der Verbindung zu so genannten »On-Prem« Infrastrukturen, also konventioneller IT, den Ansatz von »hybriden« Architekturen, der ökonomisch wie betrieblich sinnvollen Verbindung der »alten Welt« mit den Fähigkeiten der Cloud IT.

Anwendungsmöglichkeiten und Vorteile der Cloud IT
Der internationale Wettbewerb und die globale Ausrichtung vieler Unternehmen sind zentrale Treiber der Entwicklung der Cloud IT. Unternehmen haben heute zahlreiche Herausforderungen zu bewältigen:

- ⇨ das Errichten neuer Standorte
- ⇨ das Bedienen neuer Märkte
- ⇨ Verteilte Organisationen
- ⇨ Outsourcing zu einem Geschäftspartner
- ⇨ das Auseinandersetzen mit unerwartetem, substantiellen Wachstum
- ⇨ das Vorbereiten auf eine Rezession
- ⇨ das Schaffen neuer Vertriebs-Kanäle
- ⇨ die Integration neuer Einkaufs-Quellen
- ⇨ die Konfrontation mit disziplinierten oder regulierten Finanz-Berichten
- ⇨ das Anhalten zu mehr nachhaltigen Geschäfts- und Leistungszielen
- ⇨ das Etablieren veränderter Geschäftsmodelle
- ⇨ das Auseinandersetzen mit aggressivem Wettbewerb
- ⇨ das Finden von Antworten auf steigende Kunden-Anforderungen oder -Erwartungen

Welche Vorteile nun Cloud IT bei diesen Herausforderungen bietet, macht eine Untersuchung, die Saugatuck Technology bei Geschäftsführern von Unternehmen der Größenordnung 100 bis 1.000 Mitarbeitern durchgeführt hat, deutlich.

Die wichtigsten Ergebnisse, die von Cloud Geschäftslösungen erwartet werden	Zustimmung*
Vereinfachen des Software-Managements	30 %
Reduzieren des Kapitaleinsatzes und/oder der Betriebskosten	29 %
Verbesserung der internen und externen Zusammenarbeit	23 %
Verbesserung des Managements mobiler Mitarbeiter und geographisch verteilter Geschäftseinheiten	23 %
Umwandlung von fixen Kosten in variable Kosten	19 %
* Prozentangabe der Geschäftsführer von Unternehmen von 100 bis 1.000 Mitarbeitern	

Abb. 2: *Priorisierung von erwarteten Vorteile durch den Einsatz von Cloud IT, Oktober 2010, 790 Befragte*

Cloud IT ist also wesentlich mehr als nur Software, es ist ein *Business-Service*, der dem Anwender sowohl Lösungen wie deren Management bietet.

Eingebunden in solche Dienstleistungen sind die kompletten Rechenzentrums-Infrastruktur-Services: Netzwerke, Speicher, Betriebssysteme, Datenbanken, Anwendungs-Server, Web-Services und natürlich *Desaster- und Back-up-*Dienste. Zudem werden in der Regel zusätzliche Sicherheitsleistungen, *wie Authentisierung, Identitäts-Management, Monitoring, Patch-Management, Nutzer/Aktivitäts-Monitoring,* wie Software-Upgrades und Anpassungen als Bestandteil einer Cloud Dienstleistung angeboten.

Wenn die Anforderungen des Geschäftes ersichtlich ansteigen, ist es durch Cloud IT einfach, weitere Nutzer anzumelden, ohne Vorkehrungen an zusätzlicher Hardware, Software oder Netzwerk zu unternehmen, oder gar zusätzliches Personal anzustellen, das diese erweiterte Umgebung managen soll.

Dies ist der am meisten übersehene und unerwartete Vorteil von Cloud-Geschäftslösungen: es ist eine grenzenlos skalierbare Geschäfts-

Ressource, die zu keinem Zeitpunkt größere Investitionen notwendig macht und zur Reduzierung der Kosten beiträgt.

Finanzielle Vorteile durch die Nutzung von Cloud-Geschäftslösungen

Eine kurzfristige Reduzierung der entsprechenden IT-Kosten um den Faktor 5 bis 10, was im Besonderen von Managern und Eigentümern mittelständischer Unternehmen realisiert und umgesetzt wird, ist ein Ansatz, der bisher bei Beibehaltung vorhandener Strukturen nicht möglich war. Im Einzelnen stellen sich die folgenden Wertansätze dar:

⇨ Schnellerer Zeit/Wert-Umsatz (Time-to-Value)
  - Cloud-Geschäftslösungen werden zügiger installiert und werden schneller Teil der Unternehmens-Prozesse.
  - Das Unternehmen setzt die Vorteile von Cloud-Geschäftslösungen viel eher um.

⇨ Mehr erschwingliche Lösungen
  - Es sind keine großen Vorab-Investitionen erforderlich.
  - Der Wechsel von Investition (Capex) zu operationalen Kosten (Opex).
  - *Total Cost of Ownership* (TCO) ist 30% geringer, wenn auch erst ab ca. 30 Nutzern (Quelle: Gartner).

⇨ Verbesserte Abläufe mit Cloud Geschäftslösungen
  - Kontinuierliche Innovation anstelle von halbjährlichen oder jährlichen Upgrades, eingeschlossen in eine reguläre und üblicherweise kontinuierliche Abfolge.
  - Es werden signifikant weniger technische Ressourcen benötigt.
  - Cloud reduziert den Druck auf die IT.
  - Es verringert die Ablenkung des Managements durch IT-Angelegenheiten und ermöglicht die Fokussierung auf Kernkompetenzen.

Die meisten der mittelgroßen Unternehmen verfügen über keine oder nur eine kleine IT-Mannschaft. Daher ist das Bereitstellen von HR-

Ressourcen für das Management der Infrastruktur und der Anwendungen, von Upgrades, Security und Anti-Spam nicht sehr effizient. Anbieter von Cloud-Geschäftslösungen können diese Services aber umfassend, wirkungsvoll und nachhaltig anbieten.

Die entstandene Diskussion über Datensicherheit und Datenschutz in der Cloud hat in letzter Zeit sehr stark an Bedeutung gewonnen, sie ist zu einem wichtigen Kritikpunkt geworden.

Unternehmensleiter die planen, Cloud Services einzusetzen, sollten daher pro-aktiv Anbieter zur Datensicherheit, sowohl nach traditionellen wie nach Cloud-Aspekten befragen.

Grundsätzlich kann es festgestellt werden, dass Anbieter von Cloud-Services in der Regel umfangreichere Vorkehrungen wie modernste Technologien einsetzen, um größtmöglichen Schutz der Daten, auch nach den Bestimmungen des Bundesdatenschutzgesetztes (BDSG), zu gewährleisten. Die meisten Unternehmen können einen derartigen Aufwand in selbstbetriebener IT-Infrastruktur bei Weitem weder einsetzen noch unterhalten.

Das nachstehende Untersuchungsergebnis fasst die wichtigsten Bedenken gegen Cloud IT dar.

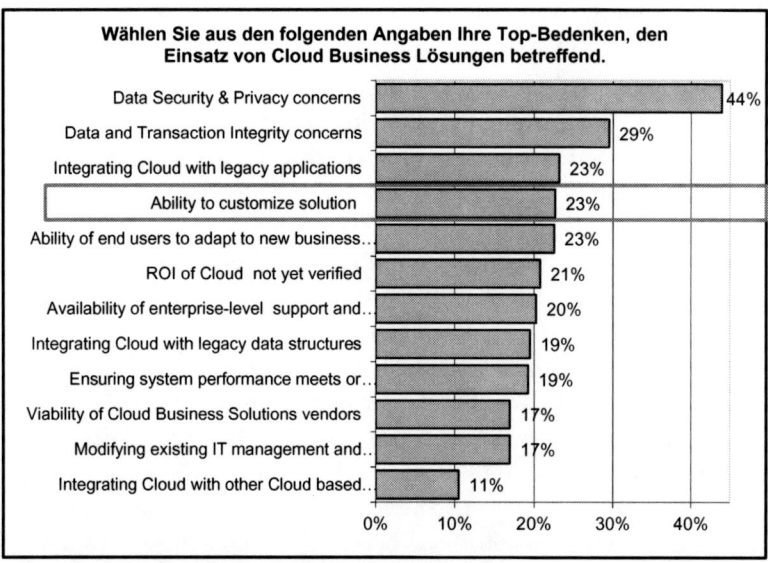

Wählen Sie aus den folgenden Angaben Ihre Top-Bedenken, den Einsatz von Cloud Business Lösungen betreffend.

Bedenken	Prozent
Data Security & Privacy concerns	44%
Data and Transaction Integrity concerns	29%
Integrating Cloud with legacy applications	23%
Ability to customize solution	23%
Ability of end users to adapt to new business...	23%
ROI of Cloud not yet verified	21%
Availability of enterprise-level support and...	20%
Integrating Cloud with legacy data structures	19%
Ensuring system performance meets or...	19%
Viability of Cloud Business Solutions vendors	17%
Modifying existing IT management and...	17%
Integrating Cloud with other Cloud based...	11%

Source: Saugatuck Technology Inc. global Web survey 2010; n = 790; multiple responses allowed.

Anmerkungen zu den Daten
- Bis 2015 werden Bedenken wegen Daten-Sicherheit und -Schutz den Verkauf und die Adaption von Cloud Business-Lösungen dominieren, obwohl die Einsicht besteht, dass dies eine Vertriebsherausforderung ist und nicht ein fundamentales Problem.
- Bedenken wegen Transaktions-Integrität steigen von der fünften zur zweiten Stelle unserer Liste.
- Integration bleibt ein Schlüssel-Thema - besonders mit Blick auf Integration von Legacy-Anwendungen - jedoch fällt die Integration mit Legacy Daten-Strukturen von Platz 4 auf 8.
- Die Möglichkeit der Anpassung nach Kunden-Anforderungen bleibt ein Top-Bedenken. Ein Zeichen, dass mehr komplexe Unternehmensanforderungen zu adressieren sind.

Abb. 3: *Rangfolge der Bedenken beim Einsatz von Cloud IT*

Die Wahl nach Cloud-Services Anbietern

Welchen Cloud-Service-Anbieter ein Unternehmen wählt, hängt stark von seiner Größe ab. Unternehmen mit 500 bis 1.000 Angestellten kaufen bevorzugt Cloud-Lösungen bei einer IT-Beratungsfirma. Unternehmen mit über 5.000 Mitarbeitern entscheiden sich hier meistens für einen Managed/Hosting-Serivces Provider. Mittelgroße Unternehmen (1.000 – 2.000 Mitarbeiter) erwerben ihre Leistungen in der Regel bei Unternehmensberatungen (z. B. Wirtschaftsprüfungsgesellschaften).

Kauf-Präferenzen	Unternehmensgröße						
	<100 ee	100-500	500-1000	1-2000	2-5,000	5-10,000	>10,000
Direkt vom Provider	37 %	28 %	44 %	29 %	38 %	34 %	41 %
IT-Beratung	26 %	22 %	33 %	42 %	33 %	37 %	25 %
Lokaler/ regionaler VAR oder SI	16 %	15 %	31 %	8 %	17 %	18 %	16 %
Industrie- spezifischer VAR oder SI	13 %	13 %	16 %	17 %	22 %	21 %	22 %
Managed/Hosted Services Provider	27 %	19 %	21 %	27 %	24 %	33 %	34 %
Unternehmensberatung	17 %	16 %	10 %	36 %	23 %	18 %	16 %
Andere	11 %	9 %	6 %	5 %	4 %	3 %	5 %

Source: Saugatuck Technology

Abb. 4: *Präferenzen nach Anbieter-Kategorie*

Die Veränderung der Nachfrage-Struktur der Märkte wird entsprechend Einfluss auf die weitere Entwicklung der klassischen IT-Service-Anbieter und -Berater ausüben.

In 2012 werden Cloud Service-Anbieter wie Google und Microsoft, welche Cloud-Infrastruktur und Geschäftslösungen wie Kollaboration anbieten, den Markt deutlich umwälzen und den etablierten Technologie- und Service-Anbietern Geschäft wie Kunden wegnehmen.

In 2014 werden »nicht-traditionelle« Service Anbieter mit speziellen, vertikalen Lösungen und dem entsprechenden Prozesswissen, in den Wettbewerb einsteigen und voraussichtlich nicht wenige Nischen-Spezialisten, bzw. Software-Anbieter und traditionelle Outsourcing-Anbieter, übernehmen.

Die nachstehende Graphik illustriert die zu erwartenden Veränderungen.

Entwicklungs-Dynamik der Service Anbieter		
	Herkömmliches Geschäfts-Modell(e)	Cloud Geschäfts-Modell(e)
Abschluss Typ	Horizontale "Tower" Abschlüsse	Vertikal Integrierte Prozesse
Projekt Länge	Langfristiges 5-10 Jahre "Mrd. Dollar Einkommen"	Kürzer / knapper / iterative Beziehung <3 Jahre
Deal Focus	Bestands-intensiv (Transfer von Kapital und Arbeitskraft)	Bestandsarm (wirksames Einsetzen von externen Cloud Computing Services)
Projekt Team	Pyramide (Partner Ansatz)	Hoffieren (Ninja-Experten) von Offshore Centers of Expertise
Projekt Partner	Etablierte Ecosysteme	Neue Partner, co-Wettbewerb/ Wettbewerb
Weitere Entwicklung	US und West Europa	Globales Wachstum, besonders aus den BRIC-Ländern
Projekt Skalierbarkeit	One-to-one / "mess for less"	One-to-Many (wiedereinsetzbare Geschäftslösungen als Hebel für einzigartigen IP)
Zehn Cloud Computing Bedenken prägen die Strategien der Service-Anbieter		
• Cloud Computing lenkt Funktionalität zur Geschäftsebene. • Cloud Computing fordert Services Anbieter heraus, über die IT hinaus zu verkaufen. • IT Service Anbieter müssen flinker und agiler werden. • Cloud Computing bricht die traditionellen Preis-Modelle der Service-Anbieter. • Cloud IT Consulting wird wachsen, aber nicht in Milliarden-Dimensionen...... • Die Armee der Consultants wird sich weiterhin kleiner, knapper und mehr spezialisierter entwickeln. • Traditionelle ISVs werden sich eventuell als Wettbewerber im Service-Umfeld entwickeln. • Die SaaS Explosion führt zur Implosion der Hoster. • Service Provider werden in den Software-Markt eintreten. • Cloud Beurteilungsverfahren sind nützlich, bergen aber die Gefahr der Hinzufügung von Komplexität.		

Abb. 5: *Veränderungs-Struktur bei klassischen IT-Service Anbietern*

Open Cloud

Unterschiedliche Organisationen, wie z.B. die Deutsche »Open Source Business Foundation« oder »EuroCloud« haben es sich zur Aufgabe gemacht, die aus der »Open Source« Philosophie entstandenen Grundsätze auf die Cloud IT zu übertragen. Daraus ergeben sich die folgenden Ansätze wie Forderungen an Anbieter.

Es wird natürlichen Wettbewerb zwischen den verschiedenen Cloud-Angeboten geben, da in der Regel ein einziger Kunde nicht alle

Anforderungen über einen Cloud-Anbieter abdecken kann, bzw. es als nicht konform zu seinen Anforderungen ansieht.

SaaS-Geschäftslösungen über mehrere Cloud-Anbieter zusammengestellt, werden die Regel sein. Dies erfordert offene Standards für Sicherheit, Interoperabilität, Life Cycle Management und Applikations-Monitoring.

Portabilität von Cloud-Geschäftslösungen stellt eine weitere, wichtige Kundenanforderung dar schützt vor so genannten Lock-In-Problemen, d. h. das Wechseln zu einem anderen Anbieter wird durch den aktuellen Anbieter erheblich erschwert.

Cloud-Technologien für Unternehmen müssen so weit wie möglich um offene Standards erweitern werden, um die in den letzten Jahrzehnten gemachten Fortschritte in offenen Technologien nicht zu gefährden.

Cloud IT als Wegbereiter zu veränderter Strukturen der Arbeitswelt

Social Computing (Social Network)

Ein Viertel der Mitarbeiter in Unternehmen ab 250 Beschäftigten bedient sich bereits beruflich webbasierter Dienste. Die Mitarbeiter sind damit manchmal schon weiter als ihre Arbeitgeber. Das unterstreicht auch ein anderes Ergebnis: Knapp 40 Prozent von kürzlich Befragten stehen Cloud-Diensten im Beruf offen gegenüber.

Technologien wie Plattform-Angebote haben sich in letzter Zeit dramatisch entwickelt, wobei »Facebook« mit hunderten von Millionen Nutzern als ein herausragendes Phänomen zu nennen ist.

Aus wirtschaftlicher Sicht drängt sich nun zunehmend die Anforderung auf, solche Netzwerke als erkennbaren Wert für das Unternehmen einzusetzen, indem die Mitarbeiter solche Dienste nutzen. Ebenso liegt es nahe, solche Anbieter in Prozesse des Unternehmens zu integrieren.

Diesen »Enterprise Social Networks« (ESN) genannten Netzwerke wird starkes Wachstum vorhergesagt. Angedacht sind ESNs als Private Clouds, die Geschäftsaktivitäten über alle Anwendungen und genutzte Endgeräte hinaus, ermöglichen, erzeugen und unterstützen. »Facebook«-ähnliche Plattformen, aber auch funktionsreichere mit ausgeprägten Sicherheitsvorkehrungen, werden hier die erste Wahl sein.

Da nicht alle traditionellen IT-Dienste oder Portale aus ökonomischen Gründen in die Cloud transferiert werden können, bieten sich ESNs als eine innovative Lösungen an.

Integrations-Erfordernisse, ausgelöst durch die Bewegung in die Cloud, sind eine wesentliche Herausforderung. »Integration-as-a-Services« wie es z. B. das US-Unternehmen Dell Boomi anbietet, ist hier ein interessanter Ansatz einer neuen, weiteren Cloud-Dienstleistung.

Damit können weitverbreitet Strukturen und Nutzungsweisen von Public Clouds, wie das erwähnte »Facebook« aber auch neue Angebote wie »Google+« und weitere in Planung begriffene, mit betrieblichen Kommunikations-Verfahren verbunden werden oder als Grundlage von eigenen, betrieblichen Entwicklungen in einer Private Cloud betrieben werden.

Perspektive der weiteren Entwicklung

Das Analyse-Unternehmen Gartner hat kürzlich die folgenden Vorhersagen publiziert:
- ⇨ Bis 2015 werden 80% der Unternehmen externe Cloud-Dienste mit Zertifizierung unabhängiger Stellen, wie der Freiheit, Daten und Anwendungen plattform-neutral wechseln zu können, verstärkt nachfragen und einsetzen.
- ⇨ Bis 2015 werden 20% der Top 500 (Nicht IT) Unternehmen Cloud-Service-Provider sein.
- ⇨ Bis 2015 werden Unternehmen 50% ihres Web-Vertriebs über eine Präsenz in sozialen Netzwerken und über mobile Anwendungen generieren.

Wie Cloud die Unternehmens IT verändert

Cloud Business Lösungen / SaaS – Installierte Basis + Einkaufs-Vorhaben innerhalb 2012	Worldwide	US	Europe	AsiaPac
Customer Relationship Mgmt.	1 (52%)	3	1 (t)	1 (t)
Customer Service und Support	2 (51%)	4	5	17
Collaboration	3 (51%)	1	4	7 (t)
Business Intelligence	4 (50%)	2	9	3
Salesforce Automation	5 (50%)	6	12	1 (t)
Finanz Analysen & Reporting	6 (49%)	9	8	11
Planung & Budgetierung	6 (49%)	7	1 (t)	9
E-Commerce	8 (49%)	5	11	7 (t)
Human Resource Admin.	9 (48%)	13	3	5
Lohn- und Gehaltsabrechnung	10 (48%)	8	13	19
Time and Labor Mgmt.	11 (47%)	11	10	14 (t)
Benefits Admin.	12 (46%)	12	18	20
Einkauf	13 (46%)	10	22	6
Lieferanten-Beziehungs Mgmt.	14 (46%)	16	14	16
Beschaffung	15 (45%)	14	17	12
Corp. Performance Mgmt.	16 (45%)	18	15	14 (t)
Supply Chain	17 (45%)	19	6	13
Core Financials	18 (45%)	17	16	18
Talent & Performance Mgmt.	19 (44%)	15	20	22
Governance, Risk & Compliance	20 (44%)	21	7	10
Treasury & Cash Mgmt.	21 (43%)	20	19	21
Product Lifecycle Mgmt.	22 (43%)	22	21	21
ERP-Manufacturing	23 (36%)	23	23	23

Jedoch ... mit Blick auf die Anforderungen der Anwender nach funktionalen Einsatzgebiet, ergeben die Zahlen ein anderes Bild:

Top Finance Lösungen, favorisiert von *Finance Executives*:
- Planung & Budgetierung
- Business Intelligence
- Core Financials
- Financial Analysis & Reporting
- Governance, Risk & Compliance
- Treasury / Cash Management

Top Human Capital Lösungen, favorisiert von *HR Executives*:
- Lohn-/Gehaltsabrechnung
- Time & Labor Mgmt.
- HR Administration
- Talent & Performance Mgmt.
- Benefits Administration

Top Procurement Lösungen, favorisiert von *Purchasing/ Procurement Executives*:
- Sourcing
- Supplier Relationship Mgmt.
- Procurement

Source: Saugatuck Technology Inc., 2010 Cloud Business Solutions / SaaS Survey (March 2010), US=362, Europe=223, Asia=161

Abb. 6: *Rangfolge der geplanten/eingesetzten Cloud-Geschäftslösungen*

Bei Betrachtung der aktuellen Situation wie der Aufgabe einer verlässlichen Prognose stellt sich das folgende Szenario.

In den vergangenen Jahren haben die Unternehmen »Best-of-Breed«-Lösungen (etwa: das Beste einer Sorte) bevorzugt. Ab 2013 jedoch wird *Business Intelligence* (BI) sich mit *Customer Relationship Management* (CRM), *Customer Service* und *Collaboration* verbinden; *Salesforce Automation* (SFA) verbleibt an der Spitze der Nachfrage von Cloud Geschäftslösungen – jedoch bei steigendem Interesse an unternehmenskritischen Anwendungen, wie HR, Finance, Einkauf, später gefolgt von *Supply Chain* und ERP.

Wenn auch bei vielen Unternehmen das Thema Umsetzung noch am Anfang steht, ist doch ein Trend ziemlich deutlich: Die Unternehmen stehen nicht mehr – wie noch vor zwei Jahren – vor der Frage, ob sie sich überhaupt mit Cloud IT beschäftigen sollten. Vielmehr sind Cloud Services, ob Public oder Private, im Markt angekommen. Die Entwicklung ist nicht umkehrbar.

Die nachstehende Abbildung 7 erläutert die weitere Entwicklung von Cloud IT bis zum Jahr 2016.

Es wird ersichtlich, dass die Entwicklung der Cloud IT seit den frühen Anfängen in 2003, von singulären Anwendungen mit eingeschränkter Konfigurierbarkeit, nun mit wachsender Akzeptanz etwa im Zeitraum 2006/2007, marktreif zu werden beginnt.

Entscheidende Impulse für die weitere Entwicklung der Cloud IT werden in den Jahren 2011/2012 erwartet, da hier die Weichenstellungen und Impulse für die zukünftige Entwicklung durch die Reaktion der Märkte wie der Anbieter gesetzt werden.

Der Blick auf die Entwicklung bis 2015 zeigt ungewöhnliches Wachstum, wobei allein der Sektor SaaS (Cloud Geschäftslösungen) laut Gartner bis 2015 auf 21,3 Mrd US $ anwachsen wird. In 2011 werden Umsätze in Höhe von 12,1 Mrd US $ erwartet, was gegenüber 2010 mit 10,0 Mrd US $ ein Wachstum von 20,7 Prozent darstellt.

Die Cloud – einschließlich SaaS, PaaS, IaaS und Cloud Services – wird zunehmende Geschäfts- wie IT-Aktivitäten antreiben, die in so genannten hybriden Architekturen – also das Verweben traditionell be-

Die Entwicklung von Cloud IT und Cloud Business-Services

SaaS 1.0
Welle I: 2001-2006
Bereitstellung von kostengünstiger Software

Frühe SaaS Adaption
- Stand-alone Anwendungen
- Multi-tenancy
- Eingeschränkte Konfigurierbarkeit
- Fokus auf TCO/schnelle Implementierung

SaaS 2.0
Welle II: 2005-2010
Integrierte Business-Lösungen

Mainstream SaaS Adaption
- Integriert mit dem Business
- SaaS Integrations Plattformen
- Lösungs-Marktplätze und SaaS-Ecosysteme
- Fähigkeit zur Anpassung
- Fokus auf Integration

Welle III: 2008-2013
Über Workflow bereitgestellte Business - Transformation

Allgegenwärtige SaaS Adaption
- Fokus auf Business Transformation
- Über SaaS-Aktivierung zum ISV
- Server- und Anwendungs- Virtualisierung
- SaaS Entwicklungs-Plattformen (PaaS)
- Public Cloud Infrastruktur (IaaS)
- Cloud Kollaborations- Plattformen
- Kunden-angepasster Workflow

Cloud IT Ära
Welle IV: 2011-2016
Gemessene, überwachte und gesteuerte Geschäftsprozesse

Nach-SaaS Adaption
- End-to-End Cloud Geschäfts-Prozesse
- Intelligente Hubs und Anschluss-Plattformen
- Virtualisierung mobiler Geräte
- Elastische Cloud Infrastruktur
- Standards für Workload-Portierung
- SLAs für Verbund-Service Angebote
- Support auf Geschäfts-Prozess Ebene

Adaption: Hoch — Niedrig
2003 2004 2005 2006 2007 2008 2009 2010 2011 2012 2013 2014 2015 2016

Source: Saugatuck Technology

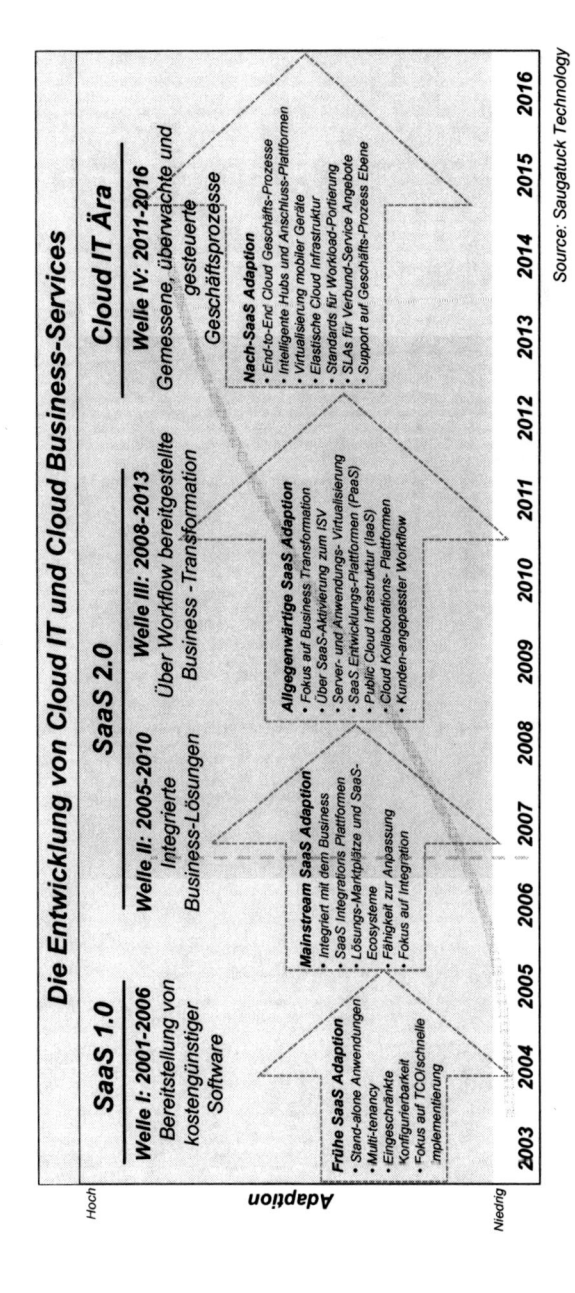

Abb. 7: Historische und zukünftige Entwicklung von Cloud IT

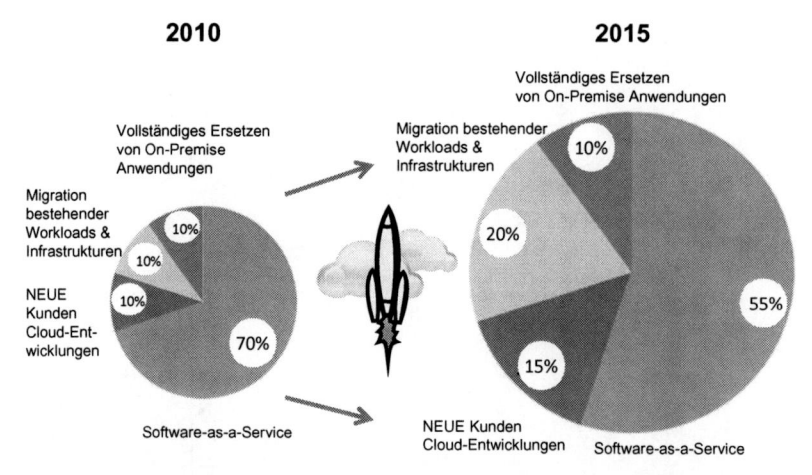

Abb. 8: *Entwicklung der Cloud IT nach Sektoren der Nutzung. Quelle Umfragen von Saugatuck Technology*

triebener IT mit der Cloud – resultieren werden und die Markteinführung von Cloud-Business Services für traditionelle Geschäftsmodelle erzeugen wird.

Obwohl die meisten Unternehmen sich in der Adaption von PaaS und auch IaaS nur langsam bewegen, da die Public Clouds formale Standards vermissen lassen, sind Private Clouds von steigendem Interesse, besonders bei größeren Unternehmen.

Abgesehen von einer Handvoll eigenständiger Angebote, ist PaaS noch sehr unreif für seriöse, Mainstream Applikations-Entwicklung und noch nicht »enterprise ready« – wird sich aber bis 2013 / 2015 als viel robuster und zuverlässiger entwickeln.

Bis 2015 wird SaaS unverändert die IT-Aufgaben dominieren, eingeschlossen Business-Apps, Social Computing und mobiler Lösungen, als die Schlüssel-Technologien des »grenzenlosen Unternehmens«.

Die Darstellung von Workflows in der Cloud mit der Notwendigkeit einer Integration, im Wesentlichen zu On-Premise Systemen, wird sich besonders im hybriden Umfeld großer Unternehmen, als Herausforderung gestalten.

Cloud Service Provider (eingeschlossen Cloud Enabler und traditionelle Service Provider, die aggressiv Cloud betreiben) werden florieren, solange sie SaaS, PaaS, IaaS und BPaaS einbeziehen und ISVs (Independent Software Vendor, oder Software-Anbieter) wie Unternehmen in deren Migration zur Cloud bedienen.

Bis 2015 wird sich die IT-Industrie umformen und konsolidieren – gleichzeitig wird der Trend zur Cloud das Wachstum wie die Fragmentierung der Anbieter beschleunigen.

Es ist mit hoher Wahrscheinlichkeit zu erwarten, dass in 2014 rund 40 Prozent und mehr neuer Investitionen für IT-Infrastruktur cloud-basiert sein werden. In 2014 werden 45 Prozent und mehr neuer Workloads in der Cloud sein, in 2014 werden 25 Prozent und mehr der gesamten weltweiten Computer-Workload als Cloud IT operieren.

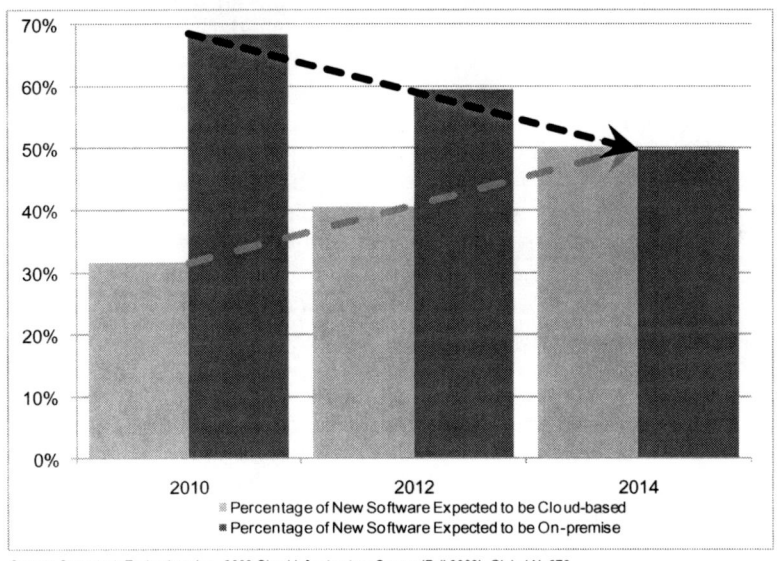

Source: Saugatuck Technology Inc., 2009 Cloud Infrastructure Survey (Fall 2009), Global N=670

Abb. 19: *Veränderung des Wachstums von lizensierter Software zu Cloud Anwendungen*

Zusammenfassung

Cloud IT ist Realität, daran besteht kein Zweifel. Der Generationswechsel in der Informations-Technologie hat begonnen und bietet mit der Industrialisierung der IT grenzenlose wie flexible Kapazitäten, ohne bestimmtes Investment und zudem mit geringeren Kosten als zuvor.

Cloud IT ist allerdings keine Wahl. Die Globalisierung der Ökonomie zwingt die Unternehmen sich den Herausforderungen wie dem Wert der Cloud IT für ihr Unternehmen zu stellen und Lösungen zu erarbeiten, Nutzen wie Wertansätze zu erzielen und um wettbewerbsfähig zu bleiben.

Diese globalen Herausforderungen, die sich mittelständischen Unternehmen in gleicher oder ähnlicher Weise stellen, wie es bei den großen Unternehmen der Fall ist, verlangen ein hohes Maß an Flexibilität, Agilität und der notwendigen Weitsicht, um die richtigen unternehmerischen Entscheidungen zu treffen.

Cloud IT ist nicht nur der Weg zu einer neuen, Nutzer-(Mitarbeiter) orientierten Infrastruktur, Cloud IT ermöglicht es, neue und effizientere Prozesse darzustellen und einzuführen, neue Technologien wie Social Computing zu integrieren und vollkommen neue, betriebliche Kommunikation und Kollaboration zu schaffen.

Das Erkennen des Nutzens, der richtige Einsatz von Cloud IT, ist auf mittelfristige Sicht ein wesentlicher Wettbewerbsvorteil der Unternehmen und entscheidend für die weitere Zukunft einzelner Unternehmen, Industrien oder ganzer Volkswirtschaften.

Chancen und Risiken bei der Nutzung von Cloud Computing

Cloud Computing ist in aller Munde und verspricht, eine gleichzeitig preiswerte wie sichere Lösung für IT-Outsourcingprojekte aller Art zu sein. Doch stimmt das? Der Beitrag klärt, unter welchen Voraussetzungen der Einsatz von Cloud Computing Vorteile für Ihr Unternehmen bringt und wann Vorsicht geboten ist.

In diesem Beitrag erfahren Sie:
- was sich hinter dem Sammelbegriff Cloud Computing verbirgt,
- unter welchen Voraussetzungen der Einsatz von Cloud Computing sinnvoll sein kann,
- welche Schritte Sie in der Vorbereitung und Durchführung einer Implementation gehen müssen.

HANS-JOACHIM GIEGERICH

Einleitung

Cloud Computing ist ein Begriff, dessen Bedeutung eben so wolkig und undurchschaubar scheint, wie der Nutzen, den er verspricht. Fragt man fünf verschiedene Fachleute, was Cloud Computing eigentlich sei, so erhält man zudem mindestens sechs verschiedene Antworten. Gleichzeitig werden IT-Lösungen im Fahrwasser von Cloud Computing unglaublich »gehyped« und vormals »biedere« IT-Anwendungen, die jahrelang am Markt sind, bekommen den Cloud-Stempel verpasst, weil die Anbieter fürchten, ihre bereits bestehende Lösung sonst nicht mehr verkauft zu bekommen. Cloud Computing ist keine neue Technologie, vielmehr eine neue Verpackung für eine Reihe am Markt so oder ähnlich bereits verfügbarer Technologien.

Ein hohes Maß an Verunsicherung möglicher Kunden ist die natürliche Folge der so servierten Angebotspalette und Vielfalt. Diese Verunsicherung erhöht sich angesichts der Frage, ob angebotene Cloud-Computing-Dienste auch alle maßgeblichen gesetzlichen Regelungen beispielsweise zum Datenschutz zu erfüllen in der Lage sind, zumal in Vorträgen und Fachbeiträgen zu Recht immer wieder auf die Verantwortung des Managements und der Geschäftsleitung berechtigterweise hingewiesen wird. Wie aber kann ein Unternehmer für Daten Verantwortung wahrnehmen, die nicht in seinem direkten physikalischen Zugriff sind. Eignen sich aus dieser Sicht alle Geschäftsprozesse dazu, mithilfe von Cloud Computing abgewickelt zu werden? Muss die Auswahl möglicher Anbieter geografisch eingegrenzt werden aufgrund der Unterschiedlichkeit der Rechtsräume weltweit? Diese und weitere mit Cloud Computing zusammenhängende Fragen versucht dieser Beitrag zu beantworten.

Was ist Cloud Computing?
Die deutsche Wikipedia definiert Cloud Computing wie folgt: »*Cloud Computing* (…) umschreibt den Ansatz, abstrahierte IT-Infrastrukturen (z. B. Rechenkapazität, Datenspeicher, Netzwerkkapazitäten oder auch fertige Software) dynamisch an den Bedarf angepasst über ein Netzwerk zur Verfügung zu stellen. Aus Nutzersicht scheint die zur Verfügung gestellte abstrahierte IT-Infrastruktur fern und undurchsichtig, wie in einer »Wolke« verhüllt, zu geschehen.«

Der technische Grundgedanke hierbei ist, durch eine gleichmäßigere Auslastung der oben erwähnten Ressourcen Kostenvorteile zu erringen. Herkömmliche Infrastrukturen in den Rechnerräumen von Unternehmen werden üblicherweise so ausgelegt, dass sie auch bei Spitzenlasten nicht zusammenbrechen. Da aber vorhersehbare Spitzenlasten in der Regel punktuell und meist recht selten auftreten, häufig aber ein Vielfaches der Grundlast betragen, sind die anzuschaffenden Infrastrukturen meist teurer als für die Grundlast unbedingt erforderlich. Der Ansatz von Cloud Computing zielt darauf, dass nicht alle Unternehmen gleichzeitig Spitzenlastanforderungen stellen. Schließt man also die Ressourcen vieler Unternehmen zusammen, lassen sie sich gleichmäßiger auslasten. Das reduziert die Kosten je Ressource. Der

Anwender weiß hierbei in der Regel nicht, wo genau seine Ressourcen sich physikalisch befinden. Diese *fehlende Transparenz* ist ein Kernmerkmal von Cloud Computing.

Randbemerkung: Ein ähnlicher Skaleneffekt entsteht durch Virtualisierung, wenn sich innerhalb eines Unternehmens mehrere virtuelle »Server« die gleiche Hardware teilen. Der wesentliche Unterschied zu Cloud Computing besteht darin, dass in der Wolke die Ressourcen schier unerschöpflich scheinen im Vergleich zu eigens aufgebauter Infrastruktur.

Servicemodelle in der Cloud

Die schlichte Nutzung zugekaufter Infrastrukturen, seien es Rechenkapazität, Datenspeicher oder Netzwerkkapazitäten, ist die puristischste Form des Cloud Computings. Man nennt dieses Servicemodell auch *»Infrastructure as a Service« (IaaS)*. Sie als Anwender bringen bei der Nutzung von IaaS Ihre Arbeitsumgebung und Software selbst mit, mieten also quasi nur »Hardware« zu. Praktiziert wurde dieser Zukauf von Infrastruktur bereits zu Zeiten teurer Großrechner. Es handelt sich also nicht um eine völlig neue Technologie. Allerdings ist der Zugang zu Infrastruktur als Service mittlerweile für quasi jedermann unproblematisch möglich und erschwinglich, während dies früher einer eher kleinen Käuferschicht vorbehalten blieb. Diese Serviceform eignet sich für Kunden, die beispielsweise einen oder mehrere komplette virtuelle Server nicht auf eigener Infrastruktur betreiben möchten.

Etwas mehr Komfort für den Anwender bietet *Platform as a Service (PaaS)*. Hierbei stellt der Anbieter neben der Infrastruktur auch bereits das Betriebssystem sowie Systeme zur Entwicklung eigener Anwendungen zur Verfügung. Diese Serviceform eignet sich für Kunden, die individuelle Lösungen entwickeln möchten, ohne sich um die Frage der Beschaffung der Infrastruktur Gedanken machen zu müssen. Sie betreiben sozusagen eigene Anwendungen nicht auf eigener, sondern zugemieteter Plattform. Hierbei ist der Anbieter im Rahmen von Servicevereinbarungen dafür zuständig, die geforderte Umgebung vorzuhalten. Eine direkte Kontrolle über die für ihn eingesetzten Ressourcen hat er jedoch nicht, lediglich über deren Menge. Ein gutes Beispiel für PaaS ist Windows Azure von Microsoft.

Möchte der Kunde hingegen vorgefertigte Anwendungen betreiben, so nutzt er das Servicemodell »*Software as a Service*« *(SaaS)*. Hier ist dem Kunden letztlich außer der Schnittstelle zur Anwendung (meist ein Webbrowser) komplett verborgen, wie der Serviceanbieter die Anwendung entwickelt und betreibt. Für den Kunden ist wichtig, dass die vorgefertigte Anwendung zu festgelegten Preisen definiert verfügbar ist. Google Docs ist ein prominenter Vertreter dieser Gattung, bietet mit der Google App Engine gleichzeitig als Ergänzung eine Plattform für eigene Anwendungen. Diese Serviceform war früher auch unter dem Begriff »Application Service Providing« (ASP) bekannt, ist also ebenfalls nicht mehr wirklich neu.

Wo ist meine Wolke?

In dem Bemühen, möglichst viele denkbare Serviceangebote dem Oberbegriff Cloud Computing zuzuordnen, sind verschiedene Angebotsformen entstanden. Der reinen Lehre des Cloud Computings folgt die *Public Cloud,* bei der für den Anwender nicht transparent ist, wo seine Services physikalisch angesiedelt sind. Dem Anbieter ist vorbehalten zu entscheiden, wo er diese Services vorhalten will. Im Sinne von Redundanz einerseits und schneller Verfügbarkeit andererseits (Antwortzeit des Service) können das auch durchaus mehrere oder viele Standorte rund um den Globus sein. Ein breit verteilter Anwenderkreis hilft, das Optimum aus den angebotenen Ressourcen herauszuholen. Mehrere oder oft auch sehr viele Anwender teilen sich hierbei die Ressourcen des Anbieters.

Eine Vielzahl von Gründen (auf die wir im Folgenden auch eingehen) kann dafür sprechen, für einen bestimmten Anwenderkreis (z. B. ein global agierendes Unternehmen) dedizierte Services nach Muster des Cloud Computings anzubieten, womöglich ebenfalls an mehreren Standorten. Werden also Services und Ressourcen nur für einen Kunden angeboten, so spricht man von einer *Private Cloud.* Bei dieser Art des Cloud Computings ist es nicht entscheidend, ob die hierfür nötige Infrastruktur im Unternehmen selbst aufgebaut oder von einem Rechenzentrumsanbieter eingekauft wird. Randbemerkung: Die Abgrenzung hin zu klassischem Outsourcing bzw. zur Anmietung von Rechnerkapazitäten ist hier fließend.

Kombiniert ein Anwender Services beider vorgenannter Ausprägungsformen, so spricht man von einer *Hybrid-Cloud*. Diese Mischform eignet sich insbesondere zum Spitzenlastausgleich. Der Anwender stellt beispielsweise Ressourcen für die Grundlast selbst in einer Private Cloud bereit und deckt Lastspitzen über den Zukauf von Public-Cloud-Services ab.

Chancen durch den Einsatz von Cloud Computing

Anbieter von Cloud-Lösungen versprechen insbesondere zwei große Vorteile: deutlich reduzierte Kosten bei gleichzeitig höchstmöglicher Verfügbarkeit durch Redundanz, die für ein Unternehmen separat aufzubauen oft mit hohen Kosten und Mühen verbunden ist. Es ist in der Tat einsichtig, dass durch die oben erläuterte bessere Auslastung der eingesetzten Infrastruktur Kostenvorteile entstehen. *Inwieweit diese Vorteile beim Anwender nach Einbeziehung aller Kostenarten tatsächlich ankommen, bleibt jedoch im Einzelfall detailliert zu prüfen.* Nicht jedes auf den ersten Blick unschlagbare Angebot hält einem Lackmustest durch das Controlling stand. Dabei spielen nicht nur harte Fakten, sondern auch weiche Faktoren eine Rolle bei der Entscheidungsfindung.

Vorteil physikalische Redundanz

Zwar werden Cloud-Anbieter immer bemüht sein, Infrastruktur und Ressourcen optimal auszunutzen, um ein wettbewerbsfähiges Angebot machen zu können. Aber ihre Möglichkeiten in der Schaffung von Redundanzen bei Rechnerressourcen und Internetanbindung sind in der Regel deutlich höher. Je umfangreicher der Kundenstamm, desto höher wird für den Anbieter der Skaleneffekt und desto redundanter kann er bei überschaubaren Kosten seine Systeme auslegen. Ein höheres Maß an Redundanz verspricht ein größeres Maß an Betriebssicherheit und Verfügbarkeit der Lösung. Neben dem Blick auf den im Angebot versprochenen Servicelevel lohnt daher immer auch ein Blick auf die Auslegung der Infrastruktur. Somit lässt sich der angebotene Servicelevel auf Plausibilität überprüfen und bewerten. Zusätzlich zur Redundanz innerhalb eines Standortes gibt es noch die Möglichkeit der Verteilung über mehrere Standorte.

Vorteil geografische Verteilung

Eines der grundsätzlichen Konstruktionsmerkmale des Internets ist die Redundanz durch geografische Verteilung und redundante Leitungswege zwischen den einzelnen Internetknoten, um ein hohes Maß an Robustheit gegenüber Angriffen auf Teile der Infrastruktur zu bieten. Dieses Grundkonzept findet sich auch in der geografischen Verteilung von Cloud-Angeboten wieder. Diese Verteilung ist bereits für diejenigen Cloud-Anwender interessant, die ein gesteigertes Maß an Verfügbarkeit und Ausfallsicherheit für nur einen Abnahmestandort verlangen. Global agierende Anwender profitieren zusätzlich von einer größeren Nähe zu den angebotenen Cloud-Services, sodass die Antwortzeiten der Cloud-Dienste rund um den Globus möglichst gering sind. Der Aufbau einer globalen geografischen Verteilung ist für den Anbieter allerdings auch mit zusätzlichen Kosten verbunden.

Vorteil zentrales Management für IT-Sicherheit und Compliance

Unabhängig von der Frage der physischen Verteilung der Cloud-Services erlauben einheitliche Angebote ein zentrales Management der gesamten Infrastruktur, soweit nicht für die Inbetriebnahme und Reparatur von Hardware Fachkräfte vor Ort erforderlich sind. Automatisches Verteilen von neuer Software, zentrale Sicherheitsrichtlinien und ähnliches verursachen mit zunehmender Anzahl von Rechnersystemen keine oder wenig zusätzliche Arbeit, sodass hier wiederum ein Skaleneffekt im Interesse des Anwenders möglich ist.

In einer Zeit, in der auch Rechtsvorschriften zunehmend komplexer werden, die Bedrohungslage von außen immer diffuser und unübersichtlicher ist, wird es für einzelne Unternehmen erschwert, ein gutes Maß an Compliance zu erreichen und ein Höchstmaß an Sicherheit zu erlangen. Insbesondere die Organisationskosten in diesen Bereichen eilen von Rekord zu Rekord, will man als Anwender einen ausreichenden Grad an Sicherheit erreichen. Auch in diesem Punkt hilft der Skalenfaktor eines Cloud-Anbieters in den Teilbereichen weiter, die von ihm selbst verantwortet und beeinflusst werden können. Dies betrifft vor allen Dingen die Bereiche der Bereinigung von Sicherheitslücken, Datensicherung und -archivierung. Standardisierte Schnittstellen im technischen wie organisatorischen Umfeld dokumentieren diese Vorteile ebenso wie Zertifizierungen nach anerkannten Sicherheitsstandards (z. B. BS 7799, ISO/IEC 27001).

Bedenken gegen Cloud Computing

Spielt ein Cloud-Anbieter die oben diskutierten Vorteile voll aus und das zu einem vertretbaren Preis, so wird sein Angebot durchaus interessant sein. Dennoch gibt es eine Reihe von Vorbehalten aus unternehmerischer und juristischer Sicht gegen Cloud Computing, die ernst zu nehmen sind.

Vertraulichkeit von Unternehmensdaten

Es gibt genügend Beispiele für Situationen, in denen das Bekanntwerden von Unternehmensdaten zu Vorteilen für Mitbewerber und zu Nachteilen wie Reputationsverlust und wirtschaftliche Schäden bis hin zur Insolvenz für das betroffene Unternehmen geführt hat. Cloud-Anwender müssen also darauf vertrauen können, dass Cloud-Anbieter unter allen Umständen dafür sorgen, dass die ihnen anvertrauten Informationen sicher verwahrt sind und unbefugten Dritten oder der Öffentlichkeit nicht zugänglich werden. Mit der Herausgabe von Unternehmensdaten an den Anbieter verlagert der Anwender einen guten Teil seines digitalen Aktenkellers aus dem Unternehmen heraus. Aus dieser Entscheidung heraus ergeben sich Anforderungen und Handlungsempfehlungen, die im Folgenden unten konkret besprochen werden.

Integrität von Unternehmensdaten

Diese Anforderung ändert sich nicht grundsätzlich durch die Verlagerung von Unternehmensdaten in die Cloud. Jedoch ändert sich die direkte Zuständigkeit. Ist dies im eigenen Unternehmen die hauseigene IT-Administration, so verlagert sich die Zuständigkeit nun auf den Cloud-Anbieter. Konkrete Informationen darüber, wie er die Integrität der Daten gewährleistet, gehören ins Service-Level-Agreement ebenso wie die nötige Pönale bei Nichteinhaltung. Darüber hinaus ist im Vorfeld eines Vertragsabschlusses ein möglichst umfassendes Bild der zukünftigen Bonität und Leistungsfähigkeit des Cloud-Anbieters herzustellen und zu beurteilen. Zur Wiederholung: Es ist zu beachten, dass die letztliche Verantwortung für die Integrität der Daten immer noch bei der Geschäftsleitung des Cloud-Anwenders verbleibt.

Verfügbarkeit von Cloud-Services

Der hervorragendste IT-Service ist nutzlos, wenn der Anwender nicht nach seinem Bedarf darüber verfügen kann. Dies gilt ebenso für Cloud-Services. Geeignete Redundanzen beim Anbieter helfen, die Verfügbarkeit des Cloud-Service zu verbessern. Zumindest formell sind Cloud-Anbieter hier oft im Vorteil gegenüber der hauseigenen IT des Anwenders, die nicht in allen Fällen alle Services zu vertretbaren Kosten redundant auslegen kann. Man darf dabei aber nicht vergessen, dass die Internetanbindung seitens der Anwender und deren Verfügbarkeit bei der Kalkulation der Gesamtverfügbarkeit unbedingt einzubeziehen ist. Einerseits muss deren Bandbreite oft erhöht werden, um den Bedarf an Bandbreite für den Zugriff durch Cloud-Anwendungen zu erhöhen, andererseits sind häufig die eingekauften Verfügbarkeiten genau dieser Leitungen deutlich niedriger als die der eingekauften

Cloud-Services. Die Erhöhung der Verfügbarkeit der Internetanbindung ist in der Regel mit deutlichen Preissprüngen verbunden, Redundanz ebenso. Darüber hinaus steht eine echte Redundanz (mehrere physikalisch wie logisch unabhängige Provider) nicht an allen Standorten zur Verfügung. Wenngleich die Erfahrung mit der Verfügbarkeit von Internetleitungen in vielen Fällen besser ist, als die eingekauften SLAs aussagen, so darf eine Leitung mit der marktüblichen Verfügbarkeit von 98,5 % an knapp 5,5 Tagen im Jahr ausfallen. Die Verfügbarkeit von Cloud-Services wird so rechnerisch stark nach unten gezogen. Eine bessere Leitungsverfügbarkeit und die höhere benötigte Bandbreite können zudem den Preisvorteil von Cloud-Angeboten sehr schnell zunichtemachen.

Kontrollverlust, Abhängigkeitsfragen

Je nachdem, für welches der oben erläuterten Servicemodelle der Anwender sich entscheidet, ergibt sich eine mehr oder minder starke Abhängigkeit von der Implementation des Cloud-Service durch den Anbieter. Während Infrastrukturservices noch eine sehr direkte Kontrolle erlauben und dem Cloud-Anwender ermöglichen, die Infrastruktur bei Bedarf zu einem anderen Anbieter zu wechseln, so ist er bei allen anderen Modellen darauf angewiesen, dass der Anbieter auch auf lange Sicht seine Anforderungen erfüllen kann. Beispielsweise läuft eine eigene Anwendung für die Google App Engine nicht auf Microsofts Windows-Azure-Plattform und muss bei einem Plattformwechsel angepasst oder gar neu erstellt werden. Ein hohes Maß an Abhängigkeit mit hohen Wechselfolgekosten ist in diesem Falle einzuplanen. Der Anbieter, dem Sie die kalte Schulter zu zeigen im Begriff sind, wird Sie auch möglicherweise spätestens an diesem Punkt nur noch unzureichend unterstützen.

Inwieweit die Migration der überantworteten Daten bei einem Plattformwechsel automatisiert geschehen kann, ist nicht von vornherein abschätzbar. Die Herausforderung bei der Auswahl geeigneter Cloud-Services gleicht der bei der Auswahl geeigneter Betriebssysteme und Anwendungen fürs Unternehmen und darf keinesfalls unterschätzt werden. Kleinere und mittlere Unternehmen werden gegebenenfalls nicht in der Lage sein, die facettenreichen Auswahlkriterien ohne die Mitwirkung eines fachkundigen Beraters beurteilen zu können, was die Kostenstruktur a priori verungünstigt.

Der Cloud-Anbieter hat in der Regel Zugriff auf mehr Kundeninformationen als für gewöhnlich eingeräumt. Ein Restrisiko des unbefugten Zugriffs auf Anwenderdaten bleibt somit in vielen Fällen jedenfalls bestehen, zumindest bei der Nutzung einer Public Cloud.

Zuguterletzt bedeutet die Abhängigkeit von einem Cloud-Anbieter auch die Abhängigkeit von seiner Existenz oder auch seiner Lokalität. Wird ein Cloud-Service – womöglich ohne Vorwarnung – eingestellt, kann das für den Anwender höchst unangenehme Konsequenzen haben bis hin zur Folgeinsolvenz wegen Nichtverfügbarkeit der ausgelagerten Anwendungen. Im Rahmen der Notfallvorsorge ist bei Auslagerung von Anwendungen in die Cloud daher auch für diesen Fall Vorsorge zu treffen, indem Daten und Anwendungen beispielsweise bei mehr als einem Cloud-Anbieter vorgehalten werden oder zusätzlich im eigenen Hause wie ehedem gehabt.

Cloud Computing aus Sicht von IT-Sicherheit und Datenschutz

Der *Mangel an Transparenz* macht es unbedingt erforderlich, mit dem Cloud-Anbieter klare Vereinbarungen zu treffen. Erfahrungen mit der Zuverlässigkeit des Anbieters, aus eigener wie aus fremder oder öffentlicher Quelle, zeigen auf, wie der Anbieter es mit den ihm anvertrauten Daten und Anwendungen hält. Wo erforderlich, ist Transparenz zu schaffen. Ist das nicht möglich, so ist wahlweise der Anbieter auszusortieren oder das Cloud-Computing-Projekt einzustellen. *Gerade aus Sicht von Compliance und Datenschutz sind nicht alle Anwendungen und Daten für Cloud-Anwendungen geeignet.* So spricht das Standesrecht bestimmter Berufsgruppen mit sensitiven Informationen wie Ärzte, Notare oder Rechtsanwälte eher gegen die Nutzung von Cloud-Anwendungen zur Verwaltung von Patienten- oder Mandantendaten. Bei Rechtsanwälten beispielsweise gilt die Auftragsdatenverarbeitung von

Mandantendaten in der Cloud wegen der standesrechtlichen Geheimhaltungspflichten in § 43a Abs. 1 BRAO (Bundesrechtsanwaltsordnung) als eher problematisch.

Unabhängig davon ist zu prüfen, wie die angebotenen Servicelevel eingehalten werden und ob die gewährten Sicherheitsversprechen annehmbar und einhaltbar sind. Ziel aus Sicht des Managements ist hierbei immer ein ausgewogenes Verhältnis zwischen erreichbaren Zielen und den hierfür anfallenden Kosten einerseits sowie die Einhaltbarkeit und der Einhaltungsgrad andererseits.

Das Kennzeichen von Public Clouds ist unter anderem, dass auf *der gleichen Plattform unterschiedlichste Anwendungen und Anwendungen unterschiedlichster Kunden betrieben werden.* Öffentlich zugängliche Informationen finden sich dort ebenso wie organisationsinterne Daten oder personenbezogene, teils gar sensitive Informationen. Es ist Aufgabe des Cloud-Anbieters, Sorge dafür zu tragen, dass diese unterschiedlichen Anwendungs- und Kundenarten auf einer Plattform koexistieren können, ohne dass Sicherheitslücken zwischen den Anwendern entstehen. Im ureigensten Interesse des Anwenders hat dessen Management daher zu klären, wie diese Sicherheit gewährleistet wird. Kann diese Frage vom Anbieter nicht mit der nötigen Tiefe beantwortet werden, so ist wiederum Vorsicht geboten bis hin zur Aufgabe des Cloud-Computing-Projektes.

Die Sicherung und Wiederherstellung von Daten gehört zu jeder IT-Infrastruktur, also auch zu Cloud-Anwendungen. Ein wichtiger Fragenkomplex bei der Auswahl von Cloud-Anbietern ist daher diesem Bereich zu widmen. Häufig verfügen Anbieter über abgestufte Verfahren zur Sicherung und über unterschiedliche Service-Level bei der Wiederherstellung von Daten. Leider fehlt es am Markt derzeit aber an klaren einheitlichen und offenen Schnittstellen. Je nachdem, wie wichtig die im Cloud-Service gelagerten Daten sind, ist es daher oft erforderlich, wenigstens zusätzlich noch eigene Prozesse in diesem Bereich zu erhalten oder neu aufzusetzen. Gesetzliche Vorschriften, zum Beispiel zur Aufbewahrung und Bereithaltung fiskalisch erforderlicher Daten, können dafür ebenso Grund sein wie die schlichte unternehmerische

Vorsicht. Beispiele der jüngeren Vergangenheit zeigen, dass auch renommierte Cloud-Anbieter nicht vollständig vor dem Verlust der ihnen anvertrauten Daten gefeit sind. So musste zum Beispiel Amazon im April 2011 einräumen, dass der Cloudservice EC2 bei einem Crash eine nicht näher bekannte Menge an Daten unwiderbringlich verlor. Im Februar des gleichen Jahres musste bereits Google eine Panne bei Google Mail eingestehen. Bei geschätzten 150.000 Benutzern waren die Mailkonten plötzlich leer. In der Cloud abgelegte Daten sollten also für diesen Notfall noch an anderer Stelle vollständig vorhanden sein.

Cloud Computing versus unternehmerische Interessen
Informationstechnologie in jedweder Form soll Unternehmen unterstützen bzw. ihnen ein Werkzeug sein. Effizientes Handeln und Entscheiden ist in der heutigen Zeit mehr denn je mit dem sachgerechten Einsatz von Informationstechnologie verbunden. Dies ist bei der Verwendung von Cloud-Technologien nicht anders. Vor dem Einsatz von Cloud-Technologie im Unternehmen ist daher zu prüfen, ob diese Technologie dem unternehmerischen Zweck in geeigneter Weise dient. Je nach Ausprägung der angestrebten Cloud-Lösung ist zu bewerten, ob zusätzliche Risiken einer Entscheidung pro Cloud entgegenstehen.

Als Unternehmer sind wir daran interessiert, alle Werte unseres Unternehmens bestmöglich zu schützen. Fertigungsunterlagen, Rezepturen, Entwicklungsdokumentationen, Angebote, Personalinformationen und vieles mehr können in den falschen Händen großen Schaden für ein Unternehmen bedeuten bis hin zur Insolvenz. Innerhalb des Unternehmens ist das Management daher gewohnt, durch Organisation und Technik sicherzustellen, dass die Werte des Unternehmens geschützt bleiben. Mit dem Gedanken an Cloud Computing muss die Schutzbedarfsanalyse jedoch neu erstellt werden. Die Frage, *ob dem Schutzbedarf Rechnung getragen werden kann, ist die Gretchenfrage in Sachen Cloud Computing.* Insbesondere bei Public-Cloud-Angeboten stellt sich die Frage, in welchem Rechtsraum die Server des Anbieters stehen. Nicht nur in Staaten mit einem komplett anderen Rechtsverständnis in Bezug auf das Kopieren von Wettbewerbsprodukten können die Risiken erheblich sein, unerwünschte Kopien der eigenen Daten in fremden Händen zu finden. Auch in westlichen Demokratien gibt es Gesetze, die staatliche Stellen ermächtigen, im Bedarfsfalle nach eigenem Ermessen auf alle im jeweiligen Rechtsraum befindlichen Daten zuzugreifen. Dagegen hilft auch eine komplette Verschlüsselung von Daten und Kommunikation nicht, wenn von Rechts wegen Schlüssel bei staatlichen Stellen zu hinterlegen sind. So verpflichtet in den USA der sogenannte Patriot Act US-amerikanische Unternehmen dazu, auf Anforderung bestimmte Informationen zu erheben und an staatliche Stellen zu liefern. Dies gilt auch für Daten, die diese Unternehmen nicht auf Boden der USA gespeichert haben, also auch auf Servern beispielsweise innerhalb der Europäischen Union. Anbieter wie Microsoft oder Google haben solche Zugriffe bereits eingeräumt.

Ist das Risiko staatlichen Zugriffs für Ihren Anwendungsfall zu groß, schränkt das die Auswahl möglicher Cloud-Anbieter entsprechend ein.

Cloud Computing versus Datenschutz

Der Schutz personenbezogener Daten ist in Deutschland im Bundesdatenschutzgesetz (BDSG) geregelt, das selbstverständlich auch dann gilt, wenn Unternehmen Daten, Anwendungen und Prozesse in die Cloud verlegen bzw. mit Unterstützung einer Cloud-Lösung arbeiten. Da durch die Auslagerung eben speziell von Daten zusätzliche Angriffsflächen auf den Datenbestand entstehen, beäugen Datenschützer die Implementation von Cloud-Lösungen meist kritisch, wenn dort personenbezogene Daten verarbeitet werden. Da Unternehmen ein Interesse daran haben, ihre Daten nicht an fremde Dritte »auszuliefern«, sind sie gut beraten, Datenschutz nicht als lästige Pflicht zu sehen, sondern dessen Anforderungen wohlwollend dahingehend zu prüfen, wie sie im Zuge von Cloud-Lösungen der Durchsetzung unternehmerischen Interesses dienen können.

Aus dem Datenschutz ergeben sich für Cloud-Lösungen unter anderem folgende Herausforderungen:

⇨ Verhinderung des Zugriffes fremder Dritter auf personenbezogene Daten,
⇨ Wissen um den »Standort« der Daten.

Diese Herausforderungen sind bei Private-Cloud-Lösungen naturgemäß leichter durchzusetzen als bei Public-Cloud-Lösungen. IaaS-Angebote erlauben eine bessere Kontrolle als PaaS oder SaaS-Angebote.

Sorgfaltspflicht und mögliche Haftungsrisiken aus Datenschutzvergehen heraus sind ebenso abzuwägen wie möglicher Reputationsverlust, sollten Sie einzuräumende Datenschutzvergehen tatsächlich bekannt geben müssen. So ist die zuständige Aufsichtsbehörde unverzüglich zu informieren beim Verlust von personenbezogenen Daten, die von besonderer Sensibilität (vgl. §3 BDSG) sind, einem Berufsgeheimnis unterliegen (z. B. Rechtsanwälte, Steuerberater, Ärzte etc.), Bezug auf eine strafbare Handlung oder den Verdacht darauf haben oder zu Zahlungsinformationen gehören.

Ist die Zahl der Betroffenen besonders hoch, z. B. beim Verlust von tausenden von Kreditkartendaten, so verpflichtet Sie der Gesetzgeber in Abstimmung mit der Datenschutzbehörde sogar, wenigstens zwei halbseitige Anzeigen in unabhängig voneinander und bundesweit erscheinenden Tageszeitungen zur Information der Betroffenen zu schalten.

Cloud Computing vs. Haftungsrisiken

Grundsätzlich gilt für Cloud Computing wie für jedes unternehmerische Handeln, dass Aufgaben delegierbar sind, die Verantwortung jedoch nicht. Es gilt also, unter Einbeziehung aller verfügbaren Informationen eine sinnvolle Entscheidung zu treffen. Dies kann nur geschehen, wenn Risiken abgewogen, gegebenenfalls auch minimiert werden. Ein Nullrisiko gibt es weder mit noch ohne den Einsatz von Cloud Computing. Je nach IT-Landschaft im Unternehmen und nach auszulagernden Daten, Anwendungen und Prozessen kann Cloud Computing in Relation zur bisherigen IT-Landschaft möglicherweise auch helfen, Risiken zu minimieren, wenn die Gelegenheit genutzt wird, vor allen Dingen die eigene Organisation entsprechend neu aufzustellen. In »gewachsenen« IT-Landschaften von Unternehmen sind erfahrungsgemäß so manche Dinge hemdsärmelig implementiert geblieben. Daher werden Überlegungen zum Cloud Computing durchaus zur Chance auf Bereinigung. Wenn Sie jedoch die oben genannten Risiken für den Anwendungsfall Ihres Unternehmens als zu hoch bewerten, speziell in Relation zur bisherigen IT-Landschaft, wird Ihre Entscheidung – trotz Kostenvorteilen – womöglich gegen Cloud Computing ausfallen müssen.

Herangehensweise
Ein Cloud-Computing-Projekt ist als Outsourcing-Projekt zu bewerten und zu behandeln. Insofern gilt hier die gleiche Herangehensweise wie für andere Outsourcing-Projekte auch.

Nutzenanalyse
Am Anfang steht die Frage nach dem Nutzen. Welche Verbesserungen erwarte ich durch Cloud Computing beispielsweise in Sachen Kosten für und Qualität der ausgelagerten IT-Prozesse. Lässt sich diese Frage vordergründig positiv beantworten, so geht es weiter zur Risikoanalyse.

Analyse möglicher Risiken
Welche der in diesem Beitrag genannten Risiken treffen auf Ihren Anwendungsfall zu? Sind diese Risiken beherrschbar? Wenn ja, mit welchem Aufwand (Kosten, Organisation)? Gibt es möglicherweise Risiken, die als »Showstopper« fungieren (z. B. Standesrecht)?

Einbeziehung aller Verantwortlichen
Planen Sie die Auslagerung personenbezogener Daten? Das bringt den Datenschutzbeauftragten ins Spiel. Welche Auswirkungen hat eine Cloud-Entscheidung möglicherweise auf Personalangelegenheiten, ist also der Betriebsrat – so vorhanden – einzubinden? Welche Betroffenen sollten Sie noch in die Planung mit einbeziehen?

Wirtschaftlichkeitsanalyse
Erst unter Einbeziehung aller Kosten, auch für Schulung, Risikominimierung, Beteiligungsrechte etc. entsteht ein komplettes Kostenbild. Prüfen Sie, inwieweit eine Amortisation der Investition in Cloud Computing tatsächlich gegeben ist, und rechnen Sie auch Puffer mit ein.

Konzeption
Alle bisherigen Informationen werden mit der IT-Strategie »unter einen Hut« gebracht. Stellen mit Beteiligungsrechten (Datenschutz, Betriebsrat) sind geeignet einzubinden. Am Ende entsteht ein Plan zur Umsetzung dieses Projektes. Wichtig ist, für Eventualfälle einen Plan B oder ein Rückfallszenario zur Verfügung zu haben. Nicht immer (eher meist) läuft nicht alles rund.

Implementation
Anbieterauswahl, Verhandlung von Leistungen und SLAs, Pönale, Prüfung der Geschäftsbedingungen etc. gehen der Vergabe und der technischen Implementation voran. Soweit neue Erkenntnisse dazu zwingen, sind Wirtschaftlichkeitsanalyse und Konzeption anzupassen.

Betrieb und Controlling
Wurde bis hierhin alles richtig gemacht, darf ein reibungsfreier Betrieb erwartet werden. Wie bei allen Projekten üblich, sind die Ergebnisse der Wirtschaftlichkeitsanalyse gegen die echten Kosten der Implementation und des Betriebes fortlaufend zu prüfen.

Fazit
Wie in allen neuen Geschäftsmodellen liegen im Cloud Computing Chance und Risiko nahe beieinander. Cloud Computing eignet sich auch nicht für alle Daten und Prozesse, nicht für alle Unternehmen und alle Branchen. Eine feinfühlige Abwägung der genannten Vor- und Nachteile nach den Regeln unternehmerischer Vorsicht und kaufmännischer Vernunft hilft, mit den Chancen und Risiken umzugehen, diese zu bewerten und eine schlussendliche Entscheidung im unternehmerischen Sinne zu treffen.

Zusammenfassung
Cloud Computing bietet unter gewissen Voraussetzungen die Möglichkeit, IT-Prozesse günstiger abzuwickeln. Verschiedene Servicemodelle bieten dabei Lösungen für unterschiedlichste Anwendungsfälle, angefangen von der Nutzung reiner Infrastruktur bis hin zur schlüsselfertigen Komplettlösung. Um möglichen Risiken aus dem Weg zu gehen, sind Anforderungen aus IT-Sicherheit, Datenschutz und dem unternehmerischen Interesse abzuwägen. Eventuell sind zusätzlich erforderlich werdende Maßnahmen in die wirtschaftliche Gesamtbetrachtung mit einzubeziehen.

Eine strukturierte Vorgehensweise bei der Implementation von Cloud-Anwendungen hilft dem Anwender, seine Organisation zu überdenken und einen sauberen Übergang von klassischer IT zur Cloud zu gewährleisten. Eine kritische Nachbetrachtung des Projektes hilft, eventuell gemachte Fehler auszumerzen und in weiteren Projekten erst gar nicht zu machen.

Die strategische Bedeutung von HTML5

Die textbasierte Auszeichnungssprache HTML5 soll Nachfolger von HTML4 werden. Sie ist als offener Standard konzipiert und bedroht etablierte Technologien wie Adobe Flash oder MS Silverlight. Darüber hinaus besitzt HTML5 bereits heute eine hohe Bedeutung für Apps im Wachstumsmarkt mobiler Endgeräte.

In diesem Beitrag erfahren Sie:
- welche Bedeutung HTML5 für die Zukunft des Internet hat,
- welche Technologien mit HTML5 konkurrieren,
- wie und wo HTML5 bereits heute eingesetzt wird.

Andreas Rösch, David Schmoldt

Vorbemerkung

Spätestens seit der vielbeachteten Veröffentlichung »Thoughts on Flash« von Steve Jobs im April 2010 [1] hat HTML5 die Bühne zukünftiger Technologien im Internet betreten. Seitdem debattiert die Öffentlichkeit kontrovers in der Fachpresse und in den einschlägigen Blogs über die Bedeutung und die Zukunft von HTML5. Wird HTML5 es schaffen mit bewährten Technologien wie z. B. Adobe Flash, Oracle JavaFX oder Microsoft Silverlight mitzuhalten bzw. zu konkurrieren oder diese sogar zu verdrängen – oder wird HTML5 nur eine weitere Technologie für die Erstellung sogennanter Rich Internet Application (RIA) sein?

Für etablierte Anbieter und deren Technologien steht viel auf dem Spiel. Nicht nur milliardenschwere Investitionen könnten in Frage gestellt, sondern im Fall von Adobe eines der Kerngeschäftsfelder angegriffen werden. Schließlich ist Flash nach wie vor die am weitesten verbreitete Technologie für die Darstellung von Video, Audio und interaktiven Grafiken im Web.

Für Softwareentwickler stellt sich die Frage, ob HTML5 eine ernstzunehmende Alternative zu bestehenden Technologien ist und eine Chance hat, »Mainstream« zu werden. Damit ist auch die Frage verbunden, ob HTML5 bereits heute eingesetzt werden soll. In Bezug auf die sogenannten User Experience, dem Nutzungserlebnis als Summe von Usability und Look & Feel, war Flash in den vergangenen Jahren bei Softwareentwicklern stets eine präferierte Technologie.

Rich Internet Applications

Der Begriff Rich Internet Application (RIA) ist weder standardisiert noch eindeutig definiert. In der Regel versteht man unter dem Begriff Internetanwendungen, die eine reiche (vielfältige) Menge an Interaktionsmöglichkeiten in ihrer Benutzeroberfläche bieten und somit eher dynamischen Desktopanwendungen ähneln als klassischen (statischen) Webseiten (vgl. [2]).

Allgemein bekannte Beispiele für Rich Internet Applications sind Google Maps und Microsoft Outlook Web Access (OWA). Beide Anwendungen verbinden typische Eigenschaften einer Desktop Applikation mit denen einer Browser-basierten Anwendung. Die Vorteile klassischer Desktop-Anwendungen sind insbesondere:
⇨ reichhaltiges Benutzererlebnis, insbesondere durch Einbinden von Audio, Video und Kommunikation
⇨ komplexere Benutzer-Interfaces
⇨ hohe Interaktionsfähigkeit
⇨ kein Nachladen ganzer Seiten
⇨ Online- und Offlinefähigkeit

Browser-basierte Anwendungen hingegen zeichnen sich vor allem durch folgende Merkmale aus:
⇨ keine Installation oder Updates erforderlich
⇨ Zugriff über jeden im Netz befindlichen Computer möglich
⇨ Betriebssystem- und Plattformunabhängigkeit
⇨ einfache und standardisierte Benutzer-Interfaces

Um die gewünschten Eigenschaften einer Rich Internet Application zu erzielen, reicht einfaches HTML ohne umfangreiche Anwendungslogik nicht aus. Die leichteste Möglichkeit, Benutzer-Interfaces attraktiver zu gestalten, bietet der Einsatz von clientseitigem Java-Script. In seiner einfachsten Ausprägung können z. B. Formulare tolerant gegenüber Fehleingaben des Benutzers ausgeführt werden. Bereits während der Eingabe, d. h. vor dem Absenden des Formulars, findet im Browser die Validierung der Eingaben, wie z. B. die Prüfung einer E-Mail-Adresse auf RFC-konformität, statt.

Diese Technik, die zunächst ohne Kommunikation zum Server auskommt, stößt jedoch sehr schnell an ihre Grenzen. Soll bspw. während der Eingabe einer Postleitzahl eine Vorschlagliste der korrespondierenden Orte zur Auswahl angezeigt werden, muss fast zwangsläufig eine asynchrone Kommunikation mit dem Server stattfinden. Andernfalls müsste die HTML-Seite sämtliche PLZ und Orte bereits vorab geladen haben und das würde bereits in diesem simplen Beispiel aufgrund der hohen Datenmenge zu einer sehr langen Ladezeit führen.

Asynchronous JavaScript and XML (AJAX)
Bereits 1998 hat Microsoft mit der Einführung der Remote-Scripting-Komponente asynchrone Serverkommunikation eingeführt und damit die Grundkonzepte der heute gängigen AJAX-Technologie entwickelt. AJAX steht für »Asynchronous JavaScript and XML« und bezeichnet kein Produkt, sondern ein Konzept der asynchronen Datenübertragung zwischen einem Browser und dem Server.

Auf das oben genannte Beispiel übertragen wird bereits während der Eingabe der PLZ im Hintergrund, ohne sichtbares Nachladen der

Die strategische Bedeutung von HTML5

HTML-Seite, eine asynchrone HTTP-Anfrage an den Server gestellt und das Ergebnis im Browser verarbeitet und dargestellt. Damit erwecken AJAX-Anwendungen den Eindruck, dass sie auf dem Computer des Anwenders ausgeführt werden und erhöhen damit die Benutzerfreundlichkeit im Gegensatz zu einfachen HTML-Anwendungen.

Sowohl das World Wide Web Consortium (W3C) als auch die OpenAjax Alliance mit Vertretern praktisch aller großen Softwareunternehmen haben maßgeblich dazu beigetragen, dass AJAX in allen gängigen Browsern, einschließlich den Browsern mobiler Endgeräte,

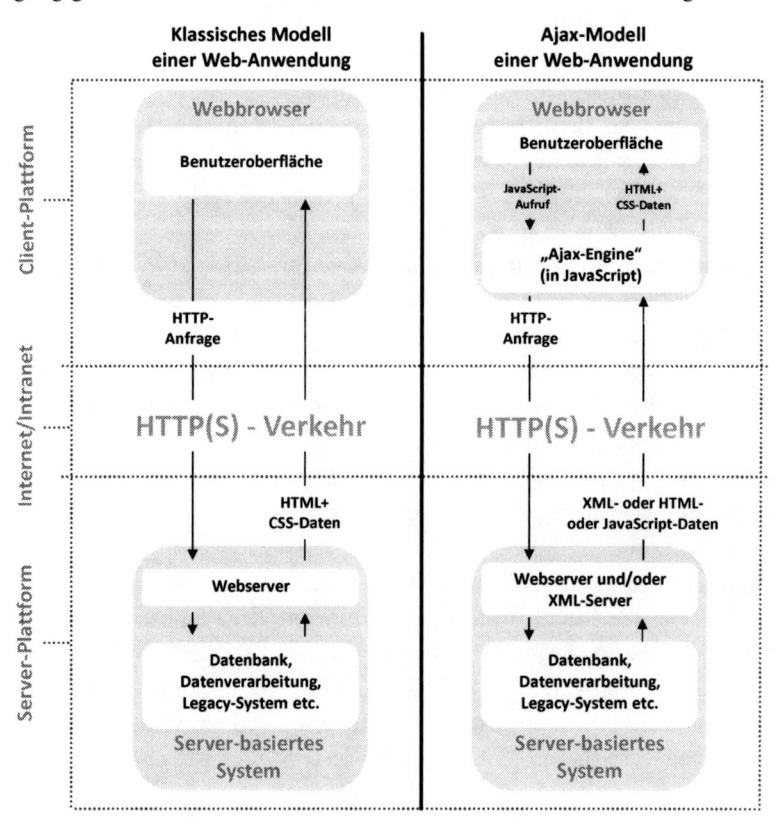

Klassisches Modell einer Web-Anwendung	Ajax-Modell einer Web-Anwendung
Client-Plattform Webbrowser → Benutzeroberfläche ↕ HTTP-Anfrage	**Client-Plattform** Webbrowser → Benutzeroberfläche ↕ (JavaScript-Aufruf / HTML+CSS-Daten) → „Ajax-Engine" (in JavaScript) ↕ HTTP-Anfrage
Internet/Intranet HTTP(S) - Verkehr ↕ HTML+ CSS-Daten	**Internet/Intranet** HTTP(S) - Verkehr ↕ XML- oder HTML- oder JavaScript-Daten
Server-Plattform Webserver ↕ Datenbank, Datenverarbeitung, Legacy-System etc. Server-basiertes System	**Server-Plattform** Webserver und/oder XML-Server ↕ Datenbank, Datenverarbeitung, Legacy-System etc. Server-basiertes System

Abb. 1: *Modell einer traditionellen Webanwendung (links) im direkten Vergleich mit einer Ajax-Webanwendung (rechts) [3]*

als breiter Standard zur Verfügung steht. Die Installation eines Plug-Ins ist dabei nicht erforderlich.

Java-Script Bibliotheken für Browser-basierte Applikationen

Um die Entwicklung komplexer AJAX-Applikationen zu erleichtern, wurden im Laufe der Jahre zahlreiche Java-Script Klassenbibliotheken bzw. Frameworks entwickelt. Bekannte Vertreter sind die Frameworks Dojo, jQuery, Yahoo! User Interface (YUI) oder EXT JS. Einige unterliegen kommerzieller Lizensierung, andere sind unter GNU General Public License oder MIT License einsetzbar. Ein guter, jedoch nicht vollumfänglicher Vergleich gängiger Frameworks findet sich in [4].

Mit Hilfe dieser Frameworks können komplexe Gestaltungselemente im User Interface wie z. B. nachladbare und sortierbare Tabellen bzw. Grids zur Anzeige und Manipulation großer Datenmengen, Fortschrittsbalken, Kalender, Drag&Drop- sowie Charting-Funktionen und mehr mit geringem Aufwand realisiert werden. Durch Einsatz dieser Frameworks erhalten Browser-Anwendungen eine bis dahin ausschließlich Desktop-Applikationen vorbehaltene Anmutung. Der Einsatz dieser Bibliotheken steigert nachhaltig die Entwicklungsproduktivität und ermöglicht schon kleinen Entwicklerteams komplexe grafische Benutzerinterfaces (GUIs) zu erstellen.

RIA auf Basis von Plug-Ins

Zu den RIAs werden auch Anwendungen gezählt, die Technologien von Drittanbietern erfordern, die zunächst auf den lokalen Rechnern installiert werden müssen. Die im Markt bekanntesten Vertreter sind:
⇨ Flash (Adobe)
⇨ JavaFX (Oracle/SUN)
⇨ Silverlight (Microsoft)

Auf der Website »Rich Internet Application Market Share« [5] wird in einer fortlaufend aktualisierten Übersicht die Installationsbasis und damit die Marktdurchdringung der genannten Technologien erhoben.

Tabelle 1: Installationsbasis Plug-In Technologien im Zeitraum von September 2010 – August 2011 [5]

Plug-In Technologie	Installationsbasis
Flash Support	95.82%
Java Support	77.75%
Silverlight Support	61.87%

Anmerkung: Leider geht aus diesem Report nicht eindeutig die zugrunde liegende Datenbasis hervor. Insbesondere ist nicht transparent inwieweit Plug-Ins auf mobilen Endgeräten enthalten sind.

Adobe selbst publiziert auf der eigenen Website eine Installationsquote von 99 % für den Flash-Player und 73 % für Java-Support auf mit dem Internet verbundenen PCs [6].

Während bei Flash und Silverlight vor Ausführung einer RIA-Anwendung ein Plug-In als Erweiterung im Webbrowser installiert wird, muss bei JavaFX die browserunabhängige Java SE Runtime auf dem Zielsystem vorhanden sein. JavaFX Anwendungen werden entweder

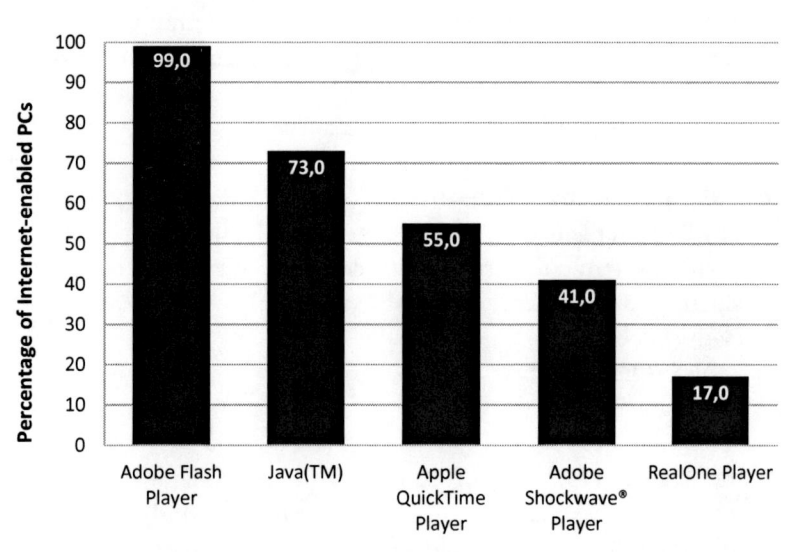

Abb. 2: *Adobe Flash Player penetration (Millward Brown survey, conducted July 2011) [6]*

über WebStart oder als Java-Applet ausgeführt und lassen sich somit auch außerhalb des Browsers starten.

Die hier beschriebenen Technologien sind allesamt proprietär und werden unter den Lizenzbestimmungen der jeweiligen Hersteller Adobe, Oracle und Microsoft bereitgestellt.

Java-Script Bibliotheken für Mobile Web-Applikationen
Mit zunehmenden Markterfolg von Apple's iPhone und iPad unter iOS und Google's Android haben einige Hersteller begonnen, ihre Java-Script Frameworks um spezielle Funktionen für mobile Endgeräte zu erweitern. Die bekanntesten Vertreter sind die Frameworks Sencha Touch von Sencha [7] und Dojo Mobile von der Dojo Foundation [8]. Beide Implementierungen ermöglichen die Entwicklung mobiler Web-Applikationen, die in ihrem Aussehen kaum mehr von nativen Anwendungen zu unterscheiden sind und dennoch ausschließlich auf den Standards HTML5, CSS3 und Java-Script basieren.

Allerdings handelt es sich hierbei nicht um native Applikationen mit Zugriff auf die Ressourcen der mobilen Endgeräte. Sie sind damit im Einsatz limitiert, da in der Regel immer ein Online-Zugriff über das Internet erforderlich ist. Da es sich bei Web-Applikationen nicht um native Applikationen handelt, können diese nicht in die Bezahlplattformen wie Apple App-Store oder Google Marketplace bereitgestellt und verkauft werden. Dass dies nicht nur nachteilig ist, zeigte unlängst Amazon mit dem Kindle Cloud Reader auf Basis HTML5. Der Zugriff auf den Bookstore funktioniert auch ohne native App auf den mobilen Apple-Plattformen. Amazon umgeht damit den Apple-Store und zum Leidwesen von Apple auch sein vieldiskutiertes Bezahlmodell.

Mobile Applikationen auf Basis HTML5, CSS3 und Java-Script
Viele für mobile Anwendungen interessante Features, wie die Offline-Fähigkeit von Anwendungen oder die Nutzung lokaler Ressourcen auf den Endgeräten, sind in HTML5 noch nicht verfügbar. Die Anbindung herstellerspezifischer Hardware ist kaum möglich. Aus diesem

Grund können auf Basis von HTML5 derzeit nur eingeschränkt und mit nativen Implementierungen nicht vergleichbare Applikationen implementiert werden (auch wenn es inzwischen viele bemerkenswerte Anwendungen auf Basis von HTML5 gibt).

In diese Lücke stoßen Anbieter wie PhoneGap [9] oder Appcelerator Titanium [10], die mit ihren Technologien sehr nahe an native Applikationen herankommen. Wie der Name schon andeutet, versucht z. B. PhoneGap die Lücke zwischen Web-Anwendungen und nativen Anwendungen zu schließen, indem für die verschiedenen Betriebssysteme der mobilen Endgeräte ein Wrapper bereitgestellt wird. Dabei wird der in HTML5, CSS3 und Java-Script geschriebene Programmcode in einen Container verpackt und von außen betrachtet in eine native Anwendung umgewandelt. Fast alle mobilen Endgeräte und Betriebssysteme, wie Apple iPhone, Google Android, Blackberry OS, HP WebOS, Samsung Bada und Symbian, werden unterstützt. Die so erstellte Anwendung kann ohne weiteres über die jeweiligen App-Stores der Anbieter verteilt bzw. verkauft werden. PhoneGap ist seit Juli 2011 in der Version 1.0 als OpenSource Framework frei verfügbar.

Um die Anbindung der herstellerspezifischen lokalen Ressourcen zu ermöglichen, stellt PhoneGap Schnittstellenbibliotheken (APIs) bereit. Damit kann u. a. auf Telefon, Bewegungssensor, Kamera, Kompass, Netzwerkstatus, Kontakte, Endgeräteinformationen, Dateisystem und GPS zuggegriffen werden. Nicht alle Ressourcen werden auf den möglichen Zielplattformen gleichermaßen gut unterstützt. Die Kompatibilitätsliste wächst jedoch fast schon im Wochentakt.

Mit Technologien wie PhoneGap oder Titanium ist es somit möglich, auf einer einzigen Codebasis alle denkbaren mobilen Endgeräte mit einer nativ anmutenden Applikation zu bedienen. Wird zusätzlich eines der bekannten Frameworks wie Dojo oder Sencha Touch eingesetzt, ist das Ergebnis optisch kaum mehr von einer nativen Anwendung zu unterscheiden. Damit können sogar Applikationen im iPhone-Look auf einem Android Smartphone präsentiert werden.

Die hier beschriebenen Technologien stoßen bei anspruchsvollen Anwendungen, insbesondere bei Anwendungen mit hohen grafischen

Anforderungen wie »Spiele«, sehr schnell an ihre Grenzen. Ein ernsthaftes Projekt in diesem Umfeld würde derzeit eine native App-Entwicklung bevorzugen. Für eine große Zahl einfacher Applikationen hingegen, die keine hohen Ansprüche an Grafik oder Performance haben (was vermutlich auf mehr als 80% aller Apps zutrifft), ist eine Cross-Plattform Strategie wie PhoneGap eine überlegenswerte Alternative. Nicht jedes Unternehmen kann sich Entwickler für die Vielzahl verschiedener Betriebssystemplattformen zur Programmierung nativer Apps leisten und hat hiermit die Möglichkeit auch mit limitierten Ressourcen einen breiten Markt zu bedienen.

Die Entwicklungshistorie des HTML-Standards

Die Hypertext Markup Language (HTML) wurde 1989 von Tim Berners-Lee am CERN in Genf zunächst ohne Versionsnummer festgelegt. Die ausschließlich an Text orientierte Version wurde über mehrere Jahre weiter entwickelt und schließlich 1995 in der Version 2.0 von der Internet Engineering Task Force (IETF) als RFC 1866 (Requests for Comments) als Standard publiziert. Die überarbeitete Version HTML 3.0 war durch die Einführung des Netscape-Browsers in der Version 3 bereits vor der Veröffentlichung veraltet und wurde nie veröffentlicht.

Im Januar 1997 wurde HTML 3.2 erstmals unter der Führung des World Wide Web Consortium (W3C) publiziert. HTML 3.2 nahm insbesondere die von Netscape verwendeten Elemente und zahlreichen Features wie Tabellen, Textfluss um Bilder und die Einbindung von Applets in die Spezifikation mit auf.

Bereits im Dezember 1997 wurde HTML 4.0 vom W3C mit den wichtigen Erweiterungen Stylesheets, Skripte und Frames verabschiedet. Nach der Veröffentlichung der Spezifikation von HTML 4.0 lag die Weiterentwicklung von HTML lange brach. Außer der Version 4.01 im Dezember 1999, die lediglich Fehlerkorrekturen enthielt, gab es keine Aktualisierungen mehr.

Das W3C setzte stattdessen auf XML, welches zum Nachfolger von HTML werden sollte, und reformulierte HTML 4.01 auf Basis von XML zu XHTML 1.0 und XHTML 1.1. Jedoch erlahmte die weitere

Entwicklung zu XHTML 2.0. Zudem stellten einige Mitglieder fest, dass der Ansatz des W3C in Richtung XHTML nicht die Bedürfnisse der reellen Welt angemessen berücksichtigt. Um diesen Entwicklungen entgegenzuwirken, veröffentlichte die von mehreren Browserherstellern (Apple, Mozilla Foundation und Opera Software) gegründete Web Hypertext Application Technology Working Group (WHATWG) 2004 unter dem Namen Web Applications 1.0 [11] den ersten Vorschlag für HTML5. Das W3C hat die Arbeiten an XHTML 2.0 schließlich im Sommer 2009 zu Gunsten von HTML5 eingestellt.

Seitdem arbeiten sowohl W3C als auch WHATWG an der Weiterentwicklung von HTML5, allerdings mit unterschiedlichen Arbeitsansätzen. Die WHATWG verfolgt ein versionsloses Modell. Sie arbeitet an einem sogenannten Living Standard, also einer Spezifikation, die einer ständigen Korrektur und Erweiterung unterliegt. Daher verzichtet die WHATWG auf die Versionsangabe »5« und spricht nur noch vom »HTML-Standard«. Ziel der HTML-Arbeitsgruppe beim W3C ist es hingegen, eine stabile Momentaufnahme dieser Spezifikation unter dem Namen HTML5 zu publizieren. Das W3C geht davon aus, dass die vollständige HTML5-Spezifikation bis zum Jahr 2014 breit unterstützt werden wird und damit als Empfehlung (RFC) veröffentlicht werden kann.

Treibende Kraft der WHATWG ist Ian Hickson, der bereits den Entwurf von Web Applications 1.0 verfasste. Damals noch Angestellter bei Opera Software wechselte Ian Hickson 2005 zu Google um sich auf die Weiterführung dieser Arbeit konzentrieren zu können. Ian Hickson besitzt das alleinige Bearbeitungsrecht für den HTML-Entwurf und ist für viele Entscheidungen selbst verantwortlich. Diese Vorgehensweise entspricht nicht der des W3C, dessen Spezifikationen auf demokratischem Konsens basieren und in der Regel durch langwierige Entscheidungsprozesse gekennzeichnet sind. Die Dominanz in der Person von Ian Hickson im Entstehungsprozess des HTML5-Standards wurde und wird immer wieder kritisiert.

Der neue HTML5-Standard

Um die Aufmerksamkeit für die Techniken des W3C zu erhöhen und für die Akzeptanz der Standards zu werben, hat das W3C erstmals ein Logo entwickelt. Nach dem Willen des W3C soll HTML5 mit seinem neuen Logo zum Schlagwort für das offene Web werden. HTML5 wird bereits jetzt oft als Oberbegriff für moderne Webtechniken benutzt. Neben dem eigentlichen HTML5 werden oft CSS3, SVG, WOFF sowie diverse Javascript-APIs für Webapplikationen einbezogen.

HTML5 bietet viele neue Funktionalitäten wie unter anderem Video, Audio, lokalen Speicher und dynamische 2D-Grafiken, die in HTML 4.01 und den XHTML-Nachfolgern nicht direkt unterstützt wurden. Um HTML5 in seinem Funktionsumfang besser verstehen zu können, ist nachfolgend eine Übersicht der wichtigsten Unterschiede zu HTML 4.01 dargestellt.

Abb. 3: *HTML5-Logo des W3C*

Tabelle 2: Wesentliche Unterschiede von HTML5 gegenüber HTML 4.01 (eingekürzte Darstellung aus [12])	
Dokumenttypangabe	Die Dokumenttypangabe in HTML5-Dokumenten besteht aus <!DOCTYPE html> und ist damit im Gegensatz zu den Vorgängerversionen versionslos. HTML5 versteht sich als Obermenge von HTML.
Multimedia-Elemente	HTML5 ermöglicht die Einbindung von Audio- und Videodateien, die in verschiedenen Formaten hinterlegt sein können. Darüber hinaus wurde das canvas-Element, eine Zeichenoberfläche zum Zeichnen zweidimensionaler Bilder, hinzugefügt.
Interaktive Elemente	Für das Erstellen von Werkzeugleisten und Menüs wurde das Menu-Element eingeführt.
SVG und MathML	HTML5 ermöglicht das einfache Einbinden von zweidimensionalen Vektorgrafiken SVG (Scalable Vector Graphics) und Darstellung mathematischer Formeln MathML (Mathematical Markup Language).

Tabelle 2: Wesentliche Unterschiede von HTML5 gegenüber HTML 4.01 (eingekürzte Darstellung aus [12]) (Fortsetzung)	
Neue Elemente	HTML5 führt zahlreiche neue strukturierende Elemente, wie section, nav, article, aside, hgroup, header und footer ein.
Formularelemente	Das input-Element wurde um verschiedene Typen, z. B. zur Eingabe von Suchbegriffen, Telefonnummern, URL- und E-Mail-Adressen, Datums- und Zeitangaben, Zahlen sowie Farbangaben, ergänzt.
Elemente mit geänderter Bedeutung	Einigen Elementen (z. B. b) wurde eine semantische Bedeutung gegeben, andere entfallen aus dem HTML-Vokabular (z. B. center). Es ist jedoch weiterhin definiert, wie ein Browser mit diesen Elementen umzugehen hat, damit die Kompatibilität zu bestehenden Webseiten sichergestellt werden kann.
Schnittstellen (DOM)	HTML5 definiert einige DOM-Schnittstellen (Document Object Model), die der Erstellung von Webanwendungen dienen sollen, dazu gehören unter anderem Schnittstellen für die Kontrolle von Multimediaelementen, Drag & Drop und Offlineanwendungen.

Darüber hinaus gibt es eine Reihe weiterer wichtiger Technologien, die nicht zur W3C-Spezifikation von HTML5 gehören, aber teilweise in der WHATWG-Spezifikation enthalten sind, bzw. in separaten Spezifikationen beschrieben werden. Hierzu zählen u. a. APIs für Geolocation, Web SQL Datenbanken und Web Storage.

HTML5 wird in seiner Endausbaustufe den gesamten Baukasten für RIA-Anwendungen zur Verfügung stellen und damit im Funktionsumfang mit den proprietären Implementierungen wie Flash, JavaFX und Silverlight gleichziehen.

HTML5 – Stand der Implementierung

Laut Zeitplan des W3C soll HTML5 in 2014 offiziell verabschiedet, d. h. zu einer W3C Recommendation (RFC) werden. Im Mai 2011 erhielt HTML5 beim W3C den Status »Last Call«, welcher als letzte Aufforderung dienen soll, Kommentare zum HTML5-Entwurf einzureichen. Ein vollständig ausspezifizierter Standard wird allerdings noch viel Zeit in Anspruch nehmen und laut Ian Hickson, dem Verfasser der Spezifikation beim WHATWG, bis in das Jahr 2022 reichen.

Diese Aussage hat viele Befürworter von HTML5 erschreckt und Kritiker bestätigt. Nichtsdestotrotz werden umfangreiche Teile von

HTML5 weit vor diesem Datum in den Produkten der Browserhersteller implementiert und nutzbar sein. Es gibt praktisch keinen Browserhersteller, der nicht schon heute Teile der vorliegenden Arbeitsentwürfe unterstützt und damit auch konkrete Implementierungen ermöglicht.

Eine gute Übersicht über den Implementierungstand der Browser für Desktop, Tablet und Mobile Betriebssysteme findet sich in [13]. Diese Übersicht und die für die Bewertung verwendeten Tests verfolgen keinen Anspruch auf Vollständigkeit, geben aber dennoch einen guten Eindruck, wie weit HTML5 Elemente bereits umgesetzt sind. Die maximal erreichbare Punktzahl beträgt 450.

Praktisch alle Browserhersteller haben bereits weite Teile der Spezifikation umgesetzt. Lediglich Microsoft hängt mit dem Internet Explorer Version 9 hinterher, erreicht aber mit der neuen im Test verfügbaren Version 10 schon 300 von 450 möglichen Punkten und liegt dann gleich auf mit den anderen Herstellern.

Tabelle 3: Testergebnisse HTML5-Kompatibilität von Desktop-Browsern [13]		
Desktop-Browser	Version	Punkte
Google Chrome	13.0.782	341
Mozilla Firefox	6.0	313
Apple Safari	5.1	293
Opera	11.50	286
Microsoft Internet Explorer	9	141

Bei den mobilen Browsern ist die Kompatibilität zu HTML5 noch nicht so weit ausgereift. Besonders auffällig ist das schwache Abschneiden von Google Android 2.3 und Microsoft Windows Phone 7.

Microsoft fährt in Bezug auf HTML5 eine gespaltene Strategie. Auf der einen Seite setzt Microsoft beim Internet Explorer neben Silverlight voll auf HTML5 und bietet erstaunlicherweise seit einiger Zeit Windows SkyDrive (ein Online-Speicher zum Speichern von Daten in der Cloud) auf Basis HTML5 an (und nicht mehr auf Basis Silverlight), auf der anderen Seite sind bisher keine konkreten Pläne für die

Unterstützung auf der Windows Phone 7 Plattform bekannt. Die Tatsache, dass der Leiter für die Geschäftsbereiche Server und Tools von Microsoft auf der Entwicklerkonferenz im Oktober 2010 von einem Strategiewechsel in Richtung HTML5 sprach, hat bei den Entwicklern zu erheblichen Irritationen geführt und wurde von einigen als Ausstieg aus Silverlight interpretiert. Microsoft dementierte umgehend und betont seitdem immer wieder, dass Silverlight weiterhin als plattformübergreifende Entwicklungsumgebung positioniert ist, aber hauptsächlich für Windows Phone eingesetzt werden soll.

Tabelle 4: Testergebnisse HTML5-Kompatibilität Mobile-Browser [13]		
Mobile-Browser	Version	Punkte
Opera Mobile 11.10	*Multiple Platforms*	269
BlackBerry OS 7	BlackBerry Bold 9900 and others	260
MeeGo/Harmattan	Nokia N9 and N950	255
Firefox Mobile 6	*Multiple Platforms*	254
iOS 4.2 & 4.3	Apple iPhone and iPod Touch	210
webOS 2.1	Palm Pre Plus, Pre 2	155
Android 2.3	Google Nexus S and others	177
Windows Phone 7	HTC HD 7, LG Optimus 7, Samsung Omnia 7 and others	25

Demgegenüber bedient Adobe seit Mitte 2010 mit dem Flash Player Version 10.1 und der Laufzeitumgebung AIR fast alle mobilen Endgeräte und Betriebssysteme gleichermaßen, ausgenommen den mobilen Plattformen von Apple.

Projekte auf Basis HTML5

Es vergeht fast kein Tag, an dem nicht eine neue Web-Anwendung in HTML5 fertig gestellt oder ein neues Projekt auf Basis HTML5 angekündigt wird. Die große Menge und Dynamik machen es schwer einen vollumfänglichen Überblick zu geben, zumal dieser nach Drucklegung dieses Beitrags schon wieder überholt sein dürfte. Aus diesem

Grund werden nachfolgend lediglich einige prominente und aktuelle Beispiele vorgestellt.

YouTube und Vimeo Video-Player (Januar 2010)

Die Video-Plattformbetreiber YouTube und Vimeo haben schon vor über 2 Jahren mit HTML5 experimentiert und Anfang 2010 Video-Player auf Basis HTML5 und dem H.264 Codec zur Verfügung gestellt. Von YouTube gibt es jedoch bisher keine Ankündigung vollständig auf HTML5 umzusteigen. Insbesondere ältere Browser können mit HTML5 nicht umgehen und nur mit dem Flash-Player Videos abspielen. Es ist zu erwarten, dass YouTube weiterhin auf eine Multi-Plattform Strategie setzen wird, um eine maximale Reichweite sicherzustellen.

Amazon Kindle Cloud Reader (August 2011)

Eine der interessantesten HTML5 Implementierungen stellt zur Zeit der eBook Reader von Amazon (Kindle Cloud Reader) dar [14]. Zum Leidwesen von Apple umgeht Amazon damit vollständig das App-Store Bezahlsystem. Apple wollte nämlich den in-App-Kauf-Button verbieten, da Amazon nicht bereit war, die im App-Store übliche Gebühr an Apple zu bezahlen. Der Kindle Cloud Reader unter HTML5 ist Amazons Antwort auf die Marktdominanz von Apple und Google und es ist kein Zufall, dass die Implementierungen für die Browser Safari (Apple) und Chrome (Google) als erste fertig gestellt wurden.

Google Gmail, Calendar und Docs (August 2011)

Google hat die Anwendungen Gmail, Calendar und Docs als Chrome Web-Apps in HTML5 als Offline Version implementiert [15]. Ziel war es, die Funktionalität, die bisher nur Online und nur mit Internetverbindung nutzbar war, auch offline ohne Internetverbindung zur Verfügung zu stellen.

SlideShare (September 2011)
SlideShare, ein Portal zum Teilen von Präsentationen und Dokumenten, ist von Adobe Flash auf HTML 5 umgestiegen. Mit diesem Schritt will man Entwicklerressourcen wirksamer einsetzen und die Basis für eine Mobilstrategie schaffen, heißt es in einem im September 2011 erschienen Blogeintrag [16].

Intel, Samsung und das Betriebssystem Tizen (September 2011)
Nachdem Intel wenig Erfolg mit dem mobilen Betriebssystem MeeGo hatte, unternimmt das Unternehmen zusammen mit Samsung einen neuen Anlauf unter dem Namen Tizen auf Linux-Basis. Das Betriebssystem soll nicht nur auf Smartphones und Tablets, sondern auch auf Netbooks, Smart TVs oder Entertainment Systemen laufen. Tizen soll von vornherein konsequent auf HTML5 ausgerichtet werden [17].

Die Beweggründe für die genannten HTML5-Initativen sind sehr unterschiedlich. In einigen Beispielen steht die Maximierung der Reichweite im Vordergrund, in anderen soll die Marktdominanz der etablierten App-Store Betreiber aufgebrochen oder auch der Investitionsschutz durch Nutzung offener Standards sicher gestellt werden. Und manchmal geht es schlicht um die optimale Ressourcennutzung, um beim Internet der Zukunft mit dabei zu sein.

Fazit
Zurzeit gibt es demnach keine einzige RIA-Plattform, die für alle marktgängigen mobilen Betriebssysteme zur Verfügung steht. Apple verweigert sich gegenüber Adobe und Flash und favorisiert HTML5 als zukünftigen Standard. Microsoft wiederum setzt ausschließlich auf Silverlight und sieht keine Notwendigkeit für HTML5 unter Windows Phone 7. Adobe wiederum besitzt mit Flash und AIR die mit Abstand breiteste Installationsbasis, eine ausgereifte und in der Funktionalität führende Technologie, sowie eine Heerschar gut ausgebildeter Entwickler im Markt. Ähnliches gilt etwas eingeschränkt für Oracle JavaFX und Microsoft Silverlight.

HTML5 ist zwar ein offener Standard, aber es wird wohl noch einige Zeit bis zu seiner Fertigstellung und (voll-)umfänglichen Implementierung dauern. Dabei ist HTML5 bei den Desktop-Browsern viel weiter entwickelt als auf den Browsern der mobilen Endgeräte und – wie die Beispiele zeigen – schon weit über das Kleinkind-Stadium hinaus entwachsen. Die Investitionen der Unternehmen in HTML5-Technologie sind mittlerweile atemberaubend.

Der Kampf der marktführenden Unternehmen um die Vorherrschaft findet schon lange nicht mehr auf den Desktop-PCs statt, sondern hat sich in die mobile Welt verlagert. In regelmäßigen Abständen entstehen immer neue Allianzen gemäß der Devise »Der Feind meines Feindes ist mein Freund«. Diese halten jedoch oft nur für eine bestimmte Zeit und solange es für die Geschäftsentwicklung der an der Allianz beteiligten Unternehmen sinnvoll ist. Gerade in einer solchen Situation haben offene Standards eine hohe Chance sich durchzusetzen, sich zum Marktstandard zu entwickeln und schließlich proprietäre Alternativen zu verdrängen. Die Autoren glauben, dass HTML5 eine gute Chance hat sich mittel- und langfristig nachhaltig zu etablieren und das Potenzial besitzt, die derzeit weitreichend genutzten proprietären Technologien schrittweise zu verdrängen. Kurzfristig, d. h. in den kommenden Jahren, werden wir uns mit all den genannten Technologien weiterhin beschäftigen (müssen), ein schnelles Ende einer der großen RIA-Technologien ist nicht absehbar. Aber: HTML5 ist mitten im Geschehen.

Literatur

[1] JOBS, S.: *Thoughts on Flash*, http://www.apple.com/hotnews/thoughts-on-flash/, April 2010

[2] WIKIPEDIA: *Rich Internet Application*, http://de.wikipedia.org/wiki/Rich_Internet_Application

[3] WIKIPEDIA: *Ajax (Programmierung)*, http://de.wikipedia.org/wiki/Ajax_(Programmierung)

[4] WIKIPEDIA: *Comparison of JavaScript frameworks*, http://en.wikipedia.org/wiki/Comparison_of_JavaScript_frameworks

[5] RICH INTERNET APPLICATION MARKET SHARE, http://www.statowl.com/custom_ria_market_penetration.php

[6] ADOBE: *Flash Player penetration*, http://www.adobe.com/products/player_census/flashplayer/

[7] SENCHA TOUCH, http://www.sencha.com/products/touch/

[8] DOJO MOBILE, http://dojotoolkit.org/features/mobile

[9] PHONEGAP, http://www.phonegap.com/

[10] APPCELERATOR, http://www.appcelerator.com/company/

[11] WHATWG: *Web Applications 1.0*, http://www.whatwg.org/specs/web-apps/current-work/complete/

[12] WIKIPEDIA: *HTML5*, http://de.wikipedia.org/wiki/HTML5

[13] THE HTML5 TEST, http://html5test.com/

[14] ZDNET: *Amazon's Cloud Reader: Beginning of the HTML5 surge vs. Apple's App Store vig*, http://www.zdnet.com/blog/btl/amazons-cloud-reader-beginning-of-the-html5-surge-vs-apples-app-store-vig/54587

[15] TECHNRUNCH: *Google's New HTML5 Chrome Apps For Gmail, Calendar And Docs Give Users Offline Access*, http://techcrunch.com/2011/08/31/googles-new-html5-chrome-apps-for-gmail-calendar-and-docs-give-users-offline-access/

[16] SLIDESHARE, http://blog.slideshare.net/2011/09/27/slideshare-html5/

[17] SPIEGEL ONLINE: *Nach Meego kommt Tizen*, http://www.spiegel.de/netzwelt/gadgets/0,1518,788878,00.html

Zusammenfassung
HTML5, der neue offene HTML-Standard, befindet sich noch in der Entwicklung. Die neu aufgenommenen Elemente ermöglichen die Implementierung von Rich Internet Application (RIA) mit einem hohen Nutzungserlebnis durch Einbindung von Audio, Video und Kommunikation. HTML5 steht somit in direkter Konkurrenz zu den etablierten proprietären RIA-Technologien wie Adobe Flash, Oracle JavaFX und Microsoft Silverlight.
    HTML5 ist bisher nur eingeschränkt nutzbar, dennoch unterstützen alle gängigen Desktop-Browser schon heute den neuen Standard. Auch in vielen Browsern der mobilen Endgeräte ist HTML5 integriert, allerdings fehlen die Schnittstellen zu den hardwarespezifischen lokalen Ressourcen, wie Telefon, Geolocation und Kamera. Diese Lücke kann heute durch Crossplattform Frameworks wie PhoneGap oder Titanium geschlossen werden.
HTML5 wird zunehmend als eine weitere RIA-Technologie Einzug in die Entwicklungsabteilungen halten. Es ist nicht zu erwarten, dass HTML5 kurzfristig die etablierten proprietären Anbieter verdrängen wird. Mittel- und langfristig hat HTML5 jedoch gute Chancen, Mainstream-Technologie zu werden.

IT-Governance: Risiken minimieren, Flexibilisierung vorantreiben

Strategische Steuerung im Informationsmanagement 179
JOCHEN HAGEN, STEPHAN SALMANN, KLAUS-CLEMENS SCHOO

IT im Spannungsfeld von Merger, Acquisitions & Divestments 205
CHRISTIAN VALERIUS, JAN KLUEVER

IT-Governance, Risk & Compliance 225
STEFFEN WEBER, STEFAN KRONSCHNABL, THOMAS JURISCH

Erfolgsfaktoren für das Management von Prozessnetzwerken 251
FERDINAND WOHLFAHRT, ANDREAS GISSEL

Governance und Compliance beim Cloud Computing 273
WOLFGANG KSOLL

IT-Outsourcing in Deutschland 305
EBERHARDT SCHOTT, JÖRG STRIEBECK

IT-Finanzierung durch Leasing 323
THOMAS SÖBBING, CHRISTOPHER STEIN

Strategische Steuerung im Informationsmanagement

Von der Informationstechnologie wird heute im Unternehmen mehr verlangt, als nur Geschäftsabläufe zu automatisieren. In diesem Beitrag erfahren Sie, wie Sie die IT-Planung und Steuerung modular aufbauen und an unterschiedliche Erfordernisse anpassen können.

> **In diesem Beitrag erfahren Sie:**
> - wie die IT aufgestellt wird, um Kostenführerschaft und Operational Excellence sicher zu stellen,
> - wie sich Innovationsmanagement in die IT-Planung integrieren lässt,
> - wie Sie ein Prozessmodell zur strategischen IT-Steuerung einsetzen.

JOCHEN HAGEN, STEPHAN SALMANN, KLAUS-CLEMENS SCHOO

Ausgangslage

Von der Informationstechnologie wird heute im Unternehmen mehr verlangt als nur Geschäftsabläufe zu automatisieren und relevante Informationen dazu bereit zu stellen. Die IT soll schnell, flexibel, zuverlässig, kosteneffizient und transparent funktionieren und einen messbaren Wertbeitrag leisten. Und sie soll Innovationen ermöglichen, die zum Unternehmenswert beitragen. »Der Unternehmenswert hängt davon ab, wie schnell es gelingt, ein überlegenes Geschäftsmodell zu erkennen und umzusetzen«, konstatieren Kagermann und Österle [1]. Als Barrieren für die Umsetzung nennen die Autoren u. a. die Komplexität des Unternehmens. Bei der IT besteht die Komplexität im Wesentlichen in der Kompliziertheit der IT-Landschaft; sie gilt es zu vereinfachen. Schweichart propagiert Service Oriented Architecture (SOA) als ein Mittel, die historisch gewachsenen, »geologischen«

Schichten von Legacy-Systemen aufzubrechen« [2]. Er betont dabei, dass dies nicht ein rein technisches Problem sei, sondern nur im Dreiklang von Technik, Kultur und Management zu lösen wäre.

Problemstellung

Es gilt also, die IT-Landschaft zu vereinfachen und so zu flexibilisieren, dass sie Innovationen unterstützt. Wie sollte das Informationsmanagement für diese Vereinfachungen und Modernisierung optimalerweise organisiert sein? Es müssen Organisationsformen und Prozesse gefunden werden, die

- ⇨ angepasst sind an die Geschäftsmodelle der unterstützten Unternehmenseinheiten und an deren Anforderungen,
- ⇨ umfassend sind, d. h. alle möglichen Geschäftsmodelle abdecken, auch neue Modelle, die Cloud Computing, Serviceorientierung oder Produktlinien nutzen,
- ⇨ fachbereichsübergreifend Synergien schaffen können durch Standardisierung, Integration und Prozessverbesserungen, und
- ⇨ systematisch zu derjenigen architektonischen Reife führen, die für zukünftige Geschäftsmodelle notwendig ist.

Die IT muss sich so organisieren, dass sie die architektonischen Anforderungen aus der IT mit den Anforderungen aus dem Business in Einklang bringen kann (»Business-IT Alignment«). Eine besondere Herausforderung ist dabei der Konflikt zwischen lokalen und globalen (unternehmensweiten) Interessen.

Zahlreiche Untersuchungen und Vorgehensweisen entstanden zu diesem Konflikt und zum Business-IT Alignment; siehe [3] – [6]; siehe auch [7] zu IT Governance mit Referenzmodellen wie Cobit.

Im Folgenden werden diese Ansätze zusammengefasst und daraus ein umfassendes Prozessmodell abgeleitet, um den End-to-end-Prozess der strategischen IT-Steuerung zu erläutern. Aufbauorganisatorisch werden vier generische IT-Organisationsformen vorgeschlagen, die mit unterschiedlich stark ausgeprägter Domänenorientierung auf zunehmende Anforderungen an Standardisierung, Integration und Modularisierung reagieren. Zum Begriff des Domänenmodells siehe [2].

Modelle für strategische IT-Steuerung
Als Ausgangspunkt für die Modellierung und Beschreibung der IT-Planung und Steuerung dient das folgende einfache Modell.

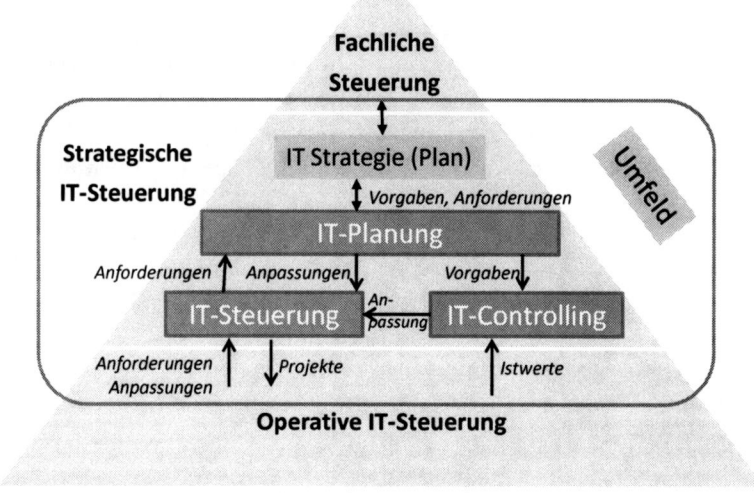

Abb. 1: *Die Komponenten der Strategischen IT-Steuerung (SITS)*

Im Kern werden Vorgaben und Anforderungen seitens der Fachbereiche und der operativen IT erhoben und als Anpassungen in die Planung eingearbeitet, in Form von Anwendungs-, Prozess- und Projektportfolien. Die für die Anpassungen nötigen Projekte werden geplant, budgetiert und vergeben. Ihre Umsetzung wird gesteuert. Die Komponenten zusammen genommen werden im Folgenden mit »Strategische IT-Steuerung« bezeichnet, kurz SITS.

Umfeld der Strategischen IT-Steuerung

SITS vollzieht sich im Kontext von politischen, ökonomischen, sozialen, gesetzlichen und ökologischen Veränderungen, die zunehmend auch globaler Natur sind. Stakeholder wie z. B. Kunden, Lieferanten, Mitarbeiter, Behörden oder Gewerkschaften verlangen schnelle Reaktionen auf diese Veränderungen, und einen Anteil an den erwirtschafteten Gewinnen. Jedes Unternehmen steht unter dem Einfluss dieser Dynamik, beeinflusst sie auf der anderen Seite aber auch selbst. Es reagiert auf diese Dynamik mit unterschiedlichen Geschäftsmodellen und Strategien, und zwar für das Gesamtunternehmen und darüber hinaus für die Fachbereiche. Entsprechend gibt es unterschiedliche IT-Strategien. Abbildung 2 zeigt diesen Zusammenhang (in Anlehnung an [8] S. 51).

Abb. 2: *IT-Strategien im Kontext*

Die Abbildung illustriert auch die zentrale Rolle des Anwendungsportfolios für die strategische Steuerung. Um das Angebot im Rahmen des SITS planen und steuern zu können, muss die IT das geschäftliche Umfeld und die externen und internen Wertschöpfungsketten kennen, um mit den Fachbereichen zusammen neue Investitionen zu planen. Dieses Portfolio von zukünftigen Systemen und Leistungen wird mit den Möglichkeiten der bestehenden Systeme und Leistungen verglichen; daraus wird eine Reihe von Umsetzungsprojekten abgeleitet.

Ein weiteres wichtiges Referenzmodell ist CobiT (Control Objectives for Information and Related Technologies). Es ist ein systematischer Ansatz zur methodischen Unterstützung der Nutzung und Steuerung der IT (IT-Governance). Details können frei zugänglich bezogen werden unter www.itgi.org oder www.isaca.org. CobiT definiert generische IT-Prozesse, die im Sinne von Best-Practice zu einem generischen Prozessmodell zusammengestellt sind. Im Detail gibt es 34 IT-Prozesse. Sie sind in vier Domänen eingeteilt, die dem System Lifecycle von IT-Systemen folgen:
⇨ Design (Planung und Organisation, PO)
⇨ Build (Beschaffung und Implementierung, AI)
⇨ Run (Lieferung und Unterstützung, DS)
⇨ Monitor (Überwachung und Evaluierung, ME)

Für das SITS-Prozessmodell sind alle Prozesse in der Domäne »Planung und Organisation« relevant. Mit der zunehmenden IT-Industrialisierung und Web-services sind zudem noch folgende CobiT-Prozesse für unsere Betrachtung bedeutsam:
⇨ AI1   Identifikation von automatisierten Lösungen
⇨ AI2   Beschaffung und Wartung von Applikationssoftware
⇨ DS1   Definition und Management von Dienstleistungsgraden (Service Level)
⇨ ME1   Überwachung und Evaluierung der IT-Leistung
⇨ ME3   Compliance gewährleisten
⇨ ME4   IT-Governance sicherstellen

Es müssen nicht alle Prozesse gleichzeitig voll ausgeprägt sein. Vielmehr müssen in einem Einführungsprozess die benötigten Komponenten ausgewählt und auf das Unternehmen hin angepasst werden.

Innovationsmanagement im Rahmen der SITS

CobiT und andere Referenzmodelle fokussieren auf die Weiterentwicklungen der bestehenden Systeme und Services (Technologiemanagement). Sie enthalten keine expliziten IT-Prozesse, um auf strategische, tiefgreifende Veränderungen (»step change«) im Business einzugehen oder sie sogar zu ermöglichen. Es geht um Innovationsmanagement, also das Entdecken, Prüfen und Pilotieren von gänzlich neuen Produkten oder Prozessen. Es geht nicht um Grundlagenforschung (Invention) oder um die Bereitstellung und Vermarktung von erprobten Produkten.

Um als Innovation weiter verfolgt zu werden, muss die Idee eine hohe Erfolgswahrscheinlichkeit und einen hohen wirtschaftlichen Nutzen versprechen. Es muss eine »disruptive technology« vorliegen, so grundlegend neu, dass sie andere Produkte auf einem bestehenden Markt verdrängen kann oder einen eigenständigen Markt entwickeln kann. Entscheidend für Innovationen ist, dass sie ein kurzes Zeitfenster zur Realisierung haben. Das erfordert Geschwindigkeit und Flexibilität, durch kurze Rüstzeiten (z. B. durch schnell verfügbare Architekturinformationen aus dem EAM) und schnelle Go/No-Go-Entscheidungen durch ein funktionierendes, in die SITS integriertes Innovationsmanagement.

In der SITS erfolgt dazu die Sammlung und Bewertung innovativer Ideen mit IT-Bezug. Sie stammen aus Business und IT, aus eigenen Ideen und Marktbeobachtungen, und gehen als Anforderungen in die strategische Planung ein. Um eine Idee bewerten zu können, muss sie ausreichend beschrieben sein (Quelle, d. h. Business oder IT; Implikationen bzgl. Business oder IT; Nutzenanalyse). Die Innovationen werden fachbereichsübergreifend konsolidiert und mit allen relevanten Stakeholdern aus Business und IT zentral abgestimmt. Es ist wichtig, dass diese Ideen zentral gesammelt und entscheidbar gemacht werden, um Synergien zu heben.

Das Innovationsmanagement sollte die Freiheit haben, explorative Projekte anzustoßen, unabhängig vom Portfolioprozess für Wartung und Entwicklung; dies kann in einem eigenen Labor erfolgen, z. B. um die Machbarkeit einer Idee zu prüfen (Prototyp, oder »Proof-of-concept«). Abbildung 3 zeigt beispielhaft die methodische Vorgehensweise bei einem führenden deutschen Logistikdienstleister.

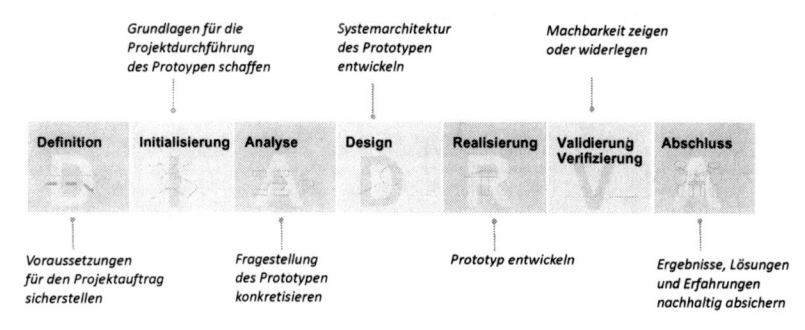

Abb. 3: *Generische Phasen der Prototyp-Entwicklung*

Ist die Machbarkeit einer Idee gewährleistet, so testet ein Pilot die Produktidee am Markt, d. h. es wird die Marktfähigkeit der Geschäftsidee überprüft. Verglichen mit dem Endprodukt kann bei der Pilotierung ein eingeschränktes Feature-Set erprobt oder eine Teilmenge des Zielmarktes zur Erprobung herangezogen werden. Gewöhnlich wird das Pilotprodukt bei erfolgreichem Markttest weiter zum Produkt ausgebaut. Dabei besteht die Herausforderung, den Übergang möglichst schnell und »geräuschlos« durchzuführen; das Pilotprodukt muss rasch nach oben skaliert werden können. Da ein Pilot bereits am Markt operiert, gelten hier insbesondere die Sicherheits- und Qualitätsansprüche des jeweiligen Unternehmens.

Erweitertes Prozessmodell

Die folgende Abbildung 4 zeigt eine Erweiterung unseres Ausgangsmodells, mit Ergänzungen aus den Referenzmodellen und dem Innovationsmanagement [9].

Der Prozessablauf beginnt mit strategischen Veränderungsbedarfen aus dem Business und der IT (Schritt (1)). Für die IT konsolidiert das Application-Lifecycle-Management die Verbesserungsvorschläge aus der Supply-Side der IT (Build, Run). Das strategische Anforderungsmanagement (2) filtert anhand der vorgegebenen IT-Strategie (0) die Veränderungsbedarfe und erstellt daraus einen redundanzfreien, strukturierten Katalog. Hiervon ausgenommen sind die Vorschläge aus dem Innovationsmanagement, die gesondert betrachtet werden.

Die Vorschläge werden dann gegen den IT-Bebauungsplan (3) geprüft. Das Enterprise Architecture Management (EAM) hält dafür eine Ist-Bebauung, eine »Heat map« und andere Auswertungen bereit. Es werden Soll-Bebauungen für verschiedene zukünftige Zeitpunkte und über Fachbereiche hinweg abgeleitet. Aus den Bebauungsdefiziten und den Vorschlägen werden Entwicklungsprojekte definiert. Ziel ist es, Synergien zwischen den einzelnen Projekten zu finden, Redundanzen aufzuzeigen und strategische Investitionen zu ermitteln.

Für diese Vorhaben wird im nächsten Schritt entschieden, ob sie komplett oder in Teilen intern erstellt werden (4), und welche Aufgaben nach extern vergeben werden können. Basis dafür ist die Sourcing Strategie (7). Die Vorhaben werden dann dem Portfoliomanagement zur Verfügung gestellt. Die IT-Budgetierung stellt die finanziellen Mittel bereit, aus fachseitig zweckgebundenen Budgets oder aus der Grundfinanzierung der IT (5). Im Rahmen des Portfoliomanagements werden die Budgets auf die Vorhaben allokiert (6).

Im strategischen Programm-Management werden alle abgeleiteten Maßnahmen zentral und integrativ geplant und zur Umsetzung an die IT-Organisation bzw. den Outsourcern delegiert (8). Informationen über getroffene Zusagen und Pläne sowie deren Abweichungen kommen aus dem IT-Controlling, auf verschiedenen Aggregationsebenen

Strategische Steuerung im Informationsmanagement

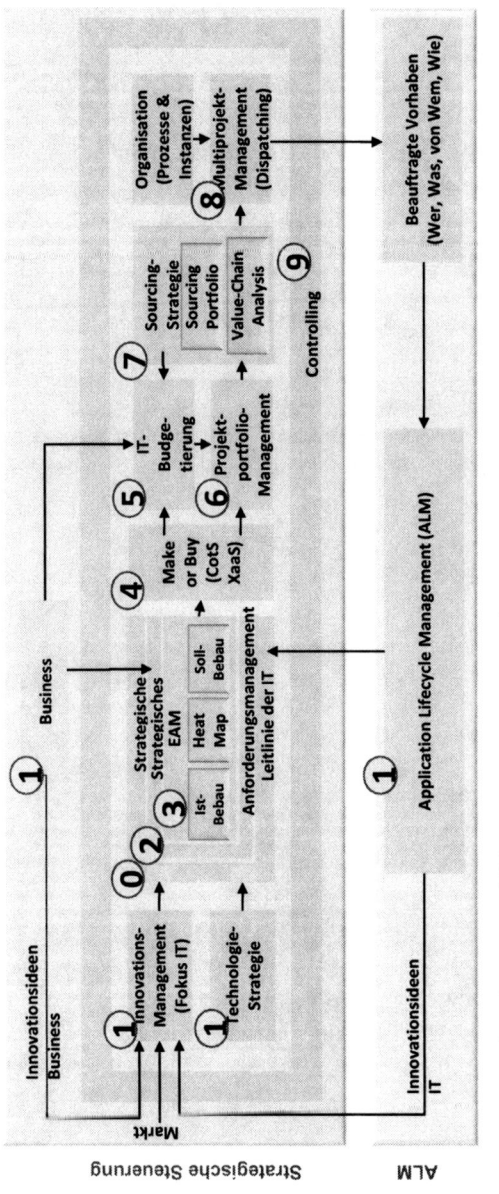

Abb. 4: Umfassendes Prozessmodell der SITS

bis hinauf zu einem CIO-Dashboard (9). Weiterer Input und Kontrolle für ein effektives und mit den Vorschriften konformes Vorgehen kommen aus dem Risikomanagement und der IT-Security.

Anpassung des SITS- Prozesses an den Steuerungskontext

Wie beschrieben, müssen in der SITS divergierende Geschäftsmodelle und IT-Architekturen gleichzeitig unterstützt werden. Es gibt keine einheitliche Königslösung, die SITS zu gestalten, sondern nur eine flexible Anpassung an die Anforderungen aus den Fachbereichen:
1. Diese ist business-seitig von der Marktdynamik in den Unternehmens- und Fachbereichsstrategien getrieben, und
2. IT-seitig von der Vielfalt der Architekturen und Ressourcen, mit denen die IT-Leistungen geliefert werden; die Vielfalt muss strategisch und gezielt gemanagt werden.
3. Zwischen den IT-Strategien verschiedener Unternehmensteile besteht potenziell ein Zielkonflikt zwischen der unternehmensweiten IT-Strategie, die nach Synergien strebt, und den IT-Strategien der Fachbereiche, die auf (lokale) Flexibilität aus sind.

Aus diesen drei Gründen ergeben sich drei Treiber für die Ausgestaltung der SITS:
⇨ das Geschäftsmodell des Fachbereichs,
⇨ die angestrebte architektonische Reife, und
⇨ die fachliche Domänenorientierung, die den Zielkonflikt transparent macht.

Geschäftsmodelle als Treiber zur Anpassung der SITS

Im Folgenden soll gezeigt werden, welche Anforderungen an IT-Strukturen und -Prozesse sich aus den verschiedenen Geschäftsmodellen ergeben. Es werden die wichtigsten Geschäftsmodelle dargestellt und die Anforderungen an eine zielführende IT abgeleitet.

Innovation, Pilotmärkte
Im einfachsten Fall, dem von neuen Produkten oder neuen Märkten, agiert die IT autonom und unabhängig von konzernweiten Vorgaben (Innovationsprojekte, z. B. in Innovationslaboren). In Pilotmärkten, in denen innovative Produkte am Markt getestet werden, agiert die IT ebenfalls autonom und an die lokal verfügbare Software und Infrastruktur angepasst. Dennoch sollte die IT nach einheitlichen Projektmanagement-Methoden vorgehen, die Projekte transparent budgetieren und in Portfolios zusammenfassen, um eine Fortschrittkontrolle zu ermöglichen.

Produktführerschaft
Ist das Produkt oder Geschäftsmodell am Pilotmarkt erfolgreich, ist Agilität gefragt, um die Marktposition auszubauen. Die IT etabliert sich fachbereichsnah und liefert eigenständige Anwendungen. Deren Skalierbarkeit wird erleichtert durch den Aufbau eines Enterprise Architecture Managements (EAM). Das Portfolio-Management aus der Markteintrittsphase wird ergänzt durch eine Standardisierung von Basisinfrastrukturen und die Nutzung gemeinsamer Ressourcen, z. B. als Shared Services. Anregungen für die einzusetzende Technologie kommen aus der Technologiestrategie. Die IT wird auch prüfen, ob externe Ressourcen genutzt werden können, wenn diese Kostenvorteile bieten (Outsourcing, Servicekomponenten).

Kundenpartnerschaft (Kundennähe)
Die Kundenpartnerschaft erfordert eine integrierte Sicht auf alle Kundendaten. Die IT-Steuerung baut hierzu ihre Datenarchitektur aus und zielt in der Anwendungsarchitektur auf fachbereichs-übergreifende Systeme (bspw. zum Customer-Relationship-Management, CRM) und Analysemöglichkeiten; dies kann durch fachdomänen-orientierte, übergreifende Organisationseinheiten der IT (Competence Center) z. B. für Marketingsysteme, Vertriebssysteme oder Data-Warehousing realisiert werden. Es liegt im Interesse dieser IT-Organisation, ihre Kunden (Fachbereiche) möglichst mit einem IT-System zu unterstüt-

zen. Die Anforderungen werden nicht in den Fachbereichs-ITs separat abgearbeitet, sondern an einer Stelle zusammengeführt. So können bereichsübergreifende Synergien erkannt, Redundanzen vermieden und Ressourcen prioritätengerecht eingesetzt werden.

Kostenführerschaft
In einem von reifen Produkten bestimmten Markt kommt es zum Preiswettbewerb; hier wird Kostenführerschaft und »operational excellence« angestrebt. Die IT wird weiter standardisieren und Skaleneffekte nutzen wollen. Dies geschieht durch erweitertes Outsourcing, Anwendungsrationalisierung und gemeinsam genutzte Infrastruktur, unterstützt durch ein fachbereichsübergreifendes Portfolio-Management. Eine zentrale Steuerungsaufgabe für die Standardisierung ist die Bewertung von Anforderungen, die Ausrichtung auf eine Soll-Bebauung und die Priorisierung von Investitionen. Voraussetzung ist eine Transparenz der Kosten und Ressourcen.

Geschäftsmodelle für die New Economy
Die Geschäftsmodelle der New Economy, wie z. B. elektronische Handelsbeziehungen (E-Commerce), Agile Manufacturing oder Such- und Handelsplattformen, setzen eine modulare Architektur voraus. Diese Architektur setzt sich aus wiederverwendbaren Servicekomponenten zusammen, die intern aus bestehenden Anwendungen gekapselt bereitgestellt werden oder von extern zugekauft werden. So kann die IT-Unterstützung von Geschäftsprozessen modular zusammengesetzt werden. Die IT-Steuerung muss also um ein Business Process Management ergänzt werden, gestützt auf eine Prozessarchitektur. Eine besondere Bedeutung kommt dabei dem Domänenmodell und dessen Verfeinerung zu. Das Domänenmodell beschreibt Geschäftsobjekte und Services; es gehört auf die logische Architekturebene, zwischen den Ebenen der Geschäftsprozesse (Prozessarchitektur) und der IT-Systeme (siehe [2] S. 255ff). Anforderungen aus dem Business werden in der Terminologie von Domänen und nicht mehr von IT-Systemen formuliert. In [10] wird am Beispiel eines führenden europäischen Logistikdienstleis-

ters erläutert, wie die Verfeinerung des Domänenmodells im laufenden Projektgeschäft geschehen kann. Ferner muss die IT technisches Know-how für die Implementierung von Services und deren Plattform zur Verfügung stellen, besonders wenn diese Services oder ganze Systeme als Software-as-a-Service (SaaS) nach extern bereitgestellt werden.

Architektonische Reife als Treiber zur Anpassung der SITS

So wie sich Unternehmen und ihre Geschäftsmodelle weiterentwickeln, müssen auch die unterstützenden IT-Architekturen und Infrastrukturen weiterentwickelt werden. Die SITS muss sich anpassen an den Umfang und die Ausrichtung der zu steuernden IT-Umgebung (Architektur). Die zukünftige IT-architektonische Reife wird somit zu einem Treiber für die Ausgestaltung der SITS. Die SITS muss sich an den angestrebten Reifegrad anpassen und den Reifeprozess der IT mit dem des Business synchronisieren (Business-IT-Alignment).
Ein empirisch belegtes Modell dazu findet sich in [6]. Abbildung 5 zeigt den vierstufigen Reifeprozess.

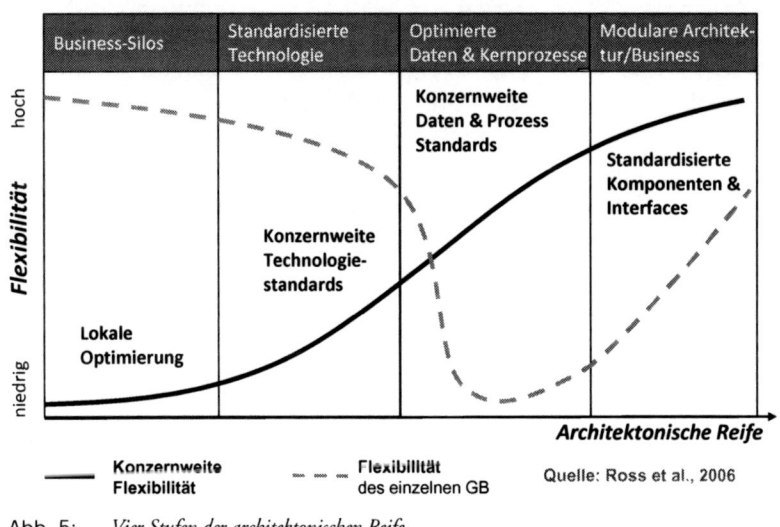

Abb. 5: *Vier Stufen der architektonischen Reife*

Am Ende des Weges sollen die IT-Anwendungen und Leistungen flexibel, modular und wiederverwendbar sein. Die Anwendungslandschaft soll weitgehend frei von Redundanzen sein. Der Weg dorthin führt über unternehmensweite Synergien, erzielt durch Virtualisierung und Zentralisierung von Infrastruktur, Outsourcing von Commodity-Leistungen sowie einer Konsolidierung der Anwendungslandschaft. Standardsoftware und Prozessoptimierung sollen helfen, Kosten zu senken. In der Endausbaustufe sollen standardisierte Komponenten und Schnittstellen vorliegen, wie sie z. B. SOA-Services bieten.

Domänenorientierung als Treiber zur Anpassung der SITS

Auf dem Weg zur architektonischen Reife muss die IT-Landschaft entlang der Geschäftsprozesse standardisiert, integriert und letztlich modularisiert werden. Um die Hürde des Widerstandes zu überwinden, muss eine Transparenz über Bereichsgrenzen hinweg geschaffen werden. Dabei ist, neben einer Kostentransparenz, auch eine Modellierung von Geschäftsprozessen und eine Orientierung an fachlich zusammenhängenden Prozessteilen (Domänenorientierung) eine wichtige Voraussetzung, um Redundanzen und Überschneidungen zu erkennen. Sie wird wesentlich durch die IT getrieben, besonders im EAM und im Portfolio-Management. Darüber hinausgehend wäre eine an den Fachdomänen ausgerichtete IT-Organisation zielführender als eine reine Siloorganisation, besonders wenn sie die Hoheit über das IT-Budget zu dieser Fachdomäne besitzt. Eine domänen-orientierte Organisation bestünde z. B. in einem übergreifenden Competence Center für Systeme in Marketing, Vertrieb oder Produktion. Es liegt im Interesse dieser Organisationeinheiten, ihre Kunden (Fachbereiche) möglichst mit einem IT-System zu unterstützen.

Vier Organisationsformen der IT-Steuerung, mit wachsender Domänenorientierung

Je stärker die Domänenorientierung ausgeprägt ist, desto effektiver können Synergien gehoben und architektonische Reife erreicht werden. Zur Veranschaulichung zeigen wir hier vier generische Varianten von IT-Organisationsformen mit zunehmender Domänenorientierung, zunächst in der IT und dann auch im Business; siehe Abbildung 6.

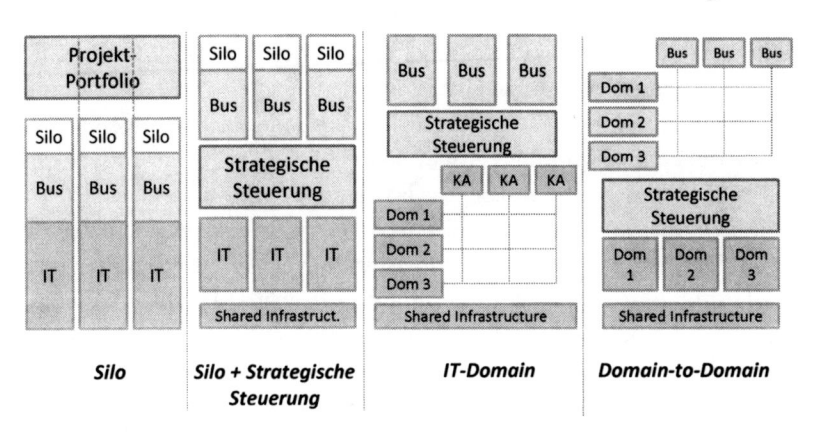

Abb. 6: *Varianten von IT-Organisationsformen mit unterschiedlicher Domänenorientierung*

Beim »*Silo*« erfolgt die Steuerung durch einen Portfolioprozess für Projekte und Einzel-Budgets, als letztes Stage-Gate nach der silo-internen Planung. Dies gilt analog auch für Innovationsprojekte. Bei »*Silo + Strategische Steuerung*« werden Methoden- und Technologie-Standards vorgegeben, und Anforderungen fachbereichs-übergreifend konsolidiert. Eine Domänenorientierung findet implizit im Portfolio-Management statt. Unterstützt wird die Standardisierung auf der Infrastrukturebene durch Shared Services wie bspw. regionale Rechenzentren. Bei »*IT-Domain*« werden dazu noch Anwendungsentwicklung und -support nach Domänen organisiert, z. B. in Centers of Excellence; die Konsolidierung des Anwendungsportfolios findet dort statt. Die Business Units werden durch Key Account Manager betreut. Bei »*Domain-to-Domain*« sind sowohl das Business als auch die IT nach Domänen organisiert, wobei das Business die Prozessmodellierung und -optimierung durch ein Business Process Management treibt.

Zwischen diesen generischen Typen gibt es in der konkreten Ausformung auch noch Mischformen, auf die hier nicht eingegangen werden soll.

Fallbeispiel: Unterschiedliche Organisationsformen der IT-Steuerung auf unterschiedlichen Geschäftsebenen
In großen Unternehmen findet man verschiedene Ausprägungen dieser Organisationsformen gleichzeitig nebeneinander und auf verschiedenen Unternehmensebenen. Ein generisches Fallbeispiel aus der Pharmaindustrie soll dies illustrieren; für ein weiteres Beispiel siehe [3] S. 36. Das Unternehmen ist auf oberster Ebene nach den Schritten der Leistungserstellung organisiert, in die Geschäftsbereiche (GB) Forschung, Produktion und Vertrieb. Ihnen ist jeweils eine IT-Abteilung zugeordnet, die an den globalen CIO berichten; sie präsentieren sich den GB gegenüber durch globale Key Account Manager. Der CIO berichtet an Global Finance, als einer der globalen Support-Funktionen. Abbildung 7 zeigt die Aufbauorganisation.

Das Unternehmen ist, wie die gesamte Pharmabranche, wegen bevorstehender Patentausläufe einem hohen Kostendruck ausgesetzt; die GB reagieren mit unterschiedlichen Strategien. Im Vertrieb wird Kundennähe als Wettbewerbsstrategie vorangetrieben; Markteinführungen sollen beschleunigt und die Marktausschöpfungsdauer erhöht werden. Um auf Unterschiede in den Märkten reagieren zu können, ist der GB nach Produktgruppen und geografischen Regionen organisiert, die marktspezifische Anforderungen an ihre IT-Unterstützung haben. Die Vertriebs-IT stellt sich spiegelbildlich auf; sie bietet den GB Key-Account Manager und vertriebs-bezogene Centers-of-Excellence, allerdings nur regional, nicht global. Dies entspricht der oben erwähnten Organisationsform »Silo + Steuerung«. In den sich entwickelnden

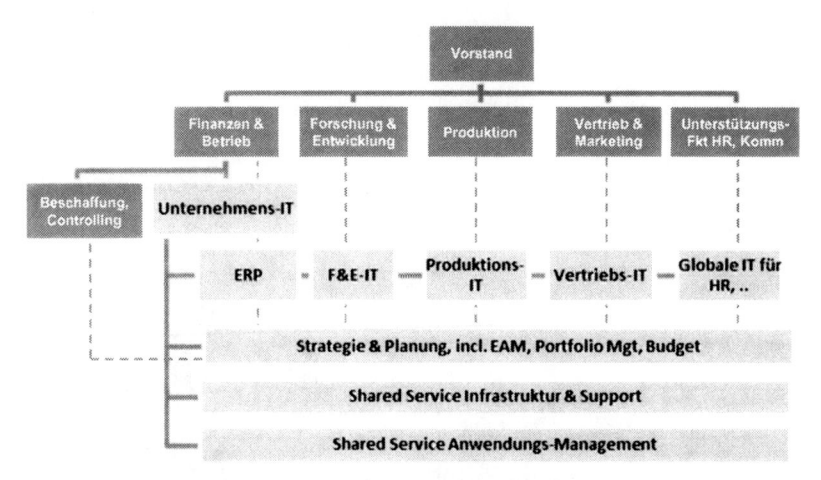

Strategische Steuerung im Informationsmanagement

Abb. 7: *Business und IT-Organisation bei einem Pharmahersteller*

(»emerging«) Märkten befinden sich kleine, weitgehend autonom agierende Vertriebseinheiten, also »Silos«.

In Forschung & Entwicklung sind rasche Innovation und Produktführerschaft gefragt (»time-to-market«). Um die Wirkstoffforschung besser zu fokussieren und die Produktentwicklung zu beschleunigen, setzt die IT auf gemeinsam genutzte Methoden, Datenbanken, Basistechnologien und Infrastruktur entlang der Wertschöpfungskette in F&E. Außerdem werden für team-übergreifende Prozesse Centers-of-Excellence angeboten, die global und nach den wesentlichen Prozessschritten in der F&E organisiert sind. Dies entspricht der Organisationsform »IT-Domain«.

In der global organisierten Produktion ist Kostenführerschaft das Ziel (»operational excellence«). Der GB ist über Produktgruppen und Regionen hinweg nach Prozessen in der Produktion organisiert, die global getrieben und ständig verbessert werden. Die Produktions-IT ist ebenso global zentralisiert, mit einem starken Architektur- und Portfolio-Management. Sie betreibt seit Jahren die Weiterentwicklung und

195

weltweite Umsetzung einer Soll-Bebauung. Hier liegt die Organisationsform »Domain-to-Domain« vor.
Abbildung 8 fasst die unterschiedlichen Konstellationen zusammen.

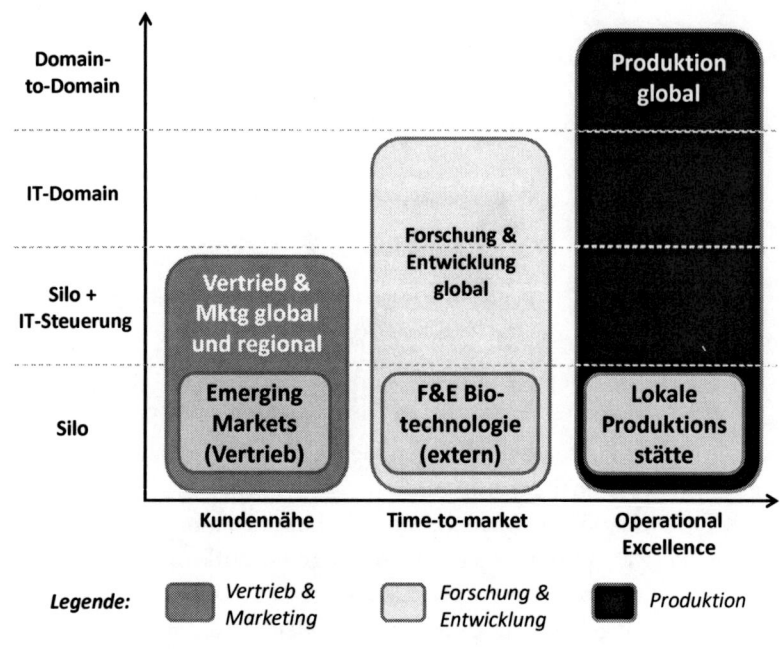

Abb. 8: *Schachtelung von globalen und lokalen IT-Organisationsformen*

Herleitung von vier modularen Ausprägungen des Prozessmodells

Die obige Diskussion hat gezeigt:
⇨ Je nach Geschäftsmodell werden Teile des beschriebenen SITS-Prozessmodells benötigt, und andere nicht.
⇨ Je nach Geschäftsmodell ist eine gewisse architektonische Reife erforderlich, aus der sich Anforderungen an die konzernweite Flexibilität und die zu erreichenden Synergieeffekte ergeben
⇨ Je nach erforderlicher konzernweiten Flexibilität ist eine stark domänenorientierte IT-Organisationsform sinnvoll.

Zusammenfassend lässt sich sagen: je stärker die Synergieeffekte sein sollen, desto mehr Komponenten aus dem SITS-Prozessmodell kommen zum Tragen. Wir möchten die vielen möglichen Kombinationen von Prozesskomponenten und IT-Organisationsformen pragmatisch zusammenfassen in vier Fälle, von einfach bis komplex, entsprechend den vier generischen Varianten in Abbildung 6. Dazwischen gibt es Mischformen, bei denen aus dem modularen Baukasten des Gesamtprozesses spezielle Konstellationen zusammengestellt werden. Die vier generischen Fälle sind:
1. Projekt-Portfolio-Management
2. Architektur-basierte Steuerung
3. Domänen-basierte IT-Steuerung
4. Business-getriebene Prozess-Orchestrierung

Sie werden im Folgenden näher erläutert.

Typ 1: Projekt-Portfolio-Management

Bei einer »Silo«-Organisationsform, die Innovation und Time-to-Market unterstützt, werden Anforderungen aus dem Business mittels eigener Budgets direkt in einer Vielzahl von Projekten umgesetzt. Die Steuerung erfolgt über die Projekte und deren Budgets, in einem Projekt-Portfolio-Management. Sie erfährt Unterstützung durch das Controlling.

Mit Einführung eines Domänenmodells im Portfolioprozess beginnt der Übergang zur zweiten Stufe, der architektur-basierten Steuerung.

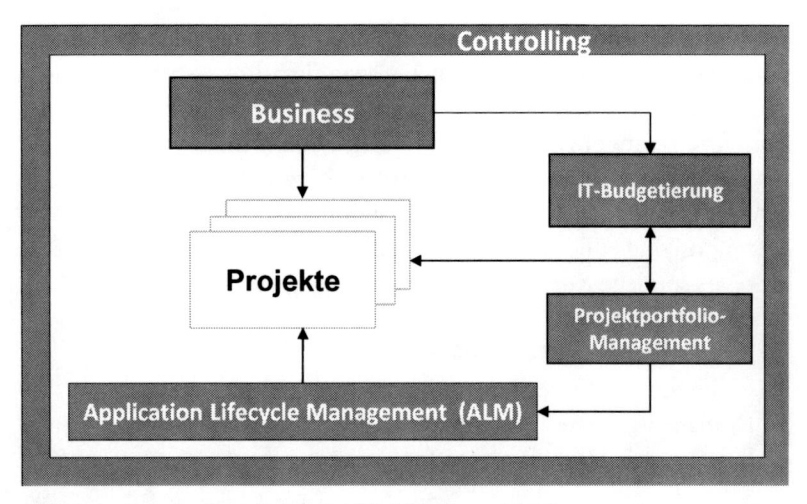

Abb. 9: *Bausteine für ein Projekt-Portfolio-Management (Typ 1)*

Typ 2: Architektur-basierte Steuerung

Diese Steuerung findet sich in der Organisationsform »Silo + IT-Steuerung«. Sie unterstützt die Standardisierung von Basistechnologien sowie die Konsolidierung von Systemen (architektonische Reifestufe 2). Ihr Bedarf entsteht häufig, wenn Unternehmen aus Nischenmärkten (wenige Produkte, Kunden, Systeme) wachsen und Produktführerschaft (viele Produktvarianten, Märkte/Länder, Kundengruppen, Systeme) anstreben, oder wenn das Wachstum durch Merger erfolgt. Die entstehenden Redundanzen sollen durch Standardisierung und Konsolidierung eingeschränkt werden. Es müssen Anforderungen aus Business und IT zusammen bewertet werden gegenüber a) der Technologiestrategie, b) den aus der Unternehmensstrategie abgeleiteten IT-Zielen (Leitlinie) sowie c) der Soll-Bebauung. Sie fließen ein in konsolidierte Projekte, gesteuert durch Enterprise Architecture Management (EAM), Portfolio Management und IT-Controlling. Auch müssen die zunehmend fachbereichsübergreifenden Prozesse und Gremien organisiert werden und die verschiedenen Projekte umgesetzt werden.

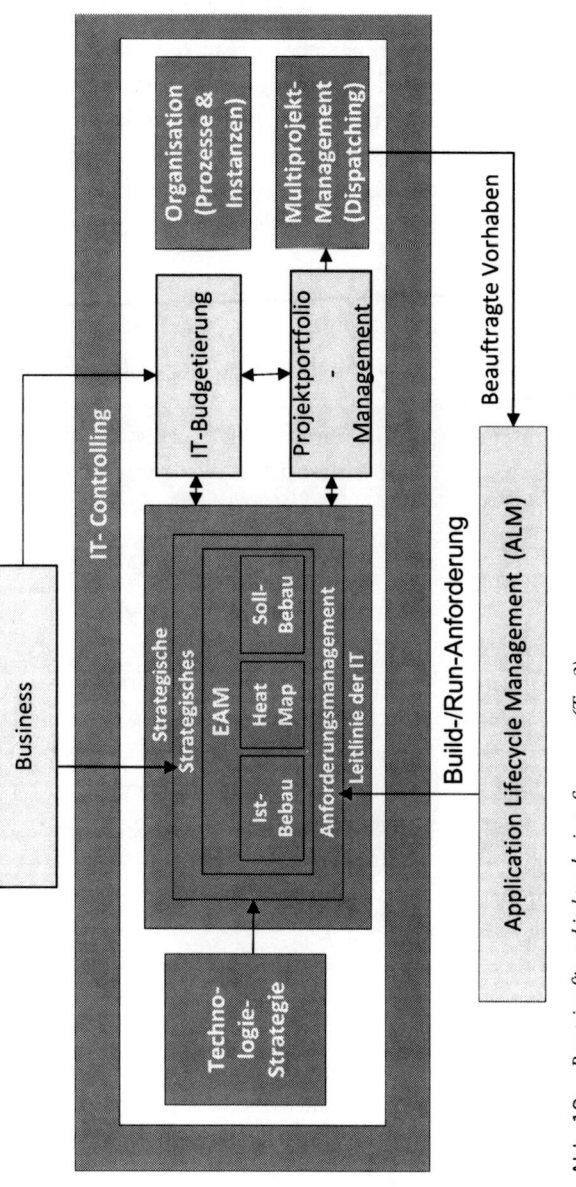

Abb. 10: *Bausteine für architektur-basierte Steuerung (Typ 2)*

Im Fall der architektur-basierten Steuerung ist die IT noch wie beim Steuerungstyp 1 nach Fachbereichen organisiert statt domänenorientiert. Es kann Shared Services für Infrastruktur geben, die fachbereichsübergreifende Steuerung erfolgt aber nicht aus z. B. domänen-spezifischen Competence Centern heraus, mit dedizierten Budgets, sondern aus dem EAM und dem Portfolio-Management. Die Domänenorientierung ist im EAM und Portfolio-Management implizit vorhanden.

Typ 3: Domänen-basierende IT-Steuerung

Dieser Steuerungstyp unterstützt die IT-Organisationsform »IT-Domain«. Es gibt dedizierte Competence Center, wodurch die Definition und Umsetzung von übergreifenden Prozessverbesserungen und Anwendungen vereinfacht wird, im Vergleich zum Steuerungstyp 2. Die Komponenten der SITS sind im Wesentlichen die gleichen wie im Steuerungstyp 2, doch wird die Daten-und Systemintegration erleichtert, basierend auf einer verstärkt einzusetzenden Daten- und Prozessarchitektur und der Sollbebauung im EAM. Damit wird die Basis für eine Serviceorientierung und ein Produktmanagement in der IT gelegt. Dies erleichtert die Umsetzung einer Sourcing-Strategie, die schaut, ob Prozess(teile) oder Services ausgelagert werden können.

Getrennt davon kann auch das IT-getriebene Innovationsmanagement aufgebaut werden, mit Projekten für Prototypen, die das Potential für Marktveränderungen haben. Typischerweise wird es aber allein aus den Fachbereichen getrieben. Spätestens mit der Domänenorientierung sollte es in der IT installiert werden.

Typ 4: Business-getriebene Prozessorchestrierung

Dieser Steuerungstyp greift auf, dass in der Organisationsform »Domain-to-Domain« auch im Business eine Domänenorientierung ausgeprägt ist. So kann das Business eine Orchestrierung von Geschäftsprozessen vorantreiben, und idealerweise in einem Business Process Management dokumentieren. Das Anforderungsmanagement

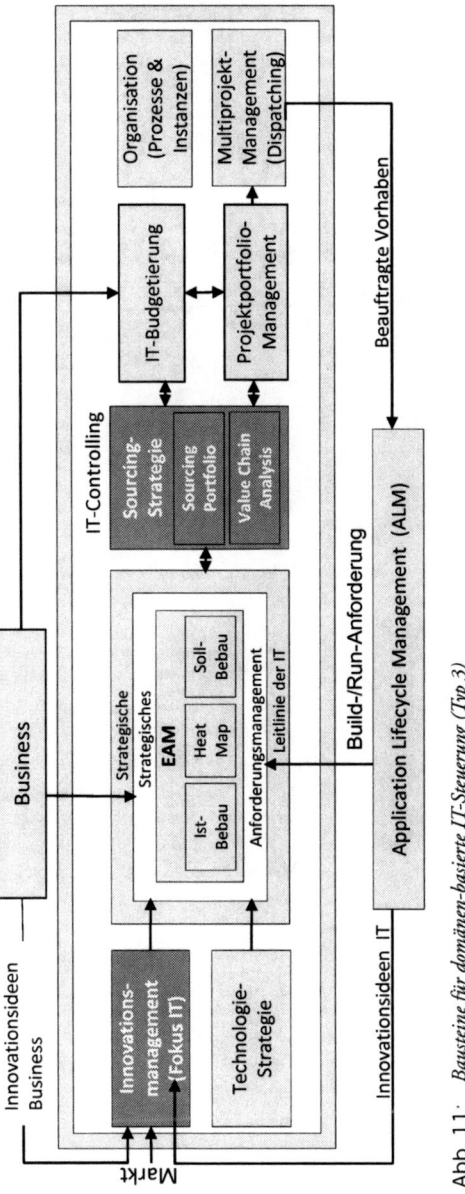

Strategische Steuerung im Informationsmanagement

Abb. 11: *Bausteine für domänen-basierte IT-Steuerung (Typ 3)*

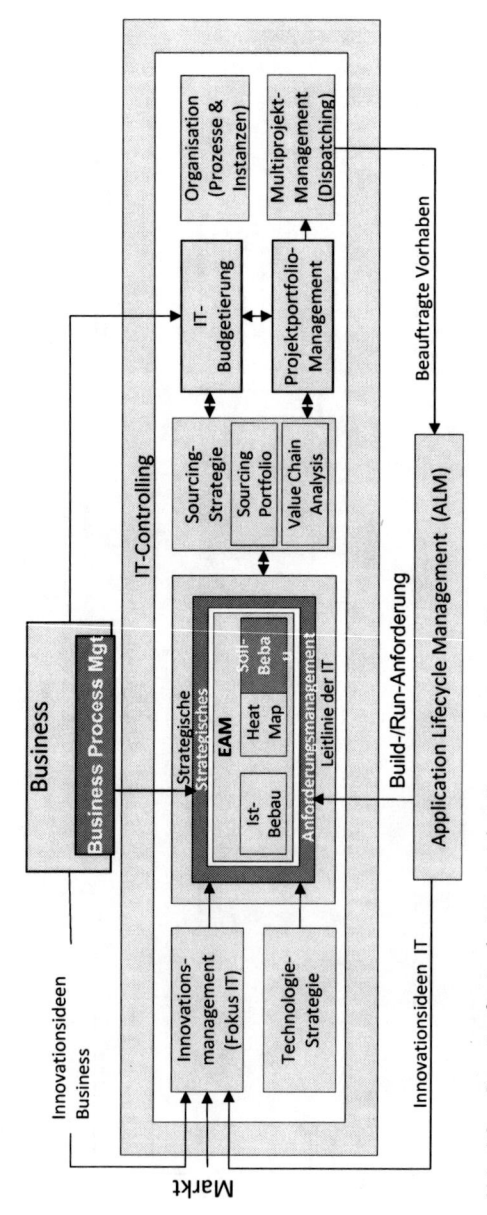

Strategische Steuerung im Informationsmanagement

Abb. 12: *Bausteine für eine business-getriebene Prozessorchestrierung (Typ 4)*

ändert sich entsprechend. Die IT-Steuerung fokussiert auf eine flexible Bereitstellung und Integration von Services. Spätestens mit diesem 4. Steuerungstyp sollte die architektonische Reifestufe 4 erreicht sein (modulare Architektur).

Literatur

[1] KAGERMANN, HENNING; ÖSTERLE, HUBERT: *Geschäftsmodelle 2010, - Wie CEOs Unternehmen transformieren, Frankfurter Allgemeine Buch, Frankfurt, 2006*

[2] SCHWEICHART, KARSTEN: *SOA in der Praxis: Telecommunication, in Beinhauer, Herr, Schmidt (Hrsg), Symposion Verlag, Düsseldorf, 2008*

[3] WEILL, PETER; ROSS, JEANNE: *IT-Savvy, What Top Executives Must Know to Go from Pain to Gain, Harvard Business School Publishing, Boston, 2009*

[4] KRCMAR, HELMUT: *Informationsmanagement, Springer Verlag, Heidelberg, 5. Auflage, 2010*

[5] HANSCHKE, INGE: *Strategisches Management der IT-Landschaft, Hanser, München, 2009*

[6] ROSS, JEANNE; WEILL, PETER; ROBERTSON, DAVID: *Enterprise Architecture as Strategy, Harvard Business School Publishing, Boston, 2006*

[7] JOHANNSEN, W.; GOEKEN, MATTHIAS: *Referenzmodelle für IT-Governance, dpunkt Verlag, Heidelberg, 2. Aufl. 2011*

[8] WARD, JOHN; PEPPARD, JOE.: *Strategic Planning for Information Systems, Wiley, Chichester, 3rd ed., 2002*

[9] HAGEN, JOCHEN: *»Customizing« der IT – Anpassung einer IT-Steuerung an ihre Umgebung, in Objektspektrum Online-Themenspecial: Enterprise Architecture Management (EAM), siehe www.objektspektrum.de, 2011*

[10] HAGEN, JOCHEN: *Erfolgreiche Architektur-Governance – Konsequente Integration in die Application-Life-Cycle-Prozesse, Vortrag auf der EAMKON, Stuttgart, März 2010*

Zusammenfassung
Die hier vorgestellten Prozesse helfen der IT-Leitung, ihre IT-Organisation auf unterschiedliche Wettbewerbsstrategien und Geschäftsmodelle einzustellen. Damit unterstützt die IT die Agilität und Freiheiten, die das Business für Produktführerschaft braucht, bzw. hebt die Synergien, die es für Kostenführerschaft und »operational excellence« benötigt. In einer weiteren Reifestufe gelangt die IT zu den modularen Architekturen, die sie für die neuen Geschäftsmodelle der New Economy bereitstellen muss. In einem ersten Schritt muss die IT-Leitung sich also der zu unterstützenden Geschäftsmodelle und zu erreichenden architektonischen Reife bewusst machen.

Verlangt das Geschäftsmodell nach unternehmensweiten Synergien und Standards, so muss die IT sich domänenorientiert aufstellen. Dies geschieht zunächst im Enterprise Architecture Management und im Portfolio-Management, in einem weiteren Schritt dann in Competence Centers und anderen Shared Services. Dabei kann die IT eine Innovationsfunktion übernehmen, indem das Innovationsmanagement in die Prozesse der strategischen IT-Planung und Steuerung eingebettet wird.

IT im Spannungsfeld von Merger, Acquisitions & Divestments

IT kann in erheblichem Umfang zum Gelingen oder Misslingen von Merger, Acquisitions und Divestments beitragen. Sie frühzeitig einzubeziehen reduziert Aufwand und schärft Kostenschätzungen. Dieses Kapitel dient dem CIO als Leitfaden zur überschlägigen Bestimmung von Aufgaben und Kosten.

In diesem Beitrag erfahren Sie:
- wie sich die IT-Kosten für ein Merger, eine Akquisition oder ein Divestment schätzen lassen,
- warum CIOs Kosten sparen, wenn sie hier früh involviert sind,
- wie ein IT-Integrationsprojekt abläuft, um Applikaltionen oder Infrastrukur zu konsolidieren.

CHRISTIAN B. VALERIUS, JAN C. KLÜVER

Umbauten in Unternehmen sind an der Tagesordnung – und sind ein Störfaktor im Tagesgeschäft der IT

»Run the business« – das ist die oberste Priorität für jede IT, komme da, was wolle. Aufgrund dieser Grundregel ist jede Veränderung (vom neuen Server bis zum Haupt-Release-Wechsel) eine Störung des Tagesgeschäftes. Wie groß ist dann erst das Risiko bei der Integration einer bisher unabhängigen IT, oder der Abspaltung eines Teils derselben?

Fusionen, Akquisitionen und Verkauf – Investoren und Geschäftsführer unterschätzen die Rolle der IT

50 % bis 60 % der Initiativen zur Erschließung potenzieller Synergien hängen direkt mit der Informationstechnologie zusammen [1], dennoch werden die Entscheider der IT meistens erst spät in die Konzeptionierung und die Due Diligence eingebunden

Dieses Kapitel verwendet durchgängig die angelsächsischen Begriffe Merger, Acquistion und Divestment gleichbedeutend mit Fusion (Zusammenlegung von Unternehmen), Unternehmensübernahme und Desinvestion. Die rechtlichen und zeitlichen Bestimmungen zum Eigentumsübergang aus der Betriebswirtschaft haben großen Einfluss auf die Erbringung von IT Services. Der IT-Transformationsplan muss berücksichtigen:
⇨ Eigentumsverhältnisse/Nutzungsrechte und Zeitpunkt des Eigentumsübergangs von Infrastuktur-Assets
⇨ Nutzungsrechte von Applikationen/Lizenzen (insbesondere die Sicherstellung, dass Verpflichtungen und/oder Vertragspartner in Lizenz- und Wartungsverträgen ausgetauscht werden können (Novation))
⇨ gegenseitige Verpflichtung zur Erbringung von IT-Services
⇨ Sicherheitsvorschriften beider Unternehmen bis zum Ende von legalen Abgrenzungsvorschriften

Es können sich unvorteilhafte Konstellationen ergeben, die schon früh vertraglich geklärt werden sollten. Dazu gehört zum Beispiel auch das Spannungsfeld eines gemeinsamen Marktauftrittes von rechtlich getrennten Unternehmen – die besondere Vorkehrungen treffen müssen, wenn die IT zügig gemeinsam betrieben werden soll.

Die Business-Architekten eines Mergers oder Divestment gehen häufig davon aus, dass die IT die flexibelste Komponente darstellt – und halten diese zur Reduzierung von Komplexität und Begrenzung des eingeweihten Personenkreises aus den initialen Gesprächen heraus, um dann zu spät zu erkennen, dass legale Probleme den Betrieb einer gemeinsamen IT verhindern.

Druck auf den CIO – von vielen Seiten

»Was kostet die IT Einbindung von XYZ? Und wie lange dauert es?«
Und übrigens: »Wir erwarten einen störungsfreien, geräuschlosen Ablauf – es geht ja nur um technische Lösungen«

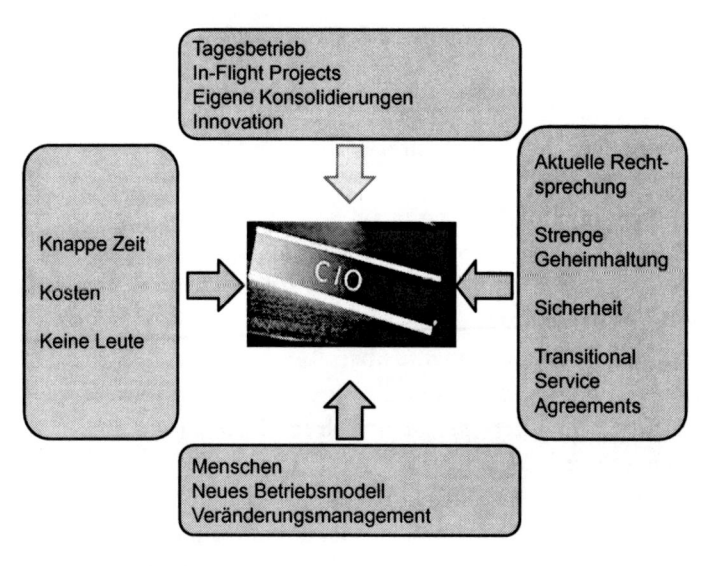

Abb. 1: *Druck auf den CIO*

Der Wert für das eigene IT-Geschäft und das der neuhinzukommenden IT ist gering. Das Betriebsrisiko jedoch hoch. Und die Integration will eigentlich keiner bezahlen. Wie geht der CIO an das Thema heran? Wen kann er fragen? Das Thema ist ja zunächst vertraulich. Dieser Artikel soll helfen, einen roten Faden durch das Thema zu spinnen und eine schnelle Bestimmung von Aufgaben und Aufwänden zu ermöglichen.

Servicevereinbarungen auf hohem Level

Berater empfehlen bei M&A's häufig, während einer Übergangszeit Servicevereinbarungen zwischen den noch getrennten Entitäten zu schließen (engl.: TSA – Transitional Service Agreements). Die Inhalte werden primär bestimmt von den Bedürfnissen des Geschäftsbetriebs – die IT spielt eine untergeordnete Rolle; es wird verkannt, dass durch Einbindung von Experten im IT Service Management preiswerte und praktikable Lösungen gefunden werden können. Der CIO sollte dar-

auf drängen, technisch sinnvolle Servicepakete zu definieren. Kriterien hierfür können beispielsweise sein:
⇨ Service-Definition/Abgrenzung gemäß der Definition des führenden Unternehmens (was versteht das kaufende Unternehmen unter IT-Service?)
⇨ Service-Definition für Applikations- bzw. Servicepakete
⇨ Service-Definition für definierte Geschäftseinheiten

Standardisierungen vs. Pragmatismus
Sie stehen im Regal, die Dokumente über Betriebsstandards, Sicherheitsrichtlinien, ITIL, CoBIT ..., und das eigene Unternehmen ist vielleicht sogar auf einem guten Weg, den nächsten Reifegrad zu erreichen. Nun soll eine weitere Firma integriert werden – mit anderen Standards, einer anderer Kultur, einem anderen Reifegrad, vermutlich auch noch mit einem anderen Globalisierungsgrad? Ist das nun ein geeigneter Zeitpunkt als Lehrmeister aufzutreten und den neuen Kollegen zu zeigen, wo es lang gehen wird? Dies ist wahrscheinlich keine gute Idee – neue Fronten sind wenig hilfreich, und es gibt meist historische Gründe, warum Dinge so und nicht anderes gemacht wurden! Veränderungen geschehen nicht über Nacht – und wenn Konsoldierung einfach gewesen wäre, hätte das das übernommene Unternehmen auch schon gemacht. Hier ist sehr gutes Veränderungsmanagement gefragt. Ein sorgfältiges Abwägen zwischen Machbarkeit und Konsolidierung sollte im Zweifelsfall zugunsten der Machbarkeit ausfallen.

M&A als Chance für ein neues Betriebsmodell?
Alle Erfahrungen zeigen, dass die Komplexität eines M&A erheblich ist und dass die Sicherstellung der Betriebsfähigkeit immer im Vordergrund steht. Gleichzeitig ein neues Betriebsmodell einzuführen, ruft Störungen hervor, die sehr komplex sind. Die Empfehlung ist, zunächst eine zügige Transition durchzuführen – unter Akzeptanz von Abweichungen vom Standard, um dann beide Unternehmen in einer Transformation zu einem konsolidierten Modell zu führen. Unter Transition verstehen wir hier die Übernahme »as is«, also Weiterbetrieb

unter neuer Governance, und unter Transformation verstehen wir die Veränderung/Konsolidierung zu einem neuen Zielbild.

IT-Perspektive bei Merger & Acquisition Situationen

Warum scheitern M&A und erreichen ihre zuvor kalkulierten Synergiepotenziale nicht? Bei der Klärung dieser Frage steht die Integration der IT und ihrer Fähigkeit, die Prozesse eines M&As fortlaufend zu unterstützen, im Mittelpunkt. Dies ist nicht weiter verwunderlich, da im Vorfeld erwartet wird, dass die IT ca. 20-30 % des Gesamtnutzens einer Integration ausmacht. Trotz des weitgehenden Konsenses darüber, dass der IT eine der Schlüsselrollen bei der Realisierung von Integrationen zukommt, wird sie dennoch im Top-Management zumeist eher als »Bremsklotz« wahrgenommen und auch so behandelt, was sich in vielerlei Hinsicht bei der Integration negativ bemerkbar macht. Für viele Führungskräfte stellt die IT lediglich einen Service-Provider und keinen Business-Partner dar und bedarf aus diesem Grund bei der Integration keiner gesonderten Beachtung, da sie reinen Lieferantencharakter besitzt. Wie kritisch diese Ansicht ist, zeigt unter anderem eine von dem Beratungsunternehmen Deloitte durchgeführte CIO-Umfrage bezüglich des M&A-Erfolgs [2]. Laut den Ergebnissen konnten nur 16 % der IT-Projekte im M&A-Rahmen erfolgreich, zeitnah und budgetgetreu durchgeführt werden. Bei den erfolgreichen Projekten allerdings wurde die IT von über 40 % der Beteiligten als Business-Partner verstanden und an den Geschäftsprozessen ausgerichtet. Von den 61 % der CIOs, die die IT als reinen Service-Provider sehen, planen immerhin knapp 50 % diese Sichtweise zu ändern. Wenn dies gelingt, können auch die Erfolgsquoten der IT-Integration im Rahmen von M&A deutlich ansteigen, weil ihr schon vor der eigentlichen Integration die notwendige Aufmerksamkeit zukommen kann. Eine frühe Einbindung der IT in M&A-Prozesse und eine gründliche Durchführung der IT-Due-Diligence sind zwei der unbedingt erforderlichen Stützpfeiler einer erfolgreichen IT-Integration, da nur so ein exakter Integrationsplan erstellt werden und die Zeitplanung eingehalten werden kann. Doch gerade diese wichtigen Erfolgsfaktoren für die IT-Integration werden bei vielen M&A-Aktivitäten nicht berücksichtigt, obwohl der Erfolg dieser Methodik für sich spricht. Dadurch werden viele Erfolgspotenziale der IT während eines Mergers ungenutzt gelassen.

Häufig wird sich anstatt dieser Methodik für den Einsatz der sogenannten *Transitional Service Agreements (TSAs)* entschieden, welche die Bereitstellung von Services durch vorherige Lieferanten beschreiben. TSAs werden sowohl bei Merger & Acquisitions genutzt um Lieferanten beider Seiten weiterhin zu binden, als auch bei Divestments, wo Services weitergeführt werden, die vorher von der Muttergesellschaft erbracht wurden. Der Abschluss von TSAs ist zwar einfach zu handhaben und in bestimmten Bereichen aus Rechts- und Abgrenzungsgründen auch notwendig, jedoch birgt der extensive Einsatz von TSAs Probleme für den weiteren Verlauf der Integration und wirkt sich auch auf die Kosteneinsparpotenziale aus. Durch die bestehenden Verträge besteht die Möglichkeit, dass die Transformation nicht mit dem Nachdruck vorangetrieben wird wie es wünschenswert wäre, was sich wiederum auf die möglichen realisierbaren Kosteneinsparungen auswirkt, da die TSAs in der Regel relativ teuer sind. Dennoch werden diese TSAs häufig in großer Zahl eingesetzt, da Beratungsfirmen nicht in der Lage sind, tiefer in die Materie der IT-Serviceerbringung einzudringen und aus diesem Grund keine realistische Service Transformation Planung durchführen zu können um bestehende Altverträge zeitig abzulösen.

Die Erfolgspotenziale der IT-Integration

Die Integration der IT im Rahmen einer M&A-Aktivität spielt eine nicht zu vernachlässigende Rolle bei der Realisierung der angestrebten M&A-Erfolgspotenziale. Neben der Schaffung der Grundlagen für die Zusammenarbeit wie dem Einrichten von gemeinsamen Kommunikationsmöglichkeiten und der Integration verschiedener Datenbestände sind Einsparmöglichkeiten bei IT-Integration von großer Bedeutung. Die wesentlichen Einsparpotenziale werden durch Ausnutzen von Synergieeffekten realisiert. Laut A.T. Kearney lassen sich bei der korrekten Durchführung der IT-Integration bis zu 30 % der vorherigen, addierten IT-Kosten der Unternehmen einsparen [3]. Diese Einsparungen werden im IT-Infrastruktur- und Applikationsbereich durch den Wegfall redundanter Systeme, die Konsolidierung von Rechenzentren und die Standardisierung sowie Reduktion der IT-Infrastruktur realisiert. Weiterhin können aufgrund von Größeneffekten Personal- und Standortkosten eingespart werden, sowie anstehende und laufende IT-Projekte zusammengeführt oder obsolet werden. Einen weiteren Faktor für Kosteneinsparungen stellt die Möglichkeit der Modernisierung der Systeme dar, was durch die erhöhte Qualität die Prozesse verbessern kann. Aufgrund dieser Faktoren hat das Top-Management im Hinblick auf Einsparpotenziale zumeist sehr hohe Erwartungen an eine IT-Integration. Zusätzlich zu den möglichen Kosteneinsparungen schafft die IT-Integration auch Wert im operativen Geschäft. So kann die integrierte IT beispielsweise die Nutzung von Produktionsanlagen optimieren, Prozesse in der Logistik verbessern oder Fachbereiche unterstützen, wobei die Einsparpotenziale hier bei ungefähr 20 % liegen. Man geht davon aus, dass sich bis zu 20 % des gesamten Einsparpotentials kurzfristig innerhalb der ersten Integrationsmonate erzielen lassen.

Die Einbindung der IT in den M&A&D Prozess

Um diese Erfolgsmöglichkeiten realisieren zu können, sollte die IT-Integration einem theoretischen, phasenbasierten Ansatz folgen, der auf dem M&A-Lifecycle aufbaut. Die IT sollte über den gesamten M&A-Lifecycle hinweg involviert werden, um zu garantieren, dass zu jeder Phase die Belange der IT auch berücksichtigt werden. Der IT-Integrationsansatz wird in Abb. 2 dargestellt.

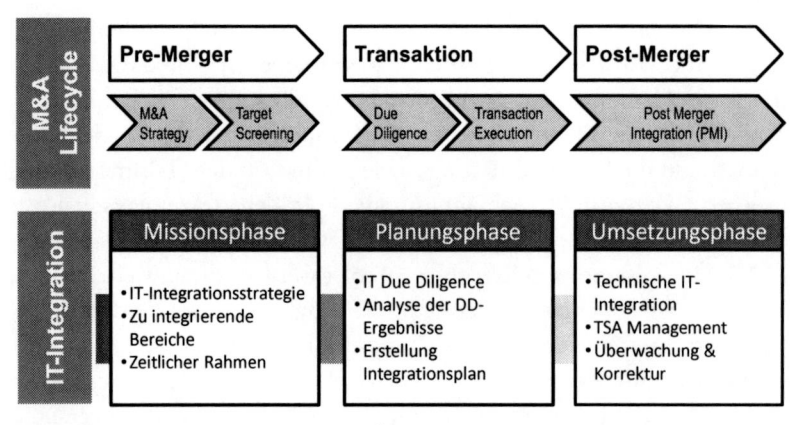

Abb. 2: Der IT-Integrationsansatz bei M&A

M&A Lifecycle:
- Pre-Merger: M&A Strategy → Target Screening
- Transaktion: Due Diligence → Transaction Execution
- Post-Merger: Post Merger Integration (PMI)

IT-Integration:
- Missionsphase
  - IT-Integrationsstrategie
  - Zu integrierende Bereiche
  - Zeitlicher Rahmen
- Planungsphase
  - IT Due Diligence
  - Analyse der DD-Ergebnisse
  - Erstellung Integrationsplan
- Umsetzungsphase
  - Technische IT-Integration
  - TSA Management
  - Überwachung & Korrektur

In der Missionsphase werden die IT-Integrationsstrategie und damit die Rahmenbedingungen für die IT-Integration festgelegt. Die Missionsphase beinhaltet die für eine IT-Integration notwendige Identifikation der zu integrierenden Bereiche und Systeme basierend auf der übergreifenden M&A-Strategie. Weiterhin wird in dieser Phase auch der zeitliche Rahmen für die IT-Integration unter Berücksichtigung der zu realisierenden Synergiepotenziale festgelegt.

Die Planungsphase beinhaltet die für die Erstellung des IT-Integrationsplans notwendige IT Due Diligence. Die Analysen der erhobenen Daten sind Grundlage für die Erstellung des IT-Integrationsplans, der eine Art Ablaufplan für die folgende IT-Integration darstellt. Insbesondere wichtig hierbei sind die Erstellung von IT-Integrationszeitplänen, IT-Aktionsplänen und die Identifizierung für die IT-Serviceerbringung notwendiger TSAs. Dieser IT-Integrationsplan sollte auch die Schwierigkeiten, Risiken und eventuell vorhandene Informationslücken beinhalten, da diese Planung einen Faktor für die Preisbildung und die Dauer der gesamten M&A-Transaktion darstellt. Weiterhin ist Kommunikation mit anderen Funktionsbereichen für eine erfolgreiche Planung notwendig.

In der Umsetzungsphase beginnt die Realisierung der Integration. Da sich nicht alle Änderungen zur gleichen Zeit umsetzen lassen, ist hier insbesondere das Transition-Management des Unternehmens gefragt, um den in der Planungsphase erstellten IT-Aktionsplan auszuführen. Weiterhin muss das IT-Integrationsmanagement dafür sorgen, dass der regelmäßige IT-Betrieb aufrechterhalten wird, während die IT-Integrationsprojekte laufen. In dieser Phase ist insbesondere TSA-Management gefragt, da Integrationserfolge zur schnelleren Ablösung dieser TSAs führen und somit Kosten eingespart werden können. Zusätzlich muss die Einhaltung des IT-Integrationsplans überwacht und der Plan eventuell aufgrund von kritischen Abweichungen überarbeitet werden.

IT Merger Readiness – Eine Methodik

Bei der Entscheidung für den Kauf eines (Teil-)Unternehmens und dessen Integration oder der des Divestments eines Unternehmensteils spielt die IT also zumeist eine untergeordnete Rolle. In vielen Fällen liegt es daran, dass dem Top-Management nicht klar ist, ob die eigene IT-Landschaft überhaupt so aufgestellt ist, dass sie die Fähigkeit besitzt, eine andere IT-Landschaft schnell und effizient integrieren zu können. Viele CIOs schätzen gar diese Fähigkeit ihrer eigenen IT-Abteilung M&A-Aktivitäten durchzuführen als lediglich ausreichend oder schlecht ein. Die vorherige Analyse hinsichtlich der Integrationsfähigkeit der zu übernehmenden IT findet meistens ebenso wenig statt, was darin resultiert, dass während der Due Diligence Phase zwar die IT betrachtet wird, aber sich hier häufig auf die rein kaufmännische Bewertung beschränkt und keine ausreichenden Überlegungen zur IT-Integration angestellt werden. Aus diesem Grund ist der IT Merger Readiness (im folgenden ITMR) Indikator entwickelt worden, der es einem Unternehmen erlaubt, die Integrations- oder Separationsfähigkeit eines Unternehmens oder Unternehmensteils zu bewerten. Dieser Indikator soll der Unterstützung von IT-Integration oder Separation dienen, um diese erfolgreicher zu gestalten. Mit dem Ansatz sollen die bekannten Probleme der IT-Integration adressiert und aufgrund einer verlässlichen Planungsbasis beseitigt werden. Dabei wird nicht nur auf eine quantitative Bewertung der IT wert gelegt, sondern diese auch hinsichtlich ihrer Bedeutung für die bevorstehende Integration analysiert. In vielen Fällen sind die notwendigen Daten zwar in der Due Diligence Phase erhoben worden, sind allerdings nicht ausreichend hinsichtlich ihrer Bedeutung für die IT Merger Readiness ausgewertet bzw. falsch interpretiert worden. Die Unkenntnis der eigenen ITMR und der des zu integrierenden Unternehmens führt häufig dazu, dass die Integration der IT nicht wie geplant abläuft, Potenziale nicht genutzt werden und sich dadurch auch die Kosten und die Dauer der gesamten M&A-Aktivität erhöhen.

Die Analyse beginnt bereits während der Pre-Merger-Phase mit der Bewertung der ITMR des Käuferunternehmens, um die untergeordneten Phasen M&A-Strategie und das Target Screening zu unterstützen. Dieser Ansatz erfüllt die geforderte frühe Einbindung der IT in den M&A-Lifecycle und sorgt dafür, dass die Ergebnisse der ITMR bereits früh mit in die IT-Integrationsplanung einbezogen werden.

Der IT-Merger-Readiness-Analyse-Prozess

Die Bewertung der ITMR folgt einem definierten Prozess, der die ermittelten IT-Daten und Unternehmensinformationen hinsichtlich ihrer Bedeutung für die Integration untersucht. Dieser Prozess wird in der Abbildung 3 grafisch verdeutlicht.

Zunächst muss bei der Analyse zwischen dem Käuferunternehmen und dem Zielunternehmen unterschieden werden. Die Hauptunterschiede bestehen hier im Zeitpunkt der Durchführung und in der Datenbeschaffung, welche sich bei dem Käuferunternehmen meistens leichter gestaltet und durch interne Datenbeschaffung gelöst werden kann, während die Datenbeschaffung bei einem Zielunternehmen schwieriger ausfällt und mittels Due Diligence oder eines Assessments innerhalb der Transaktionsphase realisiert werden muss. Bei beiden Formen der Datenerhebung wird auf den im Folgenden näher beschrieben ITMR-Kriterienkatalog zurückgegriffen, um sicherzustellen,

**Käuferunternehmen
in der Pre-Merger oder Transaktionsphase**

**Zielunternehmen in der Transaktions-
oder Post-Merger-Integration-Phase**

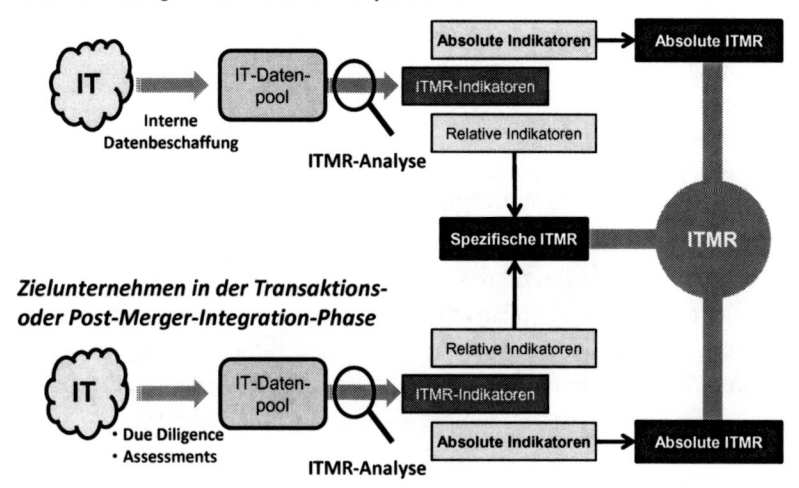

Abb. 3:   *Der IT-Merger-Readiness-Analyse-Prozess*

dass alle für die ITMR-Analyse wichtigen Daten vorliegen. Für die IT-Daten eines Zielunternehmens können die erhobenen Daten aus der IT Due Diligence genutzt werden, wodurch die ITMR-Analyse nur geringen zusätzlichen Aufwand erzeugt.

Das Ergebnis wird in sogenannten ITMR-Indikatoren beschrieben, wobei hier zwischen den absoluten Indikatoren und den relativen Indikatoren unterschieden wird:

⇨ Absolute Indikatoren beschreiben den ITMR-Grad eines Unternehmens bzw. Unternehmensteils auf Basis von feststehenden und ohne Vergleich auszuwertenden Gegebenheiten, wie beispielsweise dem Grad der Verwendung von Standardsoftware oder dem Reifegrad der Prozesse. Der absolute ITMR-Grad ist bei der Bewertung der ITMR, ohne bereits ein Zielunternehmen gefunden zu haben, ein wichtiges Instrument und kann unter anderem für die Analyse der eigenen IT im Hinblick auf eine Separation oder als Alleinstellungsmerkmal bei zum Verkauf stehenden Unternehmen genutzt werden.

⇨ Relative Indikatoren erfassen bestimmte Merkmale der IT eines Unternehmens bzw. Unternehmensteils und geben alleinstehend noch keinen Aufschluss über die ITMR, sondern beschreiben nur für einen stattfindenden Merger relevante IT-Daten. Dies können unter anderem verwendete IT-Infrastruktur oder die Applikation-Versionierungen sein. Ein Beispiel für einen solchen relativen Indikator wäre, dass das eine Unternehmen beispielsweise auf MS Outlook setzt während das andere Unternehmen Lotus Notes verwendet. Aus den relativen Indikatoren lässt sich durch einen Vergleich mit den korrelierenden relativen Indikatoren eines Zielunternehmens daraufhin die spezifische ITMR ermitteln, die den ITMR-Grad zwischen den beiden Unternehmen beschreibt.

Durch die detaillierte Kenntnis der absoluten und spezifischen ITMR lässt sich eine Aussage bezüglich des Schwierigkeitsgrades einer bevorstehenden Integration treffen und die Ergebnisse können bei der Erstellung des Integrationsplans und der benötigten TSAs berücksichtigt werden.

Kategorisierung der IT Merger Readiness mittels des ITRM-Kriterienkatalogs

Um eine vollständige, aber dennoch schnell und effizient durchführbare Betrachtung eines Großteils der für die IT-Integration wichtigen Kriterien gewährleisten zu können, bedarf es eines einheitlichen ITMR-Kriterienkatalogs, der die zu erhebenden Daten beschreibt und deren Bedeutung hinsichtlich der IT-Integration verdeutlicht. Dieser ITMR-Kriterienkatalog enthält nach Kategorien und Teilbereichen strukturierte ITMR-Kriterien, aus denen sich mittels detailliert beschriebenen ITMR-Checklisten der absolute und relative ITMR-Grad ableiten lässt. Durch die Einteilung in Kategorien und Teilbereiche ist der ITMR-Kriterienkatalog skalierbar, was gerade für eine Teilintegration, die beispielsweise lediglich auf Applikationsebene durchgeführt werden soll, ein bedeutender Vorteil ist. Diese Aufteilung basiert auf Best und Good Practices aus mehreren IT-Integrationen. Das Ziel des ITMR-Kriterienkatalogs ist es, ein Verständnis für die Vielzahl an ITMR beeinflussender Faktoren zu entwickeln und die für die ITMR-Checkliste verwendeten Kriterien hinsichtlich ihrer Bedeutung für eine IT-Integration zu verstehen. Der ITMR-Kriterienkatalog stellt ein Nachschlagewerk der ITMR-Kriterien für Unternehmen bereit, auf dessen Basis eine Bewertung der ITMR vorgenommen werden kann. Aus der Abbildung 4 wird der Aufbau des ITRM-Katalogs deutlich. Die einzelnen Kategorien und Teilbereiche sind in dem ITRM-Kriterienkatalog detailliert beschrieben.

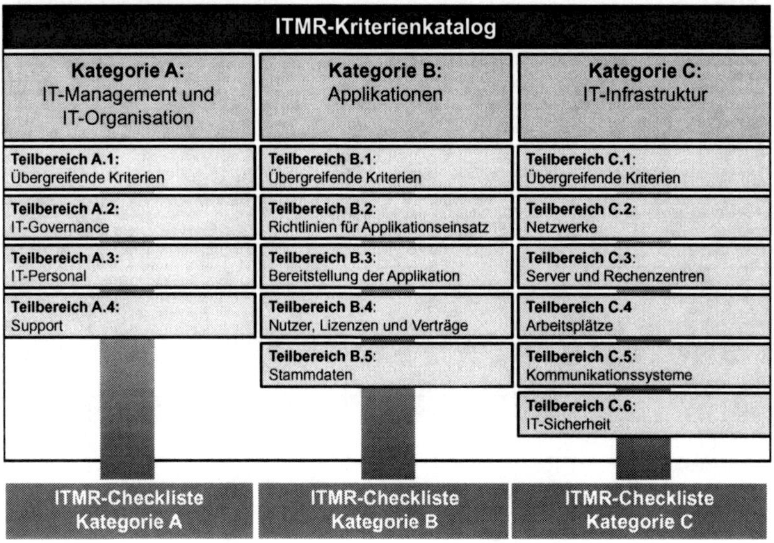

ITMR-Kriterienkatalog		
Kategorie A: IT-Management und IT-Organisation	Kategorie B: Applikationen	Kategorie C: IT-Infrastruktur
Teilbereich A.1: Übergreifende Kriterien	Teilbereich B.1: Übergreifende Kriterien	Teilbereich C.1: Übergreifende Kriterien
Teilbereich A.2: IT-Governance	Teilbereich B.2: Richtlinien für Applikationseinsatz	Teilbereich C.2: Netzwerke
Teilbereich A.3: IT-Personal	Teilbereich B.3: Bereitstellung der Applikation	Teilbereich C.3: Server und Rechenzentren
Teilbereich A.4: Support	Teilbereich B.4: Nutzer, Lizenzen und Verträge	Teilbereich C.4 Arbeitsplätze
	Teilbereich B.5: Stammdaten	Teilbereich C.5: Kommunikationssysteme
		Teilbereich C.6: IT-Sicherheit
ITMR-Checkliste Kategorie A	ITMR-Checkliste Kategorie B	ITMR-Checkliste Kategorie C

Abb. 4: *ITMR-Kriterienkatalog*

Bemessung der IT Merger Readiness mittels IT Merger Readiness Checkliste

Die ITMR-Checkliste leitet aus den beschriebenen Kategorien geordnete Checklisten ab, die als Basis für eine Erhebung und Bewertung dieser Kriterien dienen und nach denselben Kategorien und Teilbereichen strukturiert sind.

Die ITMR-Checkliste betrachtet jeweils das Kriterium, den Indikatortyp (absolut oder relativ), sowie die Messgröße und die ITMR-Bewertung. Die Messgröße beschreibt hierbei, anhand welcher Größe das jeweilige Kriterium bewertet wird, während die ITMR-Bewertung einen Anhaltspunkt dafür gibt, wie die Ergebnisse hinsichtlich der ITMR zu bewerten sind. Diese Bewertung bezieht sich jeweils auf die zur Bewertung herangezogene Messgröße. Ein »+« bedeutet hierbei positiv, ein »o« negativ für die ITMR dieses Kriteriums. Diese sollen eine Orientierungshilfe bei der späteren Auswertung geben.

Beispiel eines Faktors mit Erklärung (Tabelle beispielsweise)

Kategorie A: IT-Management und IT-Organisation				
Teilbereich A.1: Übergreifende Kriterien				
Kriterium	Indikatorart	Messgröße	ITMR-Bewertung	Kosteneinfluss
Abgrenzung der IT innerhalb des Unternehmens	relativ	Beschreibung der Unternehmens-IT	Hohe Ähnlichkeit: ++ Mittlere Ähnlichkeit: + Niedrige Ähnlichkeit: o	Gering
Stellung der IT innerhalb des Unternehmens (IT Business Alignment)	relativ	Sichtweise/ Wahrnehmung der IT im Unternehmen	Eher gleichwertiger Business-Partner: ++ Eher Service-Provider: o	Mittel
IT-Zentralisierungsgrad	absolut	Zentralisierungsgrad des IT-Managements und der IT-Steuerung	Hoher Grad: ++ Mittlerer Grad: + Niedriger Grad: o	Hoch

Kostenbestimmung
Die beiden Indikatorarten müssen zunächst getrennt untersucht werden. Die Ergebnisse beider Betrachtungen führen dann zu einer ersten Kostenschätzung. Dabei handelt es sich um Kosten, die für die Transition und Transformation aufgewendet werden müssen, nicht um die Betriebskosten beider Unternehmen. Qualitätsmäßig werden jedoch diejenigen Betriebskosten in den T&T Kosten erfasst, die sich durch systembedingten Doppelbetrieb ergeben, z. B. doppelte Desktopkosten für Mitarbeiter des übernommenen Unternehmens, da sich der relative Indikator »Kommunikationssystem« zwischen beiden Unternehmen unterscheidet (z. B. Outlook® und Lotus®).

Kosten bei relativen Indikatoren
Hier ist bei dem Vergleich der beiden relativen Indikatoren der Unternehmen eine geringe Abweichung der voneinander entscheidend für die ITRM Bewertung.

Beispiel für Indikator »Stellung der IT«:

In Unternehmen A ist die IT als Dienstleister für Services etabliert, während in Unternehmen B die IT zersplittert und kaum koordiniert ein Schattendasein führt.

Analyse:
niedrige Ähnlichkeit (0 = geringer ITMR) -> hoher Aufwand

Ergebnis: Dieser Indikator hat einen mittleren Einfluss auf die Kosten (Tabelle) und, da er aufgrund der geringen Ähnlichkeit hohen Aufwand bedeutet, trägt er *durchschnittlich* zu den Gesamtkosten bei.

Kosten bei absoluten Indikatoren
Hier ist die *Summe* beider Indikatoren entscheidend.
Beispiel für Indikator »IT-Zentralisierungsgrad«:

Unternehmen A wird zentral geführt & Unternehmen B wird zentral geführt

Analyse:
Hoher Grad der Zentralisierung (++ = hoher ITMR) -> geringer Aufwand

Ergebnis: Dieser Indikator hat einen hohen Einfluss auf die Kosten (Tabelle) und, da er aufgrund der hohen Übereinstimmung geringen Aufwand bedeutet, trägt *wenig* zu den Gesamtkosten bei.

Einflussfaktor IT auf den Gesamterfolg einer Firmenübernahme

Die genaue Kenntnis darüber, ob die IT-Landschaft eines Unternehmens dazu in der Lage ist, schnell und effizient eine andere IT-Landschaft zu integrieren, ist bei der hohen Anzahl an M&A-Aktivitäten und den auf Wachstum ausgerichteten Strategien der meisten Unternehmen ein nicht zu unterschätzender, wertvoller Faktor. Mittels der ITMR-Indikatoren ist ein Unternehmen in der Lage diese Kenntnis zu erlangen und zu seinem Vorteil nutzen zu können. Dabei gibt es verschiedene Situationen, in denen eine solche Analyse bzw. die Kenntnis der eigenen IT Merger Readiness für ein Unternehmen wertvoll sein können.

ITMR bei Unternehmensübernahmen und -integrationen

Bei dem klassischen Fall einer Unternehmensübernahme ist es bereits im Vorfeld der eigentlichen Transaktion, also in der Pre-Merger-Phase, von Vorteil, die Integrationsfähigkeit der eigenen IT zu kennen. Im Rahmen der üblichen Analyse des eigenen Unternehmens sollte in dieser Phase auch eine Betrachtung der eigenen ITMR durchgeführt werden. Diese Kenntnis kann dann dazu genutzt werden, um die M&A-Strategie bezüglich der eigenen Stärken oder Schwächen im IT-Bereich hinsichtlich Integrationen anzupassen. Weiterhin kann während der DD-Phase die ITMR des zu kaufenden Unternehmens überprüft und mit den Ergebnissen aus der Analyse der eigenen ITMR verglichen werden. Die sich ergeben Resultate spielen eine große Rolle bei der Aufwandsschätzung der Integration und der Integrationsplanung, da hier offensichtlich wird, welche Schwierigkeiten aufgrund von beispielsweise unterschiedlichen Systemen auftreten können und wie kompliziert die Integration sich insgesamt gestalten wird. Bei zu komplexen IT-Integrationen kann es dazu führen, dass der Integrationslevel überdacht oder sogar das gesamte M&A-Vorhaben aufgrund von IT-Inkompatibilität infrage gestellt werden muss. Die ITMR bei Unternehmensübernahmen und -integrationen erhöht also die Transparenz bei M&A-Aktivitäten und trägt dazu bei, dass bei der IT-Integrationsplanung die Gegebenheiten hinsichtlich der IT-Integration mit berücksichtigt werden, was schluss-endlich zu einer besseren und genaueren Planung führt.

Zusätzlich kann eine ITMR-Analyse aber auch bei einer sich bereits in der Post-Merger-Phase befindenden Transaktion eingesetzt werden, um vorherige Versäumnisse während der Due Diligence abzumildern und eine bereits laufende Integration zu unterstützen. Hier kann dann der bestehende Integrationsplan dahingehend geändert werden, dass die Analyseergebnisse berücksichtigt oder eventuell existierende TSAs vorher abgelöst werden, wenn die Erkenntnisse aus der ITMR-Analyse dies erlauben. Gerade das Gebiet der früheren Ablösung von TSAs bietet ein hohes Einsparpotenzial.

ITMR bei Divestments

Für eine anstehende Separation ist insbesondere die Ermittlung der absoluten ITMR wichtig, da hier die für eine Separation wichtigen Bereiche analysiert werden und dadurch die Schwierigkeit der Separation abgeschätzt werden kann. Nach einer erfolgreichen Separation kann die ITMR auch dazu genutzt werden, das abgespaltene Unternehmen zu bewerten. Die Bewertung der eigenen ITMR kann bei einem Unternehmensverkauf oder einer Unternehmensteilabspaltung mit geplantem Verkauf des abgespaltenen Unternehmensteils, den Wert des Verkaufsobjektes erhöhen. Ein leicht zu integrierendes Unternehmen auf Basis absoluter ITMR-Kriterien findet schneller einen Käufer und kann einen höheren Marktpreis erzielen, da die Integrationskosten geringer ausfallen und die Integrationsgeschwindigkeit in der Regel höher ist. Somit kann ITMR auch als Alleinstellungsmerkmal (USP) angesehen werden und für Marketingzwecke genutzt werden.

IT Partner helfen, den Blick nach vorne zu richten
Es gibt nur wenige Unternehmen mit unternehmenskritischer IT, für die Merger, Akquisitionen oder Divestments zum Tagesgeschäft gehört. Die Nutzung von erfahrenen Partnern kann helfen, den Blick auf das zukünftige Betriebsmodell zu richten – und sich auf das neue, veränderte Geschäft einzustellen.

Literaturverzeichnis
[1] »Understanding the strategic value of IT in M&A«, McKinsey Quarterly, January 2011, Hugo Sarrazin, Andy West – Verweis mit Zustimmung der Autoren

Zusammenfassung

Das Management der IT hat wesentlichen Einfluss auf die Realisierung von Synergien bei Mergern, Acquisitionen und Divestments. Eine frühe Einbeziehung durch die Geschäftsführung und die M&A-Beratung ermöglichen eine kompetente Formulierung von temporären Service-Vereinbarungen zwischen den Unternehmen.

Für eine rasche und zuverlässige Schätzung von IT-Integrationskosten lässt sich die IT-Merger-Readiness (der Bereitschaft der IT, zusammenzuwachsen) bestimmen. Diese beruht auf den Bereichen Governance, Applikationen und Infrastruktur und lässt sich in absolute und relative Faktoren gliedern. Bei absoluten Indikatoren ist die Summe entscheidend (z. B. IT-Zentralisierungsgrad: Hohe Bereitschaft, wenn beide Unternehmen zentral geführt sind), bei relativen Indikatoren ist eine geringe Abweichung der Indikatoren voneinander entscheidend (z. B. Stellung der IT in den beiden Unternehmen: Bei ähnlicher Stellung ist die Bereitschaft zur Fusion deutlich einfacher und kostengünstiger).

Diese Verfahren kommt dann zum Einsatz, wenn keine Zeit, kein Budget oder keine Informationsfreigabe für ein bevorstehendes M&A Ereignis vorhanden ist.

IT-Governance, Risk & Compliance

IT-Governance, Risk & Compliance (IT-GRC) spielt im Informationsmanagement eine immer wichtigere Rolle. Dabei sind die drei Teilbereiche nicht getrennt zu betrachten, sondern miteinander zu verbinden. Der Beitrag stellt ein solches integriertes Managementsystem und dessen software-gestützte Umsetzung vor.

In diesem Beitrag erfahren Sie:
- welche hohe strategische Bedeutung IT-GRC zugeschrieben werden muss,
- welche Regularien und Konzepte in diesem Kontext für Unternehmen wichtig sind,
- wie eine Softwarelösung die operative Umsetzung unterstützen kann.

Steffen Weber, Stefan Kronschnabl, Thomas Jurisch

Vorbemerkung

Die letzten Jahre waren aus Sicht vieler Unternehmen auch Jahre der »Skandale«. Betrugsfälle, Bilanzmanipulationen, Bespitzelung von Mitarbeitern oder Datendiebstahl sind nur einige der Themen, die von den Medien öffentlichkeitswirksam ausgeschlachtet wurden. Lidl, ERGO, Enron oder Deutsche Bahn sind zwar einige der spektakulärsten Fälle, aber sicher nur die Spitze des Eisbergs. Zunehmende Internationalisierung, Ubiquität von Systemen und Informationen, Diversifikation der Belegschaft oder Virtualisierung von Unternehmen oder Unternehmensverbünden sorgen dafür, dass ohnehin schon hochkomplexe Themen noch um ein Vielfaches schwerer zu überblicken und zu beherrschen sind.

Um auf diese neuen Herausforderungen adäquat reagieren zu können, fehlen den Unternehmen Ansätze, die alle relevanten Vorgaben und Richtlinien erkennen, in ein ganzheitliches Managementsystem überführen und durch effektive Führungsstrukturen beherrschbar machen.

Für diese Managementaufgabe hat sich der Begriff »GRC« (Governance, Risk & Compliance) durchgesetzt, der – auf den IT-Bereich angewendet – *IT-GRC* genannt wird. Wie Abbildung 1 verdeutlicht, stellen IT-Governance-, IT-Risiko- und IT-Compliance-Management Unteraufgaben der übergeordneten organisatorischen Managementaufgaben Corporate Governance-, Risiko- und Compliance Management dar [14].

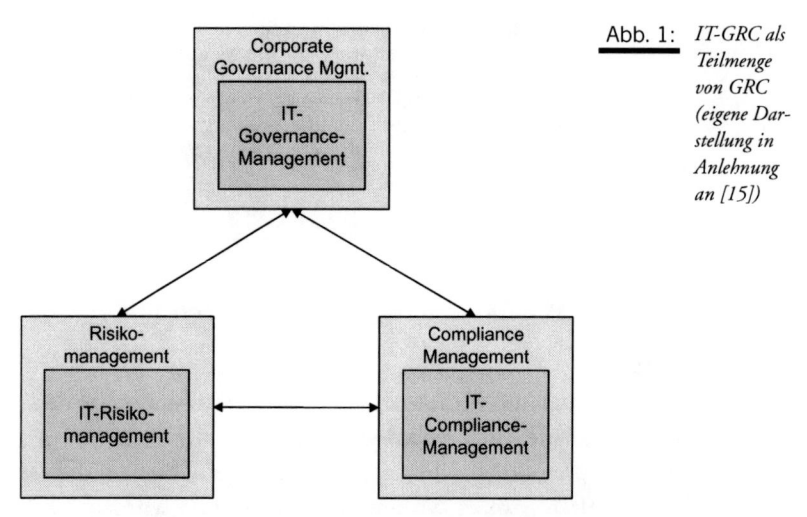

Abb. 1: *IT-GRC als Teilmenge von GRC (eigene Darstellung in Anlehnung an [15])*

IT-GRC als integriertes Managementsystem

Die betriebliche Umsetzung von IT-GRC sollte in einem integrierten Managementsystem erfolgen, in dem alle Teilaufgaben an den generischen Management-Zyklus (Plan, Do, Check, Act) angelehnt sind: Basierend auf einer Ist-Analyse werden Strategie und Maßnahmen ausgewählt, umgesetzt, kontrolliert und kontinuierlich verbessert [15]. Daher liegt es nahe, die drei Teilaufgaben in einem ganzheitlichen, integrierten Prozessansatz zu vereinen (siehe Abb. 2).

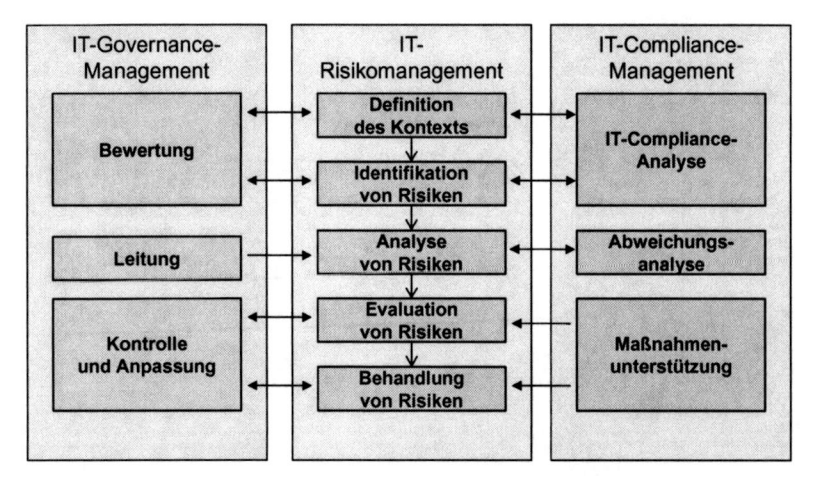

Abb. 2: *Prozessmodell für integriertes IT-GRC Management (eigene Darstellung in Anlehnung an [15])*

Im Mittelpunkt steht der IT-Risikomanagementprozess. Die ersten beiden Prozessschritte, die Definition des Kontextes und die Identifikation der Risiken werden durch Vorgaben der IT-Compliance-Analyse und der IT-Governance gespeist und von Letzterer bewertet. Die Risikoanalyse wird unter Leitung der IT-Governance durchgeführt und stetig mit den Vorgaben der IT-Compliance im Sinne einer Abweichungsanalyse abgeglichen. Bei der Evaluation und Behandlung von Risiken unterstützt das IT-Compliance-Management rechtlich, die IT-Governance-Funktion kontrolliert die Prozessschritte und passt diese gegebenenfalls an.

Teilaufgabe 1: IT-Compliance-Management

Der Begriff *Compliance* steht für die Ausgestaltung und Überwachung einer ordnungsgemäßen Unternehmensführung [12]. Unter Corporate Compliance versteht man die »Erfüllung der Verpflichtungen aus rechtlichen und organisatorischen Anforderungen« [19]. Die rechtlichen Anforderungen werden in der Fachliteratur noch weiter

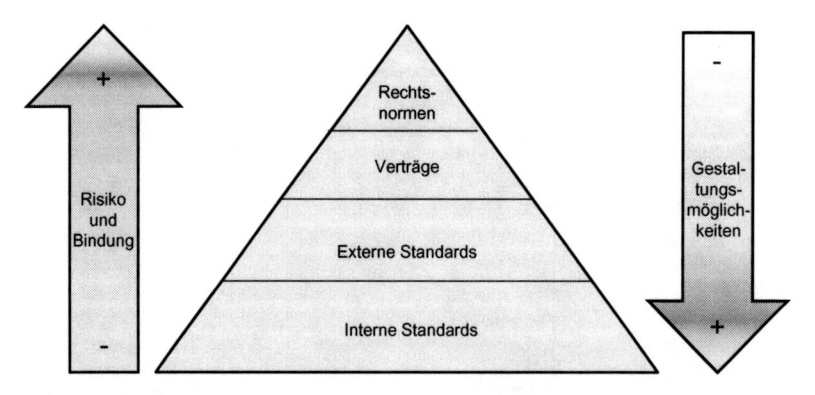

Abb. 3: *Die Compliance-Pyramide (eigene Darstellung in Anlehnung an [12])*

aufgegliedert in gesetzliche und vertragliche Anforderungen. Zusätzlich sind Vorgaben aus internen und externen Standards oder Vereinbarungen einzuhalten [18].

Die in Abbildung 3 dargestellte Compliance-Pyramide bildet die genannten Anforderungen in drei Dimensionen ab:

⇨ Auf der einen Seite steigt das *Risiko* bei einer Verletzung der jeweiligen Anforderung tendenziell an. Die Gründe liegen in den juristisch oder vertraglich definierten Strafen, in Schadensersatzleistungen oder im Verlust des Marktvertrauens.

⇨ Ferner steigt auch die *Verbindlichkeit*. Eine Gesetzesnorm ist zwingend zu berücksichtigen, während interne Standards situativ auch außer Kraft gesetzt werden können [12].

⇨ Auf der anderen Seite sinkt der *Gestaltungsspielraum*. Während ein Unternehmen prinzipiell keinen Einfluss auf die Ausgestaltung von Gesetzesnormen hat, sind Verträge zwar vom Vertragspartner abhängig, aber grundsätzlich verhandelbar. Externe Standards geben jeweils nur eine grobe Richtung vor und können unternehmensindividuell angepasst werden. Interne Standards hingegen sind vollständig flexibel hinsichtlich der Gestaltungsmöglichkeiten des jeweiligen Unternehmens.

IT-Compliance leitet sich aus den Vorgaben an die Corporate Compliance ab. Nicht alle Anforderungen der Corporate Compliance beziehen sich auf die IT. Durch die hohe Abhängigkeit der heutigen Unternehmen von ihrer IT wird jedoch das Gebiet der IT-Compliance als besonders relevant erachtet [1]. Es wird untersucht, ob die IT des jeweiligen Unternehmens anforderungskonform eingesetzt wird. Die Konformität bezieht sich auf technische, organisatorische und personelle Anforderungen [12].

Die unternehmerische Auseinandersetzung auf höchster Entscheidungsebene mit relevanten Gesetzen, Richtlinien und internen Vorgaben wird *Compliance Management* genannt. Ziel ist es, die für das jeweilige Unternehmen relevanten Gesetze, Richtlinien und Standards zu identifizieren [17]. Die praktische Umsetzung dieser Aufgabe erfolgt in den entsprechenden Governance-Strukturen.

IT-Compliance-Analyse

Die wichtigste Aufgabe des IT-Compliance-Managements ist die Identifikation relevanter *Compliance-Vorgaben* für die jeweilige Organisation. Analog zur Compliance-Pyramide kann sich diese sogenannte IT-Compliance-Analyse z. B. an folgender Kategorisierung anlehnen: Nationale und branchenübergreifende Normen (KontraG, BDSG, GoBS, GDPdU oder SigG) werden ergänzt durch nationale, branchenspezifische (Anforderungen wie TMG, MaRisk oder KWG). Dazu sind ebenfalls stets internationale Anforderungen mit Auswirkungen auf deutsche Unternehmen wie z. B. SOX, die 8. EU-Richtlinie oder Basel II zu berücksichtigen. Ergänzt werden die gesetzlichen Anforderungen anschließend um vertragliche (z. B. Anforderungen an Zulieferer) oder interne Anforderungen (z. B. der Schutz der Geschäftsgeheimnisse) [1].

Anforderungen

- **Intern**: Schutz der Geschäftsgeheimnisse etc.
- **Extern**
  - **Gesetzlich**
    - **National**: KonTraG, BDSG, GoBS, GDPdU, SigG
      - **Branchenspezifisch**: KWG, TMG etc.
    - **International**: 8. EU-Richtlinie, SOX, Basel II
      - **Branchenspezifisch**: Solvency II etc.
  - **Vertraglich**: z. B. als Anforderung an Zulieferer

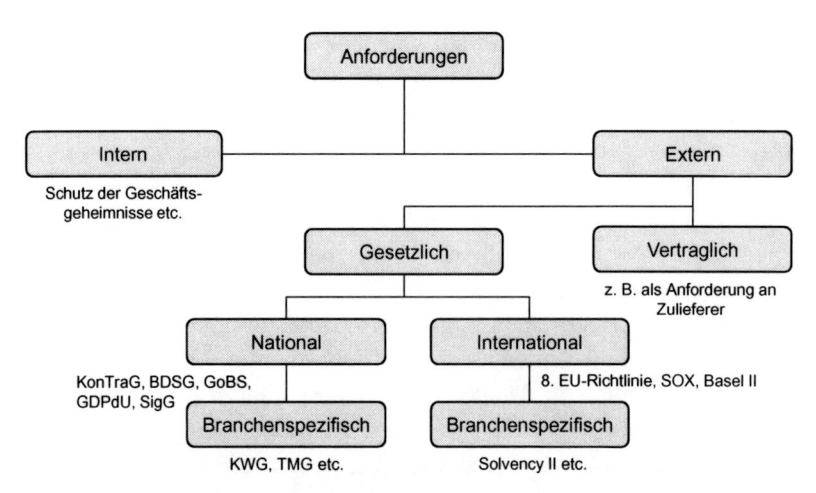

Abb. 4: *Beispielhafte Kategorisierung von unternehmerischen Anforderungen mit Auswirkung auf das IT-Risikomanagement (eigene Darstellung)*

Tabelle 1 gibt eine Übersicht über die Anforderungen und Geltungsbereiche der wichtigsten Compliance-Anforderungen.

Tabelle 1: Anforderungen an das betriebliche Risikomanagement mit Geltungsbereich und Adressaten (eigene Darstellung)

Anforderung	Geltungsbereich (D = Deutschland, I = International)	Rechtsformen (Alle = Alle Rechtsformen)	Branchenspezifität
KonTraG	D	Alle	Keine
BDSG	D	Alle	Keine
GOBS	D	Alle, die eine IT-gestützte Buchführung betreiben	Keine
GDPdU	D	Alle, die eine IT-gestützte Buchführung betreiben	Keine
SigG	D	Alle	Keine

Tabelle 1: Anforderungen an das betriebliche Risikomanagement mit Geltungsbereich und Adressaten (eigene Darstellung) (Fortsetzung)

Anforderung	Geltungsbereich (D = Deutschland, I = International)	Rechtsformen (Alle = Alle Rechtsformen)	Branchenspezifität
KWG	D	Alle	Finanzdienstleister
MaRisk	D	Alle	Finanzdienstleister
MAK	D	Alle	Finanzdienstleister
Solvency II	I (ab 2012 D)	Alle	Versicherungen
TMG	D	Alle	Telemedienanbieter
TKG	D	Alle	Telekommunikationsanbieter
SOX	I	Alle an US-Börsen notierten Unternehmen und deren ausländische Töchter	Keine
Basel II	I	Alle	Keine
8. EU-Richtlinie	D	Alle	Keine
Unternehmerische Anforderungen	I	Alle	Keine

Aus diesen Anforderungen muss jedes Unternehmen individuell ableiten, welche Anforderungen an die Governance und das Risikomanagementsystem gestellt werden.

Teilaufgabe 2: IT-Governance

Die zweite Teilaufgabe lässt sich von *(to) govern* ableiten, was mit Begriffen wie *führen, leiten* oder *lenken* übersetzt wird. Allgemein wird der Begriff Corporate Governance als Aufgabe zur ordnungsgemäßen Führung und Überwachung des Unternehmens beschrieben [18]. In der öffentlichen Diskussion taucht der Begriff seit geraumer Zeit vor allem im Rahmen von Bilanzskandalen und Unternehmenszusammenbrüchen auf [3]. Governance verfolgt primär folgende Ziele [14]:

⇨ vorsorgliches Verhindern von egoistischem Verhalten, das anderen Interessengruppen schaden könnte im Sinne einer Milderung des angesprochenen Interessenkonfliktes,
⇨ zeitnahes Erkennen von drohenden Unternehmenskrisen, Ermöglichung einer effektiven Reaktion und bestenfalls proaktive Vermeidung der Krise,
⇨ Senkung der Kosten für Fremd- und Eigenkapitalgewährung,
⇨ bessere Reputation am Markt und in der öffentlichen Meinung.

Ein Unternehmen kann also durch gute Corporate Governance langfristig seine Wettbewerbsfähigkeit sichern, seinen Wert steigern und letztlich einen messbar größeren Erfolg erzielen [3].

IT-Governance stellt eine Spezialisierung der Corporate Governance dar. Die Hauptziele von IT-Governance sind die Erreichung der Geschäftsziele durch effektive IT-Unterstützung, die effiziente Nutzung von IT-Ressourcen und eine angemessene Überwachung der IT-Risiken [16]. Mit anderen Worten: »IT Governance is the responsibility of the board of directors and executive management. It is an integral part or enterprise governance and consists of the leadership and organizational structures and processes that ensure that organizations' IT sustains and extends the organization's strategies and objectives.« [9]

Diese und noch weitere Definitionen [4] von IT-Governance haben alle eine Kernaussage gemein: Ziel einer effektiven IT-Governance ist es, dass die IT-Abteilung zur Erreichung der Gesamtgeschäftsziele beiträgt. Unterziele sind beispielsweise das IT-Business-Alignment (die Ausrichtung der IT-Ziele an der Geschäftsstrategie und den sich daraus ergebenden Geschäftszielen), die Gewährleistung von Compliance, die operative Steuerung der IT-Abteilung und die zur Erfüllung der genannten strategischen und operativen Aufgaben der IT-Abteilung notwendigen aufbau- und ablauforganisatorischen Maßnahmen.

An dieser Stelle wird eine Abgrenzung zum IT-Management-Begriff notwendig. IT-Management hat zwar ähnliche Aufgaben und Ziele, jedoch umfasst IT-Governance nicht nur die aktuellen Anforderungen, sondern leitet aus den Geschäftszielen und externen Anforderungen zukünftige Herausforderungen der Unternehmens-IT ab. Ergänzt wird diese Abgrenzung noch durch organisatorische Maßnahmen, Festlegung von Verantwortlichkeiten sowie der Kommunikationsaufgabe zwischen Unternehmens-IT und den verschiedenen Stakeholdern [10].

Teilaufgabe 3: IT-Risikomanagement

»Risiko« wird allgemein als »Unsicherheit bzw. [...] Möglichkeit eines Abweichens vom erwarteten Wert« [18] definiert oder als »[...] die Wahrscheinlichkeit (oder relative Häufigkeit) des Eintritts eines Schadensereignisses und die Höhe des potenziellen Schadens, der dadurch hervorgerufen werden kann.« [6] Auf die konkrete organisatorische Situation angepasst kann man Risiko auch so definieren, »[...] dass Ereignisse oder Handlungen ein Unternehmen daran hindern, seine Ziele zu erreichen bzw. seine Strategien erfolgreich umzusetzen.« [8] Eine Risiko-Taxonomie unter ökonomischen Gesichtspunkten liefert Abbildung 5.

IT-Risiko
Eine Teilmenge der in Abbildung 5 gezeigten Risiken sind Risiken für Informations- und Kommunikationstechnik, kurz IT-Risiken [12]. Um eine Verbindung zwischen IT-Systemen und dem Begriff Risiko

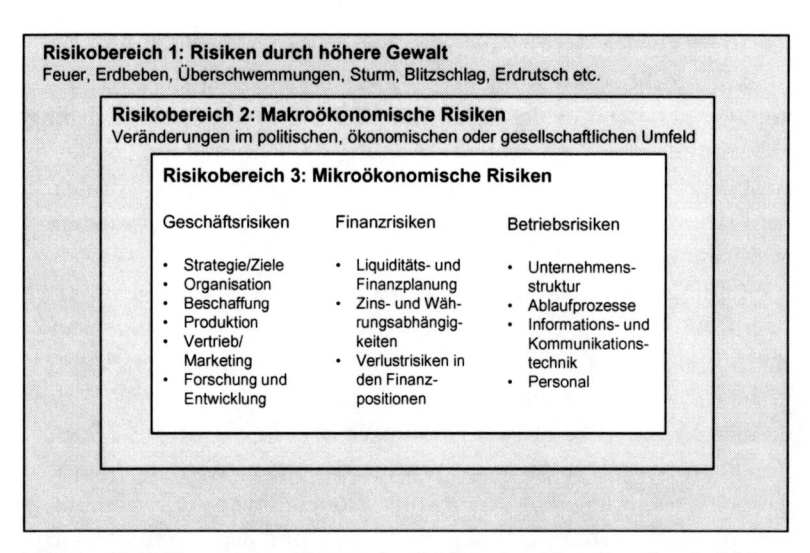

Risikobereich 1: Risiken durch höhere Gewalt
Feuer, Erdbeben, Überschwemmungen, Sturm, Blitzschlag, Erdrutsch etc.

Risikobereich 2: Makroökonomische Risiken
Veränderungen im politischen, ökonomischen oder gesellschaftlichen Umfeld

Risikobereich 3: Mikroökonomische Risiken		
Geschäftsrisiken	Finanzrisiken	Betriebsrisiken
• Strategie/Ziele • Organisation • Beschaffung • Produktion • Vertrieb/Marketing • Forschung und Entwicklung	• Liquiditäts- und Finanzplanung • Zins- und Währungsabhängigkeiten • Verlustrisiken in den Finanzpositionen	• Unternehmensstruktur • Ablaufprozesse • Informations- und Kommunikationstechnik • Personal

Abb. 5: *Risiko-Taxonomie unter ökonomischen Gesichtspunkten (eigene Darstellung in Anlehnung an [11])*

herzustellen, bietet sich folgende Definition an: »Ein Risiko ist eine nach Häufigkeit (Eintrittserwartung) und Auswirkung bewertete Bedrohung eines zielorientierten Systems. Das Risiko betrachtet dabei stets die negative, unerwünschte und ungeplante Abweichung von System-Zielen und deren Folgen.« [13] Um die beschriebenen Sicherheitsziele aufzugreifen, sind demnach IT-Risiken die negative, unerwünschte und ungeplante Abweichung der IT-Sicherheitsziele

⇨ Verfügbarkeit,
⇨ Integrität,
⇨ Vertraulichkeit,
⇨ Zurechenbarkeit,
⇨ Authentizität und
⇨ Revisionsfähigkeit von IT-Systemen und/oder Informationen und deren Folgen.

Zur weiteren Strukturierung lassen sich Risikokategorien bilden, denen die Einzelrisiken im Bereich IT-Risikomanagement zugeordnet werden. Eine umfassende Auflistung stellt Rauschen [15] vor (siehe Tabelle 2).

Tabelle 2: Risikokategorien und beispielhafte Einzelrisiken [15]

Risikokategorien	Einzelrisiken
Risiken aus dem Management der IT	⇨ Mangelhafte Steuerung, z. B. Fehlallokation von Ressourcen ⇨ Nichteinhaltung rechtlicher Rahmenbedingungen ⇨ Unzureichende Berücksichtigung von Geschäftsanforderungen ⇨ Abhängigkeit von individuellem Know-how (»Kopfmonopole«) ⇨ Veraltetes und/oder lückenhaftes Know-how
Organisatorische Risiken	⇨ Mangelnde Planung der technischen Infrastruktur ⇨ Mangelnde Zuordnung von Rollen und Verantwortlichkeiten ⇨ Unzureichende Berücksichtigung externer Anforderungen
Technische Risiken	⇨ Mangelnde Daten-Backups für Server ⇨ Unzureichende Systemdokumentation ⇨ Mangelndes Konfigurationsmanagement ⇨ Komplexität der Systemlandschaft
Sicherheitsrisiken	⇨ Mangelnder Zugriffsschutz von Daten und Anwendungen ⇨ Mangelnder Schutz vor Zugriff von außen (Viren etc.)
Projektbezogene Risiken	⇨ Zeit-, Kosten-, Terminabweichungen ⇨ Funktionsmängel, Qualitätsmängel
Kosten- und leistungsbezogene Risiken	⇨ Keine IT-Kostenrechnung vorhanden (Kostenstellenrechnung) ⇨ Keine verursachungsgerechte Verteilung der Kosten ⇨ Unzureichende Budgetplanung
Infrastrukturelle Risiken	⇨ Unzulängliche Einführung neuer Technologien und Prozesse ⇨ Nichteinhaltung baulich-technischer Standards ⇨ Kein Notfallplan (Business Continuity), Wiederanlaufplan oder Sicherungskonzept
Anwendungs- und prozessbezogene Risiken	⇨ Veraltete, nicht integrierte Anwendungen (Insellösungen, Legacy Systems) ⇨ Schnittstellenprobleme ⇨ Anwendungen werden nicht prozessbezogen eingesetzt ⇨ Abhängigkeit von kritischen, sensitiven Daten

Risikomanagement

Unter Risikomanagement versteht man »alle erforderlichen Maßnahmen zur Risikobekämpfung.« [7] Dazu muss auf Basis von Art, Quantität und Qualität der jeweiligen Risiken ein möglichst effizienter Maßnahmenkatalog erstellt werden. Einen möglichen Aufbau gibt z. B. die Norm DIN IEC 62198 [5] vor: Dort wird Risikomanagement als »systematische Anwendung von Managementgrundsätzen, -verfahren und -praktiken zwecks Ermittlung des Kontexts sowie Identifikation, Analyse, Bewertung, Steuerung/Bewältigung, Überwachung und Kommunikation von Risiken« [5] definiert.

IT-Risikomanagement

IT-Risiken sind die negativen, unerwünschten und ungeplanten Abweichungen der System-Ziele Verfügbarkeit, Integrität, Vertraulichkeit, Zurechenbarkeit, Authentizität und Revisionsfähigkeit von IT-Systemen, Informationen und deren Folgen. IT-Risiken sind Teil der operativen unternehmerischen Risiken. Daraus lässt sich ableiten, dass das IT-Risikomanagement ein Teil des betrieblichen Risikomanagements ist. IT-Risikomanagement sollte in ein Managementsystem eingebettet sein [13].

Methode: IT-Risikomanagementsystem

Für Erfolg und Nachhaltigkeit des betrieblichen Risikomanagements ist es wichtig, dass der Risikomanagementprozess in einen ganzheitlichen Rahmen (engl. Framework) eingebettet wird. Dieses Framework stellt alle notwendigen organisatorischen Voraussetzungen her, um den Risikomanagementprozess und ein Risikobewusstsein effektiv im Unternehmen auf allen Hierarchieebenen zu verankern. Das Ergebnis der Anwendung eines solchen Risikomanagement-Frameworks mit integriertem Risikomanagementprozess bildet das Risikomanagementsystem [8] (siehe Abb. 6).

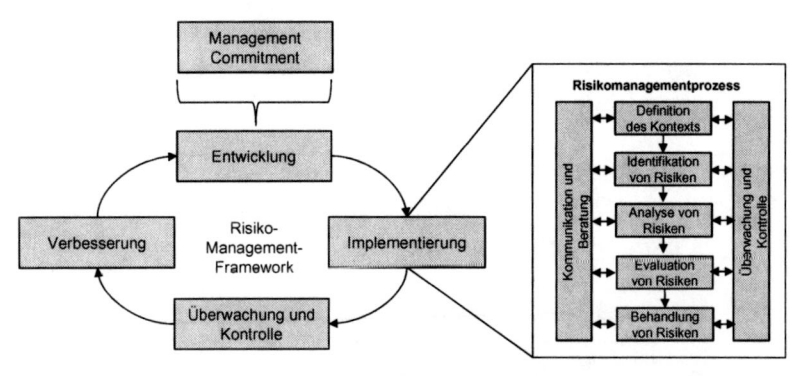

Abb. 6: *Beispiel für ein Risikomanagementsystem (eigene Darstellung in Anlehnung an [8])*

Ein Risikomanagementsystem besteht aus drei Komponenten [7]:
⇨ Das Frühwarnsystem sorgt für eine rechtzeitige Identifikation von internen und externen Veränderungen.
⇨ Das Überwachungssystem stellt die Effizienz von betrieblichen Abläufen durch ein internes Kontrollsystem sowie interner und externer Revision sicher.
⇨ Das Risikocontrolling informiert die Geschäftsführung über auftretende Risiken, damit diese rechtzeitig gegensteuern kann.

Diese Komponenten finden sich auch im internationalen Standard für Risikomanagement, der ISO 31000, wieder [8]:
⇨ Das Risikomanagementsystem beginnt mit dem *Management Commitment*, also der uneingeschränkten Unterstützung durch die Geschäftsführung.
⇨ In der Phase *Entwicklung* wird das Risikomanagementsystem selbst entwickelt. Dazu zählen z. B. die Auswahl eines Frameworks, die Entwicklung einer Risiko-Governance-Struktur, die Bildung des Risikomanagement-Teams oder die Auswahl der Analysemethoden.
⇨ In der *Implementierungsphase* wird der Risikomanagementprozess wie oben beschrieben durchlaufen.
⇨ Die Ergebnisse daraus werden *überwacht* und *kontrolliert*.

Durch die Auswahl und Umsetzung von Maßnahmen wird das Risikomanagement kontinuierlich verbessert und gleichzeitig immer mehr Teil der Risikokultur des Unternehmens.

Risikomanagementprozess
Die genannten Aktivitäten lassen sich wie folgt in einen Risikomanagementprozess übertragen (siehe Abb. 7).

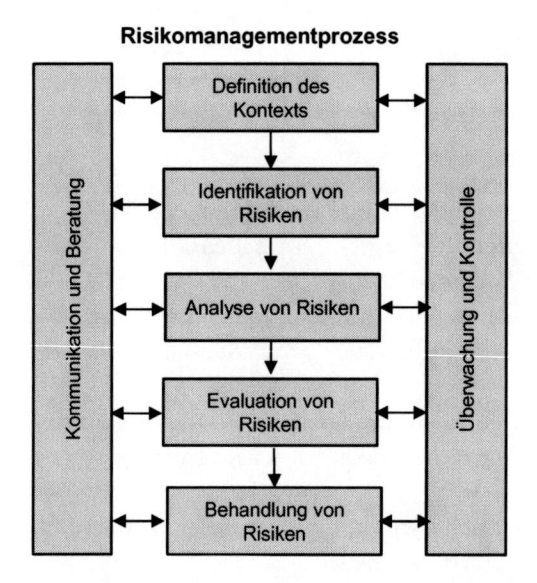

Abb. 7: *Der Risikomanagementprozess (eigene Darstellung in Anlehnung an [2]; [8])*

⇨ *Definition des Kontexts:* In diesem Teilprozess wird festgelegt, welche Bereiche, Systeme, Objekte oder Prozesse in den Risikomanagementprozess einbezogen werden.
⇨ *Identifikation von Risiken:* Alle relevanten Risiken des untersuchten Kontexts werden systematisch identifiziert. Dazu werden Experteninterviews mit vorab entwickelten Fragebögen durchgeführt. Experten sollten die jeweiligen Prozessverantwortlichen sein.
⇨ *Analyse von Risiken:* Es erfolgt eine Risikoeinschätzung, in der man die Eintrittswahrscheinlichkeit und das Schadensausmaß ermittelt.

In der Praxis lassen sich verschiedene Analyse-Methoden einsetzen, z. B. die Impact-Analyse, die Bedrohungsanalyse oder die Schwächen-Analyse [13].

⇨ *Evaluation von Risiken:* Die analysierten Risiken und ihre Werte für Eintrittswahrscheinlichkeit und Schadensausmaß werden in diesem Schritt interpretiert und evaluiert. Das Ergebnis der Evaluation lässt sich durch eine Risiko-Matrix darstellen (siehe Abb. 8).

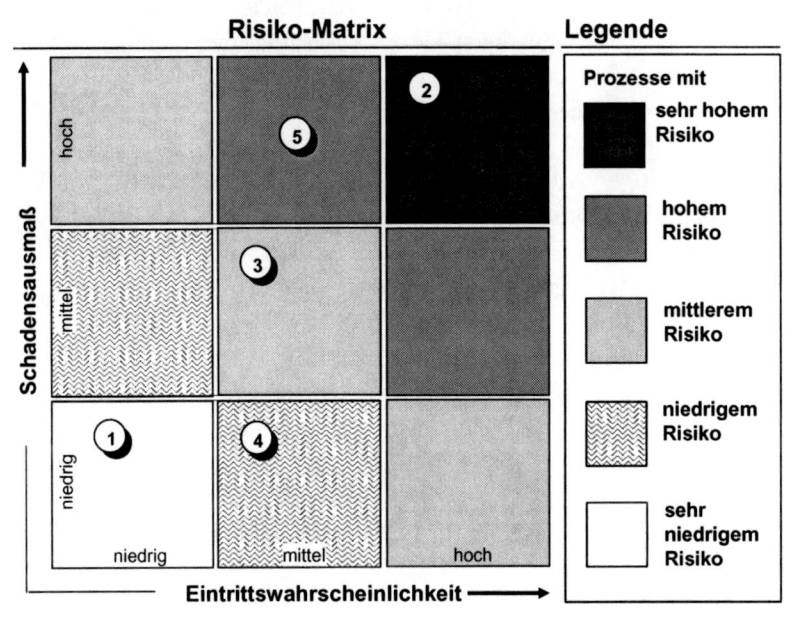

Abb. 8: *Beispiel für eine Risiko-Matrix (eigene Darstellung in Anlehnung an [11])*

Die Beispiel-Matrix in Abbildung 8 besitzt zwei Dimensionen (Abszisse: Eintrittswahrscheinlichkeit, Ordinate: Schadensausmaß), jeweils mit den drei Abstufungen niedrig, mittel und hoch. Dies ergibt eine Matrix mit neun Quadranten. Jeder analysierte Prozess wird anhand der ermittelten Werte für beide Dimensionen auf der Matrix abgetragen. Das Ergebnis ist eine intuitiv verständliche Übersicht über alle Risiken. So hat im Beispiel Prozess 1 ein sehr

niedriges Risiko aufgrund der Bewertungen »niedrig« in beiden Dimension, Prozess 2 ein sehr hohes Risiko aufgrund der Bewertungen »hoch« in beiden Dimensionen etc.
⇨ *Behandlung von Risiken:* Die evaluierten Risiken werden in dieser Phase priorisiert (z. B. gemäß der Zugehörigkeit zu den Quadranten, beginnend mit dem Quadrant »Prozesse mit sehr hohem Risiko«) und durch Maßnahmen bewältigt. Mögliche Maßnahmen lauten Risikovermeidung (z. B. Aufgabe eines Geschäftsbereichs), Risikoreduktion (z. B. Präventivmaßnahmen wie die Anstellung eines Brandschutzbeauftragten), Risikotransfer (z. B. die Abwälzung von Risiken auf eine Versicherung) oder Akzeptieren von (Rest-)Risiken.

Um nachhaltige Wirkung zu zeigen, sollten diese fünf Schritte von folgenden Maßnahmen gestützt werden:
⇨ *Kommunikation und Beratung:* Diese Aktivität dient der Abstimmung der Beteiligten im Risikomanagementprozess sowie allen durch den Prozess Betroffenen.
⇨ *Überwachung und Kontrolle:* Informationen über Prozessfluss, Veränderungen und Erfolg des Prozesses sind stetig zu überwachen, zu kontrollieren und in regelmäßigen Abständen an die Verantwortlichen zu berichten.

Damit der Risikomanagementprozess keine einmalige Tätigkeit bleibt, sollte er zyklisch durchlaufen werden. Die Vorgehensweise dafür liefert ein sogenanntes Risikomanagementsystem [11].

Software für IT-GRC-Management
Der Unterstützung durch GRC-Software kommt eine essenzielle Rolle zu. Dies liegt daran, dass sowohl den Regulierungen als auch der Komplexität, die heutzutage mit dem GRC-Management und dessen Kontrolle einhergeht, meist nur noch durch Software angemessen begegnet werden kann. Zudem sind durch GRC-Software immense Effektivitäts- und Effizienz-Potenziale im Vergleich zu den bisherigen, meist Excel-basierten Vorgehensweisen realisierbar. GRC-Software schafft folglich nicht nur

Wettbewerbsvorteile, sondern ist teilweise sogar notwendig, um alle Anforderungen an das IT-GRC-Management zu erfüllen.

Das Forschungsinstitut ibi research an der Universität Regensburg GmbH hat dabei nachgewiesen, dass Unternehmen, die GRC-Software einsetzen, einen höheren Umsetzungsgrad sowie eine bessere Qualität bei den Compliance-Anforderungen und Best-Practice-Standards aufweisen. Vorteile ergeben sich dabei durch harmonisierte Strukturen und Prozesse, einheitliche Mechanismen, gesamthafte Überwachung sowie eine risikoorientierte Steuerung. Dadurch lassen sich für Unternehmen objektiv erwiesene Einsparungen in ihrem Governance-, Risk- und Compliance-Management in Höhe von circa 10 % realisieren.

Mithilfe von GRC-Software wird zudem die gemeinsame Arbeit (mit Compliance-Beauftragten, Datenschutz-Beauftragten, IT-Verantwortlichen etc.) erheblich erleichtert, da eine gemeinsame Dokumentations- und Informationsplattform besteht, auf die alle aufsetzen können. Zudem wird über mehrere Jahre die Vollständigkeit der fachlichen Abdeckung transparent, ohne dass Kapazitäten mit der aufwendigen Arbeit der Stammdaten-Pflege übermäßig beschäftigt sind. Des Weiteren sind Kosteneinsparungen durch Aufwandsreduzierung bei Abschlussprüfungen oder Einsparungen von Strafzahlungen möglich. GRC-Software trägt damit erheblich dazu bei, zwei Grundprobleme der unternehmerischen Praxis zu lösen:

⇨ Reduktion der Komplexität des IT-Governance-, Risk- und Compliance-Managements,

⇨ effiziente Abwicklung aller Aufgaben, die mit der Erfüllung der IT-Governance-, Risk- und Compliance-Anforderungen sowie deren laufenden Nachweis einhergehen.

Voraussetzungen für eine GRC-Software

Eine GRC-Software muss in erster Linie hinreichend offen gestaltet sein, um sicherzustellen, dass individuelle rechtliche wie regulative Anforderungen abgebildet werden können. Zudem muss eine GRC-Software prozessorientiert aufgebaut sein sowie integrativ alle drei

Bereiche (Governance, Risk, Compliance) berücksichtigen. Die integrative Betrachtung aller drei Teilbereiche ist vorteilhaft bzw. notwendig, da eine umfassende Risikosteuerung und -kontrolle explizite Compliance-Anforderungen sind.

Die größten Schwachstellen bestehender GRC-Software liegen insbesondere in einer fehlenden Integration. Weiterhin sind Export- und Importfunktionalitäten, Mapping-Funktionalitäten (Verknüpfung von Standards untereinander wie z. B. ISO/IEC 27001/2, IT-Grundschutz, COBIT) sowie das Dokumentenmanagement oftmals unzureichend gestaltet oder fehlen gänzlich. Die Kernelemente, nämlich die Unterstützung von gängigen Standards, von rechtlichen und regulatorischen Anforderungen sowie eines Risikomanagements mit Ableitung von Security-Maßnahmen, sind bei den meisten Anbietern gut abgedeckt. Einige Lösungen unterstützen allerdings nur einzelne rechtliche bzw. regulatorische Vorschriften, wie beispielsweise der Sarbanes-Oxley Act (SOX), oder decken spezifische Regularien für den deutschen Markt nicht ab.

Effektive Umsetzung am Beispiel der GRC-Suite i|RIS

Die GRC-Suite i|RIS (intelligentes Reporting & Information System) der ibi research an der Universität Regensburg GmbH ist eine Software, die die genannten Anforderungen umfassend erfüllt. Die relevanten europäischen Gesetze und Regularien werden berücksichtigt und alle drei GRC-Bereiche integrativ sowie prozessorientiert abgedeckt. Die GRC-Suite i|RIS ist offen und dynamisch gestaltet sowie grundsätzlich für alle Unternehmen geeignet – unabhängig von deren Branche oder Größe. Die Software verfügt über vier Module, welche die notwendigen Funktionalitäten folgendermaßen abdecken (siehe Abb. 9).

⇨ Das *Governance-Modul* schafft die Möglichkeit, das individuelle Governance-Management effektiv und effizient zu unterstützen. Hierbei wird unter anderem auf dem Standard COBIT aufgebaut.

⇨ Das *Risk-Modul* bietet ein strukturiertes Vorgehen bei der Aufnahme von Risiken für sämtliche Geschäfts- und zugehörige Teilprozesse inklusive der jeweiligen IT-Systeme und IT-Anwendungen

IT-Governance, Risk & Compliance

FUNKTIONEN UND MODULE					
Wissensdatenbank	**Soll / Ist-Analyse**	**Umsetzungsplanung**	**Audit und Self Assessment**		**Dashboard**
✓ Relevante Anforderungen stets aktuell ✓ Integrierter Updateservice ✓ Zentraler Zugriffspunkt	✓ Hinterlegung eigener Dokumente ✓ Evaluation über Qualität und Quantität	✓ Definition von Maßnahmen ✓ Hinterlegung des Aufwands zur Kostenkontrolle	✓ Umfangreiche Unterstützung bei Prüfungstätigkeiten ✓ Vergleich von Ergebnissen der internen Revision mit abteilungsinternen Audits		✓ Monitoring ✓ Frühwarnsystem ✓ Schwachstellenanalyse ✓ Benchmark

Governance (z. B. CobiT, ITIL)

Risk

Compliance (z. B. MaRisk, MaComp, PCI DSS)

Security (z. B. ISO/IEC 2700X, IT-Grundschutz)

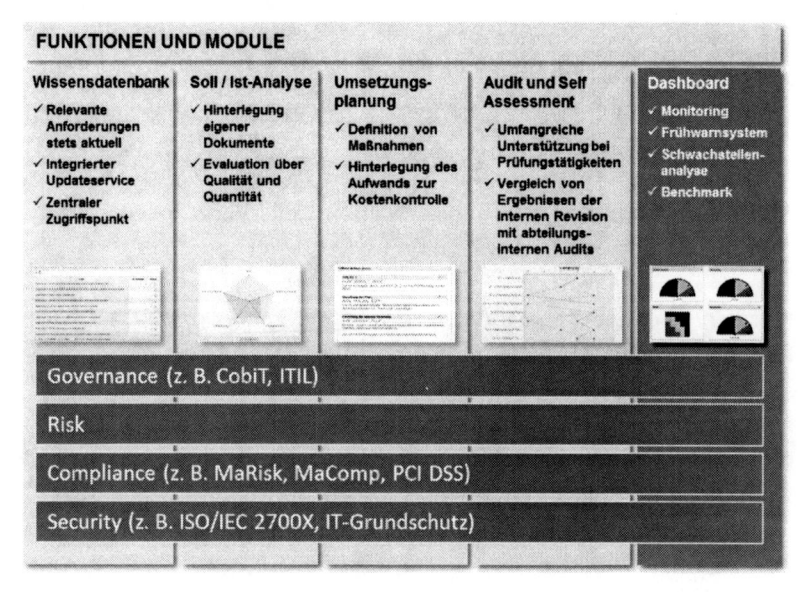

Abb. 9: *Module und Funktionen der GRC-Suite i\RIS*

sowie für sonstige Entitäten wie beispielsweise Standorte. Zur Risikoanalyse werden verschiedene Methoden bereitgestellt. Diese können auf qualitativen oder quantitativen Schätzungen erfolgen. Ferner lassen sich stochastische Verfahren wie Monte-Carlo-Simulationen durchführen, was insbesondere bei schwer abzuschätzenden Risiken hilfreich und sinnvoll ist.

⇨ Das *Compliance-Modul* führt alle relevanten Compliance-Anforderungen übersichtlich und transparent auf. Innerhalb der Domänen »Rechtlich« (z. B. §25a KWG, §9 BDSG) und »Regulativ« (z. B. MaRisk, PCI DSS) lassen sich diese je nach Bedarf in beliebig viele, definierbare Bereiche zusammenfassen und individuell erweitern. Darüber hinaus können auch unternehmensindividuelle Vorgaben integriert werden.

⇨ Die »Sicherheit« bildet ein sehr wichtiges Querschnittsthema durch das GRC-Management. Für das Sicherheits-Management gibt es sowohl Compliance-Vorgaben als auch zu berücksichtigende

Aspekte im Governance- und im Risk-Management. Diesem Umstand wird die GRC-Suite i|RIS durch ein eigenes *Security-Modul* gerecht. Es umfasst Best-Practice-Standards für das Management der Informationssicherheit wie ISO/IEC 27002 und IT-Grundschutz. Dem Anwender wird dabei nicht nur aufgezeigt, welche Aspekte zu regeln sind, sondern auch, was hierfür gemäß den relevanten Standards getan werden muss.

Alle den beschriebenen Modulen zugrunde liegenden Inhalte lassen sich in einfacher, transparenter Art und Weise vollständig in einer Wissensdatenbank mit integriertem Dokumentenmanagementsystem abbilden (= Soll). Der Benutzer hat die Möglichkeit, jedem Inhalt die entsprechenden unternehmensindividuellen Regelungen und Richtlinien mit Gültigkeiten, Verantwortlichkeiten sowie eine Reihe konfigurierbarer Attribute zuzuordnen und dadurch den individuellen Ist-Zustand abzubilden.

Nach Zuordnung der unternehmensindividuellen Regelungen und Richtlinien zu den Inhalten der Wissensdatenbank unterstützt die GRC-Suite i|RIS bei der detaillierten Soll-Ist-Analyse zur Identifikation von Schwachstellen. Dabei lassen sich eingestellte Dokumente anhand eines sechsstufigen Reifegradmodells qualitativ bewerten und kommentieren.

Auf Basis der durchgeführten Soll-Ist-Analysen kann auf identifizierte Lücken und Schwachstellen durch die Definition von konkreten Maßnahmen reagiert werden. Mit dem Aufgabencontrolling und der Planungsfunktionalität lassen sich Verantwortlichkeiten, benötigte Personentage und Zieldatum festlegen.

Die Audit-Funktionalität ermöglicht die Planung, Durchführung und Kontrolle von Prüfungen. Daten wie Prüfungspunkte, Prüfungsvorlagen und Prüfungen selbst können strukturiert angelegt und verknüpft werden. Dabei lassen sich Prüfungspunkte aus allen Inhalten (z. B. rechtlichen und regulativen Anforderungen, Sicherheitsvorgaben, Best-Practice-Standards) der GRC-Suite i|RIS ableiten und als individuelle Prüfungspunkte anlegen. Diese Prüfungspunkte werden

Prüfungsplänen zugeordnet (vgl. Abb. 10). Die Prüfungspläne bilden wiederum die Grundlage der zu überprüfenden Sach- bzw. Teilsachgebiete (Geschäftsprozesse, Unternehmensstandorte). Durch das automatische Update der den Prüfungspunkten zugrunde liegenden Anforderungen sind die Prüfungsvorlagen immer aktuell.

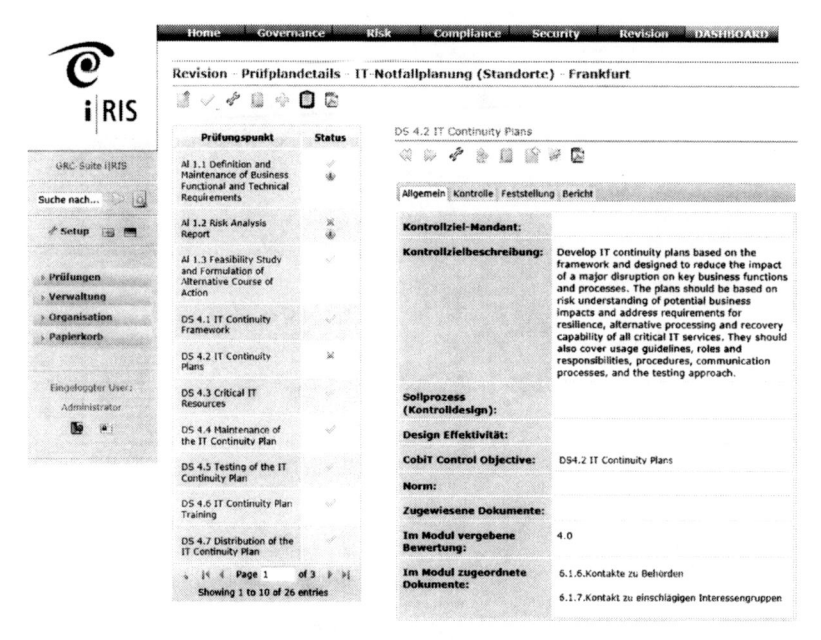

Abb. 10:   Screenshot aus der Audit-Funktionalität der GRC-Suite i|RIS

Das Dashboard ist das zentrale Management-Cockpit der GRC-Suite i|RIS. Damit lässt sich zum einen der aktuelle Stand über alle Module und Prüfungen auf einen Blick erfassen. Zum anderen können durch Drill-Downs (d. h. die hierchische Erweiterung von Ebenen) die Problembereiche identifiziert und umfassende Schwachstellenanalysen vorgenommen werden (vgl. Abb. 11). In Form eines Frühwarnsystems wird auf die zu überprüfenden unternehmensindividuellen Doku-

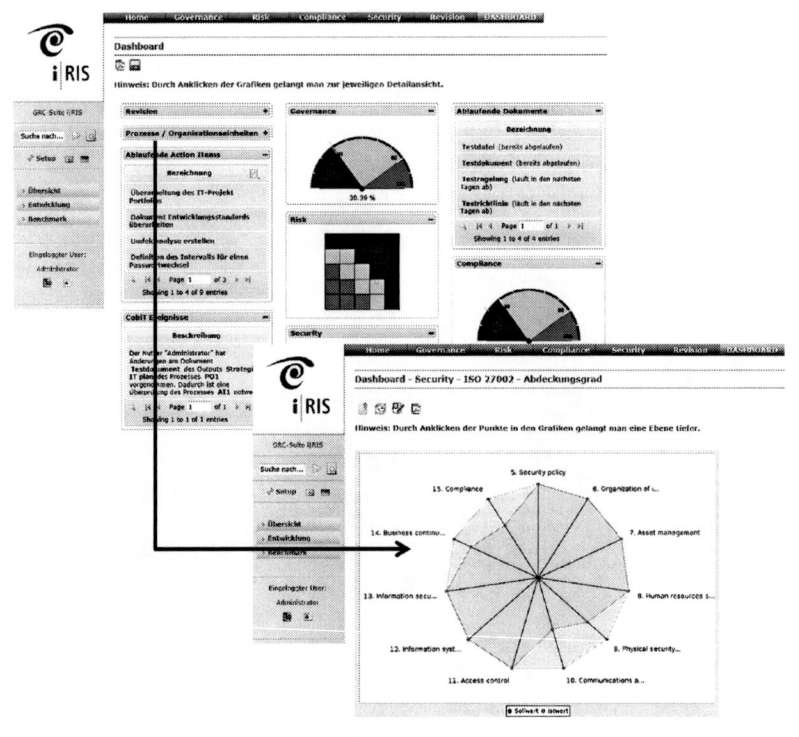

Abb. 11: *Screenshot des Dashboards der GRC-Suite i|RIS*

mente sowie die definierten Maßnahmen zur Schließung vorhandener Schwachstellen hingewiesen.

Die Benchmark-Funktionalität ist ein weiterer zentraler Bestandteil des Dashboards. Mit dieser lassen sich umfangreiche Auswertungen über den individuellen Stand im Vergleich zu entsprechenden Peergroups automatisiert abrufen. Die Referenzdaten werden dabei in Form einer Benchmark-Studie durch die ibi research an der Universität Regensburg GmbH erhoben und zur Verfügung gestellt.

Ein Reportgenerator steht in allen Modulen und für alle Prüfungen der GRC-Suite i|RIS zur Verfügung, damit der aktuelle Stand

zu jeder Zeit revisionssicher in einem PDF-Dokument festgehalten werden kann.
Die GRC-Suite i|RIS lässt sich sowohl in Form von Software as a Service (SaaS) als auch durch eine Vor-Ort-Installation nutzen.

Literatur

[1] BÖHM, M.: *IT-Compliance als Triebkraft von Leistungssteigerung und Wertbeitrag der IT* in HMD – Praxis der Wirtschaftsinformatik, Heft 263 – Compliance & Risk Management, Heidelberg: dpunkt, 2008

[2] BRÜHWEILER, B.: *ISO/DIS 31000 und ONR 49000:2008 – Neue Standards im Risikomanagement in Management und Qualität 05/2008, http://www.qm-aktuell.de/downloads/mq_05_08_s26-27_v.pdf, aufgerufen am 06.02.2011*

[3] CALDER, A.: *Corporate governance. A practical guide to the legal frameworks and international codes of practice.* London: Kogan Page, 2008

[4] DE HAES, S.; VAN GREMBERGEN, W.: *IT Governance and its Mechanisms in Information Systems Control Journal, Volume 1, 2004*

[5] DIN: DIN IEC 62198:2002-09 – *Risikomanagement für Projekte – Anwendungsleitfaden, http://www.beuth.de/langanzeige/DIN+IEC+62198/51878034.html, aufgerufen am 06.02.2011*

[6] ECKERT, C.: *IT-Sicherheit. Konzepte, Verfahren, Protokolle.* München: Oldenbourg Wissenschaftsverlag GmbH, 2008

[7] GAULKE, M.: *Risikomanagement in IT-Projekten.* München: Oldenbourg Wissenschaftsverlag GmbH, 2004

[8] ISO [A]: ISO/DIS 31000 – *Risk Management – Principles and guidelines on implementation, http://www.iso.org/iso/iso_catalogue/catalogue_tc/catalogue_detail.htm?csnumber=43170, zuletzt abgefragt am 06.02.2011 (kostenpflichtig).*

[9] IT GOVERNANCE INSTITUTE: *http://www.itgi.org/template_ITGI.cfm?Section=About_IT_Governance1&Template=/ContentManagement/HTMLDisplay.cfm&ContentID=19657, aufgerufen am 06.02.2011*

[10] JOHANNSEN, W.; GOEKEN, M.: *IT-Governance. Neue Aufgaben des IT-Managements.* In: Fröschle, H. P.; Strahringer, S. (Hg.): IT-Governance. Heidelberg: dpunkt, 2006 (HMD, 43.2006, 250), S. 7-20

[11] KEITSCH, D.: *Risikomanagement.* Stuttgart: Schäffer-Poeschel Verlag, 2004

[12] KLOTZ, M.; DORN, D.: *IT-Compliance – Begriff, Umfang und relevante Regelwerke in HMD – Praxis der Wirtschaftsinformatik, Heft 263 – Compliance & Risk Management.* Heidelberg: dpunkt, 2008

[13] KÖNIGS, H.-P.: *IT-Risiko-Management mit System – Von den Grundlagen zur Realisierung – Ein praxisorientierter Leitfaden (Edition <kes>), Wiesbaden: Vieweg+Teubner Verlag/GWV Fachverlage GmbH, 2006*

[14] PWC: *Corporate Governance in Deutschland – Entwicklungen und Trends vor internationalem Hintergrund,* http://www.bdi-online.de/Dokumente/Recht-Wettbewerb-Versicherungen/BDI_PwC_Studie.pdf, aufgerufen am 06.02.2011

[15] RACZ, N.; WEIPPL, E.; SEUFERT, A.: *A process model for integrated IT governance, risk, and compliance management,* http://www.grc-resource.com/resources/racz_al_grc_process_model_balticdbis2010.pdf, aufgerufen am 06.02.2011

[16] RAUSCHEN, T.; DISTERER, G.: *Identifikation und Analyse von Risiken im IT-Bereich in HMD – Praxis der Wirtschaftsinformatik, Heft 236 – IT-Sicherheit, April 2004.* Heidelberg: dpunkt, 2004

[17] RÜTER, A.: *IT-Governance in der Praxis.* Berlin et al.: Springer Verlag 2006

[18] SELBACH, E.: *Compliance Management als Herausforderung aus Sicht der Informationstechnologie,* http://logistics.de/downloads/f5/7b/i_file_4441/mpliance%20Management%20als%20Herausforderung%20aus%20Sicht%20der%20Informationstechnologie.pdf, aufgerufen am 06.02.2011

[19] SPEICHERT, H.: *Praxis des IT-Rechts – Praktische Rechtsfragen der Internetnutzung und IT-Sicherheit (Zielorientiertes Business Computing), Wiesbaden: Vieweg+Teubner Verlag/GWV Fachverlage GmbH, 2007*

[20] WITT, B.: *IT-Sicherheit kompakt und verständlich – Eine praxisorientierte Einführung (Edition <kes>). Wiesbaden: Vieweg+Teubner Verlag/GWV Fachverlage GmbH, 2006*

Zusammenfassung

Das Thema IT-Governance, Risk & Compliance (IT-GRC) nimmt an Bedeutung stetig zu. Waren bislang die drei Teilbereiche in Unternehmen – wenn überhaupt – einzeln im Fokus, setzt sich inzwischen mehr und mehr die Einsicht durch, dass der jeweilige Teilbereich ohne eine effektive Verbindung an die beiden anderen nur einseitige, unvollständige Erkenntnisse und Ergebnisse liefert. Ein ganzheitliches, integriertes IT-GRC-Managementsystem ist nach Meinung der Autoren die Antwort darauf. Durch eine systematische Analyse und Berücksichtigung der Compliance-Vorgaben kann das IT-Risikomanagement zielorientiert und mit Augenmaß die Risiken fokussieren, die in der jeweiligen Situation die höchste Beachtung verdienen. Die steuernde IT-Governance wiederum sorgt dafür, dass die Implementierung und Ausführung möglichst effizient gelingt. Des Weiteren empfiehlt es sich, eine softwaregestützte IT-GRC-Lösung zu nutzen, um Komplexität der Aufgabe in den Griff zu bekommen. Eine solche Lösung sorgt unter anderem für Aktualität und Handhabbarkeit in Durchführung und Audit der Aufgabe bzw. Ergebnisse.

Erfolgsfaktoren für das Management von Prozessnetzwerken

Immer mehr Unternehmen entscheiden sich dazu, in Kooperationen verschiedene Geschäftsprozesse unternehmensübergreifend zu verbinden. Doch das Management dieser entstehenden Netzwerke ist komplex. Welche Erfolgsfaktoren zu berücksichtigen sind und wie sie sich messen lassen, erläutert dieser Beitrag.

> **In diesem Beitrag erfahren Sie:**
> - warum Prozessnetzwerke für Unternehmen bedeutsam sind,
> - welche Faktoren erfolgsentscheidend für das Management von Prozessnetzwerken sind,
> - wie sich ein Werkzeug zur Performance-Messung von Prozessnetzwerken entwickeln lässt.

FERDINAND WOHLFAHRT, ANDREAS GISSEL

Problemstellung und Zielsetzung

Verstärkte Markt- und Kundenorientierung, zunehmende Konzentration auf Kernkompetenzen sowie die rasante technologische Entwicklung der IT- und Kommunikationssysteme sind in Unternehmen wesentliche Treiber für das Design von funktions- und unternehmensübergreifenden Geschäftsprozessen. Ziel der Vernetzung auf Prozessebene ist es, die Effektivität bei der Erfüllung von Kundenerwartungen ([14], S.10) zu erhöhen und die Effizienz zu steigern.

Voraussetzung für die Implementierung unternehmensübergreifender Prozesse ist die Kooperation der Unternehmen auf strategischer Ebene in Form eines Unternehmensnetzwerkes. Hierdurch entstehen neue Anforderungen an die Zusammenarbeit sowie die Entwicklung spezifischer Organisationsstrukturen. Ein Trend in der Organisationslehre sind virtuelle Unternehmensstrukturen, wobei diese – entgegen ursprünglicher Prognosen – weniger die Gesamtunternehmen als solche, sondern vielmehr die Virtualisierung von Teilen der Wertschöpfungskette betreffen ([2], S. 7 ff.). Die IT stellt die Infrastruktur für die Virtualisierung der Aktivitäten und Integration der Geschäftsprozesse zur Verfügung. Die IT- und Kommunikationssysteme sind Bindeglied der operativen Vernetzung von unternehmensinternen und -übergreifenden Kooperationen und damit ein essentieller Bestandteil operativer Prozessnetzwerke (PNW). Das Management der entstehenden Netzwerke ist nicht trivial und erfordert – neben entsprechender IT-Infrastruktur – die Definition von Netzwerkzielen sowie Tools zur Messung der Performance.

Zielsetzung dieses Beitrags ist es, auf Basis einer empirischen Untersuchung praxisrelevante Erfolgsfaktoren für das Management von Prozessnetzwerken zu identifizieren. Darüber hinaus soll auf Grundlage der Erfolgsfaktoren ein Ansatz entwickelt werden, wie sich – in Anlehnung an das Konzept der Balanced Scorecard [8] – die Performance von Prozessnetzwerken mittels Kennzahlen messen lässt.

Methodik der Studie

Der erste Teil der Untersuchung stellt die schematische Beschreibung des Modells eines Prozessnetzwerkes mit seinen Elementen und Interaktionsbeziehungen dar.

Auf Basis einer Literaturanalyse wurden im zweiten Teil die potenziell relevanten, allgemeinen Erfolgsfaktoren für Prozessnetzwerke identifiziert. Hierzu wurden Fachbücher, wissenschaftliche und praxisorientierte Fachbeiträge sowie online verfügbare Quellen recherchiert. Untersuchungsbereich waren allgemeingültige bzw. ausgewählte Erfolgsfaktoren

⇨ der Organisation und des Geschäftsprozessmanagements,
⇨ strategischer Basiskonzepte wie Joint Ventures, strategische Allianzen und virtuelle Unternehmen,
⇨ aus Theoriekonzepten zum Unternehmenserfolg.

Zur Identifikation der wesentlichen, die Leistung beeinflussenden Kriterien wurden im dritten Teil die Elemente und Interaktionsbeziehungen eines Prozessnetzwerkes hinsichtlich ihrer Merkmale und zentralen Herausforderungen, in der Studie als »Core Challenges« bezeichnet, untersucht. Dabei lag der Fokus auf Faktoren, die unmittelbar auf die Leistung im Prozessnetzwerk wirken.

Unter Berücksichtigung des Lebenszykluskonzeptes von Organisationen sowie in Anlehnung an das Konzept der Balanced Scorecard (BSC) erfolgte im vierten Teil der Studie die Auswahl und Strukturierung performancerelevanter Erfolgsfaktoren. Hier wurde ein Werkzeug zur Performance-Messung in Prozessnetzwerken entwickelt (siehe Abb. 1).

Um die Praxisrelevanz der in das Werkzeug integrierten Erfolgsfaktoren zu überprüfen, wurde im fünften Teil eine empirische Online-Befragung von Führungskräften durchgeführt. Über die Social-Network-Plattform XING wurden hierzu 570 Deutsch sprechende Führungskräfte, die in der Schweiz tätig sind, kontaktiert. Aus deren

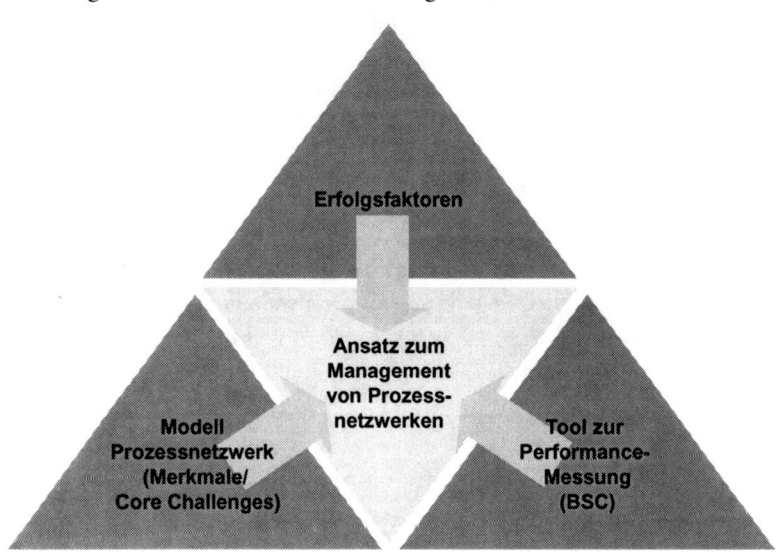

Abb. 1: *Modularer Ansatz zum Management von Prozessnetzwerken*

Reihen kamen insgesamt 43 verwertbare Fragebögen zurück, was einer Antwortquote von 7,5 % entspricht.

Zentrale Ergebnisse

Ein Prozessnetzwerk ist eine unternehmens- sowie bereichsübergreifende Verknüpfung verschiedener Geschäftsprozesse, die unter einer bestimmten Zielsetzung miteinander verbunden sind. Der modulare Ansatz zum Management von Prozessnetzwerken bezieht sich analog dem Reengineering-Konzept ([10] S. 13-30) und dem System des integrierten Geschäftsprozessmanagements ([13], S. 4) auf die Ebenen Strategie, Prozesse und Informations- und Kommunikationstechnologie (IuK). Diese Ebenen werden in der vorliegenden Studie durch die Elemente Geschäftseinheit, Geschäftsprozess und IT- Kommunikationssystem sowie die Interaktionsbeziehungen dieser Elemente definiert. Als Interaktionsbeziehungen wurden

⇨ Kooperationswettbewerb/Coopetition (Geschäftseinheiten auf der Ebene Strategie),
⇨ Leistungsaustausch (Geschäftsprozesse auf der Ebene Prozesse) und
⇨ Informationsaustausch (Applikation/Systeme/Daten auf der Ebene Informations- und Kommunikationstechnologie (IuK)) in das Modell aufgenommen.

Die identifizierten Merkmale von Prozessnetzwerken sowie die zentralen Herausforderungen, die wesentlich auf die Interaktionsbeziehungen wirken, dienen als Auswahlraster für die perfomancerelevanten Erfolgsfaktoren. Als wesentliche Merkmale und zentrale Herausforderungen für das Element Informations- und Kommunikationssystem und die Interaktionsbeziehung Informationsaustausch wurden die

⇨ Integration Systeme/Applikationen,
⇨ Interaktionssicherheit,
⇨ Qualität Kommunikation und Information sowie
⇨ die gemeinsame Informationsnutzung identifiziert.

Als ein wesentlicher Erfolgsfaktor für die Umsetzung strategischer Kooperationskonzepte und Prozessnetzwerke wurde in der Untersuchung die Ausrichtung an den Zeilen bzw. die Formulierung und Umsetzung einer Netzwerkstrategie identifiziert. Ausgangspunkt, um die Performance nachhaltig messen zu können, ist die Definition der Zielsetzung. Dieser Anforderung entspricht das Konzept der Balanced Scorecard von Kaplan und Norton, indem der Wert, den ein Unternehmen für seine Kunden schafft, als Steuerungsgröße in den Mittelpunkt der Betrachtung gestellt wird ([11], S. 579). Bei der Umsetzung des BSC-Konzeptes definieren die beteiligten Geschäftseinheiten in Prozessnetzwerken konkrete Zielvorgaben zur Operationalisierung der Strategie. Dies führt zu einer verstärkten Strategie- und Zielausrichtung des Prozessnetzwerkes.

Dimensionen und Erfolgsfaktoren in einer Balanced Scorecard für Prozessnetzwerke

Die von Kaplan und Norton ([7], S. 69 ff.) vorgeschlagenen Dimensionen der Balanced Scorecard wurden bei der Erarbeitung des Ansatzes auf die spezifischen Bedürfnisse von Prozessnetzwerken angepasst:

⇨ Die Perspektive *Finanzen* wurde, wie im Konzept von Kaplan/Norton definiert, übernommen (siehe Tabelle 1).
⇨ Die *Kundenperspektive* bezieht sich im vorliegenden Konzept auf Prozesskunden, d. h. auf die Endabnehmer der Leistungen des Prozessnetzwerkes oder auf netzwerkinterne Prozesse. Die Perspektive betrifft im Wesentlichen Effektivitätsgesichtspunkte.
⇨ Die von Kaplan/Norton als »interne Perspektive« bezeichnete Dimension wurde in *Geschäftsprozesse* umbenannt, um dem strukturellen Kern von Prozessnetzwerken Rechnung zu tragen. Die Perspektive bezieht sich im vorliegenden Verständnis auf die Effizienzaspekte des Prozessnetzwerkes.
⇨ Die »Lern- und Wachstumsperspektive« der BSC wurde im vorliegenden Ansatz in *Potenziale und Partner* umbenannt. Mit der Aufnahme der Partner in die Entwicklungsperspektive soll deren

Bedeutung für den Erfolg des Prozessnetzwerkes hervorgehoben werden. Die Partner bringen ihre Kompetenzen und Ressourcen in das Prozessnetzwerk ein und tragen damit maßgeblich zu seinem Erfolg in der Zukunft bei. Die erfolgreiche Entwicklung des Prozessnetzwerkes ist mit einer optimalen Integration der beteiligten Partner sichergestellt.

⇨ Die Bedeutung der IT für Netzwerke wird von vielen Autoren ([4], S. 54 ff.; [6], S. 208; [11], S. 129) hervorgehoben. Entsprechend wurde die Perspektive *Informations- und Kommunikationstechnologie* in der Prozessnetzwerk-BSC ergänzt. Die IT ist ein zentraler Faktor für die erfolgreiche Realisierung von Netzwerkkonzepten und zentraler Treiber der Virtualisierung von Unternehmensstrukturen.

Ergebnis des vierten Teils der Studie ist eine Balanced Scorecard für Prozessnetzwerke, die die wesentlichen, allgemeinen Erfolgsfaktoren zur Erreichung von Prozesseffektivität und -effizienz enthält.

Tabelle 1: Generische Balanced Scorecard für Prozessnetzwerke		
Kriterium	BSC-Dimensionen	Allgemeine/konkrete kritische Erfolgsfaktoren (KEF)
Effektivität	Finanzen	⇨ Ertrag ⇨ Produktivität ⇨ Kosten/Prozesskosten ⇨ Rentabilität
	Kunden	⇨ Markt-, Kundenorientierung Prozesse ⇨ Qualität Prozessergebnis ⇨ Einhaltung Kundentermine ⇨ Schnelligkeit Prozessleistungserstellung ⇨ Flexibilität bzgl. Markt- und Kundenanforderungen ⇨ Qualität Kunden- und Lieferantenbeziehung
Effizienz	Geschäftsprozesse	⇨ Prozesstransparenz ⇨ Standardisierung Prozesse und Schnittstellen ⇨ Durchlaufzeit Prozesse ⇨ Ablaufsicherheit Prozesse ⇨ Fehlerfreiheit Prozessablauf ⇨ Flexibilität zur Steigerung Prozessvolumen ⇨ Definierte Service Level Agreements ⇨ Interaktionsfähigkeit (Nutzung Ressourcen der Partner) ⇨ Steuerbarkeit Prozessablauf
	Potenziale und Partner	⇨ Effektives Konfliktmanagement ⇨ Win-Win-Orientierung ⇨ Vertrauen zwischen Partnern (persönlich, prozedural) ⇨ Intensive Kommunikation ⇨ Kompetenz Mitarbeiter (fachlich, organisatorisch, sozial) ⇨ Lern- und Innovationsfähigkeit ⇨ Entscheidungsschnelligkeit und -qualität ⇨ Eindeutige Verantwortlichkeiten ⇨ Klare Regelung der Zusammenarbeit ⇨ Informations- und Wissensaustausch ⇨ Konzentration auf Kernkompetenzen ⇨ Existenz Prozessnetzwerkführung, -koordinator ⇨ Kultureller Fit
	Informations- und Kommunikationstechnologie	⇨ Verwendung Standards (Applikationen, Daten, Kommunikation, Sicherheit, Schnittstellen) ⇨ Technische Offenheit und Modularität Systeme ⇨ Gegenseitiger Zugriff auf Technologien, Daten ⇨ Integration von Kunden, Lieferanten, Partnern ⇨ Interaktionssicherheit (störungsfreie Interaktion im Prozessnetzwerk) ⇨ Informationsverfügbarkeit und -transparenz ⇨ Qualität Information und Kommunikation ⇨ Heterogenität Systeme

Die ermittelten Erfolgsfaktoren dienten als Basis für die Durchführung der Online-Befragung. Darin wurden in einem ersten Schritt Angaben zur befragten Person, zum Unternehmen und zum Prozessnetzwerk ausgewertet. Hierbei konnte eine Relevanz des Themas für die Teilnehmer festgestellt werden: 90,5 % der Befragten gaben an, dass ihr Unternehmen Bestandteil eines Prozessnetzwerkes sei. Die geografische Ausdehnung der Prozessnetzwerke zeigt mit 72,5 % einen Schwerpunkt bei internationalen Netzwerken. Dies könnte auf eine hohe Bedeutung von Prozessnetzwerken für Internationalisierungs- und Markterschließungsstrategien hinweisen.

Die Komplexität der Netzwerke ist vor dem Hintergrund der weiten Verbreitung von beispielsweise Supply-Chain-Management-Implementierungen auffallend gering (siehe Abb. 2). Über 75 % der repräsentierten Netzwerke hatten demnach weniger als 25 eingebundene Partner, wobei circa 80 % der Befragten im Cluster »0-25 Partner im PNW« eine Anzahl von 1 bis 10 Partner angaben.

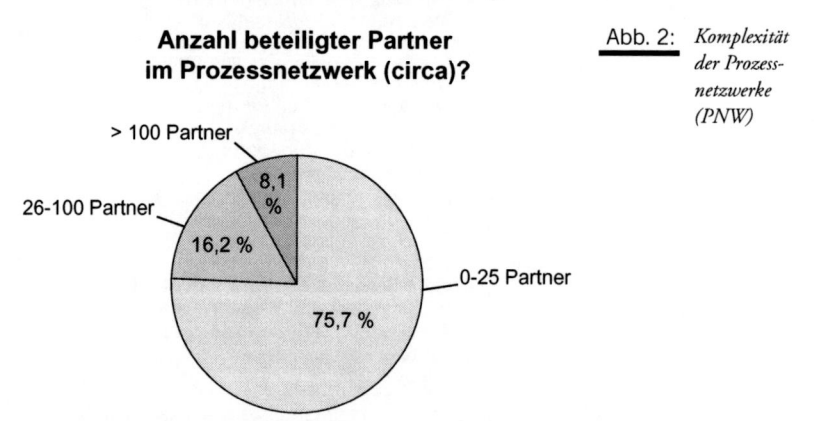

Anzahl beteiligter Partner im Prozessnetzwerk (circa)?

> 100 Partner: 8,1 %
26-100 Partner: 16,2 %
0-25 Partner: 75,7 %

Abb. 2: *Komplexität der Prozessnetzwerke (PNW)*

Knapp die Hälfte der Prozessnetzwerke (47,2 %) werden durch eine Netzwerkführung koordiniert. Über deren Steuerung gibt es in der Literatur unterschiedliche Auffassungen. Während etwa Sydow ([15], S. 78) die zentrale Steuerung von Netzwerken aufgrund der hohen Komplexität für nicht möglich hält und von der Notwendigkeit polyzentrischer Strukturen spricht, halten viele Autoren eine zentrale Netzwerksteuerung für einen wichtigen Erfolgsfaktor ([5], S. 150; [9], S. 124 ff.). Im vorliegenden Fall waren 38,9 % der in der empirischen Studie erfassten Netzwerke polyzentrischer Natur, 13,9 % sind sonstigen Strukturen zuzuordnen.

Ziele für die Teilnahme an Prozessnetzwerken
In einem nächsten Schritt wurden die Teilnehmer über ihre Motivation bei der Teilnahme an Prozessnetzwerken befragt. Analysiert man die relativen Häufigkeiten der Nennung »hohe« und »höchste« Bedeutung, so fällt auf, dass die Ziele »Erhöhung Produktqualität«, »Verbesserte Abdeckung der Kundenanforderungen« und »Auftrags- und projektspezifische Zusammenarbeit« in über 50 % der Nennungen mit einer »hohen« Bedeutung bewertet werden (siehe Abb. 3).

Abb. 3: *Bedeutendste Ziele für die Teilnahme an Prozessnetzwerken in der Praxis*

Erfolgsfaktoren für das Management von Prozessnetzwerken

Die Teilnehmer sprechen dabei dem Ziel einer »verbesserten Abdeckung der Kundenanforderungen« die größte Bedeutung für die Partizipation an Prozessnetzwerken zu. Das Ergebnis bestätigt die Wichtigkeit des eingangs beschriebenen wesentlichen Treibers für Prozessnetzwerke, der »Kunden und Marktorientierung«.

Anschließend sollten die Teilnehmer die in das Werkzeug integrierten Erfolgsfaktoren für jede BSC-Dimension in Bezug auf ihre Bedeutung sowie hinsichtlich ihrer Verwendung in den Prozessnetzwerken bewerten. Als bedeutendste Erfolgsfaktoren werden nachfolgend jeweils die relativen Häufigkeiten der einzelnen Dimensionen der Bewertungskategorien »hohe Bedeutung« und »höchste Bedeutung« dargestellt.

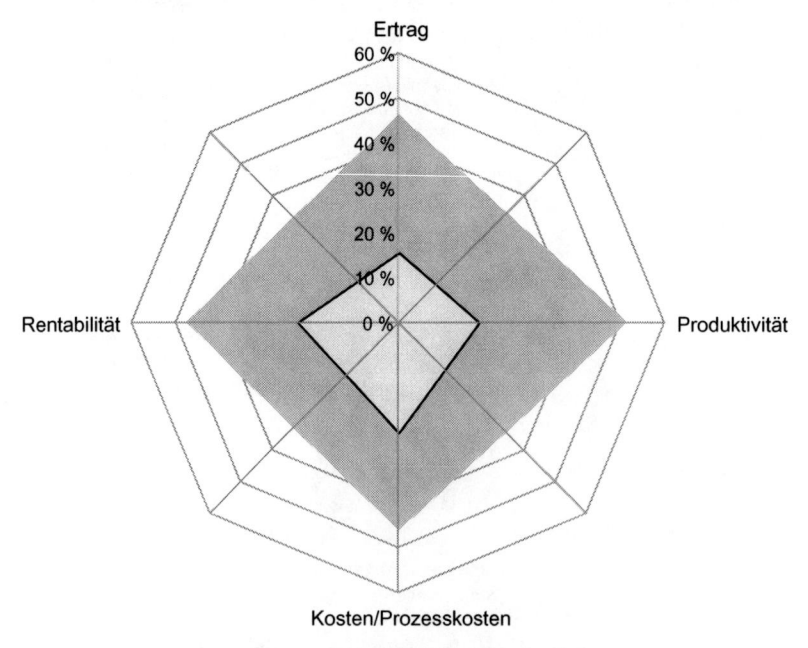

Abb. 4: *Bedeutendste Erfolgsfaktoren der Dimension »Finanzen«*

Erfolgsfaktoren der Dimension »Finanzen«

Die relativen Häufigkeiten der Dimension »Finanzen« zeigen, dass alle Faktoren als relevant eingeschätzt werden (siehe Abb. 4). Die relativen Häufigkeiten liegen durchgängig auf einem Niveau von über 40 % für eine hohe Bedeutung.

Erfolgsfaktoren der Dimension »Kunden«

In der Kundendimension zeigt sich, dass die Faktoren »Qualität Kunden- und Lieferantenbeziehung« und »Qualität Prozessergebnis« in der Praxis häufig für die Performance-Messung von Prozessnetzwerken verwendet werden. Hierdurch erklärt sich die hohe Bedeutung dieser Faktoren bei der quantitativen Einschätzung (siehe Abb. 5).

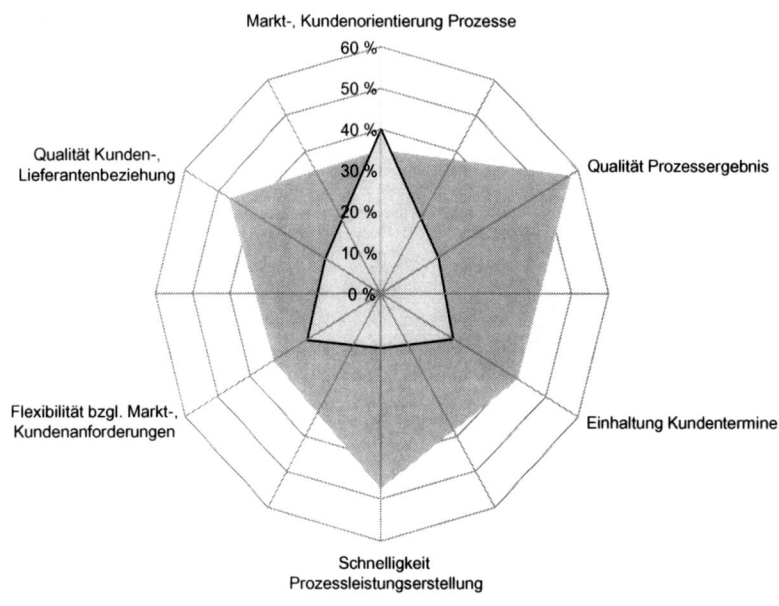

Abb. 5: *Bedeutendste Erfolgsfaktoren der Dimension »Kunden«*

Dies ist für den Erfolgsfaktor »Schnelligkeit Prozessleistungserstellung« nicht der Fall. Zwar attestieren 47,4 % der Teilnehmer dem Faktor eine hohe Bedeutung, er wird jedoch deutlich seltener in die Performance-Messung von Prozessnetzwerken einbezogen.

40 % der Teilnehmer bewerten die »Markt-, Kundenorientierung« mit höchster Bedeutung. Dies entspricht in etwa dem Anteil der Teilnehmer, die diesen Erfolgsfaktor im Rahmen der Performance-Messung im eigenen Prozessnetzwerk überwachen.

Etwas überraschend ist die relativ geringe Ausprägung einer hohen Bedeutung bei der »Flexibilität bezüglich Markt- und Kundenanforderungen«. Sicherlich ist Flexibilität branchenübergreifend als kritischer Erfolgsfaktor für Unternehmen anzusehen. Im Rahmen der Untersuchung ließ sich nicht klären, ob dieses Ergebnis möglicherweise darauf zurückzuführen ist, dass Flexibilität mehr als grundlegende Voraussetzung für den Unternehmenserfolg denn als spezifisch relevant für Prozessnetzwerke angesehen wird.

Erfolgsfaktoren der Dimension »Geschäftsprozesse«
In dieser Dimension bewerten 70 % der Teilnehmer den Erfolgsfaktor »Prozesstransparenz« mit der Bedeutung »hoch« (siehe Abb. 6). Prozesstransparenz bezieht sich dabei auf die Erfassung, Strukturierung, und Darstellung der Geschäftsprozesse ([1], S. 301; [3], S. 496 f.; [14], S. 23 ff.) und dient als Voraussetzung für deren effektive und effiziente Steuerung. Allerdings definieren Rehäuser ([12], S. 17 ff.) und Seidenschwarz [14] Prozesstransparenz sogar noch weiter und fordern Transparenz auch in Bezug auf die Struktur sowie die Leistung der Geschäftsprozesse.

Dies ist ein interessantes Ergebnis, insofern der Erfolgsfaktor »Prozesstransparenz« als Voraussetzung für die Beurteilung der Prozesse anzusehen ist. Transparenz der Geschäftsprozesse lässt sich durch den Einsatz problemadäquater IT-Werkzeuge (z. B. Business Process Management Solutions) erreichen. Der Einsatz solcher Werkzeuge ist demnach entscheidend für den Erfolg eines Prozessnetzwerkes. Darüber hinaus wurden die direkt auf den Prozessablauf bezogenen

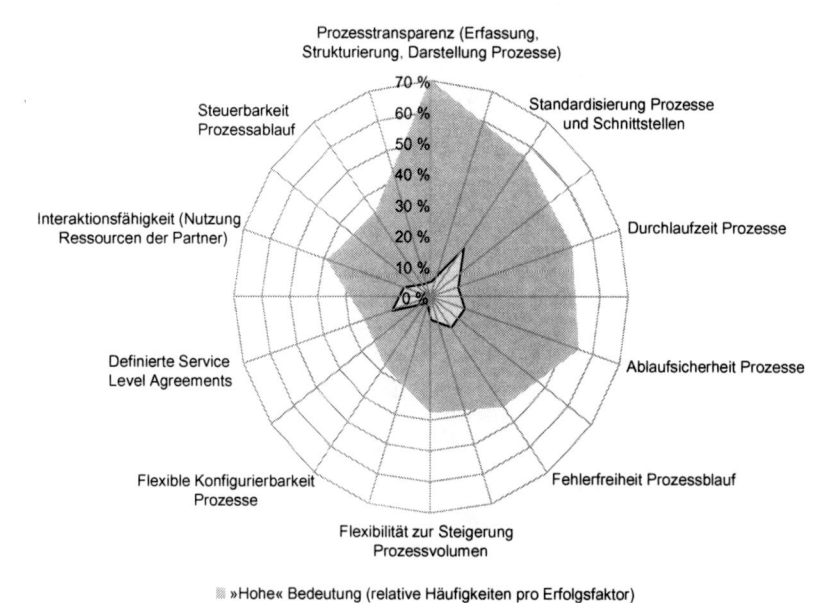

Abb. 6: Bedeutendste Erfolgsfaktoren der Dimension »Geschäftsprozesse«

Faktoren (Prozesstransparenz, Standardisierung Prozesse und Schnittstellen, Durchlaufzeit Prozesse, Ablaufsicherheit Prozesse, Fehlerfreiheit Prozessablauf, Flexibilität zur Steigerung Prozessvolumen) mit einer »hohen« Bedeutung bewertet.

Erfolgsfaktoren der Dimension »Potenziale und Partner«
Bei den Erfolgsfaktoren dieser Dimension zeigt sich im Ergebnis ein ausgewogenes Bild (siehe Abb. 7). Die Teilnehmer bewerten einen Großteil der Erfolgsfaktoren mit einer »hohen« Bedeutung zwischen 45 % und 55 %. Relativ weniger häufig wird der Erfolgsfaktor »Kultureller Fit« mit der Bedeutung »hoch« bewertet, während die »klare Regelung der Zusammenarbeit« mit rund 61 % am relativ häufigsten mit der Bedeutung »hoch« beurteilt wird.

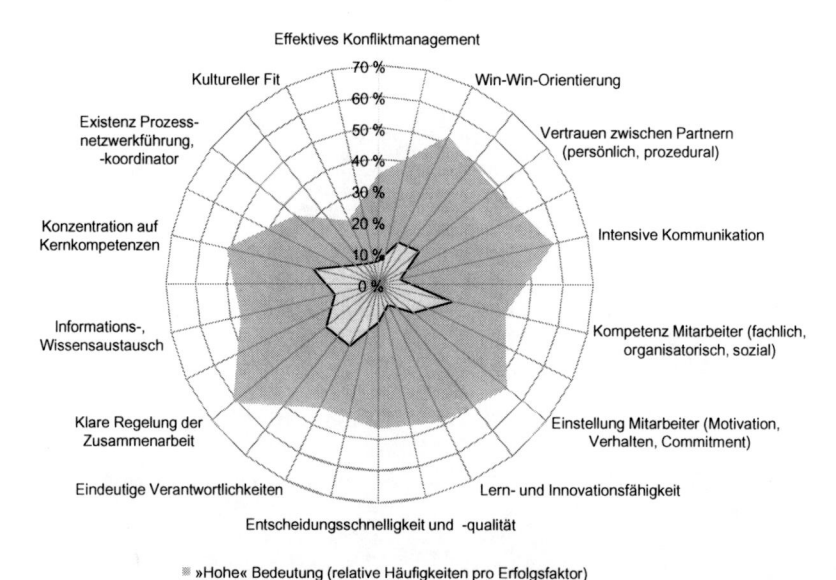

Erfolgsfaktoren für das Management von Prozessnetzwerken

Abb. 7: *Bedeutendste Erfolgsfaktoren der Dimension »Potenziale und Partner«*

Erfolgsfaktoren der Dimension »Informations- und Kommunikationstechnologie«

Als Ergebnis in diesem Bereich zeigt sich eine besondere Relevanz für den Erfolgsfaktor »Integration Partner, Kunden, Lieferanten« (siehe Abb. 8). Der kooperative Aspekt von Prozessnetzwerken wird durch die ebenfalls herausragende Bedeutung des Erfolgsfaktors »Gegenseitiger Zugriff auf Technologien, Daten« sichtbar. Zudem ist eine hohe »Qualität der Information und Kommunikation« ein wichtiger Faktor für die Zusammenarbeit in Prozessnetzwerken.

Übergreifender Vergleich

Vergleicht man darüber hinaus das Ranking der wichtigsten Erfolgsfaktoren über alle BSC-Dimensionen, so werden die Faktoren »Verwendung Standards«, »Markt- und Kundenorientierung Prozesse«

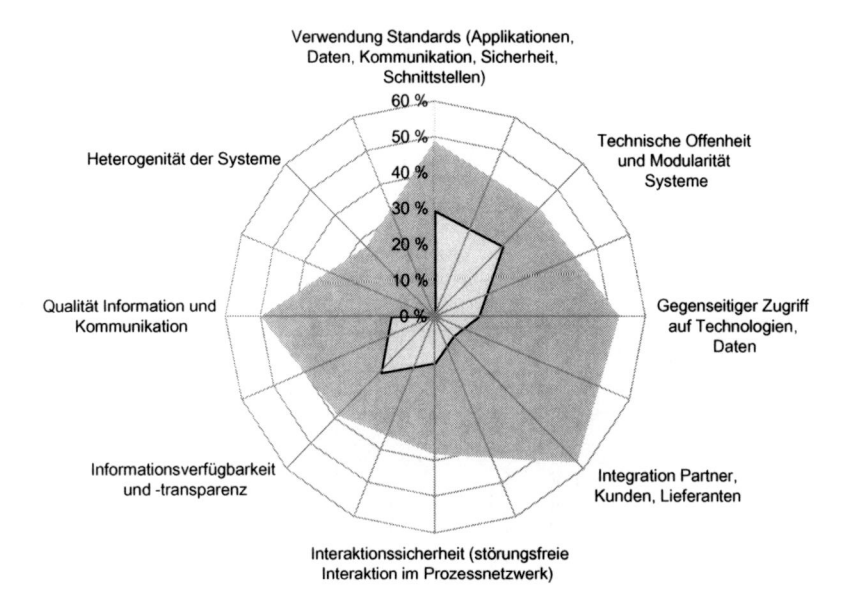

Erfolgsfaktoren für das Management von Prozessnetzwerken

Abb. 8: *Bedeutendste Erfolgsfaktoren in der Dimension »Informations- und Kommunikationstechnologie«*

sowie die »Klare Regelung der Zusammenarbeit« als besonders wichtig identifiziert. Das Rating bestätigt die Annahme einer hohen Relevanz der Informations- und Kommunikationstechnologie, der Kundenorientierung sowie der Regelung und Steuerung für den Erfolg von Prozessnetzwerken.

Nachfolgend ist als Ergebnis aus dem fünften Teil der Studie jede BSC-Dimension mit ihren jeweils maximal fünf bedeutendsten Erfolgsfaktoren dargestellt (siehe Abb. 9).

Erfolgsfaktoren für das Management von Prozessnetzwerken

Kunden

Erfolgsfaktor	Kennzahl	Zielwert
Markt-, Kundenorientierung Prozesse		
Einhaltung Kundentermin		
Qualität Prozessergebnis		
Qualität Kunden-Lieferantenbeziehung		
Flexibilität bzgl. Markt-, Kundenanforderungen		

Geschäftsprozesse

Erfolgsfaktor	Kennzahl	Zielwert
Standardisierung Prozesse Schnittstellen		
Prozesstransparenz		
Fehlerfreiheit Prozessablauf		
Ablaufsicherheit Prozesse		
Durchlaufzeit Prozesse		

Finanzen

Erfolgsfaktor	Kennzahl	Zielwert
Kosten/Prozesskosten		
Rentabilität		
Produktivität		
Ertrag		

PNW-Strategie

Informations- und Kommunikationstechnologie

Erfolgsfaktor	Kennzahl	Zielwert
Verwendung Standards		
Informationsverfügbarkeit, -transparenz		
Technische Offenheit & Modularität Systeme		
Integration Partner, Kunden, Lieferanten		
Qualität Information & Kommunikation		

Potenziale und Partner

Erfolgsfaktor	Kennzahl	Zielwert
Klare Regelung Zusammenarbeit		
Konzentration Kernkompetenzen		
Eindeutige Verantwortlichkeiten		
Einstellung Mitarbeiter		
Kompetenz Mitarbeiter		

Abb. 9: *Reduzierte Balanced Scorecard für das Management von Prozessnetzwerken*

Netzwerkfähigkeit versus Transaktionsfähigkeit

Ein weiteres Ergebnis der Untersuchung bezieht sich auf die Art der in der Performance-Messung berücksichtigten Faktoren. Hier wurde die Bedeutung der »Netzwerkfähigkeit« gegenüber der Bedeutung der »Transaktionsfähigkeit« untersucht (siehe Abb. 10). Netzwerkfähigkeit bezeichnet dabei die Fähigkeit, schnell, effizient und effektiv Kooperationen mit Geschäftspartnern aufbauen, erhalten, weiterentwickeln und auflösen zu können. Dies schließt auch die Prozesse und Informationssysteme ein ([6], S. 208).

Transaktionsfähigkeit bezieht sich demgegenüber auf die effiziente Durchführung von operativen Austauschprozessen zwischen kooperierenden Geschäftseinheiten. Ihre Dimensionen sind die Erfolgsfaktoren Zeit, Qualität, Kosten und operative Flexibilität.

Die Auswertung der Cluster erfolgt dabei in Form der Lageparameter der Verteilungen als Mittelwert. Auf Basis der Gesamtpunktzahl der Nennungen wurde für die einzelnen Faktoren in den Clustern ein Ranking erstellt. Bei der Berechnung der Nennungen werden für die Bewertung »keine Bedeutung« der Wert 1 und für die Bedeutung »höchste« der Wert 5 vergeben. Für die »hohe«, »mittlere« und »geringe Bedeutung« werden die Werte 4, 3 und 2 in dieser Reihenfolge vergeben. Die Werte werden in den entsprechenden Kategorien für die Berechnung der Gesamtpunktzahl aufsummiert.

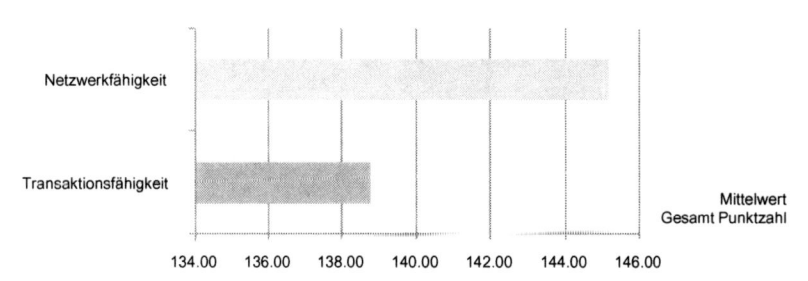

Abb. 10: *Nennungen Transaktions- vs. Netzwerkfähigkeit*

Im Ergebnis wird die Bedeutung der Netzwerkfähigkeit für Prozessnetzwerke gegenüber den klassischen transaktionsbezogenen Faktoren als relativ höher beurteilt. Allerdings werden in der Praxis eher die klassischen Aspekte der Performance erhoben, während netzwerkspezifische Faktoren nur ansatzweise dem Management von Prozessnetzwerken zugrunde gelegt werden.

Im Ergebnis konnte für verschiedene Erfolgsfaktoren eine Divergenz zwischen der Bedeutung der Erfolgsfaktoren und ihrer Nutzung im Rahmen des Performance Managements innerhalb von Prozessnetzwerken nachgewiesen werden. Dies lässt in der Praxis auf einen Bedarf an strategieorientierten Steuerungskonzepten schließen, die die Besonderheiten von Prozessnetzwerken berücksichtigen.

Diskussion und Anwendung der Ergebnisse

Die Studie entstand im Kontext eines internationalen Enterprise Resource Planning (ERP)-Projektes, dessen Ziel darin besteht, die Vielzahl der existenten ERPs in den Bereichen Finanzen, Einkauf und Logistik und Human Resources in ein einheitliches System zu überführen. Der Fokus liegt dabei auf der Standardisierung, Erhöhung der Flexibilität und Schnelligkeit der Leistungserstellung sowie Verbesserung der Kosteneffizienz. Betroffen von der Vereinheitlichung sind Datenmodelle, Prozesse und die IT-Systeme.

Eine grundlegende Leitplanke für die Konzeption und die Optimierung der fachlichen Geschäftsprozesse im Sinne der Projektziele stellt die Forderung nach einer erhöhten Kundenorientierung, Schnelligkeit und Flexibilität, unabhängig vom Erbringer der Leistung, dar. Dies führt zu der Anforderung einer Standardisierung der Daten, Prozesse und der IT-Landschaft, die einerseits eine einfache Abbildung und Integration der Geschäftsprozesse in die gemeinsame Plattform ermöglichen, andererseits eine flexible Abwicklung im Sinne der Optimierung der Leistungserstellung sicherstellen soll. Die Vision dabei ist, dass ein Vorgang in gleichen IT-Datenstrukturen und Geschäftsprozessen unabhängig vom Leistungserbringer und Ort der Leistungserbringung immer gleich durchgeführt wird.

Unter Leistungserbringern werden im Projekt verbundene Unternehmen/Bereiche verstanden, die einen definierten Teil des Geschäftsprozesses verantworten und zentral – im Sinne der Optimierung der Gesamtleistung – gesteuert werden. Durch die Einbindung verschiedener Leistungserbringer entstehen im Rahmen des Projektes Prozessnetzwerke in den Bereichen Finanzen, Einkauf, Logistik und Human Resources, die beteiligten Unternehmen/Bereiche werden zu Netzwerkpartnern.

Die erhöhte Komplexität der im Projekt konzeptionierten Prozessnetzwerke (z. B. verursacht durch eine hohe Anzahl an Schnittstellen) sowie die Notwendigkeit, lokale IT-Alt-Systeme der Leistungserbringer in das neue ERP-System zu integrieren bzw. anzubinden, macht die Transparenz der Abläufe und Leistungen im Prozessnetzwerk zu einer wichtigen Voraussetzung für eine zielgerichtete Steuerung. Die Transparenz umfasst die Netzwerkstruktur und -leistung.

Strukturtransparenz wird im Rahmen der Conceptual-Design-Phase des Projektes erreicht durch

⇨ die Erfassung, Strukturierung und Visualisierung der Geschäftsprozesse in verschiedenen Aggregationsstufen,
⇨ die Festlegung der Prozessverantwortlichen,
⇨ die Identifikation der beteiligten Systeme und Schnittstellen sowie
⇨ die Definition und Abstimmung der Schnittstellen.

Darüber hinaus sind die beschriebenen Abläufe Voraussetzung für die Ausarbeitung von Leistungsvereinbarungen. Um die Leistungserbringer im Sinne der Zielsetzung der Prozessnetzwerke zu steuern, ist die Performance-Messung der Geschäftsprozesse und Prozessnetzwerke nach dem »Go-Live« geplant. Dabei können die hier vorgestellte Balanced Scorecard sowie die identifizierten allgemeinen Erfolgsfaktoren für Prozessnetzwerke maßgeblich dazu beitragen, eine Prozessleistungstransparenz der Leistungserbringer herzustellen. Auf Basis der Strategie und Zielsetzungen der Prozessnetzwerke im Bereich Finanzen, Einkauf, Logistik und Human Resources, der in dieser Studie identifizierten, allgemeinen Erfolgsfaktoren und der Prozesscharakteristika der beteiligten Geschäftsprozesse lassen sich die spezifischen Messgrößen ableiten, deren Wirkzusammenhang analysieren und die Performance-Indikatoren festlegen.

Um die Leistungserbringer wirkungsvoll und effizient steuern zu können, wird im Projekt angestrebt, die definierten Performance-Indikatoren in die vereinbarten Service Level und Operational Level Agreements zu integrieren. Darüber hinaus werden im Rahmen des Projektes in ausgewählten Bereichen weitere Methoden zur Schaffung von Leistungstransparenz wie z. B. die Prozesskostenrechnung angewendet.

Voraussetzung für die Akzeptanz des Systems zur Performance-Messung ist ein ausgewogenes Kosten-Nutzenverhältnis, die Konzentration auf die wesentlichen Erfolgsgrößen, die optimale Anpassbarkeit des Messsystems an die Bedürfnisse des Prozessnetzwerkes sowie die Einbindung der Mitarbeiter in die Einführung.

Literatur

[1] AHLRICHS, F.; KNUPPERTS T.: *Controlling von Geschäftsprozessen. Prozessorientierte Unternehmenssteuerung umsetzen.* Stuttgart, 2006

[2] ALT, R.; LEGNER, C.; ÖSTERLE, H.: *Virtuelle Organisation – Konzepte, Realität und Umsetzung. HMD – Praxis der Wirtschaftsinformatik,* 242, 2005, S. 7-20

[3] BECKER, J.; KUGELER, M.; ROSEMANN, M. (Hrsg.): *Prozessmanagement. Ein Leitfaden zur Prozessorientierten Organisationsgestaltung.* Berlin, Heidelberg, New York, 2003

[4] BLECKER, T.: *Unternehmung ohne Grenzen – Konzepte, Strategien und Gestaltungsempfehlungen für das Strategische Management.* Wiesbaden, 1999

[5] ERHARDT, J.; GORA, W.: *Zehn Thesen zur praktischen Virtualisierung.* In: Gora, W.; Bauer, H. (Hrsg.): *Virtuelle Organisation im Zeitalter von E-Business und E-Government. Einblicke und Ausblicke.* Berlin Heidelberg, 2001, S. 149-153

[6] FLEISCH, E.: *Das Netzwerkunternehmen: Strategien und Prozesse zur Steigerung der Wettbewerbsfähigkeit in der »Networked economy«.* Berlin, Heidelberg, 2001

[7] KAPLAN, R.; NORTON, D. P.: *Die strategiefokussierte Organisation: Führen mit der Balanced Scorecard.* Stuttgart, 2001

[8] KAPLAN, R.; NORTON, D. P.: *The Balance Scorecard: Translating Strategy into action.* Boston, 1996

[9] KNOP, R.: *Erfolgsfaktoren strategischer Netzwerke kleiner und mittlerer Unternehmen – Ein IT-gestützter Wegweiser zum Kooperationserfolg.* Wiesbaden, 2009

[10] ÖSTERLE, H.: *Business Engineering: Prozess- und Systementwicklung. Entwurfstechniken.* Berlin, Heidelberg, New York, 1995

[11] PICOT, A.; REICHWALD, R.; WIGAND, R. T.: *Die grenzenlose Unternehmung Information, Organisation und Management.* Wiesbaden, 2001

[12] REHÄUSER, J.: *Prozessorientiertes Benchmarking im Informationsmanagement.* Wiesbaden, 1999

[13] SCHMELZER, H.; SESSELMANN, W.: *Geschäftsprozessmanagement in der Praxis. Kunden zufrieden stellen – Produktivität steigern – Wert erhöhen.* München, 2008

[14] SEIDENSCHWARZ, W. (Hrsg.): *Marktorientiertes Prozessmanagement. Wie Process Mass Customization Kundenorientierung und Prozessstandardisierung integriert.* München, 2008

[15] SYDOW, J.: *Strategische Netzwerke. Evolution und Organisation.* Wiesbaden, 1992

Zusammenfassung

Das Ergebnis der Untersuchung bestätigt die Vermutung einer geringen Ausprägung der Performance-Messung in Prozessnetzwerken. Nur 38,46 % der Befragten führen in ihrem Prozessnetzwerk heute eine Performance-Messung durch. Die durchschnittliche Verwendung der Erfolgsfaktoren für die Performance Messung in den Prozessnetzwerken der Teilnehmer liegt bei weit unter 50 %. Ferner wurde die Bedeutung der Netzwerkfähigkeit (diese beinhaltet strategische, strukturelle, kulturelle Aspekte) gegenüber der Beutung der klassischen transaktionsbezogenen Faktoren (Qualität, Kosten, Zeit, Flexibilität) als relativ höher beurteilt. Allerdings werden in der Praxis eher die klassischen Aspekte der Performance erhoben, netzwerkspezifische Faktoren dagegen nur ansatzweise dem Management von Prozessnetzwerken zugrunde gelegt. Die Divergenz zwischen Bedeutung und Nutzung konnte für weitere Faktoren nachgewiesen werden.

»Markt- und Kundenausrichtung«, »Verwendung Standards« und »Klare Regelung der Zusammenarbeit« sind insgesamt die Erfolgsfaktoren mit der höchsten Gesamtpunktzahl nach Nennungen.

Auf Grundlage der erhobenen und untersuchten Erfolgsgrößen kann ein strategieorientierter Ansatz für die Performance-Messung in kooperativen Netzwerken auf Basis der Balanced Scorecard (BSC) entwickelt werden. Die Prozessnetzwerk-BSC berücksichtigt in ihren Dimensionen die besondere Erfolgsrelevanz der Netzwerkpartner und der Informations- und Kommunikationstechnologie in Prozessnetzwerken.

Governance und Compliance beim Cloud Computing

Die Cloud macht es möglich: Entscheidend ist nicht, wo die IT-Dienstleistung erbracht wird, sondern dass sie sich rasch an neue Anforderungen anpassen kann. Wächst das Unternehmen stark, müssen IT-Services skalieren können. Das hat auch Auswirkungen auf die IT-Governance.

In diesem Beitrag erfahren Sie:
- wie sich die verschiedenen Cloud-Angebote strukturieren lassen, um sie vergleichbar zu machen,
- in welchen Einsatzszenarien Cloud sinnvoll ist,
- rechtliche Rahmenbedingungen,
- wie sich Ihre IT-Governance ändern könnte.

WOLFGANG KSOLL

Historische Entwicklung

Cloud Computing entstand in den letzten Jahrzehnten in mehreren Entwicklungsschritten. In den 1980er Jahren änderten sich in schneller Folge die Paradigmen der Computernutzung. Nach den Mainframes von IBM und Siemens sowie Control Data/Cray mit Wide-Area-Terminalnetzwerken brachten die massenhaft vorhandenen Personal Computer das Client-Server-Computing-Paradigma im Local Area Network zum Durchbruch.

Das Internet ließ ab Mitte der 1990er Jahre die Möglichkeiten dann explodieren. Über dieses Medium konnten Mainframes irgendwo auf der Welt angesprochen werden, ohne eine komplexe SNA-Infrastruktur (Systems Network Architecture) aufzubauen. Auch konnten beliebig Client-Server-Strukturen betrieben werden, die bekannteste davon ist das World Wide Web.

Zunächst wurden Mainframe-Strukturen im Netz zur Verfügung gestellt. Sei es in der Wissenschaft (wie z. B. im Norddeutschen Vektorrechnerverbund) oder in der Wirtschaft (wie z. B. in weltweiten Reservierungssystemen in der Luftfahrt). Höhere Bandbreiten ermöglichen es, preiswerte Rechner zu Clustern zusammenzuschalten, hier durch wurden Anwendungen mit hoher Anforderung an Rechenleistung aber ohne Interaktion, wie numerische Simulation, machbar. Für den Benutzer war hier nur noch ein einziger Komplex sichtbar, wo ihn nicht interessierte, auf welchem Knoten seine Jobs liefen. Meist waren dies Stapelverarbeitungssysteme, seltener auch Cluster, die Parallelverarbeitung betrieben.

Im öffentlichen Bereich schlossen sich Gebietskörperschaften wie Kommunen oder Länder zu Verbänden oder Anstalten (z. B. dataport, KRZN, civitec, KRZ, ekom21, ITDZ oder HZD) zusammen, um in gemeinsamen Rechenzentren die Nutzung von Software über ein Netzwerk zu ermöglichen. So ist es heute üblich, dass Kommunen z. B. die gleiche ERP-Implementierung bei einem Anbieter mieten, obwohl sie untereinander um Gewerbesteuer im Wettbewerb stehen. Die Verfügbarkeit von standardisierten Produkten, Netzwerken mit hoher Bandbreite und die Verschlüsselung in Virtuellen Privaten Netzwerken (VPN) machten es möglich, Kostenvorteile der gemeinsamen Nutzung von Ressourcen zu realisieren.

In den 2000er Jahren ging dann Amazon noch einen Schritt weiter. Von Jahr zu Jahr mit dramatischen Wachstumsraten verzeichnete der Versandhändler zur Weihnachtszeit erhebliche Lastspitzen in der IT-Nutzung [1], dagegen Lücken in den lastarmen Zeiten zwischen den Weihnachtsfesten. Diese Lücken füllte Amazon durch Hosting-Angebote für Dritte, sodass die sehr großen Rechenzentren ganzjährig besser ausgelastet wurden. Bekannt wurde das Hosting-Angebot auch, als Amazon der Enthüllungsplattform wikileaks (vermutlich auf Wunsch der US-Regierung) die Verträge fristlos kündigte.

Im Netzwerkdiagramm wird das Internet immer als Wolke dargestellt, weil die genaue Struktur nicht erfassbar, andererseits für die Nutzung eines Dienstes auch nicht notwendig ist. Aus dieser Diagramm-

Wolke entwickelte sich die allgemeine Metapher der Wolke (englisch Cloud), die einfach nur besagt, dass man aus einem Netzwerk einen Dienst bezieht, ohne dass man sich näher um Details der Diensterbringung kümmern müsste, um dynamisch seine Leistungsnachfrage preislich und physisch gestalten zu können.

Definitionen

Eigentlich soll der Begriff Cloud zum Ausdruck bringen, dass man seine Leistungen aus dem Netz bezieht und mit den Details im Netz nicht belastet werden will (»Bei mir kommt der Strom aus der Steckdose!«). Gleichwohl ist es im professionellen Umgang mit der Cloud notwendig, einige Details zu klären und die Cloud-Services gegen andere abzugrenzen.

Die Gartner Group, die IT-Trends meist sehr früh mit einer Begrifflichkeit prägt und Hype-Zyklen dokumentiert, definiert Cloud Computing als »*...a style of computing in which scalable and elastic IT-enabled capabilities are delivered as a service to external customers using Internet technologies*« [2].

In dieser sehr knappen Definition wird betont, dass in der Wolke nicht eigene Rechner stehen, sondern Services erbracht werden, die skalierbar und elastisch sind. Zur Skalierung wird oft kolportiert, dass weltweit weitere Rechner oder Storage-Systeme herangezogen werden können. Dies muss aber nicht zwingenderweise der Fall sein. Mit elastisch ist gemeint, dass die Nutzeranzahl und Nutzungsintensität nach oben und unten schwanken kann.

Mittlerweile hat sich das Cloud-Computing-Angebot so vielfältig entwickelt, dass das National Institute for Standardization in den USA (NIST) eine hilfreiche Nomenklatur des Begriffes entwickelt hat [3]:

»*Cloud computing is a model for enabling convenient, on-demand network access to a shared pool of configurable computing resources (e.g., networks, servers, storage, applications, and services) that can be rapidly provisioned and released with minimal management effort or service provider interaction. This cloud model promotes availability and is composed of five essential characteristics, three service models, and four deployment models.*«

Die essenziellen Charakteristiken, Service-Modelle und Bereitstellungs-Modelle sollen hier näher erläutert werden, weil sie helfen, das vielfältige Angebot der Cloud-Anbieter zu strukturieren und zu verstehen.

Essenzielle Charakteristiken

⇨ *On-demand self-service.*
Der Nutzer eines Service kann selbständig ohne Eingriff des Service Providers neue Services buchen. Das kann in kleinen Organisationen tatsächlich der Endnutzer sein oder in großen Organisationen ein IT-Administrator.

⇨ *Broad network access*
Die Ressourcen sind über das Netzwerk verfügbar und über Standard-Mechanismen mit einer Reihe von Geräten (PCs, Laptops, Handys oder PDAs) zugreifbar. In der Regel reicht ein Browser. Das bedeutet auch, dass z. B. auch Textverarbeitungen ohne Fat Client am Endgerät auskommen.

⇨ *Resource pooling*
Der Service Provider kann Ressourcen umverteilen, d. h., er kann Economics of Scale erzielen, die jeder einzelne Nutzer für sich nicht erreichen kann. Dadurch kann der Nutzer Kostenvorteile erzielen. In der Regel geschieht das durch Virtualisierung, d. h., reale Hardware bedient mehrere virtuelle Server, sodass die Auslastung der Hardware nahe an 100 % herangeführt werden kann.

⇨ *Rapid elasticity*
Die Ressourcen können schnell und elastisch (wachsend und schrumpfend) bereitgestellt werden, wobei sie für den Nutzer unerschöpflich zu sein scheinen.

⇨ *Measured Service*
Das Cloud-System misst selbständig den Ressourcenverbrauch auf Basis von Storage, CPU-Nutzung, Bandbreitennutzung, aktiven User Accounts oder Ähnlichem, sodass die Nutzung für Verbraucher und Dienstleister transparent abgerechnet werden kann.

Service Modelle

⇨ *Software as a Service (SaaS).*
Die höchste Service-Stufe des Cloud Computings ist das Modell Software as a Service (SaaS), bei dem der Nutzer nur den Gebrauch einer Applikation mietet und Zugriff über ein schlankes Device erhält mittels Webbrowser, Fat Clients (z. B. E-Mail-Client oder SAP-GUI) oder Terminalclients über VMware oder HyperV. Der Nutzer braucht sich um Netzwerk, Server, Storage, Betriebssystem oder auch die Applikationslogik nicht zu kümmern. Lediglich die Benutzerverwaltung wird oft in der Organisation belassen. Bekannte Bespiele dieses Modells sind CRM-Systeme wie Salesforce.com oder Office Suiten Google Apps oder Microsoft Office365.

⇨ *Platform as a Service (PaaS).*
Bei dem Modell Platform as a Service (PaaS) ist der Nutzer verantwortlich für die Bereitstellung der Applikation, sei es selbstentwickelte Software oder ein kommerzielles Software-Paket. Für die unterliegende Infrastruktur wie Betriebssystem, Server, Netzzugang trägt dagegen der Cloud Service Provider die Verantwortung. Micosoft Azure ist hier ein bekanntes Beispiel.

⇨ *Infrastructure as a Service (IaaS).*
Bei dem Modell Infrastructure as a Service kann der Nutzer auf das Betriebssystem, den Speicher und die Bereitstellung von Applikationen Einfluss nehmen. Auch Netzwerkkomponenten wie Firewalls liegen in seinem Zugriff. Diese Variante ist aus dem Hosting-Geschäft seit Längerem bekannt.

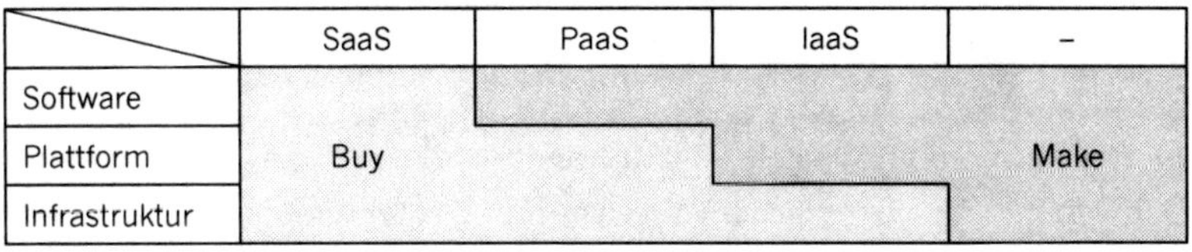

	SaaS	PaaS	IaaS	–
Software	Buy			Make
Plattform				
Infrastruktur				

Abb. 1: *Service-Modelle*

In der Abbildung 1 sind die Service Modelle zusammengefasst. Bei Software as a Service werden Infrastruktur-, Plattform- und Softwarenutzung zugekauft, während man sich für alles drei auch selber kümmern könnte.

Bereitstellungsmodelle (Deployment Models)

Das NIST unterscheidet vier Bereitstellungsmodelle oder Deployment Models:

⇨ *Private cloud*
In der Private Cloud werden die Services nur für eine Organisation bereitgestellt. Das Management kann durch eigene Kräfte oder durch Dritte geschehen. Auch kann es im Hause (on premise) erfolgen oder außerhalb.

⇨ *Community cloud*
In der Community Cloud teilen sich mehrere Organisationen die gleichen Ressourcen. Diese Organisationen haben gleiche Rahmenbedingungen (Sicherheitsanforderungen, Governance). Ein Beispiel waren die öffentlichen IT-Dienstleister oben, die für eine ganz bestimmte Community (Verband, Eigentümer) Leistungen erbringen, aber nicht für die allgemeine Öffentlichkeit.

⇨ *Public cloud*
In der Public Cloud wird die Cloud-Infrastruktur allgemein öffentlich zu Verfügung gestellt und gehört dem Dienstleister.

⇨ *Hybrid cloud*
Die Hybrid Cloud ist eine Mischung aus den obigen Szenarien. So kann z. B. das ERP als SaaS aus einer Community Cloud bezogen werden, die Office-Lösung aber aus einer Public Cloud.

Darüber hinaus entwickeln sich auf dem Markt dynamisch weiter neue Begrifflichkeiten: Storage as a Service, HPCaaS (High Performance Computing as a Service, Business Process as a Service, Data as a Service, usw.)

Einsatzszenarien

Cloud-Computing kommt typischerweise in folgenden Einsatzszenarien vor:
- ⇨ Temporärer Ressourcenbedarf
- ⇨ Schwankungen im Lastverlauf
- ⇨ Schnelles beständiges Wachstum
- ⇨ Weltweiter Zugriff

Für die Betrachtung des wirtschaftlichen Nutzens von Clouds stehen zwei Leitfragen im Vordergrund:
- ⇨ Kann ich Aktivitäten entfalten, die mir ohne Cloud nicht möglich wären?
- ⇨ Kann ich Aktivitäten kostengünstiger als ohne Cloud entfalten?

Nimmt man z. B. ein mittelständisches Unternehmen mit 200 Mitarbeitern, dann kann es sich dieses in der Regel nicht leisten, eine Lizenz für ein CRM-Paket wie Siebel zu erwerben, welches es mit 100 oder mehr Personentagen von einem externen Berater customizen lässt. Aber eine Lösung wie Salesforce.com, das mit wenig Einarbeitungsaufwand und Buchung sofort nutzbar ist, ist auch für mittlere und schnell wachsende Unternehmen finanziell darstellbar. Auf der anderen Seite rechnet es sich auch für den Anbieter, für viele Unternehmen eine Lösung im Netz bereitzustellen. Hiermit werden Anwendungen für kleine und mittlere Unternehmen nutzbar, die sie ohne Cloud Computing nicht nutzen könnten.

Für alle Unternehmensgrößen gilt, dass eine gemietete Lösung aus der Cloud die Bilanz nicht durch Aktivposten außerhalb des Kerngeschäftes verlängert (wie man es z. B. auch heute bei Immobilien und Sale-and-Lease-Back-Geschäften vermeidet), bewahrt die GuV vor Abschreibungsaufwendungen (lässt also den Gewinn besser aussehen) und erhöht die Liquidität im Cashflow-Statement.

Da man nur das zahlt, was gerade aktuell benötigt wird, sind auch deshalb die Kosten tendenziell niedriger. Steigt der Bedarf, weil sich das Wachstum beschleunigt, kann man elastisch zubuchen; sinkt er, kann man Bedarf abkündigen.

Dass bei höherer Konzentration Maßnahmen kostengünstiger werden (Economics of Scale), ist eigentlich trivial. Durch den mannigfaltigen und stabilen Einsatz des Internets sind aber manche Kostenreduktionen erst realisierbar geworden.

Im Folgenden sollen die Chancen in einzelnen Business-Szenarien herausgearbeitet werden.

CRM - Customer Relationship Management

In den Unternehmensbereichen Marketing, Vertrieb und Service haben in den vergangenen Jahren große CRM-Systeme wie Siebel (jetzt Oracle), SAP-CRM oder Microsoft Dynamics CRM Eingang gefunden. Aber auch für kleinere Anwender haben sich zahlreiche Lösungen etabliert, bis hin zu Open Source-Angeboten wie SugarCRM in der Community-Version. Allerdings erfordert selbst die gut gepackte Open Source-Version einigen administrativen Aufwand für den Betrieb eines Apache-Webservers, einer MySQL-Datenbank, eines PHP-Servers, für die Nationalisierung und die User-Administration. Außerdem bedeutet dies einen Verzicht auf die höherwertigen Funktionalitäten der Enterprise-Edition, wie die Darstellung der Salespipeline usw. Von den etablierten Anbietern ist entweder eine On Premise-Lizenz (In-Haus-Lösung) erhältlich oder eine Cloud-Lösung.

Einen anderen Weg geht daher seit Langem ein Anbieter wie Salesforce.com. Gegründet von einem ehemaligen Oracle-Mitarbeiter wurde diese Software von Anfang an nur zur Miete im Internet angeboten. Eigene Installation und Basisadministration entfällt. Browser und Internetanschluss reichen zur Nutzung als Software as a Service. Über Webservices können aber das eigene ERP und E-Mail-System integriert werden oder auch Social Media Marketing (twitter, Facebook, etc.) angeschlossen werden. Die Nutzung von Cloud-Services geht so weit, dass z. B. innerhalb der CRM-Anwendung Google-Maps zur Lokalisierung von Adressen benutzt wird.

Diesen Cloud-Service bieten nun nach und nach die anderen CRM-Hersteller auch an, sodass wesentlich schneller und mit weniger Aufwand CRM-Systeme genutzt werden können als bisher. Die Preismodelle stellen in der Regel auf einzelne User und Monate ab, sodass hier trenngenau Rechnung gestellt werden kann.

ERP

Der Betrieb von Enterprise Resource Programs ist mindestens als Finanzbuchhaltung in jedem Betrieb notwendig. Aufgrund der hohen Verbreitung haben sich auch vielfältige Cloud-Angebote entwickelt. Dabei kann es sich um Angebote für kleine Betriebe handeln, die wie »mein buchalter« ab 49,95 €/mtl. auch als Business Process Outsourcing inkl. bestimmter Anzahl von Buchungen verfügbar sind, oder um den Klassiker der genossenschaftlichen datev. Hinzu kommt eine Vielzahl von Varianten des SAP-Angebotes und anderer Hersteller.

Wegen der steuerlichen und der handelsrechtlichen Fragen sind hier die GDPdU (Grundsätze zum Datenzugriff und zur Prüfbarkeit digitaler Unterlagen) zu beachten und bei dem elektronischen Versand von Rechnungen Vorschriften hinsichtlich qualifizierter Signaturen. (Hier stehen Änderungen an. Mit dem Regierungsentwurf zum Steuervereinfachungsgesetz 2011 sollte die Pflicht zur qualifizierten Signatur von elektronischen Rechnungen wegfallen. Der Gesetzentwurf ist aber in erster Lesung im Bundesrat wegen anderer Themen gescheitert).

E-Mail

E-Mail-Server vorzuhalten wird immer komplexer. Zum einen werden die Server im Internet mit Spam-Mail überflutet und andererseits werden sie durch diverse Angriffe bedroht. So hatte das Bundesamt für die Sicherheit in der Informationstechnik (BSI) schon 2005 davor gewarnt [4], in E-Mails HTML-Code zuzulassen, weil damit »malicious Code« transportiert werden könnte. Nach einer Untersuchung des Autors hielten sich von 32 großen Unternehmen aber nur zwei an diese Empfehlung, wovon eine das BSI selbst war, nicht aber der Dienstherr, das Bundesministerium des Inneren.

Hier setzt der Ansatz an, die Unternehmens-E-Mail in die Cloud zu verlagern. Dieses bieten heute viele Anbieter an. Der Zugriff kann über Webinterface erfolgen, aber auch mit POP3- oder IMAP-Clients oder auch mit Microsoft Outlook. Herausforderung hier ist neben der E-Mail auch die Verwaltung der Termine für eine Vielzahl von Endgeräten des gleichen Benutzers.

Großer Vorteil ist, dass nicht jedes Unternehmen die Wartung gegen Spam-Mail, Viren und andere Bedrohung personalintensiv vorhalten muss, sondern von der Konzentration auf große Anbieter profitieren kann.

Office-Anwendungen

Zu den Office-Anwendungen zählt man Textverarbeitung, Tabellenkalkulation und Präsentationssoftware sowie E-Mail und Kalender. Schon lange gibt es für E-Mail von Microsoft (Hotmail), Google, GMX usw. für private und geschäftliche Anwender in der Cloud. Neu hinzugekommen ist, dass auch die anderen Office-Anwendungen zur Online-Benutzung in das Netz gestellt werden. Dabei variieren die Leistungsangebote und die Preise stark.

Google Apps for Business beinhaltet die Onlinebearbeitung von Texten, Tabellen, Präsentationen, Zeichnungen und Formularen. Großer Wert wird auf MS-Office-Integration gelegt. Mail und Kalender sind ebenfalls enthalten.

Office 365 löst das ältere Produkt Microsoft BPOS ab, das schon einige Jahre auf dem Markt ist. Besonderheit hier ist, dass neben der Cloud-Nutzung auch eine Office-Vollversion zur lokalen Nutzung mit gebucht werden kann im Paket für mittlere und große Unternehmen, wobei jeder User seine Lizenzversion auf bis zu 5 Geräten gleichzeitig benutzen darf. Microsoft stellt auch anderen RZ-Betreibern ihre Cloud-Version zur Verfügung, damit diese spezielle Angebote machen können, zum Beispiel mit wohldefiniertem Standort der Datenhaltung für personenbezogene Daten.

Tabelle 1: Office-Anwendungen in der Cloud

	Microsoft Office 365 Berufstätige + kleine Unternehmen	Microsoft Office 365 Mittlere + große Unternehmen	Google Apps for Business
Online-Produkte	Text Tabelle Präsentation Mail Kalender Sharepoint –	Text Tabelle Präsentation Mail Kalender Sharepoint Lync	Text Tabelle Präsentation Mail Kalender – –
Offline-Produkte	– – – Mail Kalender	Text Tabelle Präsentation Mail Kalender	– – – Mail Kalender
Mailspeicher	25 GB	25 GB	25 GB
Einzelmailgröße	25 MB	25 MB	
Dateispeicher	25 GB*	25 GB*	1 GB
Verfügbarkeit	99,9%	99,9%	99,9%
Preis/Monat	5,25 €	22,75 €	4 €
Preis/Jahr	12 * 5,25 €= 63€	12*22,75 € = 273 €	10* 4 € = 40 €

*Bei Microsoft kann über den Extra-Dienst Skydrive 25 GB Speicherplatz für Dateien kostenlos genutzt werden.

Zur Wahrung der gesetzlichen Aufbewahrungsfrist (siehe rechtliche Rahmenbedingungen) ist es auch möglich, neben der reinen E-Mail auch zusätzliche Archivierungslösungen hinzuzuziehen. Dazu sind mehrere Lösungen auf dem Markt, wo einerseits der User Zugriff auf seine Mail online hat oder sie löscht, aber zusätzlich Kopien im Archiv an anderem Ort gespeichert werden.

Platform as a Service

Für Eigenentwicklungen bieten viele Cloud-Anbieter die Nutzung einer Plattform (PaaS) an. Dabei werden z. B. Betriebssystem, Datenbank und Laufzeitbibliotheken von Entwicklungsumgebungen zur Verfügung gestellt, die der Kunde zum Entwickeln und für den Betrieb seiner Lösung in Anspruch nehmen kann. Wesentlicher Vorteil ist, dass die Ressourcen synchron mit der Nutzung skalieren können.

Neben Amazon ist das bekannteste Beispiel Microsoft Azure [5]. Beachtenswert ist, dass nicht nur die Microsoft-Produkte unterstützt werden, sondern auch die Entwicklungswerkzeuge der Open-Source-Community wie MySQl, Java und andere Oracle-Produkte.

Web-Services

Eine weitverbreitete Anwendung von Cloud-Services ist die Nutzung von Webservices wie Google Maps oder Microsoft Bing Maps. Hier werden dem Anwender interaktive Karten in seine Anwendung eingeblendet, ohne das er wüsste, wo die zugehörigen Server residieren. Technisch liegt hier eine SOA (serviceorientierte Architektur) vor.

Das Geschäftsmodell dabei ist denkbar einfach: Darf auf die Anwendungen öffentlich zugegriffen werden, ist die Nutzung kostenlos. Wird in einer geschlossenen Usergroup darauf zugegriffen, sind kleine Lizenzgebühren zu zahlen.

Diese Nutzung ist auch ein Beispiel für hybride Clouds. Die Anwendung selbst kann in einer Private oder Public Cloud residieren und als Eigenentwicklung mit Java und Liferay-Portalsoftware mittels Platform as a Service angeboten werden, während zur Laufzeit Services bei Google oder Microsoft in Anspruch genommen werden können.

Synchronisation von Endgeräten

Informationworker bescheren eine ganz neue Klasse von Herausforderungen. Sie wollen eine Vielzahl von Enderäten benutzen, mit denen sie auf einen gemeinsamen Datenbestand in der Wolke zugreifen möchten:
- ⇨ Ein Standrechner am Arbeitsplatz im Büro
- ⇨ Ein Rechner am Arbeitsplatz im Home-Office
- ⇨ Ein Tablet-PC (z. B. iPad)
- ⇨ Ein Notebook für unterwegs
- ⇨ Ein Smartphone (z. B. iPhone)

Hier Management-Modelle zu finden, die wenigstens Minimalanforderungen wie E-Mail und Terminkalender und Dateiablage abdecken, ist nicht ganz einfach. Kommen noch freie Mitarbeiter hinzu, die für mehrere Unternehmen arbeiten, ist es hilfreich, wenn man E-Mail und Terminkalender schon in der Wolke hat.

In homogenen Welten von Hardwareherstellern (wie z. B. Apple) ist die Integration noch relativ unkompliziert, obwohl von Apple derzeit kein professionelles Systemmanagement für ihre Geräte angeboten wird und die Clientsystemadministration derzeit vollständig auf den Endbenutzer verlagert ist. Me.com erlaubt über E-Mail und Kalender auch Dateiablagen zu synchronisieren. Noch umfassender unterstützt Apple einzelne User mit iCloud, das eine automatische Synchronisation aller Apple-Geräte erlaubt.

Microsoft erlaubt mit der Live-Plattform im Rahmen von Azure nicht nur eine Zugriffssteuerung für Benutzer in der Wolke, sondern bietet auch an, den persönlichen Storage zu synchronisieren. Mit MS Intune lässt sich dann ein PC mit Professional Windows Version (XP, Vista, Windows 7) aus der Wolke administrieren.

Aber auch einzelne Anwendungen sehen die Notwendigkeit der Synchronisationen mehrerer Geräte eines einzelnen Users. Der Browser Firefox z. B. erlaubt nun die automatische Synchronisierung von Lesezeichen auf mehreren Geräten bis hin zum iPhone.

Dennoch bleibt hier noch erheblicher Forschungsbedarf für die Administration der Endgeräte, die zwar einfach ihre Anwendungen in der Cloud finden, aber für lokale Daten über die Cloud synchronisiert werden sollen.

Rechtliche Rahmenbedingungen und Compliance

Cloud Computing ist wegen des Internets ein *globales* Phänomen. Rechtliche Rahmenbedingungen werden aber nach wie vor *national* gesetzt. Deshalb ist es notwendig, die globalen technischen Möglichkeiten mit den nationalen rechtlichen Gegebenheiten zu synchronisieren. Die Kernfragen hier sind:

- ⇨ Gibt es örtliche Einschränkungen der Leistungserbringung (national, europäisch)?
- ⇨ Gibt es zeitliche Bestimmungen (Speicherungsdauer länger als Vertragsdauer)?
- ⇨ Gibt es inhaltliche Bestimmungen für Cloud-Nutzer oder Cloud-Anbieter?

Meist werden von Akteuren, die mit Datenschutz und Sicherheit befasst sind, diese beiden Themenfelder in den Vordergrund gestellt. Für die Compliance von Unternehmen mögen aber handelsrechtliche und steuerrechtliche Vorschriften wichtiger sein, zumal sich manche datenschutzrechtliche Fragen dann gegebenenfalls erübrigen. Wenn die Abgabenordnung dazu verpflichtet, Daten im Inland zu speichern, ist es müßig sich darüber Gedanken zu machen, ob sie bei Personenbezug nach dem Datenschutz auch in China gelagert werden könnten.

Nach § 238 Handelsgesetzbuch (HGB) ist der Kaufmann verpflichtet, Bücher zu führen. Nach § 257 HGB ist er verpflichtet, eingehende Handelsbriefe und Kopien ausgehender Handelsbriefe für 6 Jahre aufzubewahren. Auch muss er Belege, die zu Buchungen nach § 238 führen, und die Handelsbücher für 10 Jahre aufbewahren. Die Bücher müssen nicht im Inland geführt werden, aber in angemessener Zeit zugreifbar sein. Für elektronische Belege reicht ein Ausdruck auf Papier.

Neben den handelsrechtlichen Bestimmungen gibt es steuerrechtliche Vorschriften der Abgabenordnung (AO). Diese verlangt eine Speicherung im Inland nach § 146, wenn nicht eine Ausnahme nach § 146 Absatz 2a für einen EU- oder EWR-Mitgliedsstaat (EWR = EU + Island, Norwegen und Liechtenstein) bewilligt wurde. Steuerrechtlich gilt es auch, die Grundsätze ordnungsmäßiger DV-gestützter Buchführungssysteme (GoBS) als Anlage zur AO und die Grundsätze zum Datenzugriff und zur Prüfbarkeit digitaler Unterlagen (GDPdU) einzuhalten, die aber eher Verfahrensregeln benennen als durch Vorschriften für Ort und Zeit Cloud-Opportunitäten einengt.

Für Finanzdienstleister und große Kapitalgesellschaften ist zusätzlich zu prüfen, ob sich besondere Anforderungen nach Spezialgesetzen ergeben. Beispiele wären zum Thema Ausfallsicherheit oder Prüf-/Berichtpflichten bzw. Auslagerung an Dritte: § 25, § 25a KWG, § 33 WpHG, § 16 InvG und § 64 a VAG, KonTraG.

Lohnsteuerrechtliche (z. B. § 41 EStG) und sozialversicherungsrechtliche Normen werfen beim Cloud Computing keine neuen Fragen auf, die nicht schon auch beim Outsourcing vorhanden und gelöst gewesen wären.

Für die Träger von Berufsgeheimnissen nach § 203 Strafgesetzbuch (StGB), z. B. Ärzte, Rechtsanwälte, Sozialberater, Versicherungsmitarbeiter, wird die Auslagerung von Daten an Cloud-Anbieter regelmäßig als die Arbeit von Gehilfen bzw. Personen, die bei ihnen zur Vorbereitung auf den Beruf tätig sind, angesehen nach § 203, Absatz 3, Satz 1 StGB. Dies führt zu einem ähnlichen und zulässigen Verhältnis wie in der Auftragsdatenverarbeitung nach § 11 des Bundesdatenschutzgesetzes (BDSG).

Das BDSG, das 2009 verschärft wurde, erlaubt in § 4 die Erhebung, Verarbeitung (Speicherung) und Nutzung personenbezogener Daten, wenn ein Gesetz oder eine andere Rechtsvorschrift dies erlaubt oder anordnet oder der Betroffene einwilligt. Somit sind alle oben genannten gesetzlichen Zwecke auch aus datenschutzrechtlichen Bestimmungen heraus erlaubt.

Wird die Verarbeitung in der Cloud vorgenommen, so sind zwei Aspekte aus Datenschutzgründen zu beachten:
⇨ die Auftragsdatenverarbeitung nach § 11 BDSG und
⇨ der Ort der Verarbeitung (EU, EWR oder Safe Harbour).

Der § 11 des BDSG (Erhebung, Verarbeitung oder Nutzung personenbezogener Daten im Auftrag) erlaubt die Auftragsdatenverarbeitung, sodass personenbezogene Daten auch an Dritte (Cloud-Anbieter) weitergegeben werden dürfen, damit diese sie für den Auftraggeber (Cloud-Nutzer) verarbeiten. Dazu müssen in einem schriftlichen Auftrag aber detailliert vorgegebene Punkte geregelt sein. Der Cloud-Anbieter muss dann praktisch die Bestimmungen des BDSGs erfüllen, während der Cloud-Nutzer dafür weiter verantwortlich bleibt. Ist der Standort der Verarbeitung in der EU, dem EWR oder den USA, ist das Verfahren ohne weitere Genehmigung nutzbar. Wären Elemente der Cloud dagegen in China oder im Iran, wäre die Verarbeitung datenschutzrechtlich nicht einwandfrei durchführbar.

Tabelle 2 Einige gesetzliche Rahmenbedingungen				
Gesetz	§§	Speicherort	Speicherdauer	Daten
HGB	238, 257	–	6-10 Jahre	Handelsbriefe, Belege
AO	146-148 GoBS GDPdU	Inland, Ausnahme mit §146,2a in EU, EWR möglich	–	Handelsbriefe, Belege
KWG	25, 25a	–	–	Ausfallsysteme
BDSG	11	EU, EWR USA (mit Safe Harbor)		Personenbezoge Daten

Die globale Nutzung der Cloud ist durch rechtliche Rahmenbedingungen beschränkt, die Nutzung in der EU, dem EWR sowie den USA stehende Rechenzentren dürfte ohne wesentliche Probleme möglich sein, wenn oben stehende Rechtsvorschriften betroffen sind.

Für die oben angeführten Einsatzszenarien heißt das vereinfacht, dass der Cloud-Nutzer bei allen Systemen, die Belege erzeugen, deren Informationen in das externe Rechnungswesen einfließen, darauf achten muss, dass die genutzten Rechenzentren sich günstigenfalls in der EU oder dem EWR liegen. Außerdem muss sichergestellt sein, dass man nach sechs oder zehn Jahren noch auf Belege zugreifen kann. Das betrifft also alle Systeme die Daten speichern für:
⇨ die Finanzbuchhaltung,
⇨ Materialwirtschaft, Supply Chain Management,
⇨ Vertrieb, CRM.
⇨ Lohnbuchhaltungen, HR-Systeme,
⇨ E-Mail-Systeme wegen der darin enthaltenen Handelsbriefe.

Bei E-Mail Systemen ist darauf zu achten, dass die Mail des Betriebsarztes und des Betriebsrates keine Geschäftsbriefe sind und von der Archivierung auszunehmen sind. Es kann für das Unternehmen sogar sinnvoll sein, für den Betriebsrat zum Beispiel einen eigenen Internet-Zugang zur Verfügung zu stellen, mit dem auf nicht zum Unternehmen gehörenden Mailsystemen vertraulich mit Betriebsangehörigen aber auch mit Gewerkschaften kommuniziert werden kann.

Jenseits von kaufmännischer oder personenbezogener Datenverarbeitung sind der Cloud-Nutzung keine Grenzen gesetzt, wie zum Beispiel bei technischen Berechnungen mithilfe der Finite-Element-Methode oder der Erforschung extraterrestrischer Phänomen (SETI).

Vorsicht ist geboten bei Datensammlungen, die kein gesetzliches Erfordernis haben, sondern auf unternehmerische Eigeninitiative erstellt werden, aber personenbezogene Daten enthalten, also zum Beispiel Datensammlungen für den Telefondirektvertrieb zur Gewinnung von Neukunden (Outbound Callcenter). Hier müsste zur Speicherung das Einverständnis des potenziellen Kunden vorliegen.

Unbedingt ist in jedem Einzelfall die aktuelle rechtliche Situation bei Einsatz von Cloud-Computing zu untersuchen. Hilfestellungen sind dabei online erhältlich:

⇨ Der Verband EuroCloud Deutschland_eco e.V.[6] bietet einen Leitfaden »EuroCloud Leitfaden Recht, Datenschutz & Compliance« inklusive einer Checkliste zur Vertragsgestaltung.

⇨ Das Bundesamt für die Sicherheit in der Informationstechnik (BSI) hat einen Leitfaden »Eckpunktepapier – Sicherheitsempfehlungen für Cloud Computing-Anbieter (Mindestsicherheitsanforderungen in der Informationstechnik« [7] herausgegeben.

Zusammenfassend lässt sich also sagen, dass eine Cloud in Deutschland für deutsche Cloud-Nutzer keine Probleme schafft, Unternehmen bei europäischen Lösungen ggf. Zusatzgenehmigungen einholen müssen und eine außereuropäische Cloud-Lösung rechtlich nicht einfach ist.

Wirtschaftliche Rahmenbedingungen
Aus dem theoretischen Potenzial des Cloud Computing muss jedes einzelne Unternehmen für sich berechnen, ob der Übergang in die Cloud wirtschaftlich ist. Mittlerweile werden auch schon Cloud-Kalkulatoren im Internet angeboten. Gleichwohl ist für den Übergang von Diensten in die Cloud eine Wirtschaftlichkeitsrechnung oder eine ROI-Rechnung durchzuführen.

Forrester hat 2009 am Beispiel E-Mail-Versorgung [8] dargelegt, über welche Größenordnungen hier gesprochen wird. Als Kostenfaktoren gingen Hardware, Software für Server und Client, Speicher, Nachrichten-Filterung (Spamschutz), Nachrichten-Archivierung, mobile Versorgung, Administrationspersonal und Finanzierung. Für die Benutzer wurden drei unterschiedliche Lastprofile unterlegt (Mobile Executive 10%, Informationworker 70%, gelegentlicher Benutzer 20%). Anschließend wurden für ein Unternehmen mit 15.000 Nutzern folgende monatliche Kosten pro Benutzer ermittelt:

Tabelle 3 Monatliche E-Mail-Kosten pro Benutzer	
On-Premise	25,18 $
Cloud based	25,08 $
Microsoft Exchange Online	20,32 $
Google Apps	8,47 $

Zwischen der besten und der schlechtesten Lösung ergibt sich eine Differenz von 16,71 $ pro User und Monat. In vier Jahren (Abschreibungsdauer Hardware) macht das bei 15.000 Benutzern einen Unterschied von 12 Mio. $. Das ist eine beachtliche Größe.

Allerdings waren in der Rechnung keine Migrationskosten der Organisation enthalten (Nachrichten migrieren, Adressbücher migrieren, ggf. Client-Software migrieren, usw.). Das bedeutet, es ist sehr sorgfältig zu prüfen, ob sich wirklich die Wirtschaftlichkeitsvorteile heben lassen.

Andererseits sehen die Zahlen in 2011 wieder anders aus. Microsoft Office 365 wird für 5,25 € in der schlanken Version angeboten, ohne offline Office-Produkte. Wer also für sein Service-Portfolio eine Kostenanalyse gemacht hat, sollte diese jährlich aktualisieren, um tatsächliche Kosten zugrunde legen zu können. Für kleine Unternehmen ist zu beachten, dass sie Skalenvorteile oft nicht erreichen können. Der Personalaufwand für die Aktualisierung von Sicherheitsmaßnahmen bei der E-Mail (Virenschutz, Spam-Schutz, usw.) ist für 100 User der gleiche wie für 1.000, aber die Kosten pro User differieren um den Faktor 10.

Hier ist also jedes Unternehmen aufgefordert, mit dem spitzen Bleistift selbst zu rechnen, ob bei seriöser Betrachtung tatsächlich Kostenvorteile erzielt werden können. Die Gartner Group hatte schon in den 1990er Jahren bei der Entwicklung ihrer Total-Cost-Of-Owner-Ship-Methodik (TCO) gezeigt, dass selten die Hardwarekosten der bestimmende Kostenfaktor sind. Häufig sind die externen Kosten gut überschaubar, aber die internen Kosten für IT-Administration und

Kosten durch die Benutzer (Peer-to-Peer-Support, Produktivitätsausfälle) nur schwer mit einzubeziehen.

IT-Governance und Risk-Management

Wie schon beim Outsourcing ändert sich die IT-Governance beim Verlagern von Aufgaben aus der Unternehmung nach außen. Das IT Service Management Forum (itSMF) hat zu Fragen von Cloud Computing und IT-Management schon im September 2010 ein Positionspapier herausgegeben [9]. So ist grundsätzlich davon auszugehen, dass die Steuerungs- und Kontrollmöglichkeiten bei Nutzung von Cloud Computing sinken bzw. sie werden verlagert in die Sourcing-Verträge. Die Mess- und Kontrollkriterien sind entsprechend der Änderungen anzupassen. Das kann auch bedeuten, dass Messungen, die man früher selbst vornehmen konnte, nun in das Reporting des Cloud-Anbieters gehören.

Auch das Risk-Management muss dann angepasst werden. Bei Erwerb einer Lizenz und Eigenbetrieb einer Software entfällt das Risiko, auf ein neues Release migrieren zu müssen. Bei Cloud Computing gibt der Anbieter den Zeitpunkt des Release-Wechsels vor. Bei gravierenden Änderungen wie bei der Umstellung von Office 2003 auf 2007 kann das erheblichen Umstellungsaufwand bedeuten. Bei anderen Modellen wie bei Salesforce.com, wo jährlich dreimal Bugfixes und Neuerungen in das System eingespielt werden, ist andererseits auch sichergestellt, dass mit fehlerarmer Software gearbeitet wird.

Viele andere Risiken sind nicht cloud-spezifisch, sondern kennzeichneten schon das klassische Outsourcing:
⇨ Technische Risiken, Administratorrisiken, Risiken des Zugangs und Zugriffes im Rechenzentrum,
⇨ Vendor Lock-In bei Code und Datenformaten,
⇨ Hackerrisiken bei Netz und RZ (Ausspähung, distributed Denial-of-Service-Attacken),
⇨ Economic Denial of Services bei Vertragsstreitigkeiten, Insolvenz des Anbieters, usw.

Günstig für Organisationen ist es, wenn sie ihren Betrieb nach ITIL aufgestellt haben. Denn dann haben sie ihre Organisation nach einem international standardisierten Modell strukturiert und es fällt leichter, die Auslagerung einzelner Funktionen zu formalisieren und die Governance dann entsprechend anzupassen.

Wichtigstes Steuerelement ist daher beim Cloud Computing die Vertragsgestaltung, deren Elemente hier näher beleuchtet werden sollen.

Vertragsgestaltung

Bei der Gestaltung des Vertrages (Service Agreements) gilt es unterschiedliche Bereiche abzudecken, wovon auch hier viele aus dem Outsourcing bekannt sind. Im Vordergrund stehen der zu liefernde Service und die dazu zu leistende Vergütung. Für personenbezogene Daten muss das Datenschutzkonzept angepasst werden und der Auftragnehmer als Auftragsdatenverarbeiter im Sinne des Bundesdatenschutzgesetzes dargestellt werden.

Umfassender ist die Ausgestaltung der Service Level Agreements. Bei Service Agreements geht es nur darum, *dass* eine Dienstleistung erbracht wird. Bei den Service Level Agreements geht es fast ausschließlich darum, *wie* der Service erbracht wird, also um die Servicegüte. Bei IT-Professionals werden häufig Service Agreement und Service Level Agreement synonym gebraucht. Einzelne Punkte zur Ausgestaltung:

Normal-Service
⇨ *Beschreibung des Systems / Zweck*
  Das System ist in seinen Leistungen und Schnittstellen zu beschreiben. Welche Anforderungen sollen damit erfüllt werden? Zunächst geht es um das *Was*, dann um das *Wie*.
⇨ *Vertragsbeginn und Vertragsende, Gültigkeitszeitraum für die SLA's, Datenübergabe*
  Planmäßiger Vertragsbeginn und -ende sind festzulegen. Auch sind Kündigungsfristen und -gründe festzulegen. Bei der Datenübergabe

am Anfang und am Ende sind Pflichten von beiden Vertragsparteien festzulegen.

⇨ *Hauptrollen in dem SLA*
Für Auftraggeber und Auftraggeber muss festgelegt sein, wer für welche Aufgaben zuständig ist. Zuständigkeiten, Verantwortlichkeiten, Informations- und Mitwirkungspflichten sollten festgelegt sein. Beim Cloud Computing ist z. B. häufig zu beobachten, dass auf Kundenseite der Einkauf die Vertragsgestaltung mit der IT abstimmt, die technische Einrichtung von der IT vorgenommen wird, aber User durch die Fachabteilungen angelegt und entfernt werden. Hier ist eine Rollen- und Rechtematrix sinnvoll.

⇨ *Benutzermanagement*
Meist ist der Kunde verantwortlich für die Einrichtung, Änderung und Löschung von User-Accounts. In der Regel ist dann ein Administrator benannt. Es kann aber auch sein, dass für die Endnutzer der Selfservice freigegeben wird.

⇨ *Leistungserwartung, Key Performance Indikators* (KPI)
Üblich ist heute, dass man Antwortzeiten, Durchsatzraten, Anzahl der gleichzeitig bedienbaren User usw. als KPI festlegt, die es als Leistungserwartung zu erfüllen gibt und die ggf. auch die Vergütung steuern.

⇨ *Verfügbarkeit, Zuverlässigkeit*
Gelten die Key Performance Indikatoren von 8-20 Uhr oder 9-16 Uhr oder 24*7? Wann muss das System verfügbar sein (Bürozeiten für CRM, Mail immer, etc.)? Beim Thema Zuverlässigkeit wird festgelegt, welche ungeplanten Ausfälle akzeptiert werden. Eine Zuverlässigkeit von 99,9 % bedeutet bei 24*365h/a = 8.760 h/a einen akzeptierten Ausfall von 8,76 Stunden im Jahr. Fallen diese in die Kernarbeitszeit, geht ein voller Arbeitstag der Mitarbeiter verloren. Durch die extrem hohen Netzwerkverfügbarkeiten hat sich in den letzten 10 Jahren ein Vertrauen in das Internet etabliert, dass Cloud Computing möglich machte.

⇨ *Geplante Ausfallzeiten*
Geplante Ausfallzeiten sind mit Uhrzeit und Länge außerhalb der Servicezeiträume zu vereinbaren.
⇨ *Problem-Reporting und Problemlösung*
Es ist üblich eine Leistung als erbracht anzusehen, wenn sie reported wird. Deswegen sind die Festlegung, die Messung und das Reporten von KPIs als Leistungsnachweis entscheidend.
⇨ *Benachrichtigungs- und Eskalationswege*
Im Falle von Störungen, Engpässen, Schwierigkeiten ist eine klare Definition von Benachrichtigungs- und Eskalationswegen hilfreich, die sowohl technisch (E-Mail, SMS, Telefon) als auch organisatorisch eingerichtet werden müssen, um im Störfall das Vertragsverhältnis nicht auch noch durch Kommunikationsprobleme zu belasten.
⇨ *Serviceschnittstellen*
Hierunter fallen sowohl die Applikationen selbst als auch Hilfsapplikationen. Kann mein CRM-System in Wolke 1 mit meinem ERP-System in Wolke 2 kommunizieren? Bekomme ich Troubletickets als Kunde auch in mein eigenes Incident-Management-System?
⇨ *Wartung*

Systemmanagement
Die folgenden Punkte sind für die Betriebs- und Zugriffssicherheit auszuformulieren
⇨ Backup- und Wiederherstellung
⇨ Archivierung und Datenhaltung
⇨ Business-Recovery und Continuity
⇨ Security

Kundenmanagement

⇨ *Kontinuierliche Administration*
Der Kunde administriert als kontinuierliches Lieferantenmanagement, ob die versprochene Leistung vertragskonform erbracht wurde.

⇨ *Regelmäßige Lagebesprechung*
Regelmäßig sollten sich Vertreter des Kunden und des Lieferanten von Angesicht zu Angesicht treffen, z.B. bei monatlichen Jour-Fixes.

⇨ *KPI-Messungen*
Die Key Performance Indikatoren können in der Regel automatisch erfasst werden und in einfachen Dashboards berichtet werden.

⇨ *Nutzerzufriedenheit*
Die subjektive Kundenzufriedenheit kann andere Schwachstellen aufdecken, die das Vertragsverhältnis eintrüben können. Performance, Userinterface, Servicefreundlichkeit können ganz anders wahrgenommen werden als technisch und objektiv gemessen wurde.

⇨ *Wachstum und Veränderung*
Hier liegt ein besonderer Schwerpunkt des Cloud Computing. Wachsende Anwenderzahlen und höhere Leistungsanforderungen sollten durch Virtualisierung problemlos bewältigt werden können. Aber auch die andere Richtung, der geringere Leistungsabruf, sollte sich mit entsprechenden geringeren Kosten einfach realisieren lassen, um eine *elastische* IT-Versorgung zu erreichen.

⇨ *Vergütung*
Die Vergütung ist in der Cloud meist starrer und niedriger als bei klassischem Outsourcing. Bei großen Abnahmemengen kann u. U. eine Pönale vereinbart werden, wenn das SLA nicht erfüllt wird. Wichtig ist aber, dass nur bezogene Leistungen vergütet werden, womit der Leistungsempfänger flexibler gestellt wird und das Risiko der Nichtnutzung der Ressourcen sich weitgehend auf den Anbieter verlagert.

⇨ *Unterschrift*
Hier sollte auch geklärt sein, wer den Vertrag und Änderungen unterschreiben darf.

Weitere Hinweise zur Vertragsgestaltung gibt ein Leitfaden des Branchenverbandes BITKOM [10].

Cloud-Anbieter in Deutschland

Will man aus rechtlichen Gründen bei der Auswahl von Cloud-Angeboten für sein Unternehmen zunächst seinen Blick auf Anbieter in Deutschland fokussieren, dann bietet sich ein reichhaltiges Angebote unterschiedlicher Anbietergattungen:

⇨ *klassische Hosting-Anbieter*
Unternehmen wie Telekom (mit Strato), HP (mit EDS), Host Europe, Pironet NDH, 1&1, usw. haben ihr Angebot auf diverse IaaS-oder SaaS-Dienstleistungen erweitert.

⇨ *Software-Anbieter*
Unternehmen wie SAP, Oracle, Novell, Trendmicro, Salesforce.com, CA usw. bieten ihre eigene Software als SaaS an, darüber hinaus aber oft auch PaaS- oder auch IaaS-Dienstleistungen.

⇨ *Internet-Companies*
wie Amazon oder Google betreiben für ihre anderen Geschäftsfelder weltweit große Rechenzentren. Hier bot es sich an, die Auslastung der Rechenzentren durch zusätzliche Leistungen zu erweitern.

⇨ *Startups*
Eine Anzahl von spezialisierten Cloud-Firmen hat sich als neuer Anbieter für Cloud-Services etabliert.

Alle diese Unternehmen betreiben auch Rechenzentren in Deutschland oder zumindest in Europa. Beispielsweise hat IBM gerade wegen der besonderen Sensibilität der Deutschen in Datenschutzfragen neben dem Standort USA ein Rechenzentrum für Cloud-Lösungen in Ehningen eingerichtet. In Zweifelsfällen sollte man sich über den Standort der leistenden Rechenzentren beim Anbieter informieren und diese ggf. mit in den Vertrag aufnehmen.

Neben dem direkten Kanal werden die Leistungen aber auch über Drittanbieter wie Actebis, ADN, Also, Arrow ECS, Avnet, Azlan, Comstor, Ingram, LWP , Magirus, Tech Data, oder TIM über einen indirekten Kanal vertrieben. Ob dabei ein Aggregator als Wiederverkäufer auftritt oder nur als Vermittler, ist jeweils zu prüfen. In der Regel haben die Aggregatoren gute Marktkenntnisse, um ihren Kunden für alle Applikationen ein vollständiges Cloud-Angebot zuschneiden zu können.

Letztlich haben sich einige unabhängige Beratungshäuser wie die Experton Group [11] auch auf die Auswahl und Bewertung von Cloud-Anbietern spezialisiert. Auch der Branchenverband BITKOM liefert Hilfestellung im Internet [12].

Da es kein einzelnes »Cloud Service Powerhouse« gibt, welches sämtliche Wünsche befriedigt, wird jedes Unternehmen aus den angebotenen Services diejenigen heraussuchen müssen, die es in die Cloud verlagern will.

Erstaunlicherweise besteht bei der Anbieterauswahl ein deutliches Gefälle zwischen den USA und Deutschland. Während in Deutschland die vermeintlich verhindernden Gründe wie Datenschutz, Rechtskonformität, bei Behörden auch noch hoheitliche Aufgaben im Vordergrund stehen, nutzen in den USA selbst Behörden die Einsparungsmöglichkeiten schon intensiv. So hat zum Beispiel die General Service Administration (GSA [13]) der US-Bundesregierung ein Einkaufsportal apps.gov errichtet, wo US-Behörden hunderte von Cloud-Services online kaufen können. Interessant sind auch die Kategorien dort: Business Apps, CloudIT Apps, Productivity Apps (Office, Projekt Management usw.) und Social Media Apps, die von einem ganz anderen Entwicklungsstand zeugen als in Deutschland.

Anwendungsbeispiele

US-Regierung, Washington, D.C.
Über das schon erwähnte apps.gov der GSA hinaus [14] ist die US-Regierung intensiver Nutzer der Cloud-Computing-Potenziale. Im Juli 2011 wurde bekannt gegeben, dass die US-Regierung 800 von ihren 2.000 Rechenzentren schließen will. Drei von 80 Mrd. US-Dollar sollen so jährlich gespart werden. Alleine 5 Mrd. US-$ soll die Verlagerung von Diensten in die Cloud jährlich einsparen. Die GSA verlagert die Erbringung ihre Mailservices für 15.000 Benutzer in die Cloud von Google-Mail (Gmail), während das US-Landwirtschaftsministerium (USDA) seine 120.000 Mail-User zu Microsoft verlagert.

IT-Dienstleister dataport, Hamburg
In Deutschland hat sich der IT-Dienstleister dataport in Altenholz bei Kiel, der als Anstalt öffentlichen Rechtes den Bundesländern Bremen, Hamburg, Mecklenburg-Vorpommern, Niedersachsen und Schleswig-Holstein gehört, entschieden, mit Microsoft-Produkten Leistungen in einer Private bzw. Community Cloud für ihre öffentlichen Kunden anzubieten [15] [16].

Zumtobel Gorup, Österreich
Der IT-Dienstleister arago [17] berichtet über die österreichische Zumtobel Group, dass diese für 1.700 Mitarbeiter in 50 Ländern die IT (mehr als 20 Portalanwendungen, SAP) vollständig in die Cloud verlagerte. Dadurch konnte die Anzahl der Server von 62 auf 9 reduziert werden bei gleichzeitiger Steigerung der Leistungsfähigkeit u. a. auch durch Umstellung von 32-Bit-Versionen auf 64-Bit-Versionen der Software.

Pironet NDH GmbH, Köln
Pironet NDH ist einer der ersten Dienstleiter, die von Eurocloud [6] in ihren Cloud-Dienstleistungen zertifiziert sind. Für das Immobilienunternehmen VBW Bauen und Wohnen mit ca. 13.000 Wohnobjekten wurde der komplette SAP-Betrieb inkl. Vermarktungsportal in

die Cloud gelegt. Der Personal- und Industriedienstleister WIR- und IRW-Unternehmensgruppe hat die komplette IT für seine 190 Mitarbeiter an 40 Standorten in die Cloud bei Pironet NDH gelegt [18].

Ausblick

Die Spitze des Cloud Computing Hypes scheint erreicht zu sein. Was folgt, ist der vermehrte Einsatz im Tagesbetrieb. Stehen anfangs noch Unsicherheiten hinsichtlich Sicherheit und Datenschutz im Vordergrund so steigt mit der Zeit das Bewusstsein für den Nutzen. Ein scheinbar triviales Beispiel macht das deutlich: Besteht anfangs Unsicherheit, ob die aktuelle Wordversion auch für Apples iPad zur Verfügung stehen wird, ist das völlig bedeutungslos, wenn man Word in der Cloud nutzt, wo lediglich ein Browser und eine Internetverbindung nötig sind, weil dann mit der Cloud auch für die Datenhaltung gesorgt ist (inklusive Backup). Die Anforderungen an die Endgeräte sinken, die aus dem Netz abrufbare Leistung steigt.

Weil einige Anwender zu ängstlich sind, Angebote aus der Public Cloud zu nutzen, haben einige Anbieter wie Microsoft begonnen, ihre cloud-fähige Software für Private Clouds zur Verfügung zu stellen. Damit sind Einfachheit der Nutzung und Sicherheit des Zugriffs in einem geboten.

Es ist davon auszugehen, dass viele neue Angebote in der Cloud entstehen. Sei es, dass Softwareanbieter ihre Software nicht nur »on premise« anbieten, sondern auch in der Cloud, sei es das Anbieter sich in neue Cloud-Nischen positionieren, um Überschusskapazitäten zu vermarkten oder neu in den Markt als Spezialist eintreten.

Profitieren wird davon der Kunde. Einerseits entsteht ein höherer Wettbewerbsdruck mit sinkenden Preisen und Angeboten, die gerade für kleine und mittlere Organisationen nicht erreichbar waren.

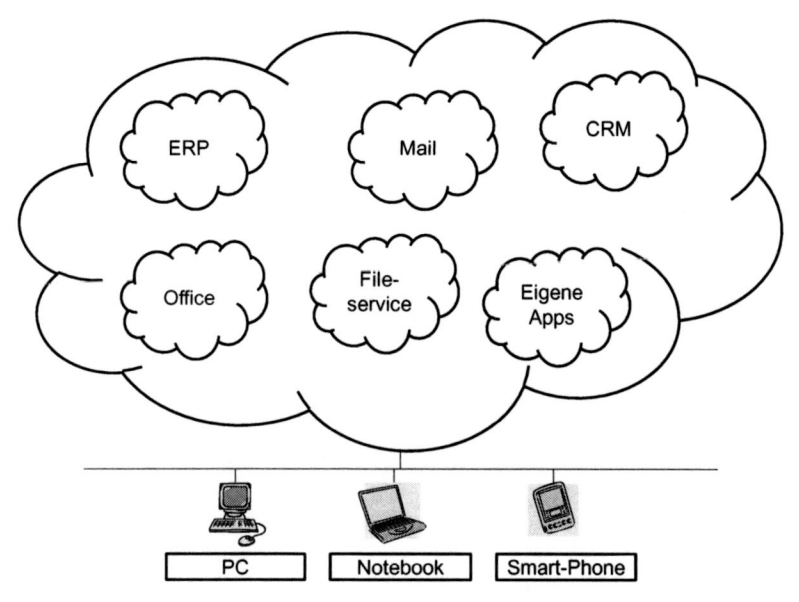

Abb. 2: *Cloud und Endgerät*

In der Abbildung 2 ist schematisch die Sicht des Users dargestellt. Über ein beliebiges internetfähiges Endgerät mit Browser greift er auf Cloud-Services zu, die er für seine Arbeit benötigt. Dabei ist es für sein Arbeitsergebnis völlig uninteressant, wo die Server in der Cloud residieren.

Daraus folgt, dass sich weiter Dienste in die Cloud verlagern, wenn organisatorische, rechtliche, technische, wirtschaftliche Bedingungen dies günstig erscheinen lassen. Da für die wenigsten Unternehmen der Betrieb von IT-Kerngeschäft ist, wird sich die Frage des »Make or Buy« tendenziell eher für das Buy entscheiden, also die externe Vergabe der Leistungen.

Damit aber verändert sich auch der Charakter der internen IT-Abteilung. Das Beschaffen und Betreiben von Hard- und Software (serverseitig) tritt zunehmend in den Hintergrund und das Beschaffen von Dienstleistungen und das Steuern von Dienstleistern wird immer wichtiger. Hier sind wie bei jeder Änderung, Widerstände im eigenen Haus zu erwarten, die nicht immer nur rational sind, sondern auch emotional sein können, wenn der Wegfall des eigenen Arbeitsplatzes befürchtet wird. Neben der Neugestaltung der Architektur wird daher auch zur Akzeptanzsteigerung ein intensives Change Management betrieben werden müssen.

Literatur

[1] WIKIPEDIA *http://de.wikipedia.org/wiki/Cloud_Computing*

[2] *Positionspapier Cloud Computing und IT Service Management des itSMF Deutschland e.V. Oktober 2010.*

[3] NIST *National Institute of Standards and Technology. Januar 2011.* http://csrc.nist.gov/publications/drafts/800-145/Draft-SP-800-145_cloud-definition.pdf

[4] BSI *https://www.bsi.bund.de/ContentBSI/grundschutz/kataloge/m/m05/m05057.html*

[5] DAVID CHAPPELL: *Introducing the Azure Platform. October 2010.* http://www.davidchappell.com/writing/white_papers/Introducing_the_Windows_Azure_Platform,_v1.4--Chappell.pdf

[6] http://www.eurocloud.de/

[7] *Bundesamt für die Sicherheit in der Informationstechnik: Grundschutzhandbuch. Eckpunktepapier – Sicherheitsempfehlungen für Cloud Computing Anbieter (Mindestsicherheitsanforderungen in der Informationstechnik). Stand 2011.* https://www.bsi.bund.de/DE/Themen/CloudComputing/Eckpunktepapier/Eckpunktepapier_node.html

[8] TED SCHADLER: *Should Your Email Live In The Cloud? A Comparative Cost Analysis. Forrester, Januar 2009.* http://static.googleusercontent.com/external_content/untrusted_dlcp/www.google.com/de//a/help/intl/en/admins/pdf/forrester_cloud_email_cost_analysis.pdf

[9] *itSMF: Positionspapier - Cloud Computing und IT Service Management. September 2010.* www.itsfm.de

[10] *BITKOM: Cloud Computing – Was Entscheider wissen müssen. 2010.* http://www.bitkom.org/files/documents/BITKOM_Leitfaden_Cloud_Computing-Was_Entscheider_wissen_muessen.pdf

[11] http://www.experton-group.de/

[12] http://www.cloud-practice.de/

[13] www.apps.gov

[14] http://www.heise.de/newsticker/meldung/US-Regierung-will-800-ihrer-Rechenzentren-schliessen-1282746.html

[15] *Dataport Geschäftsbericht 2010.* www.dataport.de

[16] *E-Government Computing: Keine Angst vor der Cloud. 26.7.2011.* http://www.egovernment-computing.de/standards/articles/324351/index2.html

[17] CIO: *Zumtobel – Licht aus der hybriden Cloud. Juni 2011.* http://www.arago.de/wp-content/uploads/2011/05/CIO_Sdr_06_2011_Arago_Web1.pdf

[18] http://www.pironet-ndh.com

Zusammenfassung

Das Cloud Computing verliert immer mehr seine wolkige Undurchsichtigkeit. Zur sicheren vertraglichen Gestaltung existieren heute klare Begriffsdefinitionen. Zahlreiche Anwendungsszenarien zeigen die Praxistauglichkeit in geschäftskritischen Anwendungen wie ERP-, CRM- oder E-Mail-Systemen. Die rechtlichen Rahmenbedingungen stehen dem Cloud Computing nicht im Weg, insbesondere wenn die hostenden Rechenzentren in Deutschland angesiedelt sind. Gleichwohl muss die Verlagerung von In-Haus (on premise) erbrachten IT-Dienstleistungen in die Cloud hinein wirtschaftlich im Einzelfall geprüft werden. Wie bei jedem Outsourcing kommt es zu Anpassungen der Governance, da Externe anders gesteuert werden müssen als Interne Dienstleister. Auch mangelt es nicht an leistungsfähigen Anbietern im Inland, die sich z. T. schon jetzt spezielle für Cloud Computing zertifizieren lassen. An Anwenderbeispielen lässt sich auch zeigen, wie »Early Adaptors« die Vorteile schon jetzt zu ihrem geschäftlichen Vorteil nutzen. Es ist abzusehen, dass viele Organisationen aus Wirtschaft und Öffentlichem Dienst den Betrieb ihrer IT-Services in die Cloud verlagern. Damit schaffen sie sich Freiräume, um das Endgerätemanagement für ihre Mitarbeiter zu beherrschen, das auch immer komplexer wird, aber auch um sich auf ihr Kerngeschäft zu konzentrieren.

IT-Outsourcing in Deutschland

IT-Outsourcing ist keine Dienstleistung wie andere. Es ist gekennzeichnet durch vier spezifische Kriterien und einen umfänglichen Prozess. Hinzu kommt ein Paradoxon: Der Anbieter kauft erst einmal eine Kundenfunktion inklusive Abnahmeverpflichtung. Dies führt zu einer komplexen Beziehung.

In diesem Beitrag erfahren Sie:
- was IT-Outsourcing so besonders macht und wo Risiken liegen,
- wie sich der IT-Outsourcing-Markt in Deutschland im Vergleich zu anderen Ländern entwickelt hat,
- welche Perspektiven sich für IT-Outsourcing und Cloud Computing in Deutschland bieten.

Eberhard Schott, Jörg Striebeck

Outsourcing in Deutschland – Ein »reifer« Markt

Noch im Jahr 2007 haben die Outsourcing-Anbieter (siehe z. B. [1]) und manche Berater (vgl. [2]) in Deutschland prophezeit, dass das Outsourcing der nächsten Generation näher an die wertschöpfenden Prozesse der Nachfrager heranrücken wird. Vier Jahre später scheint sich die Sicht der Anbieter völlig verändert zu haben. Heute ist Cloud Computing, das sich besonders durch sein standardisiertes Angebot auszeichnet und das ohne den für Outsourcing typischen Transfer von Ressourcen auskommt, im Fokus der Anbieter [3] und der Medien (vgl. [4]). Trotzdem wächst auch der Markt für traditionelles Outsourcing weiter (vgl. [5]).

Um die Entwicklung des Outsourcing-Marktes in Deutschland zu verstehen, werden im Folgenden die Besonderheiten des (IT-)Outsourcings aufgezeigt. Aus diesen Besonderheiten ergeben sich besondere Herausforderungen für Outsourcing-Projekte. Eine dieser Herausforderungen liegt darin, dass das Outsourcing nicht nur einen Service, sondern auch einen äußerst komplexen Prozess bezeichnet. Dieser wird mit seinen Folgen für die Outsourcing-Beziehung beschrieben.

Insgesamt kann man davon ausgehen, dass Outsourcing in Deutschland ein reifer Markt ist, in dem viele Marktteilnehmer über langjährige Erfahrungen verfügen. Diese Erfahrungen inklusive jenen mit gescheiterten oder problematischen Projekten verändern wiederum den Markt. Unternehmen stehen heute vor dem Abschluss von Second-Generation-Verträgen und können dabei auf zahlreiche Erfahrungen zurückgreifen. Da Probleme in Outsourcing-Projekten aber nicht nur auf schlechte Leistungen der Anbieter zurückzuführen sind, werden außerdem noch die Anforderungen an die auslagernden Unternehmen diskutiert. Dazu zählt insbesondere die sogenannte Retained Organisation, die Funktionen zur Steuerung der ausgelagerten Leistungen bündelt.

Zum Abschluss wagen wir noch einen Blick auf die Zukunft des Outsourcings in Deutschland. Dabei werden die Perspektiven des Outsourcings auch vor dem Hintergrund der erwarteten Entwicklung im Cloud Computing beurteilt.

Was Outsourcing besonders macht

Eine definitorische Klärung und Abgrenzung des Begriffs Outsourcing ist kein leichtes Unterfangen. Immerhin ist man sich inzwischen allgemein einig, dass es sich beim Outsourcing um eine Dienstleistung handelt und es nicht sinnvoll ist, jede »Buy-Entscheidung« als Outsourcing zu bezeichnen.

Abgrenzung zu anderen IT-Dienstleistungen

Trotz durchaus möglicher Ähnlichkeiten in Komplexität, Umfang und Dauer unterscheiden sich viele IT-Dienstleistungen erheblich von Outsourcing-Verträgen. Insofern ist eine Annäherung an eine

sinnvolle Outsourcing-Definition zu suchen, indem man Kriterien für die Abgrenzung von Outsourcing-Dienstleistungen von anderen IT-Dienstleistungen bestimmt. Diese Kriterien sind (vgl. [6]):
⇨ Funktionsübertragung,
⇨ Ressourcenübergang,
⇨ hohe Spezifität und Bindung,
⇨ Marktbezogenheit.

Funktionsübertragung
Outsourcing ist durch eine Funktionsübertragung eines oder mehrerer IT-Leistungsprozesse gekennzeichnet. Dies führt zu einer Veränderung in der Organisation des abgebenden Unternehmens und zeigt sich in einem Übergang von Personal und/oder IT-Assets (Hardware, Lizenzen etc.). Die Übertragung einer Aufgabe hingegen hat keine Auswirkung auf die Organisationsstruktur. Eine Übertragung von Unternehmenswerten und Personal ist nicht notwendig. Insofern handelt es sich beim Transfer von Aufgaben nicht um ein Outsourcing, sondern um ein Outtasking.

Ressourcenübergang
Beim Outsourcing wird außerdem die klassische Make-or-Buy-Entscheidung auf den Übergang von der Eigenerstellung zum Fremdbezug verengt. Somit kann sich ein Outsourcing-Prozess nur auf Leistungen beziehen, die vorher intern erstellt wurden (vgl. [7]). Auch wird die Funktion nach Vertragsende meist weitergeführt werden. Daraus ergeben sich bei Vertragsanfang und -ende Transferprobleme, die typisch für die Outsourcing-Dienstleistung sind. Der Transfer von Ressourcen dominiert so stark den Outsourcing-Prozess, dass eine Dienstleistung, die eines solchen Transfers nicht bedarf, einen anderen Charakter aufweist. Damit fallen Dienstleistungen wie ASP (Application Service Providing) oder SaaS (Software as a Service) aus unserer Sicht nicht ins Outsourcing-Spektrum.

Hohe Spezifität und Bindung
Eine weitere Besonderheit des Outsourcings ist, dass das Vertragsverhältnis nicht schnell und ohne Verluste zu beenden ist. Hauptgrund für die intensive Bindung ist die große Bedeutung spezifischer Ressourcen, die für Outsourcing-Beziehungen typisch sind. IT-Dienstleistungen, die es erlauben, kurzfristig den Partner zu wechseln, da die notwendigen Bindungen gering sind (z. B. Wartung für standardisierte Hardware), weisen ganz andere Probleme auf als typische Outsourcing-Verträge mit ihrer hohen Bindungsintensität.

Marktbezogenheit
Interne Neuorganisation, wie die Ausgliederung in eine Tochtergesellschaft, in den Outsourcing-Begriff einzubeziehen, ist wenig hilfreich. Denn bei Tochterunternehmen geht es nicht um die Zusammenarbeit unabhängiger Partner, die Verträge vor dem Hintergrund der eigenen Interessenlage aushandeln können. Diese häufig als »Inhouse-Outsourcing« bezeichnete Variante ist vielmehr eine Alternative zur Zusammenarbeit mit externen Partnern, mit der sich bestimmte Verbesserungen wie eine erhöhte Kostentransparenz auch intern erreichen lassen. Ein wirkliches Outsourcing findet nur bei Auslagerungen auf einen externen, unabhängigen Anbieter statt (vgl. [8]). Nach erfolgter Auslagerung ist die direkte Einflussnahme auf die ausgelagerte Unternehmensfunktion nicht mehr möglich. Damit kann das auslagernde Unternehmen nur noch im Rahmen der Verträge Einfluss auf die Unternehmensfunktion nehmen. Durch ein Outsourcing werden somit hierarchische interne Arbeitsverhältnisse in einen Dienstleistungsvertrag mit einem externen Partner umgewandelt.

Mithilfe dieser vier Kriterien lässt sich nun trennscharf bestimmen, ob es sich bei einer IT-Dienstleistung um ein Outsourcing handelt oder nicht. Um Outsourcing im engeren Sinne handelt es sich nur dann, wenn alle vier Kriterien erfüllt sind. Alle anderen IT-Dienstleistungen wie Outtasking, SaaS oder viele Offshoring-Projekte sind zwar outsourcingnah, vermeiden allerdings die typischen Outsourcing-

Herausforderungen, da sie allenfalls nur einen Teil der betreffenden Kriterien erfüllen.

> **Definition IT-Outsourcing**
>
> Die Autoren definieren die Dienstleistung IT-Outsourcing folgendermaßen: IT-Outsourcing ist eine Übertragung der Ausführung von bisher selbst erbrachten Funktionen der Informationsverarbeitung an externe Unternehmen innerhalb einer Kooperation, die sich durch eine besondere Bindung auszeichnet und die als Voraussetzung den Übergang interner Ressourcen zum Outsourcing-Anbieter hat.

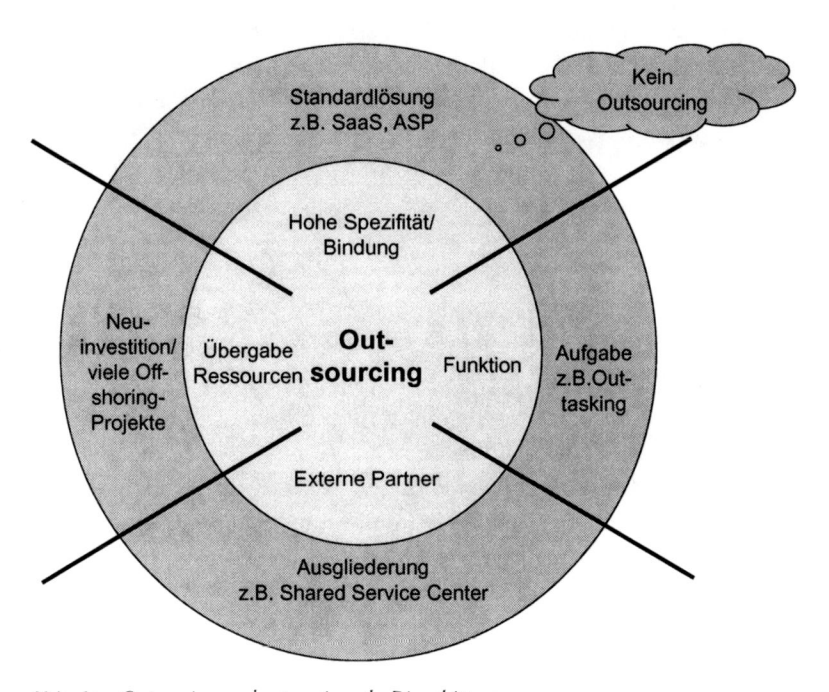

Abb. 1: *Outsourcing- und outsourcingnahe Dienstleistungen*

Zusammenfassend kann außerdem festgehalten werden, dass ein mithilfe der vier Kriterien definiertes Outsourcing im engeren Sinne zu besonderen Herausforderungen führt:
- ⇨ Die Funktionsübertragung führt zu einer Veränderung der internen Struktur beim nachfragenden Unternehmen.
- ⇨ Der Transfer von Ressourcen und die daraus resultierenden Probleme sind zu bewältigen.
- ⇨ Es handelt sich um Vereinbarungen über dynamische Prozesse mit erheblichen Auswirkungen auf Vertragsverhandlungen und rechtliche Regelungen.
- ⇨ Die hohe Bindung erschwert einen Partnerwechsel. Dies hat erhebliche ökonomische Auswirkungen auf die Outsourcing-Partnerschaft.
- ⇨ Die Umwandlung einer internen hierarchischen Beziehung in einen Dienstleistungsvertrag erfordert Veränderungen im Verhalten und in Prozessen (insbesondere auch beim Kunden).

Der Outsourcing-Prozess

Outsourcing ist aber nicht nur eine Dienstleistung, sondern auch ein Prozess, der die Voraussetzung für eine Outsourcing-Dienstleistung schafft. Der Outsourcing-Prozess wird insbesondere durch die beiden Kriterien Funktionsübertragung und Ressourcenübergang geprägt, was diese beiden Kriterien gegenüber den beiden anderen hervorhebt. Hohe Spezifität und daraus resultierende Bindung sowie externe Partner gibt es bei vielen IT-Dienstleistungen. Funktionsübertragung verbunden mit einem Ressourcenübergang gibt es hingegen nur im Outsourcing. Dies ist auch der Hintergrund der Komplexität des Outsourcing-Prozesses, wie er schematisch in Abbildung 2 dargestellt ist.

Der Outsourcing-Prozess wird von drei Phasen dominiert. Die Vertriebs- bzw. Entscheidungsphase beim Nachfrager enthält die gesamte Periode der Vorüberlegungen, der ersten Kontakte und der ersten Ausschreibung. Sie endet mit einer Entscheidung, mit welchen Anbietern Vertragsverhandlungen geführt werden. Es folgt die Realisierungs- bzw. Umsetzungsphase, in der zeitgleich schon erste

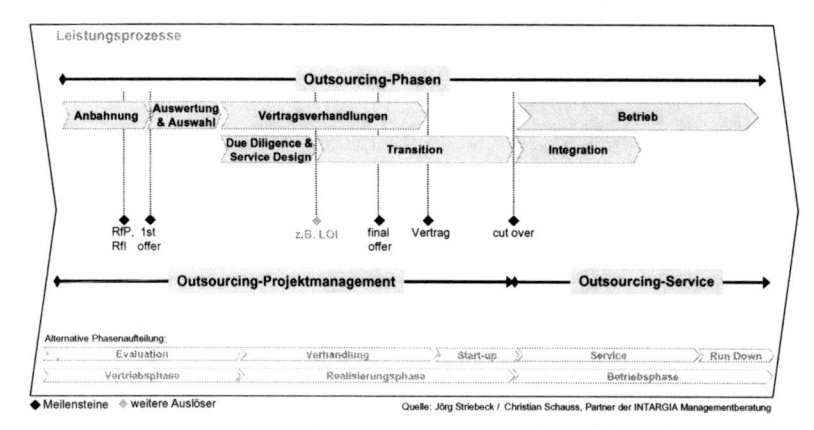

Abb. 2:   *Der Outsourcing-Prozess*

Vertragsverhandlungen geführt werden und die Grundlagen für die endgültigen Vertragsverhandlungen mithilfe einer Due Diligence, wie sie auch bei Mergers & Akquisitions üblich ist, erst erhoben werden. Genauso problematisch ist, dass die Vorbereitung der Übergabe (Transition) häufig schon zu einem Zeitpunkt beginnt, an dem die Vertragsverhandlungen noch nicht abgeschlossen sind. Allerdings würde eine aus Verhandlungssicht sicher sinnvolle sequentielle Abarbeitung die schon lange Realisierungsphase noch einmal deutlich verlängern. Vor dem Hintergrund der Verunsicherung der Mitarbeiter und des Managements der auszulagernden Funktion ist eine solche Verlängerung des Prozesses aber nicht möglich. Am Tag der Übergabe von Ressourcen und Verantwortung (Cutover Day) beginnt die Betriebsphase. Auch hier gilt es, neben der Aufrechterhaltung des Betriebs die Integration in das Anbieterunternehmen vorzunehmen.

Der Outsourcing-Prozess ist nicht nur komplex, sondern auch für eine weitere Besonderheit des Outsourcings verantwortlich. Denn am Beginn eines Auslagerungsprojekts steht ein Paradoxon (zuerst so beschrieben in [9]): Der Outsourcing-Anbieter tritt in den Verhandlungen erst einmal als Käufer und das Nachfragerunternehmen als

Verkäufer auf. IT-Outsourcing beinhaltet häufig den Verkauf des bislang vom auslagernden Unternehmen genutzten IT-Equipments. Dahinter verbirgt sich unter anderem auch ein Finanzierungsmodell (vgl. [10]), das ähnlich wie ein »Sale-and-lease-back«-Verfahren vorsieht, Hard- und Software an den künftigen Betreiber zu verkaufen, der sie anschließend gegen eine monatliche Miete dem Anwenderunternehmen zur Verfügung stellt.

Der Wert der zu übernehmenden IT-Ressourcen oder Funktionen (einschließlich der Mitarbeiter) spielt für den Outsourcing-Anbieter aber eher eine untergeordnete Rolle. Wichtiger ist für ihn das Abnahmeversprechen von IT-Dienstleistungen über mehrere Jahre. Das bedeutet, die Kalkulation der Anbieter und damit ihre Zahlungsbereitschaft beruht auf deren Erwartungen an den künftigen Geschäftsverlauf. Dieser »Kauf eines Kunden« ist relativ einfach nachzuvollziehen, wenn eine eigenständige IT-Tochter an den Outsourcing-Anbieter verkauft wird. Hier kann der Wert des Abnahmeversprechens direkt in den Preis einfließen. Unserer Einschätzung nach lassen sich so die durchaus hohen Preise erklären, die beim Verkauf von großen IT-Töchtern in Deutschland erzielt wurden und werden.

In einem Outsourcing-Vertrag, in dem keine rechtlich selbständige Einheit verkauft wird, ist der Wert des Abnahmeversprechens deutlich schwerer einzupreisen. Beim Kauf des IT-Equipments werden häufig aus steuerlichen Gründen nur die Buchwerte in Rechnung gestellt. Deshalb wird der Wert des Abnahmeversprechens dann in die Konditionen und Preise des Outsourcing-Vertrages mit hineinverhandelt. Mit anderen Worten: Der Business Case des Anbieters und damit seine Einschätzungen über das zukünftige Nachfrageverhalten bestimmt seine Bereitschaft, Konzessionen einzugehen (vgl. [11]).

Ob der Rollentausch zwischen Verkäufer und Einkäufer immer gelingt, ist fraglich (vgl. [9]). In den letzten Jahren haben einige »clevere« Anwenderunternehmen es verstanden, durch geschickte Verhandlungen sehr gute Preise zu erzielen. Auf der Anbieterseite haben einige »hungrige« Neueinsteiger übersehen, dass statt impliziter Abnahmeversprechen nur vertragliche Abnahmepflichten wirklich zählen. Solche Verträge finden sich insbesondere bei Anbietern, die sich erst eine Reputation im Markt aufbauen mussten. Da die Reputation im direkten Zusammenhang mit der Anzahl der geschlossenen Verträge steht, sind Newcomer häufig bereit, sehr weitgehend in den Aufbau eines Kundenstamms zu investieren. Diese »Marketingkosten« sind aber nicht transparent.

Neben dem Rollentausch spielt im Outsourcing noch das Phänomen einer fundamentalen Transformation eine Rolle (vgl. [12]). Damit ist die Entwicklung einer Wettbewerbssituation gemeint, die vor dem Vertragsabschluss durch mehrere Anbieter geprägt ist und nach dem Vertragsschluss die Form eines bilateralen Monopols annimmt. Eine solche Situation tritt bei allen IT-Dienstleistungen auf, die über einen längeren Zeitraum nach Vertragsabschluss erbracht werden (z. B. große Systemintegrationsprojekte). Aber nur das Outsourcing zeichnet sich dadurch aus, dass hier ein fundamentaler Rollentausch mit der fundamentalen Transformation verbunden wird.

Die Veränderung der Wettbewerbssituation nach Vertragsabschluss führt dazu, dass die Dienstleistungseinkäufer auf Nachfragerseite nicht die Wechselwirkung zwischen aktuellen Verkaufskonditionen und der Qualität der später gelieferten Leistung aus den Augen verlieren sollten. Das auslagernde Unternehmen muss sich darüber im

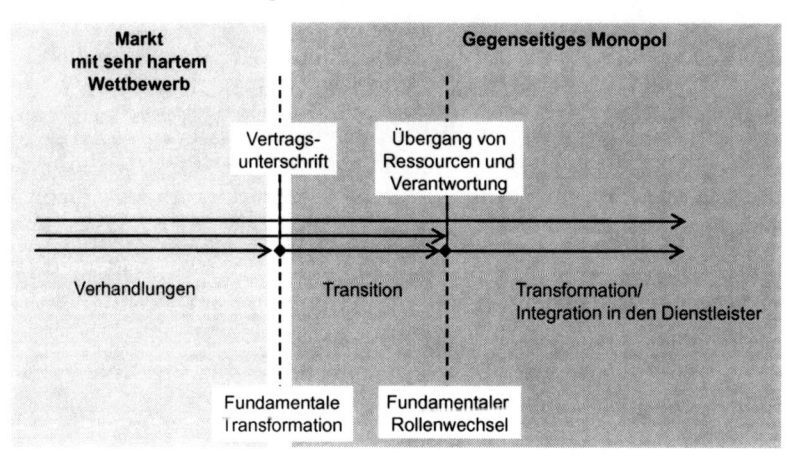

Abb. 3: *Das Outsourcing-Paradoxon*

Klaren sein, dass es für die Zeitspanne des Outsourcing-Vertrages den Wettbewerb ausschließt. Nun führt ein bilaterales Monopol nicht in eine einseitige Abhängigkeit, sondern zu Bindung. Falls aber die Situation vor Vertragsabschluss mit dem Rollentausch und der sehr starken Wettbewerbssituation zwischen den Anbietern zu einem für den Anbieter nicht lukrativen Vertrag geführt hat, verlieren langfristig beide Seiten. Denn ein Outsourcing-Anbieter, dessen Business Case sich für den jeweiligen Outsourcing-Kontrakt nicht rechnet, ist eher selten ein angenehmer Partner. So werden die in den Verhandlungen eingegangenen Zugeständnisse, um den Vertrag zu gewinnen, nicht als Marketingkosten ausgewiesen und belasten damit das Ergebnis des jeweiligen Kundenaccounts. Damit steigt der Druck auf das für den Kunden verantwortliche Account-Management, das Ergebnis zu verbessern. Die dafür notwendigen Kostensenkungen sind meist nicht qualitätssteigernd und sorgen häufig für Irritationen beim Kunden. Outsourcing-Verträge, die eine solche Entwicklung nehmen, geraten häufig in eine Schieflage und sind Kandidaten für eine Sanierung.

Die Verantwortung des Outsourcing-Nachfragers für den Outsourcing-Erfolg

Eine weitere Besonderheit von IT-Outsourcing-Verträgen liegt in den Auswirkungen des Outsourcings auf die Organisation des nachfragenden Unternehmens. Eine wesentliche Komponente für den Erfolg einer Outsourcing-Lösung ist die fortlaufende Überwachung und Steuerung des IT-Dienstleisters. Wenn im Vertrag die rechtlichen Werkzeuge geschaffen sind, ermöglicht dies eine hohe Transparenz in der Betriebsphase. Garantiert ist dies jedoch keineswegs. Denn die bisher intern erbrachten Leistungen müssen nun formal kontrolliert und gesteuert werden.

Diesen Rollenwechsel müssen die internen IT-Manager vollziehen und gleichzeitig für den Aufbau einer angemessenen Retained Organisation (siehe dazu [13]) sorgen. Häufig wählen die auslagernden Unternehmen eine zu große Retained Organisation. Hintergrund ist der Wunsch, den Dienstleister möglichst umfassend kontrollieren und wichtige strategische Bestandteile der IT behalten zu können. Zu große Retained Organisations führen aber nicht nur zu hohen Kosten aufseiten des Anwenderunternehmens, sie beschäftigen mit ihren Forderungen zumeist auch den Anbieter übermäßig und verhindern damit mögliche Kosten- oder Leistungsverbesserungen. Genauso gefährlich ist eine zu klein dimensionierte Retained Organisation oder eine, deren Mitarbeiter nicht die richtigen Fähigkeiten zur Steuerung und Kontrolle des Dienstleisters mitbringen.

Die Retained Organisation sollte sich möglichst wenig in die Leistungserbringung des Outsourcing-Partners einmischen. Andernfalls gefährdet sie das mögliche Synergiepotenzial und droht, zu einem ständigen Konfliktherd zu werden. Eine vertrauensvolle Partnerschaft verlangt weniger Investitionen in Beziehungs- und Vertragsstrukturen. Insgesamt gilt: Komplexität erhöht die Kosten des Outsourcings und ist mit dessen wichtigstem Ziel, der Kostensenkung, schwer in Einklang zu bringen.

Besonderheiten im deutschen Outsourcing-Markt

Der deutsche Markt für IT-Outsourcing war lange von einer eher vorsichtigen Einstellung der Nachfrager geprägt (vgl. z. B. [14]). Ursache für eine fehlende Outsourcing-Euphorie in Deutschland sind weniger »Mentalitätsunterschiede« als vielmehr andere Managementstile und Unternehmenskulturen sowie die besonderen strukturellen Bedingungen des deutschen Umfeldes (vgl. [15]). So gibt eine Befragung des E-Finance Lab der Universitäten in Frankfurt und Darmstadt einige Hinweise darauf (vgl. [16]), dass deutsche Manager und Unternehmer Chancen eher zurückhaltend beurteilen und Risiken besonders ernst nehmen. Außerdem spricht einiges dafür, dass man in Deutschland gerade in komplexeren Outsourcing-Vorhaben stärker auf die Risiken fokussiert und möglichst weitgehend die Kontrolle über das Geschehen anstrebt.

Aber nicht nur ein »typisch deutscher« Managementstil macht den deutschen Outsourcing-Markt besonders. Einige wesentliche Aspekte sind die Folgenden (vgl. [15]).

In den USA, der Schweiz oder gar in China sind deutlich weniger Regeln und bürokratische Hürden hinsichtlich des Personalübergangs zu beachten. Die Möglichkeiten zur Einsparung von Personalkosten in Deutschland – wie auch in der EU – sind deshalb geringer als in Ländern, die weniger Wert auf den Schutz von Mitarbeitern beim Personalübergang legen. Dies ist sicher mit ein Grund für die geringere Verbreitung des IT-Outsourcings in Deutschland und Kontinentaleuropa. Allerdings sollte man auch nicht übersehen, dass die Schutzrechte des § 613a in Deutschland und die entsprechenden Regelungen der EG-Richtlinien 77/187 EWG und 2001/23 EG in der EU auch positive Effekte beim Outsourcing haben. Zwar stehen sie manchem Einsparziel im Wege, beruhigen aber die zu übernehmende Belegschaft erheblich. Da es ein zentrales Ziel in jedem Outsourcing-Projekt sein muss, erst einmal die Transferrisiken gering zu halten und Leistungseinbußen in den ersten Monaten zu verhindern, hilft es hier durchaus, wenn die zu übernehmenden Mitarbeiter aufgrund der rechtlichen Lage weniger Befürchtungen haben.

Der oben angesprochene Managementstil gilt besonders für mittelständische Unternehmen. Kurzfristiges Denken in Quartalszahlen ist weniger bedeutend und die Beziehungen zwischen Mitarbeitern und Managern sind häufig persönlicher. Der Mittelstand ist aus diesen Gründen ein eher schwieriges Feld für Outsourcing-Projekte, die einen Personalübergang mit sich bringen. Bei der Beteiligung von Private-Equity-Firmen an mittelständischen Unternehmen fallen allerdings leicht die Bedenken gegenüber dem Outsourcing mit Personalübergang.

Outsourcing-Anbieter haben es in Deutschland recht schwer, im öffentlichen Sektor zum Zuge zu kommen. Dieser fällt – mit Ausnahme des Herkules-Projektes der Bundeswehr – als wichtiger Nachfrager bisher noch weitgehend aus. Hier besteht ein erheblicher Unterschied z. B. zu den USA und Großbritannien, in denen große Outsourcing-

Projekte (z. B. der NASA und des englischen Gesundheitssystems) des öffentlichen Sektors erheblich zur Etablierung des Outsourcings beigetragen haben.

Die Zukunft des Outsourcings in Deutschland

Die genannten strukturellen Bedingungen haben lange Zeit neben dem »deutschen Managementstil« dafür gesorgt, dass die prognostizierten Wachstumsraten im IT-Outsourcing-Markt in Deutschland nicht ganz so stark ausfielen, wie immer wieder vorhergesagt. Dazu beigetragen hat, dass die oben aufgezeigten Besonderheiten des Outsourcings mit den sich daraus ergebenden Komplexitäten dafür sprachen, eher zurückhaltend mit dem Phänomen Outsourcing umzugehen. Dass diese eher abwartende Haltung durchaus sinnvoll sein kann, zeigt sich darin, dass viele Experten Defizite bei der Umsetzung von Outsourcing-Projekten sehen. Ein Beispiel dafür ist der Umgang mit der Retained Organisation (siehe dazu [13]).

Nach langen Jahren soliden Wachstums ist Outsourcing aber auch hierzulande inzwischen nicht mehr wegzudenken. »Outsourcing ist auch in Deutschland keine Modeerscheinung mehr, sondern ist für viele Unternehmen ein wichtiges Instrument zur organisatorischen Optimierung geworden.« [15] Vor dem Hintergrund der Globalisierung und zunehmender Outsourcing-Erfahrungen hat sich in den letzten Jahren die Einstellung zum Outsourcing verbessert. Zwar scheint der Markt für Komplett-Outsourcing in Deutschland – wie auch in den USA – rückläufig zu sein, aber partielles Outsourcing weist ansehnliche Steigerungsraten auf und auch der deutsche Mittelstand wendet Outsourcing zunehmend an (vgl. [17]).

Allerdings ist der Umgang mit (IT-)Outsourcing in Deutschland immer noch etwas vorsichtiger und die deutschen Manager und Unternehmer laufen auch nicht jedem neuen Trend unbesehen hinterher, wie sich im Umgang mit dem Cloud Computing zeigt. Es gibt zwar einen großen Hype um das Cloud Computing, allerdings stehen viele CIOs – wie es Thilo Koslowski von Gartner formuliert (siehe dazu [18]) – dem Thema interessiert, aber mit Zurückhaltung gegenüber.

Deshalb wird das traditionelle IT-Outsourcing – wenn auch nicht mehr so stark im Medieninteresse stehend – weiterhin und noch lange einen sehr viel höheren Marktanteil repräsentieren.

Beim Cloud Computing handelt es sich um ein Konzept zur kostenpflichtigen Nutzung verteilter Rechnerleistungen. Der Zugriff auf die Systeme erfolgt über einen Webbrowser. Die »Wolke« ist dabei ein Synonym für die nicht genau definierbaren Standorte der genutzten Systeme, die irgendwo in der Welt platziert sein können (vgl. [19]). Nach obiger Definition handelt es sich beim Cloud Computing – übrigens auch in den entwickelteren Formen von umfassenden IT-Plattformen oder sogenannten Application Clouds – nicht um Outsourcing-Dienstleistungen. Es fehlt sowohl an der hohen Spezifität und Bindung als auch an der Übergabe von Ressourcen. Cloud Computing ist eine der vielen outsourcingnahen Dienstleistungen.

Solche outsourcingnahen IT-Dienstleistungen (wie z. B. Outtasking) haben weiterhin hervorragende Wachstumschancen in Deutschland, da mit ihnen Effizienzgewinne realisiert werden können, ohne sich der ganzen Komplexität eines Outsourcing-Prozesses und einer Outsourcing-Beziehung stellen zu müssen. Es sind weniger Herausforderungen zu bewältigen und viele mit dem Begriff Outsourcing verbundene negative Emotionen (z. B. Angst vor Abhängigkeit bei den nachfragenden Unternehmen oder Ängste vor Arbeitsplatzverlusten bei den Mitarbeitern und in der Öffentlichkeit) können umgangen werden. Deshalb wird Cloud Computing sich trotz der derzeitigen Zurückhaltung langfristig auch in Deutschland etablieren. Allerdings wird es weder das traditionelle Outsourcing noch die interne IT ersetzen, sondern sich als ein weiterer Baustein einer effizienten IT konstituieren.

Literatur

[1] FENK, J. u. a. (Hrsg.): *Next Generation Outsourcing: Wie Deutschland von den neuen Outsourcing-Trends profitieren kann.* BITKOM: Berlin 2007

[2] LÜERSSEN, H.: *Business Innovation/Transformation Partner: Neue Herausforderungen für Gesamtdienstleister.* In: Fenk, J. u. a. (Hrsg.): Next Generation Outsourcing, BITKOM: Berlin 2007

[3] So hat sich der BITKOM-Arbeitskreis »IT-Outsourcing« umbenannt in »Cloud Computing und Outsourcing«. Siehe auch die vielen Veröffentlichungen und Tagungen des BITKOMS zum Thema Cloud Computing der letzten Jahre.

[4] DEITLING, J.; EBERHARDT, M.: *Cloud Computing – IT-Dienste der nächsten Generation.* In: Gründer, T. (Hrsg.): IT-Outsourcing in der Praxis. 2. Aufl., Berlin 2011, S. 169-182

[5] BITKOM: *Markt für Outsourcing wächst um über 4 Prozent.* Presseinformation vom 26.05.2011. Online unter: http://www.bitkom.org/de/markt_statistik/64086_68151.aspx.

[6] SCHOTT, E.: *Markt und Geschäftsbeziehung beim Outsourcing,* Wiesbaden 1997. Die dort genannten drei Kriterien werden hier spezifiziert und ergänzt.

[7] MATIASKE, W.; MELLEWIGT, T.: *Motive, Erfolge und Risiken des Outsourcings – Befunde und Defizite der empirischen Outsourcing-Forschung.* In: Zeitschrift für Betriebswirtschaft (ZfB), 72. Jg., 2002, H. 6, S. 644

[8] KNOLMAYER, G. F.; MITTERMAYER, M. A.: *Outsourcing, ASP und Managed Services.* In: Wirtschaftsinformatik, Jg. 45, 2003, H. 6, S. 621

[9] SCHOTT, E.; SCHAUSS, C.: *Neun Thesen zum Outsourcing.* In: Computerwoche, Heft 36, 2006, S. 46-47

[10] SÖBBING, T.; STEIN, CH.: *Leasing als strategisches Finanzierungsinstrument für IT-Outsourcing.* In: Gründer, T. (Hrsg.): IT-Outsourcing in der Praxis, 2. Aufl. Berlin 2011, S. 329-346. Hier finden sich interessante Überlegungen zum Leasing als Finanzierungsinstrument mit einem externen Leasinggeber.

[11] SCHOTT, E.; SEVERIDT, K.: *Vertragsverhandlungen für Outsourcing-Verträge – Konfliktfelder und Lösungsansätze.* In: HMD – Praxis der Wirtschaftsinformatik, Jg. 42, 2005, Heft 245, S. 57-65. Hier wird auf das Winners-Curse-Phänomen hingewiesen. Auf Outsourcing bezogen erhält derjenige den Zuschlag, der den Wert der Beziehung am »optimistischsten« einschätzt.

[12] WILLIAMSON, O. E.: *The Economic Institutions of Capitalism,* 1985, S. 12

[13] HOFMANN, A.; SCHOTT, E.: *Risiken im Sourcing.* In: Computerwoche, Heft 36, 2011, S. 36-37

[14] HEINZL, A.: *Outsourcing der Informationsverarbitung.* In: WISU, Heft 5, 2003, S. 627

[15] SCHOTT, E.: *Die besondere Ausgangslage in Deutschland. In: Fenk, J. u. a. (Hrsg.): Next Generation Outsourcing, BITKOM: Berlin 2007*

[16] WÜLLENWEBER, K. et al.: *Business Process Outsourcing Outsourcing. Eine Nutzen- und Risikenanalyse in der deutschen Bankenbranche, Frankfurt am Main 2006*

[17] PARBEL, M.: *Lünendonk: Mittelstand investiert vermehrt in Outsourcing (2010). Online unter: www.heise.de/resale/meldung/Luenendonk-Mittelstand-investiert-vermehrt-in-Outsourcing-1012999.html oder König, A.: Outsourcing-Markt Deutschland 2010 – Preisverfall nicht aufzuhalten (2009). Online unter: www.cio.de/knowledgecenter/outsourcing/2216356/.*

[18] VOGEL, M.: *Der CIO auf Vorstandsebene. In: automotiveIT, Heft 08/09, 2011, S. 19*

[19] WITTE, C.: *Cloud ist bisher nur ein CeBIT-fähiges Schlagwort (2009). Online unter: http://www.computerwoche.de/index.cfm?pid=3345&pk=1227998*

Zusammenfassung

IT-Outsourcing unterscheidet sich erheblich von anderen IT-Dienstleistungen. Dies liegt an den Kriterien Funktionsübertragung, Ressourcenübergang, hohe Spezifität und Bindung sowie Marktbezogenheit. Alle anderen IT-Dienstleistungen, die nur einen Teil der Kriterien erfüllen, sind nur outsourcingnah.

Outsourcing ist ein komplexer Prozess in einer komplexen Beziehung. Sie wird durch ein Paradoxon geprägt: Zu Beginn des Prozesses wird der Outsourcing-Dienstleister zum Käufer und der Nachfrager zum Verkäufer. Dies spiegelt sich aber nur beim Verkauf einer IT-Tochter im Preis wider, während der Wert dieses Verkaufs sich ansonsten in der Bereitschaft des Dienstleisters zu Konzessionen in den Vertragsverhandlungen findet. Outsourcing-Verträge, die aus diesem Grunde zu für den Anbieter nicht lukrativen Konditionen führen, bringen für beide Seiten Probleme mit sich. Outsourcing-Verträge haben zudem Auswirkungen auf die Organisation des Nachfragers, da der Dienstleister gesteuert und kontrolliert werden muss. Der Aufbau der Retained Organisation ist jedoch nicht einfach und kann die Beziehung zum Dienstleister stark belasten.

Die Besonderheiten des Outsourcings in Kombination mit dem in Deutschland vorherrschenden Managementstil haben dafür gesorgt, dass Outsourcing in Deutschland weniger stark gewachsen ist als in den angelsächsischen Ländern. Inzwischen zeigt sich aber, dass auch hierzulande der Markt für Outsourcing und outsourcingnahe Dienstleistungen solide wachsen wird.

IT-Finanzierung durch Leasing

Wie lässt sich eine maximale Ausprägung der IT bei minimalen Kosten realisieren? Diese Frage treibt den Arbeitsalltag vieler CIOs, IT- und kaufmännischer Verantwortlicher an. Eine Lösung bieten Leasingmodelle. Richtig gestaltet helfen sie bei der optimalen Umsetzung von **Software-** und **Outsoucing-Projekten.**

> **In diesem Beitrag erfahren Sie:**
> - wie Sie trotz restriktiver IT-Budgets bestmögliche IT-Lösungen angehen können,
> - wie sich Software- und Outsourcing-Vorhaben mit einem Leasing-Konzept optimal umsetzen lassen,
> - welche Leasingmodelle und Vertragsvarianten sich anbieten.

Thomas Söbbing, Christopher Stein

Vorbemerkung

Die Rolle der IT wandelt sich seit vielen Jahren von einer »Arbeitserleichterungsfunktion« hin zu einem Kernbestandteil im Unternehmen. Geschäftsziele können heutzutage nur mittels der richtigen IT-Infrastruktur umgesetzt werden, die dann auch oft über Erfolg und Misserfolg vieler Geschäftsziele entscheidet. Entsprechend wachsen die Anforderungen an die IT-Infrastruktur stetig. Leider zeigt die Realität, dass parallel dazu die IT-Budgets stagnieren, wenn nicht sogar sinken. Speziell bei unvorhergesehenen Anforderungen an die IT (z. B. E-Bilanz) können Budgetknappheiten schnell zu signifikanten Problemen für Unternehmen anwachsen.

Es stellt sich die Frage: *Wie soll eine maximale Ausprägung der IT bei minimalen Kosten erfolgen?* Jeder Mathematiker würde bei dieser Aufgabe bereits zu Beginn aufgeben. Dieser Spagat ist jedoch ein stän-

Kunden und Märkte

- Wie kann ich Innovationen implementieren?
- Wie spreche ich meine Kunden effektiv an?
- Wie kann ich meine Kunden an mich binden?
- Was erwarten meine Kunden von meiner IT?
- ...

Wettbewerb

- Wie kann ich mich vom Wettbewerb abgrenzen?
- Wie kann ich meinen USP ausbauen?
- Wie sehe ich im Benchmark-Vergleich vorteilhaft aus?
- ...

Benötigte IT-Leistungsfähigkeit

Strategische Lücke

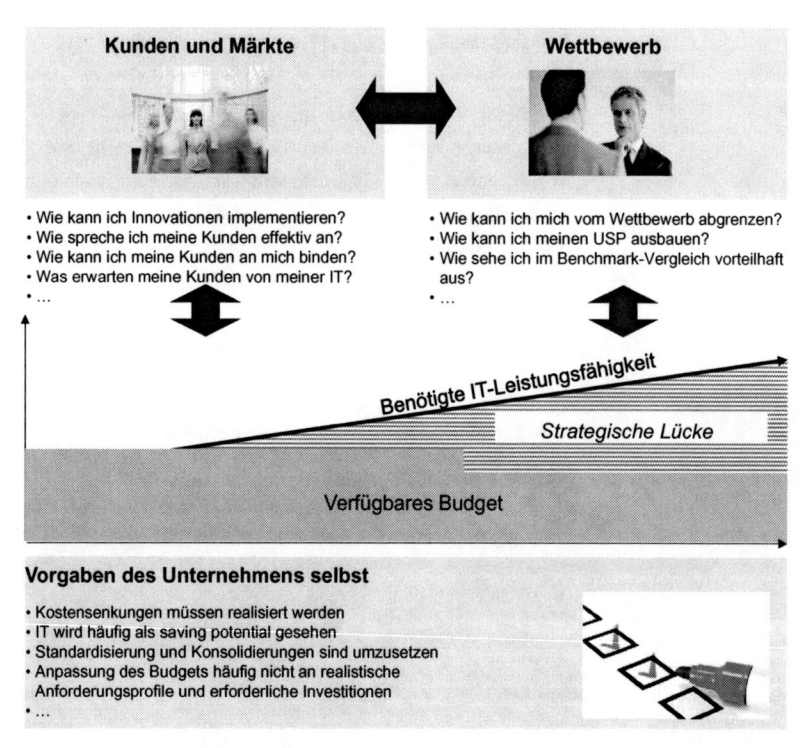

Verfügbares Budget

Vorgaben des Unternehmens selbst

- Kostensenkungen müssen realisiert werden
- IT wird häufig als saving potential gesehen
- Standardisierung und Konsolidierungen sind umzusetzen
- Anpassung des Budgets häufig nicht an realistische Anforderungsprofile und erforderliche Investitionen
- ...

Abb. 1: *Strategische Lücke zwischen IT-Anforderungen und Budget*

diger Begleiter im Arbeitsalltag vieler CIOs und IT-Verantwortlicher sowie kaufmännischer Verantwortlicher.

Dieser Beitrag will darstellen, wie mittels Leasingmodellen die Beschaffung einer IT-Infrastruktur optimiert werden kann. Dies gilt insbesondere für Software- und Outsourcing-Projekte. Außerdem werden Varianten der Leasinggestaltung und -verträge dargestellt.

Software-Projekt-Leasing

Bei der Durchführung von Software-Projekten stehen IT-Entscheider häufig vor einer Reihe von Problemen wie etwa:

⇨ Die indirekten Kosten (side costs) wie Customizing und Eigenleistungen betragen oft ein Vielfaches der reinen Software-Lizenzen.
⇨ Es besteht eine Doppelkostenbelastung durch das Betreiben des Altsystems bis zum »Going Live« der neuen Software.
⇨ Das Projekt- oder Risikomanagement wird oft nur suboptimal durchgeführt (wegen Mangel an Ressourcen).
⇨ Es besteht ein starkes Ungleichgewicht zwischen Kosten und Nutzen.
⇨ Budgetspitzen und Budgetüberschreitungen treten fast in jedem Projekt auf und gefährden häufig die finale Implementierung.

Während die Kosten für Beratungsleistungen häufig über die Dauer des IT-Projektes gestreckt werden können (Fälligkeit bei Annahme von Teilleistungen oder Erreichen von Meilensteinen), muss in der Regel gleich zu Beginn des IT-Projektes ein großer Kostenblock (CAPEX) für die Finanzierung der IT-Assets (z. B. Standardsoftware wie die SAP Business Suite) in Kauf genommen werden. Die Finanzierung der Software geht damit voll zulasten der Kreditlinie und es müssen schon im Vorfeld der Einführung große Investitionsausgaben getätigt werden, um die Software zum Einsatz bringen zu können. Weiterhin entstehen Doppelbelastungen durch die Übergangsphase vom Alt- zum Neusystem. Zum Teil verhindern Budgetrestriktionen den Einsatz der bestmöglichen Lösung. Durch starke Schwankungen hinsichtlich des Einsatzes von Ressourcen sind Software-Projekte schwer kalkulierbar; ungeplante Investitionsspitzen können entstehen.

Es geht jedoch auch anders. Software-Leasing bei den marktführenden Leasinggesellschaften bietet eine Lösung für die Realisierung eines sinnvollen Investitionsvorhabens. Im Software-Leasingvertrag können neben den Lizenzkosten weitere Komponenten integriert werden. Dazu gehören Eigen- oder Fremdleistungen (z. B. Projektarbeiten), Customizing, Consulting etc. und die erforderliche Hardware. Der Kunde kann alle Leistungen, die zur Erstellung einer Software-Lösung erforderlich sind, in einen Leasingvertrag aufnehmen.

Hier kommt eine weitere Besonderheit zum Tragen. Es ist möglich, zusätzliche externe Berater und Projektspezialisten in das Projekt einzubinden, ohne die Leistungen dafür en bloc zu zahlen. Sämtliche Leistungen wie Projekt-, Risiko- oder Lieferantenmanagement können mit ins Leasing integriert werden. Ein externes Management steht dem Unternehmen mithin ohne Kostenbelastung in der Setup-Phase zur Verfügung. Auswahl der Lieferanten, Erstellung von Pflichtenheften, Innovationsmanagement, Vertragsmanagement etc. sind somit gemeinsam mit externen Experten (falls erforderlich) darstellbar. Auch die internen Belastungen unternehmenseigener IT-Abteilungen können mit auf die »Payroll« der Leasinggesellschaft gesetzt werden.

Alle Zahlungen werden zu einer einzigen Rechnung gebündelt. Da die Vorfinanzierung von der Leasinggesellschaft übernommen werden kann, ist die erste Zahlung der Rate erst fällig, wenn das Software-System im Einsatz ist. Dies heißt »pay as you earn«; der Leasingnehmer deckt die Kosten der Software aus seinen laufenden Einnahmen. CAPEX wird so in OPEX umgewandelt und lässt sich an die Business-Ziele des Unternehmens flexibel anpassen.

Die Doppelbelastung durch die Übergangsphase von zwei Systemen entfällt und die Liquidität wird geschont. Gleichbleibende Leasingraten garantieren eine sichere Kalkulationsbasis, auch bei

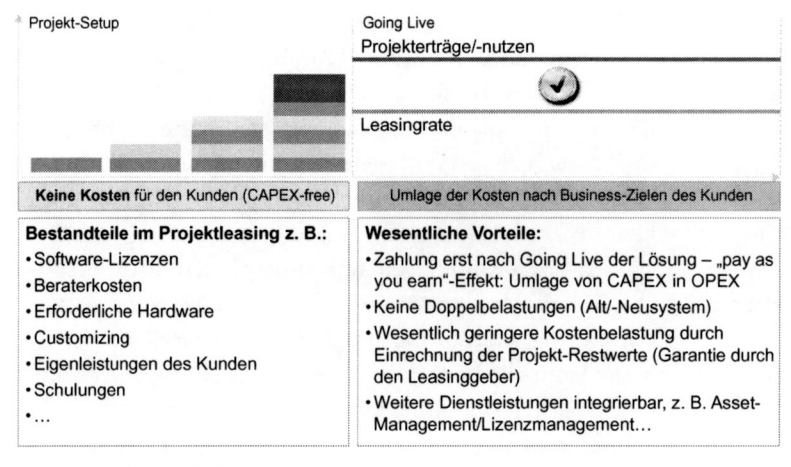

Projekt-Setup	Going Live Projekterträge/-nutzen
	Leasingrate
Keine Kosten für den Kunden (CAPEX-free)	Umlage der Kosten nach Business-Zielen des Kunden
Bestandteile im Projektleasing z. B.: • Software-Lizenzen • Beraterkosten • Erforderliche Hardware • Customizing • Eigenleistungen des Kunden • Schulungen • ...	**Wesentliche Vorteile:** • Zahlung erst nach Going Live der Lösung – „pay as you earn"-Effekt: Umlage von CAPEX in OPEX • Keine Doppelbelastungen (Alt-/Neusystem) • Wesentlich geringere Kostenbelastung durch Einrechnung der Projekt-Restwerte (Garantie durch den Leasinggeber) • Weitere Dienstleistungen integrierbar, z. B. Asset-Management/Lizenzmanagement...

Abb. 2: *Software-Projekt-Leasing*

Zinsänderungen. Fehlende Budgets sind somit nicht länger ein Hindernis für Innovation. Während der Laufzeit sind Erweiterungen oder Austausch der Lizenzen möglich, um auf veränderte Rahmenbedingungen flexibel zu reagieren.

Auch für bestehende Systeme existiert die Option, diese zu leasen; Software-Systeme können nachträglich per Sale-and-lease-back-Verfahren (s. u.) übernommen werden. So lässt sich zusätzliche Liquidität für weitere Investitionen freisetzen.

Durch die Bilanzierung der Software bei der Leasinggesellschaft entsteht ein zusätzlicher Gestaltungsspielraum für Bilanz, Gewinn- und-Verlust-Rechnung (GuV) und Cashflow. Es werden positive Effekte erzeugt wie z. B. die Verbesserungen der Eigenkapitalrendite oder eine AfA-unabhängige Aufwandssteuerung. Bei IFRS-konformen Operate Leases zeigt sich zusätzlich eine wesentliche Senkung der operativen Kosten während der Laufzeit, da der Barwert sämtlicher Kosten kleiner als 90 % sein muss.

Software-Leasing-Projekte bei den marktführenden Leasinggesellschaften haben einen weiteren Vorteil. Dadurch, dass der Leasinggeber als Eigentümer agiert, also quasi für ihn das Projekt erstellt wird, wird dieser auch aus Eigennutzen heraus Management-Ressourcen in das Projekt einbinden und im Krisenfall mit externen Spezialisten versuchen, das Projekt zu retten. Die Erfahrung zeigt, dass sich bei der Durchführung von Software-Projekten mit Leasing die Wahrscheinlichkeit bedeutend erhöht, das Projekt »in time, quality and budget« durchzuführen.

Ein häufiger Kritikpunkt im Software-Leasing ist, dass die Software sich nicht im Eigentum des Unternehmens befindet. Es wird so davon ausgegangen, dass Unternehmen sich in eine sehr hohe Abhängigkeit begeben, da Software das Nervensystem eines Unternehmens ist. Läuft die ERP-Software nicht mehr oder werden die Frontends abgeschaltet, kann dies in kurzer Zeit bis zur Insolvenz führen.

Diese vermutete Gefahr ist jedoch bei allen seriösen Leasinggesellschaften unbegründet. Zum einen besteht das Wahlrecht, am Ende der Leasinglaufzeit die Software zum fairen Marktpreis zu erwerben, zum anderen hat keine Leasinggesellschaft ein reelles Interesse daran, seinen Kunden signifikant zu schädigen und gleichzeitig eine auf diesen Kunden angepasste Software-Lösung am Markt veräußern zu müssen.

Selbstverständlich sollte Sorgfalt bei der Auswahl des Leasinggebers walten. Als besonders relevant zur Auswahl erweisen sich Kriterien wie:
⇨ ein stabiler Finanzierungshintergrund (Software zu refinanzieren ist nicht einfach, auch die großen Anbieter werden sich um die eigene Refinanzierung bemühen),
⇨ Erfahrungen und Referenzen,
⇨ die Herstellerunabhängigkeit (dies macht speziell bei Projekten mit mehreren Herstellern Sinn, da so eine optimale Auswahl garantiert werden kann).

Software-Leasing mit den marktführenden Leasinggesellschaften stiftet enorme Mehrwerte im Vergleich zum Kauf oder zur Finanzierung der benötigten Anwendungen. Schon Aristoteles wusste: »Der wahre Wert eines Gutes liegt in der Nutzung, nicht im Eigentum.« Damit formuliert er treffend den Kern von Leasing.

Zusammenfassend liegen die Mehrwerte, (Software-)Projekte mit Leasing durchzuführen, in den folgenden Schwerpunkten:
⇨ Durchführung des Projektes auch ohne ausreichendes Budget,
⇨ CAPEX-neutrale Einbindung externer Spezialisten,
⇨ Freisetzung von gebundenem Kapital (Freiraum für neue Projekte),
⇨ Senkung der Total Cost of Ownership (TCO) für die Software,
⇨ maßgeblich erhöhte Wahrscheinlichkeit, das Projekt termin-, qualitäts- und budgetgerecht durchzuführen.

Unternehmen: Edeka

Lebensmitteleinzelhandel

Herausforderung: Implementierung von Hard- und Software unter Berücksichtigung erforderlicher Kostensenkung bei der Durchführung des Projektes in Zeit, Qualität und Kosten. Zusätzlich sollte die Transparenz und Steuerbarkeit finanzieller Rahmenbedingungen erhöht werden.

Lösung: Die Deutsche Leasing entwickelte ein individuelles Finanzierungsdesign unter Berücksichtigung aller projekt- und gesellschaftsspezifischen Anforderungen. Weiterhin übernahm die Deutsche Leasing die Vorfinanzierung aller relevanten Leistungen bis zum Going Live der Software.

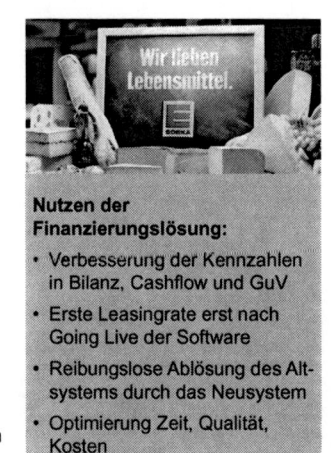

Nutzen der Finanzierungslösung:
- Verbesserung der Kennzahlen in Bilanz, Cashflow und GuV
- Erste Leasingrate erst nach Going Live der Software
- Reibungslose Ablösung des Altsystems durch das Neusystem
- Optimierung Zeit, Qualität, Kosten

Abb. 3: *Praxisbeispiel Software-Leasing EDEKA und Deutsche Leasing*

Praxiserfahrung Outsourcing mit Leasing

Outsourcing ist für den Service-Provider zu Beginn eines Projektes gewöhnlich mit sehr großen Investitionen verbunden. Diese ergeben sich vor allem dadurch, dass für die outsourcing-typische Transformation neue Assets zu erwerben sind, dass alte Assets vom Kunden erworben werden und dass Kosten über die Übertragung von IT-Services von Kunden zum Service-Provider entstehen (sogenannte Transitionskosten). So kann es vorkommen, dass sich Outsourcing-Vorhaben wegen Liquiditätsengpässen oder Budgetvorgaben seitens des Dienstleisters nicht realisieren lassen.

Sicht des Outsourcing-Anbieters

Für den Outsourcing-Anbieter entsteht durch die erforderlichen Vorleistungen ein zeitliches Ungleichgewicht zwischen Kosten und Erträgen, da Gewinne erst nach längerer Laufzeit erwirtschaftet werden. Verschiebt sich der geplante Ertragsverlauf oder fallen ungeplante Kosten an, kann bei Outsourcing-Anbietern der Cashflow stark beeinträchtigt werden. Kommt der Kunde zudem in Zahlungsschwierigkeiten, wird der Anbieter zur Bank und muss Zahlungsausfälle in Kauf nehmen. Abbildung 4 stellt einen exemplarischen Verlauf in einem Outsourcing-Projekt aus Sicht des Anbieters dar.

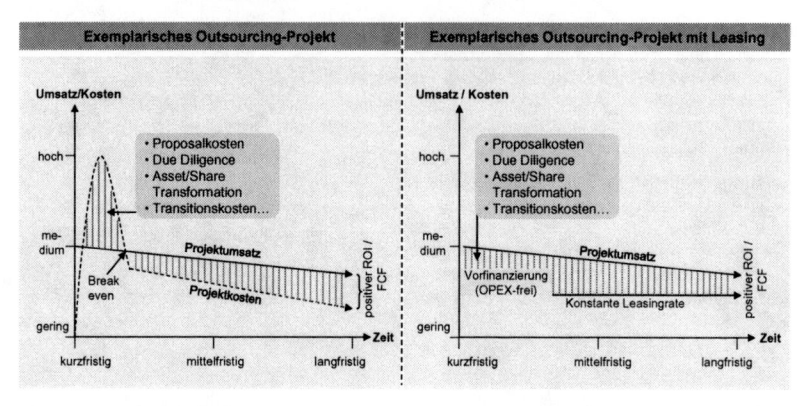

Abb. 4: *Exemplarischer Verlauf eines Outsourcing-Projekts aus Anbietersicht*

Die marktführenden Leasinggesellschaften bieten Speziallösungen, die auf Outsourcing-Projekte abgestimmte Finanzierungskonzepte enthalten. Diese Konzepte schließen eine Vorfinanzierung sämtlicher Projektbestandteile (z. B. Migrationen, Asset-Erwerb, Transformation etc.) ein. Sowohl der Kunde als auch der Anbieter können das Outsourcing-Projekt durchführen, ohne den Cashflow zu belasten oder vorgegebene Budgetgrenzen zu überschreiten. Die zeitliche Verlagerung zwischen Kosten und Erträgen lässt sich somit glätten und Projekterfolge sowie finanzielle Kennzahlen können signifikant optimiert werden.

Sicht des Kunden

Für den Kunden sind trotz aller Vorteile des Outsourcings speziell folgende Herausforderungen im Auge zu behalten:
⇨ aufwändige Steuerung des Outsourcing-Partners und steigende Abhängigkeiten,

⇨ Personal- und Kostenintensität in der Planungsphase,
⇨ schleichende Kostenanstiege durch ungünstige Vertragsvarianten,
⇨ steigende Abhängigkeiten,
⇨ wachsende eigene Parallel-IT [1],
⇨ Bonitätsschwäche des IT-Dienstleisters.

Deutsche Leasing und einer der führenden Anbieter von IT-Outsourcing und Consulting

Herausforderung: Laufzeitkongruente Refinanzierung der Outsourcingverträge, Übernahme der Alt-Assets bei Übernahme, Rücknahme von Objekten

Lösung: Die Deutsche Leasing finanziert die Assets in den konkreten Outsourcing-Deals und übernimmt darüber hinausgehende Aufgaben zur Abwicklung der Outsourcing-Vereinbarungen.

Nutzen der Finanzierungslösung:
- Verbesserung der Kennzahlen in Bilanz, Cashflow und GuV
- Übernahme der asset-spezifischen Sekundärprozesse
- Passgenaue Refinanzierung
- Verbesserung der Kundenzufriedenheit

Abb. 5: *Deutsche Leasing und einer der führenden Anbieter von IT-Outsourcing und Consulting*

Leasing bietet ebenso eine sinnvolle Möglichkeit, diesen Risiken zu begegnen. Speziell die Abhängigkeit vom Outsourcing-Anbieter lässt sich wesentlich dadurch reduzieren, dass die Assets sich nicht im Eigentum des Outsourcers befinden, sondern bei der Leasinggesellschaft. Dadurch kann im schlimmsten Fall einer extremen Schlechtleistung des Anbieters Druck ausgeübt werden – bis hin zum nahtlosen Austausch des Outsourcers ohne Verlust der Assets. Auch im Falle der Insolvenz eines IT-Dienstleisters sind die IT-Assets geschützt und landen nicht in der Verstrickung beim Insolvenzverwalter. Zur Reduktion der weiteren Risiken wie z. B. Kostenanstiegen durch unvorteilhafte Verträge kommt derselbe Effekt zum Tragen wie im Software-Projekt-Leasing. Sämtliche Beraterkosten lassen sich mit in das Leasing integrieren und vorfinanzieren. Somit können ohne Belastung des Budgets erfahrene Berater engagiert werden, welche die Verträge von Anfang bis speziell zum Ende auf Schwachstellen analysieren und auf Wunsch die Verträge mit dem Anbieter verhandeln. Auch alle sonstigen Bestandteile wie Kosten für Due Diligence, Service-Design, Transition und Transfer etc. können in das Leasing einbezogen werden. Dabei lässt sich die Transparenz wesentlich dadurch erhöhen, indem die Kosten der Assets getrennt von den Managed Services offengelegt werden.

Operate-Lease-Verfahren tragen durch die Einrechnung von IT-Restwerten weiter dazu bei, die operative Kostenbelastung während der Laufzeit wesentlich zu senken. Das Risiko der Restwerte wird dabei von der Leasinggesellschaft übernommen.

Der Ausstieg aus einem klassischen Outsourcing ist ebenfalls riskant und eventuell teuer. Leasing ermöglicht, dass ein budgetneutraler Austausch der IT-Objekte nach Ablauf der Grundlaufzeit stattfinden kann. Das Unternehmen verfügt somit immer über neueste IT-Assets, die einen geringeren Aufwand für Services wie Reparaturen oder Upgrades verursachen.

Die führenden Leasinggesellschaften bieten in der Refresh-Phase über den reinen finanziellen Aspekt noch tiefer gehende Serviceleistungen an. Dazu zählen z. B. vollständige Logistik-Konzepte oder eine zertifizierte, 100 Prozent sichere Datenlöschung der IT-Assets. Für den Dienstnehmer liegen die Vorteile daher hauptsächlich in folgenden Punkten:

⇨ wesentlich erhöhte Sicherheit für die tatsächliche Erreichung der Outsourcing-Ziele,
⇨ Erhalt der Liquidität während der Projektvorlaufzeit,
⇨ Generierung von zusätzlichen Sparpotenzialen,
⇨ wesentlich reduzierte Abhängigkeit vom Outsourcing-Partner,
⇨ leichtere Steuerung des Outsourcing-Partners und erhöhte Transparenz.

Leasinggestaltung
Der Leasingprozess ist schon allein wegen der Dreierkonstellation Kunde, Lieferant und Leasinggeber wesentlich komplexer als bilaterale Verträge (siehe dazu [2]).

Leasingmodelle

In der Praxis werden zumeist vier Modelle angewendet, aus denen sich eine Leasingkonstruktion ergibt.

Beim *ersten Modell* erwirbt die IT-Leasinggesellschaft eine vom Leasingnehmer gewünschte Hard- oder Software und verleast diese an den Leasingnehmer (sogenannte *Direktbeschaffung*). Zivilrechtlich gesehen erwirbt sie dieses Asset gem. §§ 433 ff. BGB und vermietet es gem. §§ 535 ff. BGB an den Leasingnehmer.

Beim *zweiten Modell* verhandelt der Leasingnehmer mit dem Lieferanten über die Assets. Anstatt einen Kaufvertrag mit dem Leasingnehmer zu schließen, schließt der Lieferant diesen mit der Leasinggesellschaft. Die Leasinggesellschaft tritt an die Stelle des Leasingnehmers in den Kaufvertrag ein (sogenannter *Eintritt*). Der Leasingnehmer bestimmt Hardware, Software, spezielle Features und den Lieferanten und hat im Allgemeinen auch den Preis mit dem Lieferanten ausgehandelt.

Das *dritte Modell* ist ein sogenanntes *Sale-and-lease-back* (SLB). Dabei ergibt sich die Besonderheit, dass vor dem Leasinggeschäft die Leasinggesellschaft zunächst vom Leasingkunden das Leasingobjekt kauft. Dabei handelt es sich grundsätzlich um einen Kaufvertrag nach §§ 433 ff. BGB. Ein wesentliches Element des Kaufvertrages nach § 433 Abs. 1 BGB ist, dass der Verkäufer dem Käufer, sprich der Leasinggesellschaft, das Leasingobjekt übergibt. Hierbei ist der sogenannte Bestimmtheitsgrundsatz zu beachten. Dieser bedeutet im Sachenrecht, dass beim Erwerb und der Verfügung über dingliche Rechte immer genau bestimmt sein muss, um welche Sache es geht. So ist es etwa nicht möglich, 20 % aller PCs eines Unternehmens zu übereignen.

Das *vierte Modell* befasst sich mit der Finanzierungskonstruktion bei *Managed Service Agreements* (MSA) im Rahmen von Outsourcing-Projekten. Ein Service-Kunde möchte einen Service, wie die Bereitstellung von Applikationen (SaaS/ASP), eine Verfügbarkeit eines Arbeitsplatzes oder die Bereitstellung von TK-Infrastruktur, auf Basis von flexiblen Vergütungsmodellen einkaufen. Im Bereich von

SaaS/ASP spricht man hier gerne von Strommodellen (wie Strom aus der Steckdose). Bei der Arbeitsplatzverfügbarkeit wird ein Preis pro Arbeitsplatz und Monat vereinbart, und bei der Bereitstellung der TK-Infrastruktur wird dem Kunden ein Preis pro Port angeboten. In der Regel besteht aber ein solcher Service nicht nur aus Dienstleistungen, sondern auch aus IT-Assets wie Hardware (z. B. Server, Router und Switche) und Software (z. B. Betriebssystem, Middleware, Applikationen). Häufig muss der Provider diese IT-Assets erst einmal beschaffen und implementieren, was mit erheblichen Vorlaufkosten einhergeht (siehe oben Abb. 4). Um diesen Peak an Anlaufkosten möglichst gering zu halten, bedient sich der Provider eines Asset-Finanzierungsunternehmens wie einer Leasinggesellschaft.

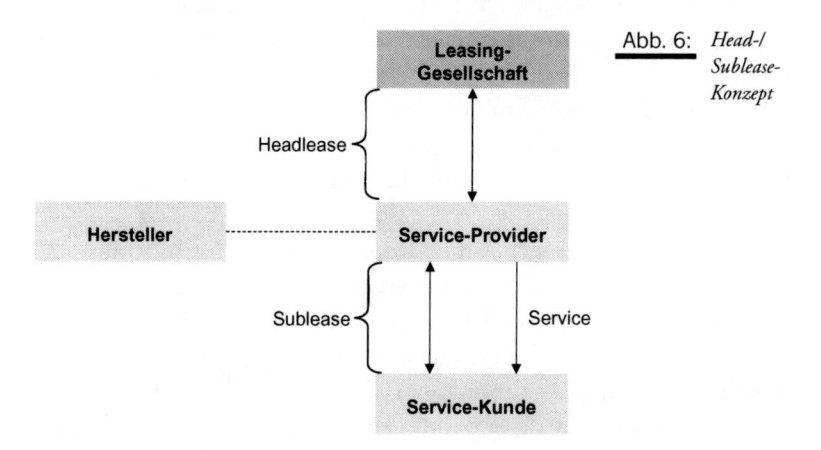

Abb. 6: *Head-/Sublease-Konzept*

Die Leasinggesellschaft stellt im Rahmen eines Leasingvertrages dem Service-Provider IT-Assets zur Leistungserbringung zur Verfügung (man spricht bei diesem Verhältnis von einem sogenannten *Headlease*). Diese IT-Assets werden vom Service-Provider verwendet, um die Services zu erbringen, zu denen er sich im MSA verpflichtet hat. Werden diese IT-Assets direkt vor Ort beim Kunden benötigt (z. B. bei der Arbeitsplatzfunktionalität), so lassen sich diese Geräte vom Service-Provider im Rahmen eines Sublease bzw. einer Untervermietung zur Verfügung stellen. Hierbei kann der jeweilige Hersteller der IT-Assets entweder an den Service-Provider liefern oder direkt an den Service-Kunden.

Vertragsvarianten

Bei der Vertragsgestaltung kann zwischen verschiedenen Varianten gewählt werden:

Vollamortisation
Hierbei werden in der vereinbarten Laufzeit die Anschaffungskosten des Leasinggegenstandes und die Finanzierungskosten vollständig bezahlt, es erfolgt aber kein Eigentumsübergang. Der geleaste Gegenstand hat noch einen Restbuchwert.

Teilamortisation
Der Leasingnehmer bezahlt einen (großen) Teil der Anschaffungskosten des Leasingobjektes und dessen Finanzierungskosten. Nach Auslaufen des Vertrages (Vertragsende) gibt es einen kalkulierten Restwert, der mit Vertragsoptionen des Leasinggebers oder des Leasingnehmers verbunden sein kann. Übliche Vertragsvereinbarungen sind:
- ⇨ Verlängerungsoption mit Leasingratenkalkulation auf Basis des Restwertes,
- ⇨ Kaufoption des Leasingnehmers,
- ⇨ Andienungsrecht des Leasinggebers (d. h., der Leasingnehmer verpflichtet sich vertraglich zum Kauf).

Diese Klauseln sind immer unter den entsprechenden steuerrechtlichen (Leasingerlasse des BMF) und bilanzrechtlichen (z. B. IAS 17) Anforderungen zu gestalten. Zivilrechtlich ist an dieser Stelle sicherlich vieles möglich, was aber gegebenenfalls nicht zu den gewünschten steuerlichen und bilanziellen Effekten führt. So darf z. B. ein automatischer Eigentumsübergang an den Leasingnehmer bei Vertragsabschluss nicht feststehen, da dies eher für ein Mietkaufmodell sprechen würde und weniger für Leasing. Dadurch, dass bei der Teilamortisation nicht der Leasinggegenstand gänzlich abbezahlt werden muss, sind die Leasingraten bei identischer Laufzeit kleiner als bei der Vollamortisation. Somit hat der Teilamortisationsvertrag auch einen deutlichen Vorteil gegenüber dem klassischen Darlehen, da dieses immer von einer Vollfinanzierung ausgeht.

Kündbare Leasingverträge
Bei der vorzeitigen Beendigung eines Leasingvertrages durch den Leasingnehmer muss die Leasinggesellschaft dieser Kündigung zustimmen. Bei Vertragskonstruktionen, die eine Kündigung vorsehen, stehen die Konditionen für eine eventuelle vorzeitige Beendigung beim Vertragsabschluss bereits fest. Um eine Klassifikation des Vertrages als Mietkaufvertrag nach deutschem Steuerrecht zu vermeiden, ist eine Kündigung jedoch frühestens nach Ablauf von 40 % der betriebsgewöhnlichen Nutzungsdauer des Objektes möglich.

Literatur
[1]   *Whitepaper Outsourcing Intargia, Noerr und Deutsche Leasing, 14.12.2010*

[2]   SÖBBING, T.: *Besonderheiten des IT-Leasings. In: Der IT-Rechts-Berater 10/2010, S. 236*

Zusammenfassung

IT-Finanzierung durch Leasing ist ein strategisches Instrument, das weit über die reine Finanzierungsfunktion hinaus zu sehen ist. Grundsätzlich ist es möglich, die Bilanz, Cashflow und GuV zu optimieren, die Möglichkeiten gehen jedoch noch weit darüber hinaus:
⇨ Für Software-Projekte bietet sich beispielsweise die Möglichkeit, sogar ohne verfügbares Budget eine ideale Lösung umzusetzen. Damit kann die Lücke zwischen immer höher werdenden Anforderungen an eine IT-Architektur, bei gleichzeitiger Senkung der Kosten, geschlossen werden.
⇨ Für Outsourcing-Projekte erhöht sich signifikant die Wahrscheinlichkeit, die Outsourcing-Ziele tatsächlich zu erreichen. Weiterhin lässt sich die Abhängigkeit zum Outsourcing-Partner reduzieren und Steuerungsmechanismen werden optimiert.

Es existieren vielfältige Möglichkeiten der Vertragsgestaltung, die individuell auf die jeweiligen Business-Ziele maßgeschneidert werden können. So dienen z. B. Sale-and-lease-back-Verfahren dazu, gebundenes Kapital freizusetzen, während Operate-Lease-Konzepte helfen, die monatliche Kostenbelastung zu reduzieren.

Führung: Neue Herausforderungen annehmen

Führungsherausforderungen für IT-Manager 341
Marcus Sassenrath, Matthias Uhrig

Erfolgreiches Change Management in IT-Projekten 359
Lutz Becker, Veronika Dinius, Johannes Müller

Digital Natives 391
Horst Persin

Der CIO von morgen 403
Johannes Wiele

Führungsherausforderungen für IT-Manager

Das Tagesgeschäft von IT-Abteilungen besteht meist aus technologischen und anwendungsspezifischen Herausforderungen und Innovationsbedürfnissen. Doch für eine erfolgreiche Arbeit der IT ist professionelle Führung mindestens ebenso relevant. Was sind hierfür die wichtigsten drei Managementdisziplinen?

> **In diesem Beitrag erfahren Sie:**
> - wie Sie bei der Erstellung der IT-Strategie systematisch vorgehen,
> - welche Grundsätze für die Organisation des IT-Bereichs hilfreich sind,
> - was Sie bei der Führung der IT-Mitarbeiter beachten müssen.

Marcus Sassenrath, Matthias Uhrig

Einleitung

Die IT ist der Unternehmensbereich, der in den meisten Unternehmen am stärksten mit Innovation konfrontiert ist und von dem gar erwartet wird, dass er Innovation maßgeblich treibt. Groß ist die Versuchung für den technikaffinen CIO oder IT-Leiter, größeres Augenmerk auf die passende Virtualisierungsstrategie oder die Einführung eines ERP-Upgrades zu richten, als auf die längst überfällige Durchführung der Personalentwicklungsgespräche, die Nachfolgeplanung von Schlüsselressourcen oder die strategische Ausrichtung des IT-Bereichs.

Besonders hoch ist die Herausforderung, nicht einer »Ad hoc«-Führung und der Befriedigung des »lautesten Rufers« aus der Fachabteilung zu folgen, sondern grundlegende Managementprinzipien anzuwenden – obwohl gerade diese für die Leistungsfähigkeit des

IT-Bereichs essenziell sind. Die wesentlichen Aspekte guten Managements im Allgemeinen sollen in diesem Beitrag daher mit den Anforderungen an die Leitung des IT-Bereichs im Speziellen in Verbindung gebracht werden.

Für die drei wichtigsten Managementdisziplinen gilt es zunächst jeweils herauszuarbeiten, mit welchen besonderen Managementherausforderungen der Leiter des IT-Bereichs konfrontiert ist. Anschließend sollen die wichtigsten Grundsätze und Methoden beschrieben werden, die ihm bei der Bewältigung dieser Herausforderungen zur Verfügung stehen. Im Rahmen dieses Beitrags wird dies nicht in der Tiefe und Detaillierung erfolgen können, die den jeweiligen Themen grundsätzlich angemessen wäre. Dafür bitten wir schon jetzt um Verständnis. Die Angaben zur weiterführenden Literatur am Ende des Beitrags bieten Gelegenheit zur Vertiefung.

Die drei Managementdisziplinen, auf die wir im Folgenden näher eingehen, sind:

⇨ Strategieentwicklung
⇨ Mitarbeiterführung und
⇨ Organisationsgestaltung.

Wir erachten diese drei Disziplinen als die wichtigsten, weil ihre Beherrschung sicherstellt:

⇨ dass die (humanen und monetären) Ressourcen für die im Sinne der Erreichung der Unternehmensziele »richtigen« Aufgaben verwendet werden (Strategie),
⇨ dass der einzelne Mitarbeiter seine Kompetenzen und Leistungsbereitschaft dauerhaft und zielgerichtet zur Verfügung stellt (Mitarbeiterführung) und
⇨ dass der Rahmen für die Erbringung der Leistungen so gewählt ist, dass der IT-Bereich seine Leistungen optimal erbringen kann (Organisation).

Während sich die technischen Möglichkeiten jeglicher IT-Komponenten, wie die Leistungsfähigkeit von Smartphones oder die Funktionsvielfalt sozialer Netzwerke, rasant und in immer kürzeren Zyklen weiterentwickeln, bleiben die Grundprinzipien professionellen Managements stabil. Im Vergleich zu diesen aber leistet ihre Beachtung einen tatsächlichen und nicht nur einen Scheinbeitrag zur Leistungsfähigkeit und Arbeitseffizienz einer Organisationseinheit wie z. B. einer IT-Abteilung.

Strategieentwicklung
In einer Zeit, in der die permanente Erreichbarkeit und damit auch Unterbrechbarkeit zum idealisierten Normalzustand geworden ist, muss zwangläufig das konzeptionelle, strategische Nachdenken und Arbeiten unter der zeitlichen Zerfaserung des Arbeitstages leiden. Wenn sich ab 18:00 Uhr die Reihen lichten und mal kein »Call mit USA« im Terminkalender steht, ist zwar Zeit für konzeptionelle Überlegungen, doch nach einem anspruchsvollen Arbeitstag darf die Qualität des Arbeitsergebnisses – nicht nur aus arbeitspsychologischen Gründen – infrage gestellt werden.

Demgegenüber steht eine Explosion der strategischen Herausforderungen für IT-Manager, die weit über das Fachgebiet im engeren Sinne hinausgeht. Schon unter der Prämisse »Business drives IT« bestanden höchste Anforderungen an die Kompetenzen des CIOs oder IT-Leiters in Fragen des Verständnisses von Geschäftsmodell, Fachbereichsstrategien und Geschäftsprozessen. Doch heute gilt »Business drives IT drives Business« und damit muss der IT-Manager als eine Art Universalgenie verschiedenste Kompetenzen beherrschen:

⇨ Denken in rein technologiebasierten (»pure-IT«) Geschäftsmodellen und über Unternehmensgrenzen hinaus integrierten Dispositions-, Logistik- und Wertschöpfungsketten,
⇨ Managen in zunehmend komplexeren Beschaffungs- und Betriebssituationen (Multi-Anbieter-Situationen, Cloudcomputing, Outsourcing etc.),
⇨ sicheres technologiebasiertes Gestalten von Effizienz *und* Emotion insbesondere im Kundenprozess und am Kundenkontaktpunkt (Nutzung multimedialer Technologien zur Steigerung des Kunden-

erlebnisses, Etablierung von Multikanallösungen zur Kundeninteraktion etc.),
⇨ Beherrschung sich rasant entwickelnder Ansprüche der eigenen User im Unternehmen (»Bring your own device«, Mobile Work, Integrated Collaboration etc.),
⇨ … und dies alles sicherstellen unter den heutigen Maßgaben von Governance und Compliance (nicht nur, aber vor allem auch im Bereich Datenschutz und Datensicherheit), rechtlichen Rahmenbedingungen oder Fragen der Finanzierung von IT und IT-Projekten.

Jedem Manager ist die Unterteilung seiner Aufgaben in »wichtig« und »dringend« geläufig. Er hat gelernt, Aufgaben, die unwichtig und nicht dringend sind, gar nicht zu machen oder zu delegieren. Er konzentriert sich auf Wichtiges und Dringendes. Was auf der Strecke bleibt, ist das Wichtige, aber nicht Dringende. Dass gerade dies immer wieder und über lange Zeiträume unerledigt bleibt, ist fatal, denn im Wesentlichen handelt es sich dabei um strategische, konzeptionelle Arbeiten. Sie werden erst dringend, wenn es zu spät ist, wenn Probleme im Alltag überhandnehmen und Flickschusterei die Folgen der Tatsache beseitigen muss, dass zuvor nicht gründlich nachgedacht wurde.

Die allererste Aufforderung an IT-Manager zur Verbesserung der Abteilungsleistung ist somit eine an die persönliche Arbeitsorganisation: *Schaffen Sie sich und Ihren Mitarbeitern Zeit- und Freiräume zum konzeptionellen Arbeiten – und zwar auch dann, wenn alle im Tagesgeschäft zu versinken drohen.* In diesen Freiräumen darf es zu keinerlei Ablenkung kommen, denn strategisches Denken muss die wichtigste Kompetenz eines Entscheidungsträgers aktivieren: seine Urteilskraft. Diese wiederum entspringt zweier Quellen: Verstand und Intuition. Beide zu nutzen braucht Zeit, Konzentration, Ungestörtheit und Abstand.

Systematisches Vorgehen

Ist der Rahmen dafür geschaffen, so beginnt jede Strategieentwicklung mit der *Analyse des strategischen Umfeldes*. Für den IT-Manager ist dieses in erster Linie geprägt von den »*externen* Faktoren«:
⇨ Unternehmensstrategie,
⇨ der solide prognostizierten (IT-)technologischen Entwicklung und
⇨ der Verfügbarkeit von und dem Zugang zu personellen und finanziellen Ressourcen.

Als wichtigste *interne* Umfeldfaktoren kommen hinzu:
⇨ die in der IT-Abteilung gelebten Werte, die Abteilungskultur
⇨ und die über Jahre erarbeiteten Stärken der IT-Organisation und ihre Grenzen.

Diese fünf Aspekte müssen nachvollziehbar, realistisch und gewissenhaft eingeschätzt werden. Sie stellen die »Rohstoffe« oder »Produktionsfaktoren« der Strategieentwicklung dar. Wird hier nicht sauber gearbeitet, so kann auch kein gutes Ergebnis, d. h. eine brauchbare IT-Strategie herauskommen.

Doch was ist eine »brauchbare« IT-Strategie, oder mit anderen Worten: Welche Ziele sollten mit der Ausarbeitung einer IT-Strategie erreicht werden?

IT im Unternehmen folgt keinem Selbstzweck, sondern hat im Kern nur eine Aufgabe: *die optimale Unterstützung der Geschäftstätigkeit und Geschäftsprozesse durch geeignete Hard- und Software und deren Betrieb einerseits und die Bereitstellung relevanten informationstechnologischen Wissens für die Stakeholder innerhalb eines Unternehmens andererseits.*

Eine gute IT-Strategie zeichnet sich somit dadurch aus, dass sie die Erfüllung dieses Zwecks langfristig erreicht. Sie muss insbesondere die drei »Variablen« der Zweckformulierung mit Inhalt füllen:
⇨ Was ist die *optimale* Unterstützung im Kontext der Unternehmensziele und -gegebenheiten?

⇨ Was ist die dafür *geeignete* Hard- und Software und wie soll sie betrieben werden?
⇨ Was ist das *relevante* informationstechnologische Wissen?

Es wird deutlich, welch herausragende Bedeutung die Unternehmensstrategie und ein genaues Verständnis der Geschäftstätigkeit des Unternehmens für die Ausarbeitung der IT-Strategie haben. Unter den fünf Umfeldfaktoren für die IT-Strategie ist jede wichtig, gleichwohl kommt der Unternehmensstrategie eine besondere Bedeutung zu. Umso problematischer für die Ausarbeitung einer »guten« IT-Strategie ist es, wenn die Unternehmensstrategie nicht »gut« ist, sich z. B. auf plakative, unkonkrete, nicht quantifizierbare Aussagen beschränkt, mangelnde Präzision in der Abgrenzung von Zielen, strategischen Handlungsfeldern und Maßnahmen zeigt oder sich auf reine Finanzziele reduziert. Unter dieser Voraussetzung ist es schwierig, eine passende IT-Strategie auszuarbeiten. Der IT-Manager ist dann gefordert, die IT-Strategie auf einem vertieften Verständnis für die Geschäftstätigkeit des Unternehmens aufzubauen. Er ist gezwungen, Annahmen über die voraussichtliche Entwicklung der Geschäftstätigkeit (in Art und Umfang) zu tätigen, die er in Gesprächen mit dem Unternehmensmanagement validieren muss. Nicht selten entsteht so im IT-Bereich mehr an Business-Strategie, als es die Unternehmensführung selbst strukturieren und dokumentieren kann. Dies ist beileibe kein befriedigender, aber ein gangbarer Weg, um mit unzureichenden Vorgaben aus der Unternehmensstrategie zurechtzukommen.

Nach der gründlichen Analyse des strategischen Umfeldes geht es darum, zu erarbeiten, was die wichtigsten Tätigkeitsfelder der IT-Organisation sind, und anschließend die strategischen Ziele für diese Tätigkeitsfelder zu formulieren. Hier kann man, je nach Unternehmen, zu unterschiedlichen Abgrenzungen der Tätigkeitsfelder kommen. Typisch ist unserer Einschätzung nach eine Unterteilung in die fünf grundlegenden Aufgabenbereiche:
⇨ IT-Governance und -Compliance,
⇨ Betrieb der Anwendungssoftware,

⇨ Betrieb der Infrastruktur,
⇨ Support der Anwender (ggf. getrennt nach Infrastruktur und Software),
⇨ Weiterentwicklung der Anwendungssoftware und Infrastruktur (»Projekte«).

Für jeden Tätigkeitsbereich gilt es – wie gesagt unter Berücksichtigung der Umfeldbedingungen –, die passenden strategischen Ziele festzulegen. Diese sind durch Zielkennzeichen zu konkretisieren. Die Leitfrage bei der Ableitung von Zielkennzeichen lautet: »An welchem konkreten Ergebnis erkennen wir, dass das Ziel zu einem bestimmten Zeitpunkt erreicht ist?«

Ist dies erfolgt, geht es um die eigentliche Kernaufgabe der Strategieentwicklung: die Ausarbeitung der Vorgehensweise und Methodik, mit der man die strategischen Ziele erreichen möchte. Es sind Vorgehensalternativen zu erarbeiten und zu bewerten, über die präferierte Variante ist zu entscheiden und diese muss dann ausformuliert werden. Es sind die benötigten Ressourcen und die Erfolgsfaktoren zu bestimmen.

Abbildung 1 zeigt (exemplarisch abgeleitet aus einem konkreten Projektbeispiel) diese Wechselbeziehungen zwischen business-strategischem Zielsystem und Handlungsfeldern sowie den IT-strategischen Feldern und Projekten.

Während des gesamten skizzierten strategischen Prozesses sollte ein entscheidender Grundsatz beachtet werden, weil er den Erfolg der Strategieerarbeitung und die spätere Umsetzung maßgeblich beeinflusst:

Beteiligung schafft Akzeptanz. Beteiligen Sie jeden, der für die Umsetzung der Strategie benötigt wird, in dem Maße, wie er für die Umsetzung wichtig ist. Es geht hierbei nicht um eine falsch verstandene demokratische Beteiligung. Am Ende entscheidet die Unternehmensleitung über die IT-Strategie und der CIO oder IT-Leiter darüber, was er ihr zur Entscheidung vorlegt. Wichtig ist es nicht, dass andere mit*entscheiden*, sondern, dass andere mit*denken*. Wichtig ist, dass die IT-Mitarbeiter und auch die Kollegen außerhalb der IT-Abteilung,

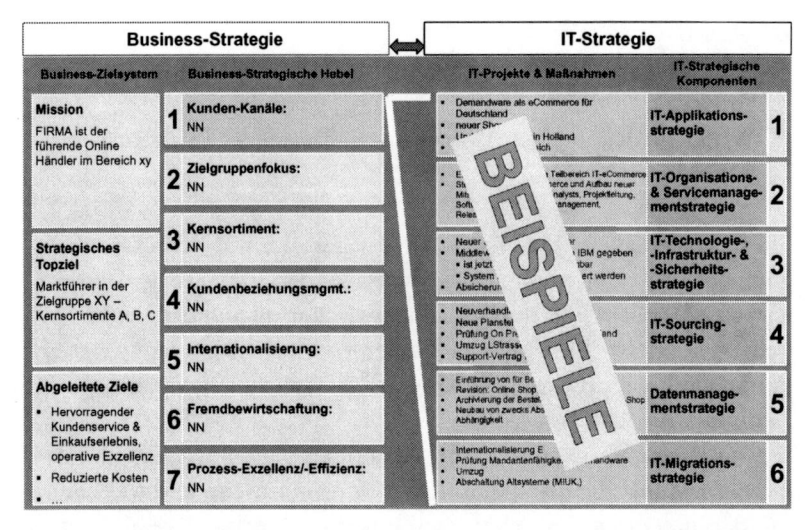

Abb. 1: *Framework einer IT-Strategie in Wechselwirkung mit Business-Strategie und -Zielen*

welche die Leistungen der IT-Abteilung erhalten, ihre Sichtweise und ihre Interessen einbringen können und dass ihr Wissen berücksichtigt wird. Sichtweise und Interesse einbringen zu können, ist aus Akzeptanzgründen entscheidend für die Umsetzung; Wissen einbringen zu können, erhöht die Qualität wesentlich. Beides nicht zu nutzen, wäre ein fataler Fehler mit Auswirkungen auf Leistungsfähigkeit, Motivation, Teamgeist und Kultur.

Organisationsgestaltung im IT-Bereich

Bei der Gestaltung einer Organisation(-seinheit) gilt es, eine passende Antwort auf die Leitfrage jeder Organisationsgestaltung zu finden: *Wie müssen wir uns organisieren, um die von uns erwartete Leistung optimal erbringen zu können?* Hieraus leiten sich zwei Folgefragen ab:

⇨ Was heißt optimal?
⇨ Was heißt organisieren?

Was heißt »optimal«?

Optimal bedeutet in diesem Zusammenhang, die Organisation so zu gestalten, dass sie unter den gegebenen Rahmenbedingungen die Leistungen, die von ihr erwartet werden, bestmöglich erbringt. Zu den Rahmenbedingungen gehören insbesondere:

- *Vorhandene bzw. kurzfristig rekrutierbare Mitarbeiterressourcen:* Diese bedingen z. B. organisatorische Entscheidungen in Bezug auf »Make or Buy« von IT-Dienstleistungen. Sie bestimmen entweder, inwiefern Führungskräfte zur Besetzung von Teamleiterpositionen verfügbar sind, oder, inwiefern die wichtige Funktion der Schnittstelle zwischen Fachabteilung und IT im Anwendungsbereich durch Mitarbeiter der IT besetzt werden können.
- *Recruiting Power:* Margenstärke (und somit Gehaltsspielräume) und Unternehmensimage sind für die IT als weitgehend exogen gegebene Rahmenbedingungen des Unternehmens zu sehen. Sie sind bestimmend bei der Fähigkeit, qualifiziertes Personal am Arbeitsmarkt zu rekrutieren. Die Recruiting Power beeinflusst auch, inwiefern ein Unternehmen in der Lage ist, IT-Dienstleistungen überhaupt durch die interne IT anbieten zu lassen, oder auf den IT-Dienstleistungsmarkt angewiesen ist.
- *Vorgaben des Unternehmens:* Hierzu können die unterschiedlichsten Unternehmensvorgaben zählen, wie z. B. Aspekte der Leistungsverrechnung von IT-Dienstleistungen, eine vom Unternehmen vorgegebene Präferenz für »Make« oder »Buy« oder auch strikt organisatorische Vorgaben wie z. B. die anzustrebende Führungsspanne.
- *Organisation des Unternehmens:* Relativ wichtig für die Gestaltung der IT-Organisation ist die Frage, inwieweit das Gesamtunternehmen prozessorientiert aufgestellt ist. Nahezu jedes größere Unternehmen verfügt heute über eine mehr oder weniger integrierte ERP-Software, die von der IT-Abteilung betreut wird. Das klassische Thema hierbei ist, dass die Software in Modulen aufgebaut ist, aber eine prozessintegrierte Sicht erfordert, die in vielen Unternehmen am ehesten in der IT-Abteilung gegeben ist, weil dort

die Anforderungen des nicht typischerweise prozessorientierten Denkens in den Fachabteilungen zusammenlaufen. Ein prozessorientiert organisiertes Unternehmen benötigt eine andere IT-Organisation als ein vorwiegend funktional orientiertes Unternehmen, vor allem in Bezug auf das Prozesswissen, das in der IT-Abteilung vorhanden sein muss.

⇨ *Unternehmensgröße:* Die Größe des Gesamtunternehmens bestimmt die IT-Organisation z. B. in der Frage, wie die Schnittstelle zwischen IT und Fachabteilung sichergestellt wird, also letztlich die Übersetzungsfunktion zwischen den für die Geschäftsprozesse benötigten IT-Anforderungen und der Umsetzung dieser Anforderungen in IT-Systemen. Bei großen Unternehmen ist diese Vermittlerposition vorwiegend in den Fachabteilungen angesetzt, manchmal einfach deswegen, weil sie dort eine gesamte Stelle ausmachen kann, während kleinere Unternehmen sie häufig im IT-Bereich ansiedeln, wo ein Mitarbeiter mehrere Fachabteilungen betreut.

⇨ *Beitrag der IT zur Unternehmenswertschöpfung:* In Unternehmen, in der die IT einen überdurchschnittlich hohen Beitrag zur Wertschöpfung trägt, somit also die Wettbewerbsposition des Unternehmens erheblich beeinflusst, muss die IT anders organisiert und eingebunden sein, als in Unternehmen, bei denen sie beispielsweise »lediglich« die betriebswirtschaftlichen Prozesse unterstützt. Hier spielt z. B. bei Technologieunternehmen auch die Abgrenzung der IT von F&E und Produktion eine Rolle. Ein weiterer Aspekt, der ebenfalls hierzu gehört, ist die Frage, inwiefern in einem Unternehmen IT grundsätzlich unternehmenskritisch ist – letztlich eine Variante der bekannten Frage, wie lange es dauert, bis das Unternehmen zahlungsunfähig ist, wenn die IT an Schlüsselpositionen ausfällt.

⇨ *IT-Budget:* Natürlich bestimmt auch die Höhe des IT-Budgets die Form der Organisation des IT-Bereiches. In erster Linie ist das Budget allerdings historisch gewachsen unter den vorstehenden Rahmenbedingungen. Gleichwohl setzt es natürlich Grenzen für die Organisationsgestaltung im IT-Bereich.

Was heißt »organisieren«?

Im Rahmen der Gestaltung der Organisation einer IT-Abteilung gilt es, folgende Fragen zu beantworten:
- Welche organisatorischen Einheiten soll es geben und mit welchen Kompetenzen sind sie auszustatten?
- In welchen Prozessen sollen die Leistungen der IT erbracht werden? Hier gilt es zu festzulegen, was die einzelnen Prozessschritte sind, die von der IT erbracht werden müssen.
- Von welchem Team und – innerhalb des Teams – von welcher Person mit welcher Kompetenz soll welcher Prozessschritt erledigt werden?
- Was ist zu beachten, um den Fähigkeiten des vorhandenen Führungspersonals und den Ambitionen potenzieller Nachwuchsführungskräfte gerecht zu werden?

Angenommen, man bearbeitet die ersten drei Fragen ohne Berücksichtigung der vierten Frage, so kann am Ende zwar eine theoretisch ideale Organisation des IT-Bereiches herauskommen, dennoch wird diese in der Realität keinen Bestand haben. Denn letztlich wird Organisation häufig um die vorhandenen Führungspersonen herum gestaltet.

Man steht beim Gestalten einer Organisationsstruktur immer vor der Aufgabe, für hervorragende Leute die passenden Teams und Aufgabenzuschnitte zusammenzustellen. Jeder weiß, wie wichtig für die Leistungsfähigkeit einer Organisationseinheit die sie leitenden Führungskräfte sind. Aus diesem Grund ist es die zentrale Herausforderung, die ersten drei Fragen mit der vierten zu vereinen. Also letztlich Personen und Aufgaben so zu organisieren, dass die Leistungsfähigkeit des IT-Bereichs übergreifend optimiert wird. In der vierten Frage ist im Übrigen auch der Grund zu erkennen, warum in vielen Unternehmen der Eindruck entsteht, »hier wird ständig umorganisiert«. Denn auf dem Papier wäre die passende Organisationsstruktur sicher deutlich seltener anzupassen. Die Änderungsnotwendigkeit ergibt sich vor allem daraus, dass die Organisation an die fluktuierenden

Führungspersönlichkeiten angepasst werden muss. Letztlich ist das ein wenig unbefriedigend. Denn eigentlich sollte man erwarten, dass eine auf der Analyse von Aufgaben und Prozessen abgeleitete Organisationsstruktur Bestand haben sollte und lediglich aufgrund externer Faktoren, wie z. B. Markt- oder Technologieentwicklungen, von Zeit zu Zeit moderat angepasst wird. Doch wer so denkt und an diesem Ideal festhält, verkennt die Realität, die zeigt, dass Organisation letztlich immer um Menschen herum gestaltet wird.

Mitarbeiterführung
Es ist ein Problem, das nicht nur im IT-Bereich besteht, dort aber besonders häufig anzutreffen ist: Befördert wird häufig nicht der Mitarbeiter, der für eine Führungsaufgabe am besten geeignet ist, sondern der, der die beste Fachkompetenz unter Beweis gestellt hat. Das ist doppelt problematisch: Zum einen fehlt der Mitarbeiter als hervorragende Fachkraft, zum anderen geht exzellente Fachkenntnis selten mit sehr guter Führungsfähigkeit einher. Das liegt u. a. daran, dass für hervorragende Leistungen in diesen beiden Bereichen völlig unterschiedliche persönliche Kompetenzen benötigt werden. Einen IT-Fachexperten zeichnen häufig Detailgenauigkeit, Ausdauer, ein gewisser Perfektionismus und eine ausgeprägte Freude an Technik aus. Dagegen liegen die hervorstechenden Eigenschaften einer Führungskraft eher in der Kompetenz zur Reduktion von Komplexität, dem Priorisieren, einer breit angelegten Urteilskraft sowie in Einfühlungsvermögen und Entscheidungsbereitschaft.

Wir wollen nicht sagen, dass die Kompetenzen des einen die des anderen ausschließen, aber zweifellos sind die Anforderungen an die persönlichen Kompetenzen recht unterschiedlich und vereinen sich selten in der gleichen Person.

Dass nun meist hervorragende Fachexperten in Teamleiterpositionen aufsteigen, ist der Tatsache geschuldet, dass ein Teamleiter eben auch Fachfragen hervorragend beurteilen können muss, da die von ihm erwartete Leistung nur zu einem gewissen Prozentsatz aus reinen Führungsaufgaben besteht. Außerdem ist ihm durch die Fachexpertise natürlich grundsätzlich zunächst die Anerkennung bei den Mitarbeitern sicher. Es wäre somit realitätsfern zu fordern, die Teamleiterebene in IT-Abteilung ausschließlich nach Führungsqualitäten auszuwählen. Das gilt im Übrigen auch für die Auswahl eines IT-Leiters, dessen Arbeitsalltag zwar im Wesentlichen Managementaufgaben ausfüllen, der diese dauerhaft aber nur auf der Grundlage eines soliden IT-Wissens gut bewältigen wird.

Diese Zusammenhänge führen dazu, dass die Qualität der Mitarbeiter*führung* in vielen IT-Abteilungen – vorsichtig gesagt – ausbaufähig ist. Glücklicherweise sorgen in vielen Unternehmen die internen Personalentwicklungsabteilungen für gewisse Mindeststandards. So z. B. durch die Vorgabe und Unterstützung regelmäßiger Mitarbeiter- oder Personalentwicklungsgespräche, aber auch durch die Organisation geeigneter Trainings- und Weiterbildungsmaßnahmen für Führungskräfte. Welche Ziele muss die Führung der Mitarbeiter einer IT-Abteilung verfolgen? Im Vordergrund stehen zwei Aufgaben für die IT-Leitung:
⇨ Mitarbeiter rekrutieren und binden sowie
⇨ die Voraussetzung für Leistung schaffen.

Es sind zwei unterschiedliche Aspekte, die sich interessanterweise aber durch die gleichen Grundsätze und Maßnahmen sicherstellen lassen, da sie letztlich zwei Seiten einer Medaille sind. Beide Aspekte setzen am Mitarbeiter an und letztlich daran, dass jeder Mitarbeiter *entsprechend seiner Persönlichkeit* geführt werden muss. Der Vorgesetzte muss das für jeden einzelnen Mitarbeiter passende Maß z. B. an Eigenständigkeit, materieller Gegenleistung, Unterstützung oder Kommunikationsintensität herausfinden. Wenn dieses Bündel an Rahmenbedingungen für den Mitarbeiter stimmig ist, wird dieser einerseits gerne in dem Unternehmen arbeiten (Bindung) und zum anderen seine Kompetenzen in dessen Dienste stellen (Leistung).

Um Mitarbeiter, die ja häufig über einen außerordentlichen unternehmensspezifischen Wissensschatz verfügen, an ihr Unternehmen zu binden, muss man vor allem einen Grundsatz beachten: Ein Mitarbeiter bleibt bei einem Unternehmen, wenn a) das, was er an Nutzen aus dem Arbeitsverhältnis zieht, größer ist als das, was er dafür aufbringen muss und b) dieser Nutzensaldo höher ist, als der für alternative Beschäftigungsverhältnisse *vermutete*.

Es gilt daher, die zwei wesentlichen nutzenstiftenden Bereiche zu steuern:

⇨ die materielle Gegenleistung – Gehalt, Sozial- und Zusatzleistungen, private Nutzung von Arbeitsmitteln u. ä. sowie im erweiterten Sinne auch Arbeitszeit und Arbeitsplatzsicherheit und

⇨ die Arbeitszufriedenheit, die in erster Linie von Aufgabeninhalten, Selbstständigkeit, Betriebsklima und der Führung durch den unmittelbaren Vorgesetzten abhängt.

Ganz entscheidend ist hierbei – wie gesagt – die *individuelle, mitarbeiterbezogene* Sichtweise: In Bezug auf die materielle Gegenleistung ist auf die individuelle Lebenssituation und persönliche Präferenzen des einzelnen Mitarbeiters Rücksicht zu nehmen. Etwas vereinfacht: Jüngere Mitarbeiter legen mehr Wert auf Gehaltssteigerung, Mitarbeiter in der Familiengründungsphase auf Freizeit und Ältere auf Arbeitsplatzsicherheit.

Dabei muss immer berücksichtigt werden: Die Höhe des Gehalts ist natürlich eine wichtige, aber dennoch nur *eine von vielen* Größen, welche die Bindung des Mitarbeiters an sein Unternehmen beeinflusst. Es kann gar nicht oft genug in Erinnerung gerufen werden, was inzwischen etliche wissenschaftliche Studien belegen: Bei der weit überwiegenden Zahl der Menschen wirkt eine Gehaltserhöhung über ein bestimmtes Mindestniveau hinaus nicht dauerhaft motivations- oder leistungssteigernd. Dieses subjektiv empfundene Mindestniveau ist natürlich bei jedem höchst individuell. Liegt das Gehalt dauerhaft darunter, wirkt sich dies ganz erheblich auf die Bindung an den Arbeitgeber aus. Eine Gehaltserhöhung stärkt dann sowohl die Bindung als auch die Leistungsfähigkeit und Motivation. Ist das subjektiv empfundene angemessene Gehaltsniveau erreicht, »verpuffen« Gehaltserhöhungen (bis auf einen kurzen Motivationsschub) weitgehend wirkungslos, sind also nicht zielführend.

Die Herausforderung für Vorgesetzte ist es festzustellen, wo der Mitarbeiter in Bezug auf sein »Zufriedenheitsgehalt« liegt. Das ist durchaus bewältigbar, denn Führungskräfte, die regelmäßig mit ihren Mitarbeitern im Gespräch sind und die Reaktion auf Gehaltserhöhungen in der Vergangenheit kennen, können intuitiv ganz zuverlässig einschätzen, was für einen Mitarbeiter im materiellen Bereich tatsächlich Nutzen stiftet: Gehalt, Freizeit, Arbeitsplatzsicherheit. Es sei angemerkt, dass die Tatsache, dass die Mitarbeiter in IT-Abteilungen in Deutschland oft unter die tarifvertraglichen Regelungen ihrer jeweiligen Branchen fallen, im Hinblick auf die von uns propagierte mitarbeiterindividuelle Sichtweise eher hinderlich ist. Fairerweise muss man aber auch anmerken, dass viele Tarifverträge den oben vereinfacht beschriebenen Präferenzverschiebungen zwischen den Lebensphasen in gewisser Weise Rechnung tragen.

Diese mitarbeiterindividuelle Sichtweise ist natürlich auch für den zweiten nutzenstiftenden Bereich – der Arbeitszufriedenheit – von zentraler Bedeutung: Mitarbeiter unterscheiden sich ganz erheblich darin, wie viel Anleitung, Rücksprache und Eigenständigkeit sie sich bei der Arbeit wünschen. Indem der Vorgesetzte hierauf Rücksicht nimmt, kann er die Mitarbeiterzufriedenheit ganz erheblich steigern. Das Gleiche gilt für die konkreten Arbeitsinhalte. Hierbei ist der entscheidende Grundsatz, Mitarbeiter entsprechend ihrer Stärken einzusetzen. Ein Beispiel: Wenn Sie von den Mitarbeitern des Infrastrukturteams verlangen, dass jeder – unabhängig von seinem Kompetenzprofil – jede Woche einen gewissen Prozentsatz seiner Zeit an der Telefonhotline sitzt, ist Frust vorprogrammiert. Das Gespräch mit den internen Kunden über ihre PC-, Drucker- und Excel-Probleme ist zwar für einen extrovertierten Kollegen eine angenehme Aufgabe, in der er spürt, wie er seine Kompetenzen einbringen kann und dafür gutes Feedback erhält. Sein introvertierter Kollege, der mit höchster Sachkenntnis den zuverlässigen Betrieb der Serverlandschaft verantwortet, empfindet die Hotlinetätigkeit hingegen als nutzlos verstreichende Arbeitszeit.

Durch einen nicht mitarbeitergerechten konzipierten Aufgabenzuschnitt verliert jede IT-Abteilung an Leistungsfähigkeit und Mitarbeitermotivation.

Im »War for Talents« und der damit verbundenen höheren Wechselbereitschaft kommt dem individualisierten Führungsansatz eine besondere Bedeutung zu, um einerseits Mitarbeiter zu binden und ihre Leistungsfähigkeit freizusetzen und andererseits für neue Mitarbeiter attraktiv zu sein. Es ist nicht zu leugnen, dass die Anforderungen an die Führungskompetenz von IT-Managern damit nicht zurückgehen. Es bleibt Aufgabe jeder einzelnen Führungskraft, daran zu arbeiten, und Aufgabe der Personalentwicklungsabteilungen, hier professionelle Unterstützung zu bieten.

Weiterführende Literatur

[1] ANDERSON, D. J.: *Kanban: Kanban: Evolutionäres Change Management für IT-Organisationen.* Heidelberg, 2011

[2] BERNHARD, M. G. (Hrsg.): *Strategisches IT-Management. Organisation, Prozesse, Referenzmodelle.* Düsseldorf, 2003

[3] COLLINS, J.: *Der Weg zu den Besten: Die sieben Management-Prinzipien für dauerhaften Unternehmenserfolg.* München, 2003

[4] HINTERHUBER, H.: *Strategische Unternehmungsführung 1: Strategisches Denken. Vision – Unternehmenspolitik – Strategie,* 7. Auflage, Berlin, New York, 2004

[5] MALIK, F.: *Strategie: Navigieren in der Komplexität der Neuen Welt.* Frankfurt am Main, 2011

[6] MALIK, F.: *Management: Das A und O des Handwerks. Kapitel »Struktur«.* Frankfurt am Main, 2007

[7] MALIK, F.: *Führen, Leisten, Leben: Wirksames Management für eine neue Zeit. Kapitel »Organisieren«.* Frankfurt am Main, 2006

[8] SASSENRATH, M.: *Intuition führt: Vertrau Dir selbst und folge Deiner Intuition. Kapitel »Intuition und Strategie«,* Bietigheim-Bissingen, 2011, S. 111-120

[9] SASSENRATH, M.: *Wie Sie Kunden gewinnen und Mitarbeiter binden: Ertragssteigerung in mittelständischen IT-Unternehmen.* 2. Auflage, Bietigheim-Bissingen, 2009, S.135-191

[10] SPRENGER, R. K.: *Mythos Motivation: Wege aus einer Sackgasse.* 19. Auflage, Frankfurt am Main, 2010

[11] TIEMEYER, E. (Hrsg.): *Handbuch IT-Management: Konzepte, Methoden, Lösungen und Arbeitshilfen.* München, 2009

Zusammenfassung

Für die professionelle Bereitstellung von IT-Leistungen sind besonders drei Managementdisziplinen erfolgskritisch:

⇨ Die Erarbeitung der IT-Strategie: Hier gilt es, Rahmenbedingungen wie Unternehmensstrategie, Kompetenzen der IT-Mitarbeiter oder technische Entwicklungen zu analysieren, daraus strategische Ziele abzuleiten und Maßnahmen zur Zielerreichung sowie Erfolgsfaktoren zu erarbeiten. Dabei sind die für den Umsetzungserfolg relevanten Mitarbeiter zu beteiligen, um ihr Wissen zu nutzen und Akzeptanz sicherzustellen.

⇨ Die Organisation der IT-Abteilung: Die geeignete Organisation der IT-Abteilung ist von verschiedenen Faktoren abhängig wie dem Kompetenzpool der Mitarbeiterschaft oder dem Marktzugang zu qualifizierten IT-Fachkräften. Aus der Beurteilung derlei Rahmenbedingungen sind die entscheidenden organisatorischen Festlegungen zu treffen: organisatorischer Aufbau, Prozessorganisation und Aufgabenabgrenzung, Teambesetzung. Diese sind in Einklang zu bringen mit den Kompetenzen und Ambitionen der vorhandenen und möglichen künftigen Führungskräfte.

⇨ Die Mitarbeiterführung: Der IT-Manager steht vor der doppelten Herausforderung, einerseits die IT-Mitarbeiter an das Unternehmen zu binden und andererseits die Voraussetzungen dafür zu schaffen, dass sie ihre Stärken in Leistungsergebnisse umsetzen können. Die Antwort darauf ist eine mitarbeiterindividuelle Führung, die auf den einzelnen Mitarbeiter, seine persönliche Präferenzen, Stärken und Motivationsfaktoren ausgerichtet ist.

Erfolgreiches Change Management in IT-Projekten

Heutzutage ist der organisatorische Wandel längst zum Tagesgeschäft geworden, während stetige stabile Phasen fast schon die Ausnahme sind. Führt das zu einem permanenten Alarmzustand der Organisation und ihrer Mitarbeiter? Oder hat die Praxis Wege gefunden, sinnvoll mit dauerndem Wechsel umzugehen?

> **In diesem Beitrag erfahren Sie:**
> - welche Herausforderungen der stetige Wandel an Organisationen stellt,
> - wo die typischen Fehler im Umgang mit Wandel liegen,
> - wie Führungskräfte den Wandel reibungsloser bewältigen können.

LUTZ BECKER, VERONIKA DINIUS, JOHANNES MÜLLER

»One of my favorite truisms is that change is always a threat when done to me, but it is an opportunity when done by me. Many people hate change because it is inflicted on them; someone else is making them do it. Or because circumstances are totally out of their control.«
(Rosabeth Moth Kanter, 2008)

‚PM in der IT' zur Wirkung von Change Management auf den Erfolg von IT-Projekten

Dieser Beitrag basiert auf der Studie ‚PM in der IT' zur Wirkung von Change Management auf den Erfolg von IT-Projekten, die an der Karlshochschule International University, Karlsruhe, im Auftrag der Arbeitsgruppe »Change Management in der IT« der GPM – Deutsche Gesellschaft für Projektmanagement e. V. durchgeführt wurde [1].

Hintergrund der Studie ist die Erkenntnis, dass die IT in Wirtschaft und Öffentlicher Verwaltung nicht nur durch temporeichen technischen Fortschritt, sondern auch von den großen gesellschaftlichen Themen und Megatrends des 21. Jahrhunderts geprägt ist. Hierzu zählen wir die Globalisierung, die Deregulierung der Märkte, eine Arbeitnehmerschaft mit zunehmend fachlicher Kompetenz und eine Verschiebung der sozialen und demografischen Entwicklung (alternde Arbeitnehmerschaft) und den damit stetig steigenden Anpassungsdruck. Um kontinuierlich Spitzenleistungen erbringen zu können, möglichst wenige Ressourcen zu vergeuden und eine Grundlage für den zukünftigen Erfolg zu schaffen, sind effektive Führung, die Ausrichtung von Geschäftsprozessen an aktuelle Marktbedingungen sowie die Fähigkeit zum organisatorischen Wandel unumgänglich [2] [3].

Dieser Sachverhalt gewinnt im Lebenszyklus von Organisationen zunehmend an Bedeutung, da sich Wandel von einer Ausnahmeerscheinung zu einem Dauerzustand entwickelt [4]. Die veränderten Rahmenbedingungen zwingen Unternehmen, von ihren altbewährten Methoden, Handlungsmustern, Arbeitsabläufen und Strategien abzuweichen und nach Ansätzen zur effizienteren Gestaltung organisatorischer Veränderungsprozesse zu suchen [5]. Besonders in der Unternehmenspraxis werden Fragen nach den Bedingungen, die den geplanten Wandel von Unternehmen erfolgreich gestalten bzw. sein Scheitern bedingen, zunehmend wichtiger.

Hinzu kommt die Erkenntnis, dass es nie einen Königsweg oder eine »One-Best-Way«-Lösung für den Wandel von Organisationen gibt [6]. Viele Veränderungsprojekte weisen ein erhöhtes Tempo bei gleichzeitig niedriger Erfolgsquote auf. Wir sprechen vom sinkenden Grenznutzen unternehmerischen Handelns, traditionelle, mechanistisch motivierte Change-Management-Modelle scheinen nicht länger adäquat für die Herausforderungen des 21. Jahrhunderts zu sein [7] [8]. Seit den 1980er Jahren hat sich in diesem Kontext die Erkenntnis durchgesetzt, dass mit Technologie nicht alles zu regeln ist, dass verstärkter Einsatz von Technik nicht mit automatischem Produktivitätsgewinn gleichzusetzen ist und technologische Rationalisierung somit kein

Selbstzweck, sondern vielmehr Mittel zum Zweck ist: Die »Eigensinnigkeit« sozialer Systeme und der kaum kalkulierbare »Faktor Mensch« sind das Damokles-Schwert bei der Neueinführung oder Umgestaltung von IT-Systemen [9] [10].

Die aus dem Wandel resultierenden dynamischen Einflüsse machen es notwendig, dass Unternehmensziele mit höherem Druck und in kürzeren Zeitspannen erreicht werden müssen. Aus diesem Druck entstehen Spannungsfelder, in denen oft Zielkonflikte zwischen der Anpassung an die Marktgegebenheiten und vordergründiger technisch-ökonomischer Rationalität auf der einen und der Berücksichtigung von Humanfaktoren und sozialer Rationalität auf der anderen Seite entstehen. Ungeeignete Anreizsysteme oder das Außerachtlassen sozialer Strukturen und deren Interrelation innerhalb eines Unternehmens führen unter diesen Bedingungen mitunter zu einer »Diskrepanz zwischen der der Notwendigkeit und der Fähigkeit zu einem schnelleren und flexiblen Handeln« [11].

In der Tat jedoch ermöglicht die Umsetzung von Optimierungsmodellen und die Aneignung »adaptiven Verhaltens«, in einem ständig wandelnden Entwicklungsprozess schnell und flexibel auf Veränderungen einzugehen, nicht nur die Gewährleistung von Wettbewerbsvorteilen, sondern auch das Fortbestehen eines Unternehmens [12] [13]. Schlagwörter in neu aufkommenden Organisationsmodellen sind deshalb der Reiz des Neuen, Qualität, Flexibilität, Adaption, Geschwindigkeit und das Experimentieren (trial & error) [14].

Unternehmen im Kontext evolutorischer Systeme

Der Druck zur Anpassung an neue Lebensräume und sich ändernde Rahmenbedingungen wurde im biologischen Kontext bereits vor 150 Jahren von Charles Darwin beschrieben. Die entscheidende Inspiration zur Entwicklung seiner Theorie erhielt Darwin 1838 aus den Schriften des Nationalökonoms Thomas Robert Malthus. Der Kern der Evolutionstheorie von Darwin ist nicht auf biologische Erkenntnisse zurückzuführen, sondern basiert auf einem ökonomischen Kalkül [15], nicht zuletzt deshalb vertreten wir die These, dass es sich bei dem evoluto-

rischen Prinzip um ein allgemeines systemisches Prinzip handelt, das im Hinblick auf biologische, soziale oder ökonomische Systeme generalisierbar ist. Im Wesentlichen beruht Darwins Evolutionstheorie auf den vier Kernhypothesen
⇨ der Veränderlichkeit,
⇨ der gemeinsamen Abstammung,
⇨ der Allmählichkeit der Evolution und
⇨ der natürlichen Auslese [16].

Somit unterliegt den Beobachtungen Darwins zufolge jeder Organismus dem sogenannten »Variations-Selektions-Paradigma«, dem die Entstehung von Neuerungen (Mutationen) vorausgeht. Die dadurch entstehende Vielfalt (Varietät), d. h., jede Art erzeugt Nachkommen, die bezüglich der Form von Merkmalen und Verhaltensweisen nie exakt gleich sind, unterliegt dann einem Auswahlmechanismus (Selektion). Die natürliche Auslese, die Selektion, ist eng mit dem Mechanismus der Anpassung (Adaption) verbunden und beschreibt, dass diejenigen der unterschiedlich ausgestatteten Nachkommen überleben, die besser an die Umwelt angepasst sind [17]. Die Selektion funktioniert in diesem Rahmen wie ein Sieb, das erfolgreiche Merkmale durchlässt und nicht überlebensfähige herausfiltert [18]. Die Anpassung, beschreibt dabei einen Prozess, durch den sich ein Organismus Informationen einverleibt, die in der Umwelt vorhanden sind und für sein Überleben von maßgeblicher Bedeutung sind [19]. Demnach wandeln sich Arten, um in veränderten Umwelten bzw. mit neuen situativen Ressourcenkombinationen überleben zu können. Sie stammen von den Arten ab, die davor überlebt haben und im Überlebenskampf eine höhere Fitness aufgewiesen haben.

In der Evolution spielt erwiesenermaßen auch Kooperation und gegenseitige Hilfe eine zentrale Rolle, da Evolution solche Gruppen »gefördert hat, die über »Mechanismen des Gruppenzusammenhaltes, Kooperation, gegenseitige Hilfe und so weiter verfügt haben« [20]. In diesem Zusammenhang spielt (besonders auch im unternehmensorganisatorischen Kontext) die Kommunikation eine zentrale Rolle, da sie eine soziale Kopplung zwischen Individuen ermöglicht. Vielmehr dient sie dazu, dass Individuen ihr Verhalten aneinander orientieren (Koordination), Verhaltensweisen abstimmen und Übereinstimmung befördern (Kooperation und Konsens) sowie Gewohnheiten bilden (Konventionen) [21]. In diesem Rahmen könnte man auch den Begriff der Gruppenselektion heranziehen [22].

Die Ausgangshypothese Darwins, die die gemeinsame Abstammung beschreibt, lässt sich auch in Bezug auf die Globalisierung auf heutige Unternehmen und die IT-Landschaft übertragen. Wirtschaftsunternehmen funktionieren heute grundsätzlich nach denselben Prinzipien. Auch IT-Systeme basieren auf der Entdeckung des Transistors und den Errungenschaften von Konrad Zuse [23]. Das Evolutorische wird, wie bereits gesagt, hier als allgemeingültiges systemisches Prinzip verstanden.

Wenn dementsprechend Organismen und Verhaltensweisen zu einem beliebig festgelegten Zeitpunkt in der Entwicklungsgeschichte lebend vorgefunden werden, haben sich diese kummulativ aus zufälligen Variationen entwickelt. Der Einfluss der Umwelt war darauf beschränkt, die nicht lebensfähigen Varianten auszusondern. Was kann daraus geschlossen werden? Ein Beobachter der Entwicklungsgeschichte kann feststellen, dass alle ausgestorbenen Varianten einen »zulässigen Bereich« überschritten haben, alle überlebenden hingegen eben zu einem spezifischen Zeitpunkt zulässig waren [24]. Ferner findet Evolution im Spannungsfeld von Stabilität (Stasis) und Veränderung (Entwicklung) statt, was auf zwei Grundprinzipen verweist: *»zum einen das der aktiv betriebenen, durch externe Stressoren angestoßenen Entwicklung und zum anderen das der aktiven Bewahrung von biologischer Stabilität«* [25]. Der Zufall regiert nur innerhalb bestimmter Spielräume, d. h., dass genomische Umbauprozesse, die die Basis der Evolution bilden, bezüglich des Zeitpunktes und der Art und Weise ihres Ablaufes nicht durchweg zufällig sind, sondern auf biologischen Regeln beruhen. Allerdings bedeutet dies nicht, dass diese Regeln völlig determiniert sind. *»Dass das Auftreten eines Phänomens nicht dem reinen Zufall unterliegt, zugleich aber auch nicht strenger Determination, ist in der Biologie kei-*

ne Ausnahme, sondern die Regel. [...] Der Prozess der Stabilisierung ist jedoch sehr selektiv [...]« [26]. S. J. Gould von der Harvard University beschreibt dieses Muster als »punctuated equilibrium«, wobei einzelne Ereignisse im Wechselspiel mit längeren Phasen eines je neuen Gleichgewichtes stehen [27].

Um Missverständnisse zu vermeiden, ist es wichtig, wenn im Kontext der evolutionären Denkweise von Adaption gesprochen wird, dass die »natürliche Auslese« nicht im positiven Sinne ausliest, was das Tüchtigste, Beste oder Wiederstandsgähigste ist. Sie funktioniert negativ, da sie alles, was der Prüfung nicht standhält, untergehen lässt. Hier darf nicht der Fehler gemacht werden, aufgrund des von Darwin geschaffenen Ausdrucks »survival of the fittest«, davon auszugehen, dass sich im Rahmen der Evolutionstheorie die Fitness unter Organismen steigern lässt. In einer Theorie, in der das Überleben einer Spezies das wesentliche Kritierium der Selektion darstellt, passt eine Art in ihre Umwelt, da der Zufall der Mutation unter den derzeit herrschenden Umweltbedingungen ihnen spezifische Formen und Fähigkeiten verliehen hat, oder eben nicht. Somit geht es bei der Anpassung darum, einen gangbaren (viablen) Weg zu finden. In diesem Sinne überleben in der Natur beispielsweise nicht nur die Pferde, die schneller sind als Raubtiere, sondern auch Mittelschnelle, die bessere Verteidigungsmechanismen entwickeln [28].

Im Gegensatz zur biologischen Evolution, bei der wie beschrieben der Zufall entscheidend ist, können Unternehmen aktiv und gezielt Anpassungsprozesse an veränderte Umweltbedingungen steuern. In der Betriebswirtschaftssphäre gibt es so etwas wie »Intelligent Design« und die »Visible Hand«, nämlich die unternehmerische Führung. Oder anders formuliert: Es ist die originäre Aufgabe der Führung, Unternehmen immer wieder an veränderte Situationen anzupassen, was natürlich eine kritische Auseinandersetzung mit den situativen Rahmenbedingungen, den eigenen Geschäftsmodellen sowie eine Reflexion der eigenen Verhaltensmuster voraussetzt. Gelingt das nicht, darf man getrost von »Führungsversagen« sprechen [29].

Organisationaler Wandel und Erfolgsfaktoren des Veränderungsmanagements

Verschiedene Studien und Praxisbeispiele verdeutlichen, dass Change-Projekte neben ablauf- oder aufbauorganisatorischen Restrukturierungsmaßnahmen auch eine Anpassung bzw. Neudefinition der Unternehmensstrategie, Veränderungen im Bereich der IT und einen Wandel der Unternehmenskultur umfassen. Demnach wäre es weder sinnvoll, noch der komplexen Unternehmensrealität entsprechend, die verschiedenen in Abbildung 1 dargestellten Handlungsfelder isoliert zu betrachten. Vielmehr müssen die Handlungsfelder Strategie, Organisation, Technologie und Kultur im Kontext eines erfolgreichen Change-Managements aufeinander abgestimmt und in einen dynamischen, vernetzten Gesamtzusammenhang gesetzt werden [30] – es handelt sich um einen komplexen Tuningprozess, bei dem die Parameter immer wieder aufs Neue abzustimmen sind.

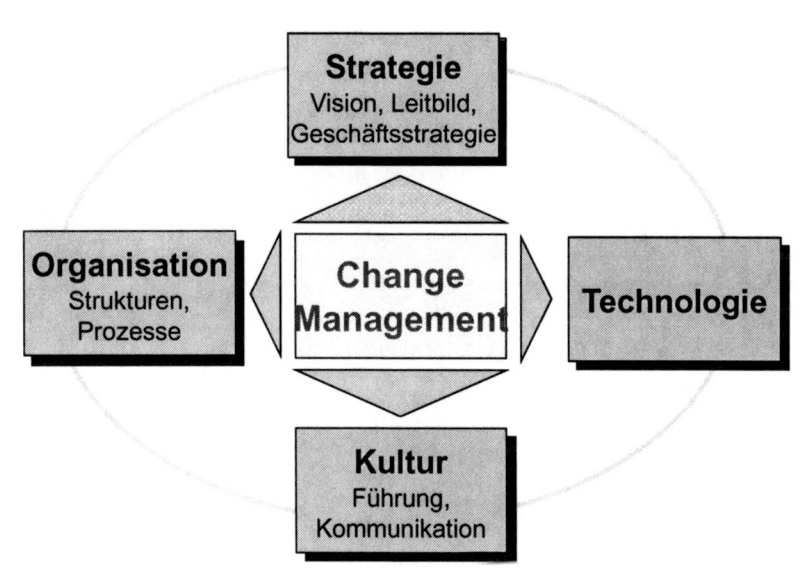

Abb. 1: *Vier Handlungsfelder von Change Management, Quelle: [31]*

In den folgenden Betrachtungen wird die Struktur der Organisation nicht in einem mechanistischen Sinne als gegeben vorausgesetzt. Stattdessen soll die Rekursivität, die Interaktion von Mensch und Struktur, in Change-Prozessen genauer betrachtet werden. Zu diesem Zweck wird die Strukturationstheorie des britischen Soziologen Anthony Giddens als Interpretationsrahmen herangezogen, da sie die in der Organisationstheorie vorherrschende Unverträglichkeit von »Handlung« und »Struktur« zu überwinden versucht [32]. Das zentrale Konzept in diesem Kontext heißt »Dualität von Struktur«: Individuen reproduzieren und gestalten durch ihr Handeln die Bedingungen (Struktur), statt den gegebenen Strukturen in Unternehmen (und Gesellschaft) nur »machtlos« gegenüberzustehen. Trotzdem bilden die Strukturen der Organisation den Rahmen des (sozialen und ökonomischen) Handelns – sie sind somit gleichzeitig das Medium als auch das Ergebnis sozialen Handelns [33]. Das Besondere in der Strukturationstheorie ist, dass Handlung und Struktur nicht als konkurrierende Gegensätze angesehen werden, sondern sich wechselseitig gegenüberstehen; menschliches Handeln und Struktur bedingen sich gegenseitig. Strukturen werden erfasst durch das, was Giddens »gut fundierte« menschliche Agenten nennt: Organisationsmitglieder, die in der Lage sind, strukturell geformte Kapazitäten auf kreativem oder innovativem Wege zu erarbeiten. Solche Strukturen besitzen die Fähigkeit zur Mutation, weshalb sie vielmehr als Prozess in der Zeit statt lediglich als starrer Zustand (im Sinne eines Organigramms) betrachtet werden müssen [34] [35].

Aus dieser Perspektive stellt auch Informationstechnologie kein unabhängiges oder determinierendes Element dar, sondern ist rekursiv zu verstehen. Vereinfacht gesagt: Es kommt nicht auf die Technologie an, sondern auf das, was die – eigensinnige – Organisation aus ihr macht. Somit kann die IT – unabhängig davon, was die ursprünglich damit verbundenen Absichten und Ziele sind – das Handeln, den Aufbau der Unternehmensorganisation und die Beziehungen innerhalb der Organisation auf vielfältige und nicht immer vorhersehbare Art und Weise ermöglichen und fördern, aber auch einschränken.

Unternehmensführung im Wandel

»Das größte Problem sind die Menschen wegen nicht artgerechter Haltung.« (Arved Fuchs, 2003)

Die Unternehmenskultur nimmt als tatsächlicher ‚Vernetzungsapparat' eine fundamentale Rolle in der Unternehmensstruktur und im organisationalen Wandel ein. Sie stellt nicht nur ein wichtiges Bindeglied des Unternehmensregelwerks dar, sondern ist – wie eine Untersuchung des Münchner Instituts für Lernende Organisation und Innovation (ILOI) zeigt – auch der Hauptgrund für die Erfolglosigkeit unzähliger Veränderungsprojekte [36].

Gerade wegen ihrer Vielfältigkeit lässt sich die Unternehmenskultur als ein überindividuelles, soziales Phänomen betrachten. Jede Unternehmenskultur wird durch Werte, Normen oder Interessen dieser Kultur geformt. Hierbei nehmen die Untenehmensleitung und Führungskräfte eine besonders wichtige Rolle ein, da sie – bewusst oder unbewusst – Impulsgeber, Mitgestalter, Multiplikator und Träger dieser Kultur sind.

Oft bleiben auch lange nach einem Führungskräftewechsel noch Werte in der Unternehmens- oder Teamkultur verankert, die das Verhalten der Beschäftigten prägen. Grund hierfür ist die Verinnerlichung von erlebten und adaptierten Merkmalen, Normen, Regeln und Werten, die als Kräfte auf die Unternehmenskultur einwirken und bewirken, dass kulturelle Einschlüsse an nächste Generationen weitergegeben werden [37]. Organisationskultur entsteht, um mit Niklas Luhman zu sprechen, wie von selbst. Unternehmenskultur ist in diesem Sinne nicht, wie uns manche Unternehmensberater gerne vorgaukeln wollen, Poesis, also etwas durch Maßnahmen gestalt- oder gar »reengineerbares«, sondern eine in der Organisation gelebte Praxis, »eine Tätigkeit, die als solche genossen wird« [38].

In den traditionellen Führungsansätzen werden Organisation weitestgehend als ein maschinenähnliches Gebilde betrachtet. Getreu der Vorstellung von Heinz von Foerster nimmt der Mitarbeiter hier die Rolle der ‚trivialen Maschine' [39] ein, die durch durch den Manager beufsichtigt und gesteuert wird, der somit einen reibungslosen Ablauf garantiert. Sein machtvolles, kompetentes und legitimes Verhalten gewährleistet hierdurch einen zielgerichteten Ablauf und steuert das Geschehen im Unternehmen. Die Führungsaufgabe besteht in diesem Zusammenhang aus der Möglichkeit zu planen und zu steuern. Arbeitsinhalte und -abläufe werden in traditionellen Ansätzen vom Management fremdgesteuert und gestaltet (Allopoiese). Mit Hilfe des analytischen Prozessdenkens, einer guten Wahrnehmung und Beobachtung sowie der Berücksichtigung aller notwendigen Daten funktioniert der Manager als handwerklich gestaltender Analytiker, dessen Prozesslogik in kausalanalytischen Denkrahmen abläuft (Steinkellner, 2005, S.235ff.; Neuberger, 2002, S. 539ff.) [40] [41]. Erst die Inszenierung von Fakten (zum Beispiel mittels Zielvorgaben, Budgets oder Balanced Scorecard) und linearer Rationalität (zum Beispiel die implizite oder explizite Erwartung, dass Vorgaben auch so umgesetzt werden) ermöglicht es »[...] *die organisatorische Effizienz und Effektivität, frei nach dem linearen Ursachen – Wirkungszusammenhang, zu steigern«* (Haager, 2006, S. 3) [42].

Ein erweiterter Blick auf traditionelle Ansätze macht deutlich, dass Mitarbeiter, die Vertrauen von ihren Managern entgegengebracht bekommen und die Möglichkeit haben sich selbst zu verwirklichen, eine höhere Leistungsbereitschaft zeigen und motivierter an ihre Arbeit herangehen. Diese Betrachtung basiert ebenfalls auf der Annahme, dass eine Organisation erfolgreich gesteuert werden kann, indem die Kenntnisse der Mitarbeiter und Prozesskenntnisse des Managers oder der Führungskraft in Verbindung zueinanderstehen (Bottom-Up Ansatz). Dies ermöglicht dem Manager, geplante Maßnahmen einzuleiten und somit das Unternehmensgeschehen zielgerichtet zu steuern. Hierbei spielt die richtige Kommunikation eine maßgebliche Rolle, da sie sich »*am klassischen Botschaft-Übertragungsmodell orientiert«* (Haager, 2006, S. 4) [43]. Doch der Wert auch dieser Ansätze ist durch die erwähnte Eigensinnigkeit sozialer Systeme begrenzt.

Versteht man die Organisation als soziales System, gewinnt die evolutionäre Perspektive des Leaderships immer mehr an Bedeutung. Aus einer evolutionären Führungsperspektive soll Raum zur Infragestellung und letztlich zu organisatorischen Experimenten und deren Reflexion geschaffen werden. Eine der relevanten Kriterien hierfür ist die funktionierende Kommunikation auf allen Unternehmensebenen und der Freiraum zur Meinungsäußerung der Mitarbeiter. Der evolutionäre Ansatz versucht die Fragen nach dem Sinn der Steuerung und Kontrolle zu lösen, indem in Heinz von Försters Sinne »die Hierarchie (hieros – der Heilige, Obere herrscht) von der Heterarchie [44] (hetero – der jeweils andere herrscht) abgelöst wird« [45].

Die genauere Betrachtung sozialer Organisationen macht deutlich, dass menschliches Verhalten nur schwerlich vollends zu ergründen ist. Deshalb stehen Unternehmen, insbesondere in prozessorientierten Organisationen vor einer großen Herausforderung, die individuellen Bedürfnisse und Motive von Mitarbeitern zu erkennen, Handlungsmuster zu verstehen und im Sinne des Unternehmens zu nutzen. Prozesse können ebenso wie Unternehmensabläufe und -strukturen nur durch die freiwillige Entscheidung und letztlich durch Handlungen der Unternehmensmitglieder herbeigeführt, umgesetzt und gelebt werden. Getreu dem Motto: »Love it, change it or leave it« entscheiden Mitarbeiter und Führungskräfte selbst, welchen Weg sie für sich am sinnvollsten erachten.

In einer groben Betrachtung kann man von drei unterschiedlichen Gruppen im Unternehmen sprechen. Die erste Gruppe fügt sich und erachtet die von der Unternehmensleitung vorgegebenen Rahmenbedingungen als Regelwerk, das es einzuhalten gibt. Dies geschieht allerdings vor dem Hintergrund, dass Mitarbeiter keine oder nur eine geringe Chance sehen, diese Regel zu brechen oder den eigenen Bedürfnissen anzupassen. Die zweite Gruppe passt diese Regeln den eigenen Vorstellungen entsprechend an und bildet somit eine ‚Parallelorganisation', in der sie in einer vollkommen anderen Struktur, mit anderen Prozessen als vorgegeben, lebt. Der dritte Gruppentyp verlässt, aufgrund der wahrgenommenen Grenzen, diese Strukturen. Ein nicht zu vernachlässigender Faktor, der gravierenden Einfluss auf das Verhalten von Individuen in Organisationen und insbesondere im

Veränderungsmanagement ausübt, ist der Umstand, dass Systeme eine gewisse Resistenz hinsichtlich einer Einführung von Veränderungen in Unternehmen entwickeln. Dies blockiert oft Änderungen bestehender Prozesse oder Regeln, da es Menschen schwer fällt, sich aus einer sicheren Situation in unsichere Gefilde zu bewegen. Doch ohne die Fähigkeit zur Reaktion auf äußere Einflüsse sowie einer entsprechenden Adaption der eigenen Strukturen und Handlungsmuster können Unternehmen nicht am Markt bestehen. Überlebenswichtig ist daher die Balance zwischen der Bewahrung von bewährten Mustern und von Veränderungen.

Führungsdefizite – Kommt alles Gute von oben?

Führungsdefizite machen sich in Unternehmen mitunter dadurch bemerkbar, dass Mitarbeiter sich wenig mit ihrer Tätigkeit identifizieren und einen geringeren Bindungsgrad gegenüber der Organisation verspüren. Ein ausgewogenes Maß zwischen einer Führungskraft als ‚Förderer' oder ‚Ermöglicher' ist eine Herausforderung, die nicht allein vom Verhalten des Managers abhängt. Hierbei spielt insbesondere das Vertrauensverhältnis zwischen Führungskraft und Mitarbeiter eine tragende Rolle, da unterschiedliche Machtkonstellationen in Unternehmen vorherrschen. Es muss ein kontinuierlicher Transformationsprozess, in dem ALLE Beteiligten eines Unternehmens in dessen Entwicklung involviert sind, vorherrschen. Genauer genommen bedeutet dies, dass alle Stakeholder, seien es Mitarbeiter, Führungskräfte aller Hierarchieebenen oder Kunden am Transformationsprozess partizipieren und sich an den laufenden Entwicklungen im Unternehmensgeschehen beteiligen. Erst diese Gemeinsamkeit ermöglicht die Entstehung einer wechselseitigen Weiterentwicklung im evolutorischen Sinn, die wiederum zu einer Vernetzung aller Beteiligten durch Kommunikation, Interaktion und letztlich Reflexion führt [47].

Die Weiterentwicklung eines Unternehmens muss von allen Akteuren im Unternehmen aktiv gelebt werden. Damit einhergehende Demokratisierungsprozesse in den Organisationen werden von der sozialen Reflexivität vorangetrieben. Nach Giddens erlebt das Individuum seine Lebensumstände nicht als Schicksal, sondern als ein Ergebnis seiner eigenen Entscheidungen [48]. Giddens bezeichnet diesen Vorgang als Politik der Lebensführung, da aufgrund der von der Entscheidungssituation ausgehenden Komplexität und Ungewissheit die Entscheidung an sich vom Individuum nicht anders gehandhabt werden kann. Dies jedoch erfordert ein starkes Vertrauen in die Aufrichtigkeit der anderen Individuen, die wiederum wegen der Notwendigkeit, selbst die Einschätzung anderer einholen zu dürfen, interessiert sind, aufrichtig zu bleiben [49] [50]. Übertragen auf Unternehmen bewirkt das aktive Vertrauen und die politische Entscheidung, dass eine Dezentralisierung der Entscheidungsmacht erfolgen kann. Somit sind Voraussetzungen, die einen Informationsaustausch nicht nur Top-down sondern auch Bottom-up ermöglichen, gegeben. Im optimalen Fall haben Mitarbeiter die Möglichkeit, aktiv und durch eigene Beiträge die Unternehmensstrategie mitzugestalten und letztlich auch die Ziele mit zu entwickeln. Der daraus resultierende Vorteil ist ein höheres Maß an Commitment, Identifikation und Verinnerlichung von Unternehmenszielen, -vision und -mission sowie das Entstehen von Psychologischem Eigentum. Letztlich aber auch die Gewissheit, dass Strategien, eben weil sie wirklich verstanden und damit gelebt werden können, auch erfolgreicher umgesetzt werden: Die Mitarbeiter zeigen höhere Bereitschaft, für ein gemeinsames Ziel »zu kämpfen«, die Erfüllung der Unternehmensziele als eigene Ziele zu betrachten und im besten Sinne des Unternehmens zu handeln. Führungskräfte haben die Aufgabe, Mitarbeitern den Freiraum zur Partizipation zu schaffen und gezielt Informationen nicht nur Top-down, sondern auch Bottom-up zuzulassen und zu fördern [51].

Der Soziologe Max Weber (1864 – 1920) hielt zu seiner Zeit die bürokratisch aufgebaute Organisation für eine der leistungsstärksten, innerhalb derer Informationen und Macht an der Spitze gebündelt werden. Giddens hingegen bezeichnet das Demokratieverständnis im Unternehmen als eine ‚dialogische Demokratie'. Dialogische Demokratie bezieht sich in diesem Kontext auf einen Zustand, bei dem

Kommunikation ohne vorherige Abstimmung, aufgrund eines erhöhten Maßes an Autonomie der Beteiligten, erfolgt. Hierbei wird die Kommunikation aufgrund einer allen Beteiligten zugänglichen Entscheidung, die im gemeinsamen Dialog entstand, geführt.

Unternehmen, die diesen Ansatz verfolgen, erhöhen nicht nur die Erfolgschancen und Akzeptanz von Veränderungsprozessen, sondern er- und durchleben den Veränderungsprozess kontinuierlich. Dies wiederum eröffnet die Möglichkeit der stetigen Weiterentwicklung und stärkt die Organisation in Bezug auf ihre Fähigkeit, Innovationen voranzutreiben, das Commitment der Mitarbeiter zu stärken und Wettbewerbsvorteile zu sichern. Die wesentliche Aufgabe der Führungskräfte ist »[...] divergierende interne und externe Rahmenbedingungen, nicht hinreichende Kompetenzen und Kulturdefizite« zu identifizieren, »[...] *das Handeln der Beteiligten auf allen Ebenen sinnvoll zu koordinieren, die Beteiligten zu motivieren und zu aktivieren*« [54]. Durch gezielte Trainingsmaßnahmen, einen gut funktionierenden Kommunikationsprozess, offene Reflexion und dem Austausch von unterschiedlichen Wünschen, Erfahrungen sowie Sichtweisen wird neben der hierarchieübergreifenden Generierung von Ideen auch die gesamthafte Weiterentwicklung gefördert [55].

Im Folgenden werden Kernelemente der Unternehmenskommunikation dargestellt und mit dem Führungskonzept verknüpft. Die strategisch wichtige Führungsaufgabe ist dabei, Betroffene in einen kontinuierlichen Prozess einzubetten. Die Herausforderung dieser Aufgabe ist es, das Infragestellen von Abläufen nicht nur zu ermöglichen, sondern auch zu fördern und somit die Grundlage für eine lernende Organisation zu schaffen.

Veränderungsmanagement und Kommunikation

Change-Projekte bedeuten in den meisten Fällen für die Mitarbeiter eine nennenswerte Veränderung der persönlichen Arbeitssituation und der gewohnten Abläufe. Hierdurch entstehen Fragen: Welche Gründe sind für die Veränderung verantwortlich? Was sind die neuen Unternehmensziele oder welcher neue Kurs ist nun einzuschlagen? Es ist eine echte Herausforderung für das Unternehmen, diese Fragen zu beantworten. Eine effektive und erfolgreiche Unternehmenskommunikation erfordert viel Fingerspitzengefühl. Die zielgruppengerechte, optimale Verteilung der Informationen, die nicht nur Mitarbeiter als Stakeholder adressiert, sondern ebenso an einen größeren Stakeholderkreis, wie beispielsweise Kunden, Lieferanten oder Anteilseigner, erscheint nahezu unmöglich. Jede Stakeholdergruppe bedarf einer spezifischen Information in angemessenem Umfang, zur passenden Zeit, am richtigen Ort, über einen geeigneten Kanal und in der richtigen Form. Gerade in Veränderungsprojekten sind eine Vielzahl an Schlüsselfragen der Kommunikation zu beantworten. Wenn diese Schlüsselfragen und deren Antworten gezielt und anforderungsgerecht eingesetzt werden, können Betroffene zu Beteiligten werden. Hierdurch steigt die Wahrscheinlichkeit, dass auch ein komplexes Veränderungsprojekt erfolgreich umgesetzt wird.

Die Unternehmenskommunikation erfüllt nicht nur den Stellenwert des Wissensvermittlers, sondern auch die Arbeit eines Katalysators, der Informationen entsprechend der Zielgruppen aufteilen, steuern und somit deren Wahrnehmungsprozess beeinflussen kann. Insbesondere die glaubwürdige Verteilung durch hochrangige Führungskräfte ist von zentraler Bedeutung.

Dabei sind Unternehmensvision und Ziele so transparent und nachvollziehbar wie möglich zu kommunizieren, sodass diese sichtbar und lebbar erscheinen. Das persönliche ‚Face-to-face Gespräch' gilt dabei als einer der wichtigsten Kommunikationskanäle, da es vertrauensbildend wirkt und unmittelbares Feedback ermöglicht und somit Missverständnisse ausräumt.

Verständigungsproblematik – informell vs. formell

Häufig stehen im Change Management die formellen Aspekte der Kommunikation im Vordergrund, die informelle Kommunikation wird eher unterschätzt. Dabei besitzt die informelle Kommunikation im Unternehmen eine nicht minder große Bedeutung [56]. Wenn sie effektiv genutzt wird, ist sie ein hilfreiches Medium. Held et al. haben in ihrer Studie die Wirkung der Kommunikation in zwei Organisationseinheiten eines Chemieunternehmens untersucht und herausgefunden, dass » [...] die zentralen Funktionen informeller Kommunikation darin bestehen, zum einen die Beziehungsebene zwischen beiden Mitarbeitergruppen zu klären und somit den Integrationsprozess auf personaler Ebene zu fördern, und zum anderen für einen zügigen Informationsaustausch zwischen beiden Mitarbeitergruppen zu sorgen« [57]. Ältere Ansätze zur Unternehmenskommunikation betonen wegen ihrer Unberechenbarkeit und Unzuverlässigkeit eher deren Risiken. Herd et al. weisen dagegen auf ihre Chancen hin, da sie spontane Gespräche ermöglicht und einen erheblichen Beitrag zum Erreichen der Ziele leisten kann.

Ergebnisse aus der Praxis: Unternehmen heute

Im Rahmen der oben genannten Studie der GPM und der Karlshochschule International University wurde die Wirkung von Einflussgrößen auf den Erfolg von Change Management in IT-Projekten näher untersucht. Hierbei lag der Fokus auf Einflussgrößen, die zu einer höheren Akzeptanz und somit dem Erfolg von Veränderungsprojekten führen. Die Studie basiert auf dem Verfahren der Triangulation mit einem quantitativen Studienteil in Form eines von der Arbeitsgruppe »Change Management in der IT« der GPM erstellten Fragebogens, der mit insgesamt 61 Fragen vorwiegend mit Managern in leitenden Positionen oder an IT-Change-Prozessen beteiligten Beratungsunternehmen durchgeführt wurde, sowie eines qualitatven Studienteils mit narrativen Interviews. Hierbei kristallisierten sich unter anderem die folgenden Ergebnisse heraus:

Führungverhalten

Die Studie belegt, dass das Verhalten der Führungskräfte im Rahmen von Veränderungsprojekten eine zentrale Rolle spielt, Führungsverhalten ist für das Projekt erfolgsentscheidend. Besonders die frühzeitige Einbindung der Mitarbeiter, ein kooperativer Führungsstil und die Förderung einer Teamkultur helfen. So gaben die Befragten an, dass bei den Unternehmen der Stichprobe zunehmend ein kooperativer (57 %) statt autoritärer (20 %) Führungsstil vorherrsche und eher eine teamorientierte (59 %) als individualistische (17 %) Führungskultur gelebt würde. Aufgrund der Aussagen der qualitativen Umfrage kann angenommen werden, dass die mehrheitlich genannte Effektivität der Führung (53 %) auf die kooperative und teamorientierte Führungskultur zurückzuführen ist.

Sobald das Top-Management und das mittlere Management den Veränderungsprozess tragen, beeinflusst dies den Veränderungserfolg nachhaltig. Aus dieser Erkenntnis folgt: Jedes Veränderungsprojekt profitiert von einem Projektsponsor, der dieses von der Planung bis hin zur Umsetzung vorantreibt, sich dafür einsetzt und das Commitment jedes Projektmitgliedes fördert. Hierbei ist insbesondere der Führungsstil von Bedeutung. Im Rahmen der Studie wurde ersichtlich, dass der Führungsstil in den Unternehmen der Stichprobe als kooperativ und teamorientiert charakterisiert wurde. Dennoch gaben 62 % der Befragten an, dass Entscheidungen auf Management- bzw. Führungsebene statt auf Teamebene getroffen wurden. Die Einbindung und die Bereitschaft seitens des Managements, den Veränderungsprozess zu tragen, kann als elementar für den Veränderungserfolg angesehen werden. Eine nur »Scheinbereitschaft« des Managements wurde stattdessen als kontraproduktiv bewertet. Zu beachten sind insbesondere situative Einflüsse: Wenig hilfreich sind Konstellationen, in denen das Top-Management die Verantwortung für ein Projekt übernimmt, jedoch aufgrund der Fülle an Aufgaben keine hinreichenden Führungsressourcen bereitstellt, sich um das Projekt zu kümmern.

Feedback- und Informationsprozess

Wie bereits erörtert wurde, hängt der Erfolg von Veränderungsvorhaben maßgeblich von der Infomationslage ab. Werden Informationen rechtzeitig und zielgericht an die Mitarbeiter weitergegeben, steigt das Verständnis für geplante Maßnahmen und deren Erfolgswahrscheinlichkeit. Im Ergebnis führt dies zu einer besseren Mitwirkung der Mitarbeiter, da mit einem erhöhten Verständnis des Projektgegenstandes auch die Verinnerlichung der eigenen Aufgaben steigt. Somit wird Commitment und insbesondere das Gefühl des psychologischen Eigentums ermöglicht [58]. In den Unternehmen der Stichprobe wurde die Verteilung von zielgerichteten Informationen ein große Bedeutung beigemessen. Allerdings ergab die Auswertung, dass bei fast 60 % der Befragten Kopfmonopole vorherrschen und in 66 % der Fälle der Vorgesetzte entscheidet, wer welche Informationen erhält. Lediglich 20 % der Befragten hatten den Eindruck, dass alle Beteiligten über den gleichen Informationsstand verfügen. Informationsungleichgewichte gelten als ein wichtiger Grund für die Entstehung von Konflikten, da Individuen auf Basis ihres Verständnisses der zur Verfügung stehenden Informationen handeln.

Bottom-up Kommunikation und partizipative Gestaltung

Wie bereits Antony Giddens betonte, ist eine Förderung des Demokratieverständnisses innerhalb von Unternehmen von elementarer Bedeutung, da dies die Autonomie von Kommunikation fördert [59]. Innerhalb unserer Studie wurde die Kommunikation nicht nur top down sondern auch bottom up untersucht, um die Variablen, die Einfluss innerhalb des Kommunikationsprozesses, auf Veränderungsprozesse haben, zu analysieren. Die Analyse der quantitativen sowie der qualitativen Daten machte den positiven Effekt eines partizipativen Führungsstils und der frühzeitigen Einbindung der Betroffenen deutlich.

Die Studienergebnisse weisen darauf hin, dass auf Projektebene die »bottom-up« Kommunikation und ein kooperativer Führungsstil für den Erfolg von IT-Veränderungsprojekten Grundvoraussetzung sind:

Eine Bottom-Up Kommunikation und die Fähigkeit zur partizipativen Mitgestaltung und Beteiligung in IT-Projekten beeinflussen den Veränderungserfolg positiv. Allerdings sind, wie eine Studie des IFOK aufzeigt, nur ein Drittel der in Unternehmen eingesetzten Kommunikationsformen dialogische Instrumente. Bei Veränderungsprozessen dominieren heute nachrichtliche Instrumente, wie Newsletter, Intranetmeldungen, Managementansprachen etc. [60]. Es wird also viel gesendet und wenig diskutiert. Dabei zeigt die Auswertung der qualitativen sowie der quantitativen Studiendaten, dass insbesondere Instrumente des Dialogs wie Einzelgespräche, Informationsveranstaltungen des Projektteams oder Abteilungsmeetings erfolgsfördernd sind, da sie eine höhere Aufmerksamkeit, konstruktives Feedback, sowie eine Mobilisierung der Mitarbeiter fördern und somit zu einer höheren Steuerungsfähigkeit der Veränderungsprojekte beitragen. Das Intranet und die Kommunikation über Key User/ Multiplikatoren zählen zu den Maßnahmen, die in IT-Veränderungsprojekten am häufigsten, regelmäßig eingesetzt werden. Dabei werden die Kommunikationstools »Intranet«, »Team-Building«, »Newsletter« und »Keyuser/ Multiplikatoren« von rund 80 % der Befragten als positiv bzw. sehr positiv bewertet.

Überlebensstrategie und Zukunftssicherung

Theoretische Ansätze des Change- und Projektmanagements haben eine Vielfalt an Methoden und Werkzeugen hervorgebracht, die wegweisend im heutigen Zeitalter der Globalisierung und des steigenden Wettbewerbsdrucks sind. In der Praxis fällt es jedoch schwer, die Vielzahl an Werkzeugen effizient einzusetzen. Wie im Folgenden gezeigt wird, spielen hierbei das Führungsverhalten und die Kommunikationen zwischen Führungskraft und Mitarbeiter eine tragende Rolle.

Strukturation als organisatorische Kontinuum

Das nachfolgend dargestellte Modell von Barley und Tolbert untersucht Macht- und Kommunikationsverhältnisse in Unternehmen und soll hier Führungskräften und Projektverantwortlichen Anregungen für das Vorgehen in Change- und Projektvorhaben geben. Es geht uns dabei um das Verständnis, dass sowohl der Faktor Führung als auch die

Institutionelle Modalitäten (Struktur)

```
a ↓   d ↗    a ↓   d ↗    a ↓   d ↗
[Skripte zu Z1]  [Skripte zu Z2]  [Skripte zu Z3]
b ↓ c ↗    b ↓ c ↗    b ↓ c ↗

   Z1           Z2           Z3
```

Handlungsmodalitäten (Handlung)

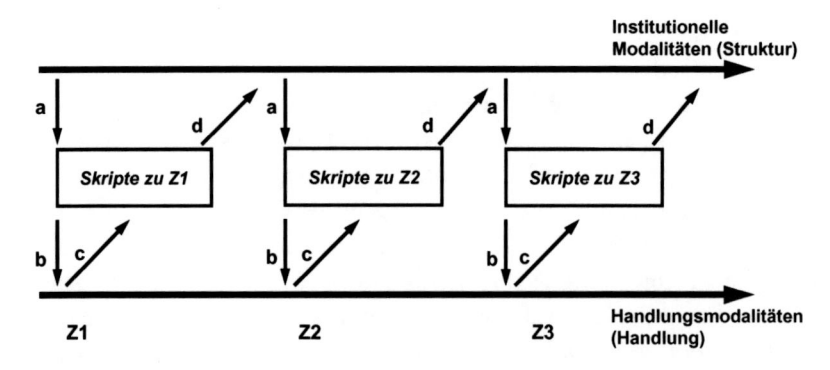

Legende: Z = Zeitraum, a = kodieren, b = ausführen, c = replizieren oder wiederholen, d = externalisieren und objektivieren

Abb. 2: *Handlung und Struktur, Quelle: [63]*

Kommunikation sowie die Möglichkeit zur Partizipation wichtige Bausteine des Erfolgs von Veränderungsprozessen in der IT sind.

Das Modell in Abbildung 2 spiegelt nicht zuletzt die Ernüchterung in Bezug auf die Wirksamkeit und Effizienz bestehender traditioneller Ansätze wider. Im Sinne von Anthony Giddens Theorie der Strukturation hebt das Modell kulturelle Einflüsse auf die Entscheidungsfindung und die formalen Strukturen in Organisationen dadurch hervor, dass Organisationen und Individuen, die sich in ihnen wiederfinden, einem Netz von Werten, Normen, Regeln, Überzeugungen und für selbstverständlich erachtete Annahmen umgeben sind, die zumindest zu einem Anteil von ihnen selbst geschaffen wurden.

Der erwähnte Prozess der »Strukturation« wird als Kontinuum betrachtet, das nur durch die Beobachtung über einen Zeitraum erfasst werden kann. Die dicken, horizontalen Pfeile stehen für die Entwicklung der zwei Dimensionen Handlung und Struktur in der Zeit. Die vertikalen und diagonalen Pfeile verbinden die beiden Dimensionen und verweisen in diesem Sinne auf die »Dualität der Struktur«.

Die Grundidee ist, dass die Kodierung von institutionellen Richtlinien und Verfahren in sogenannten »Skripten« erfolgt. Diese Kodierung (Pfeil A) findet kontinuierlich während des Prozesses der

Sozialisation [64] statt und beinhaltet die individuelle Verinnerlichung von Regeln sowie die Interpretationen von Verhalten durch Mitarbeiter und Führungskräfte. Ferner kodieren formelle Regeln, wie Verfahrens- oder Arbeitsanweisungen, die Skripte – man denke etwa an Regeln bei der Einstellung von Personal oder Performancemessung. Das Verständnis der Gründe, warum Individuen ihre Handlungen an Skripten ausrichten oder sie ignorieren (Pfeil B), ist von zentralem Stellenwert bei Change-Prozessen, da eine Modifikation der Struktur eher eine bewusste Handlung erfordert, als deren Reproduktion (bzw. das Ausführen der bestehenden Skripte) im »laufenden Betrieb« [65].

Diese Herausforderung leitet zur dritten Bewegung im Diagramm (Pfeil C) über, das heißt zu dem Grad, zu dem das Verhalten von Individuen entweder zur Änderung oder zur Beibehaltung von Skripten, die verantwortlich für spezifische Handlungen sind, führt.

Das Vorantreiben von Veränderungen wird von den Individuen gehemmt bzw. verhindert, die sich aufgrund vergangener Vereinbarungen (über Verfahrensanweisungen, -abläufe oder durch psychologisches Eigentum an bestimmten Vorgehensweisen) in ihrem Status quo gestört fühlen. Deswegen ist eine kontextuale Veränderung generell notwendig, bevor Ressourcen und Argumente gesammelt und gebündelt werden können, um gemeinsam Skripte (Verhaltensweisen und Vorgehensweisen) in Frage zu stellen. Dies ist auch ein Grund, warum Unternehmen als statisch und beständig gegenüber Veränderungen reagieren. Ohne kontextuale Veränderungen neigen Individuen tendenziell dazu, bestehende Skripte immer wieder zu reproduzieren. Schlussendlich, im vierten Schritt (Pfeil D), erfolgt die Versachlichung (objectification) und Verallgemeinerung (externalization) von den festgelegten Verhaltensweisen, Interaktionen und Vorgehensweisen. Dies beinhaltet eine »disassociation« [66] von Verhaltens- und Verfahrensweisen spezifischer Individuen und historisch gewachsenen Kontexten. Die Verallgemeinerung bezieht sich in diesem Kontext auf die Anwendung alter bzw. modifizierter oder neuer Handlungsmodalitäten, die erst durch Anwendung die »neue Wirklichkeit bilden« und somit die Struktur reproduzieren [67].

Interpretation und Handlungsempfehlung

Die Ergebnisse der Studie verweisen darauf, dass die frühzeitige Einbindung von Mitarbeitern in die Ziel- und Strategieentwicklung sowie die Möglichkeit der aktiven Partizipation in IT-Veränderungsprojekten zentrale Pfeiler für den Erfolg eines jeden Veränderungsvorhabens sind.
 Sowohl die Theorie als auch die empirischen Erkenntnisse zeigen, dass insbesondere einer gelungenen Unternehmenskommunikation (hier natürlich nicht als Stabsabteilung, sondern als betriebliche Praxis verstanden) ein großer Stellenwert zugemessen werden sollte, da diese, sei es aus Unternehmens- oder aus Mitarbeitersicht, zur Etablierung und Weiterentwicklung von Normen, Werten, Verhaltensmustern und Einstellungen beiträgt.
 Wie Tolbert und Barley in ihrem Modell zeigen, können Organisationsmitglieder und deren Handlungen in Organisationen, die auf einem historischen Kontext beruhen, nicht im Rahmen einer trivialen Maschine beschrieben werden. Appliziert man die Erkenntnisse aus der empirischen Studie auf das Modell von Barley und Tolbert wird deutlich, dass in Organisationen Verfahrensanweisungen, Arbeitsanweisungen (formelle Regeln) und informelle Regeln vorherrschen, die nicht immer, aber meistens eingehalten werden. Somit ist festzustellen, dass Organisationsmitglieder eines bestimmten Rahmens bedürfen, der sowohl das Miteinander als auch das Vorgehen von Individuen in diesem organisationalen System regelt. Wichtig ist jedoch die Erkenntnis, dass eine gewisse Balance zwischen formellen und informellen Regeln, abhängig vom Bereich (Ist der Bereich Controlling eher formell geregelt?), vorherrscht. Durch formelle Regeln wird ein bestimmter Ablauf festgelegt und die Gesamtheit der Elemente im sozialen System organisiert, geregelt und überwacht. Trotz des Bedarfs an einer gewissen Struktur und Ordnung in Unternehmen ist wichtig zu erkennen, dass Individuen einen Freiraum benötigen, der ihnen ermöglicht, Erlebtes und Erlerntes sinnstiftend einzusetzen und somit die eigene Kreativität, Problemlösungskompetenz und Innovationsfähigkeit auszubauen. In diesem Kontext rücken die Partizipation der Mitarbeiter sowie deren

Informationsstand über das Veränderungsprojekt in den Vordergrund. Erfolgreiche Veränderungsprojekte bedingen bewusste Handlungen, da der Energiefluss der Organisation zielgerichtet gebündelt werden muss. Wie auch in einem Orchester nimmt jedes Organisations- bzw. Projektmitglied eine bestimmte Rolle ein. Doch erst das Zusammenspiel aller Beteiligten lässt ein harmonisches Gesamtstück entstehen [68].

Um jedem seine Rolle und deren Beitrag zum Gesamtergebnis verständlich zu machen, bedarf es einer frühzeitigen, zielgerichteten und angepassten Information sowie Einbindung der Einzelnen, da somit eine sinnstiftende Logik des Vorhabens vermittelt wird und dementsprechend eine Identifikation mit dem Veränderungsvorhaben stattfindet (kontextuale Veränderungen). Wie die Empirie gezeigt hat, besteht ein Defizit an der Verteilung von Informationen, da lediglich rund ein Fünftel der Befragten angab, dass ein gleicher Informationsstand in IT-Veränderungsprojekten vorherrscht. Obwohl die Interviewpartner angaben, dass ein Bewusstsein für die Notwendigkeit einer ausgeglichenen Information über das Veränderungsvorhaben vorherrscht, besteht in der Praxis noch Handlungsbedarf. Insofern ist es erforderlich, ein kontextuales Verständnis des Veränderungsvorhabens bei allen Betroffenen und Beteiligten zu Beginn des Veränderungsvorhabens zu erzeugen. Dies sollte, in Bezug auf Abb. 2, in »Phase B/C« stattfinden, da IT-Veränderungsprojekte auch eine Änderung bzw. Anpassung der Anpassung der Skripte bedingen könnte [69].

Um Kooperation, Partizipation und ein erfolgreiches Zusammenspiel von Mitarbeitern zu fördern, sollte ein möglichst kooperativer Führungsstil in Unternehmen, besonders in Veränderungsvorhaben und Projekten angestrebt werden. Dies schließt einen ausgereiften Feedbackprozess sowie den richtigen Umgang mit Fehlern mit ein. Die Praxis zeigt jedoch, dass gerade diese beiden Komponenten ein Schattendasein fristen, da – wie auch die Studie zeigt – konstruktive Kritik nur selten akzeptiert wird, »Kopfmonople« und ein autoritärer Führungsstil vorherschen. Entgegen der weit verbreiteten Meinung, dass das Engagement des Top-Managements den entscheidenden Erfolgsfaktor darstellt, weist die Studie auf die wichtige Rolle des mittleren sowie Projektmanagements hin. Diese Leitungsebenen scheinen als Transmitter bzw. Katalysator in IT-Veränderungsprojekten zwischen den Visionen der oberen Ebenen und den an Machbarkeitsvorstellungen angepassten Handlungsweisen der mittleren- bzw. unteren Führungspositionen sowie die der Ausführenden zu fungieren und führen demnach zu einer Externalisierung bzw. Objektivierung der Veränderung (Pfeil D). Demzufolge sollten Mitarbeiter weitestgehend in jedem Unternehmen die Möglichkeit haben, gemäß dem Motto ‚die Betroffenen zu Beteiligten machen' als aktive Beteiligte an der Ziel- und Strategieentwicklung ihrer einzelnen Bereiche mitzuwirken. Da zahlreiche Veränderungsvorhaben mit einer Änderung bzw. Anpassung von Skripten einhergehen, ist insbesondere das Management der Unternehmenskommunikation anzupassen. Leadership ist für jeden Veränderungsprozess von zentraler Bedeutung und es muss im Vorfeld deutlich werden, wer Sponsoren bzw. Antreiber von Change sind, um die Ziele den verschiedenen Stakeholdern anschaulich, zeitnah und glaubwürdig zu vermitteln. Somit kann das Management bei der Überwindung von Trägheiten durch den Einsatz angemessener Kommunikationstechniken, Symbole oder formeller Anweisungen eine Helbelwirkung erzeugen, die zum einen das Commitment des Projektteams entfacht und zum anderen eine Grundlage für das Verständnis des Projektvorhabens schafft. Insbesondere der Projektleiter hat die Aufgabe, die Vision/Mission/Ziele – die auch er als seine Eigenen betrachtet – seinem Team zu vermitteln und somit alle ins Boot zu holen. Die grundlegende Aufgabe besteht weitestgehend darin, möglichst alle Beteiligten abzuholen und einzubinden (besonders in der Phase der Umsetzung von Veränderungsmaßnahmen).

Im Rahmen von Kommunikationsmechanismen sollten somit nicht nur Instrumente zur Information bzw. zur Benachrichtigung verwendet werden, sondern auch dialogische Instrumente. Wie auch eine aktuelle Studie des IFOK aufzeigt, kristallisiert sich der Dialog als zentrales Zukunftsthema im Kontext der Change Communication heraus. Dialog, Austausch, Vernetzung und Feeback werden zu wichtigen Steuerungselementen in komplexen sozialen Systemen, da somit eine steigende Aufmerksamkeit, Feedback sowie eine bessere Vernetzung und Mobilisierung bei den Mitarbeitern erreicht werden kann. Allerdings werden, wie die Auswertung der Studien zeigt, diese Aspekte in der Praxis noch nicht gelebt. Dies wird besonders durch den Mix der verwendeten Kommunikationsmedien und kanäle der untersuchten Unternehmen deutlich [70]. In Bezug auf Abbildung 2 sollten diese Erkenntnisse besonders in der Phase C Anwendung finden.

Fazit

Wie die Studie zeigt, sind die hier diskutierten Erkenntnisse in der Praxis nicht unbekannt, werden aber kaum umgesetzt. Gerade im Hinblick auf Dialog und Partizipation besteht erheblicher Qualifikations- und Handlungsbedarf.

Ursache sind Missverständnisse über organisatorische Wirkzusammenhänge und ein mechanistisches Verständnis sowohl von Organisation als auch Führung: Soziale Organisationen sind keine Maschinen und gelingende Kommunikation unterliegt nicht einem einfachen Ursache-Wirkungsprinzip. Verbesserungsmöglichkeiten liegen vor allem in der Auswahl und Qualifikation von Führungskräften, aber auch in der Wahlfreiheit, nicht mehr zeitgemäße Rituale der Führung abzulegen.

Anmerkungen und Literatur

[1] *An der diesem Beitrag zugrundeliegenden Studie haben Dr. Dorothee Feldmüller, Dr. Katharina Kettner und Dr. Jan Mütter seitens der GPM – Deutsche Gesellschaft für Projektmanagement e. V. maßgeblich mitgewirkt. Zu besonderen Dank sind wir ebenfalls Nicole Weimer, B. A., ehemalige Mitarbeiterin von Professor Dr. Lutz Becker im Forschungsbereich »Management & Leadership« an der Karlshochschule verpflichtet. Die Ergebnisse der Studie werden 2012 im Verlag der GPM veröffentlicht werden*

[2] MÜTTER, J. UND FELDMÜLLER, D. (2008): *Change-Management und IT, in: Becker, L., Ehrhardt, J. und Gora, Walter (Hrsg): Die Neue Führungskunst – The New Art of Leadership. Führung, Innovation und Wandel – Wie Sie Potentiale entdecken und erfolgreich umsetzen, Düsseldorf: Symposion, S. 115.*

[3] GRAETZ, F. (2000): *Strategic change leadership, in: Management Decision [online], Vol. 38(8), S. 550.*

[4] VAHS, D. UND LEISER, W. (2003): *Change Management in schwierigen Zeiten: Erfolgsfaktoren und Handlungsempfehlungen für die Gestaltung von Veränderungsprozessen*, Wiesbaden: GWF Fachverlage, S. 1.

[5] DINIUS, V UND BECKER, L. (2009): *Psychological Ownership in Project Driven Organisation*; in: Wagner, R., Engstler, M., (Hrsg.); Projektarbeit zwischen Effizienzdruck und Qualitätsanforderung, Heidelberg: dpunkt, S. 101.

[6] VAHS, D. UND LEISER, W. (2003): *Change Management in schwierigen Zeiten: Erfolgsfaktoren und Handlungsempfehlungen für die Gestaltung von Veränderungsprozessen*, Wiesbaden: GWF Fachverlage, S. 1.

[7] STEBBINGS, H. AND BRAGANZA, A. (2009): *Exploring Continuous Organizational Transformation: Morphing Through Network Interdependence*, in: Journal of Change Management [online], Vol. 9 (1), S. 27.

[8] TODNEM, R. (2005): *Organizational Change Management: A Critical Review*, in: Journal of Change Management [online], Vol. 5 (4), S. 369.

[9] BECKER, L. (2006); Unternehmensführung in bewegten Zeiten; in: *Becker, L./Ehrhardt, J./Gora, W.. (Hrsg.); Führungskonzepte und Führungskompetenz*, Düsseldorf: Symposion, S. 24.

[10] SCHMITT, R. (2010): *Organisational Change Management in IT-Projekten*. Dr. Reinhard Schmitt & Network [online], S. 10. Verfügbar unter: http://www.reinhard-schmitt.eu/mediapool/Reinhard-Schmitt_OCM-IT-Projekte_Themenblatt.pdf

[11] VAHS, D. UND LEISER, W. (2003): *Change Management in schwierigen Zeiten: Erfolgsfaktoren und Handlungsempfehlungen für die Gestaltung von Veränderungsprozessen*, Wiesbaden: GWF Fachverlage, S. 5.

[12] BASSETT-JONES, N. AND LLOYD, G. (2005): *Does Herzberg's motivation theory have staying power?*, in: Journal of Management Development [online]. Vol. 24 (10), S. 929.

[13] MARTINS, E., PUNDT, A. AND NERDINGER, F. (2005): *Mitarbeiterbeteiligung und Unternehmenskultur. Zum Konzept der Beteiligungsorientierung in Organisationen*, in: projekttim [online], S. 4 ff. Verfügbar unter: http://www.projekt-tim.org/downloads/tim_arbeitspapier_01.pdf

[14] GRAETZ, F. (2000): *Strategic change leadership*, in: Management Decision [online], Vol. 38(8), S. 550.

[15] BAUER, J. (2010): *Das kooperative Gen – Evolution als kreativer Prozess*; München (Heyne), S. 172.

[16] MÜTTER, J. UND FELDMÜLLER, D. (2008): *Change-Management und IT*, in: Becker, L., Ehrhardt, J. und Gora, Walter (Hrsg): Die Neue Führungskunst – The New Art of Leadership.

Führung, Innovation und Wandel – Wie Sie Potenttale entdecken und erfolgreich umsetzen, Düsseldorf: Symposion, S. 115.

[17] HUBERT, M. (2008): *Missverständnisse. Darwin-Mutation. Deutschlandfunk [online], Wissen im Brennpunkt.* Verfügbar unter: http://www.dradio.de/dlf/sendungen/wib/792158/

[18] BECKER, L. (2010): *Was wir von Darwin lernen können – Das PMO aus evolutorischer Sicht; in: Sandrino-Arndt, B./Thomas, R. L./Becker, L.. (Hrsg.): Handbuch Project Management Office – Mit dem PMO zum strategischen Management der Projektlandschaft, Symposion: Düsseldorf, S. 59.*

[19] LORENZ, K. (2005): *Die acht Todsünden der zivilisierten Menschheit, München: Piper, S. 11.*

[20] HUBERT, M. (2008): *Missverständnisse. Darwin-Mutation. Deutschlandfunk [online], Wissen im Brennpunkt.* Verfügbar unter: http://www.dradio.de/dlf/sendungen/wib/792158/

[21] VON FERICHS, S. (2000): *Grundlagen des erkenntnistheoretischen Konstruktivismus, in von Ferichs, S. (Hrsg): Bausteine einer systematischen Nachrichtentheorie. Konstruktives Chaos und chaotische Konstruktion, Wiesbaden: Westdeutscher Verlag, S. 34.* Verfügbar unter: http://www.stefre.de/Grundlagen_des_Konstruktivismus.pdf

[22] HUBERT, M. (2008): *Missverständnisse. Darwin-Mutation. Deutschlandfunk [online], Wissen im Brennpunkt.* Verfügbar unter: http://www.dradio.de/dlf/sendungen/wib/792158/

[23] MUTTER, J. UND FELDMÜLLER, D. (2008): *Change-Management und IT, in: Becker, L., Ehrhardt, J. und Gora, Walter (Hrsg): Die Neue Führungskunst – The New Art of Leadership. Führung, Innovation und Wandel – Wie Sie Potentiale entdecken und erfolgreich umsetzen, Düsseldorf: Symposion, S. 116.*

[24] VON GLASERFELD, E. (2007): *Einführung in den radikalen Konstruktivismus, in: Watzlawick, P. (Hrsg.): Die erfundene Wirklichkeit. Wie wissen wir, was wir zu wissen glauben? Beiträge zum Konstruktivismus, 2. Auflage, Piper: München, S. 22.*

[25] BAUER, J. (2010): *Das kooperative Gen – Evolution als kreativer Prozess; München (Heyne), S. 67.*

[26] ebda S. 72; 81

[27] ebda, S. 90.

[28] VON GLASERFELD, E. (2007): *Einführung in den radikalen Konstruktivismus, in: Watzlawick, P. (Hrsg.): Die erfundene Wirklichkeit. Wie wissen wir, was wir zu wissen glauben? Beiträge zum Konstruktivismus, 2. Auflage, Piper: München, S. 20 f.*

[29] BECKER, L. (2010): *Was wir von Darwin lernen können – Das PMO aus evolutorischer Sicht; in: Sandrino-Arndt, B./Thomas, R. L./Becker, L.. (Hrsg.): Handbuch Project Ma-*

nagement Office – Mit dem PMO zum strategischen Management der Projektlandschaft, Symposion: Düsseldorf, S. 59.

[30]   VAHS, D. UND LEISER, W. (2003): *Change Management in schwierigen Zeiten: Erfolgsfaktoren und Handlungsempfehlungen für die Gestaltung von Veränderungsprozessen*, Wiesbaden: GWF Fachverlage, S. 3.

[31]   in Anlehnung an Ebda, S. 3

[32]   WALGENBACH, P. (1999): *Giddens' Theorie der Strukturierung*, in Kieser, A. (Hrsg.): Organisationstheorien, 3. Auflage, Stuttgart: Kohlhammer, S. 355 f.

[33]   BAUMÖL, U. (2008): *Change Management in Organisationen. Situative Methodenkonstruktion für flexible Veränderungsprozesse*, Gabler: Wiesbaden, S. 97.

[34]   GIDDENS, A. (1979): *Central problems in Social Theory. Action, Structure and Contradiction in Social Analysis*, Macmillan: London, S. 161.

[35]   SEWELL, W. H. (1992): *A theory of structure: duality, agency, and transformation*, in: The American journal of sociology, Vol.: 98 (1), S. 4 ff.

[36]   STAFFLAGE, E. (2005): *Unternehmenskultur als erfolgsentscheidender Faktor: Modell zur Zusammenführung bei grenzüberschreitenden Mergers& Acquisitions*. 1 Auflage, Wiesbaden: Deutscher Universitäts- Verlag/GWV Fachverlage GmbH, S. 12 f.

[37]   ebda, S. 11 ff.

[38]   LUHMANN, N. (2000): *Organisation und Entscheidung*, Frankfurt/M.: Suhrkamp, S. 243

[39]   VON FOERSTER, H./PÖSKEN, B.: *Wahrheit ist die Erfindung eines Lügners*; 8. Aufl.: Heidelberg: Carl-Auer, S. 57.

[40]   STEINKELLNER, P. (2005): *Systemische Intervention in der Mitarbeiterführung*, 2 Auflage, Heidelberg: Carl Auer Verlag, S.235ff

[41]   NEUBERGER, O. (2002): *Führen und führen lassen: Ansätze, Ergebnisse und Kritik der Führungsforschung*. 6 Auflage, Stuttgart: UTB, S. 539ff

[42]   HAAGER, R. (2006): *Systemische Führung – ein Paradoxon?* Verfügbar unter: http://www.train.at/train_werkstatt/abschlussarbeiten/Haager.pdf

[43]   HAAGER, R. (2006): *Systemische Führung – ein Paradoxon?* Verfügbar unter: http://www.train.at/train_werkstatt/abschlussarbeiten/Haager.pdf

[44]   »Die Heterarchie wird als Idealtyp einer sich selbststeuernden, polyzentrischen Organisation aufgefaßt, die über die Fähigkeit verfügt, eine spontan hervorgebrachte, problemorientierte Struktur auszubilden, in der das verteilte Wissen der Organisation auch ad hoc zusammen-

gführt werden kann. Eine solche Organisation erlangt herausragende Bedeutung bei der Koordination interpersonaler Lern- und Innovationsprozesse« (Reihlen, 1998, a.a.O., S. 2).

[45] BECKER, L. (2009): *Strategische Führung als Projektführung; in: Becker, L., Gora, W., Ehrhardt, J. (Hrsg.); Projektführung und Projektmanagement – Wie Sie Strategien schlagkräftig umsetzen, Düsseldorf: Symposion, S. 37.*

[46] RADATZ, S. (2003): *Evolutionäres Denken: Der Paradigmenwechsel in Management und Führung, in Radatz, S. (Hrsg): Evolutionäres Management – Antwort auf die Management- und Führungsherausforderungen im 21 Jahrhundert,, Stuttgart: Verlag Systemisches Management, S.2.*

[47] DINIUS, V. UND BECKER, L. (2009): *Psychological Ownership in Project Driven Organisation; in: Wagner, R., Engstler, M., (Hrsg.); Projektarbeit zwischen Effizienzdruck und Qualitätsanforderung, Heidelberg: dpunkt, S. 103 ff.*

[48] GIDDENS, A. (1999): *Der dritte Weg. Frankfurt am Main: Campus- Verlag, S. 179.*

[49] *ebda, S. 179 ff.*

[50] REIHLEN, M. (1998): *Führung in Heterarchien, in Delfmann, W. (Hrsg): Arbeitsberichte des Seminars für Allgemeine Betriebswirtschaftslehre, Betriebswirtschaftliche Planung und Logistik der Universität zu Köln, S. 3. Verfügbar unter: http://www.spl.uni-koeln.de/fileadmin/user/dokumente/forschung/arbeitsberichte/arbb-98.pdf.*

[51] DINIUS, V. UND BECKER, L. (2009): *Psychological Ownership in Project Driven Organisation; in: Wagner, R., Engstler, M., (Hrsg.); Projektarbeit zwischen Effizienzdruck und Qualitätsanforderung, Heidelberg: dpunkt, S. 103 ff.*

[52] GIDDENS, A. (1999): *Der dritte Weg. Frankfurt am Main: Campus- Verlag, S. 179 ff.*

[53] REIHLEN, M. (1998): *Führung in Heterarchien, in Delfmann, W. (Hrsg): Arbeitsberichte des Seminars für Allgemeine Betriebswirtschaftslehre, Betriebswirtschaftliche Planung und Logistik der Universität zu Köln, S. 3. Verfügbar unter: http://www.spl.uni-koeln.de/fileadmin/user/dokumente/forschung/arbeitsberichte/arbb-98.pdf.*

[54] BECKER, L. (2009): *Strategische Führung als Projektführung; in: Becker, L., Gora, W., Ehrhardt, J. (Hrsg.); Projektführung und Projektmanagement – Wie Sie Strategien schlagkräftig umsetzen, Düsseldorf: Symposion, S. 37 f.*

[55] RADATZ, S. (2003): *Evolutionäres Denken: Der Paradigmenwechsel in Management und Führung, in Radatz, S. (Hrsg): Evolutionäres Management – Antwort auf die Management- und Führungsherausforderungen im 21 Jahrhundert, Stuttgart: Verlag Systemisches Management, S.8 f.*

[56] HELD, M., VON BISMARCK, W., BUNGARD, W & CIERJACKS M. (1999): *Informelle Kommunikation und betrieblicher Wandel.*, Mannheimer Beiträge, Themenheft 1/99, S. 10.

[57] ebda, S. 11.

[58] DINIUS, V UND BECKER, L. (2009): *Psychological Ownership in Project Driven Organisation*; in: Wagner, R., Engstler, M., (Hrsg.); Projektarbeit zwischen Effizienzdruck und Qualitätsanforderung, Heidelberg: dpunkt, S. 103 ff.

[59] REIHLEN, M. (1998): *Führung in Heterarchien*, in Delfmann, W. (Hrsg): Arbeitsberichte des Seminars für Allgemeine Betriebswirtschaftslehre, Betriebswirtschaftliche Planung und Logistik der Universität zu Köln, S. 3. Verfügbar unter: http://www.spl.uni-koeln.de/fileadmin/user/dokumente/forschung/arbeitsberichte/arbb-98.pdf.

[60] IFOK (2010): *Erfolgsfaktor Change Communication – zwischen Wunsch und Wirklichkeit.* Verfügbar unter: http://changekommunikation.files.wor IFOK (2010): Erfolgsfaktor Change Communication – zwischen Wunsch und Wirklichkeit, S. 10. Verfügbar unter: http://changekommunikation.files.wordpress.com/2011/01/ifok_studie_change_communication.pdfdpress.com/2011/01/ifok_studie_change_communication.pdf

[61] VANDEWALLE, D, VAN DYNE, L. & KOSTOVA, T (1995): *Psychological Ownership: An empirical examination of its consequences.* Group & Organization Management, 1995, S. 213 f.

[62] KATZENBACH J. R., KHAN Z. (2010): *Leading Outside the Lines: How to Mobilize the Informal Organization, Energize Your Team, and Get Better Results*, 2010, San Francisco: Jossey-Bass, S. 28 f.

[63] in Anlehnung an BARLEY, STEPHEN R., AND PAMELA S. TOLBERT (1997): *Institutionalization and structuration: Studying the links between action and institution.* Organization Studies 18, S. 101.

[64] *Sozialisation wird hier als ein nicht endender, kontinuierlicher Prozess aufgefasst, da Individuen fortwährend neue Rollen zugewiesen werden und eine kontinuierliche Anpassung an Veränderungen der bestehenden Rollen stattfindet. In diesem Sinne darf nicht der Fehler gemacht werden, Sozialisation nur auf eine bestimmte Phase des individuellen Werdegangs einer Person im sozialen Ganzen (bspw. Unternehmen) zu beschränken.*

[65] BARLEY, STEPHEN R., AND PAMELA S. TOLBERT (1997): *Institutionalization and structuration: Studying the links between action and institution.* Organization Studies 18, S. 101.

[66] *Wobei: Disassociation involves moving to or 'associating' into a different perspective« and is therefore distinct from dissociation which involves loss of elements of experience without necessarily changing perspective.*

[67] BARLEY, STEPHEN R., AND PAMELA S. TOLBERT (1997): *Institutionalization and structuration: Studying the links between action and institution.* Organization Studies 18, S. 101.

[68] *ebda, S. 101 ff.*

[69] *ebda, S. 101 ff.*

[70] IFOK (2010): *Erfolgsfaktor Change Communication – zwischen Wunsch und Wirklichkeit.* Verfügbar unter: http://changekommunikation.files.wor IFOK (2010): *Erfolgsfaktor Change Communication – zwischen Wunsch und Wirklichkeit, S. 9 ff.* Verfügbar unter: http://changekommunikation.files.wordpress.com/2011/01/ifok_studie_change_communication.pdfdpress.com/2011/01/ifok_studie_change_communication.pdf

Zusammenfassung
Die Basis für den Erfolg von Veränderungsvorhaben sind insbesondere eine frühzeitige Einbindung von Mitarbeitern in die Ziel- und Strategieentwicklung in IT-Veränderungsprojekten, die Möglichkeit der Partizipation, ein ausgereifter Feedbackprozess sowie der richtige Umgang mit Fehlern.

Dabei stellt das mittlere und ausführende Management einen entscheidenden Erfolgsfaktor in IT-Veränderungsprojekten dar, da sie als Transmitter bzw. Katalysator zwischen Visionen der oberen Ebenen und eigenen Machbarkeitsvorstellungen sowie den Vorstellungen der ausführender Personen fungieren.

Dialog, Austausch, Vernetzung und Feedback lassen sich als wichtige Steuerungselemente in Veränderungsprozessen identifizieren. Mitarbeiter sowie Meinungsführer sind in den richtigen Phasen direkt in den Kommunikationsprozess einzubinden. Ferner ist eine Mehrweg-Kommunikation anzustreben, wobei Informationen dialogisch/diskursiv erarbeitet werden sollten. Hier liegt ein zentraler Hebel für die erfolgreiche Gestaltung von Veränderungsprozessen.

Digital Natives

Eine neue Mitarbeitergeneration wächst heran und sorgt für den berühmten »Wind of Change«. Wie sehr müssen sich Personalmanagement und Kommunikationspolitik wandeln, weil immer mehr »Digital Natives« in Unternehmen drängen?

> **In diesem Beitrag erfahren Sie:**
> - ob und wie die Generation der Digital Natives die Unternehmenskultur verändert,
> - welche Konsequenzen die Integration der Digital Natives für die Unternehmen mit sich bringt,
> - wie Unternehmen mit dieser Herausforderung umgehen sollten.

HORST PERSIN

Vorbemerkung

Seit den 90er Jahren des vorigen Jahrhunderts ändert sich die Art und Weise wie Menschen im Unternehmen arbeiten und miteinander kommunizieren grundlegend. E-Mails verkürzen den Weg der Geschäftskorrespondenz dramatisch und führen teilweise dazu, dass die Adressaten zu einer sehr schnellen Reaktion »gezwungen« werden bzw. das Gefühl haben, binnen weniger Stunden reagieren zu müssen. Mobiltelefone führen zu einer nahezu permanenten Erreichbarkeit. Ob Arbeitszeit oder Freizeit – diese Unterscheidung gibt es in Dienstleistungs-orientierten Bereichen kaum noch. Zwar ist es für den »normalen« Arbeitnehmer nicht vorstellbar, aber im Investment-Banking und Merger & Akquisition-Bereich aller großen Marktteilnehmer herrscht eine Arbeitszeit von 18 Stunden am Tag vor – meistens noch an 7 Tagen in der Woche.

Internet, Instant Messaging, Twitter, Facebook und weitere Social Networks überall und zu jederzeit zu nutzen und mit jedem von jedem Ort der Welt aus und zu jeder Zeit kommunizieren zu können, führen zu einer nie dagewesenen Dynamik in der Kommunikation. Viele fragen sich zwar, was dies bringen soll, doch die Entwicklung vom »E-Commerce« zum »F-Commerce« (Facebook-Handel) scheint unausweichlich. Der Umsatz von Social Commerce soll im Jahre 2015 die Summe von 30 Mrd. US-$ überschreiten, wobei Facebook einer der primären Treiber sein soll. Waren es zu Beginn nur reine Produktpräsentationen mit externen Verlinkungen, so wird es in Zukunft immer mehr Unternehmen geben, die den kompletten Kaufvorgang auf Facebook abbilden (»Facebook Commerce«, F-Commerce) – [1].

Viele Artikel über das Internet enthalten den Begriff Generation@, Generation »Y« oder »digital native«. Oft ist dieser Generation sogar ein ganzer Absatz gewidmet. Dort wird dann meist beiläufig erklärt, was fast jeder schon einmal beobachtet hat: Wer nach 1980 geboren ist, hat einen vorurteilsfreien und einfachen Zugang zur digitalen Technologie und dem Web. Haben die Älteren also mehr Probleme mit dem Web und den neuen Geräten? [2] Klingt einleuchtend – diese Frage ist aber gemäß verschiedener Studien erst einmal sehr differenziert zu betrachten.

Allerdings lässt sich die Theorie, dass die Generation Y, also diejenigen, die nach 1980 geboren, besonders viel und intensiv im Social Web unterwegs sind, sogar im professionellen Umfeld kaum noch halten – siehe auch Studien von Marktforschern wie z. B. von Forrester [3]. Wer etwas weiter denkt, dem fällt auf, dass es ja schon vor dem Jahr 2000 eine schillernde Internetgemeinde gab. Außerdem wurden auch schon vor dem Web-Boom eine Menge Computerspiele und Programme verkauft – auch und gerade an Leute, die damals schon über 18 Jahre alt waren. So ganz scheint die Zweiteilung der Gesellschaft in digitale Eingeborene und digitale Immigranten nicht haltbar zu sein.

Laut Wikipedia [4] werden Personen als Digital Natives bezeichnet, die zu einer Zeit aufgewachsen sind, in der bereits digitale Technologien wie Computer, das Internet, Mobiltelefone und MP3s verfügbar waren. Der Begriff wurde von Marc Prensky [5] geprägt, einem ausgebildeten Pädagogen und Manager. Als Ursprünge des Begriffs gelten der Artikel *Digital Natives, Digital Immigrants* in der Zeitschrift *On The Horizon* im Oktober 2001 und der Folgeartikel *Do They Really Think Differently?* im Dezember 2001. Als Übertragungen von »Digital Natives« ins Deutsche wird auf »[die] Digital-Nativen« [6] oder ähnliche Artikel verwiesen.

In dem 2008 erschienenen Buch »Born Digital« ziehen John Palfrey und Urs Gasser die Grenze für den ältesten Geburtsjahrgang der Digital Natives im Jahr 1980. Dieser Jahrgang ist die erste Generation, die von klein auf mit den neuen Technologien des digitalen Zeitalters aufgewachsen und mit ihrem Gebrauch vertraut ist. Als integrale Bestandteile ihres Lebens wurden sie schon früh mit Computerspielen, E-Mails, Internet, Mobiltelefonen und Instant Messaging sozialisiert. Demgegenüber werden Menschen, die erst im Erwachsenenalter mit diesen Technologien konfrontiert wurden und damit zu leben lernen mussten, als Digital Immigrant (zu deutsch: digitaler Einwanderer oder digitaler Immigrant) bezeichnet.

Die Einschätzung (oder das Vorurteil), dass diese Generation und ihre Virtuosität, mit der sie auf der Klaviatur der neuen, modernen Kommunikationsinstrumente spielen, Unternehmen in ihren Grundfesten erschüttern kann, ist an vielen Stellen vorhanden – insbesondere bei denen, die die modernen Kommunikationsmechanismen nicht kennen.

Es gilt, die Vorteile dieses neuen Denk- und Arbeitsstils zu nutzen, gleichzeitig aber auch die Risiken, die mit dem »neuen« Kommunikationsstil der Digital Natives verbunden sind, zu erkennen. Unternehmen müssen eine Antwort finden auf folgende Fragen:

⇨ Wie ändern moderne Informations- und Kommunikationssysteme die Arbeitswelt?
⇨ Was bedeutet überhaupt »Leadership in Digitaler Kommunikation«?
⇨ Wie muss sich das Unternehmen auf die Kommunikationsgepflogenheiten der sog. »Digital Natives« einstellen?

⇨ Welche Auswirkungen haben neue Arbeits- und Denkweisen auf die herkömmlichen Ablauf-, Kommunikations- und Organisationsprozesse des Unternehmens?

Wie arbeiten und denken die sog. »Digital Natives«?

Bei aller berechtigten Kritik am Begriff der »Digital Natives« ist ein neues Informations- und Kommunikationsverhalten nicht von der Hand zu weisen. Die Nutzung von E-Mail, SMS, Twitter, Google Talk, das Verfassen von Blogs, die Teilnahme an Foren oder Wikis sowie der tägliche Gedankenaustausch über soziale Netzwerke wie Facebook, Xing, LinkedIn und Google Plus werden zu einer Selbstverständlichkeit. Dies führt zu Konsequenzen im Innen-Verhalten der Generationen: Wer unter 20 Jahre ist und nicht bei »Facebook« angemeldet bzw. aktiv ist, den scheint es auch im »realen Leben« nicht zu geben…

Ein häufig zu beobachtendes Merkmal ist, dass Vertreter dieser Generation so schreiben, wie sie sprechen. Alle Kommunikation ist Regelkreislauf und gewinnt eine Eigendynamik, der sie sich nicht mehr entziehen können, wenn sie einmal in den Regelkreislauf eingetaucht sind. Digital Natives sind es gewohnt, Informationen sehr schnell zu empfangen und zu verarbeiten. Sie sind wahre Informationsjunkies, die Informationen aller Art aus den unterschiedlichsten Kommunikationskanälen begierig aufsaugen. Sie lieben den Direktzugriff auf Informationen, wodurch das Smartphone zu einem omnipräsenten Begleiter wird [7].

Diese allgegenwärtige Kommunikation und die intensive Interaktion mit einer teilweise anonymen Community fördert ein anderes Denken, andere Denkstrukturen, führt zu fundamentalen Unterschieden, wie Informationen verarbeitet werden. Belohnungen erhalten Digital Natives durch die Unmittelbarkeit und Schnelligkeit ihrer Kommunikation sofort. Die Nutzung der verschiedenen Kommunikationsinstrumente führt aber auch dazu, das Konflikte mitunter in einer anonymen, unpersönlichen Form bewältigt werden, da ihnen die direkte Auseinandersetzung von Angesicht zu Angesicht fehlt. Darunter leidet die Konfliktfähigkeit, wo möglich, werden Konfrontationen gemieden oder sie spitzen sich aufgrund der vorhandenen Anonymität zu.

Auswirkungen auf Unternehmen

Der selbstverständliche, routinemäßige Umgang mit den modernen Kommunikationstechnologien und die Offenheit gegenüber technologischen Entwicklungen oder Kommunikationsplattformen spielt bei der Integration der Digital Natives in die Unternehmen eine besondere Rolle. Ein Umdenken der Unternehmensführung und des Chief Information Officer (CIO) bezüglich eigener Kommunikations- und Unternehmenspolitik sowie des Personalmanagements wird nötig.

Oftmals fällt es der Generation der »Digital Natives« schwer, den Unterschied zwischen privaten Rechnern und Büro-Equipment zu akzeptieren. Ein Notebook oder ein Smartphone verbindet beide ihrer Welten. Private und berufliche Kommunikation verschwimmen. Viele Unternehmen sind darauf nicht vorbereitet, insbesondere wenn sie die gängigen Sicherheitsthemen ernsthaft verfolgen.

Soziale Voraussetzungen

Im Gegensatz zu ihrer Vorgänger-Generation haben Digital Natives andere Vorstellungen vom idealen Job. Sie jagen nicht mehr der »glücklich machenden Festanstellung« hinterher. Monetäre Anreize spielen für sie eine geringere Rolle als für die »Digital Immigrants«. Ihnen geht es um Verantwortung und Freiheiten. Ein Job, bei dem sie nicht mal schnell online gehen dürfen, um eine private E-Mail zu schreiben, ist für viele kaum vorstellbar. [8]

Eine Unterscheidung zwischen Arbeit und Privatleben fällt ihnen schwer. Auch klassische Arbeitszeiten werden eher kontraproduktiv bewertet. Der »Nine-to-Five-Job« ist für sie ein Relikt aus Zeiten der Industrialisierung. Ein Beruf muss für sie Sinn stiften und Spaß machen. Jobwechsel, wenn die Arbeitsumgebung nicht mehr passt, schrecken sie nicht. Als ausgewiesene Networker bewegen sich viele ihrer Kollegen und Kontakte in verschiedenen Zeitzonen und sie eint das Gefühl, mit der ganzen Welt verbunden zu sein. Sie sind aus den Online-Communities flache Hierarchien, Transparenz und die Möglichkeit, jederzeit in ihrem Netzwerk mitzubestimmen, gewohnt.

Dafür lieben sie Herausforderung, sind hinsichtlich der Prozessstrukturen äußerst flexibel und arbeiten extrem effizient. Der Wunsch nach Selbstverwirklichung in der Arbeit und die Eigenmotivation sind sehr hoch. Digital Natives lernen kontinuierlich, unabhängig von Institutionen und in Netzwerken und daher ist ihr Problemlösungsverhalten eher kollaborativ. Entscheidungen werden in der Gruppe getroffen und die Führungsfunktionen erhält man nicht per »Order de Mufti«, sondern erwirbt man sich durch seine von den Gruppenmitgliedern akzeptierte Kompetenz. Feedback wird kontinuierlich und unerschrocken in alle Richtungen gegeben. Der offene Dialog ist wichtig und daher für Unternehmen essenziell.

Übergangsphase

Die Übergangsphase, in der sich der digitale »Generationenwechsel« vollzieht, birgt Herausforderungen. Eine Befragung des Onlineanbieters LexisNexis, der Wirtschafts-, Finanz- und Rechtsinformationen bereitstellt, hat herausgefunden, dass 44- bis 60-jährige Angestellte den Einsatz von Laptops in Besprechungen als störend empfinden, während die Mehrheit der unter 29-Jährigen dies als effektives Arbeiten bezeichnen. Die konventionelle Art zu arbeiten, zu kommunizieren und sich zu vernetzen verliert an Bedeutung. Das alte Betriebssystem im Kopf läuft nicht mehr störungsfrei und das neue Betriebssystem »Web as a Platform« hat mit Startschwierigkeiten zu kämpfen.

Letztendlich wird die von den Digital Natives angestoßene »Emanzipation der Mitarbeiter«, wenn auch verzögert, auch die »Digital Immigrants« erfassen und die Arbeitskultur verändern. Hier sind vor allem die Führungsverantwortlichen gefragt, »integrativ« zu wirken, um die Leistungspotenziale der beiden Generationen im Sinne der Unternehmensziele optimal zu nutzen. Die »Digital Natives« erwarten, dass sie nicht nur eine Stimme haben, sondern dass Führungsverantwortliche sich im Dialog mit ihnen und ihren Ideen auseinandersetzen.

Da die Net-Generation sehr dialogorientiert denkt und arbeitet, trägt eine offene und zeitnahe Kommunikation mit ihnen zu einer vertrauensvollen Führungskultur bei. Kluge Manager mit Personalverantwortung erkennen das, und leben eine wertschätzende Kommunikationskultur untereinander und im Kontakt mit Partnern und Kunden vor. Die neue Offenheit der Digital Natives oder der entsprechend »Gleichgesinnten« kann als Chance begriffen werden.

Instrumente und Führungsstil

Nicht nur wegen der Generation »Y«, sondern aufgrund der neuen altersübergreifenden Informations- und Kommunikationsmechanismen, müssen Manager mit Personalverantwortung lernen, anders zu führen als sie dies bislang gewohnt waren, mit dem Ziel, den Mitarbeitern ein selbstorganisiertes Arbeiten zu ermöglichen. Mit den Prinzipien des Web 2.0 wie Offenheit, Transparenz und Vernetzung wird tradierte Führung über Informationsvorsprung und Macht zum Auslaufmodell.

Es geht vielmehr darum, als Führungskraft mehr Impulsgeber und Vorbild zu sein und nur noch den Rahmen selbstorganisierterArbeit zu definieren. Nichtsdestotrotz, so paradox es klingen mag, braucht diese neue digitale Welt ein analoges Management. Denn Zielsetzungen, Strategien, die Planung von Umsetzungsschritten sowie Erfolgsmessungen lassen sich nicht alleine mit digitalen Methoden und Tools bewerkstelligen.

Die Fragen, die sich daraus für alle Manager mit Personalverantwortung ergeben, lauten:
⇨ Wie lässt sich reale Leistung noch objektiv messen?
⇨ Wie lässt sich die Verbreitung von Informationen angesichts der Informationsdichte und Informationsschnelligkeit so steuern und kontrollieren, dass Informationen nicht in den falschen Kanal geraten, sprich, dass Mitarbeiter nicht versehentlich Informationen erhalten, die nicht für sie bestimmt sind?

Eine häufig gebrauchte, aber wissenschaftlich nicht belegte Einschätzung ist, dass Digital Natives in erster Linie in ihrer digitalen Welt leben. Der persönliche Kontakt mit Kollegen soll eher selten stattfinden. Denn für Digital Natives gäbe es keinen Grund, einen Kollegen persönlich aufzusuchen, um ein Problem zu besprechen oder zu lösen, solange er mit ihm chatten oder mailen kann – so zumindest häufig gehörte Vorurteile.

Facebook, aber auch die diversen Blogs im Internet, sind der lebende Beweis für die offene Kommunikationsfreudigkeit dieser Generation, die kaum eine Information lange für sich behalten kann. Für die Unternehmen bedeutet das, dass sie darauf achten müssen, wie sie kommunizieren und was sie wann kommunizieren.

Aus dem Bedürfnis heraus, sein Wissen mit Gleichgesinnten zu teilen, aus reiner Bequemlichkeit oder sogar Oberflächlichkeit werden empfangene Informationen ohne weitere Überlegungen eins zu eins weitergeleitet. Sorglosigkeit bezüglich des Inhalts und/oder die fehlende Zeit, um den Inhalt der empfangenen Mails gründlich durchzulesen, befördern diesen überall zu beobachtenden Umgang mit Mails. Dabei können die Folgen, wenn ein vertrauliches Mail an nicht autorisierte Personen weitergeleitet wird, verheerend sein. Im schlimmsten Fall leitet der Empfänger das Mail aus welchen Gründen auch immer an einen Freund weiter, der den Inhalt so witzig oder interessant findet, dass er den Inhalt zu allem Überfluss auch noch kommentiert, und nun in einem völlig falschen Licht erscheinend, über Facebook veröffentlicht.

Eine leichtsinnigerweise weitergeleitete Nachricht, unkommentiert und ohne die dazu nötige Vorgeschichte, kann in der heutigen transparenten Welt enormen Schaden in einem Unternehmen anrichten, angefangen bei Imageeinbußen über den Kundenverlust bis hin zur Abwanderung von Mitarbeitern. Angesichts der vielfältigen Möglichkeiten der Kommunikation verlieren Unternehmen schnell die Kontrolle über ihren Informationsfluss.

Selbst vor persönlichen, vertraulichen Informationen wird kein Halt gemacht. Informationen persönlicher Natur, die früher unter vier Augen besprochen wurden, werden durch Unachtsamkeit und Sorglosigkeit der Öffentlichkeit preisgegeben, indem sie einfach weitergeleitet werden. Gerade Digital Natives neigen dazu, Informationen mit ihrer »Community« zu »sharen«, ohne sich über die Auswirkungen großartig Gedanken zu machen.

Manager müssen daher im Rahmen ihrer Personalführung genau abwägen, was und wie sie beispielsweise über E-Mail Mitarbeiter steuern wollen und welche Informationen sie ins Intranet oder Internet stellen. Das unkontrollierte Posting von Informationen im Netz ist nicht nur für den Mitarbeiter, sondern auch für das Unternehmen durchaus kritisch. Ein falsch gewähltes Wort, ein falscher Satz, einmal schriftlich fixiert, kann nicht wieder ohne Weiteres zurückgenommen werden und führt mitunter zu völlig überflüssigen und unnötigen Diskussion, die Mitarbeiter oder sogar ganze Abteilungen lähmen können.

Regelmäßige Workshops und spezielle Einweisungen neuer Mitarbeiter können geeignete Instrumente sein, die Beschäftigten für die aufgezeigten Probleme im Umgang mit den zur Verfügung stehenden Kommunikationstools zu sensibilisieren, indem die Gefahren immer wieder exemplarisch vor Augen geführt werden, und die Regeln erläutert werden. Denn nur was man versteht und begreift, kann sich im Bewusstsein jedes Einzelnen festsetzen und so beim Umgang mit den digitalen Medien in Fleisch und Blut übergehen. Templates für bestimmte Prozesse im Unternehmen erleichtern die Orientierung. Regelmäßige Meetings helfen dabei, ein Inseldasein der Mitarbeiter zu vermeiden, gemeinsame Werte und den Unternehmenscodex zu vermitteln und eine aufkommende Eigendynamik innerhalb der Abteilungen frühzeitig entgegenzuwirken und zu kanalisieren. Die Kunst der Personalführung bezüglich der Digital Natives besteht darin, ihnen so viele Freiheiten wie möglich zu gewähren und so wenig Kontrolle wie nötig auszuüben. Es ist die Kunst, ein Terrain abzustecken, in dem sie sich völlig frei bewegen können, ohne dass sie das Gefühl haben, eingeengt oder eingesperrt zu sein.

Auch im digitalen Zeitalter geht dies alles nicht ohne die persönliche Kommunikation von Angesicht zu Angesicht. Denn das persönliche Gespräch ist und bleibt die wirksamste Form der Kommunikation, da sie laufend Rückkopplungsmöglichkeiten liefert, indem die

Gesprächspartner abwechselnd sprechen, rückfragen und Unklarheiten sofort beseitigen können. Das persönliche Gespräch ist der Weg, auf dem komplexe Sachverhalte transportiert werden können und gleichzeitig ein Höchstmaß an emotionaler Ansprache möglich ist. Die persönliche Übermittlung eignet sich daher am Besten für die Motivation und Integration von Mitarbeitern, zur Beratung, die Vermittlung von Veränderungen, für die Diskussion über Zielerreichungen und Zielvereinbarungen und die persönliche Einschätzung von Mitarbeitern.

Literatur

[1] *Seven F-Commerce Strategies for Brands, Juni 2011,* siehe http://socialmediatoday.com/achintya-gupta/306251/seven-f-commerce-strategies-brands

[2] *Digital Natives – Gibt es überhaupt eine Generation Internet, 2010,* siehe auch: http://www.digitalpublic.de/digital-natives-gibt-es-uberhaupt-eine-generation-internet

[3] *http://blogs.forrester.com/information_management/2009/09/a-day-in-the-life-of-an-information-worker.html*

[4] *http://de.wikipedia.org/wiki/Digital_Natives*

[5] *http://www.marcprensky.com/*

[6] LOTHAR ROLKE, JOHANNA HÖHN: *Mediennutzung in der Webgesellschaft 2018: Wie das Internet das Kommunikationsverhalten von Unternehmen, Konsumenten und Medien in Deutschland verändern wird,* BoD – Books on Demand, 2008, ISBN 3-8370-3162-4, S. 144

[7] GESPRÄCHSKULTUR IN DEUTSCHLAND 2.0: *Wie die digitale Welt unser Kommunikationsverhalten verändert«,* Institut für Demoskopie Allensbach 2011

[8] *http://www.searchnetworking.de/themenbereiche/grundlagen/basiswissen/articles/282218/*

Zusammenfassung
Die sogenannten »Digital Natives« sind ein Begriff, der sich mittlerweile überlebt hat, da er davon ausgeht, dass Ältere nicht lernfähig sind. Diverse Studien beweisen das Gegenteil. Allerdings sind die kommunikativen Verhaltensweisen der »jungen Generation« immer noch von Bedeutung. Kommunikationskultur, Denkstruktur und Arbeitsweise sind besondere Herausforderungen. Entscheider müssen dafür sorgen, dass die Organisationsstruktur den neuen und in der Praxis vorhandenen Kommunikationstechnologien und -kulturen folgt.

Unternehmen brauchen neue CIOs

CIO- und CISO-Positionen sind in den meisten Unternehmen inadäquat ausgestaltet und besetzt. Das heutige CIO-Verständnis hindert die obersten Führungsebenen an einer souveränen Steuerung des Informationsmanagements. Die Lösung liegt in einer neuen Skill-Matrix und Positionierung für CIOs und CISOs.

> In diesem Beitrag erfahren Sie:
> - warum sich das Berufsbild und der Einfluss des CIOs gewandelt haben,
> - wie der technologische Wandel zu verstärkten Sicherheitsanforderungen für den CIO führt,
> - welche Fähigkeiten und Qualifikationen der CIO in Zukunft besitzen muss.

JOHANNES WIELE

Anforderungen an Informationsmanager, ihren Bildungsweg und ihre Position im Unternehmen

Zu Beginn dieses Beitrags ein kleiner Versuch: Nehmen Sie den Begriff »Chief Information Officer« (CIO) einmal wörtlich und ernst. Ignorieren Sie einfach alle Erfahrungen mit realen Personen in der entsprechenden Position und lassen Sie Ihr Wissen über die übliche Ausgestaltung von CIO-Stellen beiseite. Was wäre die Leistung eines solchen CIOs? Der »Chief Information Officer« müsste dann einen Manager bezeichnen, der die heute anerkanntermaßen wichtigste Ressource moderner Unternehmen in einer leitenden Position souverän verwaltet und deren Gebrauch zukunftsorientiert weiterentwickelt. Nach dem Muster eines Plan-Do-Check-Act-Zyklus (PDCA) müsste er kontinuierlich strategische Vorschläge unterbreiten, wie die Unternehmensleitung und die Mitarbeiter unternehmensrelevante Informationen zu den Zwecken der Zielerreichung und Gewinnmaximierung einsetzen sollten. Er müsste permanent daran arbeiten, dass alle Unternehmensangehörigen Informationen im Sinne der Marktstellung und Reputation des Unternehmens effektiv handhaben, weitergeben, weiterentwickeln und zugleich schützen. Er müsste den Informationsgebrauch außerdem auf die Unternehmenskultur und -praxis abstimmen und unter Berücksichtigung all dieser Aspekte individuell passende und benutzerfreundliche Werkzeuge auswählen. Er müsste schließlich dafür sorgen, dass erfolgsentscheidendes Wissen auch in Krisensituationen und über Phasen hoher Fluktuation hinweg in der Organisation bleibt, und er müsste Risiken aus möglichen Brüchen der Informationssicherheit so weit wie möglich eingrenzen können.

Der missverstandene Spitzenjob

Organisationen, die über solch einen CIO verfügen, sind selten. Man findet sie bestenfalls in der Kategorie der modernen Großkonzerne oder unter Unternehmen beliebiger Größe, die eine besondere Affinität zu internetgestützter Kommunikation aufweisen.

Das skizzierte CIO-Wunschbild ist aber noch nicht einmal vollständig. Der Begriff »*unternehmensrelevante Informationen*« umfasst nämlich längst nicht mehr nur die internen Informationsbestände der Organisationen, die in Datenbanken, Warenwirtschaftssystemen und Kundenbindungssystemen (Customer Relationship Management) vorliegen. Er hat sich ausgedehnt und inhaltlich diversifiziert auf externe Quellen im Internet, die in den Steuerungssystemen der Manager und den »Data Warehouses« zur Interpretation intern gesammelter Informationen hinzugezogen werden, und auf jene Daten, die ein Unternehmen selbst in die Cloud auslagert.

Zusätzlich schließt der Begriff der »unternehmensrelevanten Informationen« inzwischen auch jene ein, die nicht nur das Unternehmen selbst, sondern darüber hinaus seine Mitarbeiter im Internet und speziell in sozialen Netzwerken veröffentlichen oder dort finden, um ihre Arbeit zu tun. Dieser Informationsbestand ist zu einem beträchtlichen

Teil in der Grauzone zwischen Arbeits- und Privatwelt der Organisationsangestellten angesiedelt und lässt sich deshalb, wenn überhaupt, nur noch mit fundamental anderen Strategien beeinflussen als die klassischen Unternehmensdaten, die sich im internen Netz einer Organisation befinden und ihr auf die eine oder andere Art »gehören«.

Damit nicht genug: Auch die Werkzeuge, mit denen unternehmensrelevante Informationen verarbeitet werden, unterliegen nicht mehr in jedem Fall dem vollen Einfluss der IT-Abteilungen. Unternehmen binden aus Kostengründen oder auf Druck der Führungskräfte oder Mitarbeiter zunehmend Geräte in ihre Netzwerke ein, die die Anwender zur Anschaffung einfordern oder selbst mitbringen – von den berüchtigten Smartphones, die als Lifestyle-Geräte konzipiert wurden und deshalb nur mit Mühe bestehenden Unternehmensrichtlinien zu unterwerfen sind, bis hin zu mobilen Computern oder Home-Office-Systemen jeglicher Kapazität und Bauart. Dieser Trend kollidiert heftig mit der Tendenz, die Verarbeitung von Informationen immer stärker Compliance-Richtlinien und Qualitäts- und Sicherheitsnormen wie der ISO 27001 zu unterwerfen, um für beliebige Partnerunternehmen aus der ganzen Welt qualitativ berechenbar zu erscheinen.

Ursachen für den Wandel

Phänomene wie der Siegeszug der sozialen Netze und der Einzug der Privatgeräte in die Unternehmen haben ihre Ursache in einem tiefgreifenden technologischen, wirtschaftlichen und kulturellen Wandel. Die Fluktuation in den Unternehmen steigt, und immer mehr Arbeitsplätze werden entweder nur auf Zeit oder von vornherein mit freien Mitarbeitern besetzt. Zugleich wächst die IT- und Medienkompetenz der jüngeren Generationen, die die moderne Kommunikationstechnik für sich als Überlebenshilfe in der immer unberechenbaren Arbeitswelt einsetzt. Business-Plattformen wie Xing und LinkedIn, aber auch vorrangig private oder spielerische Systeme wie Facebook oder Twitter schaffen soziale Netze, über die sich der jeweils nächste

Job oder die nächste Wohnung finden lassen – oder aus Unternehmenssicht der nächste Mitarbeiter, Kunde oder Dienstleister. Und wer nur als freier Mitarbeiter ein Projekt betreut, will im Unternehmen das vertraute Arbeitsgerät weiter nutzen und auch am Arbeitsplatz das soziale Netzwerk pflegen, um sich frühzeitig das nächste Engagement zu sichern. Arbeitgeber, die sich solchen Trends heute verweigern und weiter die volle Kontrolle über die PC-Arbeitsplätze zelebrieren, müssen sich unfaires Verhalten vorhalten lassen oder bereits auf die Mitarbeiter oder »Freien« mit dem höchsten Potenzial verzichten.

Der CIO als der per definitionem Hauptverantwortliche im Unternehmen für alles, was mit Informationen zu tun hat, sollte all diese Bereiche kreativ und souverän zum Nutzen seiner Organisation steuern können.

Die Realität sieht meistens anders aus. Externe Berater für Unternehmensanwendungen, Kommunikation und Sicherheit wissen in der Mehrzahl von CIOs zu berichten, die auf Trends lediglich reagieren und ihnen inzwischen geradezu nachlaufen. Ihre Anforderungen erhalten sie von den Fachabteilungen und dem Top-Management, die ihrerseits teils auf wirtschaftlichen, teils auf kulturellen Wandel reagieren oder die Veränderungen kreativ begleiten wollen, ohne dabei alle Implikationen für die Informationstechnik im Haus zu verstehen. Der rasante, meist vom Marketing getriebene Einstieg fast aller modernen Unternehmen und Organisationen in die sozialen Netzwerke ist ein Paradebeispiel dafür, wie entkoppelt die CIOs und ihre IT-Abteilungen inzwischen von der realen Nutzung der IT-gestützten Kommunikationsmittel sind. Gerade eben – bis 2009/2010 vielleicht – konnten sie die Zumutungen aus den zunehmenden Internet-Aktivitäten der Anwender noch als Privatsache abwehren und blockieren. Jetzt müssen sie auf Druck der Personalabteilungen, des Marketings und der Führungsetagen die entsprechenden Aktionen bereits weitgehend freigeben und fördern und sollen zugleich die daraus resultierenden Risiken möglichst begrenzen, ohne mit den Plattformen persönlich besonders gut vertraut zu sein.

Interessant ist, wie gering die Anzahl der CIOs ist, die diese Entwicklung für möglich gehalten haben. Sollten denn nicht gerade die Hauptverantwortlichen für Informationsgebrauch in Unternehmen derart revolutionäre Trends frühzeitig erkennen und sich auf ihre Auswirkungen einstellen können? Dass sie es häufig nicht können, liegt an einem Ausbildungsweg, der den modernen Anforderungen an die Position nicht mehr angemessen ist.

Der Niedergang einer Schlüsselposition

Die gehobene hierarchische Stellung, die sie heute einnehmen müssten, hatten die CIOs paradoxerweise in der Frühzeit der IT-Nutzung in den Unternehmen inne. Damals beflügelten die riesigen, aus Sicht des Anwenders zwar schwierig zu bedienenden, von ihrem Funktionsangebot her aber wenig komplexen Rechenwerke der ersten Computergenerationen die internen Arbeitsabläufe so sehr, dass rein technisch ausgebildete Computerfachleute in die oberste Führungsebene aufsteigen konnten. Das gleiche galt für die ersten Datenleitungen, die Unternehmensstandorte verbanden und die Kommunikation radikal beschleunigten. Weil die Computertechnik noch wenig flexibel, aber bereits durchaus nützlich war, konnten und mussten die IT-Abteilungen ganzen Konzernen komplette Arbeitsabläufe vorgeben. Schon für einfachste Anpassungen war man dann auf die Gnade und Einsatzbereitschaft der IT-Spezialisten angewiesen.

Um es vereinfacht auszudrücken: Weil sich die Geschäftswelt und die Anwender der Computertechnik anzupassen hatten, reichten eine computertechnische Ausbildung oder ein Studium der klassischen Informatik völlig aus, um ein ganzes Unternehmen zu beeinflussen und eigenen Vorgaben zu unterwerfen. Die IT-Manager konnten sich problemlos darauf konzentrieren, was sie im Studium gelernt hatten: Das technisch Machbare umzusetzen und das Ergebnis wiederum nach technischen Gesichtspunkten zu optimieren, ohne sich mehr als unbedingt nötig von Aspekten der Benutzbarkeit und existierenden wirtschaftlichen Prozessen stören zu lassen.

Seit es standardisierte Arbeitsplatzcomputer, eine Vielzahl standardisierter und anwenderfreundlicher Anwendungen und vor allem das Internet als allgegenwärtiges Kommunikationsnetz mit seinen ebenfalls standardisierten Kommunikationsprotokollen gibt, sinkt der Stern der technisch ausgebildeten CIOs der alten Schule in den Unternehmenshierarchien allerdings rapide. Nur in wenigen Unternehmen haben die Informationsmanager dieses Schlags noch direkten Zugang zum Top-Management. Stattdessen müssen sie meist, wie oben beschrieben, Anforderungen des Business-Managements entgegennehmen und umsetzen. Cloud-Angebote, die Unternehmen fast ohne eigene IT verwenden können, reduzieren die Bedeutung der CIOs als Hüter der technischen Infrastrukturen weiter. CIOs gestalten das Informationsmanagement eines Unternehmens nicht mehr, sie haben gewünschte Funktionalität aus einem allgemein bekannten Standardrepertoire möglichst preiswert bereitzustellen.

Dabei kommt es zu einer paradoxen Situation: Für die Prüfung und Umsetzung von Management-Entscheidungen und -wünschen an die Informationstechnik, die den rein technischen Horizont übersteigen, stehen den obersten Führungsebenen allen Veränderungen zum Trotz doch wieder nur technische CIOs zur Verfügung, die mit solchen Aufgaben zwangsläufig überfordert sind. Heutige Manager finden in den IT-Abteilungen heute selten einen Ansprechpartner, den sie zur Bewertung ihrer Wünsche und Pläne auf Augenhöhe konsultieren können. Die CIOs wiederum erfahren sich als unverstanden und degradiert. Diese Konstellation ist manchmal der Grund dafür, dass zukunftsweisende Initiativen, die durch Fachabteilungen oder auch externe Berater initiiert werden, unnötigerweise scheitern – sie werden zwischen der obersten Führungsebene und dem IT-Management zerrieben, weil beide Seiten jeweils nur einen Teil der Idee verstehen und auch untereinander nur unwillig und mit Mühe kommunizieren. CIO-Fachmagazine raten ihrer Leserschaft heute, diese Situation zum eigenen Besten zu nutzen und sich von Edel-Administrator zum Business-orientierten Entscheider in Informationsdingen umzumodeln [1] – aber diese Mutation scheitert in den meisten Fällen am fehlenden Wissen und mangelnder Erfahrung. Berater schließlich, die Unternehmen zu einem ganzheitlichen Informationsmanagement bewegen möchten, haben als Ansprechpartner oft ebenfalls nur die IT-Leiter, die die entsprechenden Ansätze nur mit großer Mühe bis auf die Vorstands- oder Geschäftsführungsebene tragen können.

Der Faktor Sicherheit

Dem CIO zur Seite steht in vielen Unternehmen der für Informationssicherheit verantwortliche Chief Information Security Officer (CISO oder CSO), sofern der CIO dessen Aufgaben nicht mit übernimmt. Auch der CISO müsste, vorausgesetzt, man nimmt die Positionsbezeichnung ernst, eine herausragende Stellung einnehmen. Sicherheitsmanagement, so Wikipedia ganz korrekt, bezeichnet »gemäß den beiden Wortbestandteilen Sicherheit und Management die Planung, Steuerung und Kontrolle der Sicherheit in einem privaten oder öffentlichen Unternehmen« [8]. Dabei hat ein CISO die Ressource Information in Hinblick auf die Ziele Vertraulichkeit, Integrität und Verfügbarkeit hin zu schützen. Der CISO ist es, der ein Unternehmen vor Datenskandalen bewahren müsste, wie sie beispielsweise bei Sony so eindrucksvoll an die Öffentlichkeit geraten sind.

Noch zu Zeiten der klassischen Hacker war auch die Aufgabe des CISOs meist rein technischer Natur, denn die Gegner der Unternehmen – als »Hacker« ebenfalls Techniker – wollten ihre Überlegenheit über die Teams in den Unternehmen beweisen oder geschlossene Kommunikationsnetze kostenlos nutzen. Clifford Stolls noch immer lesenswertes Buch »Kuckucksei« [2] beschreibt autobiographisch, wie der Kampf der Technik-Freaks gegeneinander in der Computer-Frühzeit aussah und wie man ihn als CISO gewinnen konnte.

Heute ist das Thema »Sicherheit« multidimensional. Ein CISO steht dafür gerade, dass sein Unternehmen die Gesetze in den Bereichen Datenschutz und Informationssicherheit und wirtschaftliche Sicherheitsnormen einhält. Er arbeitet in einer Zeit, in der neue Mitarbeiter der Generation der »Digital Natives« angehören, deshalb ungehemmte,

IT-gestützte Kommunikation gewohnt sind und entsprechende Freiheiten auch im Unternehmen einfordern – vor allem bei der Nutzung der schon erwähnten sozialen Netzwerke. Was die neue Anwendergeneration dagegen nicht kennt, sind die Erfordernisse des sozialen Umfelds »Unternehmen«, in dem es geistiges Eigentum und fremde personenbezogene Daten zu schützen gilt [3]. Der CISO muss die Anwender also nicht mehr technisch schulen, um mehr Sicherheit zu erreichen, sondern an neue kulturelle Bedingungsgeflechte heranführen.

Diese Konstellation bringt es auch mit sich, dass die früher getrennten Bereiche Datenschutz und IT-Sicherheit als Informationssicherheit zusammenwachsen. Damit geraten der CISO und oft auch der Datenschutzbeauftragte in einen Bereich, in dem sie auch das Management als interner Berater vor Fehlentscheidungen schützen müssen [4]. Dies gilt etwa im schwierigen Bereich der Balance zwischen interner Kontrolle und Mitarbeiterdatenschutz, die als Arbeitsgebiete beide von Vorschriften und Gesetzen getrieben sind, also über alle damit verbundenen psychologischen Parameter hinaus vom Verantwortlichen auch noch Rechtskenntnis erfordern. Fehler in diesem Sektor haben seit 2009 schon einige hochrangige Manager den Posten gekostet und Unternehmen um ihre Reputation gebracht. Prominente Namen in diesem Bereich sind der Ex-Bahnchef Hartmut Mehdorn und Unternehmen wie Schlecker.

Schließlich haben es CISOs mit neuen Angreifern zu tun. Eine ganze weltweit organisierte Schattenwirtschaft arbeitet heute daran, entweder technische Ressourcen der Unternehmen für ihre eigenen Zwecke wie etwa den Spam-Versand zu nutzen oder gezielt Spionage zu betreiben. Für letzteres setzen die Angreifer im Gegensatz zu den klassischen Hackern gemischte Angriffsstrategien ein, die so genannten »Blended Threats«, die neben Hacking-Versuchen auch direkte Ausforschungsversuche und die Manipulation von Mitarbeitern umfassen. Gegen diese Bedrohungen helfen nur Maßnahmen, die auch das Verhalten der Mitarbeiter jenseits der technischen Kommunikation positiv beeinflussen – die so genannten »Awareness«- und »Empowerment«-Kampagnen für Informationssicherheit, die besonders im Fall der Abwehr von Industriespionage besondere psychologische Kenntnisse erfordern [5]. All dies muss dann aufgrund der Globalisierung der Wirtschaft auch noch über soziokulturelle Grenzen hinweg erledigt werden, in denen die Menschen die jeweils ganz unterschiedlich auf Risiken einerseits und Richtlinien andererseits reagieren [6].

Beim CISO erleben wir heute genauso wie beim CIO, wie wenig die überwiegend technischen Ausbildungswege in der Lage sind, die Voraussetzungen dafür zu schaffen, dass die typischen Absolventen den modernen Anforderungen gerecht werden können. Auf der anderen Seite scheitern jene CISOs, die aufgrund eigenen Engagements oder außergewöhnlicher Ausbildungswege sehr wohl befähigt sind, auf moderne Anforderungen adäquat zu reagieren, mit ihren Vorschlägen am schlechten Zugang zu den Führungsebenen. Dort nämlich sieht man sie je nach Konstellation entweder als Bedenkenträger (hinderlich) oder als Personen, die Investitionen und Change-Prozesse um Zusatzprojekte ergänzen wollen (lästig). Zum Beispiel dann, wenn ein CISO die Verteilung verschlüsselter mobiler PCs um eine Sensibilisierungskampagne für die Anwender ergänzen will, die gerade zu diesem Zeitpunkt erfolgversprechend wäre und darüber hinaus Probleme des Umgangs mit mobilen Geräten in der Öffentlichkeit abdecken könnte (Verhalten), für die die Technologie (Verschlüsselung) allein nicht ausreicht.

Auch hier gilt deshalb analog zur Positionierung des CIOs: Selbst wenn sich CISOs selbst fortbilden und verändern, um die moderne Informationswelt souverän zu beherrschen [7], muss sich zusätzlich das Unternehmen bewegen, in dem sie arbeiten, um die Vorteile des Wissens und Könnens eines fortschrittlichen Informationssicherheitsmanagers nutzen zu können. Das Top-Management muss entscheiden, ob es den Spezialisten für die Ressource Information wieder die Stelle in der Organisation einräumt, die ihnen angesichts der Abhängigkeit moderner Unternehmen von Informationsmanagement gebührt.

Das Management braucht echte CI(S)Os

Echte CI(S)Os werden heute aufgrund der zunehmenden Komplexität des Wirtschaftsfaktors Information mehr benötigt denn je. Es fehlt längst eine Instanz, die auf diesem Sektor ein souveränes Bindeglied herstellt zwischen den wirtschaftlichen und kulturellen Trends, den rechtlichen Anforderungen und der produktiven Arbeit in den Firmen.

Unternehmen sind, ob sie nun wollen oder nicht, mit ihren Zielen und Produkten ins moderne Geflecht der Internet-Welt eingebunden, in der sich Kunden, Partner und Mitarbeiter orientieren und aktiv nach Alternativen und Bewertungskriterien umsehen. Eine Firma, die sich aus dem Internet so weit wie noch möglich gezielt heraushält, muss damit rechnen, dass sie gerade durch diese Haltung im Web zum Thema wird. Ein Unternehmen, das Trends wie Cloud-Services oder internetgestützten Vertrieb ohne individuelle Evaluationsanstrengungen komplett ignoriert oder sehr konservativ handhabt, entfernt sich auf Dauer nicht nur von Konsumenten, die vermehrt über das Web und mobile Geräte einkaufen, sondern auch von potenziellen Großkunden, Partnern und Zulieferern, die ihre IT-gestützten Wirtschaftsprozesse mit eben diesem Unternehmen koppeln wollen. Modernes Management braucht aus solchen Gründen aussagekräftige, nicht nur auf technische Parameter ausgerichtete Berichte und Vorschläge aus der gesamten Welt der Informationsverarbeitung, um ein Unternehmen zukunftsorientiert leiten zu können.

Funktioniert die Zusammenarbeit zwischen der Führungsebene und der der CI(S)Os nicht, kann dies den Erfolg eines Unternehmens auch ganz konkret und kurzfristig beeinträchtigen. Beispiele aus der Beratungspraxis sind nicht schwer zu finden: Da investiert ein Verlag auf Betreiben des Managements viel Geld in ein Warenwirtschaftssystem, verkalkuliert sich beim Implementierungsaufwand – und muss das Projekt schließlich zu einem Zeitpunkt stoppen, zu dem zwar die Basismodule des Systems bereits installiert sind, die Spezialmodule für das Verlagswesen aber noch fehlen. Der CIO hatte einfach unterschätzt, welche großen und damit kostenträchtigen organisatorischen Änderungen die Umstellung auf die Software mit sich bringen würde, weil er sich nur auf die technischen Aspekte konzentriert hatte. So trug er indirekt zur missglückten Kostenkalkulation bei. Die Folge: Das fragliche Unternehmen benötigt nach der Investition in die neue Warenwirtschaftssoftware mehr Mitarbeiter als zuvor für die pure Ein- und Ausgabe von Daten, um die Produktions- und Vertriebsprozesse im Gang zu halten.

In einem anderen Unternehmen vertraut die Führungsebene den technisch ausgerichteten CI(S)Os vielleicht so sehr, dass sie ein für heutige Verhältnisse überstrenges Sicherheitsregime mit extrem restriktiven und bürokratischen Kommunikationsrichtlinien einhält und damit junges Fachpersonal nachhaltig vergrault, das das Unternehmen dringend benötigt. Auch die unsensible Einführung von Maßnahmen gegen unerwünschte Datenweitergabe (Data Leakage Prevention, DLP) kann erhebliche negative Auswirkungen auf die Produktivität eines Unternehmens haben, wenn die Mitarbeiter die Einführung als Misstrauensbeweis verbuchen [4].

Ein weiteres Beispiel, bei dem der Anknüpfungspunkt an den Faktor »Information« zunächst gar nicht sichtbar wird: Ein Zulieferer in einem stark konjunkturabhängigen Hochtechnologiebereich entscheidet sich für die verstärkte Zusammenarbeit mit Zeitarbeitskräften. Temporäre Kräfte arbeiten in diesem Fall bis hinauf auf die Ingenieursebene. Solch eine Personalstrategie entlastet ein Unternehmen zweifellos und steigert dessen Flexibilität, führt aber zu gravierenden Konsequenzen für das Informationsmanagement. Zeitarbeitskräfte können nämlich nur aus der Reihe der erfahrenen Fachleute aus der entsprechenden Branche rekrutiert werden, die mangels Festanstellung zwangläufig zwischen den Mitbewerbern wechseln. Dies bringt einen Informationsfluss zwischen den konkurrierenden Unternehmen mit sich, der in Risikoabwägungen einkalkuliert werden muss – keine triviale Angelegenheit, da Zulieferer in Geheimhaltungsdingen grundsätzlich stark ihren Kunden verpflichtet sind. In solch einem Fall müssten CIO und CISO in die strategischen Personalentscheidungen einbezogen werden, weil sie erstens mit den internen Fachabteilungen zusammen ermitteln müssen, welche Informationen ein Projektteam aus temporär angestellten Fachleuten für den jeweiligen Auftrag wirklich benötigt, und weil zweitens sie allein in der Lage sind, per Informationsmanagement den Zugriff auf vertrauliche Daten aufs Nötigste zu beschränken. Die scheinbar rein personalpolitische Entscheidung bekommt hier ohne Beteiligung des Informationsmanagements, das die Bedrohungslage abschätzen und die Gefahren durch Prozessmodellierung eingrenzen kann, eine unkalkulierbare Komponente, die eine ganze Reihe von Risiken für das Unternehmen vergrößert.

Häufig dringen IT-Abteilungen gar nicht erst durch, wenn sie zum Zwecke des Risikomanagements Sicherheitsmaßnahmen einführen wollen, die die Modifikation etablierter Unternehmensabläufe zur Folge hätten oder die Investitionen in Mitarbeiterschulungen erforderten. Auch hier spielt die Entkopplung der IT-Abteilungen von der obersten Führungsebene eine Rolle: Nichttechnische Manager neigen häufig noch zu der Ansicht, Sicherheitsaufgaben im Bereich der Unternehmenskommunikation seien eine Angelegenheit, die rein technisch zu bewältigen sei und die damit allein ins Ressort der IT-Abteilungen fiele. Viele Führungskräfte nehmen zurzeit zwar die wirtschaftlichen und sozialen Chancen war, die mit Phänomenen wie der mobilen Computernutzung und den sozialen Netzwerken verbunden sind, verstehen aber noch nicht, dass der Umgang von Organisationsangehörigen mit Informationen dabei die rein technische Sphäre der klassischen Netzwerke verlässt und dass die Gestaltung dieses Umgangs mit Informationen deshalb zu einer Führungsaufgabe wird, die sich an eine klassische IT-Abteilung nicht mehr vollständig delegieren lässt. Nicht einmal die Verknüpfung der IT-Sicherheit mit anderen Sicherheitsabteilungen gelingt vor diesem Hintergrund, was die Möglichkeiten der Abwehr der stark zunehmenden Industrie- und Wirtschaftsspionage-Attacken [9] stark einschränkt. Hintergrund sind hier die bereits erwähnten »Blended Threats« als mehrschrittige und multidimensionale Angriffe auf das geistige Eigentum von Unternehmen. Ausgeführt werden sie nicht mehr von klassischen Hackern, die lediglich ihre Überlegenheit über das IT-Personal ihrer Zielunternehmen beweisen wollen, sondern von bezahlten Angreifern aus der internationalen Schattenwirtschaft. Deshalb haben die Angreifer ein respektables Zeit- und Finanzbudget, das sie für unauffälliges Vorgehen mit unterschiedlichen Methoden nutzen: Eine »Competitive-Intelligence«-Untersuchung auf der Basis frei verfügbarer Informationen im Web steht typischerweise am Anfang. Oft genug liefert sie bereits Informationen wie ein komplettes Organisationsdiagramm mit Namen. Ein Anruf bei der richtigen Person in der Maske eines Administrators verhilft anschließend vielleicht zu einem Kennwort, das die Erfolgsaussichten eines anschließenden Hacking-Versuchs vergrößert. Der nächste Schritt ist dann zum Beispiel ein »Hausbesuch« als Service-Mitarbeiter mit Klemmbrett, der den Zugang zu Mülleimern an Netzwerkdruckern oder zu kompletten Büros eröffnet – oder sogar die Installation von Abhöreinrichtungen ermöglicht. Was dann noch fehlt, liefert vielleicht ein lockeres Peer-to-Peer-Gespräch unter Führungskräften auf dem Golfplatz, bei dem der Angreifer selbst scheinbar nützliche Informationen aus dem Konkurrenzumfeld des Zielunternehmens zum Besten gibt und anschließend ein paar unverfängliche Fragen stellt. Kaum ein Manager fühlt sich dann nicht zu informationellen Gegenleistungen verpflichtet – denn die »Reziprozitäts-Heuristik«, das tägliche »Geben und Nehmen«, ist eine der mächtigsten Grundlagen für die Manipulation von Menschen [10].

Die einzelnen Schritte eines derartigen Angriffs erkennt eine Organisation nur dann, wenn sie über eine interdisziplinär vernetzte Unternehmenssicherheit mit enger Anbindung an die Entscheidungsträger verfügt und das Thema Informationssicherheit zur Chefsache erklärt hat. Zwischen Abteilungen wie denen für IT-, Personen- und Gebäudesicherheit bestehen nämlich häufig derartig große kulturelle Schranken, dass sie sich nicht miteinander abstimmen – und für die Mitarbeiter, die Opfer von manipulativen Attacken werden, gibt es selten hinreichend verständnisvolle Anlaufstellen. Spezialisierte Berater entwickeln gegen Industrie- und Wirtschaftsspionage deshalb eigene unternehmensweite Abwehrstrategien [5], die auf eine engagierte Unterstützung durch die Führungsebenen der Unternehmen bauen müssen.

Datenskandale jeder Art schaden Unternehmen und ihren Führungspersonen heute mehr denn je, weil die Bürger aufgrund einer Flut von Presseberichten für die Folgen von Informationsmissbrauch sensibilisiert sind. Gerade aus diesem Grund benötigen die Führungsebenen moderne CI(S)Os als Berater, die den gesamten Bereich des Informationsgebrauchs im Unternehmen und durch seine Arbeitskräfte im Blick haben und ein passendes Risikomanagement dafür vorschlagen und durchsetzen können. Das Themenfeld Sicherheit ist ein integraler Bestandteil des modernen Informationsmanagements. Wenn sich beispielsweise eine Unternehmensleitung bewusst dafür entscheidet, sich proaktiv in sozialen Medien zu engagieren und die Aktivitäten der Mitarbeiter dort zu fördern, muss es die Sicherheitsimplikationen kennen und ins Risikomanagement einbeziehen können – und sei es durch die dokumentierte Akzeptanz eines von der IT-Abteilung berechneten erhöhten Restrisikos.

Es gibt drei zentrale Ansatzpunkte, den beschriebenen Problemen zu entgehen:

⇨ Die Unternehmen müssen die CIOs und CISOs wieder stärker an das Top-Management und seine Entscheidungen anbinden,
⇨ bei der Einstellung von CIOs und CISOs sollten Unternehmen auf eine interdisziplinäre Vorbildung achten und
⇨ die Ausbildungswege an den Hochschulen sollten die Ausbildung interdisziplinär geschulter Informationsmanager tatsächlich fördern und zusätzlich Weiterbildungsangebote für CI(S)Os schaffen, die heute bereits im Amt sind.

Wo kommen die neuen CI(S)Os her?

Unternehmen sind den beschriebenen Entwicklungen nicht ausgeliefert. Sinnvolle Maßnahmen sind zum Beispiel die Verbesserung der Kommunikation zwischen den IT-Abteilungen und dem Top-Management sowie eine veränderte Einstellungspraxis, die beim CIO und CISO nicht allein auf die technische Ausbildung schaut – es darf auch mal ein Medienspezialist oder ein IT-affiner Soziologe oder Psychologe sein, der sich von Technikern unterstützen lässt.

Einen besseren Ausbildungsweg zum CIO und CISO der Zukunft allerdings verantworten vor allem die Hochschulen. Hier gibt es zurzeit noch wenige wirklich konsequente Ansätze. In vielen Fällen finden sich vor allem in den Lehrplänen der Fachhochschulen noch Inhalte, die Themen wie dem Aufbau einer PC-Hauptplatine, der Architektur eines Prozessors, der Binärzahlenarithmetik und der Struktur einer relationalen Datenbank sehr viel Zeit einräumen. Als Gipfel der Modernität findet man zuweilen einen Ausflug in die Geheimnisse der Data Warehouses, bei denen – Achtung, hier hat das Web seinen Ankerpunkt im Lehrplan! – interne Informationen mit externen aus dem Internet zu Steuerungszwecken korreliert werden. Den Einfluss sozialer Medien, das Phänomen der »Digital Natives« als Mitarbeiter, Benutzbarkeitsaspekte (»Usability«), Sicherheitsfragen, Datenschutzthemen, »Cloud«-Services, wirtschaftsgetriebene Zertifizierungen (etwa zur Sicherheitsnorm ISO 27001) und die ganze Problematik der Einordnung des CIOs und CISOs in die Unternehmensstruktur lassen die Lehrpläne manchmal fast vollständig außen vor.

Ein Absolvent, der so unterrichtet schließlich aus den Hochschulen kommt, bedient aufgrund seiner Vorprägung zwangläufig immer noch das Klischee des Computer-Fachmenschen, der abschreckendes IT-deutsch mit ein paar prozessorientierten Wirtschaftsfloskeln spricht und sich dennoch vor originär wirtschaftlichen und kommunikativen Anforderungen im Unternehmen hinter dem Kabelschrank versteckt. Schlimmer noch: Die entsprechende Ausrichtung des Studiums führt zu einer unglücklichen Selbstselektion: Sie zieht Individuen an, die eine rein technische Weltsicht bevorzugen und bewusst oder unbewusst ihre Zukunft in einem entsprechenden sozialen Umfeld aufbauen. Das ist für Administratoren gar nicht schlecht, die später CIOs und CISOs zuarbeiten sollen und ebenfalls eine gute Stellung verdienen. Die für echte CI(S)O-Posten viel besser geeigneten Grenzgänger zwischen der Welt der Technik und der Kommunikation mit ihrem hohem Interesse für die wirtschaftlichen und kulturellen Aspekte des Informationsmanagements stößt eine primär immer noch technisch ausgerichtete Lehrplanausrichtung aber eher ab.

Universitäten und technische Hochschulen sind bei der Förderung der Interdisziplinarität teilweise etwas weiter fortgeschritten und verpflichten zum Beispiel Informatiker zu sozialwissenschaftlichen Nebenfächern, was die Techniker an der Ludwig-Maximilians-Universität München beispielsweise in Seminare zur »Psychologie der Informationssicherheit« führt. Aber selbst an renommierten Hochschulen stellen interdisziplinäre Studiengänge für Informationsmanagement häufig ein rein administrativ zusammengestelltes Flickwerk aus inhaltlich nicht aufeinander abgestimmten Lehrangeboten gänzlich unterschiedlicher Fakultäten dar. Der Erfolg solch eines Studiums hängt dann unter Umständen allein davon ab, ob der Studierende bereits in der Lage ist, sich den Bildungsweg mit klarem Ziel und Kombinationsfähigkeit so zu strukturieren, dass er die Aspekte des Themas am Ende überblickt und zu einem Ganzen zusammenführen kann. Von Studieneinsteigern, die vielleicht nur vom unbestimmten Gefühl getrieben werden, dass Kommunikation und IT heute doch irgendwie zusammengehören und auf irgendeine Weise ein interessantes Berufsfeld ergeben könnten, ist so viel Weitsicht und Konsequenz kaum abzuverlangen. Dabei könnte gerade solchen, bereits motivierten Personen ein echtes modernes Informationsmanagement-Angebot eine hervorragende Perspektive bieten.

Welche Lehrangebote sollten bei der CISO-Ausbildung sinnvollerweise zusammenfließen?

Eine gute Heimat für einen entsprechenden Studiengang ist auch weiterhin die Wirtschaftsinformatik, die immerhin bereits die Kunst der Informationsverarbeitung zu wirtschaftlichen Zwecken lehrt. Informationsmanager, die ihren zukünftigen Arbeitsplatz eher in Non-Profit-Organisationen im öffentlichen Sektor sehen, dürften sich dadurch nicht abschrecken lassen – genau so wenig, wie es angehende Marketing-Manager für soziale oder öffentliche Institutionen verschmähen, sich ihr Wissen in ausgewiesenen Wirtschaftshochschulen zu erarbeiten.

Ideal wäre eine konstruktive Ausrichtung der Lehrinstitution. Moderne CIOs und CISOs sollen ja gerade befähigt werden, ihre eigenen oder von Unternehmen vorgegebenen Ziele in einer Welt zu verfolgen, in der die Kommunikation und der Umgang mit Informationen einem steten und rasanten Wandel unterliegen. Bei einer primär auf die Analyse der Vergangenheit ausgerichteten Betrachtungsweise lernt man nicht, derartige Entwicklungsschritte kreativ und souverän zu begleiten und vorausschauend für sich zu nutzen.

Beiträge zu einem modernen Studium des Informationsmanagements müssen wie gewohnt aus der Technik, Informatik und den Wirtschaftswissenschaften kommen, wobei der Einsatz der Technik für Wirtschaftsunternehmen und durch reale Anwender im Fokus stehen sollte. Medienwissenschaft, Benutzbarkeit und generell Aspekte der Mensch-Maschine-Interaktion müssen mit im Zentrum des Interesses stehen und dürfen nicht nur an der Peripherie auftauchen. Denn der Umgang mit medienkompetenten, aber nicht mehr unbedingt im engeren Sinne technisch interessierten Anwendern stellt einen immer wichtigen Arbeitsbereich moderner Informationsmanager dar.

Damit gehören auch psychologische und soziologische Komponenten ins Gesamtkonzept, die etwa das Verhalten von Konsumenten sowie Privat- sowie Berufsanwendern im Umgang mit dem Internet und seinen Erscheinungsformen beleuchten. Auch die kulturelle Dimension spielt eine Rolle, wobei nicht nur die Organisationskulturen mit ihren Auswirkungen auf Informationsverarbeitung und Anwenderverhalten gefragt sind, sondern auch regionale und internationale kulturelle Bedingungen, die etwa die Kommunikation, die Medienpräferenz, den Umgang mit Regeln und die Haltung der Individuen zu Risiken beeinflussen [6]. Der Weg zum idealen CI(S)O ist heute tatsächlich ein Bildungsweg, kein Ausbildungsweg.

Der Siegeszug der sozialen Medien und ihre mögliche Zukunft ist tatsächlich das Paradebeispiel dafür, was ein modernisierte CI(S)O-Lehrangebot bewirken könnte, denn heutige Informationsmanager haben es in diesem Bereich mit einem aus soziokulturellen Entwicklungen resultierenden Komplex unmittelbarer Auswirkungen auf die

Arbeitspraxis in Unternehmen mit deren IT-gestützten Kommunikationsmitteln zu tun. Auch die Tendenz, Privatgeräte in Unternehmensnetze einzubinden, verlangt bei den Informationsmanagern vielschichtiges interdisziplinäres Wissen: Eine Mindestfunktionalität einerseits und eine Mindestsicherheitsausstattung andererseits auf Geräten herzustellen, die den Mitarbeiter selbst gehören und die sie ins Unternehmen lang- oder kurzfristig mitbringen und mitbringen sollen, ist keine rein technische Aufgabe, sondern auch eine der Vertragsgestaltung, des Aufbaus gegenseitigen Vertrauens und der Überzeugungskunst.

Voraussetzung für ein erfolgversprechendes Studienangebot zum »CI(S)O der Zukunft« ist allerdings, dass bei aller interdisziplinärer Ausrichtung des Studiums geeignete Maßnahmen getroffen werden, den Studenten den Bezug des Gelernten aufs große Ziel zu erleichtern. Eine besonders intensive Betreuung oder ausreichend spezielle CI(S)O-Lehrveranstaltungen, in denen die Einzelaspekte diskutiert und miteinander verknüpft werden, sind notwendig. Auch die Prüfungen sollten CI(S)O-spezifisch sein, da die Lehrkräfte der traditionellen Einzeldisziplinen den Bezug zu den Anforderungen eines Informationsmanagers sicherlich nicht in jedem Fall herstellen können.

Literatur

[1] Vgl. HOLGER ERIKSDOTTER: *CIOs haben Angst vor Cloud. IT-Abteilung droht Bedeutungsverlust, in: CIO 7.12.2010, http://www.cio.de/was_ist_cloud_computing/2256055/ (Letzter Abruf 25.9.2011)*

[2] CLIFFORD STOLL: *The Cuckoo's Egg: Tracking a Spy Through the Maze of Computer Espionage. Gallery Books 2005 (Deutsche Ausgabe am 1.10.2012 vergriffen, Erstveröffentlichung 1989)*

[3] BETTINA WESSELMANN und JOHANNES WIELE: *Digital Natives und Informationssicherheit. Mit der Internet-Generation steigt die Bedeutung des »Faktors Mensch«, in: kes 5/2009, S. 6-12.*

[4] JOHANNES WIELE: *Vertrauensfragen. Unternehmenssicherheit und Führungspraxis, in: DuD 7/2011, S. 471-475.*

[5] BETTINA WESSELMANN: *Interne Spionageabwehr, in: kes 1/2011, S. 66-69 (http://www.kes.info/archiv/online/11-1-066.htm).*

[6] BETTINA WESSELMANN: *Andere Länder, andere Sitten. Kulturelle Unterschiede fordern die Informationssicherheit heraus*, in: kes 3/2010, S. 46-49.

[7] ANDREAS KOHLER: *Neue CISOs braucht das Land! Ein selbstkritischer Gastkommentar*, in: kes 5/2011, S. 6.

[8] *Letzter Abruf 2.10.2011.*

[9] *Vgl. die Corporate-Trust-Studie »Gefahrenbarometer 2010« (www.corporate-trust.de/studie/Gefahrenbarometer2010.pdf). Letzter Abruf 12.10.2011.*

[10] ROBERT CIALDINI: *Die Psychologie des Überzeugens*, Huber Vlg., 2009.

Zusammenfassung
Unternehmen brauchen »neue« CI(S)Os, die möglichst alle Aspekte des modernen Umgangs der Organisationen und ihrer Angehörigen mit internen und externen Informationen verstehen und als Manager steuern können. Um dies zu erreichen, muss sich die Einstellungspraxis ändern: Rein technisch ausgebildete IT-Fachleute können den Anforderungen nur genügen, wenn sie sich soziokulturell, medienwissenschaftlich und psychologisch weitergebildet haben. Quereinsteiger aus anderen Disziplinen als der Informatik verdienen Vertrauen, wenn sie sich ihrerseits technisches Wissen erarbeitet haben und mit Technikern zusammenarbeiten können.

Darüber hinaus muss ein Trend umgekehrt werden, der die IT-Leiter und IT-Sicherheitschefs aus der direkten Anbindung an die Vorstands- und Geschäftsführungsebenen verdrängt hat. Wenn Informationen tatsächlich die wichtigste Ressource moderner Unternehmen sind, verdient deren Management eine angemessene Berücksichtigung in der Organisationshierarchie.

Gleichzeitig sollte die Ausbildung – oder besser Bildung – der CI(S)Os interdisziplinär strukturiert werden. Alle Wissensgebiete, die ein Informationsmanager heute braucht, stehen an den Hochschulen zur Verfügung – aber ohne Bezug auf die Herausforderungen des unternehmerischen Umgangs mit Informationen.

Beziehungsmanagement: Informationspotenziale ausschöpfen

CRM – mehr als nur Software **425**
FRANK WIDMAYER

Mit Web 2.0 Kundenbeziehungen verbessern **445**
WALTER GORA, SIGURD SEIFERT

Der Einsatz mobiler Tablets im Vertrieb **477**
THOMAS FLUM, TIM KAUFHOLD

**Kreative Potenziale ausschöpfen
durch Crowdsourcing & Co.** **493**
THOMAS SCHILDHAUER, HILGER VOSS

CRM – mehr als nur Software

Kundenorientierte Unternehmen kommen heutzutage nicht mehr ohne eine IT-gestützte Verwaltung ihrer Kundenbeziehungen aus. Doch Customer Relationship Management (CRM) ist nicht bloß Software, sondern ein ganzheitlicher Ansatz, der das Beziehungsmanagement als zentralen Wert des Unternehmens betrachtet.

In diesem Beitrag erfahren Sie:
- was ein ganzheitliches CRM ausmacht,
- wie ein erfolgreiches CRM-Projekt gestaltet werden kann,
- warum es sich lohnt, CRM auch auf andere Bezugsgruppen des Unternehmens zu erweitern.

Frank Widmayer

Einleitung

Eine aktuelle Studie von Roland Berger [1] über Kundenorientierung im TK-Markt kommt zu dem Schluss: »Customer centricity will separate the wheat from the chaff in the telecom industry.« Wer kennt sie nicht, die weit verbreiteten Geschichten über mangelnde Kundenorientierung bei den großen Telekommunikationsdienstleistern, aber auch in vielen anderen Branchen? Allerdings ist es auch nicht einfach, ein Unternehmen konsequent kundenorientiert auszurichten. Viele Fragen stellen sich: Wer sind meine Kunden? Und welche davon sind wirklich wichtig? Welche können mir überhaupt dabei helfen, erfolgreich zu werden? Sind nicht vielleicht sogar diejenigen, die noch gar keine Kunden sind, wichtiger für mich?

Nicht zuletzt kann Kundenorientierung sogar zum Problem werden, wenn sie falsch verstanden wird. Wenn man nämlich versucht, es jedem Kunden recht zu machen. Oder wenn übertriebene Kundenorientierung die Innovationskraft des Unternehmens ausbremst. »So wichtig auch eine konsequente Umsetzung von Kundenwünschen ist – wer grundlegende Innovationen auf den Markt bringen will, muss auch lernen, seine Kunden ein Stück weit zu ignorieren.« [2] In diesem Spannungsfeld die *richtige Balance zwischen Kundenorientierung und Innovationsmanagement* zu finden, ist sicherlich die hohe Kunst der Unternehmensführung.

Wie kann hier die Informationstechnologie unterstützen und wo sind die Grenzen und Risiken?

Eine grundsätzliche Feststellung ist wichtig: *CRM ist keine Software!* Customer Relationship Management ist vielmehr Teil einer ganzheitlichen Managementphilosophie und muss immer aus verschiedenen Blickwinkeln betrachtet werden. Sehr gut geeignet für die Beschreibung dieser Ganzheitlichkeit sind die drei Ebenen der Problemlösung, die von Fournier in seinem Buch »Die 10 Gebote für ein gesundes Unternehmen« [3] beschreibt, nämlich »*Bewusstsein, Methode und Technik«:* »Wenn es Probleme mit der Kundenorientierung gibt, ist es sinnvoll herauszufinden, auf welcher der drei Ebenen das Problem wirklich liegt« ([3], S. 24) (siehe dazu auch Kasten »Customer Excellence«). Bezeichnend ist, dass hierfür ein Fallbeispiel der Kundenorientierung verwendet wird. Da dieses sehr eindrucksvoll zeigt, worum es geht, soll es im Folgenden verkürzt wiedergegeben werden: Nehmen wir an, Sie sind Stammkunde eines Blumenfachhandels und rufen an, um eine Bestellung aufzugeben. Je nachdem, auf welcher Ebene das Problem liegt, verläuft das Gespräch unterschiedlich:

⇨ 1. Fall: Die Mitarbeiterin meldet sich freundlich, der Gesprächsverlauf ist sehr professionell und strukturiert. Sie müssen jedoch Ihre Daten und Präferenzen erneut formulieren, obwohl eigentlich alles bekannt sein sollte. *Ganz klar ein Problem der Technik.*

⇨ Im 2. Fall ist die Mitarbeiterin sehr freundlich, weiß sofort Bescheid und hat Zugriff auf Ihre Daten und Präferenzen. Allerdings ist das Gespräch unstrukturiert und chaotisch und es passieren Fehler. Sicherlich ein *Problem der Methode.*

⇨ Im 3. Fall erleben Sie ein gut strukturiertes Gespräch, ganz offensichtlich sind auch sämtliche Daten auf Knopfdruck vorhanden, aber Sie erleben eine unfreundliche und abweisende Mitarbeiterin, die ihre schlechte Laune an Ihnen auslässt. Sicherlich ein *Problem des Bewusstseins*.

An diesem Beispiel ist gut zu erkennen: Die Einführung eines CRM-Systems (= Technik) kann nur erfolgreich sein, wenn gleichzeitig zum einen Weiterbildungen im Bereich der kundenorientierten Abläufe, wie z. B. Gesprächsführung, Einwandbehandlung oder professionelles Telefonieren durchgeführt werden. Und zum anderen geht es um eine Transformation des Unternehmens hin zu einer kundenorientierten Einstellung (= Bewusstsein), die alle Ebenen und Bereiche des Unternehmens durchzieht. Hier ist vor allem die normative Ebene des Managements angesprochen, also z. B. die Formulierung und das Vorleben unternehmensweit gültiger Kernwerte. Aber auch Führungsleitlinien und tägliches Führungshandeln sind wichtige Hebel bei einem Bewusstseinswandel hin zu einer echten und »inneren« Kundenorientierung. Bei der CAS-Software AG wurden in einer interdisziplinären Projektgruppe entsprechende Leitlinien entwickelt und in einem eigenen Customer-Excellence-Guide formuliert. Hier wird vor allem die positive Wechselwirkung von Einstellung und Verhalten betont (Zitat: »Das positive Zusammenspiel von Einstellung und Verhalten sowie deren Wechselwirkung sind Voraussetzungen auf dem Weg zur Kundenbegeisterung«).

Kundenorientierung lässt sich letztendlich weder verordnen noch allein über Zielvereinbarungen oder finanzielle Anreize erreichen. Sie ist vor allem eine *Frage der persönlichen Einstellung und der Vorbildwirkung von Unternehmensleitung und Management*. Oder wie Sam Walton, der Gründer von Wal-Mart, einmal gesagt hat: »Es dauert keine 14 Tage, dann behandeln Mitarbeiter ihre Kunden so, wie sie selbst von ihren Chefs behandelt werden.« Es nützt also nichts, wenn die Mitarbeiterin im Blumenladen nach dem Telefonat und Ihrer

Beschwerde vom Chef mit den Worten »Seien Sie doch endlich mal freundlicher, Sie blöde Kuh!« getadelt wird.

Customer Excellence und eine passende Geschichte

Eine mögliche Definition von Customer Excellence lautet: »Customer Excellence ist das authentische Erfüllen konkreter und emotionaler Schlüsselerwartungen von Kunden – oder anderen relevanten Marktteilnehmern – wo immer und wann immer Kontakt mit dem Unternehmen besteht« (vgl. [4], S. 4).
Sicherlich kennen Sie das: Sie haben ein Problem mit einem kürzlich erworbenen Produkt, wenden sich an den zuständigen Support und haben das Gefühl, dass Ihr Problem nicht verstanden oder ernst genommen wird. »Das kann gar nicht sein...« oder »Das Problem hatten wir noch nie...«. Hierzu gibt es eine schöne Geschichte, die als »urban legend« (moderne Sage) im Internet zu finden ist:

Ein Auto mag kein Vanille-Eis
Eine Geschichte für all diejenigen, die verstehen, dass im Offensichtlichen nicht immer die Lösung liegt und dass Fakten immer noch Fakten sind, egal wie wenig plausibel sie sind...
Eine amerikanische Familie hatte ein seltsames Problem mit ihrem neuen Auto. Also schrieb sie an den Hersteller: Die Familie habe die Tradition, nach jedem Essen eine Packung Eis zu holen. Über den Eis-Geschmack werde abgestimmt, danach werde die Eis – nun mit dem neuen Familienauto – vom nahen Laden im Ort geholt. Dabei scheine es so zu sein, dass das neue Auto kein Vanille-Eis möge, denn immer, wenn dieser Eis-Geschmack gekauft werde, springe der Wagen hinterher nicht mehr an. Die anderen Sorten seien unproblematisch.
Beim Hersteller war man misstrauisch, schickte aber einen Techniker zu der Familie, der sich den Effekt vorführen ließ. Tatsächlich: Kaufte die Familie Vanille-Eis, sprang der Wagen nicht an. Bei anderen Eissorten startete er problemlos. Der Techniker verbrachte mehrere Abende bei der Familie und machte sich alle Arten von Notizen über die Fahrten zum Laden. Schließlich fiel ihm auf, dass der Einkauf von Vanille-Eis nicht so lange dauerte wie der einer anderen Sorte. Der Laden war nämlich etwas eng und verwinkelt. Vanille-Eis, die am häufigsten nachgefragte Eis-Sorte, war in einer Gefriertruhe direkt an der Kasse zu finden. Alle anderen Sorten standen weiter hinten im Geschäft in einer Truhe. Daher verlief der Einkauf von Vanille-Eis schneller als der einer anderen Sorte.
Der Techniker fand nun heraus, dass in diesem Zeitunterschied beim Einkauf das eigentliche Problem lag. Nach jeder Fahrt mit dem Auto bildete sich nämlich im noch heißen Motor eine Benzindampf-Blase in der Benzinpumpe. Diese Blase konnte bei den Startversuchen nach dem kürzeren Einkauf von Vanille-Eis kein Benzin mehr fördern. Nach dem Kauf der anderen Eissorten war der Motor dagegen hinreichend abgekühlt, so dass die Benzinpumpe wieder normal funktionierte.
(Quelle: Fundstück aus dem Internet, eigene Übersetzung. Download unter http://www.snopes.com/autos/techno/icecream.asp)

Ganzheitliche und strategische Einordnung der CRM-Strategie

Noch einmal zurück zu der obigen Feststellung, dass CRM keine Software ist. Man sollte glauben, dass im Management inzwischen Einsicht eingekehrt ist und man sich davon gelöst hat, CRM als Tool für das Vertriebs- oder Marketing-Controlling (wenn nicht sogar im Sinne von Kontrolle) zu verstehen. Dennoch gibt es hier noch gewaltigen Nachholbedarf, wie eine Capgemini-Studie [5] zeigt. Auf die Frage, nach welcher Strategie eine Ableitung der CRM-Strategie erfolgt, gaben zwei Drittel der Befragten an, dass dies die Marketing- bzw. Vertriebsstrategie sei, während nur bei 29 Prozent der Befragten die CRM-Strategie aus der Unternehmensstrategie abgeleitet wird. Deshalb lässt sich auch annehmen, dass die Unternehmensstrategie in den Unternehmen recht selten einen expliziten Bezug zum Kunden herstellt, sonst wäre sie bei einem deutlich höheren Anteil für die CRM-Strategie maßgebend.

Bezüglich der Zuständigkeit für CRM zeigt die Studie allerdings, dass in den vergangenen Jahren eine Verschiebung stattgefunden hat. Hat sich im Jahre 2006 noch in 60 Prozent der Unternehmen die IT mit CRM befasst, so tut sie es heute nur noch in 32 Prozent. Ob das allerdings zu begrüßen ist, sollte hinterfragt werden, weil im gleichen Zeitraum der Anteil in Bezug auf die Geschäftsleitung bei knapp über 40 Prozent praktisch unverändert geblieben ist.

Die klare Empfehlung lautet hier, die CRM-Strategie von der Unternehmensstrategie abzuleiten oder besser noch, *Kundenorientierung als zentralen Wert* zu definieren. Zudem muss die *Geschäftsleitung maßgeblich im CRM-Projekt eingebunden sein und sowohl Treiber als auch Vorbild* sein.

Faktoren einer erfolgreichen CRM-Einführung

Doch wie geht man es nun an? Schließlich steckt man als IT-Verantwortlicher immer in der Schwierigkeit, die Wirtschaftlichkeit von IT-Investitionen nachweisen zu müssen. Wie soll das bei einem CRM-System funktionieren, wo ein solch großer Anteil der Wirkung nur durch gleichzeitige Maßnahmen auf der Bewusstseins- bzw. Methoden-

ebene erzielt wird (s.o.)? Hier ist anzumerken, dass die *Wirtschaftlichkeit einer CRM-Software schon relativ leicht nachgewiesen werden kann.* Viele Kalkulationsbeispiele zeigen, dass schon alleine durch eine tägliche Ersparnis von 10 Minuten pro Mitarbeiter die Wirtschaftlichkeit durch die Einsparung der entsprechenden Personalkosten gegeben ist [6]. Mögliche Einsparungen entstehen auf vielfältige Weise, hier nur eine kleine Auswahl (siehe [7]):
⇨ bei der Informationssuche durch Rundum-Sicht der Kundenakte,
⇨ bei internen Prozessen durch unternehmensweiten Zugriff,
⇨ bei der Korrespondenz durch intelligentes Dokumentenmanagement,
⇨ im Vertrieb durch zentrale Daten,
⇨ bei der Weiterverfolgung von Projekten durch effiziente Workflows.

Dem könnte man hinzufügen, dass die eigentlichen Kosten von CRM sich dann ergeben, wenn man CRM nicht einführt, so wie das im Grunde für alle IT-Investitionen gilt. Leider gibt es kaum interne Berichtssysteme, die in der Lage sind, die entsprechenden Kosten verursachergerecht festzuhalten. Was kostet denn der verlorene Auftrag, nur weil eine Information nicht zum richtigen Zeitpunkt beim richtigen Mitarbeiter war? Wie viel Geschäftsvolumen geht verloren, nur weil die Verbesserungsvorschläge der Kunden nicht strukturiert gesammelt und ausgewertet werden? Wie viel Umsatz entgeht dem Unternehmen, weil der Vertriebsmitarbeiter beim Kunden vor Ort keinen Zugriff auf die gewünschten Produktinformationen hat?

Für den späteren Nachweis der Wirtschaftlichkeit und für die klare Ausrichtung bei der Einführung des Systems empfiehlt es sich deshalb, *bereits vor der Systemauswahl klare Zielsetzungen und Messkriterien* festzulegen. Diese helfen bei der Auswahl von System, Anbieter und Systemintegrator und sollten handlungsleitend für die Projektumsetzung sein. Beispiele hierfür sind (vgl. [8]):
⇨ Kundenzufriedenheit und Wiederkehrraten um 15 Prozent steigern,
⇨ 10 Prozent Ertragssteigerung durch Cross- und Up-Selling,

⇨ Einsparung bei Suchzeiten nach Dokumenten und Kundendaten um 25 Prozent,
⇨ Senkung der Unzustellbarkeitsquote bei Mailing-Aktionen um 30 Prozent.

Fragestellungen zur Einbindung und Funktionalität eines CRM-Systems

Hier stellt sich nun die Frage, welches denn die typischen Funktionalitäten eines CRM-Systems sind. Was macht ein CRM-System, welche Rolle spielt es im Gesamtbild der IT-Landschaft? Wie können die Funktionalitäten klassifiziert und strukturiert werden?

IT-Landschaft

Soll das Unternehmen konsequent und nachhaltig kundenorientiert ausgerichtet werden, dann sollte Kundenorientierung sich auch *auf allen drei Problemlösungsebenen als Dreh- und Angelpunkt* darstellen. Das bezieht sich zum einen auf die Ebene *Bewusstsein,* wo es um eine kundenorientierte Einstellung geht. Zum zweiten geht es um entsprechende *Methoden,* also um Wissen, Fertigkeiten und Fähigkeiten, die außer dem Wollen auch das Können ansprechen. Und nicht zuletzt bezieht sich dies auch auf die Ebene der *Technik,* hier im speziellen die IT. Eine kundenorientierte IT-Landschaft sollte also kundenbezogene Systeme wie gerade das *CRM-System in den Mittelpunkt stellen.* ERP- und andere Systeme werden darum herum platziert und tauschen über zahlreiche Schnittstellen Daten aus. Führendes System insbesondere zum Anwender hin sollte aber das CRM-System sein, hier laufen die Fäden zusammen und der Anwender erhält auf einen Blick für jeden Kunden alle relevanten Informationen. Aus einem Business Case stammt das Zitat: »Weil Kunden bei uns im Mittelpunkt stehen, haben wir das CRM-System als zentrale Software in unserer IT-Landschaft erkoren.« [9]

Klassifizierung von CRM-Funktionalitäten

Eine Einteilung in analytische, kommunikative und operative Komponenten ist allgemein üblich. Abbildung 1 zeigt, wie die einzelnen Komponenten der Systemlandschaft und die Umwelt in Interaktion stehen.

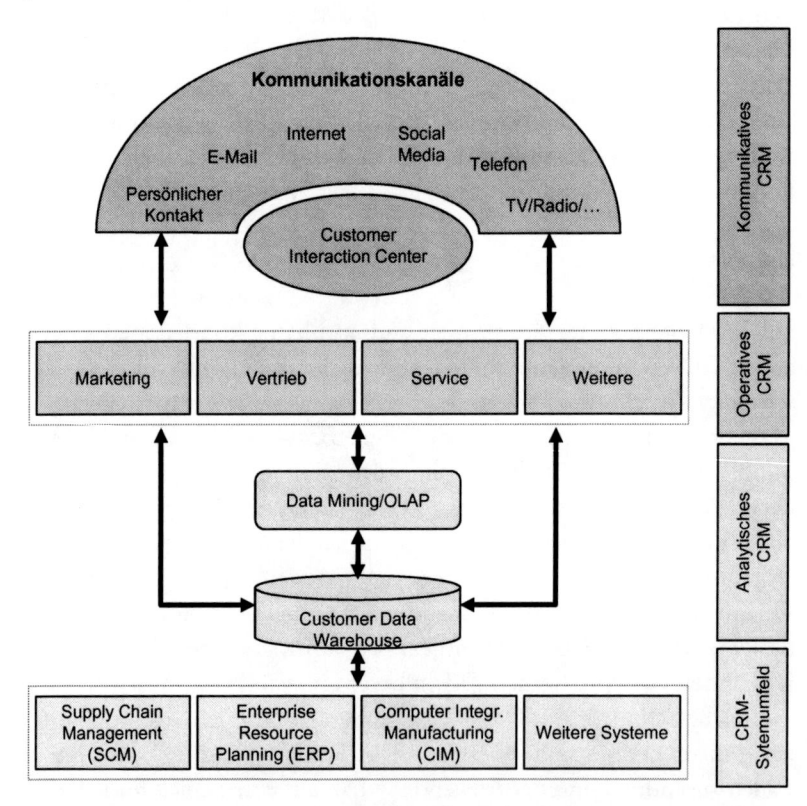

Abb. 1:   *CRM-Komponenten und IT-Landschaft (vgl. [10] und [11])*

Die einzelnen Ebenen des CRM-Systems werden hierbei wie folgt klassifiziert:

- *Das kommunikative CRM* stellt sämtliche Funktionalitäten zur Unterstützung der direkten Kommunikation mit dem Kunden zur Verfügung. Hierbei geht es hauptsächlich um die *einheitliche und systematische Abwicklung* derjenigen Unternehmensprozesse, die direkten Kontakt mit dem Kunden herstellen. Sämtliche *Kommunikationskanäle* und *Kontaktpunkte* sind dabei zu betrachten. Wesentliche Voraussetzung ist die Speicherung aller kontaktbezogenen Informationen (bzw. entsprechender Verweise) in einer *zentralen Datenbank,* die mit den Kunden-Stammdaten verknüpft sind. Dies bezieht auch Daten aus anderen Systemen (ERP, SCM etc.) mit ein. Somit sind in einer einheitlichen *Kundenakte* für jeden Mitarbeiter auf einen Blick alle wesentlichen Informationen ersichtlich und der Kunde kann kompetent beraten werden.
- Beim *operativen CRM* geht es um die IT-gestützte Abwicklung der kundenbezogenen Prozesse, also im Wesentlichen die möglichst weitgehende *Automatisierung der Standard-Prozesse.* Dies sind zum Beispiel Kampagnen, Verkaufschancen, Projektmanagement, Angebotserstellung oder Reklamationsbehandlung. Durch die effektive und effiziente Abwicklung der Alltagsarbeit wird Zeit gewonnen für die individuelle Behandlung der Sonderaufgaben.
- Das *analytische CRM* beschäftigt sich mit dem Erheben, Speichern und Analysieren der kundenbezogenen Daten. Hierzu werden alle Informationen aus den kommunikativen und operativen Bereichen gesammelt und entsprechend miteinander verknüpft. Standard-Auswertungen und Kunden-Cockpits bieten einen schnellen Überblick und schaffen Klarheit über z. B. Historie und Kundenwert. Über Data Mining können zusätzliche Informationen aus der Verknüpfung mit externen Datenquellen (z. B. demografische Datenbanken) gewonnen werden. Das Ziel ist die *kontinuierliche Verbesserung der kundenbezogenen Geschäftsprozesse.*

Hierbei wird klar, dass für ein effektives und effizientes Beziehungsmanagement ein IT- und Kommunikationssystem unerlässlich ist. Der Mitarbeiter, der mit dem Kunden in Kontakt steht, wird von Routineaufgaben entlastet, hat sämtliche relevanten Informationen auf Knopfdruck zur Verfügung und kann somit schnell und kompetent auf den Kunden individuell eingehen. Dies beinhaltet u. a. auch die *kundenwertorientierte Betrachtung,* so dass der Stammkunde auch bedient werden kann.

Varianten des Betriebs

Heutzutage bestehen im Wesentlichen zwei Formen des Betriebs von CRM-Anwendungen:

⇨ *On-Premise-Lösungen* werden auf der eigenen Hardware installiert. Dies kann durchaus auch angemietete Hardware sein, die außerhalb des Unternehmens steht (Hosted CRM). Üblicherweise ist das Bezahlmodell jedoch Kauf oder Miete der Software-Lizenz, man zahlt also für die Nutzung der Software.

⇨ Bei *Saas-Lösungen* (Software as a Service) ist die Software über das Internet zugänglich und das Unternehmen zahlt lediglich für die Nutzung der Funktionalität. Sowohl der Betrieb der Software als auch die Datenbank liegen in der Cloud oder auf dedizierten Systemen in Rechenzentren.

Obwohl SaaS-Lösungen in vielen Bereichen auf dem Vormarsch sind, gibt es auch heute noch mit gutem Grund eine Vielzahl von On-Premise-Lösungen. Beide Varianten haben Vor- und Nachteile und es gilt abzuwägen, welche Variante zum jeweiligen Einsatzszenario besser passt. SaaS-Lösungen haben den Vorteil *niedriger Einstiegshürden,* da Hard- und Software komplett betriebsfertig bereitgestellt werden. Der Anwender zahlt pro Arbeitsplatz einen monatlichen Betrag, darin sind üblicherweise sämtliche Services wie z. B. Backup enthalten. Der vermeintliche Nachteil im Bereich der Datensicherheit (Zugriff über das Internet, Daten liegen nicht im eigenen Unternehmen) relativiert sich, wenn man sich die Situation im Bereich von Datensicherheit und Datenschutz in manchen Unternehmen, vor allem in kleineren und mittleren, betrachtet. Hier zeigt nämlich die Erfahrung, dass entsprechende Maßnahmen oftmals wegen fehlender personeller oder finanzieller Ressourcen zu kurz kommen. Zudem entstehen mehr Schadensfälle durch eigene Mitarbeiter als durch Hackerangriffe [12].

On-premise-Lösungen haben vor allem noch den großen Vorteil, *mehr Integrationstiefe* zu bieten. Gerade wenn die IT-Landschaft stark vernetzt sein soll und eine Vielzahl von Anwendungen und operativen Systemen anzubinden sind, bieten auf den Haussystemen installierte Lösungen heute noch deutliche Vorteile. Zudem lässt sich das System besser und individueller auf die Bedürfnisse des Unternehmens anpassen.

Welche Technologie besser geeignet ist, hängt also im Wesentlichen von den Rahmenbedingungen und Zielsetzungen ab. Kleinere Unternehmen können mit SaaS-Lösungen schnell und günstig in eine CRM-Lösung einsteigen. Insbesondere die Möglichkeit, jederzeit und überall auch über mobile Endgeräte auf die Daten zugreifen zu können, ist attraktiv. Mittlere und große Unternehmen mit einer komplexen IT-Landschaft finden sicherlich in einer On-premise-Installation eine adäquate Lösung.

Die CRM-Einführung

Eine CRM-Einführung ist *kein reines IT-Projekt,* aber das sind bei genauer Betrachtung wohl die wenigsten IT-Projekte. Eine CRM-Einführung ist Change-Management, denn wie bereits erwähnt, muss für eine ganzheitliche CRM-Strategie außer der Technik (Software und Systeme) auch die Methode (Kenntnisse, Fertigkeiten und Fähigkeiten) und das Bewusstsein (Einstellung, Haltung, Unternehmenskultur) berücksichtigt werden. Ein Einführungsprojekt verläuft normalerweise in den folgenden Phasen:

Strategieentwicklung

Wie bereits erwähnt, muss der Ausgangspunkt der CRM-Einführung Leitlinien und Strategie des Unternehmens sein. Wie lauten *Mission, Vision und Kernwerte?* Welche Strategie wird verfolgt? Und wo und an welcher Stelle ist der Kunde? Hier muss die Unternehmensleitung *klare Aussagen zur Kundenorientierung* für die Formulierung der CRM-Ziele machen.

Zielsetzung, Auswahlkriterien, Auswahl

Ausgehend von der Unternehmensstrategie formulieren Unternehmensleitung und Projektleitung die *CRM-Strategie* und definieren die *Zielsetzungen* für das CRM-System. Hieraus werden die Kriterien für die Auswahl der Systeme und Dienstleister abgeleitet. Das beste System nützt nichts, wenn die einzelnen Dienstleister nicht zum Unternehmen oder zueinander passen.

Im Rahmen der Zielformulierung und Auswahl macht es Sinn, eine Analyse des CRM-Reifegrads vorzunehmen, um mehr *Klarheit über die notwendigen Hebel* zu bekommen. Mögliche Kriterien hierbei sind:
⇨ Differenzierung der Kunden nach Kundenwert,
⇨ Möglichkeiten für Kunden, Kontakt mit dem Unternehmen aufzunehmen,
⇨ personalisierte Ansprache des Kunden z. B. bei Kampagnen,
⇨ Durchführung regelmäßiger Kundenbefragungen,
⇨ Schnelligkeit bei der Beantwortung von Kundenanfragen,
⇨ strukturiertes und nachhaltiges Beschwerdemanagement,
⇨ regelmäßige Kontaktaufnahme mit den Kunden über Newsletter o. ä.

System-Einführung

Die Einführung des CRM-Systems ist natürlich vor allem eine *IT-seitige Herausforderung*. Wie oben gezeigt, sollte das CRM-System eine zentrale Stelle in der Systemlandschaft einnehmen, deshalb ist ein *hoher Integrationsgrad* notwendig. Die Übernahme von Bestandsdaten und die Einrichtung der Schnittstellen sind Voraussetzung für den reibungslosen Betrieb des CRM-Systems. Hier empfiehlt es sich, besonders sorgfältig vorzugehen. Die Anwender sollten sich sofort zurechtfinden und »ihre« Daten wiedererkennen.

Die Einführung muss natürlich flankiert werden durch *intensive Schulungen* der Nutzer, nicht nur in System- und Anwendungsfragen. Wie bereits dargestellt, sind Fähigkeiten und Fertigkeiten im Umgang mit dem Kunden (Gesprächsführung, Konfliktbehandlung etc.) genauso zu lernen und zu üben.

Das System sollte unbedingt *in Stufen* eingeführt werden. Dies kann sich auf Module oder organisatorische Einheiten beziehen. Die Erkenntnisse der einzelnen Schritte sollten dann natürlich in die weiteren Schritte einfließen. Ein Gesamtplan nach dem Motto »*Start Small, Think Big*« ist wichtig, damit das Gesamtbild klar ist. Dennoch sollte die Planung ausreichende Flexibilität ermöglichen, um auch auf Änderungen und Erkenntnisse während des Projekts adäquat reagieren zu können.

Überführung in den Regelbetrieb

CRM endet nicht mit der Liveschaltung des Systems. Erst der reibungslose Übergang in den Regelbetrieb schafft die Voraussetzungen für ein erfolgreiches Projekt. *Die Überwachung und Steuerung* sowie die Verknüpfung der laufenden Verbesserungen mit den weiteren Projektphasen sind wichtig für die weitere Akzeptanz und Verbreitung des CRM-Systems. Nach den ersten Erfolgen sollte man nicht nachlassen, sondern umso intensiver an der Optimierung der Funktionalität und der Verwendung feilen.

Nach jeder Stufe der Einführung sollte das Ergebnis einem *Review* unterzogen und die nachfolgenden Stufen entsprechend angepasst werden.

Herausforderungen und Risiken bei der Einführung

Ein CRM-Einführungsprojekt ist wie jedes komplexe IT-Projekt an sich schon eine Herausforderung. Es kommt hinzu, dass CRM vielfältige Schnittstellen und einen großen Anwenderkreis hat. Die Einführung birgt eine Vielzahl von Risiken, allerdings bei entsprechender Vorbereitung auch enorme Chancen für das Unternehmen und jeden einzelnen Mitarbeiter. Hier die typischen Fehler einer CRM-Einführung:

Fehler 1: Den alten Prozessen eine neue Technik überstülpen

Die Automatisierung von schlechten Prozessen führt dazu, dass man die Kunden nach Einführung dann noch schneller und nachhaltiger verärgern kann. Doch die richtige Abbildung der Prozesse allein ist auch kein Allheilmittel, die Prozesse sind schließlich nur hilfreich für die Herausforderungen, die man vorher in sie hineingedacht hat. *Flexibilität, Offenheit und eine wirklich kunden- und problemlösungsorientierte Einstellung* der Mitarbeiter sind (mindestens) genauso wichtig.

Fehler 2: Produktorientierung statt Kundenorientierung

Lothar Späth sagt in seinen spannenden Vorträgen immer wieder: »[…] ein guter Ingenieur hasst seinen Kunden […]« [13], da der Kunde das mit großem Aufwand und viel Hirnschmalz ausgetüftelte Produkt einfach nicht verstehen will. Was man nicht erklären kann, kann man auch nicht verkaufen, egal wie »innovativ« die Idee ist. Also heißt die klare Empfehlung, das Unternehmen und alle Unternehmensbereiche auf den Kunden und den Markt auszurichten. Aber Achtung: »Übertriebene« Kundenorientierung kann auch eine Falle sein, denn »oftmals besteht die Herausforderung darin, dass die Verbraucher nicht genau artikulieren können, was sie wollen, brauchen oder mögen.«

([14], S. 22) Hier besteht also die Lösung in der geeigneten Gestaltung der Konsumforschung, eine Kundenbefragung ist oft wenig aufschlussreich, zumindest wenn sie ungeschickt gestaltet ist. Was kommt wohl heraus, wenn man Kunden beispielsweise befragt, welche Merkmale sie bei einer neuen Kreditkarte wünschen? »Wie Sie sich vorstellen können, sind die Ergebnisse [...] ziemlich vorhersehbar. Verbraucher wollen 0 Prozent effektiven Jahreszins, keine Jahres- oder Transaktionsgebühren, dafür aber selbstverständlich eine ganze Reihe an teuren Zusatznutzen [...]« ([14], S.21). Interessante und unterhaltsame Einsichten zu diesem Thema ergeben sich auch aus der Geschichte der Produktgestaltung von Kaffee, Senf, Tomatensauce und Ketchup (siehe [15]).

Fehler 3: Zu wenig (oder zu viel oder die falschen) Ressourcen

Wie jedes Projekt kann auch eine CRM-Einführung an den Ressourcen scheitern, meistens sind es zu wenig. Das beginnt mit der finanziellen Ausstattung des Projekts und der *Benennung einer Projektleitung*. Der Person oder dem Personenkreis kommt eine große Bedeutung zu. Ein ausreichendes Zeitbudget, die Ausstattung mit entsprechenden Kompetenzen und Freiheitsgraden sowie der klare Rückhalt durch die Geschäftsleitung sind wesentliche Erfolgsfaktoren. Ein CRM-Projekt bezieht viele andere Personen und Gruppen im Unternehmen ein. Daher ist auf eine *interdisziplinäre Besetzung des Projektteams* zu achten (kein »Elfenbeinturm-Projekt«), so dass möglichst viele Interessen frühzeitig berücksichtigt werden können. Dennoch muss von vornherein durch die Formulierung einer klaren Linie deutlich gemacht werden, dass das Projekt nicht »zerredet« werden kann.

Fehler 4: Kundenfeindliche Unternehmensstrukturen

Es gilt der Leitsatz: »*Structure follows Strategy*«. Wenn also in der Unternehmensstruktur eines kundenorientierten Unternehmens der Kunde nicht vorkommt, dann läuft etwas falsch. Die Finanzen sind wichtig, deshalb gibt es einen CFO (Chief Financial Officer) und in vielen Unternehmen wird anderen Ressourcen (Human Resources, Information Technology usw.) inzwischen ebenfalls eine wichtige Rolle beigemessen. Deshalb gibt es auch entsprechende Positionen. Doch nur in wenigen Unternehmen gibt es spezielle Rollen auf C-Level, die sich explizit mit dem Kunden beschäftigen. Das sollte sich in Zukunft ändern. Wie wäre es z. B. mit einem CCO, also einem Chief Customer Officer?

Trends und Ausblick

xRM

Die Abkürzung *xRM* steht für »Anything Relationship Management« oder »Extended Relationship Management«. Der Begriff ist zu verstehen als *Erweiterung des CRM-Gedankens auf alle Beziehungen von Unternehmen* zu den verschiedenen Stakeholdern (Bezugsgruppen) (siehe [16]). Die Praxis zeigt, dass auch heute schon in CRM-Systemen nicht nur Kunden verwaltet werden, sondern zumindest auch Interessenten und Ex-Kunden. Darüber hinaus stellt die Grundfunktionalität eines CRM-Systems (Adress- und Terminverwaltung, Kontaktmanagement und Akte) ein wirksames Instrumentarium zur Verfügung, um auch die Beziehung zu anderen Gruppen zu verwalten: Lieferanten, Presse, Partner, Mitarbeiter, Bewerber etc. Dahinter verbirgt sich eine Vielzahl von Chancen:

Personen und Unternehmen stehen *in vielfältiger Beziehung* zueinander. Die Beziehung »ist Kunde von« ist nur eine Ausprägung der Beziehung zwischen Personen und/oder Unternehmen (üblicherweise in CRM-Systemen). Gleichzeitig können weitere Beziehungsattribute wie »ist Lieferant von«, »steht in privatem Kontakt mit«, »ist ehemaliger Mitarbeiter« und andere gültig sein. Die *Kenntnis des gesamten Beziehungsgeflechts* kann eine entscheidende Information für die Gestaltung der Geschäftsbeziehung darstellen. Und sie wird der Tatsache gerecht, dass sich die Beziehungsattribute im Zeitverlauf ändern. Aus Mitarbeitern werden z. B. Ex-Mitarbeiter, Kunden, Empfehler, Partner oder was auch immer.

SaaS

Auch wenn die Verbreitung von SaaS für unternehmenskritische Anwendungen gerade in Deutschland noch relativ gering ist, so wird gerade das Trendthema »Cloud Computing« den SaaS-Markt antreiben. Zudem sind die Chancen bei der Nutzung einer SaaS-Anwendung und die Kostenersparnis nicht von der Hand zu weisen.

Social Media

Die Möglichkeiten von Social-Media-Plattformen haben zu einer raschen Verbreitung und einer großen Attraktivität vor allem im privaten Umfeld geführt. Aber auch in der *Gestaltung von Geschäftsbeziehungen* bieten diese Plattformen enorme Chancen. Von der automatischen Aktualisierung der Kontaktinformationen bis hin zu der Integration von Social Media Communities z. B. in *Open-Innovation-Prozessen* bietet sich eine große Bandbreite neuer Ansätze. Social-Media-Plattformen sind eine hervorragende Möglichkeit, *echte Kundenintegration* zu realisieren. Allerdings sollte eine *klare Strategie* vorhanden sein und insbesondere die Geschäftsleitung Treiber und Vorbild einer ganzheitlichen Öffnung des Unternehmens sein. Social Media ist mehr als nur ein zusätzlicher Kommunikationskanal für Marketing oder Werbung – es ist ein völlig neues Betriebssystem für Unternehmensführung und Kommunikation.

Literatur

[1] FEILER, K.-U.; FUEST, K.; STEINER, M.: *What customers really want – A customer-centric strategy for telecom operators*. Roland Berger Strategy Consultant. Download unter http://www.rolandberger.com/media/pdf/Roland_Berger_Studie_What_customers_really_want_20110428.pdf

[2] KREUZ, P.: *Studie: Kundenorientierung blockiert Innovationen*. Abgerufen von http://www.innovations-report.de/html/berichte/studien/bericht-10715.html

[3] FOURNIER, C. v.: *Die 10 Gebote für ein erfolgreiches Unternehmen*. Frankfurt: Campus, 2005

[4] HUBSCHNEIDER, M.: *Die neue Erfolgsstrategie: Customer Excellence aus: CAS@work*, Kundenzeitschrift der CAS Software AG, Ausgabe Nr. 37 (03/2008). Download unter http://www.cas.de/fileadmin/user_uploads/Enterprise/Enterprise/CAS-WORK/CASatWork-37.pdf

[5] CAPGEMINI: *CRM-Barometer 2009/2010*. Capgemini. Download unter http://www.de.capgemini.com/insights/publikationen/crm-barometer-2009-2010/?d=4D15A0F7-1348-E939-E458-D05287F7A66C

[6] *Amortisationsrechner unter* http://www.cas-mittelstand.de/crm-nutzen/crm-nutzen/wann-lohnt-sich-crm.html

[7] *CAS Unternehmensseiten*. Abgerufen von http://www2.cas.de/Produkte/genesisWorld/Amortisation-Einsparungen.asp

[8] WIDMAYER, F.: *Das Projekt CRM: Von Kosten, Nutzen & Co*. Themenspecial von crm expo, Oktober 2006 (www.acquisa-crm-expo.de) und in: Hubschneider, M.; Sibold, K. (Hrsg.): *CRM – Erfolgsfaktor Kundenorientierung*, Haufe-Verlag, 2007. Download unter http://www.crm-erfolg.de/CRM-Einfuehrung/Wie%20anfangen.asp

[9] *CRM-System im Zentrum der IT-Landschaft*, Business Case der Cybersystems GmbH. Download unter http://www.cybersystems.ch/publications/Business_Case_U-NICA.pdf

[10] HETTICH, S.; HIPPNER, H.; WILDE, K. D.: *Customer Relationship Management - Informationstechnologien im Dienste der Kundeninteraktion*. In: Bruhn, M.; Stauss, B. (Hrsg.): *Dienstleistungsmanagement: Interaktionen im Dienstleistungsbereich*. Wiesbaden: Gabler, 2001

[11] KURBEL, J.; BECKER, J.; GRONAU, N.; SINZ, E.; SUHL, L. (HRSG.): *Customer Relationship Management aus: Enzyklopädie der Wirtschaftsinformatik – Online-Lexikon*. Abgerufen unter http://www.enzyklopaedie-der-wirtschaftsinformatik.de/wi-enzyklopaedie/lexikon/informationssysteme/crm-scm-und-electronic-business/Customer-Relationship-Management

[12] VDI NACHRICHTEN: *Pressemeldung »Wenn Mitarbeiter Wissen preisgeben«*. Download unter http://www.corporate-trust.de/pdf/pm-080905.pdf

[13] SPÄTH, L.: *Marktführerschaft durch Innovationen. Rede von Lothar Späth bei der Tagung der GfK (Gesellschaft für Konsumforschung) 2002. Download unter http://www.gfk-verein.de/index.php?article_id=37&clang=0*

[14] MARKOWITZ, H.: *Selling Blue Elephants*. München: FinanzBuch Verlag, 2007

[15] GLADWELL, M: *The Ketchup Conundrum. In: The New Yorker, September 6, 2004. Online unter http://www.newyorker.com/archive/2004/09/06/040906fa_fact_gladwell*

[16] *Definition von xRM auf xRMblog (www.xrmblog.de): http://www.xrmblog.de/2010/10/beziehungsmanagement-wird-xrm/ bzw. http://www.xrmblog.de/tag/definition/*

Zusammenfassung

Customer Relationship Management (CRM) ist nicht nur Software. Zwar gehört zu einer durchgängigen und ganzheitlichen Kundenorientierung ein modernes, funktional vollständiges und in die Systemlandschaft integriertes IT-System, am besten als zentrale Komponente der IT. Für die Umsetzung von Kundenorientierung im Unternehmen sind aber außer der Technik auch die Methode und das Bewusstsein zu betrachten. Ein CRM-Einführungsprojekt ist deshalb kein reines IT-Projekt, es muss auch die Anwender in ihren Fertigkeiten und Fähigkeiten (Methode) und ihrer Einstellung (Bewusstsein) entwickeln. Ein erfolgreiches CRM-Projekt rührt von klaren, aus der Unternehmensstrategie abgeleiteten Zielsetzungen her und geht stufenweise vor. Anything Relationship Management (xRM) wird zukünftig den Fokus auf alle Bezugs- und Anspruchsgruppen des Unternehmens erweitern und so ein ganzheitliches Beziehungsmanagement ermöglichen. Der Trend zu Software as a Service (SaaS) wird sich verstärken und Anwender werden neue Möglichkeiten der Nutzung auf sämtlichen Plattformen erleben. Die Integration von Social Media bietet neue Möglichkeiten der Interaktion mit Kunden und Partnern.

Mit Web 2.0 Kundenbeziehungen verbessern

Heutzutage stehen Unternehmen vor der Herausforderung, neue Wege zu gehen, um die Kundenbindung zu erhöhen, sich vom Wettbewerb zu unterscheiden und neue Kunden zu gewinnen. Web-2.0-Technologien scheinen hierfür ein geeignetes Hilfsmittel zu sein. Aber welchen Nutzen bringen sie den Unternehmen wirklich?

In diesem Beitrag erfahren Sie:
- welches Potenzial Web 2.0 für Unternehmen in der B-to-B- und B-to-C-Kommunikation haben,
- wie sich der konkrete Nutzen von Web-2.0-Technologien ableiten lässt,
- wie man die Nutzenpotenziale von Geschäftsprozessen und einzelnen Aufgaben quantifizieren kann.

WALTER GORA, SIGURD SEIFERT

Einleitung

Hintergrund

Das rasante Tempo technologischer Innovationen, ein verändertes Informations- und Kommunikationsverhalten bei Unternehmen sowie die vielfältigen Möglichkeiten der Kollaboration in digitalen Wertschöpfungsketten und Kommunikationsnetzen führen zu einer hohen Dynamik und Komplexität der heutigen Wirtschaftswelt. Um sich unter diesen Bedingungen auch zukünftig Wettbewerbsvorteile sichern zu können, müssen Unternehmen schneller denn je agieren. Sie müssen die Konsequenzen ihres Handelns am Markt unmittelbar erkennen, auswerten und passende Veränderungsprozesse ohne Zeitverzögerung umsetzen.

Um den Anforderungen der digitalen Ökonomie gerecht werden zu können, reichen die klassischen Instrumente der Kommunikation im Unternehmen und mit Kunden bzw. potenziellen Interessenten nicht mehr aus. Zahlreiche Unternehmen stellen sich diesem Veränderungsdruck, indem sie beispielsweise Social-Media-Tools zur Optimierung des Austauschs von Wissen, Informationen und Meinungen zwischen Führungskräften und Mitarbeitern, aber auch zwischen den Mitarbeitern erproben.

Angesichts eines verstärkten Wettbewerbs müssen neue Wege gesucht werden, um die Kundenbindung zu erhöhen, sich gleichzeitig vom Wettbewerb zu unterscheiden und neue Kunden zu gewinnen. Hierzu sind Web-2.0-Technologien ein geeignetes Hilfsmittel, deren Einsatz aber die organisatorischen, personellen und finanziellen Rahmenbedingungen berücksichtigen muss.

Der mit dem Einsatz neuer Technologien einhergehende Wandel der internen und auch der externen Kommunikationskultur stellt die Unternehmen vor besondere Herausforderungen.

Begriffsbildung und Definitionen

In den letzten Jahren hat der von Tim O'Reilly 2005 geprägte Begriff »Web 2.0« [1] Einzug in die Unternehmen gehalten. Mit dem Begriff Web 2.0 sind nicht nur neuartige Webtechnologien gemeint, sondern vielmehr eine Kombination aus neuen Technologien (z. B. Web Services, RSS, Mashups), neuen Anwendungstypen (sog. »Social Software« wie Weblogs, Wikis, Social Networking), neuen sozialen Interaktionsmustern und Organisationsprinzipien (z. B. Mitwirkung/ Partizipation, kollektive Intelligenz) sowie neuen Geschäftsmodellen (z. B. Software als Service, The Long Tail, Webtop).

Für den Einsatz der Anwendungen und Technologien des Web 2.0 in Unternehmen hat sich mittlerweile der Begriff »Enterprise 2.0« herausgebildet. Dabei geht es um die Nutzung der Innovationspotenziale von Web-2.0-Technologien für Unternehmen. Web 2.0 bzw. Social Software wird ein großes Potenzial zugesprochen, um die Prozesse, die Kommunikation, die Zusammenarbeit und den Wissensaustausch im Unternehmen sowie mit Externen wie Partnern, Zulieferern und Kunden zu verbessern [2]. Im Gegensatz zum häufig technisch verstandenen Begriff des »Web 2.0« wird mit »Enterprise 2.0« viel stärker zum Ausdruck gebracht, dass mit der technischen Innovation auch ein organisationaler Wandel in den Unternehmen einhergeht.

Aufgabenstellung

Gegenstand des hier beschriebenen Projektes war die Entwicklung eines Gesamtkonzeptes, das den Einsatz moderner Werkzeuge (»Web 2.0«) im Rahmen des Dialogs mit Kunden und Interessenten (»Customer Interaction«) untersucht, auf den Bedarf der einzelnen organisatorischen Bereiche eingeht und Maßnahmen zur Umsetzung vorschlägt.
Inhaltlich wurden dabei die folgenden Themen in Bezug auf Nutzen und Umsetzbarkeit analysiert:
- Einsatz von Web 2.0 im Rahmen der internen und externen Kommunikation,
- verstärkter Einsatz von Videos und E-Learning-Funktionalitäten zur Verbesserung des »Customer Self Service« (Kundenselbstbedienung),
- web-basierte Audio- und Videokommunikation,
- Aufbau eines Forums/Community-Chat-Rooms: Bereitstellung einer Plattform, um neue Services zu präsentieren, inklusive anschließender Diskussion/Fragen und Antworten; neue Services dem Kunden »schmackhaft« machen und informieren; (moderierte) Vorstellung neuer Services (z. B. Video/Videobotschaften, Demos, Prozessdarstellung, Podiumsdiskussion),
- Einsatz von Social Networks zur Personalbeschaffung und zum -recruiting.

Generelle Trends, Anforderungen und Rahmenbedingungen

Relevante Trends und Schlüsselfragen

Laut der Capgemini-Studie »IT-Trends 2011« ist nach der Finanz- und Wirtschaftskrise der Bedarf an Innovationen generell hoch, insbesondere an IT-Innovationen. Es geht darum, etwas Neues zu entwickeln, um Produkte, Dienstleistungen und innerbetriebliche Prozesse des Unternehmens zu verbessern. Das ist für viele Geschäftsführer oder Vorstände zwar keine unbekannte, aber eine ungewohnte Herausforderung, denn in den letzten Jahren hat man sich hauptsächlich um Kostensenkungen und die Erhöhung der Effizienz von IT-Services gekümmert. Jetzt sollen neue Technologien analysiert und genutzt werden, um neue Umsatzquellen zu erschließen.

Der Innovationsdruck wirkt sich auf fast jeden Bereich im Unternehmen aus: Er führt gegebenenfalls zu höheren Budgets, beeinflusst die Rolle der Business-Leiter und erfordert die Veränderung am IT-Einsatz, denn viele Unternehmen außerhalb der Hightech- und Consumer-Electronics-Branche sind noch nicht darauf eingerichtet, dass ihre IT gemeinsam mit der Fachabteilung Services und Produkte für den Endkunden entwickelt.

Als Konsequenz ergeben sich die folgenden Kernfragen im Rahmen des hier vorgestellten Ansatzes:
- ⇨ Wie sollen Unternehmen mit dieser Herausforderung umgehen?
- ⇨ Wie können werthaltige Services identifiziert und ausgerollt werden?
- ⇨ Welche Bedeutung haben kurzfristig Web-2.0-Technologien im Rahmen eines gesamtheitlichen Konzepts?

Insbesondere die breite Nutzung einer Vielzahl von Kommunikationswerkzeugen über mobile Endgeräte führt zu einem Paradigmenwechsel bei der Bereitstellung von Anwendungen und Dienste sowie von Ergonomie und Usability. Nicht mehr die »professionelle« IT ist der Vorreiter, sondern die »Apps« auf den mobilen Endgeräten.

Business-to-Business-Services werden sich in den nächsten Jahren noch wesentlich stärker an Business-to-Comsumer-Erfahrungen (z. B. »Apple«) ausrichten; Kunden kreieren ihre eigenen Communities. Vom Markt akzeptierte Innovationen sind damit keine Pflicht-, sondern Überlebensaufgabe für ein Unternehmen. Dies bedeutet auch, dass langjährige IT-Realisierungsprojekte mehr und mehr schwinden werden. Vielmehr besteht die Notwendigkeit, moderne Technologien schnell und gezielt einzusetzen.

Web 2.0

Unter dem Schlagwort »Web 2.0« hat sich in den letzten Jahren ein regelrechter Hype entwickelt. Dabei steht es eigentlich nur für eine Sammlung und Zusammenfassung aktueller Trends und Entwicklungen, die sich im World Wide Web in den letzten Jahren vollzogen und zu einer veränderten Wahrnehmung und Nutzung des Webs geführt haben. Dieses Delta an Veränderung – eine detaillierte Diskussion findet sich z. B. in [1] – ist zeitlich anzusiedeln zwischen dem Internet-

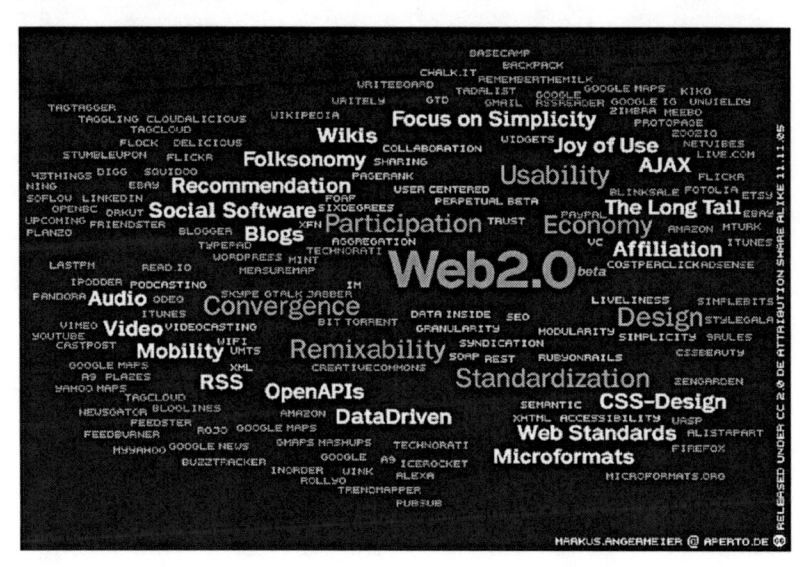

Abb. 1: *Tag Cloud mit häufig verwendeten Web-2.0-Schlagworten [3]*

Hype um das Jahr 2000 (Web 1.0) und der Prägung des Begriffs Web 2.0 um das Jahr 2005 durch O'Reilly und Dougherty.

Entwicklungsbereiche des Web 2.0

Gemäß einer Studie des Fraunhofer-Instituts [4] lassen sich folgende Entwicklungsbereiche des Web 2.0, wie in Abbildung 2 dargestellt, unterteilen:
⇨ Neue Technologien,
⇨ Neue Interaktionsmuster,
⇨ Neue Anwendungen,
⇨ Neue Geschäftsmodelle.

Neue Technologien (z. B. AJAX)

Neue Interaktionsmuster (z. B. Partizipation)

Neue Anwendungen (Social Software, z. B. Wiki, Blog)

Neue Geschäftsmodelle (z. B. The Long Tail)

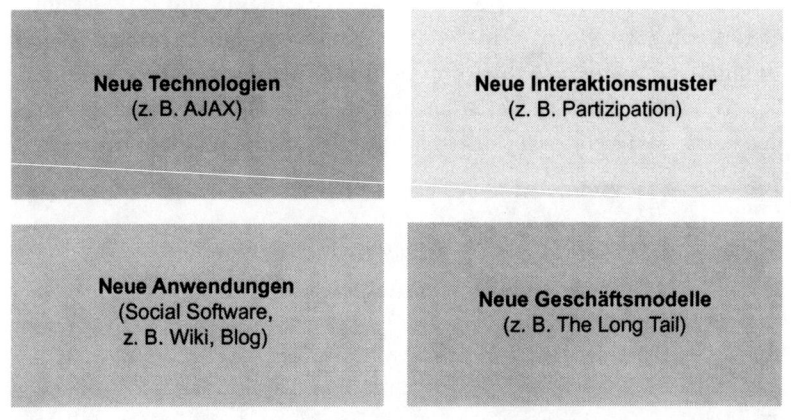

Abb. 2: *Entwicklungsbereiche des Web 2.0 [4]*

Werkzeug-Überblick Web 2.0

»Customer Services«, auch häufig »Customer Care« genannt, beinhalten alle Dienstleistungen und Informationswünsche, die nach dem Verkauf eines Produkts oder einer Dienstleistung vom Kunden nachgefragt werden. Im Folgenden werden die für die Erbringung von Customer Services relevanten Werkzeuge kurz erläutert.

Tabelle 1: Werkzeuge für Customer Services

Werkzeug	Kurzbeschreibung
Wiki	Kurzform für ursprünglich WikiWiki oder WikiWeb; ein offenes Autorensystem für Webseiten. Wikis sind im World Wide Web veröffentlichte Seiten, die von den Benutzern online geändert werden können.
Weblog bzw. Blog	Schachtelwort aus Word Wide Web und Log (für Logbuch); ein elektronisches Tagebuch im Internet und typische Anwendung des Web 2.0. Im Gegensatz zu einer persönlichen Homepage, die eine Art Visitenkarte des Betreibers darstellt, handelt es sich bei einem Blog um ständig aktualisierte und kommentierte Aufzeichnungen.
Social-Networking-Plattformen (SNP)	Webportale, die öffentlich zugängliche Informationen zu einer Person bereitstellen sowie die Kommunikation, Interaktion und Vernetzung der Nutzer untereinander ermöglichen. Dabei werden SNP je nach Nutzungsausrichtung der User in berufliche/geschäftliche (z. B. www.xing.de) oder private Netzwerke (z. B. www.facebook.com) unterschieden.
Social-Sharing-Plattformen	Webportale, die es Nutzern ermöglichen, verschiedene Informationsformate (wie z. B. Texte, Bilder, Videos, Bookmarks, Dateien u. ä.) zu sammeln und auszutauschen (z. B. www.flickr.com, www.youtube.com).
Instant Messaging/ Messenger	Dienst, der eine synchrone textbasierte Kommunikation auf Grundlage des Internets unterstützt (z. B. http://messenger.yahoo.com).
RSS (Feeds)	RSS (Really Simple Syndication) ist eine Familie von Formaten für die einfache und strukturierte Veröffentlichung von Änderungen auf Websites (z. B. News-Seiten, Blogs, Audio-/Video-Logs etc.). Ein RSS-Channel versorgt den Adressaten analog einem Nachrichtenticker mit kurzen Informationsblöcken, die aus einer Schlagzeile mit kurzem Textanriss und einem Link zur Originalseite bestehen. Eine Besonderheit ist das sog. Podcasting von Videoblogs.
(Diskussions-)Foren	Ein (Diskussions-)Forum ist für den Austausch und die Diskussion von begrenzten Themen, Ideen, Meinungen, Erfahrungen etc. geeignet. Dabei findet eine meist textbasierte asynchrone Kommunikation statt (z. B. http://forum.spiegel.de, www.fussball-forum.de, www.politik.de/foren).
Social Tagging	Das gemeinschaftliche Verschlagworten von Inhalten mithilfe freiwählbarer Begriffe (Tags) durch verschiedene Nutzer (z. B. www.readwriteweb.com/tags.php, technorati.com/tag oder www.del.icio.us).
Webinar	Schachtelwort aus World Wide Web und Seminar; ein auf dem Internet basierendes Lernformat. Konkret ist es ein Seminar, das mithilfe des WWW an die Lerninhaltempfänger/Nutzer kostengünstig distribuiert wird.

Tabelle 1: Werkzeuge für Customer Services (Fortsetzung)	
Werkzeug	Kurzbeschreibung
Video- und Telefondienste/Webkonferenz	Bei diesen Diensten steht die Übertragung von Live-Video-Streams der Teilnehmenden bzw. der verteilten Konferenzräume im Vordergrund. Mit geeigneten Zusatzwerkzeugen können Online-Workshops mit einer beschränkten Anzahl von Teilnehmern durchgeführt werden.
Mashup	Bestehende Inhalte des Webs wie Text, Daten, Bilder, Töne oder Videos werden z. B. collagenartig neu kombiniert. Dabei nutzen Mashups die offenen Programmierschnittstellen, die andere Web-Anwendungen (z. B. Google Maps oder Flickr) bereitstellen.

Social-Networking-Plattformen

Social-Networking-Plattformen (SNP) dienen neben der Selbstdarstellung von Personen und/oder Institutionen vor allem auch dem Aufbau und der Pflege von Beziehungen zwischen Menschen mithilfe des Internets. Dabei werden SNP in geschäftliche und private Netzwerke differenziert. Die folgenden SNP-Grundfunktionen lassen sich unterscheiden:

⇨ *Informationsverbreitung* (z. B. für das Identitätsmanagement): Nach erfolgreicher Anmeldung eines Nutzers kann dieser ein eigenes Profil erstellen, in welchem er seine personenbezogenen Daten (z. B. Vor- u. Nachname, Bildungsweg, Interessen, Aktivitäten, Kontaktmöglichkeiten) hinterlegt und verwaltet.

⇨ *Kontaktmanagement:* Die Hauptfunktion eines sozialen Netzwerks besteht in der Generierung und Verwaltung von Kontakten durch den Nutzer. Unterstützt werden Funktionen zum Aufbau und zur Pflege des persönlichen Netzwerks, wie z. B. die Freundes-, Kollegen- oder Businesskontakteliste.

⇨ *Informations- und Kommunikationstools:* Zur Unterstützung der eigenen Netzwerkpflege werden dem Nutzer verschiedene Tools wie interne E-Mailing- oder Chatsysteme, Kommentarfunktion, Statusmeldungssystem, Gästebücher, Diskussionsgruppen etc. zur Verfügung gestellt.

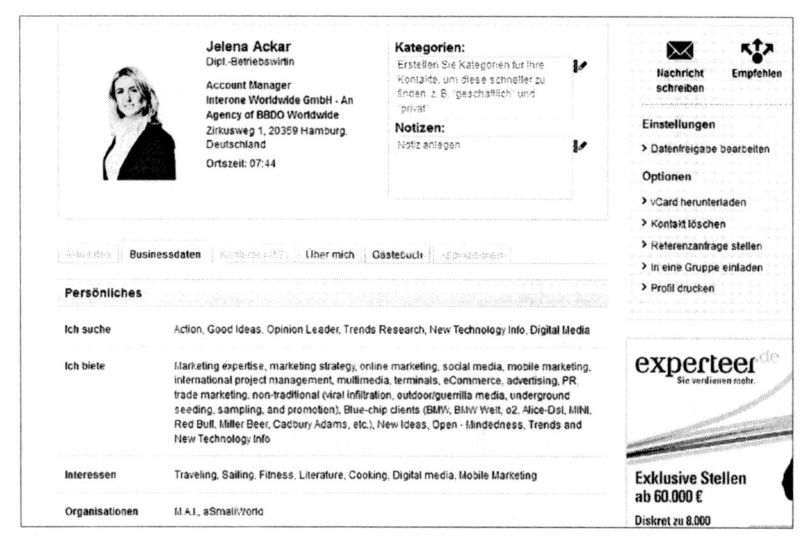

Abb. 3:   *Social-Networking-Plattform am Beispiel XING*

Social-Sharing-Plattformen

Social-Sharing-Dienste sind Plattformen, die es Nutzern ermöglichen, gemeinsam verschiedene Informationsformate zu sammeln und auszutauschen. Besonders interessant ist für die Nutzer solcher Plattformen neben dem Zugriff auf eigene Informationen der Zugang auf Daten, die von anderen Nutzern hinterlegt wurden. Social-Sharing-Grundfunktionen sind:

⇨ *Veröffentlichen:* Zunächst müssen die Informationsformate durch den Nutzer auf die Plattform hochgeladen werden (»Upload«). Nach dem die Informationen gespeichert sind, lassen sie sich über ein Zugriffsrechtemanagement für andere Nutzer der Plattform freigeben.

⇨ *Verwalten:* Mit dieser Funktion kann der Nutzer die Dateien aktualisieren, editieren, löschen, freigeben oder in bestimmte Kategorien unterteilen.

⇨ *Finden und Vernetzen:* Wichtig ist eine einfache und komfortable Suche, die es ermöglicht, die veröffentlichten Inhalte schnell zu durchsuchen. Dies kann in einer optischen Navigation über hinterlegte Kategorien oder per Tags umgesetzt werden.

Diskussionsforen

Diskussionsforen sind besonders für Austausch und Diskussion von Themen, Ideen, Meinungen, Erfahrungen etc. geeignet. Dabei findet eine zumeist textbasierte, zeitlich versetzte Kommunikation statt.
Bei den Grundfunktionen von Diskussionsforen handelt es sich um:
⇨ *Strukturierungsfunktionen:* Die meisten Foren sind thematisch auf einen bestimmten Bereich und sich daraus ergebende Unterbereiche ausgerichtet. Unterstützt wird das Anlegen und Verwalten von Themen und Unterthemen.
⇨ *Diskussionsfunktionen:* Die reibungslose und komfortable Teilnahme an einer Diskussion ist die Kernfunktion von Foren. Forenteilnehmer können Beiträge, Kommentare, Antworten bzw. Antworten zu Antworten hinterlassen, wodurch ein sogenannter Thread (Faden) entsteht. Diese Threads können hierarchisch oder chronologisch geordnet sein.
⇨ *Moderationsfunktionen:* Der entstehende nutzergenerierte Inhalt (User Generated Content, UGC) kann aus verschiedenen Gründen eine Moderation erfordern. Diese können von der Qualitätssicherung der Diskussion bis hin zur Strafbarkeit reichen, sodass z. B. nach der Veröffentlichung ganze Diskussionsstränge bearbeitet und/oder gelöscht werden müssen.

Social Tagging

Social Tagging meint das gemeinschaftliche Auszeichnen von Inhalten wie z. B. Texte, Videos, Bilder, Bookmarks oder Dateien mithilfe frei wählbarer Schlagworte durch eine Vielzahl von Nutzern. Es dient dazu, Inhalte zu kennzeichnen, um vor allem ihre Wiederauffindbarkeit zu gewährleisten.

Mittels Tagging lassen sich Inhalte nach verschiedenen Kriterien klassifizieren. Die dadurch entstehende konzeptionelle und linguistische entstehende Struktur, also das generierte Vokabular (Gesamtheit der Schlagworte), wird als »Folksonomy« bezeichnet. Dieses Schachtelwort rührt aus dem englischen Begriff »folk taxonomy« (Laien-Taxonomie) her. Während bei einer Taxonomie die für die Klassifizierung verwendbaren Schlagworte fest definiert sind, sind sie bei der »Folksonomy« frei wählbar.

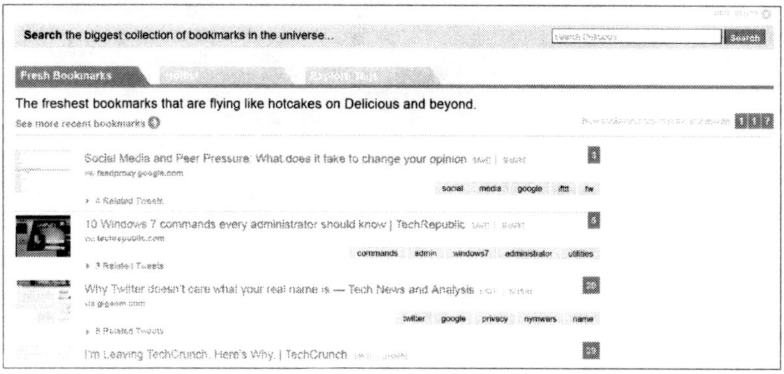

Abb. 4: *Social Tagging am Beispiel des Bookmark-Dienstes Delicious*

Webinar

Das »Webinar« ist ein auf dem Internet basierendes Lernformat. Konkret handelt es sich um ein Seminar, das mithilfe des Webs an die Lerninhaltempfänger bzw. Nutzer distribuiert wird. Webinare sind grundlegend interaktiv konzipiert und ermöglichen eine synchrone Kommunikation zwischen Vortragendem und Nutzer. Sie unterscheiden sich in diesem Punkt grundlegend von »Webcasts«, die je nach Bedarf abgerufen werden können. Das bedeutet, dass Webinare »live« abgehalten werden. Ein entscheidender Vorteil besteht darin, dass eine nahezu unbegrenzte Zahl an Nutzern durch einen Webinar-Leiter betreut wird und die Empfänger räumlich weit verteilt sein können. Die

Abb. 5: *Screenshot eines Webinars*

Betreuung (oder Begleitung) bzw. der Vortrag des Webinars erfolgt durch Nutzung eines Bildschirmpräsentationsformats (z. B. Powerpoint, Flashdateien, Bewegtbildformate) in Kombination mit einem text- und/oder audiobasierten Kommunikationssystem.
Webinar-Grundfunktionen sind:
⇨ *Downloadfunktion:* Grundlage für Webinare sind Präsentationen, Flashdateien oder ähnliche für Web-Präsentationen geeignet Formate, die Texte, Bilder, Videos etc. zusammenfassen und leicht abrufbar sowie komfortabel nutzbar sind.
⇨ *Produktpräsentationsfunktion:* Die gespeicherten Inhalte des Webinars werden anschließend den Nutzern durch Einladungen und darin übermittelten Zugangsdaten abrufbar gemacht, die z. B. per E-Mail übermittelt werden können. Neben den eigentlichen Inhalten des Webinars etwa in Form einer Powerpoint-Präsentation

(Bildschirmpräsentationsformat pps bzw. ppsx) ist es sinnvoll, diese durch einen Webinarleiter textlich oder auf der »Tonspur« synchron zu unterstützen.

⇨ *Kommunikationsfunktion:* Die Kommunikationsfunktion dient der weiteren Erläuterung der Inhalte des Webinars durch eine entsprechende Person. Weiterhin können über diese Funktion die Teilnehmer Anmerkungen äußern bzw. Fragen stellen, wodurch ein Webinar seinen typischen interaktiven Charakter erhält.

Einsatz von Web 2.0 in Unternehmen

Praxisbeispiele

Es existieren zahlreiche Beispiele für den erfolgreichen Einsatz von Social Software in Unternehmen. Wie eine aktuelle Studie [4] zeigt, werden in Unternehmen neben Wikis und Weblogs auch zunehmend andere Anwendungen wie Soziale Netzwerke und Podcasting erfolgreich eingesetzt. Unternehmen setzen Web-2.0-Technologien in ganz verschiedenen Bereichen ein:

⇨ So nutzen beispielsweise bei Shell die Mitarbeiter eine Wiki-Anwendung für Wissensmanagement sowie im Bereich Schulung und Ausbildung, um zwischen den Workshops auf dem Laufenden zu bleiben.

⇨ Zahlreiche Unternehmen wie etwa Daimler, Frosch, Payback oder T-Systems setzen Blogs als Mittel der Unternehmenskommunikation ein und verbreiten darüber Informationen an Kunden und Partner.

⇨ Bei Opel werden Podcasts im Kontext der Weiterbildung erfolgreich eingesetzt, um Vertriebs- und Servicemitarbeiter auf den neuesten Wissensstand zu bringen.

⇨ Die Investmentbank Morgan Stanley nutzt Software zur Abbildung Sozialer Netzwerke, um mit Kunden zu kommunizieren. IBM setzt das Soziale Netzwerk XING ein, um Mitarbeiter untereinander sowie mit ehemaligen Mitarbeitern zu vernetzen.

⇨ Die Akademie deutscher Genossenschaften (ADG) setzt eine Online-Community ein, um mittelständische Banken mit Dienstleistern für das Personalmanagement zusammenbringen, damit die Finanzinstitute so einfacher für sie passende Services finden können. LEGO nutzt Communities unter anderem im Bereich der Außendarstellung und der Kundenkommunikation.
⇨ Audi setzt Mashups ein, um Marktanalysen für die Planung neuer Fahrzeuge durchzuführen. Dabei werden 20 verschiedene Datenquellen vereinigt, die von der eigenen Materialwirtschaft bis zu demografischen Analysen von Spiegel-Online reichen.

Barrieren beim Einsatz von Web 2.0

Verschiedene Studien ([4]; [5]; [6]) zeigen eine Reihe von wirtschaftlichen, kulturellen und technischen Barrieren auf, die den Einsatz von Web 2.0 in Unternehmen behindern. Dabei erweist sich aus betriebswirtschaftlicher Sicht der unklare Nutzen von Web 2.0 für die Unternehmen als größte Barriere. Daneben stehen andere Prioritäten der Geschäftsführung, hohe Sicherheitsrisiken und mangelnde Kontrolle über die Inhalte. Web 2.0 wird teilweise auch als Ablenkungspotenzial für die Mitarbeiter eingeschätzt. Weiterhin wird eine hohe Barriere darin gesehen, dass Web 2.0 als nicht konform mit der aktuellen Unternehmenskultur gelte. Die Befragten sehen bei Mitarbeitern und Geschäftsführung nicht die Bereitschaft, Web 2.0 zu nutzen.

Eine konkrete Barriere sieht z. B. die Unternehmensberatung Frost & Sullivan [5] darin, dass man in vielen Unternehmen Ergebnisse in Papierform erwarte, während digitale Produkte wie Wiki-Seiten oder Blogs als nicht ausreichend erachtet würden. Auf technischer Ebene besteht für viele Befragte die größte Barriere in der mangelnden technischen Reife vorhandener Web-2.0-Lösungen. Dieses Hindernis wird in der IT-affinen Dienstleistungswirtschaft deutlich kleiner eingestuft [6]. Ein wichtiger Hinderungsgrund besteht zum Teil in der als hoch eingeschätzten technischen Komplexität der Anwendungen.

Zusammenfassend lässt sich feststellen, dass die zentralen Barrieren für den Einsatz von Web 2.0 vor allem im *wirtschaftlichen Bereich* (Nutzen unklar, Zeitaufwand zu groß, Einsatzmöglichkeiten unklar) zu sehen sind. Aber auch im *kulturell-organisationalen Bereich* (Informationsüberflutung, Ablenkung der Mitarbeiter, kultureller Wandel erforderlich, Sicherheitsbedenken, zu geringe Nutzungsbereitschaft der Mitarbeiter, unzureichendes Know-how für den Umgang) liegen weitere wichtige Barrieren.

Technische Barrieren (mangelnde Integration, ungewohnte Arbeitsumgebung, Komplexität der IT, mangelnde Reife) und *Führungsbarrieren* (andere Prioritäten, fehlende Steuerungsinstrumente, Offenheit der Vorgesetzten) haben gemäß der zuvor aufgeführten Studien im Vergleich dazu eher eine geringere Bedeutung.

SOLL-Konzept Customer Service 2.0

Bewertungsmaßstäbe

Mit »Customer Service 2.0« sind hier der klassische Einsatz von Informations- und Kommunikationstechnologien, die Verwendung von E-Learning-Komponenten, Webinaren und Videos sowie die unter »Web 2.0« bekannt gewordenen Kommunikationsformen (Blogs, Social Media etc.) gemeint. Damit sollen die folgenden Primärziele eines Unternehmens unterstützt werden:

⇨ Umsatzsteigerung zur Sicherstellung des Unternehmenswachstums (Neukundengewinnung, Umsatzsteigerung bei Bestandskunden etc.),
⇨ hohe Kundenorientierung (Adäquatheit der Leistungsangebote, Schnelligkeit der Reaktion, Effizienz der Bearbeitung von Anfragen etc.),
⇨ optimale Qualität der Leistungserbringung,
⇨ Kostenoptimierung/Wirtschaftlichkeit (Kosten der Markt- und Kundenerschließung, Bereitstellung der Leistungen zu adäquaten Kosten etc.),

⇨ »weiche Faktoren« (Image am Markt, Attraktivität für neue Mitarbeiter, Mitarbeiterzufriedenheit etc.).

Diese noch relativ abstrakten Hauptziele werden durch Unter- bzw. Detailziele »operationalisiert«, d. h. messbar gemacht. Wie Tabelle 2 zeigt, werden dabei den Hauptzielen Gewichte zugeordnet, deren Summe 100 ist. Das Gewicht eines Hauptziels wird auf seine Unterziele verteilt. Im Falle der Umsatzsteigerung mit dem Gewicht 15 (= 15 %) haben die Unterziele »Neukundengewinnung/Akquise« und »Umsatz Bestandskunden« ein Gewicht von 10 (= 10 %) bzw. 5 (= 5%).

Auf diese Weise lassen sich die in der Tabelle aufgeführten Detailziele als Bewertungskriterien bzw. als Grundlage für die Ableitung von Empfehlungen zum Einsatz Web-2.0- und interaktionsorientierter Kommunikationstechnologien bei der Gestaltung und Erbringung von Customer Services heranziehen.

Tabelle 2: Haupt- und Unterziele des »Customer Service 2.0«			
Hauptziel	Unterziel	Gewicht	Anmerkungen
Umsatzsteigerung		15	Unterstützung einer Wachstumsstrategie
	Neukundengewinnung/ Akquise	10	Gewinnung zusätzlicher Kunden mit bestehenden und neuen Leistungsangeboten
	Umsatz Bestandskunden	5	Umsatzsteigerung durch neue Leistungen; Absicherung der Bestandskunden gegenüber aggressiven Wettbewerbsangeboten
Kundenorientierung		25	Ausrichtung der Leistungserbringung
	Adäquatheit der Leistungsangebote	10	Auf den Kunden zugeschnittenes Leistungs-/Informationsangebot; optimale Unterstützung bei der Bereitstellung der Leistungen sowie bei Support und Wartung/Pflege
	Adäquates Preis-/Leistungsverhältnis	5	Mehrwert für Kunden und potenzielle Interessenten im Vergleich zum Wettbewerb bieten
	Reaktionsschnelligkeit	5	Effiziente Bearbeitung von Leistungsanfragen und Beschwerden

Tabelle 2: Haupt- und Unterziele des »Customer Service 2.0« (Fortsetzung)			
Hauptziel	Unterziel	Gewicht	Anmerkungen
	Flexibilität	5	Finden von Lösungsansätzen aus Kundensicht
Qualität der Leistungserbringung		25	Maßstab ist die Bewertung aus Kundensicht
	Servicequalität	10	Sicherstellung der zugesagten Servicequalität (Verfügbarkeit/Leistungsfähigkeit der Systeme, Betreuung, Support etc.)
	Sorgfalt	5	Korrektheit von Aussagen/Zusagen und der Leistungserbringung
	Termintreue	5	Sicherstellung der terminlichen Einhaltung von Zusagen
	Informationsgüte	5	Aktualität und Qualität der Informationen
Kostenoptimierung/ Wirtschaftlichkeit		15	Beibehaltung der kostenbezogenen Wettbewerbsfähigkeit aus Marktsicht
	Niedrige Kosten für Markt- und Kundenerschließung	5	Adäquate Kosten für Vertrieb und Marketing im Sinne des Markterfolgs
	Niedrige Kosten der Leistungserbringung	10	Erhöhung der Arbeitseffizienz (intern); automatisierter Abruf von Leistungen durch Kunden und Interessenten (z. B. durch Self Services)
»Weiche Faktoren«		20	
	Image im Markt	10	Bereitschaft potenzieller Kunden, sich an das Unternehmen zu wenden; Bekanntheitsgrad auf Kundenseite
	Attraktivität als Arbeitgeber	5	Interesse von potenziellen Bewerbern; Bekanntheitsgrad und Image am Arbeitsmarkt
	Motivation der eigenen Mitarbeiter	5	Zufriedenheit der Mitarbeiter; Motivation in Bezug auf die Ziele des Unternehmens
Summe		100	

Das eCI-Modell als Grundlage der Soll-Konzeption

Das Akronym »eCI« steht für »electronic Customer Interaction« und entstammt aktuellen Ansätzen und Marktentwicklungen insbesondere zum »electronic Customer Relationship Management«. Die Ansätze des Customer Relationship Managements haben als Ziel eine konsequente Ausrichtung sämtlicher strategischer, taktischer und operativer Maßnahmen eines Unternehmens an die Bedürfnisse, Ansprüche und Verhaltensweisen aktueller sowie potenzieller Kunden. Dadurch soll, gerade auf wettbewerbsintensiven Märkten, eine dauerhafte Unternehmensprofitabilität und somit Wettbewerbsfähigkeit gewährleistet werden (vgl. [7]).

Darauf basierend umfasst das vorliegende eCI-Modell die Unterstützung der Analyse, Planung und Steuerung sämtlicher Kundenbeziehungen durch Web-2.0- und interaktionsorientierte, elektronische Medien. Zur Operationalisierung, d. h. zum optimalen Transfer in das operative Tagesgeschäft, folgt das vorliegende Modell einer phasenorientierten, zyklischen Struktur. Insofern lässt es sich als ein Kreislaufmodell darstellen (siehe Abb. 6).

Customer Care		Customer Analysis
Customer Acquisition		Customer Attraction

Abb. 6: *eCI-Modell*

Tabelle 3 zeigt, welche Phasen sich im Rahmen der Interaktion mit einem Kunden bzw. Interessenten unterscheiden lassen.

Tabelle 3: Interaktionsphasen im eCl-Modell	
Phase	Beschreibung
Customer Analysis	Bei »Customer Analysis« handelt es sich um die Startphase des Modells. Ihr Ziel ist die Erlangung eines analytischen Verständnisses aktueller wie auch potenzieller Kunden. Hierfür sind aus unternehmerischer Sicht vier Aufgaben systematisch abzuarbeiten: 1. Kundensegmente definieren 2. Kundenbedürfnisse analysieren 3. Ansprüche und Meinungen der Kunden feststellen 4. Verhaltensweisen der Kunden verstehen
Customer Attraction	Das Ziel von »Customer Attraction« ist die Schaffung der notwendigen Voraussetzungen für die Anbahnung einer Geschäftsbeziehung mit dem Kunden. Die wesentlichen Voraussetzungen sind: 1. Aufmerksamkeit für das Unternehmen und dessen Leistungen schaffen 2. Interesse für die Leistungen des Unternehmens wecken 3. Leistungsangebot darstellen und erklären 4. Auf bestehende Dialogmöglichkeiten hinweisen
Customer Acquisition	Im Mittelpunkt der dritten Phase »Customer Acquisition« steht die Vereinbarung der Leistungen und kommerziellen Rahmenbedingungen zum Abschluss einer neuen oder modifizierten Geschäftsbeziehung. In diesem Zusammenhang sieht das eCl-Modell die folgenden Maßnahmen vor: 1. Personalisierte Kundenansprache 2. Angebotserstellung und -abstimmung mit dem Kunden 3. Leistungen detaillieren und abstimmen 4. Kommerzielle Bedingungen festlegen und abstimmen
Customer Care	Die Leistungserbringung, die Fortführung und ggf. Intensivierung vereinbarter Geschäftsbeziehungen stehen im Fokus der Phase »Customer Care«. Im Falle einer längerfristig angelegten Zusammenarbeit ist ein regelmäßiger Informations- und Kommunikationsaustausch von grundsätzlicher Bedeutung. In dieser Phase ergeben sich die folgenden Aufgaben als Schwerpunkte: 1. Erbringung der vereinbarten Leistungen/Services 2. Betreuung und Support bei Störungen und Problemen 3. Optimierungsmaßnahmen zur Leistungserbringung 4. Proaktive Gestaltung des Dialogs mit dem Kunden

Informations- und Kommunikationsbedarf

Aus unternehmensexterner Sicht lässt sich der Informations- und Kommunikationsbedarf des Unternehmens mit aktuellen als auch potenziellen Kunden anhand eines »U«-förmigen Verlaufs beschreiben:

⇨ So ist der eCI-Phase »Customer Analysis« ein relativ hoher Interaktionsbedarf des Unternehmens mit den Zielgruppen zu attestieren. Insbesondere zur Feststellung der Ansprüche und Meinungen der Kunden sind On- oder Offline-Befragungen nahezu unverzichtbar – forschungsmethodische Alternativen wie etwa Beobachtungen oder Experimente liefern, speziell im Falle begrenzter Ressourcen, dagegen einen geringeren Aussagegehalt.

⇨ In der Phase »Customer Attraction« nimmt der Interaktionsbedarf zunächst wieder ab. Vielmehr steht eine firmenseitige Aufmerksamkeitsschaffung für das Unternehmen und dessen Leistungen im Fokus. Auch soll ein kundenseitiges Interesse für das Leistungsangebot generiert werden. Aus beiden, Aufmerksamkeits- und Interessensschaffung, resultieren kommunikative Angebote des Unternehmens an die Zielgruppen, welche die Angebote idealerweise wahrnehmen und darauf reagieren.

⇨ Diese Reaktionen führen in der folgenden Phase »Customer Acquisition« zu einem ansteigenden Interaktionsbedarf. Dieser manifestiert sich speziell in den Aufgaben »Leistungstransfer vereinbaren« und »Konditionen des Leistungstransfers dokumentieren«. Gerade bei der Vereinbarung längerfristiger Geschäftsbeziehungen sind in der Regel intensive Dialoge zur Überzeugung, Abstimmung und finaler Vereinbarung zwischen Unternehmen und Kunden notwendig.

⇨ In der Phase »Customer Care« erreicht der Interaktionsbedarf wieder das Niveau der Phase »Customer Analysis«, wenngleich die Interaktionen durch unterschiedliche Inhalte geprägt sind. Gerade im Falle langfristiger Geschäftsbeziehungen stehen drei Hauptthemen im Vordergrund der Kommunikationsarbeit: So ist die Entscheidung des Kunden für die Geschäftsbeziehung mit dem Unternehmen regelmäßig zu bestätigen. Ebenso sind Produktinformationen und -aktualisierungen proaktiv und zeitnah zur Verfügung zu stellen. Das dritte Themenfeld betrifft den Support und die Problemlösung im Hinblick auf die vom Kunden genutzten Produkte und Unternehmensleistungen.

Der interne Interaktionsbedarf leitet sich aus der Notwendigkeit ab, durch den Dialog zwischen den Mitarbeitern bzw. Fachbereichen die Grundlagen für die effektive und effiziente (externe) Kommunikation mit aktuellen und potenziellen Kunden zu schaffen.

Detailbewertung

Im folgenden Abschnitt wird anhand der definierten Ziele und Bewertungskriterien eine Detailevaluation vorgenommen, inwieweit die einzelnen Web-2.0-Technologien die im eCI-Modell definierten Prozessphasen und Aufgaben unterstützen.

Auf einer Skala von 0 bis 10 (0 = keine Unterstützung durch das Werkzeug; 10 = hohe Unterstützung der einzelnen Aufgabe) werden die einzelnen Aufgabenschwerpunkte der eCI-Prozessphasen im Hinblick auf die Unterstützung der einzelnen Ziele bewertet. Multipliziert mit dem zugeordneten Gewicht dieses Ziels, dem Wertbeitrag der Aufgabe zu diesem Ziel (0 bis 10) und aufaddiert über alle Ziele ergibt sich dann der Unterstützungsgrad, wobei 10.000 Punkte die Obergrenze darstellen.
Dazu liest sich weiter unten Tabelle 4 wie folgt:
⇨ 1. Spalte »Hauptziele«: Diese sind rein zur besseren Lesbarkeit und Strukturierung der Unterziele aufgeführt.
⇨ 2. Spalte »Unterziele«: Diese entsprechen den definierten Unterzielen
⇨ 3. Spalte: »Ziel-Gew.«: Dies ist das definierte Gewicht des einzelnen Kriteriums. Die Addition aller Ziel-Gewichte gibt den Wert 100.
⇨ 4. Spalte »Aufg.Beitrg«: Auf einer Skala von 0 bis 10 wird der Beitrag dieser Aufgabe zum Erreichen des Zieles bewertet (0 = kein Beitrag; 10 = sehr hoher Beitrag).

⇨ 5. und folgende Spalten: Hierin aufgeführt ist die Bewertung, inwieweit die einzelnen Web-2.0-Technologien (Wiki, Blog etc.) einen Wertbeitrag für die zugeordnete Aufgabe leisten können (0 = kein Beitrag; 10 = sehr hoher Beitrag).
⇨ Die Spaltensumme der 4. Spalte »Aufg.Beitrg.« zeigt den möglichen Wertbeitrag dieser Aufgabe zur Umsetzung bzw. Unterstützung dieser Ziele auf einer Skala von 0 bis 10 bzw. darunter in Prozent.
⇨ Die Spaltensumme der Spalten 5 ff. zeigt, welchen Beitrag die einzelnen Werkzeuge insgesamt im Rahmen der Unterstützung der definierten Aufgabe leisten können.

Hinweis: Selbst wenn ein Werkzeug eine Aufgabe zu 100 % unterstützt, wird dies nicht als hundertprozentige, sondern als relative Unterstützung der Zielerreichung angegeben. Wenn eine Aufgabe somit nur zu 50 % die Zielerreichung unterstützt, kann ein bestimmter Werkzeugeinsatz auch nur einen maximalen Wertbeitrag von 50 % ergeben.

Als Werkzeuge wurden bewertet:
⇨ Wiki
⇨ Blog
⇨ Social-Networking-Plattformen (SNP)
⇨ Social-Sharing-Plattformen (SSP)
⇨ Instant Messaging
⇨ RSS-Feeds
⇨ (Diskussions-)Foren
⇨ Webinar
⇨ Videodienste/Webconferencing

Die Werkzeuge »Social Tagging« und »Mashups« wurden nicht weiter untersucht, da eine erste Überprüfung nur unzureichende Unterstützungspotenziale im Sinne des vorliegenden Anwendungsbereichs ergaben.

Beispielbewertung: Phase I – Prozess »Customer Analysis«

Die Detailbewertungen umfassen alle Phasen und Detailaufgaben des eCI-Modells in Bezug auf die vorgestellten Web-2.0-Werkzeuge. Anhand der Phase I, dem Prozess »Customer Analysis« sowie der Aufgabe »Kundenbedürfnisse analysieren« werden die Ergebnisse beispielhaft vorgestellt.

Das Ergebnis lässt sich wie folgt zusammenfassen: Diese Aufgabe leistet mit 67 % einen relativ hohen Beitrag zur Erreichung der Unternehmensziele. Wichtige Beiträge zur effektiven wie effizienten Durchführung dieser Aufgabe können sowohl Social-Network-Plattformen (51 %), ein unternehmensspezifisches Forum (45 %), Videodienste/Webconferencing (37 %) als auch Social-Software-Plattformen (29 %) leisten.

Mit Web 2.0 Kundenbeziehungen verbessern

Tabelle 4: Prozessphase I: Customer Analysis/Aufgabe I.2: »Kundenbedürfnisse analysieren«

Hauptziel	Unterziel	Ziel-Gew.	Aufg. Beitrg	Wiki	Blog	SNP	SSP	IM	RSS	Forum	Webinar	Vid./Conf
Umsatzsteigerung	Neukundengewinnung/Akquise	10	8	0	5	8	4	2	2	8	0	4
	Umsatz Bestandskunden	5	8	0	7	8	4	2	2	8	0	8
Kundenorientierung	Adäquatheit der Leistungsangebote	10	10	2	7	8	3	2	4	10	0	5
	Adäquates Preis-/Leistungsverhältnis	5	6	0	4	8	3	1	2	2	0	5
	Reaktionsschnelligkeit	5	6	0	4	10	7	1	2	5	0	5
	Flexibilität	5	6	0	3	8	6	4	4	4	0	8
Qualität der Leistungserbringung	Servicequalität	10	5	0	3	8	5	1	2	8	0	8
	Sorgfalt	5	3	0	1	6	3	1	1	6	0	5
	Termintreue	5	3	0	4	8	5	1	2	8	0	5
	Informationsgüte	5	10	0	4	7	3	5	2	8	0	8
Kostenoptimierung/Wirtschaftlichkeit	Niedrige Kosten für Marktherschließung	5	6	1	6	9	6	1	1	8	0	3
	Niedrige Kosten der Leistungserbringung	10	6	0	0	4	1	0	1	5	0	8
Weiche Faktoren	Image im Markt	10	8	1	4	8	6	0	2	6	0	4
	Attraktivität als Arbeitgeber	5	7	0	4	8	6	0	1	3	0	3
	Motivation der eigenen Mitarbeiter	5	5	0	3	6	6	0	1	1	0	3
Summe absolut			670	310	2850	5080	2860	980	1435	4450	0	3700
Summe (Wertbeitrag) in %			67	3	29	51	29	10	14	45	0	37

Fazit der Detailbewertung

Im Resümee zeigt sich, dass die Werkzeuge Videodienste/Webconferencing (52 %), das spezifische Diskussionsforum (44 %), Social-Networking-Plattformen (34 %) und das Instant Messaging (28 %) die kundenorientierte Interaktion signifikant unterstützen können. Im Einzelfall (siehe auch die Einzelergebnisse der Phasen in Tabelle 5) liegt das Unterstützungspotenzial im hohen bis sehr hohen Bereich. Bei Analyse der potenziellen Werkzeugunterstützung aller Phasen zeigt sich auch, dass eine integrierte Kombination der vorgestellten Web-2.0-Werkzeuge ein hohes Unterstützungspotenzial ergibt.

Die vorliegende Analyse gilt sowohl für den internen wie auch den externen Kommunikationsbereich. In den analysierten Prozessen sind auch die erforderlichen Unterstützungsnotwendigkeiten für die internen Mitarbeiter bewertet worden. Dies bedeutet allerdings, dass die vorhandenen Werkzeuge auch den Mitarbeitern für die interne Kommunikation zur Verfügung gestellt werden sollten und z. B. Blogs nicht nur nach außen, sondern auch nach innen gerichtet sein sollten.

Tabelle 5: Prozesse und Unterstützungsgrad durch Web-2.0-Technologien (in %)

Prozesse	Wiki	Blog	SNP	SSP	IM	RSS	Forum	Webinar	Vid./Conf
I. Customer Analysis									
I.1 Kundensegmente definieren	0	5	16	7	2	4	12	0	15
I.2 Kundenbedürfnisse analysieren	3	29	51	29	10	14	45	0	37
I.3 Ansprüche und Meinungen der Kunden feststellen	0	29	56	36	16	20	57	1	52
I.4 Verhaltensweisen der Kunden verstehen	0	34	69	47	29	27	64	0	62
Summe	1	24	48	29	14	16	44	0	42
II. Customer Attraction									
II.1 Aufmerksamkeit für das Unternehmen und dessen Leistungen schaffen	21	38	66	44	18	26	58	34	62
II.2 Interesse für die Leistungen des Unternehmens wecken	33	50	67	51	21	28	62	46	68
II.3 Leistungsangebot darstellen und erklären	46	57	73	55	70	38	71	63	85
II.4 Auf bestehende Dialogmöglichkeiten hinweisen	58	49	54	44	23	27	48	48	52
Summe	39	49	65	48	33	29	60	48	67

Tabelle 5: Prozesse und Unterstützungsgrad durch Web-2.0-Technologien (in %) (Fortsetzung)

Prozesse	Wiki	Blog	SNP	SSP	IM	RSS	Forum	Webinar	Vid./Conf
III. Customer Acquisiton									
III.1 Personalisierte Kundenansprache	4	17	23	13	51	20	45	13	69
III.2 Angebotserstellung und -abstimmung mit dem Kunden	0	5	0	0	40	0	24	0	65
III.3 Leistungen detaillieren und abstimmen	0	7	4	3	46	4	30	3	63
III.4 Kommerzielle Bedingungen festlegen und abstimmen	1	5	1	26	1	30	7	55	0
Summe	1	9	7	10	35	14	26	18	49
IV. Customer Care									
IV.1 Erbringung der vereinbarten Leistungen/Services	20	0	0	0	0	0	0	0	0
IV.2 Betreuung und Support bei Störungen und Problemen	14	16	10	4	43	17	57	32	65
IV.3 Optimierungsmaßnahmen zur Leistungserbringung	21	19	18	11	36	18	56	43	65
IV.4 Proaktive Gestaltung des Dialogs mit dem Kunden	10	31	30	16	41	25	64	44	71
Summe	16	17	14	8	30	15	44	30	50
Gesamt	**14**	**24**	**34**	**24**	**28**	**19**	**44**	**24**	**52**

Umsetzung

Wesentliche Inhalte des hier beschriebenen Web-2.0-Konzepts wurden von der Firma ADP Employer Services aufgegriffen, dem weltweit größten HR-Unternehmen. In Deutschland beträgt der Marktanteil von ADP im Bereich Entgeltabrechnung 20 %. Die Unternehmen arbeiten mit ADP-Software (z. B. Paisy) oder die Beschäftigten erhalten über ADP ihre Lohn- und Gehaltsabrechnung.

ADP zählt zu den vier Unternehmen weltweit, die ein AAA-Rating haben. Für das abgeschlossene Fiskaljahr 2011 meldete ADP einen Umsatzanstieg auf circa 10 Milliarden US-Dollar, was einem Umsatzanstieg von circa 11 % entsprach.

Die in diesem Beitrag beschriebenen Web-2.0-Inhalte wurden von ADP aufgegriffen und in die neue Version des »ADP Personalmanagers« integriert, der Ende 2011 »gelauncht« werden soll. Das neu konzipierte Serviceangebot von ADP bietet eine innovative Art der Kommunikation und Informationsversorgung aus den Bereichen Personaladministration, Bewerbermanagement, Stellenplanung sowie auch Weiterbildungen und Seminarverwaltung. Der ADP Personalmanager stellt hierbei eine Auswahl an interessanten Informationen aus der vielfältigen Personalwelt in Form von täglich aktuellen und sorgfältig ausgewählten Meldungen zur Verfügung. Beispiele für Interaktionskanäle sind:

⇨ aktives Feedback durch entsprechende Rückkopplungskanäle zwischen dem Kunden und ADP,
⇨ Kundenforen, um den Dialog zwischen den Kunden und ADP als Dienstleister zu fördern,
⇨ Wissensplattform für das Personalmanagement mit Informationsdiensten und Fachbeiträgen,
⇨ Vernetzung der HR-Gemeinschaft und deren Austausch (Diskussionsforen),
⇨ Weiterbildung durch die Integration von E-Learning einschließlich eines HR-spezifischen Kursangebots.

Abb. 7: *Screenshot des ADP Personalmanagers*

Fazit

Der Einsatz Web-2.0- und interaktionsorientierter Kommunikationstechnologien bei der Gestaltung und Erbringung von Customer Services bringt gemäß der dokumentierten Analysen einen hohen Wertbeitrag zur Unterstützung der Unternehmensziele. Auf Basis eines am jeweiligen Unternehmen und den vorhandenen Rahmenbedingungen ausgerichteten Realisierungsplans sind konkrete Maßnahmen abzuleiten. Beispielsweise könnte dies die Umsetzung einer Web-2.0-gestützten Open-Innovation-Strategie zur kontinuierlichen Verbesserung der bestehenden Services sein.

Literatur

[1] O'REILLY, T.: *What Is Web 2.0: Design Patterns and Business Models for the Next Generation of Software*, 2005. Online unter: http://mpra.ub.uni-muenchen.de/4580/1/MPRA_paper_4580.pdf

[2] HIPPNER, H.: *Bedeutung, Anwendung und Einsatzpotenziale von Social Software.* In: Hildebrand, K.; Hofmann, J. (Hg.): Social Software. Heidelberg: dpunkt.verlag, 2006, S. 6-16 sowie Burg, Th. N.; Pircher, R.: Social Software in Unternehmen. In: Wissensmanagement, Jg. 8, H. 3, 2006, S. 26-28

[3] http://kosmar.de/archives/2005/11/11/the-huge-cloud-lens-bubble-map-web20/

[4] FUCHS-KITTOWSKI, F.; VOIGT, S.: »*Web 2.0 in produzierenden kleinen und mittelständischen Unternehmen*«, Stuttgart, 2010

[5] FROST & SULLIVAN (Hrsg.): *Web 2.0 techologies in the recession-hit europe as a solution for small and medium businesses*, 2009

[6] LEIBHAMMER, J.; WEBER, M.: *Enterprise 2.0. Analyse zu Stand und Perspektiven in der deutschen Wirtschaft*, 2008. Online verfügbar unter http://www.bitkom.org/files/documents/BITKOM-Studie_Enterprise_2Punkt0%281%29.pdf

[7] HECHT, M.; BÜTTGEN, M.: *Web 2.0-Anwendungen im Rahmen des CRM.* In: Büttgen, M. (Hrsg.): Information Systems & Services: Web 2.0-Anwendungen zur Informationsgewinnung von Unternehmen; Berlin; 2009; S. 267-326, hier S. 280. In diesem Zusammenhang wird »Web 2.0« als Ansatz definiert, »Internetauftritte so zu gestalten, dass ihre Erscheinungsweise in einem wesentlichen Sinn durch die Partizipation ihrer Nutzer (mit)bestimmt wird«, siehe Münker, S.: Emergenz digitaler Öffentlichkeiten – Die Sozialen Medien im Web 2.0, Frankfurt am Main, 2009, S. 15

Zusammenfassung
Der Beitrag stellt die Ergebnisse eines Projektes vor, das den Einsatz von Web-2.0-Technologien im Bereich des Customer Service von Unternehmen methodisch strukturiert und systematisch bewertet. Untersucht wurden dabei die Werkzeuge Wiki, Blog, Social-Networking-Plattform, Social-Sharing-Plattform, Instant Messaging, RSS-Feed, Forum, Webinar und Videodienst/Webconferencing. Die Unterstützungspotenziale von Web 2.0 werden dabei auf Aufgabenebene quantifiziert, woraus sich gezielte Realisierungsempfehlungen ableiten lassen. So zeigt sich etwa, dass insbesondere die Werkzeuge Videodienste/Webconferencing, Diskussionsforum, Social-Networking-Plattform sowie Instant Messaging die kundenorientierte Interaktion signifikant unterstützen können. Insgesamt leistet der Einsatz Web-2.0- und interaktionsorientierter Kommunikationstechnologien bei der Gestaltung und Erbringung von Customer Services einen hohen Wertbeitrag zur Unterstützung der Unternehmensziele.

Der Einsatz mobiler Tablets im Vertrieb

Nicht nur die IT, sondern zunehmend auch Vertriebsmitarbeiter fordern den Einsatz von Tablets & Co. im Unternehmen. Aber sind mobile Geräte im Vertrieb nur ein vorübergehender Hype oder bieten sie tatsächlich nachhaltige Vorteile? Der Beitrag erläutert die Potenziale und Herausforderungen.

In diesem Beitrag erfahren Sie:
- welche allgemeinen Möglichkeiten Tablets zur Unterstützung des Vertriebes bieten,
- was man beachten muss, um die Balance zwischen Sicherheit und Service einzuhalten,
- wie Sie die Tablets einführen und einen Betrieb aufbauen können.

THOMAS FLUM, TIM KAUFHOLD

Immer mehr Anwender fordern mobile Geräte in Unternehmen

Der Einsatz von Tablets wie z. B. dem iPad wird in vielen Unternehmen von verschiedenen Fachbereichen gefordert. Besonders der Vertriebsbereich ist mit dieser Forderung oft an vorderster Front, weil durch diese mobilen Geräte neue und innovative Präsentationsmöglichkeiten möglich werden, um das eigene Unternehmen vom Wettbewerb zu differenzieren. Dies wird umso relevanter, je homogener und austauschbarer die Produkte oder Services sind, die das betreffende Unternehmen anbietet.

Doch wie meistern IT-Abteilungen die Administration und das Management dieser mobilen Geräte? Welche sicherheitsrelevanten Punkte müssen dabei berücksichtigt werden? Wie kann eine erfolgreiche und unternehmensweite Einführung von Tablets aussehen?

Der Erfolg des iPad

In der ersten Jahreshälfte 2011 sind nach Angaben des Branchendienstes DigiTimes weltweit circa 25,5 Millionen iPads ausgeliefert worden; die Zahl der verkauften Tablets von Apples Wettbewerbern lag in der Summe bei nicht ganz 16 Millionen Geräten. Für die zweite Jahreshälfte wird eine weitere Steigerung der Verkaufszahlen erwartet. [1]

Dabei sind nicht nur Privatanwender die Käufer solcher mobilen Geräte, sondern vor allem Unternehmen, die sich geplant oder ungeplant damit auseinandersetzen. Ungeplant, weil sich teilweise Vertreter einzelner Fachbereiche diese Geräte anschaffen, ohne vorab genau zu wissen, wie sie diese für das Unternehmen bzw. ihren Bereich einsetzen wollen. Geplant, weil manche Unternehmen zahlreiche Chancen sehen, sich durch den Einsatz mobiler Tablets ihren Kunden gegenüber als innovative »First Mover« zu positionieren.

Sogar Unternehmen, die sich selbst nicht unbedingt als technologische Vorreiter verstehen, setzen in jüngster Zeit auf das iPad. So wird beispielsweise Kunden der Deutschen Bank bereits in 300 Filialen eine sogenannte »Vorsorge-App« vorgestellt. Ziel ist es, den Kundenberatern so einen besseren Einstieg in ein Kundengespräch zu ermöglichen.

Ein weiterer Pionier ist das Softwareunternehmen SAP. Hier werden derzeit 3.500 iPads in den Bereichen Entwicklung und Vertrieb eingesetzt. [2]

iPads im Vertrieb – Vorübergehender Hype oder nachhaltige Vorteile?

Die Verwendung von Notebooks mit Zugang zum Internet oder firmeneigenen Netzwerken ist mittlerweile kein Aushängeschild mehr für ein Unternehmen, das sich als innovativ oder mit einem außergewöhnlich gut ausgestatteten Vertrieb positionieren möchte. Demgegenüber ist der Einsatz von Tablets in Unternehmen vielen CIOs eine Pressemitteilung wert und zahlreiche Medien nehmen diese Meldungen auch gerne in ihren Publikationen auf. Aber handelt es sich beim Thema iPad nur um einen vorübergehenden Hype? Oder werden mobile Endgeräte bald zur Standardausrüstung z. B. des Außendienstes gehören, wenn die Aufmerksamkeitswelle in wenigen Monaten abgeebbt ist? Diese Frage ist sicherlich nicht ganz einfach zu beantworten. Sie hängt weitgehend davon ab, wie groß auf Dauer der Nutzen von Tablets für den Vertriebsmitarbeiter und seine Tätigkeit ist.

Derzeit hat man allein aufgrund der Neuartigkeit der Geräte, aber auch dank der einfachen Bedienung und der innovativen Nutzungsmöglichkeiten eine gute Chance, die Neugierde eines Kunden zu wecken. Und sei es nur, um zum Gesprächseinstieg zunächst über das Gerät selbst zu sprechen und anschließend anhand der Anwendungen auf dem Tablet das Interesse auf die anzubietenden Produkte oder Services zu lenken. Solange Tablets nicht den Massenmarkt der Privatnutzer erreicht haben, wird ein derartiges Vorgehen speziell in Vertriebssituationen erfolgreich sein können. Künftig werden aber zunehmend die Anwendungen selbst relevant sein, um mobile Geräte erfolgreich einsetzen zu können.

Neben dem relevanten Faktor der Inhalte bzw. Anwendungen auf den Geräten an sich bieten Tablets in der Praxis enorme Vorteile gegenüber Printunterlagen oder gar Notebooks. Wie viele Vertriebsmitarbeiter verzweifeln an der Zeit, die alleine notwendig ist, um ein Notebook zu starten, geschweige denn bei schlechter Internetanbindung mit dem firmeneigenen Netzwerk an Eingabemasken zu gelangen? Wie viele Unternehmensrepräsentanten vergeuden täglich Zeit damit, bei Kunden nach Steckdose und Strom zu fahnden, um dem müden Notebook doch noch die aufwendig gestaltete Powerpoint-Präsentation zu entlocken? Ein mobiles Tablet hingegen ist mit einer Handbewegung eingeschaltet. Im Gegensatz zum Notebook, wo der aufgeklappte Bildschirm sich häufig als optische Barriere vor dem Kunden aufbaut, hat der Kunde beim Tablet einen direkten Blick auf das Gerät und kann so auf Augenhöhe mit dem Vertriebsmitarbeiter kommunizieren. Beide sehen das Gleiche, es gibt kein Sehhindernis und somit auch keine »verdeckten« Eingaben mehr.

Optisch und inhaltlich gut gestaltete Anwendungen auf mobilen Endgeräten regen Kunden sehr schnell dazu an, unmittelbar in die

Präsentation einzugreifen, zumal die »Offenheit« des Tablets gleichsam einlädt, das Gerät selbst zu bedienen. Die Möglichkeit, Kunden viel stärker als bisher in eine Präsentation einzubeziehen, ist ein deutlicher Paradigmenwechsel. Das iPad bekommt somit die Funktion einer Art elektronischen, hochwertig gestalteten und vor allem interaktiven Broschüre, die zwischen Unternehmensvertreter und Kunden hin und her wandern kann. Somit ist das Tablet im Gegensatz zum Notebook insbesondere ein haptisches Instrument, das interaktive und innovative Gespräche zwischen Kunden und Vertrieb ermöglicht.

Nach einer Studie der Firma Sempora Consulting sind 80 % der 207 befragten Führungskräfte davon überzeugt, dass sich Tablets als eigener Vertriebs- und Marketingkanal etablieren werden. Und das, obwohl nur 24 % eine kurzfristige Verdrängung des klassischen PCs durch die Tablets – aufgrund des geringeren Funktionsumfangs – erwarten. [3]

Aufbau von Applikationen zur Vertriebsunterstützung

Unterstützung beim Vertrieb

In welchen Gebieten kann eine Applikation (App) Mitarbeiter des Vertriebs unterstützen?

Die nachfolgenden Aufzählungen und Ausführungen sind selbstverständlich nicht abschließend und für jedes Unternehmen ergeben sich andere Schwerpunkte oder Anforderungen. Vielmehr sollen an dieser Stelle Aspekte des Vertriebs exemplarisch verdeutlicht werden, bei denen eine App die Arbeit deutlich unterstützen kann. Dies sind zum Beispiel:

⇨ Verfügbarkeit aktueller Informationen, Unterlagen und auch multimedialer Präsentationen,
⇨ Möglichkeit zur einfachen und schnellen Zusammenstellung kundenspezifischer, relevanter Materialien,
⇨ Überlassung bzw. Übermittlung der Materialien an den Kunden vor Ort,

Abb. 1: *Beispiel eines Dashboard-Screens einer Vertriebs-App (Design und Grafik: Nulleins Berlin)*

⇨ Nutzung, Erfassung bzw. Erweiterung von Kundendaten, eventuell Anbindung an ein CRM-System, Auftragserfassung, Berichtswesen, Dokumentation der Kundengespräche.

Verfügbarkeit von Materialien

Vertriebsmitarbeiter benötigen im Grunde jederzeit die Möglichkeit, schnell und direkt auf sämtliche notwendigen Materialien und Informationen zur Unterstützung ihres Vertriebsgespräches zugreifen zu können – dies sowohl im Vertriebsgespräch selbst als auch während der Vorbereitung auf ein Treffen mit einem Kunden. Materialien können dabei alle gängigen Medienformate wie PDFs, Präsentationen oder auch multimediale Elemente wie Audio, Video oder andere Darstellungen (interaktive Grafiken etc.) sein.

Neben der Aktualität der Unterlagen sind für ein erfolgreiches und reibungsloses Vertriebsgespräch zwei Faktoren relevant: Erstens ist es notwendig, dass sämtliche Materialien auf dem Tablet nicht nur vorhanden sind, sondern vor allem ohne die Notwendigkeit einer ständigen Online-Anbindung an Datenbanken oder das Internet genutzt werden können. Um die Aktualität sämtlicher Inhalte in der Materialiensammlung der Vertriebs-App sicherzustelllen, sollte aber zweitens die App anhand des hinterlegten Profils des Anwenders automatisch mit einem Server synchronisiert werden, auf dem wiederum zentral Materialien administriert und bereitgestellt werden. Nur so erhält der Vertriebsmitarbeiter die Gewähr, stets aktuelle Materialien, die als solche beim Aufruf der App auch gekennzeichnet sind, zur Verfügung zu haben.

Informierte Vertriebsmitarbeiter

Aktuelle Informationen können für Vertriebsmitarbeiter in zweierlei Richtungen sinnvoll sein: Zum einen sind es die relevanten Hintergrund-Informationen aus dem eigenen Unternehmen, um auf dem Laufenden über die neuesten Inhouse-Entwicklungen zu sein. Zum anderen können allgemeine Nachrichten oder Meldungen immer auch gute Anknüpfungspunkte für Kundengespräche sein.

Derartige Inhalte lassen sich z. B. über einen internen oder externe RSS-Feed direkt und automatisiert in die App übermitteln. Auch hier bietet es sich an, dass der Vertriebsmitarbeiter eigenständig die für ihn relevanten Informationen filtern, administrieren und den Bezug der Informationen ein- und ausschalten kann. Die Materialien verstehen sich als ein Angebot an die Anwender, die autonom über den Erhalt und die Nutzung entscheiden können.

Zusammenstellung der Materialien für ein Kundengespräch

Damit der Vertriebsmitarbeiter beim Kunden vor Ort direkt auf die passenden Materialien zugreifen kann, bietet sich neben einer Art »Bibliothek« die Möglichkeit an, Präsentationen themen- oder kundenspezifisch vorzubereiten bzw. auf dem Tablet aufzurufen. Dazu muss der Anwender zum einen rudimentär in einer Datenbank auf dem Tablet Kunden oder Themen anlegen können. Um das System einfach in der Bedienung und der Komplexität zu halten, kann hierbei auf eine Anbindung an unternehmenseigene CRM-Systeme – zumindest in der ersten Phase – verzichtet werden. Ein vollständiger Zugriff auf alle Kundendaten oder auch die vollständige Erfassung von Kundendaten ist für diese Funktionalität nicht zwingend notwendig. Vielmehr soll es zunächst einmal möglich sein, einem definierten Kunden durch wenige Klicks Materialien aus der Bibliothek zuweisen zu können. Analog dazu können Informationen einzelnen Themen zugeordnet werden. Durch die reine Verlinkung der Materialien aus der Bibliothek mit Kunden oder Themen werden auch neue Materialien der Bibliothek automatisch in den einzelnen zugewiesenen Präsentationen aktualisiert.

Ein weiterer Vorteil des Aufbaus kunden- oder themenspezifischer Präsentationen besteht darin, dass jeder einzelne Kunde den Eindruck gewinnt, eine individuell vorbereitete Präsentation zu erhalten. Was faktisch richtig ist, wobei der zeitliche Aufwand für den Vertriebsmitarbeiter gering ist. Dennoch steigt die Wertigkeit der Präsentation dem Kunden gegenüber deutlich.

In diesem Modus sollte ein Kunde auch eigenständig in die Präsentation »eingreifen« und die Steuerung übernehmen können, denn dies ist – wie oben erwähnt – der innovative Vorteil eines Tablets. Dadurch wird eine haptische Interaktion des Kunden mit den vorbereiteten Präsentationen ermöglicht.

Falls der Vertriebsmitarbeiter im Gespräch auf weitere Materialien zugreifen muss, die derzeit nicht in der kundenspezifischen Präsenta-

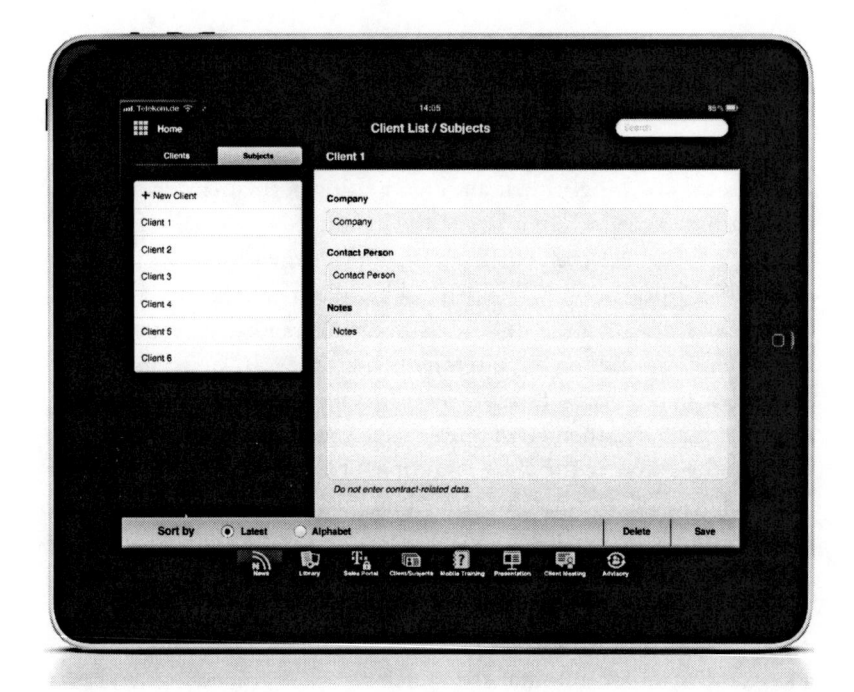

Abb. 2: *Beispiel eines Screens zur Erfassung von Kundendaten (Design und Grafik: Nulleins Berlin)*

tion enthalten sind, soll er mit einem Klick in die Bibliothek wechseln können.

Überlassung, Übermittlung der Materialien an den Kunden vor Ort

Oft bittet ein Kunde bereits im Gespräch, spätestens aber im Anschluss darum, ihm die gezeigten Materialien zur Verfügung zu stellen. Eine effiziente Lösung besteht darin, sämtliche Informationen, die ja in digitaler Form auf dem Tablet bzw. in der App gespeichert sind, neben der Zuweisungsmöglichkeit zu Kunden und Themen auch für die digitale Weiterleitung an Kunden vorzubereiten. Im Idealfall erhält ein Kunde die für ihn relevanten und vorbereiteten Materialien per Knopfdruck und noch vor Ort. Einfachster Ansatz hierzu ist der Versand per E-Mail.

Kundendaten und CRM-Anbindung

Es stellt sich hier vorab die Frage, ob es denn überhaupt sinnvoll ist, umfassende Kundendaten oder Berichte über Kundengespräche mithilfe des Tablets zu erfassen und an ein CRM zu überspielen?

Zum einen ist die technische Anbindung an ein CRM-System im Unternehmen in der Regel aufwendig und komplex. Ganz abgesehen von sicherheitsrelevanten Aspekten will man wahrscheinlich nicht auf die Vorteile einer App – Schnelligkeit des Systems, direkte Verfügbarkeit und optimale Darstellung auch im Offline-Modus – verzichten. Auch muss berücksichtigt werden, dass eine umfassende Dateneingabe über die Touch-Screen-Tastatur von Tablets hierfür nicht unbedingt vorteilhaft ist.

Ob und wie sich die Touch-Screen-Tastatur für die Dokumentaton des Vertriebsprozesses nutzen lässt, daran scheiden sich die Geister. So sieht beispielsweise Clemens Sexauer, Principal bei Sempora, hier eine Chance: Wenn der Vertriebsmitarbeiter im Normalfall nur noch Buttons und Kästchen anklickt, wird das Leben für ihn einfacher [4]. Solche Vereinfachungen werden unter den Vertriebsmitarbeitern wahrscheinlich viele Anhänger finden. Andererseits wird es immer Unternehmen und Branchen geben, bei denen diese Art der radikalen Vereinfachung des Berichtwesens nicht möglich und auch nicht sinnvoll ist.

Natürlich lassen sich die Beschränkungen der Tablet-Tastatur durch eine über Bluetooth angebundene Zusatztastatur kompensieren. Aber die Frage stellt sich, ob diese Lösung für einen Vertriebsmitarbeiter in seiner mobilen und oft von Zeitknappheit geprägten Tätigkeit sowie vor Ort im Kundengespräch wirklich praktikabel ist oder eben nur ein eher hinderlicher Notbehelf.

Insgesamt lässt sich sagen, dass sich die Akzeptanz einer App zur Vertriebsunterstützung durch die einfache und intuitive Bedienbarkeit und somit die Nutzung an sich deutlich erhöht. Dazu gehört auch der äußerst relevante Umstand, dass keine ständige Online-Verbindung des mobilen Gerätes notwendig ist, um Zugriff auf die im Kundengespräch relevanten Daten zu haben. Eine Abhängigkeit vom Netz wird beim augenblicklichen Stand der Netzverfügbarkeit kein Vertriebsmitarbeiter akzeptieren, da immer die Gefahr besteht, dass in einem Kundengespräch Dokumente zeitaufwendig geladen werden müssen oder so oftmals gar nicht zur Verfügung stehen.

Spezielle Services

Neben den rein vertrieblichen Funktionalitäten, die rund um ein Kunden- bzw. Vertriebsgespräch zu sehen sind, kann der Einsatz eines Tablets weitere Services und nützliche Anwendungen bieten. Alle zusammen gestalten das Arbeiten eines Vertriebsmitarbeiters effizienter und effektiver und können damit auch zu einer breiten Akzeptanz dieser mobilen Geräte beitragen.

Hier wären zum Beispiel »Locations Based Services« zu nennen: angefangen von den auch auf Tablets verfügbaren Navigationsprogrammen (mit einer optimalen Lesbarkeit aufgrund des größeren Bildschirmes) bis hin zur Lokalisierung von Filialen, Restaurants oder Hotels. Anbindungen an unternehmenseigene oder auch öffentliche soziale Netzwerke wie Facebook ermöglichen in Verbindung mit diesen Services auch den Austausch der Vertriebsmitarbeiter untereinander.

Natürlich ist eine große Fülle von Services und »Helfern« als Bestandteil einer Vertriebs-App denkbar; es sollte aber der Grundsatz gelten: »Weniger ist mehr.« Denn nur so kann sich ein Vertriebsmitarbeiter optimal auf das Kundengespräch konzentrieren. Außerdem sollten Apps und deren Funktionen immer auch direkt vom Anwender auf seine Belange hin konfigurierbar sein. Ein Standardsystem, das als Kompromiss allen gleichermaßen »aufgezwungen« wird, hat wenig Aussicht auf Erfolg, denn die Quote der Wenignutzer bis hin zu Nutzungsverweigerern wird dadurch immer hoch sein. Insgesamt lebt eine Vertriebs-App mehr von sinnvollen Beschränkungen als von vollständigen, umfassenden Abbildungen aller technisch möglichen Funktionalitäten: »Reduce to the max!«

Praktischer Einsatz im Kundengespräch

Im Folgenden soll anhand eines Beispiels aus der Praxis verdeutlicht werden, welche Faktoren für den Aufbau und vor allem für die Administration einer App zur Vertriebsunterstützung berücksichtigt werden müssen.

Planung und Realisation

Die Planung und Erstellung einer App für den Vertrieb eines Unternehmens ist immer ein iterativer Prozess mit zahlreichen Beteiligten. Es gilt hierbei, die Anforderungen des eigentlichen Anwenders, also des Vertriebsmitarbeiters und seiner Kunden, ebenso zu berücksichtigen wie etwaige Belange der IT-Abteilung oder des Innendienstes. Da diese Interessen oftmals divergieren, müssen die Technik und Logik, die zur Erstellung einer App genutzt werden, flexibel auf diese Anforderungen auch im Zeitablauf reagieren können. Ziel sollte es sein, ein System zu nutzen, das sich sowohl bei der Erstellung von Inhalten als auch bei deren späterer individueller Anpassung durch den Anwender flexibel einsetzen lässt.

Ein derartiges System ist die equeo mobile suite™, das gegenüber hoch standardisierten Systemen wie Mobile Roadie oder Red Foundry den Vorteil besitzt, über ein eigenes Content-Management-System in Verbindung mit speziellen Playern zu verfügen und so hoch flexibel für alle Anforderungen rund um den Bau und die Adminstration von Apps zu sein.

Basis zur Erstellung der Inhalte ist ein webbasiertes Autorensystem *(equeo author)*, das über Schnittstellen bereits existente Inhalte aufnimmt oder über Editorenoberflächen mit der üblichen WYSIWYG-Funktionalität Medien wie Text, Bild, Audio und Video erstellen und verarbeiten kann. Dabei gilt, dass aufgrund der Größe der Bildschirme, aber vor allem aufgrund der gerade im Vertrieb vorherrschenden zeitlichen Restriktionen Inhalte eher kurz und knapp gehalten sein sollten. Die über die App nutzbaren Inhalte sollen die Anwender in ihren Gesprächen unterstützen und sind daher so zu strukturieren, dass sie schnell gefunden werden. Neben den Inhalten ist eine sinnvolle und grafisch intuitiv verständliche Navigation wichtig, denn – wie aus der Praxis bekannt – wollen Kunden oftmals direkt in eine Präsentation auf dem Tablet »eingreifen«. Je einfacher und direkter dies für den Kunden auf Anhieb möglich ist, desto überzeugender ist auch das zu vermittelnde Produkt. Hier sei auch angemerkt, dass eine Präsentation vom iPad2 oder von Android Tablets aus auch direkt über einen angeschlossenen Beamer möglich ist.

Damit sich die mit dem Autorensystem erstellten Inhalte auch optimal auf den jeweiligen mobilen Endgeräten (iPhone, iPad, Android, Blackberry) darstellen lassen, wurden gerätespezifische *equeo player* entwickelt. Diese werden grafisch auf die Anforderungen eines Unternehmens angepasst und zur Installation auf den mobilen Endgeräten der Mitarbeiter zur Verfügung gestellt. Vorteil der speziellen Player ist sowohl die gerätespezifisch optimale Darstellung und Navigation der Inhalte als auch die Offline-Nutzbarkeit der App, da sich wahlweise alle Inhalte auf den Geräten speichern lassen.

Als Inhaltsquelle dient dennoch für alle mit den Playern ausgestatteten Endgeräte der *equeo mobile author*, in dem sämtliche Inhalte nur einmal enthalten sind (Single Source Publishing).

Änderungen an den vorhandenen Inhalten führen dazu, dass alle mobilen Nutzer eines Unternehmens diese neuen Inhalte per Knopfdruck auf ihren Geräten zur Verfügung gestellt bekommen. Somit wird sichergestellt, dass alle Mitarbeiter ortsunabhängig immer mit den neuesten Informationen ausgestattet sind. Die Player sind die eigentliche App, die sich so flexibel konzipieren lässt, dass der Anwender bestimmte Bereiche darin frei definieren und für seine persönlichen Präsentationsbelange optimieren kann. Dies kann z. B. dazu genutzt werden, um Informationen und Materialien für einen Kundentermin bereits vorab in separaten Präsentationsmappen abzulegen. Der Vertriebsmitarbeiter hat damit alle Unterlagen für die einzelnen

Gespräche direkt greifbar. Über den Modus »Kundenpräsentation« werden alle anderen Inhalte und Informationen sowie die gesamte Administration der App ausgeblendet. Das Tablet kann so »aus der Hand gegeben werden«, ohne dass Kunden mit unbeabsichtigten Navigationen plötzlich auf vertrauliche Informationen gelangen.

Weil es sinnvoll sein kann, Mitarbeitern selektiv Informationen mobil zur Verfügung zu stellen, kann man mit einer weiteren Komponente des Systems, dem *equeo manager,* die erstellten Inhalte einzelnen Nutzern oder Nutzergruppen individuell zur Verfügung stellen. Aber auch hier bleibt das Single Source Publishing erhalten, denn als Grundlage dient nach wie vor die eine Inhaltsdatenbank des equeo authors.

Der smarte Einstieg

Ein Unternehmen, das Tablets zur Unterstützung seines Vertriebs einsetzen möchte, sollte einen möglichst schnellen und stufenweisen Einstieg umsetzen, um seine Wettbewerbsvorteile durch Einsatz der neuen Geräteklasse zu nutzen. Das bedeutet aber in der Regel auch, dass zu Beginn nicht alle Fragen geklärt werden können und oft auch nicht müssen! In vielen Fällen werden Unternehmen im ersten Schritt auf die Einbindung in die Unternehmens-IT zunächst verzichten.

Es macht aber durchaus Sinn, den Vertriebsmitarbeiter dabei zu unterstützen, die aktuellen Unterlagen verfügbar zu haben (falls nötig personalisiert oder auf eine Gruppe bezogen), ohne dass er dafür selbst verantwortlich ist. Dies kann als Service von einer zentralen Stelle aus geschehen.

Darüber hinaus ist es möglich, z. B. die Nutzungsintensität der einzelnen Inhalte durch die Vertriebsmitarbeiter zu messen, um Informationen und Materialien laufend optimieren zu können. Andererseits kann alles Messbare auch wieder zu Kontrollzwecken allgemeiner Art genutzt werden. Über den Sinn und Unsinn gerade dieser Kontrollen muss jedes Unternehmen selbst befinden.

Herausforderungen – heute und in Zukunft

Eine zentrale Herausforderung ist das Thema Datensicherheit auf den mobilen Endgeräten. Das größte Sicherheitsrisiko ist – wie so häufig – der Mensch, z. B. wenn das Gerät verloren wird oder unachtsam mit Daten umgegangen wird.

Neben technischen Lösungen sollten Unternehmen für ihre Mitarbeiter immer auch eine Sicherheitspolicy definieren, um für dieses Thema zu sensibilisieren und bewusst zu machen, welche Risiken bestehen und wie sie sich vermeiden lassen.

Die verschiedenen Geräte bieten unterschiedliche Möglichkeiten der Absicherung. Beispielsweise führt Apples Devise »Apple is not an enterprise company« dazu, dass das Unternehmen immer den Benutzer im Auge hat und nicht den Administrator. Seitdem aber das Betriebssystem iOS4 verfügbar ist, gibt es ausreichend »Enterprise«-Funktionen für einen Firmeneinsatz. Allerdings müssen sich hier Administration und Sicherheitspolicy an die Geräte anpassen und nicht umgekehrt.[5]

Doch auch Apple liefert mit jeder neuen Betriebssystemversion neue Möglichkeiten, seine Endgeräte abzusichern. So ist jetzt bereits die Eingabe eines maximal zehnstelligen Passwortes – statt der bisherigen vier Stellen – möglich und wird dringend angeraten. Ab der Version iOS5 kann die Dateiverschlüsselung an den einzelnen Benutzer gekoppelt werden, zunächst für die von Apple mitgelieferten Apps wie »E-Mail« oder »Einstellungen«. In Verbindung mit einem sicheren Passwort ist dies dann ein wirksamer Schutz, allerdings noch nicht für die Apps anderer Anbieter.

Sowohl Research In Motion (RIM) mit seinen »Blackberry« Endgeräten als auch Microsoft profitieren beim Thema Sicherheit von ihren jahrelangen Erfahrungen. Beide Unternehmen bieten in den Betriebssystemen für ihre mobilen Endgeräte zahlreiche Einstellungsmöglichkeiten, mit denen sich die Sicherheitserfordernisse anpassen lassen. Beim Betriebssystem Android lassen sich fehlende Funktionen meist durch Zusatzsoftware nachrüsten.

Um unterschiedliche Endgeräte administrieren zu können, gibt es inzwischen eine Vielzahl sogenannter »Mobile Device Management«-Programme. Darüber können die Einstellungen mobiler Clients zentral verwaltet werden.

Nicht nur das Thema Sicherheit wirft für die Zukunft einige offene Fragen auf. Es stellt sich auch die Frage, wie sich die Intelligenz einer Applikation künftig auf die Endgeräte verlagern wird. Werden bald zentrale Lösungen diese Aufgaben erfüllen? Oder werden wir ein Revival im Vertriebsbereich von Client-Server-Lösungen erleben?

Sicher scheint auf jeden Fall zu sein, dass viele Vertriebsmitarbeiter auf die Vorzüge der mobilen Endgeräte – gerade in den Bereichen Darstellung und Präsentation – in Zukunft nicht mehr verzichten möchten. Dadurch entsteht aber für die Unternehmen die Notwendigkeit, eine Strategie zu entwickeln, wie dieses Bedürfnis befriedigt werden kann, ohne auf Dauer inakzeptable Sicherheitsrisiken einzugehen oder einen nicht beherrschbaren Wildwuchs von Anwendungen und Hardware in Kauf zu nehmen.

Die neue Geräteklasse wird in Unternehmen Einzug halten; besonders im Vertrieb. IT-Bereiche von Unternehmen, die diese Herausforderung aktiv angehen und die Anwender mobiler Endgeräte unterstützen, erwerben wertvolle Erfahrungen und ermöglichen den Aufbau eines weiteren Wettbewerbsvorteils im täglichen Kampf um Kunden und Märkte.

Literatur

[1]   MÜLLER, P.: *DigiTimes – Zwei von drei Tablets werden iPads sein. In: Macwelt 5.8.2011*

[2]   MAUERER, J.: *Wie Unternehmen iPad & Co nutzen. In: Computerwoche, Juni 2011*

[3]   *Sempora Consulting GmbH, www.sempora.de*

[4]   KLÄHN, A.: *Anstossen. In: Akquisa 03/2011, S. 22*

[5]   OELMEIER, F.: *Mobile Clients im Security Check. In: Computerwoche, September 2011*

Zusammenfassung

Der weltweite Erfolg sogenannter Tablets wird nicht nur von Privatpersonen getragen, sondern zunehmend von Unternehmen, die den flachen digitalen »Schreibblock« vor allem in Bereichen einsetzen, in denen Mobilität, Flexibilität und neue Formen des Beratens und Verkaufens relevant sind. Nach wie vor sind Tablets wie das iPad von Apple innovative mobile Geräte, deren Einsatzmöglichkeiten mittlerweile auch in Unternehmen erkannt werden. Aus der praktischen Erfahrung im Bereich der Erstellung und Administration von innovativen Konzepten und Lösungen für mobile digitale Endgeräte wie Tablets lassen sich folgende Erkenntnisse ableiten:

⇨ Tablets ermöglichen durch ihre schnelle, einfache und intuitiv zu verstehende Nutzerführung eine nachhaltige Vertriebsunterstützung.

⇨ Die Erstellung und Verwaltung von Inhalten aller Art kann mit marktseitig verfügbaren Content-Management- und Adminstrations-Systemen als Single Source Publishing realisiert werden.

⇨ Neue Formen der interaktiven und interagierenden Präsentation bei Kunden vor Ort werden sich zum Standard entwickeln.

⇨ Indem sich Reporting und die Vertriebsnachbearbeitung durch eine stärker haptische Bedienung vereinfachen und beschleunigen lässt, wird eine stärkere Fokussierung auf das Vertriebsgespräch möglich.

⇨ Auch das Thema Datensicherheit ist mittlerweile durch spezielle Anwendungen (Apps) und Verhaltensregeln beherrschbar.

Kreative Potenziale ausschöpfen durch Crowdsourcing & Co.

Gerade wenn es um die (Weiter-)Entwicklung von Angeboten, Dienstleistungen und Produkten geht, können sich Unternehmen die Kreativität und Energie von Menschen, die über das Internet verbunden sind, systematisch nutzbar machen. Das kann in drei Schritten erfolgen.

> **In diesem Beitrag erfahren Sie:**
> - wie sich Unternehmen das Potenzial nutzergenerierter Inhalte erschließen können,
> - welche Formen der Nutzerbeteiligung es beim Crowdsourcing gibt,
> - warum es sich lohnt, Kunden und Externe am Innovationsprozess zu beteiligen.

Thomas Schildhauer, Hilger Voss

Einleitung

Heutzutage bezieht eine stetig steigende Zahl von Unternehmen Externe in die Entwicklung und Optimierung von Produkten und die zugehörige Kommunikation ein. Das ungeheure Potenzial, das ein Unternehmen ausschöpfen kann, indem es die intellektuelle Kraft und das kreative Potenzial von Kunden, Interessenten, Mitarbeitern, Partnern, Spezialisten und anderen Bezugsgruppen zu den Produkten oder Leistungen des Unternehmens aktiviert, kann durch vielfältige Instrumente der digitalen Kommunikation kanalisiert werden. Im Folgenden soll erläutert werden, wie sich dieses Potenzial systematisch in verschiedenen Stufen erschließen lässt.

User Generated Content

In einer ersten Stufe kann ein Unternehmen damit beginnen, sich des enormen Potenzials sogenannter nutzergenerierter Inhalte (User Generated Content) zu bedienen. Dazu startet es mit der Auswertung von Inhalten, die Internetnutzer selbsttätig, d. h. ohne Auftrag, und ungesteuert im Internet erstellen.

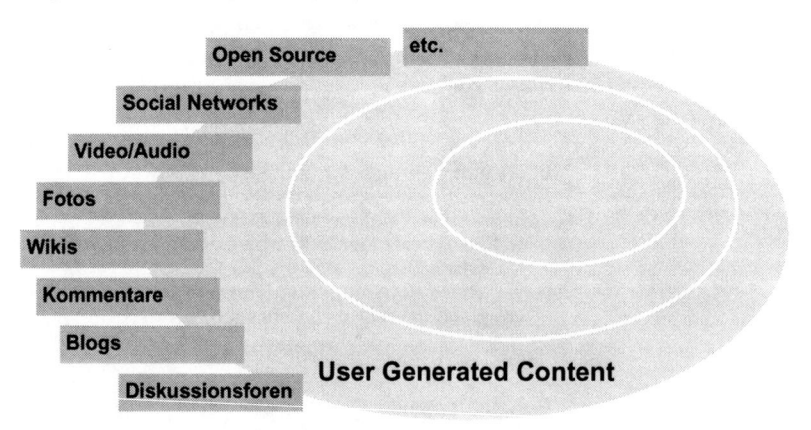

Abb. 1: *Formen nutzergenerierter Inhalte*

Aber warum erstellen immer mehr Internetnutzer in immer größerem Umfang Webinhalte, z. B. in Form von Blog- und Forenbeiträgen, Kommentaren, Wikis, Fotos, Videos, Musik etc. (siehe Abb. 1)? Dies tun sie in der Regel nicht, um damit Geld zu verdienen, sondern aus Spaß, um sich mit anderen auszutauschen und um sich selbst darzustellen. Durch einfach zu bedienende Software erreichen viele der Beiträge professionelles Niveau – die »klassischen« Grenzen zwischen Amateuren und Profis verwischen zusehends.

Unternehmen können diese von Internetnutzern erstellten Inhalte für sich nutzen. Beispielsweise können sie Open-Source-Software – frei zugängliche Software, die praktisch von jedermann benutzt bzw. weiterentwickelt werden kann – verwenden oder Marktforschung betreiben durch Beobachtung von Branchentrends und Erkenntnisse aus öffentlichen Diskussionen, die beispielsweise in Blogs, Foren oder Sozialen Netzwerken um die eigene Marke geführt werden.

Man bezeichnet diese Art der Auswertung auch als »Digital Intelligence«. Unternehmen können dadurch schon auf einfache Weise Erkenntnisse gewinnen, wie über sie, ihre Produkte oder die Branche allgemein geschrieben wird. Zahlreiche Tools und Webseiten stehen hierfür zur Verfügung wie etwa die Suchmaschine Social Mention (socialmention.com). Kostenfrei kann man hier Begriffe – z. B. Namen von Unternehmen – eingeben und erhält dann einen Überblick über die aktuelle Diskussion. Im Einzelnen erfährt man, mit welchem Sentiment die Diskussion geführt wird (postiv/negativ/neutral), welche Begriffe im Zusammenhang mit dem Unternehmen besonders häufig erscheinen, welche Nutzer sich besonders häufig äußern oder auf welchen Kanälen die Diskussion besonders intensiv geführt wird. Durch die Möglichkeit, die Suche zeitlich einzuschränken und zu sortieren, lassen sich die kommunikativen Auswirkungen von einzelnen Ereignissen recht genau nachvollziehen. Dies kann z. B. eine neue Werbekampagne oder die Einführung eines neuen Produktes sein, aber auch externe Faktoren, die die Branche berühren. Durch diese Auswertungen kann man frühzeitig auf sich anbahnende Trends reagieren, aber auch auf Probleme oder Unzufriedenheit mit Produkten, bevor sich diese zu weit »fortpflanzen«.

Ab einem gewissen Volumen empfiehlt es sich allerdings, auf ein professionelles Tool umzusteigen, um einen höheren Funktionsumfang und damit bessere, genauere Ergebnisse zu erhalten.

Crowdsourcing
In einer zweiten Stufe kann ein Unternehmen versuchen, Nutzer zielgerichtet praktisch in alle Phasen des Wertschöpfungsprozesses einzubeziehen. Hier hat sich der Begriff »Crowdsourcing« durchgesetzt: ein Schachtelwort aus »Crowd«, die Menschenmenge, und »Outsourcing«, die Auslagerung von Aufgaben eines Unternehmens. Diese Auslagerung kann durch sogenannte Ideenwettbewerbe geschehen, die auf entsprechend dafür angelegten Crowd-Creation-Plattformen

geschaltet werden, oder auf eigenen Webangeboten, die man einer speziell für das Unternehmen interessanten Zielgruppe (Entwickler, Forscher, Kunden, Interessenten etc.) offeriert.

In Produktion und Produktmanagement lassen sich auf diese Weise bestehende Produkte verbessern und neue Produkte entwickeln – oder neuartige Lösungen finden. Nebenbei können Trends identifiziert und frühzeitig berücksichtigt werden.

Marketing und Kommunikation sind die Hauptfelder der Nutzerintegration: Nutzer vertrauen viel eher anderen Nutzern als klassischer Marketingkommunikation. Daher liegt es nahe, sie in diesem Bereich zu aktivieren, denn sie wissen am besten, was bei ihren Peers »ankommt«. Gleichzeitig wird durch den entstehenden Dialog die Kundenbindung gesteigert.

Im IT- und Servicebereich kann die Nutzer-Community beispielsweise animiert werden, Supportaufgaben zu übernehmen, Verbesserungen des eigenen Serviceangebotes können auf diese Weise zielgerichtet ausgeführt werden.

Crowdsourcing: Arten der Nutzerbeteiligung

Im Folgenden soll auf verschiedene Aktionsformen eingegangen werden, mit denen man die vom Auftraggeber anvisierte Zielgruppe der Nutzer aktivieren kann:

⇨ *Crowd Voting* – die Nutzer stimmen ab, z. B. über Produktvorschläge und -verbesserungen,

⇨ *Crowd Creation* – Nutzer erstellen unabhängig voneinander Inhalte, z. B. in Videowettbewerben, geben sich jedoch im Entwicklungsprozess beispielsweise über Kommentarfunktionen regelmäßig Feedback und Hinweise. So entsteht über Crowd Creation auf Basis einer individuellen Idee häufig am Ende des Kreationsprozesses eine durch kooperative Feedbackschleifen verbesserte Idee.

⇨ *Crowd Funding* – Nutzer finanzieren geplante oder belohnen schon bestehende Projekte,

Collective Intelligence

Crowd Funding

Crowd Creation

Crowd Voting

Crowdsourcing

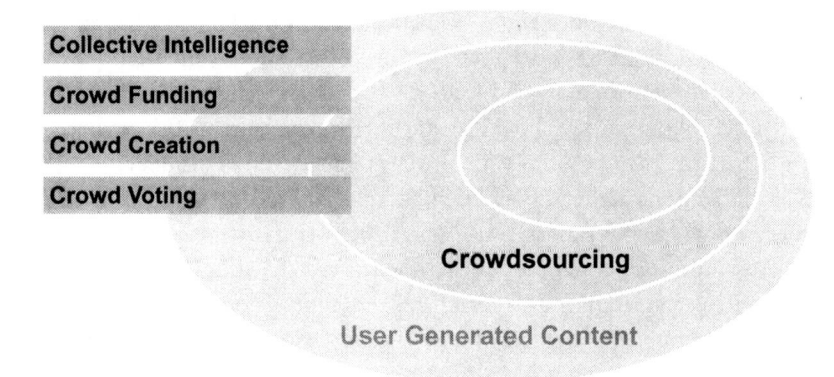

User Generated Content

Abb. 2:   *Arten der Nutzerbeteiligung im Crowdsourcing*

⇨ *Collective Intelligence* – Verbindung von Elementen aus Crowd Voting und Crowd Creation – von Einzelnen erarbeitete Vorschläge werden untereinander bewertet und gemeinsam verbessert.

Crowd Voting
Im Rahmen des Crowd Votings wird die Masse der Internetnutzer als Filter eingesetzt. Ein sehr plastisches Beispiel liefert die Popsängerin Madonna. Über den Microbloggingdienst Twitter (twitter.com) rief sie die Fans dazu auf, ihre Lieblingslieder zu nennen, um aus den Ergebnissen eine Best-of-Compilation zu erstellen. Die Liste der beliebtesten Titel wurde von Madonna auf Doppel-CD-Länge gekürzt und um zwei neue Stücke ergänzt – mit großem Erfolg: zwei Millionen verkaufte Exemplare allein in den ersten zwei Wochen nach Veröffentlichung. [1]

Auch der Internet-Möbelhändler Fashion For Home (www.fashion-4home.de) setzt auf Crowd Voting. Kunden können unter neu vorgestellten Designer-Möbeln ihre Favoriten wählen, die beliebtesten werden dann produziert. Die Abstimmungsteilnehmer bekommen zur Belohnung zehn Prozent Rabatt auf den Kaufpreis ihrer Lieblingsmöbelstücke.

Crowd Voting umfasst außer dem konkreten Abstimmungsprozess auch andere Tätigkeiten, wie das Weiterempfehlen von Webseiten oder Artikeln (z. B. über einen »Gefällt mir«-Button) oder das »Taggen« (d. h. mit Schlag- oder Stichworten versehen) von Inhalten (z. B. Personen auf Fotos oder in Videos mit Namen versehen).

Im Mittelpunkt des Crowd Votings steht somit nicht die Stimme des Einzelnen, sondern das Ergebnis als Ganzes, um eine generelle Einschätzung bezüglich eines Themas zu erhalten. Bei Abstimmungen über Soziale Netzwerke lassen sich natürlich wieder Rückschlüsse auf die Abstimmungsteilnehmer vornehmen. Crowd Voting wird auch häufig in Verbindung mit der nächsten Kategorie, der Crowd Creation angewendet, bei der die Nutzer zu eingereichten Ideen unmittelbar ihre Stimme abgeben.

Crowd Creation
Nach der recht einfachen Art der Beteiligung durch Crowd Voting wird in der Crowd Creation die kreative Kraft der Crowd-Mitglieder aktiviert und eingesetzt, beispielsweise um Werbevideos oder Motive für Anzeigen zu kreieren und damit in einzelnen Aktionen auf neue Produkte aufmerksam zu machen. Im Allgemeinen geht es um alle Arten kreativer Leistung. Dazu gehört auch das Gestalten von Kleidungsstücken wie z. B. bei Spreadshirt (www.spreadshirt.de), wo Nutzer anderen ihre Designs von T-Shirts, Pullovern, Schürzen etc. gegen Entgelt zur Verfügung stellen können. Ansonsten werden alle Bereiche des User Generated Content abgedeckt: Texte (z. B. Produktrezensionen), Bilder, Videos, Software etc.

Bei Yahoo! Clever (de.answers.yahoo.com) können Nutzer anderen Nutzern in fast 30 verschiedenen Kategorien Fragen aller Art stellen. Anhand der Kategorien kann man auch nach offenen Fragen zu Themen suchen, mit denen man sich gut auskennt, um diese zu beantworten. Der Fragesteller kann nach einem festgesetzten Zeitraum angeben, ob er mit einer erhaltenen Antwort zufrieden ist.

Im Fall von Wettbewerben bewertet in der Regel das ausschreibende Unternehmen bzw. eine von ihm eingesetzte Jury die eingereichten Beiträge. Aufgrund dessen entstehen weitere Kosten, die allerdings für eine gründliche Auswertung durch Experten, besonders im Innovationsbereich, sehr hoch ausfallen können: »Bereits für die gründliche Bewertung von 1000 Ideen muss man einen sechsstelligen Eurobetrag annehmen und leicht kann die Ideenzahl deutlich größer sein« [2]. Der Vorteil ist jedoch, dass das Unternehmen die Kontrolle über den Wettbewerb behält und nicht in die Verlegenheit gerät, unter Umständen einen »nicht genehmen« Gewinner akzeptieren zu müssen.

Ein Beispiel hierfür ist der »Mini-Movies«-Wettbewerb des britischen Getränkeherstellers Innocent Drinks (innocentdrinks.co.uk). Interessierte wurden dazu aufgerufen, einen kurzen Fortsetzungsfilm des aktuellen Werbespots zu erstellen [3]. Aus den 250 eingereichten Videos wählte eine Jury, die unter anderem aus dem Regisseur des offiziellen Spots und dem Art Director von Innocent bestand [4], fünf Favoriten aus. Diese wurden dann auf Youtube der Öffentlichkeit für einen kurzen Zeitraum zur Abstimmung gestellt. Der Gewinner erhielt eine Siegprämie von 5.000 Britischen Pfund, zusätzlich wurde mit einer TV-Ausstrahlung zur Prime-Time geworben.

Der Einsatz von Crowd Creation nimmt in diesem Fall eine rein kommunikative Funktion ein: Der ursprüngliche Werbespot entstand offensichtlich vorweg auf klassische Weise, also ohne Publikumsbeteiligung. Sowohl bei den Vorgaben für den Wettbewerb [5] als auch bei der Besetzung der Jury zur Auswahl der Gewinner wollte man sichergehen, dass ein Beitrag gewinnt, der genau den Vorstellungen des Unternehmens entspricht.

Crowd Funding
In einer weiteren Form des Crowdsourcings kann man Menschen sogar dazu animieren, sich an der direkten Finanzierung von Projekten zu beteiligen: Crowd Funding. Fertige Ideen lassen sich auf entsprechenden Plattformen vorstellen, mit Angabe des anvisierten Finanzierungsrahmens und der jeweiligen »Belohnung« für die Zahlenden. Anwendung findet dieses Modell gegenwärtig besonders im kulturellen Bereich: Auch weniger finanzstarke Nutzer werden so zu »Mäzenen«, indem sie ihnen sympathische Projekte – Musik, Film, Journalismus – unterstützen. Über die Plattform Sellaband (www.

sellaband.de) suchen Musiker – Anfänger ebenso wie Profis (z. B. die Hip-Hop-Band »Public Enemy« [6]) – nach Geld, um die Produktionskosten zur Aufnahme eines Albums zusammen zu bekommen. Kleinspender erhalten beispielsweise einzelne MP3-Stücke, wer mehr bezahlt, bekommt ein signiertes Exemplar der fertigen CD; wer besonders großzügig ist, kann die Band dann zum Privatkonzert begrüßen.

Im Journalismus wird dieses Modell ebenfalls angewendet. Im Jahr 2009 erschien in der New York Times (www.nytimes.com) die erste vollständig von der Crowd finanzierte Reportage »Afloat in the Ocean, Expanding Islands of Trash« von Lindsey Hoshaw [7]. Über 100 Teilnehmer haben über die Plattform Spot.us (spot.us) fast 10.000 US-Dollar gezahlt [8].

Aber auch andere Projekte sind möglich: Auf Kickstarter (www.kickstarter.com) wurden für die Programmierung von Diaspora, einem »open source social network«, in dem die Nutzer ihre Daten kontrollieren können, 10.000 US-Dollar erfragt. Am Ende der Laufzeit wurde das Zwanzigfache dieses Mindestbudgets erzielt – 200.000 US-Dollar [9].

Gemeinsam ist diesen Plattformen, dass der »Spender« keine weitergehenden Rechte an den Projektergebnissen erhält, diese gehören weiterhin den Autoren.

Während in diesen Beispielen die Finanzierung vor der Erbringung einer Leistung steht, geht es auch andersherum: die nachträgliche und freiwillige »Belohnung« von bereits bestehenden Inhalten. Ein Beispiel für diese »thank you economy« ist der Social-Payment-Service Flattr (flattr.com). Der Name ist bereits hinreichende Erklärung des Prinzips – eine Zusammensetzung von »to flatter« (schmeicheln) und »Flatrate«. Nutzer können bei Flattr einen Account anlegen und Geld einzahlen. Dann können sie auf Webseiten, auf denen Inhalte mit einem Flattr-Button versehen sind, »Flattr-Punkte« vergeben. Die Abrechnung erfolgt monatlich. Je nachdem, wie viel Geld der Nutzer in seinem Account hat und wie viele Punkte er im Monat vergibt, können die einzelnen Punkte ganz unterschiedliche Werte annehmen. Die Punkte eines Nutzers, der zehn Euro in seinen

Account gezahlt hat und im Monat zehn Punkte vergibt, sind jeweils einen Euro wert. Vergibt er aber 100 Punkte, ist der einzelne nur noch zehn Cent wert. Genutzt wird Flattr schon von vielen Blogs und anderen journalistischen Angeboten, z. B. der Tageszeitung Taz (www.taz.de). Dort ist auch der mit über 1.000 Punkten »meistgeflattrte« deutsche Beitrag des Jahres 2010 zu finden, »Der Terror ist da, das Müsli ist alle« von Ranga Yogeshwar [10].

Monatlich werden die Punkte nach ihrem jeweiligen monetären Wert zusammengerechnet und dem Empfänger auf sein Konto überwiesen. Viel Geld wird auf diese Weise noch nicht verdient, aber wenn man bedenkt, dass Konsumenten bisher kaum daran gewöhnt sind, für journalistische Inhalte zu bezahlen, lässt sich dieses Modell durchaus als Erfolg werten.

Flattr wird jedoch nicht nur im journalistischen Bereich genutzt, sondern auch für Bilder, Videos, Musik, Software etc. kann man sich auf finanzielle Weise »bedanken«.

Die Funktion von Crowd Funding ist nicht nur, Geld für bestimmte Projekte aufzubringen, sondern eine Art erweitertes Crowd Voting. Nutzer stimmen nicht einfach über Dinge ab, die sie interessieren, sie sind sogar bereit, dafür zu bezahlen – in der Regel, ohne daraus geldwerte Vorteile zu erlangen. Dies setzt ein sehr hohes Involvement voraus.

Collective Intelligence
Werden Crowd Creation und Crowd Voting zusammengeführt, lassen sich Diversität und kreative Energie der Crowd im Rahmen von Problemlösungen nutzen. Man spricht dabei von Collective Intelligence. Statt alleine an den eigenen Ideen zu arbeiten, werden diese schon in einem frühen Stadium der Crowd präsentiert. Auf diese Weise können Schwachpunkte, die der Einzelne leicht übersieht, wahrgenommen und korrigiert werden.

Auf Tchibos Innovationsplattform Tchibo Ideas (www.tchibo-ideas.de) läuft dieser Prozess folgendermaßen ab: Ein Nutzer stellt ein Problem vor, für das es sich seiner Meinung nach lohnt, eine Lösung in Form eines neuen Produktes zu erfinden. Im nächsten Schritt stimmt die Community ab, ob dieser Fall von allgemeinem Interesse oder doch zu speziell ist. Wird positiv über die Angelegenheit entschieden, machen sich die Erfinder in der Community ans Werk. Sie schlagen Lösungen vor, die wiederum durch die Community bewertet und verbessert werden. Am Ende steht dann ein Produkt, das von Interesse ist und von dem angenommen werden kann, dass es seinen Zweck auch erfüllt. Schließlich hat sich eine große Nutzerzahl in mehreren Schritten aktiv daran beteiligt. Mehrere neue Produkte sind auf diese Weise bereits in die Produktion und am Ende in den Tchibo-Shop gelangt [11], wo sie sich hoher Beliebtheit erfreuen und zum Großteil schon vergriffen sind. Zahlreiche Schritte des Innovationsprozesses – Sammlung, Generierung, Erfassung, Screening und Bewertung von Ideen, bis zum Vortest – werden auf diese Weise von der Crowd übernommen.

Um Kreative und Experten zu erreichen, steht dem Auftraggeber eine große Zahl an Intermediären zur Auswahl, die die kollektive Intelligenz sozusagen konzentrieren. Ein Beispiel ist die Plattform Jovoto (www.jovoto.com), wo etwa 20.000 Kreative (Stand: Juni 2011) versammelt sind, um Aufgaben – nicht nur aus dem Kommunikationsbereich – zu bearbeiten. Auch hier werden der Community Vorschläge unterbreitet, die diese anhand einer fünfstufigen Skala bewertet. Eine besonders wichtige Funktion ist die Kommentarfunktion für eingereichte Beiträge, wodurch sich häufig eine rege Diskussion um eine neue Idee entwickelt. Ergebnis ist dann häufig, dass sich der ursprüngliche Vorschlag im Rahmen eines »Collective Intelligence«-Projektes optimieren und sich letztlich eine bessere Lösung für die eingereichte Aufgabe erzielen lässt. Parallel können auch die Qualität der Beiträge sowie die Community-Mitglieder an sich bewertet werden. Auf diese Weise lassen sich besonders hilfreiche Bewertungen hervorheben und der Einfluss von Störern (»Trolls«) minimieren. Dies ist ein wichtiger Aspekt für die nachhaltige Funktionsfähigkeit von Collective-Intelligence-Plattformen, da auf diese Weise auch diejenigen Teilnehmer motiviert und ausgezeichnet werden, die zwar vielleicht nicht selbst eine disruptive Innovationsidee eingereicht haben, aber wesentliche Hinweise geben konnten, um aus einer ursprünglich vielleicht nicht marktfähigen Invention eine nachhaltige und im Markt erfolgreiche Innovation zu machen.

Unter den Unternehmen, die Jovoto bisher genutzt haben, ist auch die Kaffeehauskette Starbucks: Sie suchte nach Ideen, wie die Müllmenge von 100 Milliarden Pappbechern pro Jahr reduziert werden könnte. Ergebnis des Wettbewerbs waren 430 Ideen mit 1.500 Updates anhand des Feedbacks aus der Community, die insgesamt 5.000 Kommentare hinterließ und 13.000 Bewertungen abgab [12]. Ein weiteres Ergebnis waren aber auch 500.000 Views des Wettbewerbs und insgesamt 10.000.000 Online Media Impressions – also auch ein großer Erfolg für die Unternehmenskommunikation. Und die von der Crowd generierte Gewinneridee wurde von Starbucks mit Erfolg auf vielen Ebenen (Kosteneinsparung, Reduktion der Müllmenge) umgesetzt.

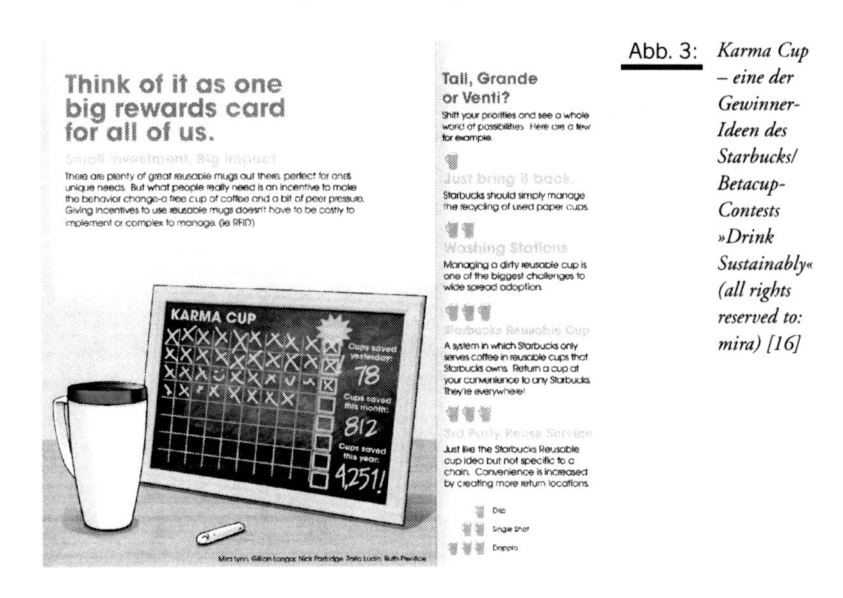

Abb. 3: *Karma Cup – eine der Gewinner-Ideen des Starbucks/Betacup-Contests »Drink Sustainably« (all rights reserved to: mira) [16]*

Collective Intelligence wird von vielen Unternehmen auch im Supportbereich genutzt. Im Kundenforum von HP (http://h30492. www3.hp.com/) beantworten sich Nutzer gegenseitig ihre auf HP-Produkte bezogenen Fragen. Die Qualität einer Antwort wird durch die Vergabe eines »Dankeschön« bewertet, sodass nach und nach eine Hierarchie der Nutzer entsteht, die die besten Antworten gegeben haben. Andere Nutzer können auf diese Weise leichter die Qualität einer Antwort einschätzen. Und eine hohe Position im Ranking dient als zusätzlicher Ansporn, sich weiterhin aktiv im Forum zu engagieren.

Open Innovation
In einer dritten Stufe öffnet sich das Unternehmen mit einem zielgerichteten und systematisch geplanten Prozess zur Beschleunigung und Optimierung der Innovationskraft und -geschwindigkeit. In der Literatur wird dies häufig unter dem Begriff Open Innovation [13] verankert. Darunter ist in diesem Zusammenhang der Einsatz von Crowdsourcing im Innovationsbereich von Unternehmen zu verstehen.

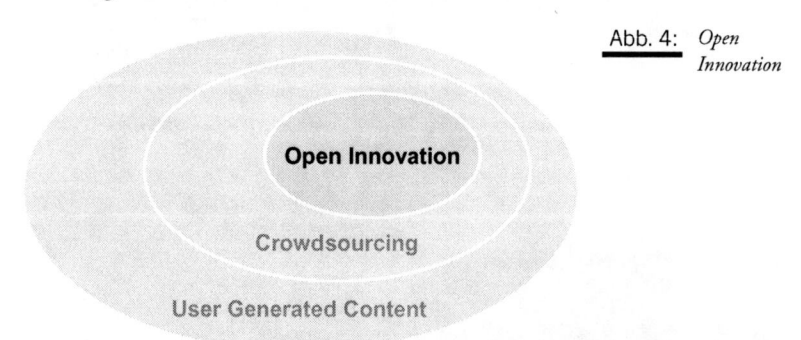

Abb. 4: *Open Innovation*

Das Vorgehen im Open-innovation-Prozess entspricht hier im Wesentlichen den beschriebenen Formen Crowd Creation und Collective Intelligence. Durch eigene Aktionen, wie IBMs »Innovation Jam« (www.collaborationjam.com) oder Dells »Idea Storm« (www.ideastorm.com) treten Unternehmen mit Mitarbeitern, Partnerunternehmen, externen Experten, Kunden u. a. in Kontakt, um Ideen zu sammeln und zu bewerten. Oder sie nutzen Plattformen, die als Intermediäre zu Experten außerhalb des Unternehmens dienen, wie InnoCentive (www.innocentive.com). Dort sind über 250.000 Experten aus 200 Ländern angemeldet, um Unternehmen bei der Lösung ihrer Probleme zur Seite zu stehen – mit Erfolg: In mehr als 1.300 Wettbewerben wurden über 28 Millionen US-Dollar ausgezahlt [14]. Auf diese Weise wird Open Innovation auch für kleinere Unternehmen attraktiv, die sich keine eigene Plattform leisten können. Zu den Nutzern von Innocentive gehört aber auch ein Konzern wie Procter & Gamble, der durch die Öffnung seiner Innovationsinitiativen eine Verdopplung des Marktwerts erzielen konnte [15].

Literatur

[1] http://absolutemadonna.com/?p=4876

[2] FRANKE, N.; HIENERTH, C.: *Prädikatoren der Qualität von Geschäftsideen: Eine empirische Analyse eines Online-Ideen-Forums (Working Paper), 2006, S. 21, online unter http://www.wu.ac.at/entrep/downloads/publikationen/ideen_zfb.pdf*

[3] http://innocentdrinks.typepad.com/innocent_drinks/2011/03/a-little-film-about-little-films.html

[4] http://innocentdrinks.co.uk/minimovies/judges/mini_movies_judges.html

[5] »All the mini movie has to do is show the caped superhero saving the day – this could be anything from rescuing someone from a boring meeting, saving a kitten stuck in a tree or pushing someone out the way of a runaway biscuit tin. We just want them to be fun, charming, and innocent.« In: Press Release – The Innocent Mini Movies Competition, February 2011. Online unter http://innocentdrinks.co.uk/press/pressreleases/view.cfm?token=6d6f5acad98745f6bb0625f370b2e37f&presssectionid=7&id=19

[6] https://www.sellaband.de/de/projects/publicenemy

[7] http://www.nytimes.com/2009/11/10/science/10patch.html

[8] BETANCOURT, L.: *Trash or Treasure? The New York Times Tries Crowdfunding, 2009.* Online unter http://mashable.com/2009/11/16/crowdfunding-new-york-times/

[9] http://www.kickstarter.com/projects/196017994/diaspora-the-personally-controlled-do-it-all-distr

[10] http://taz.de/Mit-de-Maizire-am-Fruehstueckstisch/!61578/

[11] https://www.tchibo-ideas.de/index.php/loesungen/realisierte

[12]   http://www.jovoto.com/clients/creative-outcomes/#starbucks

[13]   CHESBROUGH, H.: *Open Innovation: The New Imperative for Creating and Profiting from Technology.* Harvard Business School Press, Boston, 2003

[14]   https://www.innocentive.com/about-innocentive/facts-stats

[15]   HUSTON, L., SAKKAB, N.: *Connect and Develop. Inside Procter & Gamble's New Model for Innovation.* Harvard Business Review, Volume: 84, Issue: 3, 2006

[16]   http://www.jovoto.com/contest/drink-sustainably/ideas/4751

Zusammenfassung
Um Kunden und andere Externe in die Entwicklung und Optimierung von Produkten einzubeziehen, bieten sich drei Stufen an. Zunächst verwertet und ordnet man die im Internet stattfindende, teils ungerichtete und häufig nicht vom Unternehmen selbst gesteuerte Kommunikation der Nutzer, indem nutzergenerierte Inhalte durch Analysewerkzeuge ausgewertet werden. Schon hier erfährt das Unternehmen eine Vielzahl von Anregungen, Ideen, Verbesserungsvorschlägen zu den angebotenen Leistungen.

Auf einer zweiten Stufe bieten sich im Rahmen des Crowdsourcings verschiedene Formen der Nutzerbeteiligung an wie Crowd Voting, Crowd Creation, Crowd Funding und Collective Intelligence. D. h., auf entsprechenden Plattformen stimmen Nutzer über Produktvorschläge und -verbesserungen ab, stellt das Unternehmen Aufgaben und Fragestellungen zur Weiterentwicklung von Angeboten an die Nutzer, finanzieren Nutzer geplante oder bestehende Projekte oder es werden erarbeitete Vorschläge untereinander bewertet und gemeinsam verbessert.

Auf der dritten Stufe, der Open Innovation, finden diese Möglichkeiten systematisch Eingang in die Aufbau- und Ablauforganisation von Unternehmen. Dabei wird der gesamte Innovationsprozess von einem unternehmensinternen zu einem offenen Prozess umgebaut. Erst dadurch ist ein Unternehmen in der Lage, die Potenziale von User Generated Content und Crowdsourcing systematisch für ein verbessertes Innovationsmanagement und eine nachhaltige Steigerung des Unternehmenserfolges einzusetzen.

Projekte und Erfahrungen

**Innovationsmanagement für den neuen
Berliner Flughafen** 511
UWE WEIGMANN, KNUT DEIMER

**Mehr Kundenorientierung
in der internen IT der EnBW** 539
RICARDO DIAZ ROHR

**Informationsmanagement, eine
unterschätzte Disziplin? Ein Disput der Herausgeber** 557
LUTZ BECKER, WALTER GORA, MATTHIAS UHRIG

Innovationsmanagement für den neuen Berliner Flughafen

Die Planung eines neuen Flughafens ist eine echte Herausforderung: Nur wenige Felder verbinden eine so hohe Dynamik mit Komplexität und Sicherheitsanforderungen. Welche innovativen Wege beim Bau des neuen Flughafen Berlin Brandenburg (BER) eingeschlagen wurden, zeigt dieser Beitrag.

> In diesem Beitrag erfahren Sie:
> - welchen Stellenwert Innovationen für einen Flughafenbetreiber haben,
> - wie sich der neue Flughafen Berlin Brandenburg dieser Herausforderung stellt und
> - wie mit dem »embedded engineer«-Konzept das Innovationsmanagement optimiert werden kann.

Uwe Weigmann, Knut Deimer

Einleitung

Der Bau des neuen Flughafen Berlin Brandenburg BER bot den Anlass für eine Neuausrichtung des Innovationsmanagements der Berliner Flughäfen (FBS – Flughafen Berlin Schönefeld GmbH). 2007 startete die FBS zusammen mit der TSB Innovationsagentur Berlin und der ZukunftsagenturBrandenburg ein Experiment, um die vielen Ideen, die an die FBS herangetragen wurden, zu sichten und ihre Realisierungschancen strukturiert einzuschätzen. Sie starteten gemeinsam mit weiteren Partnern das Projekt »Modern Airport, Sustainable Airport – Testbed for New Efficient Technologies« (MATNET/SustAir). Das Konzept, das dem Innovationsmanagement zu Grunde liegt, soll im Folgenden an Beispielen aus dem Bereich Information und Kommunikation (IuK) näher erläutert werden.

Flughäfen ohne IuK sind unvorstellbar. Informations- und Kommunikationstechnik sind in einem Flughafen ubiquitär, denn sie wirken in alle Flughafenprozesse hinein, von der Disposition im Verkehrsbereich, dem Zugang auf die Luftseite und über die Passagierabfertigung bis hin zur Müllentsorgung. Wegen der Bedeutung der IuK für die Betriebsprozesse spielt sie im Innovationsmanagement von Flughäfen eine zentrale Rolle, die sich auch in dem Umstand widerspiegelt, dass (fast) jeder Verkehrsflughafen eine eigene IuK-Abteilung hat. Diese verantwortet die Auswahl, Bereitstellung und den Betrieb von Software-Anwendungen und Kommunikationstechnik zur Unterstützung der Geschäftsprozesse des Flughafens. Ein Erreichen der Unternehmensziele ist nur bei einem sicheren Einsatz dieser Technologien möglich. Im Laufe der Zeit entwickelt sich eine Funktions- und Technologievielfalt, die weiter zu pflegen und zu betreiben ist, und gleichzeitig werden neue Anforderungen an die Technologien gestellt. Umso mehr, wenn man, wie die IuK-Abteilung der Berliner Flughäfen, vor der Inbetriebnahme des neuen Flughafen Berlin-Brandenburg – im Juni 2012 steht!

Anforderungen an eine Flughafen-IuK

Die Komplexität der Flughafenprozesse mit IuK-Anwendungen erfordert eine Strategie, um zum Einen den kostenintensiven Betrieb von vielen Anwendungen mit unterschiedlicher Technologie zu vermeiden und um neue innovative Funktionalitäten zu integrieren. Der IuK-Bereich der Berliner Flughäfen hat für die Herausforderungen, die mit der Errichtung des BER verbunden sind, eine Anwendungsstrategie für zukünftige Technologien und Softwarearchitekturen erarbeitet, die somit ein Richtungsweiser sowohl bei der Lieferantenauswahl als auch im Design und der Integration von innovativen Software-Lösungen darstellt. In diesem Kapitel sollen die Verfahren vorgestellt werden, die die Berliner Flughäfen einsetzen, um dieser Aufgabe gerecht zu werden.

Der Neubau BER

Am 03. Juni 2012 wird der neue Flughafen Berlin Brandenburg Willy Brandt eröffnet, der als Hauptstadtflughafen im Standard des 21. Jahrhundert vielen Besuchern den ersten Eindruck von der Hauptstadtregion vermittelt. Neben der modernen Architektur wird dieser Eindruck nachhaltig dadurch geprägt, dass er in der Wahrnehmung des Reisenden »gut funktioniert«. Kernstück für das gute Funktionieren eines modernen Flughafens sind optimal auf die Anforderungen und Geschäftsprozesse ausgerichtete serviceorientierte, innovative, sichere und effiziente IuK-Systeme und Dienstleistungen. Der BER unterscheidet sich von den bisherigen Berliner Flughäfen grundlegend, er ist Teil des Campus BER, zu dem neben dem Terminal auch Einrichtungen wie Hotels, Parkhäuser, ein Gewerbepark, Touristikunternehmen und Dienstleister für Luftfahrtunternehmen zählen (vergl. Abb. 1).

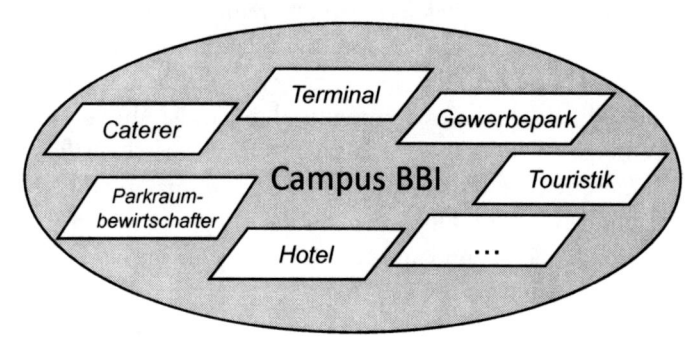

Abb. 1: *Der IuK-Campus BBI*

Die Rechnerinfrastruktur muss diesem Umstand Rechnung tragen, in dem sie dem BER und seinen Partnern auf dem Campus eine leistungsfähige Netzarchitektur zur Verfügung stellt, die den Nutzern und deren Anwendungen, die auf diesem Netz laufen, ein Höchstmaß an Zuverlässigkeit und Sicherheit garantiert. Das Flughafennetz ist eine mächtige Datendrehscheibe, die von den verschiedenen Partnern gespeist und angezapft wird, um die Flugzeugabfertigung zügig und zuverlässig abzuwickeln. Der BER wird der modernste Flughafen Europas werden. Hard- und Software für die Steuerung der Prozesse werden bei der Inbetriebnahme auf dem neuesten Stand sein. Eine große Anzahl von IuK-Systemen werden für den Betrieb im Flughafen zusammengeführt; das hohe Niveau, das die Integration der Einzelkomponenten in das BER-IuK-System haben wird, untermauert nachhaltig den Modernitätsanspruch des BER.

Gleichzeitig steht die IuK-Welt eines Flughafens unter einem sehr hohen Innovationsdruck. Flughäfen stehen untereinander in großer Konkurrenz in Bezug auf attraktive Flugverbindungen. Die Turnaround- Zeiten, das ist die Zeit, die ein Flugzeug zwischen Landung und erneutem Start am Flughafen zubringt und in die alle Abfertigungsprozesse hineinfallen, müssen attraktiv für die Fluggesellschaften sein, was sich nur erreichen lässt, wenn alle Partner optimal in die Prozesse eingebunden sind und ihnen die für die Abfertigung notwendigen Informationen zeitnah und an jeder Stelle des Flughafens zur Verfügung stehen. Von gleicher Bedeutung sind die Sicherheitsanforderungen aus Safety und Security, deren Einbindung in die IuK-Welt besondere Aufmerksamkeit verlangt. Und über allem steht die Kostenfrage, damit der Flughafenbetrieb auch auf lange Sicht ein rentables Geschäft bleibt. Die Berliner Flughäfen haben neben den konventionellen Innovationswegen zusammen mit den Ländern Berlin und Brandenburg ein Projekt gestartet, mit dem Innovationen in strukturierter Weise analysiert und gegebenenfalls für einen Einsatz im Flughafen evaluiert werden können.

Das IuK-Porfolio der Berliner Flughäfen

Der Aufbau der IuK-Landschaft orientiert sich an den Geschäftsprozessen, mit denen der Flughafenbetrieb realisiert wird. Die Abbildung 2 zeigt die Prozessstruktur, die sich in vier Ebenen untergliedert: 1.) die Planungs- und Steuerungsebene, 2.) die Kernprozesse, die aus Aviation (Verkehr), Non Aviation (Geschäftspartner, IT-Dienstleistungen, …) und Real Estate (Vermietung) bestehen, 3.) die Serviceebene (Safety & Security, Immobilienservice, Rechnungswesen, Personal, …) und 4.) die Kommunikationsebene (wie Internet, Bündelfunk, Telefonie etc.)

Diesen Prozessen sind eine Vielzahl von Anwendungen zugeordnet, sogenannte »Produkte«, die nach einem Baukastenprinzip gegliedert sind. Die Abbildung 3 zeigt den Aufbau dieses Baukastens. Ein Beispiel sei das Produkt Videobild. Das Produkt Videobild nutzt der Bereich Aviation intensiv in seinen Prozessen. Dabei wird er auf der Systemebene auf Videodaten bestimmter Kameras zugreifen, die ihm über das Videomanagementsystem zur Verfügung gestellt werden. Die Bereitstellung der Videodaten setzt eine Reihe von Basiskomponenten wie das BBI-LAN, den Directory Service und die Backup-/Storagesysteme voraus.

Der Übergang zum neuen Flughafen BER macht sich in der IuK der Berliner Flughäfen durch mehrere Faktoren bemerkbar: Die Anzahl bestimmter Systemkomponenten vervielfacht sich, in Einzelfällen um den Faktor 10. Es kommen neue Systeme hinzu, wie z. B. Zugangskontrolle mittels Biometrie, und die Anforderungen an die Service Level steigen. Tab. 1 zeigt die Änderungen im Bereich der IuK-Systemkomponenten beim Übergang von den existierenden Flughäfen Tegel und Schönefeld zum BER. Die wesentlich größere Integrationstiefe der IuK in die einzelnen Prozesse wird z. B. bei dem Anstieg der registrierten Nutzer bei den Verkehrssteuerungssystemen deutlich. Es werden beim BER sieben Mal mehr Nutzer auf die Daten zugreifen als heute, um sie für ihre Dienste zu nutzen, obwohl in Zukunft aus den zwei Flughafenstandorten nur noch einer werden wird.

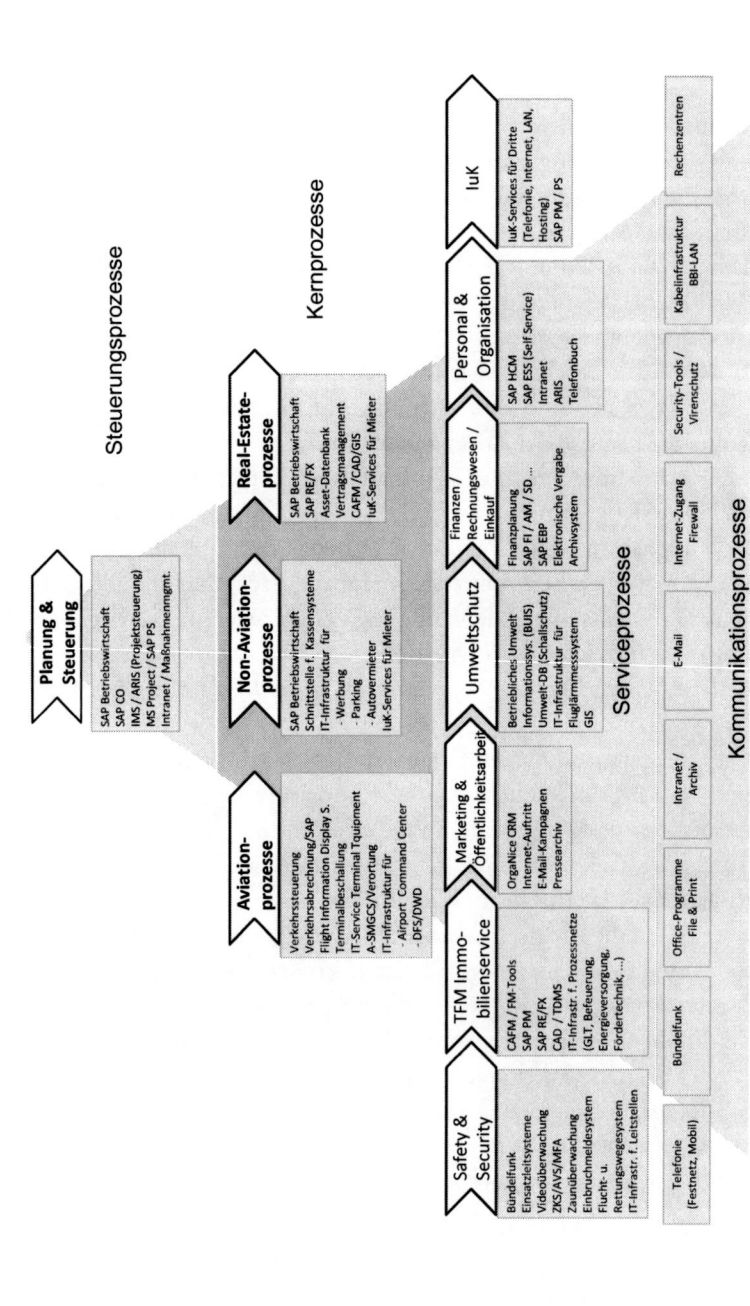

Innovationsmanagement für den neuen Berliner Flughafen

Abb. 2: *Struktur der IuK-Landschaft der Berliner Flughäfen*

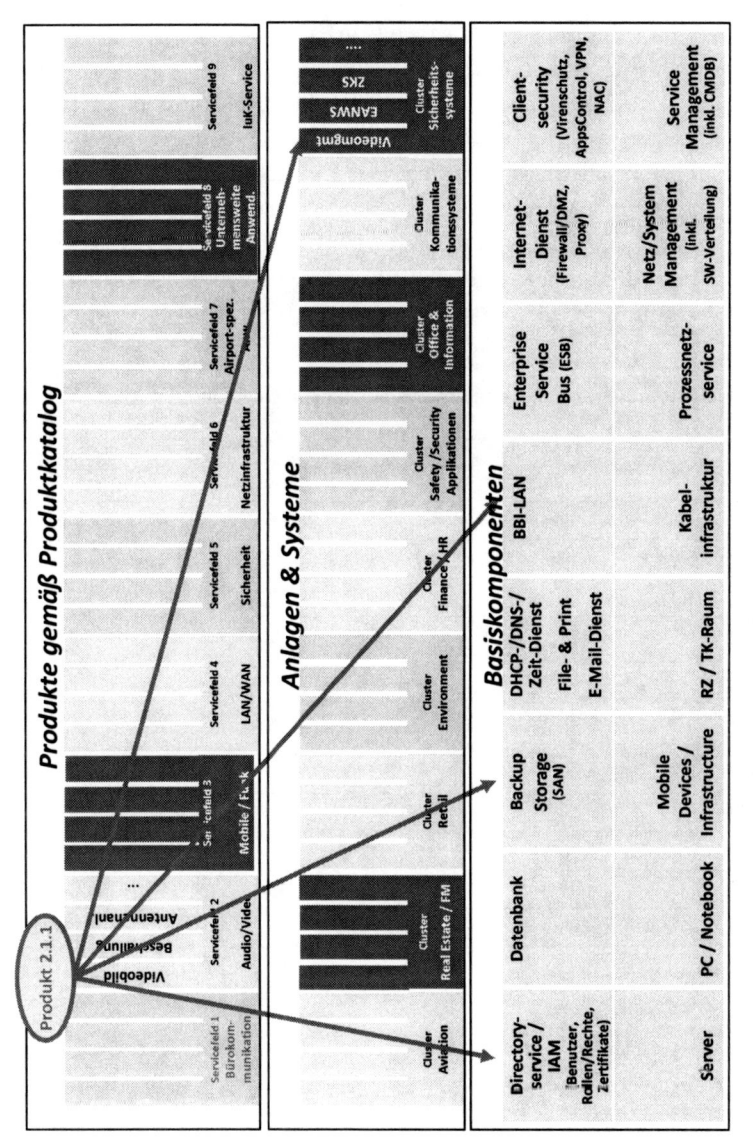

Innovationsmanagement für den neuen Berliner Flughafen

Abb. 3: *Das IuK-Baukastensystem: Produkte, Systeme, Basiskomponenten*

Der zweite Bereich mit überproportionalen Zuwachsraten umfasst die Systeme, die Security-Aufgaben (mit) abdecken: Videokameras, Einbruchmelde- und Zugangskontrollsysteme. Hier machen sich die wesentlich höheren Anforderungen bemerkbar, die aus den gesetzlichen Vorgaben der nationalen und internationalen Regelungen für die Flughafensicherheit herrühren. Der Zuwachs bei den Zugangskontrollsystemen resultiert unter anderem daraus, dass die meisten Türen im neuen Flughafen über ein elektronisches Schließsystem verfügen, das Voraussetzung für eine automatische Passagierführung bei An- und Abflügen im Terminal ist.

Tabelle 1: Änderungen bei den IuK-Systemen beim Übergang zum BER (Beispiele)			
Leistungsmengen	Heute	BER	Steigerung um
Passive LAN-Ports	285.000	355.000	24%
Aktive LAN-Ports	8.900	16.500	85%
PCs / Notebooks	1.250	1.450	16%
Server	200	490	145%
Verkehrsteuerungssysteme			
(registrierte Nutzer in verschiedenen Modulen)	110	700	536%
Videoüberwachung			
(Kameras)	450	1.500	233%
Einbruchmeldesystem			
(Melder)	1.450	10.000	590%
Zugangskontrollsystem			
(Kartenleser)	250	3.300	1220%
Rechenzentren	1	2	100%

Tabelle 1: Änderungen bei den IuK-Systemen beim Übergang zum BER (Beispiele) (Fortsetzung)			
Leistungsmengen	Heute	BER	Steigerung um
Service-Level 1 (sehr hoch)	28	48	71%
Service-Level 2 (hoch)	50	52	4%
Service-Level 3 (normal)	7	11	57%

Verkehrssteuerungssysteme

Die Verkehrssteuerungssysteme unterstützen die Aviation-Prozesse am BBI. Diese Prozesse sind Ankunft, Taxi Inbound, Turnaround, Taxi Outbound, Abflug. Die Daten für die Prozesse werden von einer Vielzahl von internen und externen Quellen gespeist und auch vielen internen und externen Nutzern zur Verfügung gestellt, resp. von diesen aktualisiert. (Abb. 4)

Die An- und Abflugdaten werden mit der Deutschen Flugsicherung abgestimmt, die sowohl für die Kontrolle des An- und Abflugs als auch der Bewegungen der Luftfahrzeuge auf den Rollbahnen und dem Vorfeld zuständig ist. Für den Flughafenmitarbeiter im Airport Control Center werden aus Daten mit dem Traffic Monitoring and Calculation System (TMACS) u. a. eine Radar-Darstellung des unmittelbaren Luftraums um den Flughafen und beim Anwählen eines Flugzeugs eine schematische Karte des Vorfeldes rund um die Abstellposition generiert. Der Turnaround wird durch das Resource Management System (RMS) unterstützt, mit dem sämtliche für die Flugzeugabfertigung am Boden erforderlichen Ressourcen disponiert werden können. Diese Daten sind u. a. für die Bodendienstleister, die Betankungsfahrzeuge und die Gepäcklogistik von Bedeutung.

Die Passagierinformation im Flughafen wird über das Flight Information Display System (FIDS) ermöglicht. Über eine reine Downloadfunktion können diese Daten auch exportiert werden, zum Beispiel in Hotels in der Nachbarschaft des Flughafens, die ihren Gästen diese Information als besonderen Service anbieten.

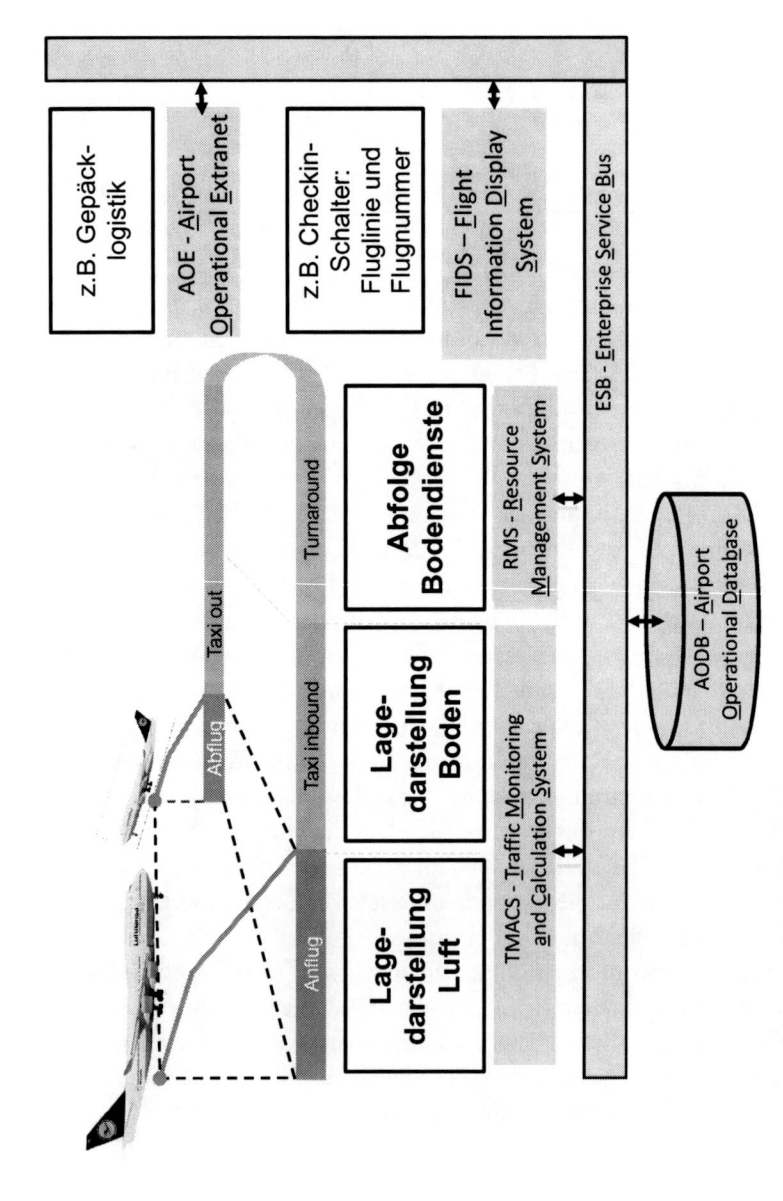

Abb. 4: *Struktur der Verkehrssteuerungssysteme*

Das Airport Operational Extranet (AOE) stellt verschiedene Portale zur Verfügung, mit denen Daten der Airport Operational Database (AODB) verändert werden können, z. B. durch die Fluggesellschaften. Die AODB ist die zentrale Datendrehscheibe des Flughafens. Sie und alle weiteren Systeme kommunizieren über einen Enterprise Service Bus (ESB).

Bündelfunk
Für die Sicherheits- und Steuerungsaufgaben am Flughafen ist ein Funksystem notwendig, das unabhängig von Dritten zu gestalten ist und das die Kommunikation mit Gruppen ermöglicht. Mobilfunk- und Mietfunkdienstleistungen bieten im Normalfall weder Gruppenfunktionalitäten noch ausreichende Sicherheit, wie Großschadensereignisse in der Vergangenheit gezeigt haben. Für die Flughafenfeuerwehr ist nach ICAO-Regeln ein Funksystem sogar zwingend vorgeschrieben. Die ICAO (Internationale Zivilluftfahrtorganisation – International Civil Aviation Organization) legt weltweit verbindliche Standards für die Luftfahrt fest.

Bündelfunksysteme sind professionelle Funksysteme für geschlossene Benutzergruppen wie private und öffentliche Betriebsfunk- oder Sicherheitsfunkanwendungen. Im Gegensatz zu anderen Betriebsfunksystemen, wo die jeweils verfügbaren Sendekanäle nur einer fest zugeordneten Nutzergruppe zur Verfügung stehen, werden beim Bündelfunk alle vorhandenen Kanäle je nach Bedarf auf die unterschiedlichen Gruppen verteilt (»gebündelt«), wodurch sich die Anzahl der insgesamt möglichen Nutzer erhöht. Über den Bündelfunk wird die operative Kommunikation an den Berliner Flughäfen, das Zusammenspiel von Verkehrsbereich, Flughafenfeuerwehr, Sicherheit, Technik, IuK, und externen Kunden wie Bodenverkehrsdiensten, Tankdiensten realisiert. Insgesamt werden in den Leitstellen des BER 72 Arbeitsplätze mit Bündelfunk ausgestattet. Die Deutsche Flugsicherung nutzt den Bündelfunk neben dem Flugfunk zur Kommunikation z. B. mit den Follow-Me-Fahrzeugen.

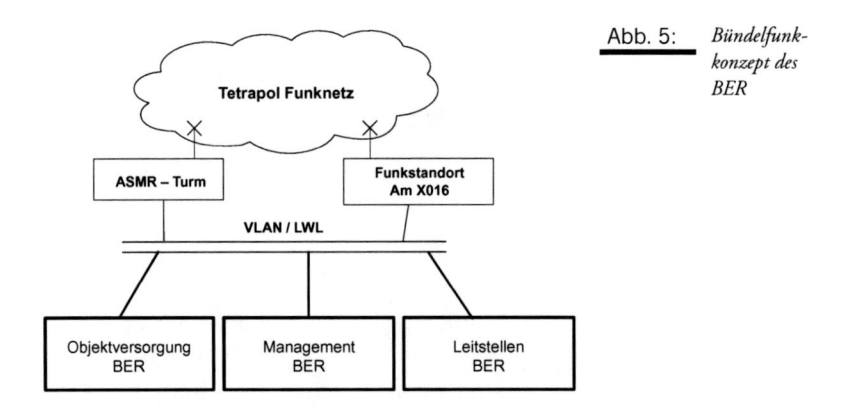

```
                    ABB. 5:  Bündelfunk-
                             konzept des
     Tetrapol Funknetz       BER

  ASMR – Turm    Funkstandort
                 Am X016
          VLAN / LWL

Objektversorgung  Management  Leitstellen
     BER            BER          BER
```

Die Kommunikationswege im Bündelfunk nutzen das BER-LAN, Abb. 5, in dem die Signale des Tetrapol-Systems auf IP umgesetzt werden. Das BER-LAN versorgt auch die Inhouse Repeater, um im Terminal und anderen betriebsspezifischen Gebäuden einen besseren Empfang zu gewährleisten. Über das Flughafenbündelfunksystem wird zusätzlich der BOS-Funk der Sicherheitsbehörden abgewickelt, um die Kommunikation im Gefahrenfall zu optimieren. Im Extremfall können über das System bis zu 3000 Teilnehmer erreicht werden.

Die beiden Basisstationen arbeiten im Gleichwellenbetrieb, damit wird eine sehr viel homogenere Funkausleuchtung des BER-Geländes innerhalb der Dreimeilenzone erreicht, als es mit einem Mehrzellenfunksystem möglich wäre.

Sicherheitsphilosophie
Die IuK-Sicherheitsphilosophie des BER ist auf die besonderen Bedingungen des IuK-Betriebs eines Flughafens ausgerichtet. Der Erfolg aller Kern- und Supportprozesse der Berliner Flughäfen ist entscheidend vom sicheren und regelkonformen Einsatz der IuK-Technik abhängig. Der Einsatz der Informationstechnik am BER vollzieht sich in einer Umgebung, die durch eine große Anzahl von Partnern geprägt ist, die, um ihre Aufgaben durchführen zu können, mit vielfältig vernetzten Systemen arbeiten. Daraus ergeben sich völlig neue Risiken sowohl in

qualitativer als auch in quantitativer Hinsicht. Abgesehen vom Imageschaden für den Flughafenbetreiber können fehlende oder unzureichende IT-Sicherheitsmaßnahmen im Extremfall zu großen materiellen und immateriellen Schäden mit teilweise beträchtlichen Auswirkungen bis hin zu Schadensersatzforderungen durch Partnerunternehmen wie Airlines oder Konzessionäre führen, sollten ein vom Flughafen verantworteter Ausfall von IuK Technik und die damit verbundenen Beeinträchtigungen z. B. des Flugverkehrs eintreten.

Bei der Verarbeitung von Informationen und der zur Verarbeitung eingesetzten Verfahren und Systeme sind eine Vielzahl gesetzlicher Auflagen zu beachten, deren Verletzung u. U. Einschränkungen im Geschäftsbetrieb oder strafrechtliche Konsequenzen nach sich ziehen können. Besonders zu erwähnen sind hier: das Bundesdatenschutzgesetz (BDSG), die Grundsätze zum Datenzugriff und zur Prüfbarkeit digitaler Unterlagen (GDPdU) oder das Telekommunikationsgesetz (TKG).

Innovationen für den BER – der BER als Innovator

Ein Flughafen ist wie eine Megamaschine. In ihm versammelt sich ein Höchstmaß an technischer und sozialer Gestaltungskompetenz. Technik und Mensch wirken zusammen, um an einem Ort für zehntausende Menschen mit höchst unterschiedlichen Zielen Mobilität zu organisieren. Effizienz ist die Richtschnur, Störungen müssen vorhergesehen und wenn doch eingetreten, schnell beseitigt werden. Das Bedürfnis nach Sicherheit überlagert den gesamten Prozess. [1] Dabei steht Sicherheit und Effizienz in einem steten Spannungsverhältnis. Mit Innovationen will man erreichen, die Effizienz des Flughafenbetriebes kontinuierlich zu steigern. Innovationen sind willkommen, aber sie müssen sich bereits in der Praxis bewährt haben, bevor sie zum Einsatz kommen, und ihre Ausfallwahrscheinlichkeit muss abschätzbar sein. Ein Übungsfeld für innovative Unternehmen, ambitionierte Forschungsinstitute und kreative Erfinder kann und wird ein Flughafen niemals sein, denn kein für den Bau oder Betrieb eines Flughafens Verantwortlicher wird an kritischen Stellen etwas anderes einbauen als den bewährten Stand der Technik. Alles andere wäre sowohl technisch wie auch wirtschaftlich, unter Umständen sogar rechtlich, höchst riskant.

Auch wenn mit dem BER der modernste Flughafen Europas in Betrieb gehen wird, endet damit die Flughafenentwicklung nicht. Um das Ziel zu erreichen, den BER nachhaltig energie- und klimaeffizient und in jedem Betriebszustand sicher zu betreiben, werden permanent neue Lösungen für diese Herausforderungen gesucht. Vor dem produktiven Einsatz von Lösungen müssen Risiken jeder Art – und seien es harmlose technologische Risiken, die jeder Innovation anfänglich beiwohnen können – aus wirtschaftlichen und betriebstechnischen Gründen ausgeschlossen werden können.

Um den Innovationsprozess zu strukturieren, haben die Berliner Flughäfen einen Technologiebeauftragten als den Ansprechpartner für neue Technologien berufen. Diese Funktion soll allen Beteiligten bei der Suche nach Ansprechpartnern und Verantwortlichen in der ausdifferenzierten Verwaltung des Flughafens helfen. Gleichzeitig haben die Länder Berlin und Brandenburg zusammen mit den Berliner Flughäfen ein experimentelles Technologietransferprojekt Modern Airport, Sustainable Airport – Testbed for New Efficient Technolgies (MATNET/SustAir) ins Leben gerufen, das auch von regionalen Netzwerken wie der Berlin Brandenburg Aerospace Allianz (BBAA), einem Zusammenschluss von Luft- und Raumfahrtfirmen unterstützt wird. Kernstück von MATNET ist ein federführend von der Technologiestiftung Berlin und der ZukunftsagenturBrandenburg getragener und finanzierter Wissenschaftler, der einen Arbeitsplatz in unmittelbarer Nähe des Technologiebeauftragten hat. In Abwandlung eines zeitgenössischen Begriffs »embedded engineer« genannt, soll dieser Projektmanager zwischen Drinnen und Draußen, zwischen Innenansicht und Außenansicht vermitteln, Abb. 6

Abb. 6: *Das MATNET- »embedded engineer«- Konzept*

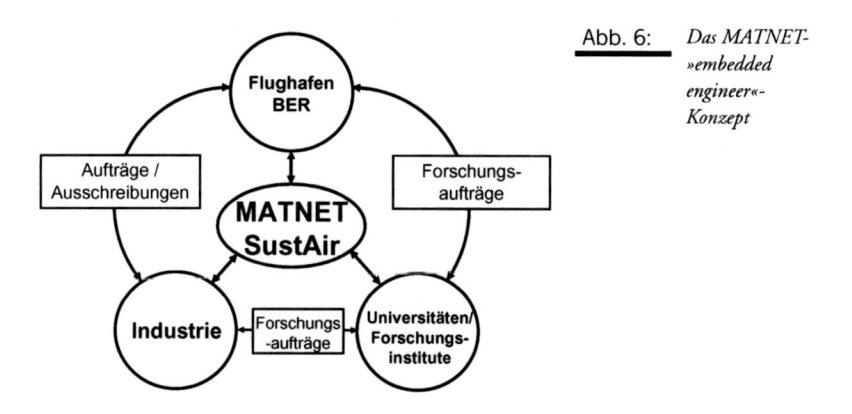

Technologiescouting

Ohne Mitarbeiter der Berliner Flughäfen zu sein, aber mit einem Arbeitsplatz Tür an Tür zu den verantwortlichen Ingenieuren, hält der Projektleiter den Kontakt zu den Unternehmen und den wissenschaftlichen Einrichtungen in der Region und fungiert als Schnittstelle des Dialogs. Die unbezweifelbar vorhandenen Konflikte zwischen den Anforderungen des Flughafens und den Anbietern neuer Technologien sollen also durch das Wirken dieses Projektmanagers so beeinflusst werden, dass am Ende etwas Positives für alle Seiten dabei herauskommt.

Eines der wichtigsten Arbeitsinstrumente im Projekt ist das Werkstattgespräch. Es dient als Plattform für die Diskussion von Innovationen zwischen Flughafen und der Technologiegemeinde. In der ersten Phase der Vorbereitung eines Werkstattgesprächs werden aus den Diskussionen mit Flughafenangehörigen Fragestellungen zu Bereichen herausgefiltert, wo für Betriebsprozesse alternative Lösungen mit mehr Effizienz oder geringeren Kosten gesucht werden. In der zweiten Phase werden Experten aus Wirtschaft und Wissenschaft gesucht, die besonderes Know-how oder interessante Lösungsansätze bieten. Hier wird auf die Netzwerke der Region wie der BBAA, Logistiknetzwerk BB, Systeme für integriertes Sicherheitsmonitoring (NE-SIS) etc. zurückgegriffen. Im eigentlichen Werkstattgespräch präsentieren die

Experten ihre Sicht auf die Fragestellung und stellen ihre Lösungsansätze zur Diskussion. Je nach Ausgang dieser Diskussion schließt sich daran eine weitere Auseinandersetzung mit den Lösungsideen unter der Verantwortung der Berliner Flughäfen an, sei es als internes Projekt mit dem Ziel, die neue Technologie einzuführen, sei es als Forschungs- und Entwicklungsprojekt mit anderen Partnern. Im Folgenden sollen hier Innovationsbeispiele mit Bezug zur IuK präsentiert und diskutiert werden.

Beispiel Flughafenausweis und Biometrie

Verkehrsflughäfen werden nach wie vor als vorrangige Ziele für terroristische Angriffe eingestuft. Alle Beteiligten am Luftverkehr (Flughafenbetreiber, Luftverkehrsunternehmen und Behörden) bemühen sich, mit geeigneten Maßnahmen die Sicherheit im Flugverkehr zu gewährleisten, durch den Einsatz von innovativen Technologien effektiver und kostengünstiger zu gestalten und den Zugang zu sicherheitsempfindlichen Bereichen nur hierzu besonders berechtigten Personen zu gestatten. Für den Zugang zu den Sicherheitsbereichen, der »Luftseite«, ist ein gültiger Flughafenausweis vorzulegen und vor dem Zutritt zu überprüfen. Außerdem müssen Maßnahmen ergriffen werden, um die missbräuchliche Verwendung von Flughafenausweisen zu verhindern. D. h. es muss ein System installiert werden, das den Versuch der Verwendung von verlorenen, gestohlenen oder nicht zurückgegebenen Ausweisen erkennt. Die Flughafensicherheit hat ein Konzept für den BER erarbeitet, wie sich die gesetzlichen Vorgaben am besten realisieren lassen [2].

Zentrales Element wird ein Multifunktionsausweis sein, der neben der Zugangsberechtigung auch viele neue Funktionen haben und gleichzeitig für alle das Aushängeschild für die Zugehörigkeit zum BER sein wird. Für die Feststellung der Zugehörigkeit des Ausweises zum Träger wird er eine biometrische Komponente enthalten, die bei Zutritt in den Sicherheitsbereich für die Authentifizierung des Ausweisträgers herangezogen wird. Seine Einführung wird derzeitig vorbereitet, wobei dazu auch ein größerer Test für das biometrische Authentifizierungsverfahren gehört.

Randbedingungen für die Biometrie am BER
Der Flughafenbetrieb wird anders als früher nicht mehr durch eine vertikal integrierte Organisation durchgeführt, die alle erforderlichen Dienste unter einem Dach vorhält, sondern umfasst eine Vielzahl von spezialisierten eigenständigen Dienstleistern, die für einzelne Teilaufgaben, wie Bodendienste, Tanken usw. herangezogen werden. Zwei Zahlen mögen das verdeutlichen: im Jahr 2006 standen den rund 1500 Angestellten bei den Berliner Flughäfen etwa 15.000 ausgegebene Flughafenausweise gegenüber. Die Zahl der täglichen Zutritte in den sensiblen Bereich liegt weit über 10.000. Die Prüfverfahren müssen deshalb schnell und effizient ablaufen. Anders ausgedrückt, die Falschrückweisungsrate (FRR, false rejection rate) und die Falschakzeptanzrate (FAR, false acceptance rate) müssen extrem klein sein, das Prüfverfahren selbst darf nicht viel Zeit in Anspruch nehmen, um die Prozesse an den Zutrittskontrollstellen nicht unnötig zu verlangsamen, und der Prüfvorgang sollte das BER-Netz auch nicht übermäßig belasten.

Die zutrittsberechtigten Personen kommen aus vielen Ländern auch von außerhalb der EU, besitzen also unterschiedlichste Ausweisdokumente mit und ohne Biometrie, wie sie z. B. die neuen Pässe und Personalausweise in Deutschland aufweisen. Die Nutzung dieser offiziellen Dokumente fällt damit für die Authentifizierung der Zutrittsberechtigten aus.

Die Berliner Flughäfen haben schon vor einiger Zeit begonnen, sich mit dem Thema Biometrie auseinanderzusetzen. Obwohl viele biometrische Verfahren seit längerer Zeit kommerziell verfügbar sind, gibt es nur wenige nutzbare Erfahrungen mit dem Einsatz dieser Verfahren auf Flughäfen. Hinzu kommen noch Vorbehalte gegen einzelne Verfahren, so dass die Akzeptanzfrage des zu wählenden Verfahrens durch die Nutzer für die Berliner Flughäfen einen erheblichen Stellenwert bekam.

3DFace und Biometrie-Werkstattgespräch

Für die Evaluierung von Biometrie am Flughafen beteiligten sich die Berliner Flughäfen an einem EU-Forschungsprojekt [3]. Das Ziel von 3DFace war die Entwicklung eines Systems zur zuverlässigen, automatisierbaren Personenerkennung mittels dreidimensionaler biometrischer Gesichtsmerkmale, eine Erweiterung der 2D-Gesichtsdaten, die bei heutigen Personalausweisen Anwendung finden.

Vom Gesicht des Probanden wurde ein Template der biometrischen Daten auf der Ausweiskarte gespeichert. Am Teststand (Abb. 7) wurden die Template-Daten gelesen und mit den Bilddaten des Probanden

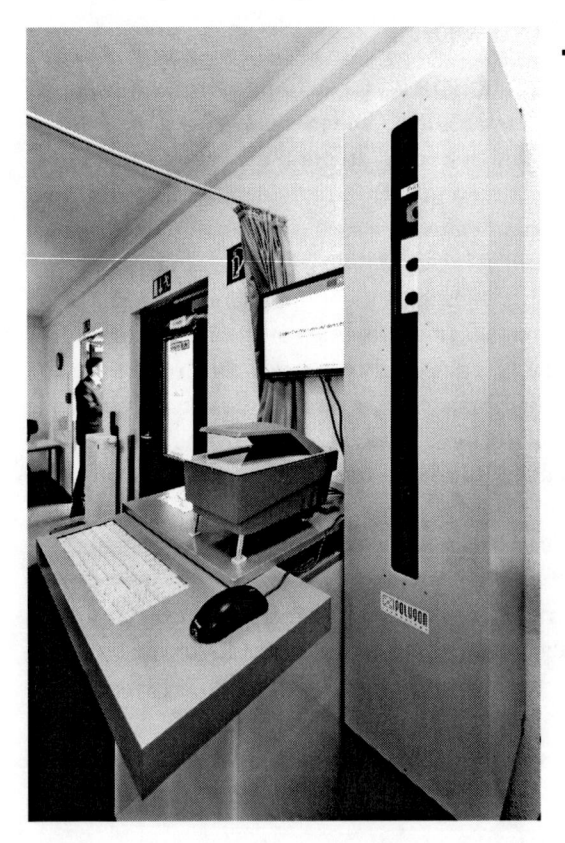

Abb. 7: *3D-Face Testaufbau am Flughafen Schönefeld (Foto Günter Wickert / LIGATUR)*

verglichen. Der Vorteil dieses Verfahrens liegt in der Unabhängigkeit des Prüfvorgangs von der Verfügbarkeit eines Netzes. Der Nachteil dieser Vorgehensweise liegt in der Datenmenge, die auf der Chipkarte gespeichert werden muss, um eine eindeutige Authentifizierung des Probanden vornehmen zu können und dem entsprechenden Zeitaufwand für das Auslesen der Daten von der Chipkarte. In den Versuchen lag diese Zeit bei rund 5 Sekunden. Hinzu kommt die Zeit für die Bildaufnahme und Auswertung, die ungefähr in der gleichen Größenordnung lag. Die Alternative wäre, die Templatedaten in einer zentralen Datenbank zu hinterlegen und auf dem Ausweis nur eine Identifikationsnummer zu speichern. Das würde die Lesezeit erheblich verkürzen. Der Flughafen Schönefeld stellte einen der drei Testplätze. An einer Kontrollstelle für den Zugang in den Sicherheitsbereich wurde das Verfahren mit über 100 Personen mit im Schnitt jeweils über 150 Einzelüberprüfungen evaluiert.

Der Praxistest hat wertvolle Hinweise geliefert, auf welche Merkmale bei der Auswahl eines biometrischen Verfahrens für die Zugangskontrolle zu achten ist. Obwohl die Akzeptanz des 3DFace-Verfahrens bei den betroffenen Personen durchweg gut war, war der Zeitaufwand für die Einzelprüfung zu hoch und das Verfahren zu empfindlich gegenüber den Umgebungslichtverhältnissen.

In einem MATNET-Werkstattgespräch zur Biometrie Anfang 2008 wurden weitere biometrische Authentifizierungsverfahren präsentiert und mit Experten aus der Wissenschaft und Wirtschaft vor dem Hintergrund eines Einsatzes am Flughafen diskutiert [4]. Das Gespräch entwickelte sich zum Ausgangspunkt für den weiteren Auswahlprozess bei den Berliner Flughäfen. Es wurden zunächst die Anwendungen für eine auf Biometrie basierende Zutrittskontrolle am BBI beschrieben. Diese hatten erheblichen Einfluss auf die später festzulegenden Kriterien zur Bewertung der Verfahren. Die beiden wichtigsten Kriterien waren die Durchsatzrate (in die auch die Fehleranfälligkeit der Verfahren, FAR und FRR, eingeht) und die Akzeptanz durch die Nutzer (einschließlich datenschutzrechtlicher Aspekte). Die Durchsatzrate ist kein wichtiges Kriterium für die Kontrolle des Zutritts zu speziellen

Technikräumen (z. B. Rechenzentrum); sie ist aber ausschlaggebend für die Zugangskontrollstellen für die am Flughafen Beschäftigten.

Folgende Verfahren wurden auf ihre Anwendung am Flughafen untersucht:
⇨ Gesichtserkennung (2D)
⇨ Gesichtserkennung (3D)
⇨ Fingerabdruck
⇨ Iris (Farbmuster der Iris)
⇨ Venen (2 Alternativen: Handrücken; Handinnenfläche)
⇨ Handgeometrie
⇨ Retina (Augenhintergrund)

Insgesamt wurden 15 Kriterien untersucht und mit unterschiedlicher Gewichtung in die Bewertung aufgenommen, z. B. technische Kriterien, wie Fehlerraten; Durchsatzrate, Empfindlichkeit gegenüber der Umwelt (Licht, Temperatur), aber auch nicht-technische wie Akzeptanz durch Nutzer und Nutzerfreundlichkeit, Investitionsaufwand, und »Mobilität« der Sensorik.

Ergebnis: Venengeometrie der Hand
Die Diskussion um die Kriterien soll an einigen Punkten beispielhaft wiedergegeben werden. Wegen der großen Anzahl der zu kontrollierenden Personen spielt die Prozesszeit der biometrischen Prüfung eine große Rolle. Alle Verfahren, die vom Nutzer die Einnahme einer bestimmten Position des gesamten Körpers vor dem Sensor erfordern, dauern per se länger (Gesichtserkennung, Iris, Retina). Deshalb haben die Verfahren, bei denen nur die Hand oder die Finger verwendet werden, deutliche Vorteile.

Die Biometrie soll auch für den Zutritt zu besonderen Gebäuden genutzt werden. Deshalb sind alle Verfahren, die kein sichtbares Licht verwenden, günstiger, da der Sensoraufbau keine Rücksicht auf die Richtung der möglichen Sonneneinstrahlung nehmen muss. Der Rechenaufwand für Algorithmen, die solche Umwelteinflüsse eliminieren könnten, steht in keinem Verhältnis zu den erzielten Verbesserungen. Unempfindliche Verfahren in dem Sinn sind z. B. alle Venenverfahren und mit einiger Einschränkung einige Fingerabdruckverfahren.

Im Ergebnis haben sich die Berliner Flughäfen für ein Verfahren entschieden, das die Venengeometrie in der Handinnenfläche nutzt. Derzeitig wird ein Test vorbereitet, um das Verfahren mit mindestens 100 Probanden an einer Zutrittskontrollstelle in Schönefeld zu evaluieren.

Videoanalytik

Videokameras spielen in der Prozessunterstützung an Flughäfen eine immer wichtigere Rolle. Sie werden für die Beobachtung der Flugzeuge auf dem Vorfeld oder der Passagiersteuerung im Terminal genauso wie für Aufgaben der Flughafensicherheit eingesetzt. Die steigende Bedeutung wird mit dem Anstieg der Kamerazahl von 450 bei den beiden bisherigen Flughäfen in Berlin auf 1500 im BER nachhaltig unterstrichen. Aus den Möglichkeiten der Bildanalyse in Echtzeit erhoffen sich die Prozessverantwortlichen erhebliche Vorteile für ihre Arbeit.

Die Nutzung der Kameras setzt ein leistungsfähiges Netz voraus, da die zu übertragenden Datenmengen sehr groß werden, insbesondere, weil auch eine große Anzahl von hochauflösenden HD-Kameras eingesetzt werden wird. Die BER-Kameras werden alle IP-Kameras sein, so dass kein separates Videonetz notwendig ist und das BER-Netz mit seinen hohen Übertragungsbandbreiten von max. 1 GBit/s genutzt werden kann. Die Gesamtkapazität des BER-Netzes liegt bei 1 TBit/s im Backbone. Mit Kompressionsverfahren lässt sich eine erhebliche Reduktion der Netzbelastung erreichen: bei Einsatz von MPEG2 um den Faktor 20 bis 30 (H.263) und bei MPEG4 um den Faktor 60 (H.264/AVC) [5]. Einige Anwender, insbesondere aus dem Sicherheitsbereich, fordern die Übermittlung der Videodaten im Original.

Das Videomanagement des BER muss dafür sorgen, dass die Einspeisung der Videodaten und Zuleitung zu den Nutzern der Daten korrekt erfolgt. Dies geschieht über die digitale Kreuzschienenfunktion im BER-Netz, mit der die Informationen auf fremde Anwendungen aufgeschaltet werden können. Da die Daten häufig einen sensiblen Inhalt haben, sind die Nutzungsbedingungen für die Daten sorgfältig festzulegen. Dies gilt in viel schärferem Maße für die Speicherung der Videodaten, die von einigen Nutzern für ihre Anwendungen gefordert werden.

Zaunüberwachung
Es werden verschiedene Verfahren für den BER geplant, um die Netzbelastung in Grenzen zu halten. Kameras, die z. B. Durchgänge beobachten sollen, haben eine interne Bildauswertung, die nur dann eine Bildübertragung »erzwingt«, wenn sich die Bildinhalte ändern; in der einfachsten Variante wird ein Pixelvergleich von Frame zu Frame durchgeführt, aufwändigere Verfahren analysieren auch Oberflächen- und Bewegungsinhalte, verfolgen die Bewegungskurve (Geschwindigkeit und Richtung) aller im Bild erkannter Objekte und können sowohl sich unbefugt aufhaltende Personen als auch zurückgelassene oder entfernte Objekte erkennen (Vergl. [6]). Ein anderes Verfahren wird beim Einsatz der Kameras für den Perimeterschutz angewandt, zu dem beim BER rund 25 km Zaun gehören. Für die Überwachung des Zauns gegen unbefugtes Eindringen werden die über hundert Kameras mit intelligenten Sensoren am Zaun gekoppelt. Die Sensoren sollen nur dann eine Aufschaltung des Videobildes einer Kamera in die Leitstelle veranlassen, wenn von den Sensoren eine Bewegung des Zaunes registriert wird. Die Intelligenz in den Sensoren soll ein Übersteigen des Zauns durch Menschen von einer Berührung durch Wild unterscheiden, um die Fehlalarmrate so gering wie möglich zu halten.

Kennzeichenerkennung
Interessant für eine Flughafenzugangskontrollstelle ist ein Verfahren für die Kennzeichenerkennung, das die Fa. recognitec entwickelt hat und das am Flughafen Wien im Einsatz ist [7]. Beim Vorfahren eines Kraftfahrzeugs wird dessen Kennzeichen über eine Kamera bei definiertem Abstand zum Fahrzeug aufgenommen und digitalisiert. Die Umgebungsbedingungen an den Zufahrtsstellen in den Sicherheitsbereich

sind in der Regel so, dass die Dynamik der Kameras eine Erkennung der Kennzeichen gestattet. Die Kennzeichen erlauben dann eine erste Grobkontrolle, ob das Fahrzeug zu einem Partnerunternehmen der Flughäfen gehört. Kombiniert man das Verfahren mit der Identifikation von Bildobjekten in Videos, die z. B. für die Produkterkennung entwickelt wurden [8], lässt sich vom Kontrollpersonal leicht überprüfen, ob ein auf dem LKW befindliches Firmenlogo zum erkannten Kennzeichen passt.

Personenverfolgung
In vielen Forschungsvorhaben werden die die Grenzen der automatisierten Videoanalyse weiter vorangetrieben. Für Flughafenbetreiber ist dabei die Identifizierung von verlassenem Gepäck und deren Besitzern von besonderem Interesse. Das Identifizieren von verlassenem Gepäck ist heute in der Regel schon möglich (s. o.), allerdings zeigt sich im Detail, dass die Generierung eines automatischen Alarms auch zu vielen Fehlalarmen führen kann. Noch interessanter ist die Frage, wie sich aus gespeicherten Videodaten mit automatischen Verfahren der Weg von Personen verfolgen lässt, die ihr Gepäck im Flughafen stehen gelassen haben. Dann würde in den allermeisten Fällen die aufwendige Sperrung von Teilen des Terminals für die Beseitigung von verdächtigem Gepäck vermieden werden können. In dem Forschungsprojekt APFel – Analyse von Personenbewegungen an Flughäfen mittels zeitlich rückwärts- und vorwärtsgerichteter Videodatenströme – werden Algorithmen entwickelt, die das Personal in Leitstellen bei der Verfolgung von auffällig gewordenen Personen über eine Analyse der Videodaten unterstützen sollen (Abb. 8).

Verfahren für die Objektidentifizierung gibt es bereits. Die Herausforderung liegt im Kamera-übergreifenden Tracking und in der Reduzierung des Suchraums. Hierzu werden aus den Life-Videodaten Metadaten berechnet, die charakteristische Merkmale enthalten und eine »Reasoning«- Komponente erzeugt, die eine Wahrscheinlichkeit über die Bewegungsrichtung der Person darstellt, um sie schneller beim Übergang von einer Kamera zur nächsten wiederzufinden. Das

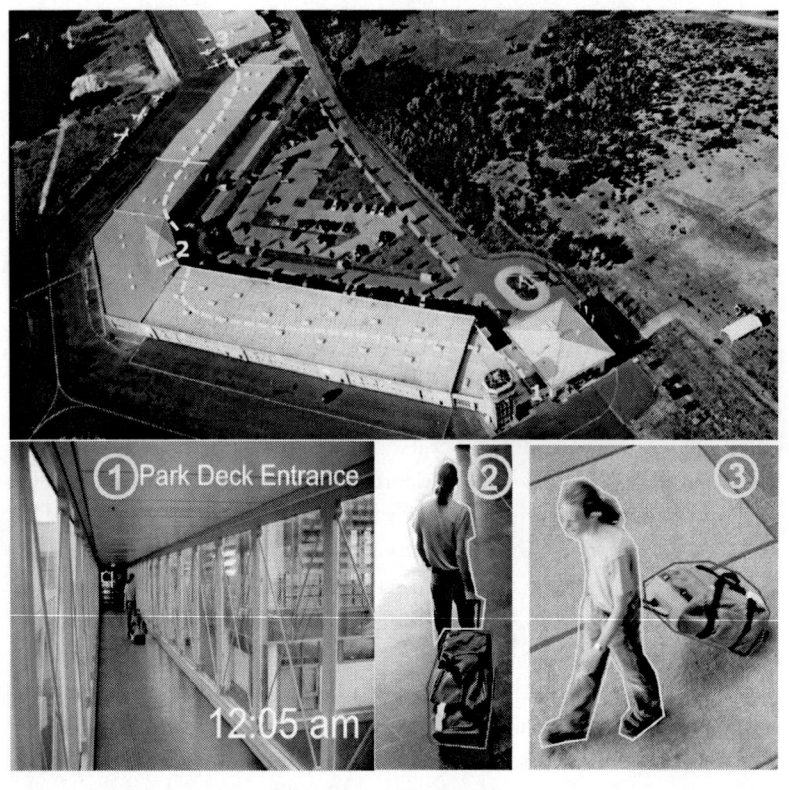

Abb. 8: *Personenverfolgung durch ein Terminal [9], [10]*

APFel-Verfahren setzt die Triggerung durch einen Operator voraus, es ist nicht in der Lage, Motive von Menschen und damit verdächtiges Verhalten zu »messen« oder vorherzusagen (vergl. auch [11]).

Vorfeldüberwachung
Auf dem Vorfeld eines Flughafens bewegen sich neben den Flugzeugen eine Vielzahl von Fahrzeugen und Geräten: Vorfeldbusse, Fahrtreppen, Gepäckdollys, Flugzeugschlepper, etc. Für einen sicheren Betrieb sind klare Verfahrensweisen unumgänglich, die den Verkehr auf dem Vor-

feld regeln. Da die Menge an Verkehr weiter zunimmt, stellt sich die Frage nach einer besseren Überwachung der Fahrzeuge und der Fahrwege. Bei der Kenntnis der aktuellen Position von Fahrzeugen resp. der Ziele ließen sich Fahrtrouten optimieren (CO_2-Problematik) und kritische Situationen vermeiden (Vorfeldsicherheit). Die Lagedaten von Luftfahrzeugen, Versorgungsfahrzeugen und Geräten gehen in die Steuerung der Vorfeldprozesse ein, sie werden von unterschiedlichen Quellen gespeist und an verschiedene Dienstleister verteilt.

Die Lagedaten helfen bei der Sicherheit des Flugbetriebs in Bezug auf Runway Protection, Rollführung, Orientierung, Geofencing, Datenerfassung und Dokumentation. Bei der Steuerung und Monitoring des Bodenverkehrs liefern sie wichtige Daten für die Ressourcenoptimierung der Servicefahrzeuge, Zugriffsberechtigungen und für die Dokumentation.

Drei Bodenortungsverfahren werden für Luftfahrzeuge und Geräte, die die Rollbahnen des BER befahren, vorbereitet: ADS-B, Bodenradar und Multilateration. Ein viertes System, die GPS-Ortung, wird für die Positionsbestimmung von Fahrzeugen untersucht, die ausschließlich das Vorfeld benutzen [12], [13], [14].

Die Deutsche Flugsicherung, die für den Verkehr auf den Rollbahnen zuständig ist, will mit den genannten Verfahren eine witterungsunabhängige Erfassung und Überwachung der Bodenverkehrslage für kooperative und nicht kooperative Ziele (Flugzeuge und Fahrzeuge) erreichen. Damit soll eine Kontrolle / Konflikterkennung für das Überfahren von Haltelinien, »Stopbar Crossing«, das unbeabsichtigte Befahren einer Start- und Landebahn, während diese von einem Luftfahrzeug benutzt wird »Runway Incursion«, den Mindestabstand von Flugzeugen untereinander und das mögliche Befahren von gesperrten Wegen erreicht werden. Die Lagedaten werden den Nutzern über das A-SMGCS (Advanced Surface Movement Ground Control System) [15] in den Leitstellen zugänglich gemacht. Die Sensorik basiert bei ADS-B und Multilateration auf Funksignalen, die von den Flugzeugen oder Fahrzeugen aktiv generiert werden. Das Bodenradar verfolgt mit zwei Sendern die Bewegungen der Fahrzeuge. Die Kombination der drei Verfahren gleicht die Nachteile der einzelnen Verfahren, wie z. B. Abdeckung beim Radar oder Ungenauigkeiten bei der Multilateration und Witterungseinflüsse aus.

Von Bodendienstleistern wird die Ortung von Fahrzeugen und Geräten mit Hilfe des GPS-Signals untersucht [16]. Ausgehend von Flugdaten der Luftfahrzeuge und deren geplanter Position am Terminal werden mit den getrackten Ortsinformationen von Servicefahrzeugen die Abfertigungsaufgaben am Boden gesteuert und optimiert (Abb.9). So werden z. B. vor dem Eintreffen des Flugzeugs am Gate Bereiche für das Befahren gesperrt (Geofencing) und nach Abschalten der Triebwerke wieder freigegeben. Es ist auch möglich, aus einem geeigneten

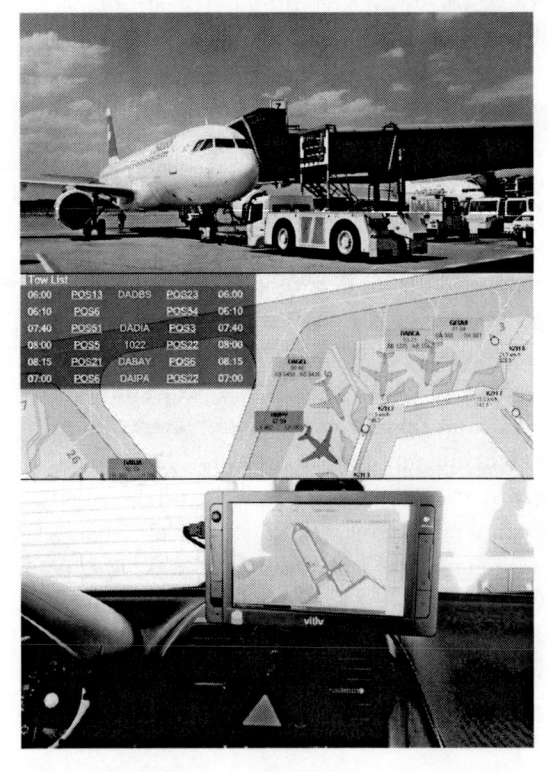

Abb. 9: *Die Komponenten des AAS-Systems [16]*

Gerätepool das Fahrzeug herauszusuchen, das den geringsten Anfahrtsweg zu dem abzufertigenden Flugzeug hat (Ressourcenoptimierung). Ein Interface im Servicefahrzeug sendet das GPS-Positionssignal inklusive einem Schlüssel über einfache Mobilfunkgeräte an die Leitstelle, die es in das Lagedarstellungssystem übernimmt. Der Vorteil des GPS-basierten Systems ist der niedrige Systempreis. Eine Einbindung in das A-SMCGS ist problemlos möglich.

Literatur

[1] WOLF SCHÖDE, *Potsdamer Industrieblätter, No. 1/2008*

[2] WEIGMANN et al. *in DuD • Datenschutz und Datensicherheit 1/2011*

[3] 3DFACE, *2006 bis 2009, www.3dface.org*

[4] MATNET *Werkstattgespräch Biometrie, 14.07.2008, http://www.berlin-airport.de/DE/BER/Projekt_Modern_Airport/Veranstaltungen_Archiv/2008/4Veranstaltung/index.html*

[5] *Werkstattgespräch Videoüberwachung 11.02.2008: Ralf Schäfer, Fraunhofer Heinrich-Hertz-Institut*

[6] INTELLIGENT VIDEO ANALYSIS VON BOSCH, *2008, VS-EH-de-01_F01U520029_01*

[7] MATNET *Werkstattgespräch Videoanalyse, 15.07.2010: Holger Schulz-Bohn, recognitec*

[8] MATNET *Werkstattgespräch Videoanalyse, 15.07.2010: Volker Brendel, prisma GmbH*

[9] BUNDESMINISTERIUM FÜR BILDUNG UND FORSCHUNG, *http://www.bmbf.de/de/14395, 26.08.2011*

[10] U. WEIGMANN, *5. Tag der Wissenschaft der FHPol Brandenburg, 05. 04. 2011*

[11] MATNET *Werkstattgespräch Fremdobjekterkennung, 12.07.2011: Silva Fischer, Vis-á-pix*

[12] MATNET *Werkstattgespräch Ortung, 22.01.2009: / F. Zimmermann; E. Schröter, DFS Deutsche Flugsicherung*

[13] ICAO: *Automatic Dependent Surveillance Broadcast (ADS-B)*

[14] EUROCONTROL: *Guidance for the Provision of Air Traffic Services Using ADS-B in Radar Airspace (ADS-B-RAD) 01.12.2008, 1.0*

[15] ICAO: *Advanced Surface Movement Guidance and Control Systems (A-SMGCS) Manual First Edition – 2004)*

[16] *Integrated Airport ApronSafety Fleet Management, M. Schipper, V. Konrad, AAS-Newsletter 3, 2011, http://www.aas-project.eu/media/de/AAS_Newsletter-3_110405_V05_TSB.pdf*

Zusammenfassung
Flughäfen stehen vor der interessanten Herausforderung, technische Innovationen zu bewerten und zum Einsatz zu bringen, ohne die Sicherheit und Prozessstabilität zu gefährden. Die Berliner Flughäfen haben eine effiziente Verfahrensweise etabliert, um dies sicher zu stellen. Sie optimieren das Konzept des »embedded engineers« mit den Partnern Technologiestiftung Berlin, Zukunftsagentur Brandenburg und der Berlin Brandenburg Aerospace Allianz in einem gemeinsamen Projekt, um für den neuen Flughafen Berlin Brandenburg ein strukturiertes, transparentes und effektives Innovationsmanagement zu entwickeln.

Mehr Kundenorientierung in der internen IT der EnBW

Wenn die Kommunikation mit der IT-Abteilung nicht klappt, Bearbeitungszeiten zu lange dauern oder Fachwissen fehlt, ist der Frust im Unternehmen schnell groß. Die EnBW AG hat das erkannt und mit einem umfassenden Projekt einen nachhaltigen Veränderungsprozess zu mehr Kundenorientierung der IT angestoßen.

> **In diesem Beitrag erfahren Sie:**
> - welche Aufgaben die interne IT der EnBW AG erfüllt,
> - wie die IT im Hinblick auf Kundenorientierung neu ausgerichtet wurde,
> - in welchen Handlungsfeldern dabei Verbesserungsmaßnahmen angesetzt wurden.

Ricardo Diaz Rohr

Entwicklung der IT innerhalb der EnBW AG

Die EnBW Energie Baden-Württemberg AG ist mit 6 Millionen Kunden, über 20.000 Mitarbeitern und einem Jahresumsatz von über 17 Milliarden Euro das drittgrößte deutsche Energieversorgungsunternehmen [1]. Die Standorte der EnBW umfassen ganz Deutschland sowie Mittel- und Osteuropa, wo vorwiegend konventionelle Kraftwerke, Kernkraftwerke und Wasserkraftwerke mit den Tätigkeitsbereichen Strom – unterteilt in die Geschäftsfelder Erzeugung und Handel sowie Netz und Vertrieb –, Gas sowie Energie- und Umweltdienstleistungen betrieben werden [2].

Ungefähr 2 % des Umsatzes werden jährlich für IT-Entwicklungen und Betrieb aufgewendet. Die Unterstützung der Geschäftsprozesse durch die IT hat dabei in den letzten Jahren stark zugenommen und wird in der Branche insbesondere aufgrund von Entwicklungen im

Bereich erneuerbarer Energien, Haushaltsautomatisierung und elektrische Mobilitätsleistungen voraussichtlich noch stärker anwachsen. Der IT kommt damit heute schon eine Schlüsselrolle als Produktivitätstreiber im Unternehmen zu und wird immer mehr zu einer unverzichtbaren Ressource, deren optimales Management eine große Herausforderung für viele Unternehmen darstellt.

Der wesentliche Teil der Leistungserbringung in der IT erfolgt über einen Shared Service, der Hauptgegenstand der Betrachtungen in diesem Beitrag ist. Dieser Shared Service wird durch die EnBW Systeme Infrastruktur Support GmbH (SIS), eine 100-prozentige Tochtergesellschaft der EnBW Energie Baden-Württemberg AG, als zentraler Berater und Dienstleister betrieben. Die Gesellschaft erbringt heute mit rund 2.400 Mitarbeitern Dienstleistungen in zwölf unterschiedlichen Bereichen wie Informationsverarbeitung, Einkauf, Finanzen, HR-Services etc. Der Shared Service verfolgt das Ziel, Unterstützungsleistungen im Konzern zu bündeln und zu Preisen auf oder unterhalb des Marktniveaus im Cost-Center-Prinzip zu fakturieren. Innerhalb der Gesellschaft nimmt der Bereich Informationsverarbeitung die Funktion des internen IT-Dienstleisters für den EnBW-Konzern ein und beschäftigt rund 670 Mitarbeiter. In den Fachbereichen sind sogenannte Lokale Informationsmanager (LIM) angesiedelt, die als zentrale Auftraggeber für IT-Leistungen agieren. Abweichend von vielen anderen Unternehmen besteht bei der EnBW für IT-Leistungen kein formaler Kontrahierungszwang. De facto werden Betriebsleistungen (Rechenzentrum, Desktop Services) fast ausschließlich über den internen Dienstleister bezogen, die Budgets für Anwendungsentwicklung verteilen sich auch auf zahlreiche externe IT-Dienstleister.

Insgesamt nutzen rund 20.500 Anwender aus dem gesamten Konzern die Leistungen des Shared Service. Die Informationsverarbeitung umfasst das komplette marktübliche Produktportfolio eines Systemhauses, d. h. Beratung, Anwendungsentwicklung, Betrieb und Desktop Services. In der Beratung und Anwendungsentwicklung arbeiten über 350 Mitarbeiter mit unterschiedlichen Schwerpunkten je nach Kundengruppe (Prozessberatung, SAP Customizing, Java- und .NET-Entwicklung etc.). Im Betrieb kümmern sich über 200 Mitarbeiter um die sichere und zuverlässige Funktionalität aller Anwendungen, die 1.800 kW Rechenzentrumskapazität, verteilt auf drei konzerneigene Rechenzentren mit insgesamt 1.650 qm Fläche, erfordern. Im Bereich der Desktop Services sind knapp 100 Mitarbeiter beauftragt, den Service Desk zu betreiben, Endanwenderunterstützung zu leisten und die komplette Logistik sicherzustellen.

Der Shared Service IT hat in den letzten Jahren einen tiefgreifenden Wandlungsprozess durchlaufen. Anlässlich von Veränderungen im EnBW-Konzern und damit einhergehenden personellen Veränderungen wurde eine Standortbestimmung durchgeführt. Eine zu Beginn durchgeführte Bestandsaufnahme zeigte eine Reihe von Schwächen auf. Die Organisation zeichnete sich damals durch eine eher technokratische Kultur mit wenig Kundenorientierung aus. Durch die in den Vorjahren erfolgten Zusammenschlüsse aus Vorgängergesellschaften hatte die Organisation eher den Charakter einer »Patchwork«-Organisation mit teilweise unklaren Verantwortlichkeiten, wenig Prozessorientierung, Doppelarbeiten und Redundanzen. Auch bei den Führungsskills bestand Handlungsbedarf, da oftmals infolge klassischer »Schornsteinkarrieren« Fähigkeiten stark im technischen Bereich ausgeprägt waren. Eine nur unzureichende Transparenz über wesentliche Leistungsparameter wie Kosten, Systemverfügbarkeiten und Kundenzufriedenheit sowie unvollständige Vereinbarungen, die die zu liefernden Qualitäten regeln (Service Level Agreements), erschwerte darüber hinaus die Führung. Insbesondere an der Schnittstelle zu Anwendern bestanden erhebliche Defizite. In einer durchgeführten Kundenbefragung wurden in diesem Zusammenhang beispielsweise Schwachstellen in den folgenden Bereichen genannt:

⇨ zu fachspezifische Auskunft bei der Kundenbetreuung – Anwender konnte IT-Spezialist nicht verstehen,
⇨ Inkompetenz und Mangel an Fachwissen der Techniker und Servicemitarbeiter,
⇨ lange Reaktions- und Wartezeiten,
⇨ lange Bearbeitungsdauer mit wiederkehrender Netzwerkunterbrechung,
⇨ schlechte Kommunikation.

Als Konsequenz tauchten im Konzern bei großen Kunden Bestrebungen auf, die Zusammenarbeit aufzukündigen. Die Shared-Service-Organisation wurde grundsätzlich infrage gestellt. Verschiedene Optionen, wie eine komplette Dezentralisierung oder ein »Outsourcing«, zog man in Betracht. Um das zu vermeiden, wurde im Jahr 2005 ein umfangreiches Veränderungsprogramm gestartet mit dem Ziel, die Organisation konsequent kundenorientiert zu gestalten und zu professionalisieren.

Kundenorientierung als zentrales Motiv des Veränderungsprozesses

Neudefinition der Strategie

Startpunkt des Veränderungsprozesses war eine Neudefinition der Strategie. Mit der Initiierung eines Projektes zur Neuausrichtung (kurz: NASGI) sollte der Shared Service IT konsequent auf die Kundenbedürfnisse ausgerichtet werden. Hierbei wurden im ersten Schritt Kundensegmente definiert, Kundenbedürfnisse systematisch ermittelt, Prozesse entsprechend ausgerichtet und letztlich eine darauf gründende, passende Aufbauorganisation definiert. Damit gingen auch erhebliche personelle Veränderungen einher, die sich im Nachhinein als entscheidender Baustein zur Förderung einer nachhaltigen Veränderung erwiesen.

Steuerung/Leistungsvereinbarungen

Anhand der Etablierung einer Balanced Scorecard mit allen wesentlichen Kennzahlen ist es der Organisation gelungen, eine nicht dagewesene Transparenz zu erreichen. Ferner ermöglichte eine erstmalige Einführung und Definition von Service Level Agreements innerhalb aller Kerngesellschaften der EnBW die klare Vereinbarung von Leistungen mit den Kunden. Diese SLAs wurden anschließend kontinuierlich gemessen und ausgebaut, um eine konsequente Einhaltung zu garantieren und Verbesserungspotenziale auszuschöpfen.

Kundenorientierung

Neben der konsequent kundenorientierten Ausrichtung der Prozesse und der Organisation wurden Key Account Manager (KAM) eingeführt, die bestimmte Kundengruppen betreuten. Diese KAMs wurden mit entsprechenden Befugnissen ausgestattet, sodass sie im Sinne des Kunden eine End-to-End-Verantwortung für Prozesse und Produkte wahrnehmen konnten.

Begleitung des Wandels

Die Veränderungsprozesse wurden begleitet durch Programme zur Stärkung der Führungskompetenzen, zur Förderung der Kundenorientierung und zur Unterstützung des kulturellen Wandels.

Reorganisation zur Umsetzung der Strategie

Wesentliche Ziele der Reorganisation waren:
⇨ klare Verantwortlichkeiten (End-to-End),
⇨ sinnvolle Bündelung von Kompetenzen,
⇨ Reduktion von Schnittstellen,
⇨ Stärkung der Kundenorientierung,
⇨ möglichst hohe Übereinstimmung von Prozess- und Aufbaustruktur,
⇨ Vermeidung von Doppelarbeiten und Redundanzen.

Die Neugestaltung der Organisation vollzog sich anhand von sechs in Laborform durchgeführten Workshops (sogenannte »Labs«) mit folgendem Fokus (siehe Abb. 1): Zunächst wurden der konkrete Handlungsbedarf beschrieben, Ziele definiert und Arbeitsteams gebildet. Nachfolgend bestimmten im zweiten Lab die Kundensegmentierung und der Kundenbedarf die Hauptinhalte und dienten im dritten Lab als Grundlage für die Entwicklung der Kernprozesse. Im vierten und fünften Lab wurden neben der Gestaltung der Aufbauorganisation entsprechende Rollen sowie Managementsysteme definiert. Das letzte Lab diente zur Erstellung eines konkreten Umsetzungsplans.

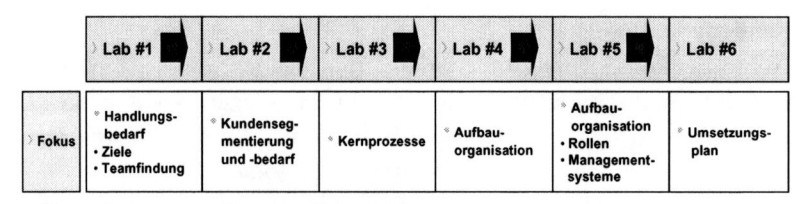

Abb. 1: *Gestaltung der Neuorganisation in sechs »Labs«*

Wesentliche Merkmale der neuen Struktur waren die klare Fokussierung auf den Kunden und die Schaffung von eindeutigen Ansprechpartnern im Sinne von »one face to the customer«. Der Bereich Business Solutions verantwortet die Beratung und die Anwendungsentwicklung. Key Account Manager mit Projekt- und Ergebnisverantwortung bilden die Schnittstelle für diese Themen für die jeweils betreute Gesellschaft. Der Bereich Service wiederum verantwortet alle Endbenutzerwerkzeuge und betreibt den Service Desk, der unter einer einheitlichen Rufnummer für alle arbeitsplatzbezogenen Anfragen der EnBW-Mitarbeiter als Anlaufstelle dient (siehe Abb. 2).

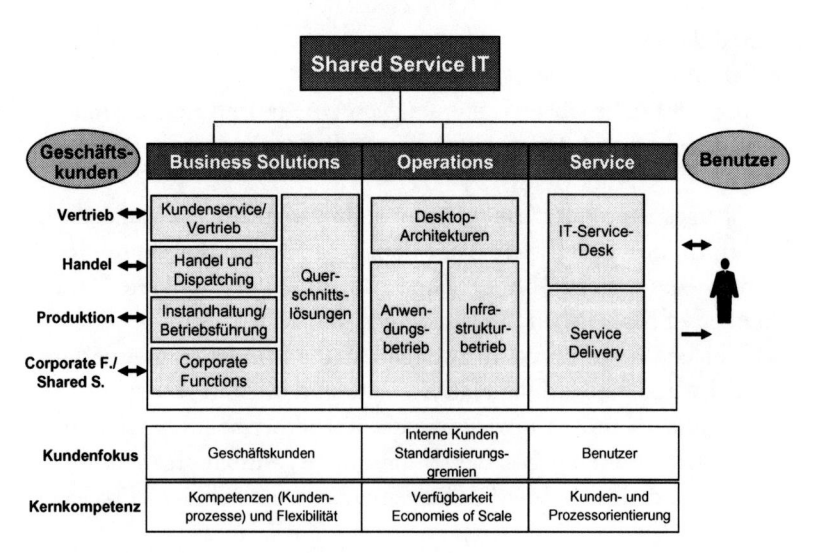

Abb. 2: *Neugestaltung der Organisation nach Bereichen*

Die Gestaltung der Prozesslandschaft (Kernprozesse aus Geschäftskundensicht, Kernprozesse aus Benutzersicht, übergreifende Prozesse) zählte ebenfalls zu einem der wichtigen Elemente der Neuorganisation. Ein ganz wesentliches Element war es auch, die richtigen Mitarbeiter für die neuen Aufgaben zu identifizieren, weshalb zur Neubesetzung der Führungspositionen ein intensives Auswahlverfahren folgte. Alle bisher agierenden Führungskräfte sowie neue Kandidaten mussten ein Assessment-Center durchlaufen. Für sechs Führungskräfte führte das zu einem kompletten Wechsel des Aufgabengebietes, nur für zwei blieb das Aufgabengebiet weitgehend unverändert. Eine Führungskraft verließ den Konzern, zwei Neuzugänge von außen sowie die Beförderung von zwei Nachwuchskandidaten komplettierten das Führungsteam. Insbesondere der Aufgabenwechsel der bisherigen Führungskräfte wirkte sich positiv auf den Veränderungsprozess aus, da die Beschäftigung mit dem neuen Aufgabengebiet ein Loslassen alter Gewohnheiten und gleichzeitig die Identifikation mit der neuen Kultur förderte.

»Exzellenz«-Initiative

Nachdem die organisatorischen und personellen Voraussetzungen geschaffen und der kulturelle Wandel hin zu einer stark kundenorientierten Organisation eingeleitet waren, ging es nun darum, sich die Position als anerkannter interner IT-Dienstleister zu sichern und langfristig auszubauen. Ein Jahr nach Initiierung des Projekts NASGI wurde daher ein Exzellenzprogramm aufgesetzt, das das Ziel hatte, die Organisation entlang der vier Handlungsfelder der Scorecard (Kunden, Finanzen, Mitarbeiter und Prozesse) weiter zu professionalisieren.

Kunden-Exzellenz
Als oberstes Ziel der Kunden-Exzellenz wurde die Steigerung der Kundenzufriedenheit definiert. Im Jahr 2006 wurde erstmalig eine umfassende Kundenzufriedenheitsbefragung eingeführt, die seitdem jährlich wiederholt wird. Hierbei werden sowohl die Geschäftskunden

als auch die Anwender der SIS-Informationsverarbeitung in einer Vollerhebung befragt, um auf diese Weise ein umfassendes und vollständiges Bild über die wahrgenommene Zufriedenheit mit der Qualität der IT-Dienstleistungen und der Services zu erhalten. Die Kundenzufriedenheitsbefragung dient insbesondere dazu, Handlungsfelder und Verbesserungspotenziale zu identifizieren und daraus resultierende Maßnahmen abzuleiten. Gleichzeitig schafft sie Transparenz über die Performance der einzelnen Key-Account-Management-Bereiche und hat sich als Anreizinstrument sehr gut bewährt. Weiterhin wurde eine kontinuierliche Befragung im Bereich Service eingeführt. Der Kunde gibt seitdem nach jedem Ereignis unmittelbar Rückmeldung zu sechs Fragen [b], sodass man über ein einfaches ständiges »Kundenzufriedenheitsbarometer« verfügt. Durch die Einführung eines CRM-Systems wurden Kundenbedarfe erstmals systematisch erfasst und die Abarbeitung verfolgt.

Betriebs-Exzellenz
Im Hinblick auf die Betriebs-Exzellenz lag der Fokus auf der Sicherstellung eines zuverlässigen »Rund-um-die-Uhr«-Betriebes. Die Anforderungen der Kunden an die Stabilität der Systeme waren in den letzten Jahren stark angestiegen. Das ging mit einem starken Mengenwachstum einher, sodass der Betriebsbereich an seine Grenzen stieß. Daher wurden in diesem Handlungsfeld eine Reihe von Maßnahmen aufgesetzt, um einen professionellen Betrieb zu gewährleisten. Wesentliches Element war die Einführung von ITIL als Referenzmodell für den Betrieb, um eine sichere Verfügbarkeit der geschäftskritischen Systeme rund um die Uhr zu gewährleisten. Ein zentrales Projekt war hierbei auch der Bau eines neuen Rechenzentrums am Konzernsitz Karlsruhe, das die Grundlage für das weitere Wachstum der IT-Nutzung im EnBW-Konzern schaffen sollte. Das Rechenzentrum wurde zwei Jahre nach dem Startschuss für die Planung fertiggestellt und – als eines der wenigen Rechenzentren in Deutschland – erfolgreich nach TÜV Level IV zertifiziert.

Finanz-Exzellenz

Im Rahmen der Finanz-Exzellenz wurde insbesondere auf ein effektives Kennzahlensystem zur wirtschaftlichen Steuerung der Organisation Wert gelegt. Mithilfe eines KPI-Systems erfolgte ein monatliches Reporting über alle wesentlichen Leistungsdimensionen. Weiterhin erfolgte die Implementierung eines neuen Berichtswesens, mit dem sich die Einhaltung der vereinbarten IT-Service-Levels messen lässt. Durch die regelmäßige Teilnahme an Benchmarks stellt sich die Organisation dem Vergleich zu IT-Abteilungen anderer Unternehmen und erhält damit Rückmeldung zur Marktfähigkeit erbrachter Leistungen. In 2007 wurde im EnBW-Konzern das Verrechnungsmodell von einer profitcenter-orientierten Servicekalkulation auf ein einfaches Verfahren der Verteilung von Vollkosten über wenige übergreifende Schlüssel umgestellt. Ziel war es, den internen Verrechnungsaufwand zu minimieren und dabei Steuerungsfähigkeit und Transparenz zu erhalten.

Mitarbeiter-Exzellenz

Im Handlungsfeld der Mitarbeiter-Exzellenz wurden verschiedene Programme zur Qualifizierung der Belegschaft aufgesetzt. Unter anderem durchliefen alle Mitarbeiter mit Kundenkontakt das Programm »König Kunde« zur Schulung kundenorientierten Verhaltens. Für alle Mitarbeiter wurden Weiterbildungsbudgets festgelegt und individuelle Weiterentwicklungsmaßnahmen gemeinsam mit der Führungskraft definiert. Alle 60 Teamleiter durchliefen ein Qualifizierungsprogramm zur Stärkung insbesondere der Führungskompetenzen.

Prozess-Exzellenz

Als übergreifendes Thema wurde die Einführung eines Prozessmanagements vorangetrieben. In diesem Projekt wurden alle Prozesse im Detail beschrieben, zur Qualitätssicherung einem umfassenden Review unterzogen und alle Mitarbeiter auf die neuen Prozesse geschult. Anschließend wurden die Prozesse in der gesamten Organisation eingeführt, um einen Modus der kontinuierlichen Verbesserung zu etablieren. Seither findet eine jährliche Reifegradmessung im Rahmen von Self-Assessments nach der PEMM (Process Enterprise Maturity Model)-Methode statt [3]. Das Kennzahlensystem wurde prozessorientiert gestaltet und erlaubt eine regelmäßige Messung von Qualität und Kosten der Prozesse.

Exkurs: Service Desk – Zentrales Element zur Sicherung der Kundenzufriedenheit

In vielen IT-Organisationen stellt der Service Desk (auch User Help Desk oder First Level Support genannt) ein notwendiges Übel dar, das häufig für ein Outsourcing zur Disposition gestellt wird. Dabei vernachlässigen viele Unternehmen die Tatsache, dass der Service Desk für die Mitarbeiter häufig der einzige persönliche Kontaktpunkt zur IT darstellt und dass ein hochperformanter Servicebereich eine, wenn nicht sogar *die* entscheidende Komponente zur Steigerung und Sicherung der Kundenzufriedenheit ist.

Mit dem Projekt NASGI begann die Entwicklung vom herkömmlichen Help Desk hin zum IT-Service-Desk. Hier kümmern sich rund 35 Mitarbeiter um die Abwicklung von IT-Anfragen aller EnBW-Mitarbeiter im Konzern. Wesentliche Elemente der Neuausrichtung waren die Einführung von ITIL-Prozessen sowie eines umfassenden Kennzahlensystems. Der Bereich IT-Service-Desk wurde in verschiedene Teams mit Fokus auf einzelne Kundengesellschaften gegliedert, um die Fachkompetenz und die Kontinuität in der Betreuung zu erhöhen.

Ein Service Point wurde ins Leben gerufen, bei dem EnBW-Mitarbeiter in allen IT-Belangen persönliche Hilfe erhalten, und später durch einen mobilen Service Point ergänzt, der Mitarbeitern an kleineren Standorten zu bestimmten Zeiten zur Verfügung steht. Wie Spitzennoten in der Kundenzufriedenheitsbefragung belegen, findet der Service Point bei der Belegschaft hervorragende Akzeptanz.

Mit dem Prozessmangement wurde der Kernprozess »Customer Care« eingeführt, bestehend aus den Hauptprozessen Incident-, Beschwerde- und Informationsmanagement. Damit wurde der Service Desk als »Single Point of Contact« etabliert und alle noch bestehenden Schattenhotlines abgelöst. Die ursprüngliche Servicezeit von 8:00

bis 17:00 Uhr wurde auf die Zeitspanne von 6:00 bis 19:00 Uhr erweitert. Die Einführung des Service Cockpit war eine logische Weiterentwicklung des Service Desks, um den »Single Point of Contact« zu einem »Single Point of Information« auszubauen. Der Service Cockpit ist eine ständige Einrichtung, bei der zwei bis vier Mitarbeiter über verschiedene Informationsquellen die Stabilität aller Systeme überwachen und so frühzeitig eingreifen können, wenn sich Störungen ankündigen. Damit wurde ein neues Instrument geschaffen, um den Informationsprozess weiter zu optimieren und den Service Desk von einer »reaktiven« hin zu einer »proaktiven« Einheit zu entwickeln.

Da die Verfügbarkeit der richtigen Informationen eine zentrale Rolle im Service Desk spielt, wurde das Thema Wissensmanagement umgesetzt. Hierbei diente die Einführung des WikiWip (»what I know is what I publish«) – ein Tool, das angelehnt an die Logik von Wikipedia von den Mitarbeitern regelmäßig gepflegt und aktualisiert wird – als zentraler Sammler von Informationen, um auf diese Weise organisatorisches Wissen zusammenzutragen.

Zur Erhöhung der Transparenz über das Call-Volumen und damit zur Verbesserung der Steuerungsmöglichkeiten werden – anhand einer Visualisierungslösung für die Telefonanlage – den Mitarbeitern auf zwölf Großbildschirmen Kundenanrufe, die gerade in der Warteschleife sind, in Echtzeit angezeigt. Anhand eines zusätzlichen Ampelsystems können Mitarbeiter sehen, wie lange diese Kunden bereits auf die Verbindung zum Servicemitarbeiter warten. Die neue Transparenz über die Call-Situation unterstützte die Mannschaft besonders bei der Ressourcenverwaltung durch die Priorisierung von Kundenanliegen.

Eine kontinuierliche Zufriedenheitsbefragung ist Input für das »Kundenbarometer« und ermöglicht es dem Service Desk, schnell auf mögliche Schwankungen zu reagieren. Mit der Einführung des Portals »My IT-Service« können Kunden eine Reihe von Self-Services wie die Anbindung eines Druckers oder die Rücksetzung eines Passwortes nutzen.

Das zentrale Leitmotiv der Kundenzufriedenheit wird kulturell stark unterstützt. Das Motto »Wir lieben unsere Kunden – unsere Kunden lieben uns« stellt die Kundenorientierung als zentrales Leitmotiv in den Vordergrund. Verbesserungsvorschläge direkt von den Kunden oder über ein neu etabliertes »Customer Advisory Board« werden regelmäßig eingeholt und in den kontinuierlichen Verbesserungsprozess eingeleitet.

Um dem Anspruch eines »Top-Service-Providers« gerecht zu werden, nahm der Bereich Service im Rahmen des IIR Service Desk Forums in Mainz Ende 2009 am Wettbewerb teil und gewann den Award in der Kategorie »Best Practice« gegen namhafte Mitbewerber. Auch in den Folgejahren wurde der Service Desk der EnBW AG mehrfach ausgezeichnet. So wurde ihm beispielsweise 2010 der IIR-Award in der Kategorie »Innovation« und 2011 der »Global Service-Desk«-Award verliehen [4].

Ergebnisse

Wesentliches sichtbares Ergebnis all dieser Maßnahmen war die Rückgewinnung der Kunden und eine deutliche Steigerung der Kundenzufriedenheit. Nach 2006 setzte ein erhebliches Wachstum ein, der Shared Service steigerte seinen Umsatz um circa 50 % und die Zahl der Mitarbeiter wuchs von 400 auf heute knapp 700. Ein Großteil dieses Wachstums resultierte aus dem Insourcing bis dahin extern kontrahierter Kapazitäten, was ein deutliches Signal für ein gesteigertes Vertrauen auf Kundenseite darstellt.

Bei der Kundenzufriedenheit konnte ebenfalls eine kontinuierliche Steigerung erreicht werden. Im Benchmark mit sieben ständigen Teilnehmern (Großunternehmen) erreicht die EnBW mittlerweile den zweiten Platz und schneidet mit einem Wert von 2,6 auf der Skala des deutschen Kundenmonitors ([5]; [a]) deutlich besser ab als viele professionelle Serviceorganisationen.

Bei der kontinuierlichen Befragung im Service Desk liegen die Bewertungen konstant über dem Zielwert von 2,0 und erreichen in Bereichen wie dem Service Point oder der Beratungsqualität Bestwerte um die Note 1,5 [b].

Die durch das Exzellenzprogramm eingeleiteten Optimierungen machten die Informationsverarbeitung in allen Bereichen der Organisation produktiver, effizienter, transparenter und lebendiger. Zum planmäßigen Abschluss Ende 2008 blickten die beteiligten Mitarbeiter sowie die Verantwortlichen Shared Service IT mit Stolz auf einen Maßnahmenmarathon mit über 100 Einzelaktivitäten zurück. Rückblickend auf die operative Exzellenz ist eine deutliche Verbesserung zu verzeichnen, die Verfügbarkeit der Systeme überschreitet die definierten Service Level deutlich und liegt stets im Bereich von 99,9x %. Der Reifegrad der Prozesse konnte ebenfalls kontinuierlich gesteigert werden und liegt zwei Jahre nach Einführung bei einem Wert von 3 [c].

Bei der Mitarbeiterzufriedenheit schneidet der Shared Service IT deutlich besser ab als der Konzerndurchschnitt und liegt im Vergleich zu anderen Unternehmen im oberen Drittel des ECI (Employee Commitment Index). Im Computerwoche-Ranking der Top 100 IT-Arbeitgeber Deutschlands konnte sich die EnBW in 2010 um 33 Plätze verbessern und war damit das Unternehmen mit der höchsten absoluten Steigerung im Ranking ([6]; [7]).

Im Bereich der Finanzen hat sich die Balanced Scorecard als Führungs- und Steuerungsinstrument hervorragend bewährt und wird von anderen Unternehmensteilen als Best Practice übernommen. Im Benchmarking schneidet der Shared Service IT in fast allen untersuchten Bereichen im Drittel der kostengünstigsten Unternehmen ab, insbesondere beim IT-Betrieb werden durchgängig hervorragende Werte erzielt. Nach wie vor kritisch wird von den Kunden allerdings das Verrechnungsmodell gesehen. Mithilfe des neuen Verrechnungsmodells war es der Organisation zwar gelungen, die Aufwände zur Ermittlung der Kostensätze zu vereinheitlichen, diese Veränderung wurde jedoch aus Kundensicht nicht in all seinen Bestandteilen als positiv wahrgenommen. Demnach besteht bis heute eine große Herausforderung darin, das Verrechnungsmodell soweit anzupassen, dass auch aus Kundensicht sowohl die erforderliche Transparenz als auch die Konformität mit dem Cost-Center-Prinzip gewährleistet wird. Verrechnungsmodelle stellen dabei in der IT grundsätzlich ein häufig umstrittenes Thema dar, hier ist die Patentlösung nach Ansicht des Autors noch nicht gefunden.

Fazit und Ausblick

Die bereits unternommenen Schritte hin zur kundenorientierten Aufstellung, dem Exzellenzprogramm und viele weitere im Beitrag erwähnte Aktivitäten trugen zu einer enormen Verbesserung der Performanz der Organisation bei. Diese umfasst allerdings nicht nur die Effizienz, sondern insbesondere auch die verbesserte Servicequalität. Der im Jahr 2006 eingeleitete Veränderungsprozess wird von Kunden, Mitarbeitern, Peers innerhalb der EnBW sowie von externen Partnern einhellig als Erfolg gesehen, der Shared Service IT gilt in vielen Bereichen als Benchmark, was nicht nur die im Service-Bereich gewonnenen Awards zeigen.

Da sich im IT-Bereich die Marktverhältnisse rasant ändern und das wirtschaftliche Umfeld in der Energiewirtschaft durch Entwicklungen wie die Beschlüsse zum Ausstieg aus der Atomenergie, die Kostenpflicht für CO_2-Zertifikate ab 2013 oder die allgemeine Entwicklung der Großhandelspreise für Strom und Gas immer angespannter wird, darf die Organisation in ihren Anstrengungen nach kontinuierlicher Verbesserung nicht nachlassen.

Ein wesentliches Thema wird die Entwicklung hin zum Cloud Computing sein, bei dem schon in den nächsten Jahren Commodity-Leistungen wie Rechenzentrumsbetrieb oder E-Mail- und Messaging-Services sukzessive in die »Wolke« verlagert werden. Um diese Entwicklung zu begleiten und zu fördern wurde entsprechend ein Competence Center »Cloud Computing« ins Leben gerufen.

Während beim Prozessmanagement in den operativen Bereichen erhebliche Fortschritte erzielt wurden, besteht im Bereich der Softwareentwicklung noch Nachholbedarf. In 2010 wurde das Prozessmanagement durch eine »Lean Management«-Initiative ergänzt. Hier liegt ein Schwerpunkt unter anderem auf dem Thema »Lean Software Development«, bei dem probate Methoden effizienter Prozessgestaltung aus der Industrie in angepasster Form auf die Softwareentwicklung übertragen werden.

Um zukünftig die Eigeninitiative der Mitarbeiter zu fördern und dadurch die Innovationskraft von innen zu steigern, wurde im Zuge der Prozessoptimierung der kontinuierliche Verbesserungsprozess etabliert, der die Einreichung eigener Verbesserungsvorschläge sowie die Abschaffung von Prozessbarrieren in sogenannten »Barrier Removal Teams« fördert. In den kommenden Jahren ist es das Ziel, den Prozessreifegrad weiterhin jährlich zu messen und eine Steigerung bis zum Level V zu erreichen. Mit dieser Maßnahme soll eine nachhaltige Verbesserung der Effizienz um 2 bis 4 % p. a. einhergehen.

Auch zukünftig sollen durch innovationsgetriebene Ansätze bestmögliche Potenziale für die Organisation erzielt werden, um somit nicht nur die Kundenzufriedenheit, sondern auch die Wettbewerbsstärke zu steigern. Während operative Exzellenz und Kundenorientierung einen hohen Reifegrad erreicht haben, besteht die Zielsetzung darin, auch bei Innovationen mit den besten externen Anbietern mithalten zu können. Zu diesem Zweck wurde das Projekt »Innovation-to-go« ins Leben gerufen. Mithilfe kreativer Methoden und entsprechender organisatorischer und kultureller Vorkehrungen sollen dabei verstärkt innovative Ideen generiert und umgesetzt werden, die insbesondere bei der Erreichung von Kostenreduktionen im Unternehmen helfen sollen. Hierbei geht es nicht nur um IT-basierte Innovationen, sondern insbesondere auch um die Verbesserung der Geschäftsprozesse im EnBW-Konzern.

Literatur

[1] EnBW AG: *Geschäftsbericht 1997. Verfügbar unter: http://www.enbw.com/content/de/ investoren/_media/_pdf/geschaeftsberichte/gb1997.pdf*

[2] EnBW AG: *Wer wir sind. 2011. Online verfügbar unter: http://www.enbw.com/content/de/ der_konzern/enbw/index.jsp;jsessionid=D0913BF8BF8F5320AF207ACE977E8E50.nbw05*

[3] HAMMER, M.: *The Process Audit. Harvard Business Review. 2007. S. 1 ff. Online verfügbar unter: http://www.thestrategicsgroup.com/operations/processaccelerator/tools_assets/Hammer_ Process%20Audit%20Article.pdf*

[4] IIR Technology: *Service Desk Awards 2010: Drei Gewinner aus Medien, Energie und Telekom. Service Desk Forum, S. 1 f. Online verfügbar unter: http://www.service-desk-forum. de/pdf/presse/PM_Service%20Desk%20Forum_Award_26_11_2010.pdf,*

[5]   Kundenmonitor Deutschland: *Erste Ergebnisinformation 2010. S. 3. Online verfügbar unter: http://www.servicebarometer.net/kundenmonitor/tl_files/files/PM100909_studieninformation_2010.pdf,*

[6]   Computerwoche: Deutschlands Top-IT-Arbeitgeber 2011. In: *Computerwoche, 20/2011, S. 43*

[7]   Deutschlands100: *Top-Arbeitgeber IT. 2011. Online verfügbar unter: http://www.deutschlands100.de/top-arbeitgeber/top100-it.html*

Anmerkungen

[a]   Erläuterung der Skala beim Kundenmonitor Deutschland: *Die meisten im Kundenmonitor Deutschland verwendeten Fragestellungen basieren auf einer verbalisierten 5er-Skala. Für die Fragen zur Kundenzufriedenheit lauten die einzelnen Skalenausprägungen »vollkommen zufrieden«, »sehr zufrieden«, »zufrieden«, »weniger zufrieden« und »unzufrieden«. Für die Zustimmungsfragen (z. B. Kundenbindung) »bestimmt«, »wahrscheinlich ja«, »eventuell«, »wahrscheinlich nicht«, »bestimmt nicht«. Die einzelnen Fragen beziehen sich dabei in der Regel jeweils auf den vom Kunden hauptsächlich genutzten Anbieter und werden den Kategorien Globalzufriedenheit, Preis-Leistungs-Verhältnis, Weiterempfehlungsabsicht, Wiederkauf/Wiederwahlabsicht, Wettbewerbsvorteile und Beschwerdezufriedenheit zugeteilt.*

[b]   Erläuterung der Skala bei der permanenten Kundenbefragung: *Bei jedem geschlossenen Incident geht, im Rahmen einer permanenten Messung der Kundenzufriedenheit, ein Link an den Kunden. Hierbei wird der Kunde um eine Bewertung der erbrachten Leistung gebeten – Feedbackfunktion Servicemeldung (Incident). Für die Fragen zur Kundenbefragung lauten die einzelnen Skalenausprägungen »vollkommen zufrieden«, »sehr zufrieden«, »zufrieden«, »weniger zufrieden« und »unzufrieden«. Die einzelnen Fragen werden dabei den Kategorien »Zufriedenheit mit...« Lösung des Anliegens, Qualität der Lösung des Anliegens, Erreichbarkeit, Dauer der Bearbeitung, Gesprächskompetenz, Lösungsorientierung und Freundlichkeit zugeteilt. Die durchschnittliche Teilnahmequote liegt bei 400 Mitarbeitern.*

[c]   Erläuterung der Skala beim Process and Enterprise Maturity Model (PEMM)-Audit: *Bei durchgeführten Audits wird im Rahmen des Qualitätsmanagements der Ist-Zustand mit geplanten Zielen oder einem Soll-Zustand verglichen. Bei der SIS OI werden in der Regel Prozessaudits selbst für Zwecke der Eigenbewertung durchgeführt. Hierbei zielt die SIS OI mit regelmäßigen Prozessaudits auf eine langfristige Leistungsverbesserung in mehreren Dimensionen. Das Prozessaudit untersucht die Wirksamkeit der im Unternehmen eingesetzten Prozesse. Dabei soll sichergestellt werden, dass die vorgegebenen Anforderungen eingehalten werden und für die jeweiligen Anwendungen zweckmäßig sind. Der Status quo und das Ziel werden anhand von qualitativen Beschreibungen differenzierter Reifegrade bewertet und zu einem Gesamtreifegrad konsolidiert. Die Ermittlung der Reifegrade wird hierbei in den Dimensionen Prozessdesign, Mitarbeiter, Verantwortung, Ressourcen und Kennzahlen festgelegt.*

Zusammenfassung

Der Beitrag zeigt, wie die Shared Service IT-Organisation der EnBW den Veränderungsprozess von einer ungeliebten internen Einheit hin zu einer benchmarkfähigen professionellen Organisation mit hoher Kundenakzeptanz bewältigt hat. Wesentliche Erfolgsfaktoren waren die Verfolgung einer Strategie der konsequenten Kundenorientierung mit damit einhergehender adäquater Struktur und personeller Besetzung, eine systematische Professionalisierung im Rahmen einer zweijährigen Exzellenzinitiative mit einem erfolgreich implementierten Prozessmanagement sowie die nachhaltige Sicherstellung über ein kontinuierliches Streben nach weiteren Verbesserungen.

Informationsmanagement, eine unterschätzte Disziplin? Ein Disput der Herausgeber

Lutz Becker, Walter Gora, Matthias Uhrig

Information und Kommunikation sind die Voraussetzungen für den Erfolg von Wirtschaftsunternehmen, aber auch von Behörden und weiteren Non-Profit-Organisationen. Das Informationsmanagement hat dabei nicht nur die technische Aufgabe die erforderlichen Informationen zum richtigen Zeitpunkt und mit der geforderten Qualität zur Verfügung zu stellen, sondern umfasst insbesondere auch strategische und organisatorische Aufgaben.

Walter Gora: Trotz aller Methoden und positiven Erfahrungen bleibt der Eindruck, dass die Potenziale des Informationsmanagements nicht ausreichend ausgeschöpft werden. Daraus ergibt sich die Frage, warum die Unternehmensleitungen nur sehr zögerlich die Innovationen im Rahmen des Informationsmanagements aufgreifen und warum die Potenziale nur sehr ein geschränkt erkannt werden.

Lutz Becker: Schön, dann darf ich mal wieder die Rolle eines »agent provocateur« übernehmen – es ist mir ein Vergnügen! Informationsmanagement hat jahrelang ein Inseldasein geführt. Auch wenn die Statements in der Computer-Journalie ganz anders klangen, haben die Informationsmanager erst mit Aufkommen des E-Business vor 10 Jahren angefangen zu verstehen, dass es nicht nur darum geht, Bildschirme und Daten zur Verfügung zu stellen, sondern darum, wertschöpfende Austauschprozesse im Unternehmen und mit seinem Umfeld zu er möglichen. Dem Rest des Managements, so habe ich den Eindruck, waren diese komischen Menschen mit ihren Computern, wo nie etwas so funktionierte, wie man es gerade in dem Moment brauchte, so lästig wie Ameisen.

Disput der Herausgeber

Matthias Uhrig: Ich glaube, dass heute in den Management-Etagen auch jenseits der IT-Verantwortlichen und CIOs durchaus hohes Bewusstsein für die Bedeutung des Informationsmanagements herrscht. Viele Manager haben den unmittelbaren Wert der IT als Rückgrat der von ihnen verantworteten Geschäftsprozesse – und ja teilweise auch kompletter »Pure-IT« Geschäftsmodelle – verstanden. Interessant finde ich, dass neuerdings allenthalben so ein solides Halbwissen um sich greift – jeder der eine App herunterladen kann, und seine Bordkarte auf das Smartphone bekommt, hält sich für befähigt, in die strategischen Gestaltung der IT einzugreifen. Das führt bei vielen CIOs, die ich kenne, zu grauen Haaren, unrealistischen Erwartungen an Machbares sowie hinsichtlich Zeit- und Budgetfragen. Da ist noch viel Aufklärungsbedarf vorhanden.

Walter Gora: Informationsmanagement ist ja ein sehr dehnbarer Begriff. Es scheint, dass jeder seine »Informationswelt« hinein interpretieren kann. »Best Practice« in einem Unternehmen muss nicht notwendigerweise zum Erfolg bei einem anderen Unternehmen führen.

Lutz Becker: Mein ewiges Reden: Dass man aus der IT Wettbewerbsvorteil ziehen kann, mit dem man sich von seinen Konkurrenten absetzen kann und muss, hat die breite Riege der Best-Practices-Anbieter bis heute noch nicht verstanden. Wenn alle SAP oder Facebook machen, kann das eine conditio-qua-non sein – es geht nicht mehr ohne. Aber ein Wettbewerbsvorteil oder eine Strategie ist DAS lange noch nicht.

Matthias Uhrig: Ja, und hier spielt interessant auch die Entwicklung im Markt von Standardsoftware und den dazugehörigen Einführungsprojekten hinein: Während wir vor 10 Jahren ja noch eine Fülle von eigenständigen Anbietern hatten, die sich in ihren Leistungsportfolios und vor allem auch in den Möglichkeiten, individuelle Lösungen abzubilden, insbesondere auch durch das Eco-System eingebundener Drittanbieter, deutlich unterschieden, sind heute viele von diesen entweder ganz vom Markt verschwunden (ich erinnere an Baan oder den deutschen Anbieter Semiramis) oder unter anderer Herrschaft (wie etwa J.D. Edwards, Siebel oder Navision und Axapta). Die SAP hat eine massiv dominante Rolle eingenommen – und die Einführungsprojekte zielen häufig darauf, im Sinne von Projektkostenreduktion eben nicht Wettbewerbsvorteile durch Individuallösungen zu erschließen, sondern »Plain Vanilla«, also immer schön nah am Standard zu bleiben. Dies ist sicher die richtige Entscheidung für Standardprozesse am Backend; am Frontend zu Marktpartnern, insbesondere Kunden, mindert oder verhindert es häufig das Ausschöpfen der Potenziale eines individuellen Prozesszuschnitts.

Walter Gora: Es gibt ja schon seit Jahren Statistiken, die aufzeigen, dass der Erfolg eines Unternehmens nicht unbedingt mit Ausgaben für Informationstechnik korreliert. Analysiert man bestimmte Branchen, ist es sogar so, dass die Unternehmen, deren Verhältnis von IT-Kosten zu Umsatz im Vergleich zu anderen Wettbewerbern im unteren Drittel liegen, beim wirtschaftlichen Erfolg führend sind. Da stellt sich die Frage, ob es nicht eine Obergrenze für ein strukturiertes Informationsmanagement gibt, darüber hinaus schlägt dann der »Bürokratieteufel« zu.

Matthias Uhrig: Ja, diese Statistiken sind bekannt. Ich glaube aber nicht, dass man es sich so einfach machen und ein »je weniger IT desto erfolgreicher das Unternehmen« postulieren kann. Entscheidend ist, dass die IT-Verantwortlichen ihr Handwerk verstehen und zwar übergreifend über alle Managementdisziplinen. Häufig erleben wir ja ein ausgeprägtes Spezialistentum: da ist der CIO, der 20 Jahre Programmier- und RZ-Betriebserfahrung hat, dem aber Kostencontrolling, Standardisierungsbemühungen oder Personalmanagement eher fremd sind. Das erzeugt dann im Ergebnis ebenso Unwuchten wie die Spezies, die vor allem in Innovation und Anwendungsperfektion für die Fachseite denkt, aber keine Lust auf einen spitz gerechneten Business Case und die Limitierung auf das Notwendige hat. Wie immer: die ausgewogene Mischung macht's.

Lutz Becker: Wie wäre es denn mal vom Kunden her zu denken? Die Firma Walbusch, ein überaus erfolgreicher Multi-Channel Textilhändler, der ursprünglich aus dem Distanzhandel kommt, hat an seinem Standort Solingen ein sehr beliebtes Factory Outlet. Die Kunden – vor allem Paare im Seniorenalter – kommen aus ganzen Republik dahin, nicht nur um einzukaufen, sondern um sich einen angenehmen Tag im schönen Bergischen Land zu machen. Die Kunden werden am Check-In erfasst und erhalten ein RFID-Tag. Sobald der gewünschte Verkäufer frei ist, findet er seinen Kunden per RFID-Ortung, egal, ob der noch im Café des Hauses sitzt, oder sich bereits in den Regalen umschaut. Das Beste: Der Verkäufer spricht seine Kunden direkt mit Namen an: »Schön, dass Sie da sind, Herr/Frau ...« und kennt natürlich schon die ganze Kundenhistorie von der Größe bis zum Geschmack. Aber eins ist klar: Solange Marketing und IT nicht eine Sprache reden, wird so etwas nichts.

Walter Gora: Was nützt eigentlich ein strategisches Informationsmanagement, wenn sich die Märkte innerhalb von 2-3 Jahren völlig verändern, bestehende Wettbewerber mehr oder weniger von »heute auf morgen« verschwinden und die Auswirkungen der Finanzkrise ungebrochen sind? Bestes Beispiel sind die Börsen, wo bei Unterschreiten bestimmter Kurswerte automatisch die Aktien verkauft werden und es damit weiteren Kursstürzen kommt.

Lutz Becker: Die IT als eine feste Burg auf einer Insel. Das ist keine Frage der Technik, sondern eine Frage von Organisation und Organisationskultur. Vor allem aber, und da sind wir bei unserem Thema, eine Frage der Führung. Wenn sich der CSO und der CIO nicht grün sind, wird der eine mit seiner Mannschaft die Burg bauen und der andere wird sie mit seiner Mannschaft unter Dauerfeuer legen. Funktionieren Organisationen nicht so? In der Anti-Virus Branche hatten wir in den 1990er Jahren schon Produktlebenszyklen von teilweise nur wenigen Wochen, was mich zu der Erkenntnis gebracht hat: Mit Software ist praktisch alles machbar. Die wahren Hürden sind da, wo es menschelt.

Walter Gora: Ich glaube, das haben die meisten in der IT mittlerweile verstanden. Nicht zuletzt deswegen entstanden ja auch Standards wie ITIL oder Cobit. Interessant ist allerdings, dass ITIL zunächst im englischen Behördenbereich entstanden ist und sich mittlerweile als der de-facto-Standard zur Gestaltung der Prozesse im IT-Bereich etabliert hat. Die IT-Manager in der Industrie scheinen offensichtlich eine gewisse Affinität zu bürokratischen Prozessen zu haben,

Lutz Becker: Wenn ITIL, Cobit und Co. als heilige Kühe angebetet werden, braucht man sich nicht zu wundern, wenn die Motivation in den Keller geht. Dann ist es nur noch eine Frage der Zeit, wie wir in dem von den Präventionsmedizinern Walter Kromm und Gunter Frank in dieser Reihe veröffentlichten Band »Unternehmensressource Gesundheit« nachlesen können, das der Krankenstand nach oben schießt. Ich spreche von der Horizontalisierung von Macht, und finde es ungeheuer interessant, wie sich durch das »neue« Prozessdenken Spielregeln bei den »Games of Power« die, es ja in jeder Organisation gibt, verändern.

Matthias Uhrig: Ich sehe hier durchaus eine positive Entwicklung. Zunehmend weniger begegne ich im Markt dem blinden, fast dogmatischen Festhalten an diesen Standards. Es herrscht mehr und mehr Bereitschaft, sich auf das wesentliche zu konzentrieren, die Methoden abzuspecken und zu taylorn – und vor allem, was das wichtigste ist, auch konsequent den Nutzen aus der Anwendung der Methoden zu planen, zu verfolgen und kontinuierlich zu verbessern.

Walter Gora: Mehr und mehr verschiebt sich das Informationsmanagement in Richtung des Kunden. Der Kunde managt seine Informationen und kreiert neue Brands. Dies ist im Gegensatz zu früher, wo dies die ureigenste Aufgabe und das Selbstverständnis von Unternehmen waren.

Matthias Uhrig: Richtig. Das ist natürlich eine Entwicklung, die vornehmlich durch das Internet und speziell das mobile Web, gefördert wird. Entscheidend ist, dass der Kunde für sich den individuellen Nutzen daraus erkennt, dann ist er bereit als »mitproduzierender Konsument« (»Prosumer«) in den Wertschöpfungs- und Prozessketten aktiv mitzuwirken. Nehmen wir als Beispiel den gesamten Prozess einer Airline wie der Lufthansa: Informationen suchen und Flüge buchen am heimischen PC; mobil einchecken auf der Fahrt zum Airport; die Bordkarte als Grafik auf dem Smartphone; aktuellste Fluginformationen – je nach Wunsch – als Mail oder SMS. Und das hat ja massive Auswirkungen auf die Wertschöpfung und auf die IT; man stelle sich nur vor, welche Backend-Anwendungen im Hintergrund wie Buchungssysteme, Abrechnungssysteme, Flugsteuerungssysteme und vieles mehr notwendig sind, um diesen vermeintlich simplen Lufthansaprozess abzuwickeln.

Lutz Becker: Als Antwort auf technologische Entwicklungen verändern sich die gesellschaftlichen Spielregeln: Reisebüros wissen ein Lied von den Onlinebuchern zu singen. Ich kann mich an Zeiten erinnern, wo es nur einem Fotographenmeister erlaubt war, für Geld Hochzeitfotos zu schießen. Wer Autofahren wollte, braucht früher einen Chauffeur. Im Lebenszyklus von Technologien gibt es oft eine Phase der Demokratisierung – hat nicht so mancher sein privates Kraftwerk auf dem Dach oder im Keller? Genau so wollen sich immer weniger Anwender Vorschriften machen lassen, mit welchen Devices oder Betriebssystemen sie arbeiten. Oder möchtet Ihr Euch von einem Meister Vorschriften machen lassen wie Eure Familienfotos auszusehen haben? In vielen Lebensvereichen wollen wir als aufgeklärte Menschen halt selbst auf dem Fahrersitz sitzen, und uns nicht von so genannten Experten – sei es von solchen die im Reisebüro sitzen, oder solchen, die die IT managen – Vorschriften machen lassen. Da muss das Informationsmanagement auch mal die Komfortzone verlassen und neue Wege gehen. Ich verstehe schon, das so manchen das ewige »haben wir nicht«, »können wir nicht,«, »kein Budget« und »geht nicht« Gejammer nervt, wenn man immer öfter sieht, dass es an anderer Stelle vielleicht doch geht.

Walter Gora: Ist es nicht so, dass die meisten Unternehmen heute unter Informationsmanagement die Einführung und Nutzung eines ERP-Systems, wie beispielsweise SAP, verstehen, der eigentlich noch wichtigere externe Informationspool aber weitgehend unstrukturiert und unsystematisch behandelt wird?

Lutz Becker: Ich mache in SAP, weil alle in SAP machen und mache in Social Media, weil alle in Social Media machen. Ob ich SAP mache oder nicht, ist letztlich Ergebnis einer Kette von Fragen, die bei den im meinem Beitrag gestellten Fragen anfängt: »Wofür sind wir eigentlich da?«»Wo wollen wir eigentlich hin?« »Wofür stehen wir eigentlich?«. Leider werden die Antworten auf diese Fragen in der Tiefe der Organisationen zunehmend verwässert. Da, wo dann die kleinen Entscheidungen getroffen werden, fehlt oft das Bewusstensein oder schlicht die Antwort. Wenn diese Programmierung der Organisation – die eine originäre Führungsaufgabe ist – versagt, bedeutet das unterm Strich, dass jeder mit bestem Wissen und Gewissen das macht, was er aus seiner Sicht für richtig und wichtig hält. Leider bleibt dann das Gesamtbild unscharf: Fehler, Umwege und Kosten entstehen. Aber bitte, mir soll jetzt keiner erzählen, dass Six Sigma die Lösung dieses Problems sei.

Walter Gora: Hochinteressant halte ich die Entwicklungen im Bereich der Anwendung von Web 2.0-Technologien und dem damit zusammenhängenden Informationsmanagement. Die Dynamik in diesem Bereich ist ungebrochen. Selbst Nutzerzahlen von 200 Mio., wie bei Myspace im Jahr 2006, gewährleisten nicht, dass eine Plattform innerhalb von 2-3 Jahren in die Bedeutungslosigkeit versinkt. Das Nutzerverhalten ist wenig prognostizierbar, die 2008 für in Deutschland als »tot« gehaltene Plattform LinkedIn feiert im Jahr 2011 eine unerwartete »Auferstehung« und hohe Teilnehmerzuwächse.

Matthias Uhrig: Diese Entwicklungen zu beherrschen, gehört nach meiner Auffassung zu den schwierigsten Herausforderungen, denen sich Business- und IT-Manager heute gemeinsam stellen müssen.

Was passiert, wenn künftig Facebook das Frontend meines digitalen Verkaufsprozesses ist? Wenn ich Großteile meiner Werbebudgets wirkungsvoll in Online Games positionieren soll? Wenn ich plötzlich über alle Wettbewerbsschranken hinweg strategische Partnerschaften eingehen muss, um ein wettbewerbsfähiges Produkt-Service-Bundle anbieten zu können? All das hat massiv sich verändernde Auswirkungen auf die strategische integrierte Planung und Steuerung von Business und IT, auf die viele Manager heute nicht vorbereitet sind.

Lutz Becker: Wir haben in dieser Reihe schon einmal darüber diskutiert, dass wir in einer Zeit notwendiger sozialer – und technischer – Experimente leben. Technologie und Gesellschaft befinden sich in einem Wechselspiel, ein Choreografie, bei dem mal die eine Seite führt und mal die andere. Was heißt das für Entscheider? Die Zeiten, in denen man mittelfristige Pläne machen konnte, und wo alles was nicht sein durfte auch nicht sein konnte, sind vorbei. Auch das kann man in meinem Beitrag nachlesen. Dann, wenn der Realität wird, wird er schon – mehr oder weniger – ad absurdum geführt. Organisatorische Reagibilität beziehungsweise Agilität heißt vielleicht das Zauberwort, zumindest gilt das Credo aus dem New Venture Bereich kommende Credo, »Fail quick, fail cheap«. Mit einer kleinen App kann heute man in wenigen Wochen vielleicht mehr für ein Unternehmen bewirken, als seinerzeit mit einem Monsterprojekt von Hunderten von Mannjahren, wie man früher sagte.

Walter Gora: Ein anderes Beispiel für ein neuartiges Informationsmanagement ist »Open Innovation«, ein offenes Innovationsmodell, bei dem systematisch und effektiv externe Partner (z. B. Lieferanten, Kunden) mit ihrem Wissen in die Innovations- und Entwicklungsprozesse einbezogen werden, um das eigene Innovationspotenzial zu vergrößern. Tchibo nutzt dies beispielsweise intensiv, um quasi öffentlich über das Internet neue Produkte zu generieren oder bestehende Produkte weiterzuentwickeln.

Lutz Becker: Darüber habe ich gerade im Nachhaltigkeitsband dieser Buchreihe (Die Neue Führungskunst) geschrieben: Das Zitat und seine Variation sind der Motor des gesellschaftlichen, technischen und ökonomischen Fortschritts. Wenn eins nicht auf das andere aufbauen kann, kommt Fortschritt zum Erliegen. Insofern sind Open Source, Open Innovation und was da noch kommen mag, das Beste, was uns passieren kann. Zwei Voraussetzungen müssen aber gegeben sein. Erstens darf niemand die Zitation, also die Verwertung seines Wissens verhindern können, zweiten muss es ein System geben, dass derjenige, der Wissen in den gesellschaftlichen Kreislauf bringt, automatisch und angemessen entlohnt wird, und nicht nur der, der die besseren Patentanwälte hat.

Walter Gora: Um diese sozialen Netzwerke nutzen zu können, geben die einzelnen Nutzer zum Teil notwendigerweise, zum Teil aber auch freiwillig viele Daten bekannt. So sind viele Internet-Nutzer auf der Basis geringer Anreize (z. B. kostenlose Spiele, schnelleres Finden neuer Internet-Freunde etc.) schnell bereit, persönliche Daten zur Verfügung zu stellen.

Lutz Becker: Da wird man auch nichts dagegen machen können. Es ist das gute Recht eines Jeden, über seine Daten frei zu verfügen. Aber der Missbrauch muss geschützt werden. Die Antwort auf diese Frage, steckt in der Maschine und nicht beim Anwender. Spricht: Die Sicherheit darf nicht im Verhalten der Anwender, sondern muss in der Maschine stecken. Selbst Facebook scheint das so ganz langsam zu begreifen.

Walter Gora: Laut statistischem Bundesamt vom September 2011 waren 17 Prozent der Bevölkerung zwischen 16 und 74 Jahren noch nie im Internet. Demnach haben vor allem ältere Menschen keine Interneterfahrung. EU-weit waren 26 Prozent der Bevölkerung noch nie im Netz.

Lutz Becker: Technologie und Netzverweigerer wird es immer geben. Unsere Gesellschaft ist nicht homogen, es darf kein Normkonsum geben, und das ist gut so. Problematisch wird es aber, wenn die Technologie zum limitierenden Rahmen gesellschaftlichen Handelns wird: Wenn ich Menschen aus bestimmten gesellschaftlichen Bereichen ausschließe, nur weil sie sich nicht in einer bestimmten Technologiewelt bewegen wollen oder können, dann stinkt die Sache!

Matthias Uhrig: Die gesellschaftliche Sicht ist eine. Aus wirtschaftlicher Perspektive sind noch ganz andere Zahlen interessant: Wer ist (um wieder dieses Beispiel zu nutzen) vornehmlich in Facebook? Es sind Kinder und Jugendliche, es sind ältere Menschen, es sind Hausfrauen. Aber es sind vornehmlich *nicht* die, die Wirtschaft gestalten und die in Unternehmen über die strategische Nutzung von Facebook (und natürlich anderen Web 2.0 Anwendungen) entscheiden. Für mich ein spannendes Vakuum.

Walter Gora: Die besondere Rolle, die Kommunikation im Netz einnimmt, wird auch deutlich, wenn man das Onlinezeitbudget eines typischen Internet-Nutzers betrachtet. Nahezu die Hälfte der täglichen Verweildauer im Netz entfiel 2010 auf Kommunikation laut einer Studie des Branchenverbandes Bitkom. Gegenüber 2009 stieg der Kommunikationsanteil damit von 39 auf 48 Prozent. Bei den Teenagern nimmt der Austausch über die diversen Kanäle 58 Prozent der Nutzungszeit ein. Auch der Business-to-Consumer-Markt verändert sich schon wieder. Etablierte Internet-Plattformen, wie eBay und amazon, stoßen an ihre Grenzen, neue Geschäftsmodelle etablieren sich. Das Einkaufen über Social Media-Plattformen wie Facebook gewinnt immer mehr an Bedeutung, häufig wird dies auch »Social Commerce« genannt. Hierbei ist die aktive Beteiligung der Kunden, deren persönliche Beziehungen und Kommunikation untereinander maßgeblich ist. Dies geschieht z. B. indem Kunden Einkaufslisten mit Lieblingsangeboten in ihren Weblogs veröffentlichen.
Also, freuen wir uns, die digitale Zukunft hält noch einige echte Herausforderungen für uns bereit.

Weitere Titel aus der Buchreihe:
Die Neue Führungskunst – The New Art of Leadership:

Handbuch Projektmanagement Office
Täglich starten in Unternehmen Projekte. Manche sind erfolgreich, andere scheitern. Oft fehlt eine Instanz, die Projekte unternehmensweit so steuert, dass der höchste Wertbeitrag entsteht. PMO löst dieses Problem.

Hrsg.: Bop Sandrino-Arndt, Rüdiger L. Thomas, Lutz Becker
Hardcover, 482 Seiten
ISBN 978-3-939707-65-3
Symposion Publishing, 2010
EUR 69,00

Unternehmensressource Gesundheit
Gesundheit im Unternehmen hat weniger mit Medizin als mit Führung zu tun. Sind die Mitarbeiter krank, ist die Firma der Patient. Dieses Buch untersucht die Potenziale ertrags- und gesundheitsorientierter Unternehmensführung und deckt brachliegende Ressourcen in deutschen Führungsetagen auf.

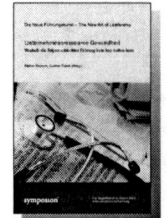

Hrsg.: Walter Kromm, Gunter Frank
Hardcover, 318 Seiten
ISBN 978-3-939707-44-8
Symposion Publishing, 2009
EUR 59,00

Führen in der Krise
Jedes Unternehmen, jedes Projekt gerät irgendwann in eine Krise. Warum es gerade in der Krise auf die Führungskraft ankommt und mit welchen Strategien auf kritische Ereignisse in der Projektarbeit oder im Unternehmen reagiert werden kann, belegen die Autoren in diesem Band auf eindrucksvolle und lehrreiche Weise.

Hrsg.: Lutz Becker, Johannes Ehrhardt, Walter Gora
Hardcover, 396 Seiten
ISBN 978-3-939707-52-3
Symposion Publishing, 2009
EUR 59,00

Projektführung und Projektmanagement
Projektführung und Projektmanagement ist weder klassischer Projektmanagementratgeber noch Kochbuch mit Patentrezepten für Projektmanager. Vielmehr eröffnet das Buch Managern in Wirtschaft, Politik und Verwaltung neue Perspektiven für die Gestaltung der eigenen Projekte.

Hrsg.: Lutz Becker, Johannes Ehrhardt, Walter Gora
Hardcover, 476 Seiten
ISBN 978-3-939707-54-7
Symposion Publishing, 2009
EUR 59,00

symposion

Führung, Innovation und Wandel
Innovationen waren schon immer Triebkräfte des Fortschritts. Aber noch nie hat es eine so rasante Entwicklung gegeben, wie heute. Und nie war der Druck auf Führungskräfte, diese Entwicklung zu bewältigen, so hoch. Das Spannungsverhältnis von guter Führung, Innovation und Wandel untersucht dieses Buch. Es zeigt, wie Führungskräfte den Wandel annehmen und ihn sinnvoll gestalten können.

Hrsg.: Lutz Becker, Johannes Ehrhardt, Walter Gora
Hardcover, 425 Seiten
ISBN 978-3-939707-05-9
Symposion Publishing, 2008
EUR 59,00

Führungskonzepte und Führungskompetenz
Gute Führung wird in Zukunft etwas völlig anderes sein, als das, was uns die Chefs der Vergangenheit vorgelebt haben. Dieses Buch untersucht die neuen Regeln und Konzepte guter Führungskunst in Wirtschaft, Politik und Verwaltung. Die Autoren analysieren Voraussetzungen und Barrieren erfolgreicher Führung.

Hrsg.: Lutz Becker, Johannes Ehrhardt, Walter Gora
Hardcover mit CD, 492 Seiten
ISBN 978-3-936608-80-9
Symposion Publishing, 2006
EUR 69,00

Führungspraxis und Führungskultur
Wie definiert sich gute Unternehmensführung in der Praxis? Welche Konzepte haben sich bewährt und wie können sie Führungskräfte bei der Bewältigung ihrer komplexeren Aufgaben unterstützen? Der zweite Band der Buchreihe „Die Neue Führungskunst - The New Art of Leadership" konzentriert sich auf die neuen Aufgaben, mit denen die Globalisierung Führungskräfte konfrontiert.

Hrsg.: Lutz Becker, Johannes Ehrhardt, Walter Gora
Hardcover mit CD, 402 Seiten,
ISBN 978-3-936608-96-0
Symposion Publishing, 2007
EUR 59,00

Bestellung per Fax unter
Fax: 0211 866 93 23

Leseproben und Bestellung im Internet unter
www.symposion.de

symposion